Indien
Land des Aufruhrs

Das Buch

V. S. Naipauls erste Reise nach Indien im Jahr 1962 verlief zutiefst verstörend, denn er, der ewig Heimatlose, der in Trinidad aufgewachsen war und in London lebt, ging unter in den Massen und blieb doch fremd. Die Erfahrungen der Reise im Jahr 1975 machten ihn zu einem scharfen Kritiker der politischen Verhältnisse. Die dritte Reise 1990 schließlich widmete er den Menschen vor Ort, die er ausführlich in diesem Buch zu Wort kommen lässt. In dem aktuellen Vorwort zu dieser Ausgabe schreibt der Autor: »Als Schriftsteller, als ein freier Mann wusste ich, als ich dieses Buch schrieb, mehr über Indien als so mancher Inder, gebunden an Familie und Arbeit … Mir schwebte ein Panorama Indiens vor, eine Beschreibung, die ahnen ließ, was in den nächsten zwanzig, dreißig Jahren dort passieren würde.«

»Mit diesem Buch hat sich V. S. Naipaul selbst ein Denkmal gesetzt, mit seiner beunruhigenden und sehr persönlichen Prosa, überzeugend in Stil und kritischem Scharfsinn.« *Financial Times*
»Naipaul besitzt, worin ihn kaum ein anderer heute schreibender Romancier übertrifft: ein globales Bewusstsein.« *FAZ*
»V. S. Naipaul ist unverzichtbar, wenn man sich ernsthaft mit Indien beschäftigen will.« *New York Times*

Der Autor

Vidiadhar Surajprasad Naipaul wurde am 17. August 1932 in Trinidad geboren und lebt seit 1950 in Großbritannien. Der Romancier, Reiseschriftsteller und Journalist gilt als einer der bedeutendsten Vertreter der englischsprachigen Literatur. *Ein Haus für Mr. Biswas, An der Biegung des großen Flusses* und *Eine islamische Reise* waren Welterfolge. Im Jahr 2001 wurde V. S. Naipaul der Nobelpreis verliehen.

In unserem Hause sind von V. S. Naipaul bereits erschienen:

Abschied von Eldorado · Amerika · An der Biegung des großen Flusses · Auf der Sklavenroute · Das Lesen und das Schreiben · Das Rätsel der Ankunft · Der mystische Masseur · Der Weg in die Welt · Des Nachtwächters Stundenbuch · Die letzte Kolonie (HC) · Ein halbes Leben · Ein Haus für Mr. Biswas · Eine islamische Reise · Guerillas · Herr und Sklave · In den alten Sklavenstaaten · Indien. Eine verwundete Kultur · Jenseits des Glaubens · Land der Finsternis · Magische Saat · Miguel Street · Vater und Sohn · Wahlkampf auf karibisch

V. S. Naipaul

Indien

Land des Aufruhrs

Aus dem Englischen
von Ulrich Enderwitz

List Taschenbuch

Besuchen Sie uns im Internet:
www.list-taschenbuch.de

Ungekürzte Ausgabe im List Taschenbuch
List ist ein Verlag der Ullstein Buchverlage GmbH, Berlin
1. Auflage November 2007

Titel der englischen Originalausgabe: *India: A Million Mutinies Now* (William Heinemann, London)
Umschlaggestaltung: RME Roland Eschlbeck und Kornelia Rumberg (unter Verwendung einer Vorlage von Rudolf Linn, Köln)
Titelabbildung: Paul Harris / gettyimages
Satz: Franzis print & media GmbH, München
Gesetzt aus der Caslon 540
Papier: Munkenprint von Arctic Paper Munkedals AB, Schweden
Druck und Bindearbeiten: Clausen & Bosse, Leck
Printed in Germany
ISBN 978-3-548-60765-8

INHALT

Vorwort zur deutschen Neuübertragung

India: A Million Mutinies Now ist ein langes Buch, eines meiner längsten; umso mehr freut es mich, dass der Verlag dennoch eine Neuübertragung für der Mühe wert gehalten hat. Lange Bücher (das darf ich sagen) lassen sich schwerer schreiben als kurze, und dem vorliegenden Buch fühle ich mich nach wie vor innerlich verbunden. Fünfzehn oder sechzehn Jahre nach seiner Niederschrift habe ich immer noch eine deutliche Erinnerung an die Anstrengung, die damit einherging, und den Anspruch, den ich mit ihm verknüpfte.

Als ich zu schreiben anfing, hatte ich nur Romane im Sinn. Ein Autor, der seine Einbildungskraft walten lässt, schien mir das Edelste von der Welt. Nach ein paar Büchern freilich erkannte ich, dass mein Material – der Stoff in meinem Kopf, der Stoff, den mir letztlich meine Herkunft mitgab – diesen Anspruch nicht zu tragen vermochte.

Den Anspruch selbst hatte ich von den großen europäischen Romanen des neunzehnten Jahrhunderts übernommen, so, wie ich sie kannte oder zu kennen glaubte. Die Einschränkung ist nötig, weil ich tatsächlich, als ich zu schreiben begann, noch gar nicht viel gelesen hatte. Ich erkannte nun – was ich vermutlich schon immer gespürt, aber nie zu einer klaren Vorstellung herausgearbeitet hatte –, dass jene Romane Gesellschaften entsprungen waren, die mehr Differenzierung, mehr intellektuelle Ordnung, mehr Selbstgewissheit aufwiesen als die, in der ich zu Hause war. So zu tun, als käme ich aus einer ebenso kompletten und geordneten Gesellschaft, hätte mir das Schreiben in mancher Hinsicht erleichtert. Der Begriff »geordnet« zielt in diesem Fall, ganz simpel ausgedrückt, auf jene Art von geschlossener Welt, in der die Situationskomödien des Fernsehens gründen. Die geschlossene Welt gehorcht nur wenigen und leicht zu verstehenden Regeln; um ihren Zauber nicht zu zerstören, bleibt die unübersichtliche Außenwelt von ihr ausgeschlossen. Ich hätte versuchen können, in diesem Sinne zu schreiben. Aber sehr weit wäre ich damit nicht gekommen. Ich hätte zu vieles vereinfachen, alles Mögliche weglassen müssen. Ich hätte verleugnen müssen, was ich als meine schriftstellerische Aufgabe ansah.

Ich musste meiner eigenen Welt die Treue halten. Sie war fließender, schwerer zu definieren, dem Leser nicht ohne weiteres in der herkömmlichen, durch das neunzehnte Jahrhundert sanktionierten Weise darzubieten. Jede einfache Feststellung, die ich über meine Familie oder mein Milieu machen konnte, bedurfte näherer Bestimmungen der einen oder anderen Art.

Ich kam 1932 auf der anderen Seite des Atlantiks in der britischen Kolonie Trinidad zur Welt. Trinidad war wie ein Splitter von Venezuela und Südamerika. Zur Zeit meiner Geburt war Trinidad eine kleine, hauptsächlich landwirtschaftlich genutzte Insel (wie Venezuela besaß die Insel Ölvorkommen, mit deren Ausbeutung gerade erst begonnen wurde). Sie hatte eine gemischtrassige Bevölkerung von vielleicht einer halben Million Menschen, wobei die asiatisch-indische Einwanderergemeinschaft, der ich selbst angehörte (eine durch Religion, Bildungsstand, Geld, Kastenherkunft sorgfältig sektionierte Gemeinschaft), etwa hundertfünfzigtausend Personen umfasste. (Diese Umstände habe ich bereits an anderen Stellen referiert, einiges davon sogar im vorliegenden Buch, aber ich finde, der Leser des Vorworts sollte sie kennen.)

Ich fühlte mich dem Ort nicht sehr verbunden, hatte nicht viel für seine koloniale Enge übrig. Ich sah mich als Mitglied älterer Weltkulturen, das es hierher verschlagen hatte, und wollte so bald wie möglich dieser größeren Welt wieder zugehören. Als ich 1950, im Alter von achtzehn Jahren, ein akademisches Stipendium erhielt, konnte ich die Insel verlassen. Ich ging nach England, um ein Studium zu absolvieren; mein Berufsziel war, Schriftsteller zu werden. In einem ernsthaft so zu nennenden Sinne zurückgekehrt bin ich nie mehr.

Meine Welt als Schriftsteller war also erfüllt von Flucht und unabgeschlossener Erfahrung, voll gestopft mit den Überbleibseln von Kulturen und Wanderungen, 1880–1900 von Indien in die Neue Welt, 1950 von der Neuen Welt nach Europa, überall Bruchstücke, die sich nicht zu einem Ganzen fügten. Es gab nichts, was sich mit der Stabilität der fest verwurzelten Gesellschaften hätte vergleichen lassen, aus denen die großen Romane des neunzehnten Jahrhunderts hervorgegangen waren, Romane, in denen etwa ein Tolstoi bereits mit einem kurzen Märchen oder Gleichnis eine ganze wirkliche Welt beschwören konnte. Und bald schon, wie gesagt, sah ich mich mit dem verstreuten Inselmaterial, das ich mitbrachte, am Ende.

Aber ich fühlte mich zum Schreiben berufen; ich hatte nie etwas anderes werden wollen als ein Schriftsteller. Meine Tätigkeit als Schriftsteller hatte die Faszination vertieft, mit der mich Menschen und Erzählungen von jeher erfüllten und in der größeren Welt, in die ich mich hatte einfinden wollen, verwandelte sich diese Faszination in den Wunsch, die historischen Strömungen zu verstehen, die jenen Fluss geschaffen hatten, in dem ich mich wiederfand. Für mich als Schriftsteller war es nötig, mich auf die größere Welt einzulassen. Wie ich das anfangen sollte, wusste ich nicht; Vorbilder hatte ich keine.

Die Arbeit an fiktionalen Texten konnte mir dabei nicht helfen. Romane schreibt man am besten von innen heraus und auf der Basis umfassenden Wissens. In der größeren Welt war ich ein Außenseiter; ich wusste nicht genug und würde nie genug wissen. Nach vielem Zögern und Schwanken sah ich ein, dass ich mich mit dieser Welt auf dem direktesten Weg auseinander setzen musste. Ich musste meiner Praxis als Romanschriftsteller zuwider handeln. Ich musste das Instrumentarium, das ich ausgebildet hatte, zu einer möglichst wahrheitsgetreuen Protokollierung meiner Erfahrungen nutzen. So kam es zu dieser Aufspaltung bei dem, was ich schrieb, zu diesem Nebeneinander von freier Dichtung und gewissenhaftem Bericht, wobei eins das andere stützte und speiste, als komplementäre Seiten meiner Bemühung, meine Welt zu fassen zu bekommen. Und wenn mir auch ursprünglich die Romandichtung als das höchste der Gefühle erschien, gebe ich doch mittlerweile keiner der beiden Formen zu schreiben mehr den Vorzug vor der anderen.

Im Rahmen dieser neuen Vorgehensweise musste ich mich zuerst dem Land meiner Vorfahren, Indien, stellen. Ich war kein Einheimischer, auch nicht, nachdem ich mehrere Monate dort gereist war; aber ebenso wenig konnte ich mich als Außenstehenden betrachten: Indien und der Gedanke an Indien spielten für mich schon immer eine wichtige Rolle. Ich stand dem Land von jeher gespalten gegenüber, und es fiel mir schwer, etwas Endgültiges darüber zu äußern. Insgesamt habe ich drei Bücher über Indien geschrieben. Sie sind, wie nicht anders möglich, keine Romane, aber sie sind so persönlich und vielschichtig und voller Gefühlstiefe wie nur irgendein Roman. *India: A Million Mutinies Now* war das dritte dieser Bücher über Indien. Es entstand sechsundzwanzig Jahre nach dem ersten. Diese ganze, lange Zeit hatte der Autor gebraucht, um über die Ebene der persönlichen Eindrücke und Schmerzempfindungen und ihre analytische Bearbeitung hinauszugelangen und bei der einfachen und überwältigenden Einsicht anzukommen, dass das Wichtigste an Indien, in das man sich vertiefen muss und das es zu verstehen, und nicht nur von außen zu betrachten, gilt, die Menschen sind.

Das Buch verfolgte eine weitere Idee: den Gedanken, dass Indien im einfachsten Sinne des Wortes in Bewegung war, dass in dem ganzen riesigen Land Männer und Frauen aus der beengten Lebensweise und dem beschränkten Erwartungshorizont ihrer Eltern und Großeltern heraustraten und vom Leben mehr verlangten. Das war mit den »Millionen Aufständen« im Buchtitel gemeint, nicht die Guerillakämpfe überall im Land. Die Rede von »Aufständen« (»mutinies«) macht sich im Englischen vielleicht noch besser, weil sie bei fast jedem Engländer eine Reminiszenz an den kurzen Indischen Aufstand (Indian Mutiny) von 1857 wachrufen dürfte, als sich einige indische Söldnertruppen der Britisch-Ostindischen Kompanie voller Zorn, aber ohne klares Ziel gegen die Briten erhoben. Mit den »Millionen Aufständen« im Buchtitel will ich sagen, dass die jetzigen Vorgänge einen wahrhaftigeren und allgemeineren Weg nach vorn darstellen. Heute, in einer Zeit, in der sich alle darin einig sind, dass Indien boomt, fällt das nicht schwer zu behaupten. Das war 1988, als ich mit dem Buch begann, noch anders. Indien war beseelt von einer frömmlerischen Gandhischen Schwermut, selbstzufrieden und erfüllt von dem Glücksgefühl, das in Indien solche Schwermut oft verleiht. In den Städten war überall von Entartung die Rede, von einem Verlust der alten Werte: die Politik kriminalisiere sich, überall herrsche Korruption. Das übliche Gerede, keine tief schürfenden Überlegungen, nichts, was einer wirklichen Kenntnis des Landes entsprang; aber es konnte einen verunsichern. Das war der Hintergrund, vor dem ich meine Idee von den Aufständen entwickelte.

Die Idee flog mir nicht einfach zu. Ich war in den vorangegangenen sechsundzwanzig Jahren auf beschwerlichen Reisen viel in Indien herumgekommen. Als Schriftsteller, als ein ungebundener Mensch, hatte ich vielfältigere Kenntnisse über das Land zusammengetragen, als die meisten Inder besaßen, die an ihre Familien und ihre Berufe gefesselt waren. Ich hatte mich wochenlang in ländlichen Regionen aufgehalten, fern von den großen Städten. Dank der Unterstützung und Gastfreundschaft von indischen Freunden und Amtspersonen vermochte ich an verschiedenen Orten Zugang zu dem kargen und manchmal abweisenden Leben auf dem Land zu gewinnen – und sei es auch nur für jeweils ein oder zwei Wochen. Mir war vergönnt, einigen Einblick in das Leben in den kleinen Städten zu nehmen. Was ich dort sah, hielt ich nicht immer schriftlich fest. Deshalb hatten sich meine Erlebnisse in mir aufgestaut, und mir kam nun die Idee, aufbauend auf diesen Erlebnissen ein größeres Buch zu schreiben, reich an Menschen und indischen Panoramen – ein Buch, in dem (gemäß meiner Überzeugung, dass die akkurat erfasste Gegenwart die Zukunft voraussehen lässt) in den wesentlichen Zügen zu lesen stand und dargestellt wurde, wie es mit dem Land in den nächsten zwanzig oder dreißig Jahren vermutlich weitergehen würde. Dies Projekt trug ich meinen englischen Verlegern vor. Ihnen gefiel die Idee; sie kauften sie mir nach zehn Minuten ab – wörtlich gemeint. Und es dauerte nicht lange, da fand ich mich im Tadsch-Mahal-Hotel in Bombay wieder, verblüfft über meine eigene Tollkühnheit und ganz und gar nicht zuversichtlich im Hinblick auf die Aufgabe, mir ein Verständnis dieser riesigen Stadt und ihrer Bewohner zu erarbeiten. (Was für eine schier undurchdringliche Masse von Menschen, die sich nachmittags draußen, am Rande des verschmutzten Arabischen Meeres, um das Gateway of India wälzte!) Und hinter der Stadt lag natürlich auch noch das Land: Erinnerungen an endlose sonnendurchglühte Reisen mit dem Auto und der Eisenbahn, an die ich jetzt mit Schrecken zurückdachte.

Ich verbrachte vier ereignislose, angsteinflößende Tage in dem prachtvollen Hotel, in denen ich mich der trostlosen Aufgabe widmete, Tagebuch zu führen – voller Befangenheit und ohne dass ich etwas zu sagen gehabt hätte. Ich mochte die Form des Tagebuchs nicht; sie trübte den Blick. Ich zog es vor, Distanz zu halten und die Erinnerungen sich setzen zu lassen. Was mir dazu als Vergleich einfällt, ist Ibsen, der sich – damals noch mehr Dichter als Bühnenautor – auf seiner Reise zur Eröffnung des Sueskanals im Jahr 1869 alle Mühe gab, Tagebuch zu führen. Geschichtsträchtige Tage, grandiose Sehenswürdigkeiten – wie gemacht für ein Tagebuch, könnte man denken: Aber es muss Ibsen ermüdet haben, stets äußerlich zu bleiben, nur mit der Außenseite der Dinge befasst zu sein, und er brach das Tagebuch einfach ab. Auf irgendwie vergleichbare Weise blieb auch ich in Bombay stecken und gab meine zähe Tagebuchschreiberei auf und sah mich nach einem anderen Anfang um.

Ein großes Schild in der Empfangshalle des Hotels machte Reklame für einen im Haus ansässigen, »hoteleigenen« Wahrsager; in diesen vier Tagen fühlte ich mich oft versucht, ihn zu einer Séance aufzusuchen, um herauszufinden, ob ich das Buch schreiben würde oder nicht. Das erwies sich aber als unnötig. Angstzustände sind produktiver, als man vermuten würde. Ich fing tatsächlich mit dem Buch an und kam dann rasch voran; wer die erste Seite aufschlägt, kann nachlesen, wie sich mir die Sache erschloss.

Ideen sind abstrakt. Zu Büchern werden sie erst, wenn man sie in Menschen und Geschichten kleidet. Hat der Leser sich auf das Buch eingelassen und kommt über die Anfangsseiten hinaus, dann findet er sich in einer doppelten Erzählung wieder. Da ist die unmittelbare Erzählung der Person, die der Leser kennen lernt, und da ist die umfassendere Rahmenerzählung, in der sich all die verschiedenen Teile des Buches zu einem Ganzen zusammenfügen. Nichts geschieht dabei aufs Geratewohl. Ernsthaftes Reisen ist eine Kunst, selbst wenn damit keine Absicht zu schreiben verknüpft ist, und die besondere Kunst in diesem Buch bestand darin, vorauszuahnen, welche von den vielen Menschen, die ich kennen lernte, meine Geschichte am besten und logischsten – ohne alle Gewaltsamkeit – voranbringen würden.

Um mit Leuten bekannt zu werden, war ich auf die Vermittlung von Einheimischen angewiesen, und nicht immer ließ sich ohne weiteres klar machen, wonach ich suchte. Viele journalistisch Geschulte dachten, ich suchte nach »Repräsentanten« verschiedener Interessengruppen. Tatsächlich suchte ich nach etwas Tieferem und Eindringlicherem: nach gelebter Erfahrung (wenn ich das so formulieren darf), die geeignet war, den einen oder anderen Aspekt, die eine oder andere neue Wendung im unablässigen Prozess der Anpassung des alten Landes an neues Denken, neue Politik, neue Geschäftsmethoden zu beleuchten. In diesem Buch erwächst also die eine Erfahrung aus der anderen, treibt ein Thema das nächste hervor.

Nicht zuletzt erwies es sich als ein Glücksgriff, dass ich aus unerfindlichen Gründen eines Tages im Tadsch-Mahal-Hotel beschloss, etwas zu tun, was die indische Religion für unheilträchtig erklärt, nämlich Indien gegen den Uhrzeigersinn zu bereisen. Hätte ich den umgekehrten Weg eingeschlagen und wäre nach Norden gereist, nach Delhi und Kalkutta und in den Pandschab, ich wäre zu rasch zum Kern des Buches gelangt und das restliche Land hätte quasi in der Luft gehangen und sich als eine einzige Enttäuschung erwiesen. Zuerst nach Süden zu reisen, wie ich es tat, hieß, sich auf unvoreingenommene Weise wichtigen Themen zu nähern wie etwa dem Einfluss der Kastenzugehörigkeit auf die Entwicklung der Naturwissenschaften in Indien, dem kaum bekannten, Jahrhunderte alten Krieg der Kasten im Süden, dem Einflussverlust der Brahmanen. Damit wurde, wenn man so will, der Leser (und der Autor) auf die Verwerfungen des Nordens vorbereitet: auf das Britische in Kalkutta, Lucknow, Delhi: auf die ganze Geschichte des neunzehnten Jahrhunderts, direkt unter der Oberfläche der Gegenwart.

Ich bin oft danach gefragt worden, wie meine Aufzeichnungen zustande kamen, während ich unterwegs war. Ein Tonbandgerät habe ich nie benutzt; ich habe ausschließlich mit Notizblock und Stift gearbeitet. Da ich nie sicher sein konnte, ob die Person, mit der ich zusammenkam, meinem Zweck entsprach, beschränkte ich mich anfangs sehr oft auf die reine Unterhaltung. Ich habe nie jemanden dadurch in Schrecken versetzt, dass ich ein Notizbuch zückte. Wenn ich fand, dass ich etwas hörte, was ich brauchen konnte, erklärte ich dem Betreffenden, dass ich mir seine Äußerungen später gerne notieren würde. Zu diesem späteren Zeitpunkt ließ ich ihn dann wiederholen, was er gesagt hatte und was ich noch halb im Kopf hatte. Ich zeichnete alles handschriftlich auf und machte mir dabei auch Notizen über den Schauplatz unseres Gesprächs, den Gesprächspartner und meine eigenen Fragen. Regelmäßig sprach der Betreffende bei diesem zweiten Mal, da er mich alles per Hand mitschreiben sah, langsamer und bedächtiger, ohne dass er den normalen Sprachrhythmus verlor. In einer Stunde ließ sich unglaublich viel schaffen. Ich veränderte nichts, glättete nichts.

Anspruchsvolle und schwierige Bücher haben nicht immer Erfolg. Tatsache ist aber, dass in England dieses Buch zweiunddreißig Neuauflagen erlebt hat. Der deutsche Leser kann also immerhin versichert sein, dass er nicht die Katze im Sack kauft.

V. S. Naipaul 2005

EINS

Schauplatz Bombay

BOMBAY IST eine Menschenmasse. Aber als ich an diesem Morgen vom Flughafen in die Innenstadt fuhr und schon ein Weilchen unterwegs war, fand ich die Masse auf den Gehsteigen und der Straße besonders groß, und mich beschlich das Gefühl, es sei vielleicht etwas Außergewöhnliches im Gange. Der Verkehr stadteinwärts kam wegen der vielen Menschen nur langsam voran. Wenn an bestimmten Kreuzungen Ampeln oder Polizisten oder beide zusammen den Verkehr zum Halten brachten, wurde das Gebrodel auf den Gehsteigen noch stärker, und solch ein Sturzbach von Menschen schwemmte über die Straße in einem schäumenden Wirbel hellfarbener, luftiger Kleider, dass sich unsichtbare Schleusentore geöffnet zu haben schienen und man den Eindruck gewann, der Strom von Fußgängern werde sich, wenn die Schleusen nicht wieder geschlossen wurden, überallhin ergießen, bis die klapprigen roten Busse und die gelb-schwarzen Taxen feststeckten, eingeschlossen in ihren je eigenen Strudel aus Menschenleibern. In meinem Taxi saß ich gehüllt in Dunstschwaden, Hitze und ohrenbetäubenden Lärm. Die Sonne brannte; die Luft war knapp, der Grus der Auspuffgase setzte sich auf meiner Haut ab. Für die Leute draußen auf der Straße und auf den Gehsteigen musste es noch schlimmer sein. Viele von ihnen aber wirkten wie frisch gebadet, mit frisch gemalten *puja*-Malen auf der Stirn. Viele schienen ihre besten Kleider zu tragen: Vielleicht feierten die Bewohner von Bombay den Anbruch eines wichtigen Tages.

Ich wollte vom Fahrer wissen, ob heute ein Feiertag sei. Er verstand meine Frage offenbar nicht, und ich ließ es gut sein.

Bombay fuhr fort, sich in Szene zu setzen: Auf beiden Seiten der Straße reihten sich nun die für die Stadt typischen Mietshäuser, Betongebäude, deren Mauern das Bombayer Wetter – Sonne, Regen und Hitze im Übermaß – im Bereich der oberen Etagen mit Stockflecken überzogen hatte; die Mauern der unteren Stockwerke dreckig, wie beschmutzt von der Masse auf den Gehsteigen, ein Schmutz, der allmählich hinaufzukriechen schien, von Pegelstand zu Pegelstand, dem Schimmel entgegen.

Die Geschäfte, selbst wenn es kleine, winzige Läden waren, verfügten über große, leuchtende Aushängeschilder, vielfarbig, einfallsreich, kunstvoll, die Arbeit von Menschen mit Sinn sowohl für lateinische Buchstaben als auch für die Sanskrit- oder Dewanagari-Schrift. Vor den Läden und unter den Schildern befand sich oft nackte Erde; ab und an sah man gedrückte, dunkelhäutige Menschen auf dieser Erde sitzen und essen; ein Vorgang, dem ihre ganze Aufmerksamkeit galt.

Auf großen Reklametafeln waren Filmplakate zu sehen, die sich in verkleinerter Form an den Laternenpfählen wiederholten. In diesem Moment der Ankunft fiel es schwer, die Romantik, von der die Plakate kündeten, mit den Menschen auf dem Erdboden zusammenzubringen. Und schwerer noch fiel es, die englischsprachige Werbung für Banken und Fluglinien und das hundertfünfzigjährige Jubiläum der *Times of India* (»Gute Zeiten, Trübe Zeiten, Zeitenwandel«) im Bild unterzubringen: Dem Fremden, der gerade einen Nachtflug hinter sich hatte, erschien die Stadt, die diese Reklamen heraufbeschworen, wie ein kaum fassliches Destillat – ein besonderer, erlesener Extrakt – des menschlichen Lebens, das er vor Augen hatte.

Die Masse hörte nicht auf. Und dann sah ich, dass ein beträchtlicher Teil dieser Masse aus einer langen Schlange oder Reihe von Menschen bestand, die sich in einer Breite von drei oder vier oder fünf Personen auf dem gegenüberliegenden Gehsteig hinzog. Die ganze Zeit über wuchs die Schlange weiter, und auch wenn sie über Strecken stillzustehen schien, bewegte sie sich doch ganz langsam vorwärts. Mir ging auf, dass ich schon geraume Zeit an ihr entlanggefahren war; sie mochte bereits anderthalb Kilometer lang sein. An den Kreuzungen war sie unterbrochen: Polizisten in Khakiuniform hielten die Nebenstraßen frei.

Worauf warteten diese Menschen? Wie groß war ihre Chance,

dass sie bekamen, weswegen sie anstanden? Sie wirkten ruhig und friedlich, trotz der Sonne und der braunen Auspuffschwaden. Sie waren ordentlich gekleidet, trugen schlichte Gewänder indischen Stils. Menschen, die sich der Schlange anschlossen, kamen fast im Laufschritt heran; dann wurden sie ruhig, schienen sich auf ein langes Warten einzustellen. Den Kopf der Schlange hatte ich verpasst. Ich wusste nicht, was es dort gab. Einen Zirkus? Ich glaubte, an früheren Stellen der Straße Werbeplakate für einen Zirkus gesehen zu haben. Oder einen Auftritt von Filmstars? Aber die Menschen in der Schlange wirkten nicht entsprechend erregt. Es waren kleine, dunkelhäutige, geduldige Menschen, ernst und im Sonntagsstaat, und ich erinnerte mich, dass ich irgendwann vorher Fahnen und Symbole gesehen hatte.

In meinem Hotel in der Innenstadt erfuhr ich dann, dass heute kein Feiertag war. Und obwohl mir die Menschenmasse so groß und die Schlange so eindrucksvoll erschienen war, wie etwas, das eine Erwähnung in der Zeitung verdiente, konnten mir die Leute im Hotel, mit denen ich sprach, nicht sagen, was es damit auf sich hatte. Was irgendwo in den Vororten für viele Tausende ein großes Ereignis war, davon nahm hier niemand Notiz.

Ich telefonierte mit einem Bekannten, einem Schriftsteller. Er wusste genauso wenig wie die Leute im Hotel. Er sei am Morgen nicht draußen gewesen; er sei zu Hause geblieben, er sitze an einem Artikel für *Debonair*. Später, als er seinen Artikel fertig hatte, rief er mich an. Er habe zwei Theorien, sagte er. Erstens könnten die Leute, die ich gesehen hatte, nach Telefonbüchern Schlange gestanden haben. Bei der Auslieferung der neuen Bücher habe es Probleme gegeben – Bombay sei Bombay. Die zweite Theorie stamme von seiner Hausangestellten. Sie sei nach meinem Anruf hereingekommen und habe ihm erzählt, heute sei Dr. Ambedkars Geburtstag und in dem Vorort, den ich bei meiner Fahrt vom Flughafen durchquert hatte, finde eine große Feier statt.

Dr. Ambedkar war der politische Führer jener Volksschichten gewesen, die in Indien einst als die Unberührbaren bekannt waren, und er hatte für diese eine größere Rolle gespielt als Mahatma Gandhi. Er hatte Ehre und Macht genossen; er bekleidete in der ersten Regierung des unabhängigen Indien das Amt des Justizministers und arbeitete die indische Verfassung aus; aber seine Verbitterung bewahrte er sich bis ans Ende. Dr. Ambedkar war es, der die Unberührbaren – die *harijan*, die Kinder Gottes, wie sie Gandhi nannte; sie selbst bezeichnen sich heute als die Dalit – dazu aufrief, dem Hinduismus, der sie versklavt habe, den Rücken zu kehren und sich dem Buddhismus zuzuwenden. Er starb 1956, ohne dass ihm Zeit geblieben war, seine Positionen zu verändern oder sich gedanklich fortzuentwickeln.

Kein Führer, der eine vergleichbare Autorität und Achtung genoss, war in den Kasten, für die Dr. Ambedkar das Wort führte, in Erscheinung getreten. Er blieb ihr Oberhaupt, der Mann, den sie vor allen anderen verehrten, fast schon ihr Gott. In jedem Dalit-Haus, hatte man mir erzählt, hing ein Foto von Dr. Ambedkar. Ich hatte das Foto viele Male gesehen, und merkwürdig war, dass man keine bessere Fotografie gewählt hatte. Die Ambedkar-Ikone glich einem grauen Passfoto, das mit der gleichen Drucktechnik reproduziert worden war wie früher die Zeitungsfotos: Es zeigte den Führer reduziert auf ein Ensemble schwarzer und weißer Punkte, erstarrt in einer Aufnahme aus den vierziger oder fünfziger Jahren des zwanzigsten Jahrhunderts, einen untersetzten Mann mit wenig einprägsamen Gesichtszügen, mit Akademikerbrille und mit Jackett und Schlips, den Zeichen quasikolonialer Gutbürgerlichkeit. Dem Bild eines indischen Heiligen entsprachen Jackett und Schlips nicht gerade. Aber als Gegenprogramm zu dem groben Streichgarn und dem Lendentuch des Mahatma passte beides.

Die Idee mit Dr. Ambedkars Geburtstag wirkte überzeugender als die mit den Telefonbüchern. Die Menschen in der Schlange hatten tatsächlich eine Art von religiöser Ruhe ausgestrahlt. Sie hatten den Eindruck von Menschen gemacht, die sich durch Rechthandeln Verdienst erwerben. Auch die Fahnen und Symbole, an die ich mich erinnerte, bekamen dadurch einen Sinn. Die Menschen, die ich gesehen hatte, erwiesen ihrem Führer, ihrem Heiligen, ihrem Gott die Ehre, und indem sie das taten, ehrten sie auch sich selbst.

Später am gleichen Tag unterhielt ich mich mit einem Hotelangestellten. Er fragte mich nach meinen Eindrücken von Bombay. Als ich ihm von der Ambedkar-Menge erzählte, schien er einen Augenblick perplex und um Worte verlegen. Dann durchbrachen Missmut und Niedergeschlagenheit die Fassade seiner kultivierten Hotelmanieren, und er sagte: »Mit dem Land geht's immer weiter bergab.«

Damit paraphrasierte er ein Urteil über Indien, das ich schon viele Male gehört hatte. Indien habe sich verändert; es sei nicht mehr das gute, stabile Land von Anno dazumal. In den Tagen der Freiheitsbewegung hätten die politisch Tätigen Gandhi zu Ehren grobes Streichgarn getragen – als Zeichen ihrer Opfer- und Dienstbereitschaft, ihrer Solidarität mit den Armen. Jetzt stehe das grobe Streichgarn des Politikers für Macht. Mit der Industrialisierung und dem Wirtschaftswachstum seien die alten sittlichen Bindungen in Vergessenheit geraten. Die Menschen verehrten nur noch das Geld. Die große Entwicklungsanstrengung der vergangenen drei oder vier Jahrzehnte habe nur eins bewirkt: »Korruption«, die »Kriminalisierung der Politik«. Im Bemühen um seinen Aufstieg habe Indien sich ruiniert. Niemand könne heute mehr auf etwas bauen; alles sei im Fluss. Polizist, Dieb, Politiker: die Rollen seien mittlerweile austauschbar. Und mit dem Geld – jenem Geld, von dem die voll gestopften, hässlichen Hochhaustürme Bombays zeugten – seien viele längst vergessene Unterscheidungen wieder wichtig geworden. Diese für Unruhe sorgenden, vermeintlich schwächeren Bindungen – an die Heimatregion, die Kaste, die Sippe – traten nun auf der Bühne des indischen Lebens offen zutage.

Die Dalit zum Beispiel. Wären sie immer noch die *harijan* des Mahatma, seine Kinder Gottes, Menschen, denen man Gutes tun konnte, die Gegenstand des Mitgefühls und frommer Anwandlungen waren – ein Ereignis wie dieser Jahrestag Ambedkars könnte niemanden auf die Idee bringen, dass die Welt dem Abgrund zutreibe. Aber den Menschen, die man einst als die *harijan* kannte, war ein gewisses Maß an Wohlstand und Bildung zugekommen, und damit hatten sich Gruppenbewusstsein und politischer Anspruch eingestellt. Sie waren nicht länger politische Abstraktionen. Sie hatten angefangen, die Dinge selbst in die Hand zu nehmen. Sie waren jetzt Menschen, die auf ihrer Besonderheit bestanden, geradeso, wie andere, besser gestellte Gruppen in Indien auf ihren Sonderstatus pochten.

Und die Sonderstellung der Dalit war vielleicht noch nicht einmal die wichtigste Eigenheit in der Großstadt Bombay. Unmittelbar beim Hotel befand sich das Gateway of India. Das war ein britisches Denkmal: ein hoher, prächtiger Triumphbogen, errichtet zum Gedenken an die Ankunft Georgs V., des englischen Königs und Kaisers von Indien, der 1911 das Land besuchte. Die mit dem Triumphbogen verknüpften imperialen Assoziationen hatten sich mittlerweile im poetischen Bild des Tores verloren, und die gepflasterte freie Fläche um das Monument wurde von der Bevölkerung für den nachmittäglichen Spaziergang geschätzt. Auf beiden Seiten des imperialen Monuments hatte man schlichte, ziemlich kleine Schilder angebracht, auf denen schwarz auf weiß ein einziges Wort in Dewanagari-Schrift stand – der Name der Stadt, der hier *Mumbai* statt Bombay lautete.

Diese *Mumbai*-Schilder kündeten von einem innenpolitischen Streit. Bombay war eine kosmopolitische Stadt. Das war sie von Anfang an, und auf dieser Grundlage hatte sie sich entwickelt; sie zog Menschen vom ganzen Subkontinent an. Im unabhängig gewordenen Indien aber fand sich Bombay im Bundesstaat Maharashtra wieder, und Mitte der sechziger Jahre des zwanzigsten Jahrhunderts formierte sich in Maharashtra eine regionalistische Bewegung. Der Bundesstaat sollte der eigenen Bevölkerung vorbehalten bleiben. Anfangs richtete sich die Feindseligkeit der Bewegung hauptsächlich gegen arme Einwanderer aus dem südlichen Indien, aber auch andere fühlten sich bedroht. Die Bewegung nannte sich Shiv Sena, Armee des Schiwa; mit diesem Namen bezog sie sich auf Shivaji, den kriegerischen Anführer des Volks der Marathen im siebzehnten Jahrhundert. Die Zeitungen reagierten kritisch; sie nannten die Sena »faschistisch«. Aber die Sena wuchs weiter. Zwei Jahre zuvor hatte sie in der Stadtverwaltung Bombays die Macht übernommen.

Das Gebäude der Stadtverwaltung präsentierte sich im selbstbewussten viktorianisch-neugotischen Stil des britischen Bombay. Eine breite, solide Treppe mit einem Geländer aus viktorianischen Schmiedearbeiten und einem glänzend poliertem Handlauf aus Holz führte zum Ratssaal hinauf. Die Wände dort waren zur Hälfte mit einem kostbaren rotbraunen Holz vertäfelt, und die Tische und Stühle standen in Bögen und Halbkreisen um den Stuhl des Bürgermeisters gruppiert. Die Stühle der Ratsherren waren grün gepolstert, der Stuhl des Bürgermeisters hingegen safrangelb.

Safran ist die Farbe der Hindus, und hier repräsentierte sie die Shiv Sena. An der hinteren Wand des Saals war der gotische Bogen unter der Galerie mit safranfarbenem Satin ausgekleidet. Davor stand eine bronzefarbene Büste von Shivaji; über der Büste, auf dem Satin, hingen ein Rundschild und gekreuzte Schwerter, gleichfalls bronzefarben.

Hinter dem Stuhl des Bürgermeisters, hoch oben an der Wand, über den gotischen Bögen (die grauen Marmorsäulen entstiegen) sah man Porträts berühmter ehemaliger indischer Bürgermeister Bombays aus kolonialen Tagen. Die porträtierten Männer machten einen würdevollen Eindruck; sie trugen Perücken oder Scheitelkappen oder hinduistische beziehungsweise muslimische Turbane. Die Würde dieser Männer und der Nationalstolz, den ihre Würde einst erweckt haben mochte, waren dahin.

Auf seine Weise erschien der Ratssaal so perfekt, strahlte so viel Selbstsicherheit aus, wirkte bis ins letzte architektonische Detail so durchdacht, dass es schwer fiel, sich vorzustellen, dass all dies durch das simple Safrangelb der Sena außer Kraft gesetzt worden war. Ich fühlte mich an die christliche Kathedrale in Nikosia auf Zypern erinnert, von der die Muslime Besitz ergriffen hatten: Sie hatten das Mobiliar zum großen Teil entfernt und Schriftbänder mit Koranversen aufgehängt. Ich dachte auch an die Marathen des siebzehnten Jahrhunderts, die im Machtvakuum zwischen Moguln und Briten Raubzüge unternahmen, die sie im Norden bis nach Delhi, im Osten bis nach Bengalen führten und die auf den Thron von Tanjore im tiefen Süden marathische Herrscher setzten.

Der Besucher, der vom Flughafen in die Stadt hineinfuhr, mochte nur kleine, dunkelhäutige Männer in einer gesichtslosen Menge und Staub und Abgasschwaden sehen, mochte zwischen den Betonblöcken ein wildes Durcheinander von behelfsmäßigen Hütten und daran angelehnten Verschlägen, eine elender als die andere, sehen, mochte sehen, was ihm als unendlich erbärmliches Menschsein vorkommen musste. Aber hier im Saal der Stadtverwaltung, in dem Safran und den gekreuzten Schwertern der Sena, sah er die Symbole kriegerischer Eroberung.

Den Unabhängigkeitskampf ließ das wie ein Intermezzo erscheinen. Die Unabhängigkeit hatte Indien wie eine Art Revolution ereilt; jetzt gab es innerhalb dieser Revolution eine Vielzahl von

Revolutionen. Was für Bombay galt, traf auch auf viele andere Teile Indiens zu: auf den Staat Andhra, auf Tamil Nadu, auf Assam, auf den Pandschab. In ganz Indien erwachten Partikularismen, die Fremdherrschaft, Armut, Mangel an Gelegenheit oder eigene Jämmerlichkeit in eine Art Winterschlaf versetzt hatten, wieder zum Leben. Und man verstand ohne weiteres, warum sich jemand wie der Mann im Hotel, der mit einer anderen Vorstellung von Indien und von der Entwicklung des Landes aufgewachsen war, entfremdet und verunsichert fühlte.

Etwas diesem Gefühl der Entfremdung Vergleichbares hatte ich selbst empfunden, als ich 1962 das erste Mal nach Indien fuhr. Für mich war das eine besondere Reise: Ich kam als Nachkomme indischer Kontraktarbeiter, die im neunzehnten Jahrhundert ausgewandert waren. Ab den sechziger Jahren des neunzehnten Jahrhunderts hatte man, hauptsächlich in den östlichen Regionen der Gangesebene, solche Kontraktarbeiter angeworben und dann aus Sammelstellen in Kalkutta mit Fünfjahreskontrakten auf Plantagen in alle möglichen Regionen des britischen Kolonialreichs und auch an andere Orte geschickt. Menschen wie meine Vorfahren gingen auf die Fidschi-Inseln im Pazifik, nach Mauritius im Indischen Ozean, nach Südafrika und in einige Gebiete Westindiens, vor allem in die Guyana-Territorien (die britischen und holländischen Besitzungen) und nach Trinidad. Meine Vorfahren gingen nach Trinidad, irgendwann in den achtziger Jahren, soweit ich weiß.

Diese indischen Gruppen in Übersee waren durchmischt. Sie stellten Indien in Miniatur dar, mit Hindus und Moslems und mit Menschen aus unterschiedlichen Kasten. Sie waren benachteiligt, niemand vertrat sie, ihnen fehlte eine politische Tradition. Ihre Sprache und Kultur trennten sie von den Menschen, unter denen sie sich wiederfanden; auch zu Indien selbst hatten sie keine Verbindung (die Dampferfahrt von Trinidad und den Guyana-Territorien nach Indien dauerte viele Wochen). Unter diesen besonderen Umständen bildeten sie etwas aus, was sie in Indien nie empfunden hätten: ein Gefühl der Zugehörigkeit zu einer indischen Gemeinschaft. Dieses Gemeinschaftsgefühl war stark genug, um über Religion und Kastenwesen zu triumphieren.

Auf diese Idee von einer indischen Gemeinschaft stieß gegen

Ende des neunzehnten Jahrhunderts der dreißigjährige Gandhi – der damals kaum politische, historische oder literarische Absichten hegte –, als er nach Südafrika ging und unter den indischen Einwanderern dort zu arbeiten begann. Es geschah während der fünfzehn Jahre, die er in Südafrika verbrachte, dass sich ihm die Idee einer panindischen religiös-politischen Mission erstmals andeutete.

Ich wurde 1932 geboren, fünfzehn Jahre, bevor Indien die Unabhängigkeit erlangte. Ich wuchs mit zwei Vorstellungen von Indien auf. Die erste – keine, mit der ich mich näher zu befassen wünschte – betraf das Land als Heimat meiner Vorfahren. Wir waren ein bäuerliches Volk. Die meisten von uns in Trinidad arbeiteten nach wie vor in den kolonialen Zuckerplantagen, und für die meisten von uns war das Leben hart; viele von uns lebten in strohgedeckten Lehmhütten. Durch den Wechsel in die Neue Welt, der uns dem unvordenklichen Quietismus des bäuerlichen Indien entrissen hatte, waren wir sozial ehrgeizig geworden; im kolonialen, ländlichen Trinidad der Weltwirtschaftskrise gab es indes wenige Aufstiegsmöglichkeiten. Angesichts dieser Armut, die uns umgab, und mit diesem Gefühl, in einer Welt zu leben, die einem Kerker glich und in der uns überall Mauern den Weg versperrten, wurde das Indien, aus dem meine Vorfahren auf der Suche nach einem besseren Leben ausgewandert waren, in meiner Fantasie zu einem höchst schreckenerregenden Ort. Dieses Indien war etwas Privates, Persönliches, jenseits des Indiens, über das ich in Zeitungen und Büchern las. Dieses Indien beziehungsweise die Ängste, die dieser Ort hervorrief, von dem wir stammten, ähnelten einer Neurose.

Es gab ein zweites Indien. Es hielt dem ersten die Waage. Dieses zweite Indien war das Indien der Unabhängigkeitsbewegung, das Indien der großen Namen. Es war zugleich das Indien der großen Zivilisation und der großen klassischen Vergangenheit. Es war das Indien, das wir in unserer bedrängten Lage als etwas Haltgebendes empfanden. Es war ein Aspekt unserer Identität, des Gemeinschaftssinns, den wir entwickelt hatten und der im gemischtrassigen Trinidad eher die Züge einer ethnischen Identität angenommen hatte.

Diese Identität nahm ich mit, als ich 1962 zum ersten Mal Indien besuchte. Und als ich dort hinkam, stellte ich fest, dass sie in Indien gar nichts bedeutete. Die Idee einer indischen Gemeinschaft – tatsächlich die Idee von einer den ganzen Subkontinent umspannenden indischen Identität – ergab einen Sinn nur in einer ganz kleinen Gemeinschaft, die als isolierte Minderheit lebte. In dem reißenden Strom Indien mit seinen Hunderten von Millionen Menschen, wo Chaos und das Nichts drohten, besaß diese Idee absolut nichts Tröstliches. Die Menschen mussten sich an beschränktere Vorstellungen davon klammern, wer und was sie waren; Halt fanden sie in den kleineren Gruppierungen der Region, der Sippe, der Kaste, der Familie.

Gruppierungen, mit denen ich schwerlich etwas anfangen konnte. In Trinidad hätten sie keinerlei Trost geboten, hätten kein Gegengewicht zu dem anderen Indien dargestellt, das ich als Neurose in mir trug, das Indien einer Armut und Verkommenheit, die zu schrecklich waren, um sie sich vorzustellen. Auf solch ein Indien traf ich jetzt, im Jahr 1962, und meine Idee von einer indischen Identität machte es mir unmöglich, mich damit abzufinden. Die Armut in den Straßen und auf dem Land empfand ich als beleidigend und bedrohlich; sie rührte an meine alte Neurose. Zwei Generationen trennten mich von dieser Form der Armut, aber ich wähnte mich ihr näher als die meisten Inder, die ich traf.

Trotz der Fünfjahrespläne und des allgemeinen Wahlrechts, trotz des Geredes von Sozialismus und vom Mann auf der Straße schien für die meisten Inder Armut immer noch ein poetisches Motiv darzustellen, einen Auslöser frommer Gefühle und süßer Schwermut, etwas, das zur Einzigartigkeit des Landes, zu seinem gandhischen Immaterialismus gehörte.

Ein Herausgeber einer Wochenzeitschrift für Ökonomie, ein tüchtiger, engagierter Mann, mit dem ich mich anfreundete, fragte mich in einer Unterhaltung in Bombay, als wir über die Unberührbaren sprachen: »Ist Ihnen aufgefallen, wie schön manche unserer Unberührbaren sind?« Indien war sein lebenslanges Anliegen; die Verbesserung der Lage der Unberührbaren gehörte zu diesem Anliegen; was er sagte, entsprang äußerster Hochherzigkeit.

Hier lag ein Paradox. Meine Idee von einer den Subkontinent umspannenden indischen Identität ließ mich ständig empfindlich reagieren und hätte es mir deshalb schwer gemacht, in Indien etwas Nennenswertes auszurichten. Die Inder hingegen gewannen durch die Stabilität, die ihnen ihre Kaste oder Gruppe verlieh, durch ihren verengten Blickwinkel, die Möglichkeit, unter Bedingungen, die andere in Hoffnungslosigkeit gestürzt hätten, mit sich im Reinen zu bleiben und ihre Arbeit zu verrichten – bescheidene Dinge, kleine Verbesserungen, keine revolutionären Großtaten. Das konnte ich während vieler Wochen beobachten, die ich mit jungen indischen Verwaltungsbeamten in ländlichen Regionen verbrachte.

Viele Tausende von Menschen, viele Millionen, hatten seit Jahren auf diese Weise gearbeitet, ohne größere innere Konflikte; in den vierzig Jahren seit der Unabhängigkeit hatte sich das zu einer immensen nationalen Kraftanstrengung addiert. Die Ergebnisse sah man. Was so aussah, als wäre es plötzlich entstanden, war von langer Hand vorbereitet. Der größere Wohlstand war unübersehbar; das neue Selbstbewusstsein der Menschen, die einst arm gewesen waren, stach ins Auge. Ein Aspekt dieses Selbstbewusstseins bestand in der Freisetzung neuer Unterscheidungen, neuer Identitäten, die den Indern ebenso unheimlich waren wie mir im Jahr 1962, da ich als bloßer »Inder« nach Indien fuhr, die Identitäten der Kaste, der Sippe und Region.

Die Menschen, die einst unter dem Namen Unberührbare bekannt waren, drängten sich auf einer belebten Straße in einer Schlange, die sich über mehr als anderthalb Kilometer erstreckte. Sie taten das zu Ehren ihres längst verstorbenen Heiligen Dr. Ambedkar, der auf seinem Kultbild Jackett und Schlips trug. Diese Art, Stolz zu bekunden, war neu. Es ließ sich geltend machen, dass dies etwas war, wofür Gandhi und andere gekämpft hatten, dass es sich um eine Errungenschaft der Freiheitsbewegung handelt. Und doch konnte man darin auch eine Bedrohung der Stabilität sehen, die viele Inder für selbstverständlich erachtet hatten, und ein Mann aus dem Mittelstand mochte in einer Anwandlung von Angst das Gefühl haben, dass es mit dem Land bergab ging.

Die Börse in Bombay boomte. Papu, ein neunundzwanzigjähriger Börsenmakler, hatte in den vergangenen fünf Jahren mehr Geld verdient als sein Vater in seinem ganzen Arbeitsleben. Papus Vater war zur Zeit der Briten nach Birma gegangen, das damals zum britischen Indien gehörte. Als Birma unabhängig wurde und aus dem Commonwealth ausschied, hatte man Papus Vater wie auch andere Inder aus dem Land gedrängt. In Indien hatte Papus Vater angefangen, auf eigene Rechnung mit Aktien und Wertpapieren zu handeln. Er las sorgfältig die Wirtschaftsseiten und fand ein bescheidenes Auskommen. »Wenn du auf dem Aktienmarkt sieben von zehn Mal erfolgreich bist«, sagte Papu, »läuft das Geschäft gut.« Papus Vater, ein Mann ohne schulische Bildung, hatte sich für seine Verhältnisse gut geschlagen.

Papu, der eine bessere Bildung genossen hatte und in weit größeren ökonomischen Dimensionen operierte, hatte sich bestens geschlagen, sogar nach seinen eigenen Maßstäben. Die vergangenen fünf Jahre, sagte er, seien außergewöhnlich erfolgreich verlaufen, und er habe das Gefühl, dass die nächsten zehn Jahre auch ziemlich gut verlaufen würden.

Aber mittlerweile hatte ein Gefühl der Besorgnis Papu erfasst. Er wisse nicht, wo die neue Aggressivität im indischen Geschäftsleben hinführen werde, und er sei sich nicht sicher, wie weit er mit seinen starken religiösen Bindungen imstande sein werde, sich den Verhältnissen anzupassen. Mittlerweile fürchtete er sich vor etwas, das seinem Vater nie in den Sinn gekommen wäre: Der Neunundzwanzigjährige lebte in Angst vor Revolution und Anarchie. Zum Teil war dies eine Angst vor persönlichem Verlust; gleichzeitig war sie aber auch eine Verlängerung seiner religiösen Bedenken.

Papu entstammte einer Dschaina-Familie. Der Dschainismus ist ein uralter Ableger des Hinduismus, der noch hinter den Buddhismus zurückreicht; die Dschaina streben nach einem Zustand, der für sie absolute Reinheit bedeutet. Sie essen kein Fleisch; sie essen keine Eier; sie vermeiden es, Leben zu zerstören. Ein Dschaina ist gehalten, jeden Morgen zu baden, ein nahtloses Gewand anzuziehen und barfüßig zum Tempel zu gehen, um zu beten. Und doch sind die Dschaina in Indien bekannt für ihre Geschäftstüchtigkeit.

Papus Büro lag in der Gegend, in der sich auch die Bombayer Börse befand. Von der Straße aus war es für den Besucher nicht leicht, diese Gegend von anderen Gegenden in der Bombayer Innenstadt zu unterscheiden. Die Eingangshalle des großen Gebäudes, in dem sich Papus Büro befand, hatte etwas spezifisch Indisches: Sie vermittelte den Eindruck, dass jemand unter dem Vorwand zu putzen dort täglich mit einem leicht verdreckten Lappen wischte und – vergleichbar der Art und Weise, wie Kultbilder jeden Tag mit Sandelholzpaste behandelt werden – den Faltgittern der Fahrstühle einen dünnen schwarzen Schmutzüberzug verpasste. Primitiv beschriftete kleine Schilder wiesen jedem Fahrstuhl eine Nummer zu, und vor jedem Fahrstuhl stand in Zickzacklinie eine kleine Schlange, so dass die Menschen in der Lobby ein Blumenmuster bildeten.

Auch in dem oberen Stockwerk, in dem wir aus dem Lift ausstiegen, war das Wirken des leicht verdreckten Putzlappens noch zu spüren. Aber in der Empfangshalle hier oben, in der es viel ruhiger war, hatten die Menschen augenscheinlich nicht so viel Angst, Anstoß zu erregen, wie unten und hatten körnige rote Spritzer Betelsaft verspuckt – manchmal in die Ecken, manchmal in vollen Breitseiten und im hohen Bogen direkt an die Wände.

Aus diesem zwanglosen Ambiente gelangten wir in ein Büro. Schreibtische, Angestellte, Büroutensilien. An den Wänden hingen gerahmte farbige Bilder von indischen Gottheiten, und einige der Bilder trugen Girlanden. Papus Zimmer war ein kleiner, fensterloser Raum. Computermonitore leuchteten grün. An einer Wand hingen nebeneinander drei Gottheiten. Das rechte Bild zeigt die Göttin Durga, auf einem Tiger reitend; eine Kette aus Ringelblumen hing über dem Glas.

Ich fragte Papu nach Durga. Er antwortete nicht direkt. Er begann, über seinen dschainischen Glauben zu sprechen und darüber, wie er sich auf seine Tätigkeit anwenden ließ.

»Im Grunde«, sagte er, »sind wir ohne den Killerinstinkt, den Geschäftsleute eigentlich haben sollten.«

»Aber Sie sind doch so erfolgreich«, entgegnete ich.

»Wir sind Händler.« Der Unterschied war ihm wichtig. »Der Killerinstinkt wird in der Industrie gebraucht, nicht im Handel. Deshalb engagiert sich die Dschaina-Gemeinschaft nicht in der Industrie. Wenn ich jetzt an der Börse Handel treibe und von jemandem kein Geld kriege, dann beauftrage ich keinen Mafioso, um es aus ihm herauszupressen. Genau das passiert hier aber zum Beispiel in der Bauindustrie – wenn ich ein Bauunternehmer bin, brauche ich eigene Verbindungen zur Mafia.«

»Wie lange ist das schon so?«

»In den großen Städten nimmt es zu. Nach 1975« – der Zeit der Verhängung des Ausnahmezustandes durch Indira Gandhi –

»gaben all die Mafiabosse den Schmuggel auf und engagierten sich im Baugeschäft. So ›ermutigen‹ sie zum Beispiel Leute, ihr Land zu verlassen, damit es bebaut werden kann.«

Darüber wurde viel gesprochen. Es gehörte zur »Kriminalisierung« des Geschäftslebens und der Politik in Indien.

»Das ist ein Problem«, erklärte Papu. »Ich weiß nicht, wie lange das hier« – er deutete auf seinen eigenen Raum mit den Computern und auf das Büro draußen – »noch Bestand haben wird. Jetzt gerade geht es uns gut. Wir sind Vegetarier, aber ich weiß nicht, wie lange wir noch so weitermachen können, ohne uns dem Kampf zu stellen.«

Dass er just hier das Vegetariertum hervorhob, wirkte seltsam. Aber die vegetarische Lebensweise war grundlegender Bestandteil von Papus Glauben. In dem Durcheinander, den Veränderungen und den Ungewissheiten des Lebens bot die Weigerung, Unreinheit in Kauf zu nehmen, dem Selbst einen Halt. Sie erforderte eine Willenskraft und Charakterstärke, die einen vor anderen Formen übertriebener Selbstbestätigung wie etwa der Versuchung, »sich dem Kampf zu stellen«, bewahrte.

Papu war von mittlerer Größe. Sein Vegetariertum und seine sportliche Betätigung – überraschenderweise spielte er Basketball – hatten ihm eine tolle, schlanke Figur beschert. Er war stark, ohne als Muskelpaket zu erscheinen; er hatte eine eigentümliche Ähnlichkeit mit den glatten Marmorfiguren der dschainischen Bildhauerkunst. Seine Augen blickten heiter; er hatte ein eher quadratisches, wohlkonturiertes Gesicht, eine glatte, makellose Haut.

Wenn sich das Wesen des Handels veränderte, wenn der Killerinstinkt Einzug hielt, dann mussten die Dschaina nach Papus Ansicht kämpfen oder aufgeben. Glaubte man seinen Äußerungen, dann hatten die Dschaina bislang lieber aufgegeben. Aus der Bauindustrie hatten sie sich zurückgezogen. In Bombay hatten sie wie in Delhi alle Handelszweige aufgegeben, die es nötig machten, Bargeld oder Wertsachen mit sich herumzutragen.

Er kam erneut auf seinen Glauben zu sprechen, und als er – zu guter Letzt wieder auf meine frühere Frage zurückkommend – die Göttin Durga ansprach, war sie für ihn keine Gottheit mit besonderen Eigenschaften. In seinen Äußerungen war sie schlicht und einfach Gott.

»Wann immer bestimmte Dinge passieren, muss ich an Gott denken. Anfang dieses Jahres ist mein Vater gestorben. In solchen Situationen stellt sich das Gefühl ein, dass da eine äußere Macht ist, auf die ich keinen Einfluss habe.

Ich arbeite mittlerweile genauso mit Computern, wie sie das in den entwickelten Ländern tun. Zuzeiten bin ich überzeugt davon, dass ich mich auf dem Markt deshalb erfolgreich durchsetzen kann, weil ich imstande bin, mir diese Entwicklungen anzueignen. Aber wenn dann so etwas passiert – mein Vater, sein Tod –, dann überkommt mich das Gefühl, dass meine Intelligenz oder meine Durchsetzungskraft nichts wert sind. Da bin ich nun, in dieser Branche hier. Ich sehe Börsenbewegungen, Preisbewegungen voraus. Ich bin von der Arbeit besessen, wie Sie wissen. Und dann plötzlich dieses Gefühl – dass ich mein Leben nicht voraussehen kann. Da habe ich dann das Gefühl, dass es so etwas wie Gott gibt, und sehne mich nach dem Glauben.

Letztes Jahr hat sich dieses Gefühl jedes Mal eingestellt, wenn ich erregt oder tieftraurig war. Früher, wenn ich mich erregte, ließ ich meiner Erregung freien Lauf. Man konnte sie sehen. Aber jetzt weiß ich, dass am Ende des Tages, nach der Erregung, vielleicht etwas Trauriges passiert. Wozu sich also erregen?«

»Ich kann verstehen, dass ältere Männer solche Gedanken haben. Aber Sie sind nicht alt.«

»An der Bombayer Börse haben wir die Redensart: ›Wie viele Diwali hast du gesehen?‹« Diwali ist das hinduistische Fest des Lichts. »Das soll heißen: ›Wie alt bist du?‹ Mein Freund, dem eine Firma gehört, ist erst dreißig, und er war in den letzten fünf Jahren sehr erfolgreich. Er hat zwei Steuerprüfungen durchgemacht und mehrere Höhenflüge und Abstürze erlebt. Erfahrungen, für die mein Vater sein ganzes Leben gebraucht hätte, hat er in fünf Jahren gemacht. Entscheidend ist also, wie wir zu sagen pflegen, nicht die Anzahl der Diwali, die man gesehen, sondern der Coups, die man gelandet hat. Für mich gilt das Gleiche, nicht nur im Geschäftlichen, sondern auch im Leben. Ich gehe jeden Morgen in den Tempel. Im Grunde bete ich darum, nicht von bestimmten Gefühlen überwältigt zu werden.«

»Vom Kummer?« Ich dachte an seinen Vater.

Er missverstand mich. Statt *grief* (Kummer) verstand er *greed*

(Gier) und antwortete: »Gier und Angst. Die zwei Gefühle, die mit meinem Geschäft verknüpft sind. Ich gehe in den Tempel, lege die Hände zusammen und verharre so fünf Minuten lang.«

»An wen wenden Sie sich, wenn Sie das tun?«

»An etwas, wovon man sich vorstellt, dass es die Welt lenkt.«

»Sie denken nicht an eine bestimmte Gottheit?«

»Als ein Geschäftsmann würde man an die Göttin Lakschmi denken. In anderen Fällen wäre es Saraswati. Lakschmi ist die Göttin des Reichtums, Saraswati die Göttin der Weisheit. Und wenn ich an die Kinder in den Elendsvierteln denke, muss ich an Gott denken. Dann denke ich daran, dass ich aus einem bestimmten Mutterleib gekommen bin – weshalb ich heute hier und nicht dort bin. Und warum bin ich hier und nicht dort, in den Elendsvierteln? An keinem Punkt der ordentlichen Bildung, die ich in der Schule und im College genossen habe, bekam ich eine Antwort auf diese Frage. Die Antwort lautet: Gott. Täglich muss ich mehrmals daran denken.«

»Hat sich auch Ihr Vater mit solchen Gedanken beschäftigt?«

»Mein Vater musste sich emporarbeiten. Er hatte nur einen einfachen Schulabschluss. Er war stärker mit seiner Arbeit beschäftigt. Im Grunde denkt man an diese anderen Dinge erst, wenn man genug zu essen und ein Dach über dem Kopf hat. Auch wenn mein Vater vermutlich die gleichen Gedanken hatte, musste er zuerst seine Pflichten gegenüber der Familie erfüllen. Ich habe es in jungen Jahren schon ein bisschen leichter. Das ist einer der Gründe, warum mir so etwas in den Sinn kommt.«

»Kann man ohne ein gewisses Maß an Aggressivität im Geschäftsleben Erfolg haben?«

»Aggressivität führt in einen Teufelskreis. Ich gebe Ihnen ein Beispiel. Wir haben hier einen Mann namens Ambani. Er wird in einigen Jahren der größte Industrielle Indiens sein. Dieser Mann dürfte Ihnen ein realistisches Bild davon vermitteln, wie geschäftlicher Erfolg in Indien funktioniert. Er versteht sich gut aufs Verwalten und ebenso gut aufs Manipulieren. Das sind zwei verschiedene Dinge. Ein Verwalter organisiert sein Geschäft, durch Manipulation wird man mit der Welt draußen fertig. Ambani besitzt den nötigen Weitblick und am Ende auch die nötige Aggressivität. Vergleicht man ihn mit alten Industriellen wie Tata und Birla, so ist er eine Generation weiter. Birla besaß die Lizenzen. Er baute Fabriken, er fabrizierte Waren. Dieser Ambani geht einen Schritt weiter. Er entwirft und verwirft Strategien ganz allein. Gegenwärtig sieht er einen Bedarf an Polyester. Die Faser glänzt und ist ewig haltbar. Für Indien, wo sich die Leute nicht übermäßig viele Kleider leisten können, ist sie ideal. Also investiert er in Polyester und sorgt dafür, dass niemand sonst beteiligt ist. Danach kommt der nächste Schritt – die Fabrikation des Rohstoffs für Polyester. Dann will er, dass auch andere Polyester produzieren, damit sie seinen Rohstoff verwenden. Diese rückschreitende Vereinnahmung wird ihn schließlich in eine Position bringen, in der er die indische Textilindustrie vollständig kontrolliert. Polyester wird der größte Markt sein.

Wenn ich in Indien irgendein Unternehmen gründen wollte, dann müsste ich so was tun. Etwas von dieser Art.

Aber die Sache kann auch anders aussehen. Es gibt hier eine Firma namens Bajaj. Das ist der zweitgrößte Hersteller von Motorrollern in der ganzen Welt. Vor drei Jahren, als die Japaner nach Indien kamen, dachten wir, Bajaj würde bald am Ende sein. Aber er ist nicht nur imstande, sich zu behaupten, sein Unternehmen wächst sogar viel stärker als alle anderen. Er hat einen Harvard-Abschluss. Dabei stammt er aus einer herkömmlichen indischen Familie, mit all der Kultur und dem Traditionsbewusstsein. Sie haben eine Einkommenssteuer von siebenundneunzig Prozent und eine Erbschaftssteuer ertragen müssen, die nicht weniger als achtzig Prozent betrug, und doch sind sie auch heute noch riesig. Das stimmt mich zuversichtlich, dass es immer noch machbar ist.«

Mit »es« meinte er die althergebrachte indische Art zu leben, eine Lebensweise, die im Einklang mit »all der Kultur und dem Traditionsbewusstsein« stand.

»Den entscheidenden Punkt hier«, sagte Papu, »trifft Ihre Frage, wie man ohne Aggressivität erfolgreich sein kann. Das Problem ist die Disziplin. Meiner Erfahrung nach verfügen meine nichtvegetarischen Freunde nicht über die Willenskraft und Disziplin und Charakterstärke der Vegetarier. Als wir mit dem vegetarischen Leben anfingen, dachten wir an so etwas gar nicht. Aber wenn wir heute auf unser Leben zurückblicken, stellen wir fest, dass die Nichtvegetarier ein Problem haben.«

Für seine eigene Zukunft hatte Papu so etwas wie einen Plan. Die nächsten zehn Jahre wollte er arbeiten und die geschäftliche Begabung nutzen, mit der er gesegnet war. In diesen zehn Jahren wollte er genug Geld verdienen, um bis an sein Lebensende davon zehren zu können. Und dann wollte er sich der Sozialarbeit widmen. Aber er hatte Zweifel an seinem Plan. Vor allem war er sich nicht sicher, ob er klug oder richtig handelte, wenn er sein Geschäft aufgab. Verschwendete er nicht sein natürliches Talent, wenn er sich persönlich in der Sozialarbeit engagierte? Diente er seinem sozialen Anliegen nicht besser, wenn er geschäftlich tätig blieb und mit seinen Gewinnen – die weiter wachsen würden – Sozialarbeit finanzierte?

Diese Überlegungen bereiteten ihm Kopfzerbrechen. Er zweifelte an seiner inneren Stimme, und das bedrückte ihn sogar noch mehr. Angesichts des Lebens, das er jetzt führte, erschienen ihm die Gedanken, die er sich um die Armen machte, als bloße »Heuchelei«.

»Wenn ich meine, ich sollte mich in der Sozialarbeit engagieren, warum bin ich dann hier in einem klimatisierten Büro? Wenn ich es ernst meinte, dann müsste ich da draußen in den Elendsvierteln sein und etwas tun. Aber bis vierzig muss ich vielleicht weiter das Leben eines Heuchlers führen. Und dann täte ich endlich, was ich will. Für das, was ich hineinstecke, kriege ich im Augenblick so enorm viel zurück. Das gibt mir das Gefühl, dass ich noch härter arbeiten müsste. Es gibt mir das Gefühl, dass ich kein Recht auf all diesen Luxus habe.

Wenn die Dschaina der früheren Generation das Bedürfnis hatten, etwas für das Gemeinwohl zu tun, dann errichteten sie Marmortempel. Wir finden das nicht mehr sonderlich passend, vielleicht weil es schon so viele Tempel gibt. Uns fallen Waisen- und Krankenhäuser ein. Unsere Generation hält mehr von Sozialarbeit als von Religion.«

»Beunruhigt Sie die Armut wirklich so sehr, wie Sie sagen?«

»Ich bin sicher, es wird zu einer Revolution kommen. In ein oder zwei Generationen. Es kann so nicht weitergehen, bei den Unterschieden im Einkommen. Mich schaudert, wenn ich daran denke. Ich bin ganz sicher, dass der indische Geist religiös, schicksalsergeben ist. So gebildet, wie ich bin, glaube ich doch nach wie vor, dass mich mein Schicksal ereilt, egal, was ich mache. Deshalb hat es bei uns noch keine Revolution gegeben. Mit dem zunehmenden Frust aber wird es zu einer Revolution kommen, mögen die Leute auch noch so religiös sein. Ihre Geduld wird überbeansprucht.«

»Welche Form, meinen Sie, wird die Revolution annehmen?«

»*Gar keine.* Sie wird das reine Chaos sein.«

Nach Ansicht mancher, wie etwa der Shiv Sena, war die Revolution bereits ausgebrochen. Nikhil, ein junger Zeitschriftenjournalist, dessen Bekanntschaft ich gemacht hatte, nahm mich eines Sonntagmorgens mit in den Industrievorort Thane, um dort einen »Ortsgruppenleiter« der Sena zu treffen. Die Sena verfügte in Thane über vierzig Ortsgruppen – vierzig Gruppen allein in dem einen Vorort –, und jede Gruppe besaß einen Leiter wie Mr Patil, den Mann, den wir besuchen wollten.

Thane lag eine Stunde Zugfahrt in nördlicher Richtung von der Innenstadt entfernt. Die Waggons waren breit und geräumig und primitiv, gebaut für die starke Beanspruchung durch den Bombayer Vorortverkehr, nüchterne Konstruktionen aus metallenen Stangen, Trägern und Bolzen. Ein deutlich sichtbares Metallschild in jedem der Waggons teilte mit, wer sie gebaut hatte: Jessop und Co., Kalkutta, vormals britisch, jetzt indisch.

Wir fuhren an stockfleckigen, beschmutzten Mietskasernen vorbei, an Morästen und Abflusskanälen, an braunen Ackerflächen, an Staub und Kindern; und stets und ständig die behelfsmäßigen Hütten und die mit Lumpen abgedeckten Verschläge, die sich an sie anlehnten, wobei die vorhandene Baracke, Hütte oder Unterkunft dem Neuankömmling jeweils eine fertige Wand bot, an die er anbauen konnte – dem Neuankömmling aus der Flut von Menschen, die unablässig in die Stadt brandete und manchmal in einer einzigen Nacht jahrelange Sanierungsanstrengungen wieder zunichte machte. In ihrer frühen Zeit hatte die Shiv Sena »Maharashtra den Maharashtranern« gefordert; sie hatte gegen die Einwanderung aus anderen Staaten nach Bombay gekämpft. Was man vom Zug aus sah, bot dafür die Erklärung.

Sogar in dem eine Stunde außerhalb vom Bombay gelegenen Thane hatte man immer noch das Gefühl, dass Wohnraum ungeheuer kostbar war. In einer von Arbeitern bewohnten Straße nahe dem Bahnhof – unmittelbar hinter den farbenfrohen Verkaufsständen, von denen etliche Obst, andere Billiguhren und wieder andere Tinnef, märchenhaft gleißenden Flitterkram, verkauften – musste man für ein einfaches Apartment unter Umständen zweieinhalb Lakh Rupien, etwa 10 000 englische Pfund, bezahlen.

Zu Mr Patils Wohnung gelangte man von dieser Straße aus durch eine Passage, die von zwei doppelstöckigen Häusern gesäumt war. Mr Patil wohnte im oberen Stock eines alten Gebäudes auf der rechten Seite; das Haus links, an dem noch gearbeitet wurde, war ein solides Bauwerk und überraschte durch seine ungewöhnliche Architektur. Der Hof am Ende des Durchgangs wirkte wie ein Hinterhof im alten Teil von Port of Spain, erfüllt von regem Leben – auch wenn die bröckelnden Ziegelsteinanbauten an der Rückwand von der typischen Bombayer Beengtheit kündeten, von Menschen, die mit sehr wenig Platz auskommen mussten.

Auf dem Grundstück oder Hofgelände auf der anderen Seite der rückwärtigen Mauer und nicht weit von ihr entfernt erhob sich das verwitterte Skelett eines geplanten Betonbaus von beträchtlicher Größe, der so aussah, als habe man die Arbeit an ihm aufgegeben. Wäre er hochgezogen worden, hätte er Mr Patils Hof ziemlich viel Licht genommen; der Hof hätte sich eingeschlossen gefunden. Da er aber nach hinten offen geblieben war, wirkte Mr Patils Hof eigentümlich unbedrängt, trotz der vielen Menschen und dem allgemeinen Lärm – den vielerlei Geräuschen und Vorgängen, die sich zu einer Art Meeresrauschen vereinigten.

Die Holztreppe, die zu Mr Patils Stockwerk führte, war steil (aus Platzgründen) und nur mit Vorsicht zu besteigen. Ihre Bauweise war interessant: Man hatte die dicken Planken der Stufen einzeln mit den Seitenbrettern verzapft. In der kleinen Veranda oder Galerie am oberen Ende standen zurückgelassene Schuhe und Pantoffeln, aber uns forderte man nicht auf, die Schuhe auszuziehen.

Drinnen befand sich bereits ein Besucher, der vor uns gekommen war, ein Polizeiinspektor in Khakiuniform; er saß in einem Sessel neben Mr Patil. Auch der Inspektor hatte seine Stiefel anbehalten. Es waren ziemlich prächtige Stiefel und wohl eher sein persönlicher Besitz als Bestandteil der normalen polizeilichen Ausstattung. Sie reichten bis zu den Knöcheln, waren aus weichem Leder, hübsch gekerbt und gerippt und ochsenblutfarben.

Der Inspektor war Ende dreißig oder Anfang vierzig, ernst und respektvoll, aber auch erfüllt von Selbstachtung. Mr Patil runzelte die Stirn; das sollte wohl Autorität demonstrieren. Er war klein gewachsen und begann gerade, in die Breite zu gehen. Ein junger Mann, Ende zwanzig, der durch die Art, wie er dasaß, sein kleines Bäuchlein zur Schau stellte. Er hatte sich das Bäuchlein wohl gerade erst zugelegt und noch nicht recht gelernt, damit zu leben; das galt auch für seine rundlichen Schenkel, um die sich die Hosenbeine merklich strafften. Er saß barfüßig in seinem Wohnzimmer. Das entsprach dem Brauch, war aber zugleich Ausdruck seiner privilegierten Stellung – der Stellung des lokalen Honoratioren, der zu Hause empfing.

Der Polizeiinspektor war an diesem Sonntagmorgen gekommen, weil er die Sena um ihre Hilfe bei einem Problem der »Frauen-Anmache« bitten wollte. Die – oft verstohlene, manchmal aber auch ganz offene – Belästigung von Frauen an öffentlichen Orten stellte überall in Indien ein Problem dar. Der betreffende Vorfall, der dem Inspektor Sorgen machte, hatte zwei lokale Gruppen gegeneinander aufgebracht. Menschen, die so eng aufeinander hockten, verloren leicht die Nerven; Reibereien waren an der Tagesordnung.

Das Wohnzimmer war rosafarben getüncht und hatte einen Terrazzo-Fußboden. In seiner Möblierung und seiner Dekoration glich es, sah man von zeitbedingten Details ab, den Zimmern, die ich aus meiner Kindheit in Trinidad kannte, den Zimmern von Menschen, die das Gefühl hatten, dass es aufwärts ging, und Selbstbewusstsein zu entwickeln begannen. Es gab einen Sony-Fernsehapparat mit einem Videorekorder. Auf dem Fernsehapparat lag ein gemustertes Spitzendeckchen, und darauf saß eine Puppe. An den rosa Wänden hingen Hibiskuszweige aus Plastik an Gitterelementen, ebenfalls aus Plastik. Eine Ecke des Raums nahm ein Doppelbett ein; zwei Nackenrollen in verblasstem Rosa lagen rechtwinklig zueinander auf dem Bett; ein paar Kleider von Mr Patil hingen an einem Haken.

Mr Patils Mutter saß in dem offenen Durchgang links auf dem Terrazzo-Boden. Der Raum dahinter musste die Küche sein. Mir war so, als wehte von dort Bratfischgeruch herein, aber ich mochte mich irren. Vielleicht aßen die Patils keinen Fisch; in Indien sind solche Details sehr wichtig und können maßgeblich für die Kastenzugehörigkeit sein. Jedenfalls lag Essensgeruch in der Luft, und vermutlich war es dies, was – während der Polizeiinspektor und Mr Patil sich unterhielten – eine kleine rotbraun getigerte Katze quer durch das Zimmer zu dem Durchgang lockte, in dem Mr Patils Mutter saß. Die Katze überraschte mich: Ich hatte gedacht, Inder hätten nicht viel für Katzen übrig. Diese hier war eine indische Katze, mit dürrem Hals und mageren Gliedern, füllig nur am Bauch, hagerer und verzweifelter als die wohlgenährten Katzen in England.

Mr Patils Mutter trug einen rot oder rosa gemusterten Sari, den sie so angelegt hatte, dass die Beine getrennt umwickelt waren. Sie war sehr klein, hatte schlaffes, welkes Fleisch und trug eine Brille mit dicken Gläsern. Im Durchgang sitzend, genoss sie die Sonntagmorgengesellschaft, obwohl ihr Verhalten zugleich deutlich machte, dass sie nicht die Absicht hatte, sich in die wichtigen Geschäfte, die ihr Sohn zu erledigen haben mochte, einzumischen.

Der ernste, eindrucksvolle Polizeiinspektor stand endlich auf. Er freue sich, erklärte er, über Mr Patils Verständnis. Beide Gruppen in der Belästigungsgeschichte würden über genug Anhang verfügen, um für richtigen Ärger in der Gegend sorgen zu können, und in solchen Fällen sei die Polizei bemüht, die Leute zur Aussöhnung zu bewegen. Dann ging er, und man hörte, wie er sich in seinen Stiefeln vorsichtig die steilen Stufen hinuntertastete.

Mr Patil runzelte die Stirn noch stärker, kniff den Mund zusammen und war bereit, zu hören, was ich ihm zu sagen hatte. Englisch sprach er nicht, nur Marathi. Nikhil dolmetschte für mich. Zuerst, sagte ich, würde ich gern alles über die Gegend und über Mr Patils Familie erfahren.

Seine Familie habe ihr ganzes Leben genau hier, in dieser Gegend, verbracht, erklärte Mr Patil. Sein Vater habe vierzig Jahre lang in der Werkzeughalle einer im Zentrum von Bombay gelegenen Fabrik als Angestellter gearbeitet. Was war dort produziert worden? Weder Mr Patil noch seine Mutter wussten es. Die Fabrik habe mittlerweile geschlossen, dichtgemacht. Wichtig aber sei, dass sein Vater einer regelmäßigen Arbeit nachgegangen sei. Deswegen habe die Familie, als die Kinder klein waren, keine Not gelitten.

Not habe die Familie erst kennen gelernt, als der Vater 1975 gestorben sei. In Indien gebe es keine Renten.

Mr Patil hatte ein dunkles, quadratisches Gesicht. Er trug einen Schnurrbart. Sein Haar lichtete sich.

Nach dem Tod seines Vaters sei er arbeiten gegangen. Er habe einen Job in der Verpackungsabteilung eines Unternehmens gefunden, das Transistoren produziere. Eine Kusine habe ihm den Tipp für den Job gegeben. Sie habe dort gearbeitet, arbeite immer noch dort. Viel verdient habe er in der Verpackungsabteilung nicht, dreihundert Rupien im Monat, bei einem Achtstundentag. Die Arbeit habe ihm keinen sonderlichen Spaß gemacht, aber immerhin habe er einen Job gehabt. In der Fabrik habe er mit vielen Leuten Freundschaft geschlossen; viele von ihnen seien nach wie vor seine Freunde.

Als arm habe er sich und seine Familie nie betrachtet. Er habe sich nie gefragt, ob er reich oder arm sei. Er habe sich immer als zum Mittelstand gehörig empfunden – er gebrauchte den Begriff im indischen Sinn. Was er sagte, erinnerte mich an eine Äußerung von Papu, dem dschainischen Börsenmakler: Ein Mann muss erst für Essen und ein Dach über dem Kopf sorgen, ehe er sein Augenmerk auf andere Dinge richten kann. Wie Papu erst durch seinen geschäftlichen Erfolg ein soziales Bewusstsein entwickeln konnte, das sein stärker unter Druck stehender Vater nie besessen hatte, so konnte auch der Gedanke von der Benachteiligung der Maharashtraner, den die Shiv Sena propagierte, den Menschen erst in den Sinn kommen, wenn sie bereits aufgehört hatten, in jeder Hinsicht benachteiligt zu sein.

Wie hatte Mr Patil, während er hier aufwuchs, der Ehrgeiz gepackt? War er schon als Kind ehrgeizig? Jawohl, das sei er gewesen. Er habe berühmt werden wollen. Nicht berühmt für irgendetwas Bestimmtes, einfach nur berühmt. Irgendwann habe er sich gewünscht, ein berühmter Kricketspieler zu werden. Aber jetzt habe er keine solchen Bestrebungen mehr; er habe seinen Ehrgeiz heruntergeschraubt. Er wolle einfach nur tun, was der Große Führer der Partei von ihm verlange.

Mit zehn Jahren habe er den Führer zum ersten Mal gesehen. Direkt hier habe er ihn gesehen, in diesem Viertel. Das müsse 1969 oder 1970 gewesen sein. Er habe eines Tages ein Plakat gesehen, auf dem ein Besuch des Führers angekündigt wurde. Damals habe er vom Führer noch gar nichts gewusst; die Sena habe damals erst drei Jahre bestanden, und der Führer sei noch nicht so berühmt gewesen, wie er es später wurde. Aber das Plakat mit der Besuchsankündigung sei ihm aufgefallen. Zur Zeit des Besuchs habe man gerade das Ganpati-Fest gefeiert. Und von diesem Punkt in Mr Patils Erzählung an begannen Religion und Sena-Politik, sich miteinander zu verschränken.

Ganpati, Ganescha, der hinduistische Elefantengott mit seinem langen, freundlichen Rüssel, seinen strahlenden Augen und seinem dicken, gemütlichen Wanst, wurde in Maharashtra verehrt. Im Hause Patil spielte er eine große Rolle: Die Familie besaß ein Kultbild von Ganpati. Das Fest dauerte neun Tage, und an jedem dieser Tage fand eine große Veranstaltung statt. Als Junge besuchte Mr Patil sämtliche Veranstaltungen; das tat er jedes Jahr.

Der Übersetzung zufolge, die mir Nikhil lieferte, erklärte er unter ständigem Nicken seiner (viel hellhäutigeren) Mutter: »Alles Gute, das mir widerfahren ist, verdanke ich der Gnade Ganpatis. Jeden Monat gibt es einen Tag, der der Verehrung Ganpatis geweiht ist. Ich fahre dann 110 Kilometer, um Ganpati in seinem großen Heiligtum in Pali anzubeten.«

An der Wand hinter dem Sony-Fernseher hing ein Farbfoto oder gemaltes Bild von der Kultfigur in Pali: der breite, ausladende Bauch der Gottheit in einem grellen, aggressiven Rot, das ins Auge stach – nicht unbedingt Zutrauen erweckend.

Ich wollte wissen, ob Ganpati in der Familie schon immer als Glücksbringer betrachtet worden war. Er bejahte das. Wann hatte er in seinem Leben zum ersten Mal Ganpati mit etwas Gutem in Zusammenhang gebracht?

Er kratzte sich am dünn behaarten Kopf. Die getigerte rotbraune Katze (oder war es ein junges Kätzchen?) saß jetzt unter dem Sessel, auf dem der Polizeiinspektor Platz genommen hatte, und blickte vornehm in die Runde. Mr Patils Mutter, auf dem Terrazzo-Boden im Durchgang sitzend, wo sie offenbar ihren festen Sitzplatz hatte, hob den Kopf, als sinne sie selbst über das erste Mal nach, da ihr Sohn von Gott gesegnet worden war; die dicken Gläser ihrer Brille bildeten Lichtpfützen über ihren Augen.

An der Wand über dem Bett mit den symmetrisch angeordneten Nackenstützen hing eine Neonröhre; Neonröhren waren billig und deshalb beliebt in Indien. Die Wand hatte zwei vergitterte kleine Fenster. Im einen Fenster verliefen die Eisenstäbe senkrecht, im anderen abwechslungshalber waagrecht. Beide Fenster besaßen ähnliche Vorhänge, die jeweils an zwei Stellen mit einer Schärpe gerafft waren.

In dem kleinen Raum mit den rosafarbenen Wänden wimmelte es geradezu von Dingen, die den Blick auf sich zogen: Viel Überlegung, viel Stolz war in die Einrichtung geflossen. Es gab einen Schrank und auch eine etwa einen Meter hohe Vitrine aus schwarz gerahmtem Glas. Auf der Vitrine stand eine mächtige, mehrfarbige Kerze, das Gegengewicht zur Puppe auf dem Sony-Fernseher. Zu den Dingen auf den Regalbrettern zählten eine Reihe von Bechern aus rostfreiem Stahl und acht Porzellantassen mit Blumenmuster. Der Glasschrank und die Stücke, die er enthielt, glichen – abgesehen von den Bechern – Sachen, die ich aus meiner Kindheit kannte. Sie waren hier immer noch quasi unversehrt gegenwärtig: Ich sah sie mit Rührung.

Zu guter Letzt erklärte Mr Patil: »Ich bin nie in die Schule gegangen. Ich bin herumgestreunt und habe Kricket gespielt. Schließlich wollte man mich aus der Schule werfen. Also betete ich zu Ganpati. Ich war damals etwa fünfzehn oder sechzehn. Ich gelobte Ganpati die Wallfahrt nach Pali, wenn ich nicht von der Schule flog. Und ich flog nicht von der Schule. Die Direktorin hat es sich anders überlegt. Als sie mich zu sich rief, erklärte sie mir, sie belasse es diesmal bei einer Verwarnung.«

Nachdem er sich daran erinnert hatte, fielen ihm noch andere Gnadenbeweise Ganpatis ein. »Vor drei oder vier Jahren wurde meine Mutter krank. Bluthochdruck. Sie kam ins Krankenhaus, wurde mit Sauerstoff beatmet. Sie konnte nicht sprechen. Ich fuhr nach Pali zu Ganpatis Heiligtum und brachte eine Girlande und eine Kokosnuss dar. Als ich zurückkam, ging es meiner Mutter viel besser.«

Und seine Mutter auf ihrem Platz im Durchgang – sie saß nicht, wie ich gedacht hatte, direkt auf der Erde, sondern auf einem dünnen Holzbrett, vielleicht drei Zentimeter stark – legte die Handflächen zusammen, während ihr Sohn sprach, und erklärte in Nikhils Übersetzung, sie tue das, um Ganpati zu danken.

Schon bei seiner Geburt sei Gnade und Segen im Spiel gewesen. Das war 1959. Es habe in der Gegend schlimme Unruhen gegeben. Die Leute hätten mit Steinen geworfen. Taxis seien nur schwer zu bekommen gewesen, aber seinem Vater sei es gelungen, einen Taxifahrer zu finden, der den Versuch machen wollte, Mrs Patil ins Krankenhaus zu bringen. Das Taxi habe mitten durch die Unruhen zum fünf Kilometer entfernten staatlichen Krankenhaus fahren müssen. Es sei heil dort angelangt, und unmittelbar nach ihrer Ankunft im Krankenhaus habe die Mutter entbunden.

Mutter und Sohn erzählten mir die Geschichte im Wechselspiel, und die Mutter legte, auf der Erde sitzend, erneut die Handflächen zusammen und berief sich auf die Gnade Ganpatis.

Und dann, vor zwei Jahren, habe er eine schwere Krise durchgemacht. Eine Krise in seinem politischen Leben, die neun Tage dauerte. Neun Tage Qualen seien eine halbe Ewigkeit. Er habe eine Wallfahrt nach Pali gemacht und Ganpati gelobt, ihm 101 Kokosnüsse darzubringen, wenn er ihm aus der Krise heraushelfe.

War das nicht so, als ob man dem Gott etwas abkaufte?

»Mein Glaube wurzelt in der Wirklichkeit. Es ist nicht meine Art, 101 Kokosnüsse darzubringen, um zum Ministerpräsidenten von Indien gemacht zu werden.«

War sein Glaube an Ganpati tief in ihm verwurzelt, immer vorhanden? Oder wartete er, wenn er gebetet hatte, auf irgendein Zeichen der Gottheit?

Nikhils Übersetzung zufolge antwortete er: »Selbst wenn die Dinge schlecht stehen, höre ich eine Stimme in meinem Innern. Ich nehme an, man kann das Selbstvertrauen nennen.« Nikhil ließ mich das Marathi-Wort wissen, das er mit »Selbstvertrauen« wiedergegeben hatte: *atma-vishwas*. Das sei Ganpatis größtes Geschenk.

»Wie brachten Sie die 101 Nüsse zum Heiligtum?«, fragte ich.

»Man kann die Nüsse beim Heiligtum selbst kaufen.«

Er erzählte mir noch mehr von dem Ganpati-Fest. Jedes Jahr müsse man sich vom Bildmacher ein neues Kultbild fertigen lassen. Man behalte das Bild zu Hause, solange man Lust habe, müsse es aber am Ende des Festes wegwerfen oder im Wasser versenken. In seiner Familie pflege man das Bild anderthalb Tage zu behalten; dann brächten sie es zu einem nahe gelegenen See und versenkten es. Seine Mutter habe ihr ganzes Leben davon geträumt, das Ganpati-Bild in Begleitung einer Musikkapelle vom Bildmacher nach Hause zu bringen. Kürzlich habe sie das tun können. Ihr anderer Sohn sei beruflich sehr gut gestellt, und die Familie habe eine Musikkapelle gemietet und das Bild nach Hause gebracht, und die Musikkapelle sei wiedergekommen, als sie das Bild vom Haus zum See brachten.

Dieses Gespräch über Ganpati, über Heiligtümer und Wallfahrten und Gelübde und Opfergaben vermittelte mir einen gewissen Eindruck davon, was für Mysterien die Erde für Menschen wie die Patils bereithielt, welcher Glanz ihre Tage gelegentlich umspielte, welche Wunder ihnen begegneten. Ihre Welt schloss mehr ein, als man sah. Thane war ein Industrievorort. Aber das Land selbst war sehr alt, hatte seine heiligen Traditionen; ein und dieselben Menschen konnten naturgemäß viele verschiedene Gemütslagen aufweisen.

Während eben dieses Glück bringenden Ganpati-Festes – hier an diesem Ort, in diesen Straßen, durch die ich gegangen war und in denen ich nur die Oberfläche der Dinge wahrgenommen hatte – erblickte Mr Patil als Zehnjähriger das Plakat, das den Besuch des Shiv-Sena-Führers ankündigte. Er besuchte die Versammlung, um den Führer zu sehen. Dieser gab damals eine eigene Wochenzeitschrift heraus und war eher als Karikaturist bekannt. Der junge Patil fand seine Erscheinung nicht sonderlich beeindruckend. Er sah einen dünnen Mann mit Brille in einem langen, bis oben zugeknöpften Rock. Aber sobald der Führer zu reden begann, spürte der Junge, wie sein Blut »in Wallung geriet«. Die Rede des Führers dauerte dreißig bis fünfunddreißig Minuten, und am Ende jubelten Menschen wie der junge Patil, deren Blut in Wallung geraten war beim Gedanken an all das Unrecht, das die wahren Maharashtraner zu erleiden hatten, dem Führer lauthals zu.

»Waren Sie nicht zu jung, um das mit der Benachteiligung der Maharashtraner zu verstehen?«

»Nein. Ich hatte oft davon reden hören, wie die Muslime und Leute von draußen den Maharashtranern das Leben schwer machten. Ich hörte davon zu Hause und auf der Straße. Mein älterer Bruder erzählte mir oft davon.«

»Und Ihr Vater?«

»Er hatte an all dem kein Interesse.«

Der Vater hatte nicht das Gefühl von Sicherheit, das seine Söhne hatten. Es war wie bei Papus Vater.

Und obwohl der Zehnjährige danach lange keine großen Shiv-Sena-Reden mehr zu hören bekam, begann er mitzuhelfen, wenn die Partei Leute brauchte, um Plakate und Schriftbänder anzubringen. Später, als sein Vater gestorben war und er für die Transistorenfirma zu arbeiten begann, fing er an, sich abends politisch für die Partei zu engagieren. An dieser Tätigkeit für die Partei änderte sich auch nichts, als er eine neue Arbeitsstelle fand, bei der es um die Vermittlung von Arbeitskräften nach Dubai und in den Nahen Osten ging. Er bekam jetzt neunhundertfünfzig Rupien monatlich, gegenüber den dreihundert Rupien, die er in der Transistorenfirma verdient hatte. Er führte Einstellungsgespräche mit Bewerbern.

Hatte er nicht selbst Lust gehabt, in den Nahen Osten zu gehen und ordentlich Geld zu verdienen?

»Ich habe in der Schule die Zulassungsprüfung zum College nicht bestanden. Wäre ich also gegangen, hätte ich irgendwelche niederen Arbeiten machen müssen.«

»Sie haben es nicht als falsch empfunden, dass Sie Menschen von hier in ein muslimisches Land schickten?«

»Nicht alle Muslime sind Feinde.«

Seine Arbeit für die Sena habe damals darin bestanden, abends im Parteibüro zu sitzen und sich die Klagen der Leute anzuhören. Die Sena habe immer Wert auf den sozialen Aspekt gelegt. Auf diesem Weg lasse sich viel erreichen. Die Menschen bräuchten Hilfe. In manchen Häusern gebe es nur vier Stunden am Tag fließendes Wasser, in anderen reiche der Wasserdruck nur bis zum ersten Stock. Auch nach seiner Berufung zum Ortsgruppenleiter der Sena – das sei drei Jahre her – mache er immer noch diese Art von Sozialarbeit. Als wir eintrafen, sei zum Beispiel gerade eine Dame bei seiner Mutter in der Küche gewesen. Sie sei gekommen, um sich wegen eines Wasseranschlusses zu beklagen. Sie habe jemandem tausend Rupien für den Anschluss bezahlt und immer noch keinen Anschluss und kein Wasser. Der Ortsgruppenleiter müsse sich für die Probleme der Menschen interessieren; politisch sei das gut für die Partei.

Geriet sein Blut immer noch in Wallung? Oder war er ruhiger geworden angesichts des Erfolgs der Sena und seiner eigenen Stellung als Ortsgruppenleiter?

Sein Blut gerate immer noch in Wallung. Es gebe einen Ort namens Bhiwandi, ungefähr fünfundzwanzig Kilometer von hier entfernt. »Wenn Indien ein Kricketmatch gegen Pakistan verlor, dann ließen die dort ansässigen Muslime auf dem Markt Feuerwerkskörper krachen. Als kleiner Junge war ich machtlos dagegen. Aber heute kann ich es nicht mehr ertragen. Früher pflegten Gruppen von Muslimen von Bhiwandi nach Thane herüberzukommen. Die Leute hier waren so voll Hass auf diese Muslime, dass sie 1982 mit ihnen aneinander gerieten, muslimische Geschäfte stürmten und die Waren an die Leute verkauften. Sie verkauften Handtücher für zwei Rupien. Die muslimischen Kaufleute sind mittlerweile zurück, aber sie leben in Angst. Die Shiv Sena ist sehr mächtig. Ich sage Ihnen was: Die Muslime geben der Shiv Sena sogar Spenden.«

Nikhil fragte von sich aus: »Aber ist das nicht Erpressung?«

Mr Patil fand das nicht.

Ich dachte an seine Ganpati-Verehrung und wollte wissen, was wichtiger für ihn sei: die Religion oder die Politik? In Nikhils Marathi-Worten lautete das: *dharma* oder *rajnithi*?

»Dharma«, antwortete Mr Patil. Die Religion. Aber damit meine er nicht den persönlichen Glauben an Ganpati, von dem er vorher gesprochen habe. In dem Maß, wie die Sena erfolgreich gewesen und gewachsen sei, hätten auch ihre Ideen an Umfang zugenommen: Die Religion, von der er spreche, sei der Hinduismus als ganzer. »Es gibt eine Verschwörung, die den Hinduismus von der Erde tilgen will.« Eine muslimische Verschwörung, und deshalb sei es entscheidend, den Hinduismus am Leben zu erhalten.

Zwei weitere indische Katzen oder Kätzchen waren ins Zimmer gekommen – eine gescheckte und noch eine rotbraun gefärbte – und wanderten neugierig umher. Auch einige Freunde oder Verwandte der Patils hatten sich eingefunden, um sich anzuhören, was Mr Patil seinen Besuchern zu sagen hatte.

Ich wollte wissen, ob sich der Hinduismus am Leben erhalten ließ, wenn die Wirtschaft und Industrie in Indien weiter so wuchsen wie bisher.

Er sah keinerlei Widerspruch. »Wenn man überleben will, muss man Geld verdienen.«

»Das ist aber nicht die Haltung Gandhis.«

»Ich hege Verachtung für Gandhi. Er glaubte daran, dass es richtig ist, die andere Wange hinzuhalten. Ich bin der Ansicht, dass man jemanden, der einen ohrfeigt, fragen können muss, warum er einen geohrfeigt hat, oder dass man ihm die Ohrfeige zurückgeben muss. Ich hasse die Idee der Gewaltlosigkeit.«

Das passte zu seinem Stolz auf die kriegerischen Marathen. Ich fragte mich, wie viel er von der Geschichte der Marathen wusste. Was für historische Vorstellungen waren in dieser Gegend hier, in diesen engen Gassen, im Umlauf? Wusste er über die historischen Daten von Shivaji Bescheid?

Das tat er. »1630 bis 1680«, sagte er.

»Ich weiß das alles. Shivaji bewahrte die Maharashtraner davor, dass ihnen Schreckliches zugefügt wurde. Aber dann kamen die Engländer, und sie begingen Gräueltaten an allen anderen.«

Ich verstand die allgemeine Stimmung hier im Volk, den Konflikt zwischen Hindus und Muslimen. Aber mich interessierte, welche Rolle die Kaste in einer Industrieregion wie dieser spielte, wo die Menschen so dicht aufeinander hockten. Wie stand es um das Verhältnis der Sena zu den Dalit? Dem Wenigen nach zu urteilen, was ich mitbekommen hatte, begannen die Dalit etwas von jenem Selbstvertrauen, *atma-vishwas*, zu entwickeln, das zu dem Segen gehörte, den Ganpati Mr Patil gebracht hatte. Berührte ihn das? Rief seine Sorge um den Hinduismus Zusammengehörigkeitsgefühle ihnen gegenüber wach?

Er war strikt. »Wir stehen nicht im Konflikt mit ihnen. Sie betrachten sich selbst nicht als Maharashtraner oder Hindus. Sie sind Buddhisten.«

Waren sie nicht durch kastenbedingte Vorurteile aus dem Hinduismus vertrieben worden? Hatte er kein Mitgefühl mit ihnen? Als er in jungen Jahren seinen Führer von der Benachteiligung der Maharashtraner sprechen hörte, war sein Blut in Wallung geraten. Meinte er nicht, dass die Dalit Grund hatten, ähnlich zu empfinden?

Nein, der Ansicht sei er nicht. Der Unmut der Dalit werde von deren Führern und den Leuten, die sich Dalit-Panther nannten –

in Nachahmung der Black Panthers in den USA –, aus politischen Gründen geschürt. »Sie haben keinen Grund, zornig zu sein. Sie haben nicht so viel gelitten, wie sie behaupten. Und die gegenwärtige Dalit-Organisation unterhält Verbindungen zu muslimischen Gruppen.«

Ich erkundigte mich bei Nikhil, ob das stimme. Er bejahte. »Beide Bevölkerungsgruppen, die Dalit und die Muslime, sind entfremdet. Und jemand hielt es für eine gute Idee, sie zusammenzubringen.«

Entfremdung: Das war jedermanns Thema. Mr Patil schwamm mittlerweile oben, aber sein Blut geriet nach wie vor in Wallung. Selbst jetzt noch hegte er die Befürchtung, dass es mit seiner Gruppe bergab gehen könne und dass andere nur darauf warteten, auf ihr herumzutrampeln. Es war, als fühle sich in diesen engen, überbevölkerten Räumen niemand recht zu Hause. Jeder sah sich von den Mitmenschen, der anderen Gruppe, höhnisch behandelt; jeder lebte im Belagerungszustand.

Der Zeitpunkt war gekommen, Mr Patil in sein Parteibüro zu begleiten. Wir verabschiedeten uns von seiner Mutter, und sie, auf dem Boden sitzend, hob den Kopf, augenlos hinter den konzentrischen Kreisen ihrer dicken Brillengläser, und legte abermals die Handflächen aneinander. Zusammen mit ein paar von denen, die gekommen waren, Mr Patil reden zu hören, traten wir aus dem rosafarbenen Zimmer auf die Veranda, vorbei an den neben der Tür abgestellten Pantoffeln und Schuhen.

Zuerst gingen wir ans hintere Ende der Veranda, wegen des Blicks, den man von dort auf die Ziegelbaracken, die an der Rückwand lehnten, und auf die benachbarte Bauruine hatte, bei der die rostigen Eisenstäbe der Armierung aus dem Stahlbeton ragten. Einer der Männer, die uns begleiteten, sagte auf Englisch: »Ohne Genehmigung.« Ungeachtet des Eindrucks von Wildwuchs, den alles um uns herum machte, gab es also doch so etwas wie behördliche Bauvorschriften.

Wir stiegen die steile Treppe zu der Passage zwischen den beiden Häusern hinunter und traten dann auf die sonnenbeschienene, gepflasterte Straße hinaus. Ein kleines Stück nach rechts lag das Ortsbüro der Sena, Mr Patils Reich. Architektonisch war es ein Betonklotz, ein aus einem Raum bestehender Schuppen; die

Außenmauer aber hatte man so hergerichtet, dass der Bau wie eine Festung wirkte, mit stereotypen, einfachen Zinnen oben und einer Bemalung, die der Betonwand das Aussehen einer Mauer aus grauen Steinblöcken mit weißen Fugen gab. In der staubigen, dreckigen, vom Verfall gezeichneten Straße wirkte das höchst verblüffend. Es sah aus wie eine Bühnenkulisse oder etwas von einem Rummelplatz. Es sollte aber an die kriegerische Vergangenheit der Marathen erinnern. Die Vergangenheit war so real wie die gegenwärtige Macht und Organisation der Sena.

Als wir Mr Patils Wohnzimmer betreten hatten, brauchten wir unsere Schuhe nicht zurückzulassen. Bevor wir von der Straße in das Sena-Büro traten, mussten wir sie hingegen ausziehen: Dieses Büro, obwohl staubiger als das Wohnzimmer, war Mr Patils wahres Heiligtum. Die Innenwände waren blau gestrichen. Den Fußboden bedeckten Steinplatten – die Menschen in Maharashtra verstehen sich von jeher gut auf die Bearbeitung von Stein.

Vor der hinteren Wand stand ein Schreibtisch mit einem Stuhl mit hoher Lehne, gleich einem Thron. Sobald wir eingetreten waren, schritt Mr Patil zu dem Stuhl und setzte sich darauf, so, als verlange das der offizielle Charakter des Orts. Vor dem Schreibtisch standen neun Faltstühle aus Metall; sie waren für die Besucher bestimmt und in dem gleichen Blau bemalt wie die Wand. An der hinteren Wand, über Mr Patils Stuhl, hing ein Bild von einem Tiger: Der Tiger war das Symbol der Sena. Das einzige andere Bild an dieser Wand zeigte den Führer der Sena. Auf dem Schreibtisch stand eine bronzefarbene Büste von Shivaji, und eine weitere, ähnliche Büste befand sich auf einem Säulenfuß, der schräg in der vom Schreibtisch entfernteren Ecke stand. Die Büsten waren aus Gips, und die Köpfe wiesen auf der Stirn frische Spuren von Sandelholzpaste auf – Zeichen kultischer Verehrung. In der Nähe der Tür stand ein dunkelgrüner Metallschrank; Licht spendete eine Neonröhre. Eine Kuckucksuhr an einer der Wände – man fühlte sich an Mr Patils Wohnzimmer erinnert – bildete den einzigen Schmuck in dem kleinen kahlen Raum.

Das Büro der Sena war eine Festung der Sena, und in Thane gab es vierzig weitere davon. Einerseits war das Ganze hohles Säbelrasseln, andererseits vollkommen real. Ständig gerieten in der Gegend Gruppen aneinander. Einige der Auseinandersetzungen spielten sich zwischen der Sena und den Dalit ab, vor allem denen, die sich die Panther nannten; aber es gab auch Kämpfe zwischen der Sena und einigen Gruppen der Kongresspartei. Es waren ernsthafte Kämpfe, manchmal mit tödlichem Ausgang; als Waffen dienten Schwerter und mit Säure gefüllte Glaskolben. Die Sena wandte auch Gewalt an, um ihre Anhänger vor Kriminellen und Schlägertrupps zu schützen. Zu den Anhängern der Sena zählten etliche Händler mit Verkaufsständen, wie wir sie auf dem Weg vom Bahnhof gesehen hatten; es gab immer Leute, die Schutzgeld von ihnen erpressen wollten.

Während wir uns im Büro unterhielten – Mr Patil in seinen Thron zurückgelehnt, Nikhil und ich auf unseren blauen Metallstühlen (an den Kanten, wo die Farbe abgekratzt war, rosteten sie) nach vorn gebeugt –, hörten wir auf der Straße Getrappel. Es klang fast, als nähere sich ein kleiner Aufruhr, bilde sich ein kleiner Auflauf. Und dann sahen wir im Sonnenlicht vor der Tür eine Reihe von jungen Männern in Handschellen vorüberziehen, mit einem Seil aneinander gebunden, einem dem Anschein nach neuen Seil, das sich von einem Oberarm zum nächsten zog. Die zusammengebundenen Männer gingen in zwei Reihen und wurden von einem Trupp Polizisten in Khakiuniform ohne Geschrei oder Hast oder Grobheit die Straße entlanggetrieben oder -geführt.

»Aber das verstößt gegen die Verfassung«, sagte Nikhil. »Menschen kann man nicht einfach so Handschellen anlegen. Darüber gibt es eine Entscheidung des Obersten Gerichtshofs.«

Die Männer, die abgeführt wurden, schienen in ihren Sonntagsstaat gekleidet. Sie trugen saubere, modische Hemden; das Hemd eines der Männer hatte breite schwarze und silberne Längsstreifen. Sie waren sehr jung und schlank, einige dürr.

Der Mann, der im Blick auf die Bauruine hinter Mr Patils Haus »Ohne Genehmigung« gesagt hatte, dieser gleiche Mann äußerte sich jetzt wieder ebenso lakonisch, mit einem typisch indischen kurzen Kopfwiegen. Er sagte nichts weiter als »Ohne«.

Ohne was?

Eisenbahnfahrkarten – alle um mich herum wussten Bescheid, alle erklärten mir die Sache nur zu gern.

Was hielt Mr Patil von dem, was er gesehen hatte?

Er fand es nicht der Rede wert. »Es kommt täglich vor. Sie werden ins Gefängnis gebracht und müssen dort drei oder vier Tage bleiben. Manche von ihnen sind arme Leute. Aber manche machen es zum Vergnügen.«

Wir traten aus dem Büro auf die Straße. Die Polizisten und ihre Gefangenen waren fast schon außer Sichtweite. Der kleine Aufruhr hatte sich gelegt; das Leben der Straße schlug über ihm zusammen.

In einem Kanal (oder Schlimmerem) abseits der Straße sah ich irgendein Tier, das durch das dunkle grünbraune Wasser schwamm. Ein Hund? Eine Kuh – eine von der kleinen indischen Rasse? Ein Kalb? Es war schwer, das dunkle Tier in dem dunklen Wasser zu erkennen. Dann aber hob sich eine flache, rosige Schnauze aus dem Wasser: ein Schwein. Und jetzt, da ich mir Klarheit verschafft hatte, sah ich auch, dass vorneweg eine Reihe kleiner schwarzweißer Ferkel in dem schlammigen Pfuhl planschte und sich wälzte, wobei ihre unregelmäßige weiße Zeichnung aus der Entfernung wie Licht oder Schaum auf dem Wasser wirkte.

Der Mann, der »Ohne Genehmigung« und »Ohne« geäußert hatte, verkündete jetzt: »Dalit-Schweine.«

Was meinte er damit? Vielen Indern, Hindus und Muslimen, galt das Schwein als unrein; manche konnten kaum den Anblick des Tieres ertragen. Steckte eine provokative Absicht der Dalit dahinter, dass man diese Schweine (die kaum jemand zu berühren wagte) in einer belebten Gegend frei laufen ließ?

Dem war nicht so.

Der Mann, der »Dalit-Schweine« gesagt hatte, erläuterte: »Die Dalit essen sie sonntags.« Die Schweine waren also nicht nur Ausweis der Sonderstellung der Dalit; der Schweinefleischverzehr stellte zudem ein eigenes Ritual dar. »Sie verkaufen auch Schweine«, fügte der Mann hinzu.

Ein bisschen weiter die Straße hinunter – wo die Polizisten entlanggezogen waren – spielten viele kleine Jungen mit einem alten, haarlosen, grauen Tennisball Kricket. Die Sena-Festung, die schlanken jungen Männer in ihren hübschen Hemden, mit Handschellen gefesselt und zusammengebunden, Kricket, das elegante Feine-Leute-Spiel von der anderen Seite der Erde – alles spielte sich vor jedermanns Augen ab. Und noch so viel mehr wurde unverhohlen sichtbar: Dicht unter der Oberfläche tobten menschliche

Leidenschaften und Bedürfnisse, Vorstellungen von religiösen Wundern und Ruhmestaten.

An einer weißen Mauer irgendwo in der Nähe der Mohammed-Ali-Straße im Zentrum von Bombay hatte ich den in hohen schwarzen Buchstaben gepinselten Slogan gelesen: BEFREIT DIE MENSCHHEIT DURCH DEN ISLAM.

Jeder kannte die Mohammed-Ali-Straße. Sie war die Hauptverkehrsstraße im muslimischen Teil der Bombayer Innenstadt. Man bezeichnete das Viertel als »Ghetto«, und es fand so oft in den Nachrichten Erwähnung und in so beunruhigenden Zusammenhängen, dass die Leute zu seiner Beschreibung die Diktion der Zeitungen übernahmen und von einem »brodelnden Kessel« oder »Brandherd« sprachen. Es war ein Ort, wo urbane Unruhen ausbrechen und von wo sie sich wie ein Flächenbrand ausbreiten konnten.

Das Viertel war entsetzlich übervölkert, erfüllt von allen möglichen Gerüchen und Geräuschen. Der braunschwarze Abgasqualm der Autos, die mit gepanschtem Benzin fuhren, hing im Sonnenlicht wie aufgeheizter Nebel. Er verbrannte die Haut und ätzte die Lungen. Er trug bei zu einer allgemeinen Stimmung der Bedrücktheit, und durch diesen Rauch betrachtet, wirkte der Spruch über den Islam wie ein Aufschrei. Die Buchstaben waren ebenso hoch wie die Mauer, auf die sie aufgemalt waren, und die Sprache war Englisch. Er richtete sich nicht an die Bewohner des Ghettos; er richtete sich an die Leute draußen, an Gruppen wie etwa die Shiv Sena, die vielleicht auf die Idee kamen, Ärger zu machen.

Nikhil kannte einen jungen Mann, der in der Gegend der Mohammed-Ali-Straße wohnte. Der junge Mann hieß Anwar. Eines Tages am frühen Abend, nach der Arbeit, nahm uns Anwar mit, um uns zu zeigen, wo er wohnte. Anwar war sehr klein und zierlich, eine vererbte körperliche Schwäche möglicherweise. Aber das wurde durch seinen leidenschaftlichen muslimischen Glauben und durch seinen kämpferischen Geist ausgeglichen.

Der frühabendliche Verkehr auf der Mohammed-Ali-Straße schleppte sich dahin. Die Läden und Gehsteige waren ebenso verstopft wie die Straße. Die Straßenbeleuchtung schuf eine Art Plafond oder Baldachin, der auf allem lastete und zusammen mit dem heißen Rauch das Gefühl von Gedränge, Reibung und Leben am Limit verstärkte. Es war zu laut, um sich im Taxi zu unterhalten.

Irgendwo stiegen wir aus und folgten Anwar, der uns weg von dem Licht und dem Rauch in eine Gegend führte, in der plötzlich alles ganz klein schien. Enge Gassen führten in noch engere und waren gesäumt von kleinen, niedrigen Häusern. In einiger Entfernung glühte und toste die Mohammed-Ali-Straße; aber hier leuchteten die Lampen trübe, die Gassen waren voll Schatten, und aus den Häusern drangen nur gedämpfte Geräusche. In einem wildwüchsigen Elendsviertel befanden wir uns nicht. Die Gassen waren geradlinig und gepflastert, und die Anordnung und Bauweise der Häuser wies – so winzig der Maßstab auch war – eine Regelmäßigkeit auf, die auf ein offizielles Bauprojekt hindeutete. Anwar bestätigte das; wir befanden uns in einer von der Stadt errichteten Siedlung.

Sein Haus nahm einen schmalen Abschnitt in einer aus Maschendraht und Beton errichteten Zeile ein. Bis knapp einen Meter über dem Erdboden bestanden die Wände des vorderen Raums von Anwars Haus aus Beton; darüber waren sie aus Maschendraht. Ein weißes Tuch, das den Maschendraht bedeckte, schirmte Anwars Haus auf einer Seite gegen das benachbarte ab; das Tuch gespannt hatte der Nachbar. Anwars Haus, sein Abschnitt in der Zeile, war wohl nicht breiter als knapp drei Meter. Den Maschendraht und den Beton hatte man blau gestrichen. Der vordere Raum mochte zwei Meter tief sein. An einer Seite befand sich ein Durchgang mit Schuhen und Pantoffeln auf Regalbrettern, die in die Betonwand eingebaut waren. Dieser Durchgang führte zu dem Hauptraum in der Mitte des Hauses. Dahinter, sagte Anwar, sei die Küche.

Irgendwo im oberen Teil des mittleren Raums befand sich eine Schlafbühne. Sie war wichtig. Ohne sie funktionierten Häuser wie das hier nicht, weil nicht genug Platz für eine ganze Familie da war. Das war meine erste Begegnung mit der Bombayer Schlafbühne. In den folgenden Tagen erfuhr ich noch mehr über sie, und mir wurde klar, wie große Familien – ohne unbedingt Bewohner von Elendsvierteln zu sein oder auf der Straße zu leben – sich in einem kleinen Raum einzurichten vermochten. Überall in Bombay wechselten Wohnzimmer nachts ihre Funktion; dieses oder jenes Abteil von Häusern Anwars, vor allem der mittlere Raum, wurde einfach zum Schlafplatz. Eine Schlafbühne erlaubte, den Rauminhalt, das Volumen eines Zimmers voll zu nutzen.

Wir standen auf der Straße vor Anwars Haus und unterhielten uns, waren noch nicht hineingegangen. Das veranlasste einen jungen Mann aus dem benachbarten Haus oder Parzellenstück auf die Straße hinauszutreten, um uns in Augenschein zu nehmen. Er war mittelgroß, gut gebaut und feierabendlich leger mit einem ärmellosen Trikothemd und Khakishorts bekleidet. Im ersten Augenblick war ich verblüfft darüber, dass ein Mensch von normaler Größe und so normal bekleidet aus solch einem engen Verlies kam. Als er heraustrat und in dem trüben Licht vor seinem kleinen Anwesen stumm in der Gasse stand, verfielen auch wir in Schweigen. Und als hätten wir das Gefühl, indiskret oder unhöflich zu sein, wenn wir uns im Freien über die Häuser der Siedlung unterhielten, gingen wir daraufhin, quasi um für uns zu sein, in den von Maschendraht umschlossenen vorderen Raum von Anwars Haus. Der junge Mann ging zurück in den vorderen Raum seines eigenen Hauses und stand dort ein Weilchen herum. In dem trüben Licht konnte man ihn beziehungsweise seinen fahlen Schatten hinter dem weißen Tuch, mit dem der Maschendraht auf seiner Seite bezogen war, in wechselnder Größe sehen, wie eine Figur in einem Puppenspiel.

Jemand aus Anwars Familie hatte Vorbereitungen für unseren Besuch getroffen. Ein sauberes Betttuch war über das Gurtbett im vorderen Raum gebreitet, Nikhil und mir zu Ehren: Anwar forderte uns auf, dort Platz zu nehmen. Dann kam Anwars Vater von irgendwo her aus dem mittleren Raum. Er war jetzt unser Gastgeber, und Anwar wurde losgeschickt, kalte Limonade zu kaufen.

Anwars Vater, ein kleiner Mann, wenn auch nicht so klein wie Anwar, sah gebrechlich und unwohl aus; meinem Eindruck nach stammte die offensichtliche körperliche Schwäche des Sohns teilweise vom Vater. Er war sehr dunkelhäutig und hatte einen dichten, silbernen Bart. Der Bart schien die einzige Eitelkeit zu sein, die sich der alte Mann erlaubte: Fachmännisch gestutzt und gekämmt, kräuselte er sich und glänzte. Und es steckte mehr als leibliche Eitelkeit dahinter: In Indien tragen die verschiedenen Gruppen unterschiedliche Bärte; sein spatenförmiger Bart wies

Anwars Vater als Muslim aus. Das war es, was der Bart hinausposaunte.

Er sei vierundsechzig, sagte er. Und ehe Nikhil und ich irgendetwas äußern konnten, fügte er hinzu, er wisse, dass er viel älter aussehe. Und das stimmte auch: Ich hatte ihn auf annähernd achtzig geschätzt. Europäer sähen im Vergleich mit Indern weniger alt aus, sagte er. Er wisse das; er habe einmal in einer italienischen Firma gearbeitet und habe siebzigjährige Europäer erlebt, die gesund aussahen und hart arbeiteten. Die Inder alterten so rasch wegen der Bedingungen, unter denen sie leben müssten. Hier zum Beispiel gebe es nicht nur die Autoabgase, es gebe auch die Rauchgase von einer Tuchfabrik. Immerhin, er sei vierundsechzig. Das sei schon was; sein Vater sei mit vierzig gestorben.

Anwar kam mit ein paar gekühlten Limonadeflaschen zurück. Die wurden uns in aller Form offeriert, Flasche um Flasche. Wir tranken ein bisschen – die Limonade war äußerst süß und hatte irgendeinen chemischen Beigeschmack – und bemühten uns, Konversation zu machen, obwohl eigentlich der Raum zu voll war und von allen Seiten Stimmen und Geräusche auf uns eindrangen und die weiße Abschirmung (das auf der anderen Seite des Maschendrahts gespannte Tuch) nachgerade den Eindruck machte, nicht unbedingt in freundlicher Absicht angebracht worden zu sein.

Ich wollte von dem alten Mann wissen, ob es Diebe in der Siedlung gebe. Mir war der Gedanke gekommen, dass der öffentliche Charakter des Lebens hier, die (an eine Kommune erinnernde) Gemeinschaftlichkeit den Anwohnern vielleicht eine Art von Sicherheit bot.

Diebstähle ereigneten sich täglich, sagte der alte Mann. Und täglich komme es auch zu Streitereien. Die seien noch schlimmer. Viele Streitigkeiten entstünden wegen der Kinder. Die Menschen schlügen anderer Leute Kinder, und die Eltern gerieten in Zorn.

Er habe in jeder Art von bedrängter Lage gelebt. Und das Gleiche gelte für Anwar. Wenn es unter Umständen wie diesen so etwas gebe wie Stufen der Belastung, dann habe es vielleicht Anwar sogar noch schwerer gehabt, der sensibler und gebildeter sei und in der Welt draußen in dem technischen Bereich, für den er sich entschieden habe, härter habe kämpfen müssen.

Während ich mit der Limonade spielte und bedachte, mit wie viel altmodischer Höflichkeit Vater und Sohn uns hier, in diesem Milieu, begegneten, wie viel Menschlichkeit sie sich bewahrt hatten, wie gelassen der alte Mann die bessere Gesundheit und größere Kraft anderer, die besseren Lebensbedingungen anderer gelten ließ, spürte ich, wie mich Zuneigung zu den beiden erfasste. Wäre ich in ihrer Lage, auf Bombay, dieses Viertel, diese Häusergegend beschränkt, ich wäre wohl ebenfalls ein leidenschaftlicher Muslim. Ich war in Trinidad als Angehöriger der indischen Gemeinschaft, einer ethnischen Minderheit, aufgewachsen, und ich wusste, dass man von einer als klein wahrgenommenen Gemeinschaft niemals loskam; je schwerer die Situation zu ertragen war, umso mehr bestand man auf dieser seiner Identität.

Mit dem alten Mann als unserem Gastgeber, in dem vorderen, von Maschendraht eingezäunten Raum seines Hauses, und mit einem Anwar, der hier nichts weiter als der Sohn seines Vaters war, konnte unsere Unterhaltung nur höfliche Konversation bleiben. Die Situation schien mir nicht geeignet, heikle Fragen zu diskutieren. Damit mehr zur Sprache gebracht werden konnte als der Halbtagsjob, den der alte Mann glücklicherweise gefunden hatte, und damit Anwar freier erzählen konnte, ohne sich sorgen zu müssen, dass andere mithörten, mussten wir woandershin gehen.

Behutsam, um kein Malheur anzurichten, lehnten wir unsere Limonadenflaschen auf der blauen Betonwand an den Maschendraht; der alte Mann, der selbst schon ein bisschen unruhig war, verstand das Signal auf Anhieb. Er hörte auf zu sprechen, schuf eine kleine Pause, und wir verabschiedeten uns.

Wir gingen wieder hinaus in die schmalen Gassen, wo trübe Laternen große Schatten warfen. Um die Ecke ein Kind, das in einem Lichtflecken seine Notdurft verrichtete. Im vorderen Zimmer eines der Häuser flackerte und leuchtete ein großer Farbfernseher vor sich hin, ohne dass jemand das Programm verfolgte. In ihrem Haus hätten sie keinen Fernseher, sagte Anwar. Sein Vater meine, Fernsehen verstoße gegen den Islam.

Wir kamen ans Ende der Siedlung mit ihren niedrigen Dächern und damit zurück ins eigentliche Bombay. Jenseits einer die Siedlung begrenzenden Trasse oder Straße ragte ein hoher Wohnblock empor. Dort war der Feind. Das sei ein Shiv-Sena-Gebäude, sagte

Anwar. Wenn es Krawall gebe, dann bombardierten die Leute in diesen Wohnungen die zu ihren Füßen Lebenden mit Flaschen.

An diesem Gebäude vorbei gelangten wir zu der tosenden Hauptverkehrsstraße. Wir gingen in eine kleine Milchbar, die Anwar kannte: Neonröhren, Kacheln, grauer Marmor, eine Spüle, Becher aus Glas und rostfreiem Stahl.

»Sie leben also ständig unter Druck«, sagte ich zu Anwar.

»Es macht ihn fix und fertig«, interpretierte Nikhil dessen Antwort.

Ebenso ausgezehrt wie sein Vater, mit schmalem, ängstlichem Gesicht, nippte er an der Milch, die er bestellt hatte.

Was er antwortete, übersetzte Nikhil nun direkt: »Diese Kinder. Da sind diese Konflikte zwischen den Kindern, die unter den Erwachsenen für Blutfehden sorgen, und ich fühle mich ohnmächtig, irgendetwas dagegen zu tun. Die ganze Zeit über kommt es zu Auseinandersetzungen zwischen Nachbarn. Wenn es Hindus und Muslime sind – die Hindus sind hier in der Minderheit –, wird daraus ein allgemeiner Aufstand. Bei Kricketspielen wird es ganz schlimm. Beim Weltcup im One-Day-Cricket letztes Jahr herrschte vor den Spielen zwischen Indien und Pakistan große Nervosität. Aber weder Indien noch Pakistan kamen ins Endspiel. Als Pakistan das erste Halbfinale gegen Australien verlor, drehten die Hindus durch, warfen Steine und demolierten die Asbestdächer der Hütten.«

Wie ihm diese Konflikte zu schaffen machten! Wie er hatte auch sein Vater mit besonderer Angst von den Auseinandersetzungen zwischen Nachbarn gesprochen, und ich fragte mich, ob sie über etwas sprachen, was sie selbst betraf. Ich versuchte, es herauszufinden. Ich fragte ihn nach den Blutfehden – war seine Familie davon irgendwie betroffen?

Mit seiner Antwort hatte ich nicht gerechnet. »Meine Brüder stehen im Ruf, *goondas* zu sein, Gangster. Sie sind keine braven Leute. Weil sie diesen Ruf haben, überlegen es sich die Nachbarn zweimal, ehe sie einen Streit vom Zaun brechen.«

Harte Jungs – aus irgendeinem Grund mussten sich die Brüder in körperlicher Hinsicht von Anwar und seinem Vater stark unterscheiden. Harte Jungs, keine braven Leute – aber sie ermöglichten es Anwar, seinerseits den Harten zu mimen. Bot das Häuschen ihnen allen Platz?

»Dieser Mann nebenan«, fragte ich Anwar, »der Mann, der herauskam, um uns zu betrachten – wie verstehen Sie sich mit ihm?«

»Er studiert an einem College außerhalb von Bombay. Was für Brüder ich habe, können Sie sich vorstellen, wenn Sie bedenken, dass es sechs Brüder sind und mein Vater trotzdem noch arbeiten muss.«

Irgendwie war die Familie gespalten. Vielleicht hatten die Brüder, von denen Anwar sprach, die Gangster, eine andere Mutter.

»Für mich sind sie keine Brüder«, sagte er. Aber gleich darauf schwächte er das wieder ab. »Das Milieu hat sie zu dem gemacht, was sie sind. Sie mussten Gangster werden, um zu überleben. Ich erzähle Ihnen, was für Draufgänger meine Brüder sind. Kürzlich konnte man in den Zeitungen über den Mafiaboss lesen, der zum neuen König der Bombayer Unterwelt aufgestiegen ist. Vor einiger Zeit, als dieser Mafiaboss den Auftrag übernahm, jemanden hier im Viertel umzubringen, kam er her, um die Gegend zu sondieren. Und – Sie werden es nicht glauben! – einer meiner Brüder zettelte eine Schlägerei mit ihm an.«

»Wen sollte der Mafiaboss umbringen?«

»Der Mann, den er umbringen sollte, verschickte Leute in den Nahen Osten – Arbeitskräfteexport – und hatte wohl einen anderen betrogen. Meine Brüder aber sahen in diesem Mafiaboss einen Eindringling in ihr Revier. Beleidigungen und Beschimpfungen gingen zwischen meinen Brüdern und dem Mafiaboss hin und her, und beide Seiten sagten, sie warteten nur darauf, dass die andere Seite loslegte. Mein Bruder besorgte ein Auto, einen Ambassador, und den packten sie mit Waffen voll. Sie hatten vor, das Gebiet des Mafiabosses anzugreifen, aber jemand gab der Polizei einen Tipp, und meine Brüder wurden festgenommen. Ein paar Tage später kamen sie wieder frei. Jemand von hier hatte die Kaution für sie hinterlegt.«

»Ihre Brüder haben also Geld?«

»Sie verschaffen sich Geld, und dann fangen sie an zu spielen.«

»Würden Sie sagen, dass Ihre Brüder auch unter Druck stehen?«

»Sie haben nicht meine seelische Verfassung. Wenn es sich so ergeben sollte, würden sie ohne Zögern ihr Leben opfern. Es ist das Milieu.«

Die Art, wie er vom Todesmut seiner kriminellen Brüder sprach, verriet den gleichen verdrehten Stolz, den man ihm angemerkt hatte, als er von der Angst sprach, die seine Brüder den Nachbarn einflößten.

Ich befragte ihn nach den Unruhen von 1984. In den Erzählungen der Leute erschienen sie als ein schreckliches Bombayer Ereignis, ein historisches Datum, ein Einschnitt.

Er schien auf seine Milch zu pusten, um sie abzukühlen. Aber die Milch war gar nicht warm. Das ständige Öffnen der Lippen, das scheinbare Ausatmen war nur ein Reflex der Muskeln seines schmalen, nervösen Gesichts.

»Damals überkam mich der Wille zu kämpfen«, sagte er. »Ich befand mich im letzten Jahr der Oberschule. In der Nähe des Marine Drive liegt ein muslimischer Friedhof, den wir an einem Tag kurz vor Ramadan aufsuchen müssen. Eine Gruppe aus der Gegend hier ging hin. Um zwei Uhr morgens befanden wir uns auf dem Heimweg. Einige von uns trugen Scheitelkappen, muslimische Kappen. Wir kamen an einer Hochburg der Shiv Sena vorbei und wurden mit Steinen bombardiert. Wir beschwerten uns bei ein paar Polizisten. Sie wollten nichts hören. Tatsächlich folgten sie uns drei Kilometer weit, weil sie uns für Krawallmacher hielten. Das war das erste Anzeichen der Unruhen, das wir erlebten. Vor dieser Nacht hatte nichts auf Konflikte hingedeutet. Und die richtigen Konflikte brachen auch weit weg von hier aus, etwa fünfundzwanzig Kilometer entfernt.«

Es fiel mir in der Milchbar zunehmend schwerer, akustisch zu verstehen, was Anwar sagte. Zusätzlich zu dem Verkehrslärm von der Straße hallte nun die Bar selbst von gereizten Stimmen wider, von indischen Stimmen, die eine schneidende Schärfe besaßen, um die meisten menschlichen und maschinellen Geräusche zu durchdringen – insbesondere das auf und ab schwellende Zikadengeräusch der Autohupen.

»Wir kamen ungefähr um drei Uhr morgens hierher zurück. Einige bluteten von den Steinwürfen, und die Leute fragten uns, was passiert war. Sie müssen wissen, dass in dieser bestimmten Nacht, *shab-e-baraat*, die Muslime bis zum Morgen wach bleiben.

Am nächsten Tag hatte ich den Vorfall vergessen. Aber als ich mit einem Freund in ein hier in der Nähe gelegenes Haus kam, fand ich es voll gestopft mit Waffen. Dafür hatte einer der großen

Mafiabosse gesorgt. Seine Männer hatten sich für einen Rachefeldzug gerüstet. Kurz danach brachen in der Gegend Schießereien aus. Den ganzen Tag lang herrschte Ausgangssperre, und danach waren Versammlungen von mehr als fünf Personen verboten. In die Kolonie selbst« – die Siedlung, in der er lebte – »rückte Polizei ein, um nach Waffen zu suchen.«

»Brachte die Anwesenheit der Polizei die Leute zur Ruhe?«

»Ich habe kein Vertrauen in die Polizei. Ich sage Ihnen was. Man darf hier in der Öffentlichkeit keine Kuh schlachten – es gibt einen Schlachthof, wo man seine Kühe hinbringen muss. Aber man kann einem Polizisten Geld geben und dann eine Kuh in der Öffentlichkeit schlachten. Wenn zum Fest Id Ziegen geschlachtet werden, dann bringen die meisten Muslime ihre Ziegen zum Schlachthof, um sie dort schlachten zu lassen. Aber es gibt ein paar Rowdys hier in der Gegend, die darauf bestehen, ihre Ziegen in der Öffentlichkeit zu schlachten. Sie wollen die Muskeln spielen lassen, die Polizei herausfordern. Kommt die Polizei dann, sagen die Rowdys: ›Wenn ihr euch einmischt, seid ihr tot.‹«

Er hatte die Aufstände von 1984 aus dem Auge verloren, war zu den Schlägertypen zurückgekehrt.

»Finden Sie diese Kämpfe mit der Polizei aufregend?«, fragte ich.

Mit einer gewissen Feierlichkeit antwortete er: »Sie sind aufregend. Ich mag das. Das Ganze passiert, weil die Polizei die Muslime diskriminiert und die Muslime die Polizei verachten.«

»Aber was ist der Sinn der Sache?«

Er antwortete darauf nicht direkt. Er sagte: »Es gibt nur wenige vernünftige Menschen unter den Muslimen.« Er erläuterte, was er mit »vernünftig« – er gebrauchte das Urdu-Wort *samajdar* – meinte: »Es gibt hier nur wenige gebildete Muslime. Menschen mit Bildung werden sich nie auf diese Art von Kämpfen einlassen.« Seine Haltung gegenüber den Kampflustigen schien sich leicht verändert zu haben.

»Es wird also einfach so weitergehen?«

Mit der ihm eigenen merkwürdigen Mischung aus Melancholie und Ergebung sagte er: »Ich kann kein Ende absehen. Ich wüsste nicht, wie es aufhören sollte.«

»Wie endeten damals die Unruhen?«

»Mrs Gandhi kam und forderte die Leute auf, die Streitigkeiten beizulegen. Aber der Streit wird beigelegt und dann – flammt er erneut auf.«

Ich dachte an die engen Gassen und die niedrigen Behausungen aus Maschendraht mit den Schlafbühnen unter den dünnen Asbestdächern. »Wie verlief das Leben während der Unruhen? Konnten die Leute schlafen?«

»Wenn es Unruhen gibt, kennt man keinen Schlaf mehr. Man kann nicht schlafen. Es ist eine große Sünde, wenn Menschen deines Glaubens angegriffen werden und du nichts dagegen unternimmst.«

»Meinen Sie nicht, dass jemand wie Sie versuchen sollte, anderswo zu leben?«

»Solch einen Schritt kann ich nicht tun.« Ich hatte erwartet, dass er das sagen würde. »Es gibt so viele Bindungen an die Familie. Ein Muslim ist verpflichtet, diese Bindungen zu achten.« Familie, Glaube, Gemeinschaft: Sie bildeten ein Ganzes.

»Welchen Rat würden Sie einem jüngeren Bruder oder einem Heranwachsenden geben?«

Der Ratschlag betraf nicht die Möglichkeit, wegzugehen oder aus dem Milieu auszubrechen. Er richtete sich auf das Nächstliegende. Er drehte sich um das Überleben hier und jetzt. »Ich würde ihm sagen, er solle nur dann Vergeltung üben und zurückschlagen, wenn sein Gegenüber einen Fehler gemacht hat.«

»Einen Fehler?«

»Wenn jemand Sie zum Beispiel beschimpft.«

Beschimpfungen, Streitereien, Kämpfe drinnen und draußen: Das war die Welt, in der er lebte und für die er körperlich so schlecht gerüstet war.

Ich erwähnte den Slogan, den ich gesehen hatte: BEFREIT DIE MENSCHHEIT DURCH DEN ISLAM.

»Damit stimme ich absolut überein«, sagte er.

»Wann haben Sie Kenntnisse über den Islam erworben?« Wie konnte er in dem Milieu, in dem er lebte, die Zeit, die Abgeschiedenheit, die Ruhe dafür gefunden haben?

»Ich wurde von meinen Eltern unterrichtet. Und ich habe auch den Koran gelesen.«

»Es gibt so viele Menschen in Bombay, die zu wissen meinen, wie die Menschheit zu befreien ist.«

Er wechselte, wie es schien, die Perspektive. »So ist die Welt beschaffen. Wenn Menschen sich zu Gruppen zusammenfinden, dann wird jeder behaupten, seine Gruppe sei besser als die anderen.«

Mir fiel wieder die Familie mit dem großen Farbfernseher in der Nachbarschaft seines Hauses ein. Ich fragte ihn danach.

»Sie haben ein Geschäft, sie fertigen Konfektionskleider. Sie verdienen einiges Geld.«

Menschen mit einem Geschäft, die Geld verdienen und doch hier leben: wieder eine Bestätigung für das, was allgemein behauptet wurde – dass man in Bombay nichts weiter brauche als eine Unterkunft. Hatte man erst einen Platz, wo man sich schlafen legen konnte, egal wo, auf einem Gehsteig, in einer Hütte, in der Ecke eines Zimmers, dann konnte man sich einen Job suchen und Geld verdienen. Aber gaben die Leute mit dem Fernseher vielleicht auch ein bisschen an?

Nein, das sei keine Angeberei bei den Leuten mit dem Fernseher und der Schneiderei, versicherte Anwar. Aber meine Frage hatte an etwas gerührt. »Sie wissen, dass ihre Religion verbietet, fernzusehen«, sagte er und milderte dann, wie so oft, sein Urteil wieder ab: »Aber sie wollen nicht, dass ihre Kinder in andere Häuser gehen, um fernzusehen, und von dort weggeschickt werden. Das kann Ärger machen.«

»Warum, meinen Sie, sind so viele Mafiabosse in Bombay Muslime?«

»Das habe ich Ihnen erklärt. Es gibt unter den Muslimen nur wenige gebildete Menschen. Sie geraten auf die schiefe Bahn, wenn sie noch jung sind.«

»Sind sie religiös, diese Mafiabosse?«

»Sie sind alle gläubige Anhänger des Islam.«

»Verteidiger des Glaubens?«

»Dass sie für den Islam kämpfen, ist unvermeidlich. Ihr Verhalten ist widersprüchlich. Während sie mit ihren kriminellen Aktivitäten fortfahren, lesen sie den Koran und verrichten fünfmal am Tag die *namaaz*. Die Gemeinschaft bewundert diese Menschen nicht. Aber die Leute sind bezaubert davon, wie die Mafiabosse mit den normalen Muslimen umgehen.«

»Sind sie die Krieger der Gemeinschaft?«

»Sie organisieren unseren Untergrund. *Tanzeen-Allah-ho-akbar* – so wird er genannt. Er wird von einem Mafiaboss organisiert. Geschaffen wurde er nach den Unruhen. Wir veranstalten Versammlungen und entscheiden über Strategien. Wir treffen uns jeden Monat, auch wenn es keinen Ärger gibt.«

»Was, meinen Sie, wird aus den Kindern in Ihrer Siedlung werden?«

»Ihre Zukunft sieht furchtbar aus. All diese Kinder erleben Morde, Überfälle.«

»Haben Sie Morde erlebt?«

Das doppelte Ja, mit dem er antwortete, war eher eine indische als eine englische oder amerikanische Bejahung und begleitet von dem für Inder typischen Wiegen des Kopfes.

Der Besitzer der Bar hatte begonnen, sich in den Raum hinein laut über die Gäste da hinten – er meinte uns – zu beschweren, die schon zu lange einen Tisch besetzt hielten. Ich wollte ihm zum Schluss ein ordentliches Trinkgeld geben, aber das konnte er nicht vorher wissen. Ich saß mit dem Rücken zu ihm und hatte das Gefühl, ich sollte mich lieber nicht umdrehen; wenn sich unsere Blicke träfen, brächte ihn das vielleicht noch mehr in Rage. Nikhil, der ihm die ganze Zeit das Gesicht zugewandt hatte und ab und an berichtete, wie es um seine Laune stand, bestellte *gulab jamun* für alle, und Anwar, der bereits zwei Becher Milch geschafft hatte, begann, seine Portion dieser üppigen, in Sirup schwimmenden süßen Milchspeise zu verzehren – wobei er fortwährend so wirkte, als würde er darüber pusten.

Er sagte: »Meinen ersten Mord habe ich mit zehn Jahren erlebt. Wir spielten Federball in der Kolonie. In der Nähe stand eine Hütte, und dort fingen zwei Männer an zu streiten. Diese zwei Männer schliefen normalerweise nachts auf demselben Handkarren. Sie waren beide etwa dreißig. Sie fingen an zu streiten, und dann sah ich einen der Männer wegrennen. Wir gingen hin, um nachzuschauen, was passiert war, und sahen, dass dem Mann auf dem Handkarren der Kopf fast abgetrennt war. Tot war er noch nicht. Er lag im Sterben.«

»Was hatte er an?«

»Unterwäsche. Shorts und ein Unterhemd. Und der Körper im Todeskampf ließ den Handkarren umkippen.«

»Kamen Leute gerannt?«

»Nur Kinder. Ungefähr sechs oder sieben von uns. Und als der Körper auf den Boden fiel, spritzte Blut auf uns. Ich fürchtete mich sehr.« Er fing an zu lachen, aß seine Süßspeise und lutschte an dem dicken Sirup in seinem Aluminiumlöffel. Es war das erste Mal, dass er an diesem Abend lachte. »Wir waren noch Kinder. Es kam uns nicht in den Sinn, dass dies eine Sache für die Polizei war. Unsere erste Reaktion war, wegzulaufen und die Blutflecken aus unseren Hemden zu waschen.«

»Wie viele Morde haben Sie seitdem miterlebt?«

»Zehn oder zwölf.«

»Warum lachen Sie?«

»Es gehört zu unserem Alltag hier. Die Anlässe für diese Morde sind ganz geringfügig. Eines Tages zum Beispiel stießen zwei Männer mit ihren Schirmen leicht zusammen. Der eine Mann ging auf den anderen zu und wollte ihn schlagen, und als der in ein Haus lief, rannte er hinter ihm her. Ich unterhielt mich genau dort mit einem Freund und bekam alles mit. Der eine, der den anderen jagte, zog ein Messer und erstach ihn, einfach so. Achtzig Prozent der Leute in dieser Gegend tragen Waffen.«

Den Barbesitzer hatte die zusätzliche Bestellung von *gulab jamun* nicht besänftigt; er moserte weiter. Und als Anwar seine Süßspeise aufgegessen hatte, rüsteten wir uns zum Aufbruch. Meine Gedanken kehrten zu den Leuten mit dem großen Fernseher zurück.

»Die Leute mit dem Fernseher – sind sie sehr religiös?«

»Es sind fromme Leute. Ihre Frömmigkeit ist in manchen Punkten größer und in manchen geringer.«

»In welchen Punkten ist sie größer?«

»Sie verrichten fünfmal am Tag *namaaz*. Ich verrichte *namaaz* nur einmal.«

Fünfmal am Tag die vorgeschriebenen Gebete – und doch ließ in den Augen von Anwar und seinem Vater dieser so manische Glaube zu wünschen übrig.

»Können Sie selbst sich vorstellen, ohne den Islam zu leben?«

»Nein.«

»Was gibt er Ihnen?«

»Brüderlichkeit. Brüderlichkeit ist alles. Der Islam lehrt keine Diskriminierung. Er will, dass die Menschen einander helfen.

Wenn ein Blinder eine Straße überquert, stellt der Muslim nicht erst fest, welchen Glaubens er ist. Er hilft einfach.«

»Wie, glauben Sie, wird es mit Ihrer Siedlung weitergehen?«

»Ich sehe keine Lösung.«

»Es wird einfach so weitergehen wie bisher? Glauben Sie wirklich, dass es noch genauso sein wird, wenn Sie das Alter Ihres Vaters haben?«

»Ja.«

»Denken Sie nie daran, wegzugehen?«

»Im Augenblick habe ich keine Absicht, das zu tun.«

»Sind Sie Sunnit?«

Er wirkte überrascht. Er hatte nicht erwartet, dass ich etwas über die Sunniten wusste. Für ihn war sein Glaube etwas Geheimes, etwas, über das Außenstehende nicht wirklich Bescheid wissen konnten.

Mich interessierte, ob es in seiner Siedlung andere muslimische Gruppen gab. Ich fragte ihn, ob es bei ihnen Ismailiten oder Ahmaditen gebe. Er habe nie von diesen Gruppen gehört, sagte er. Gebe es Schiiten?

»Es gibt keine Schiiten in der Gemeinschaft.«

»Ist das nicht seltsam?«

»Ich finde es nicht seltsam.«

Seine Rechtgläubigkeit war das Einzige, woran er sich klammern konnte. Ein Leben ohne sie konnte er sich nicht vorstellen. Sein rechter Glaube war ein strenger Glaube. Er schloss Fernsehen aus; in ihm war kein Platz für Irrgläubige. All die vielen Regeln, Feste und Vorschriften machten die Vollständigkeit von Anwars Welt aus. Nahm man einen Brauch weg, war das Ganze gefährdet; alles drohte zu zerfallen. Ein rechtgläubiger muslimischer Mann zum Beispiel hatte in hockender Stellung zu urinieren; später erfuhr ich von jemandem, der mit Anwar zusammenarbeitete, dass dieser darauf bestand, das auch in den modernen Pissoirs seiner Arbeitsstelle zu tun, obwohl das Probleme für ihn schuf.

Viele der Menschen, denen man in den Straßen und in den Büros begegnete, lebten auf engem Raum. Aus ihrer Beengtheit traten sie morgens frisch, rein und munter hervor. Ganze Familien, die durchaus nicht zu den Bewohnern der Elendsviertel oder den

Obdachlosen zählten, bewohnten einen einzigen Raum, und sie wohnten unter Umständen eine ganze Generation lang in diesem einen Raum.

Mr Raote war in einer solchen Familie groß geworden. Er gehörte zu den frühesten Mitgliedern der Shiv Sena, zählte zu den gerade einmal achtzehn Personen, die an der ersten Versammlung der Shiv Sena im Jahr 1966 teilgenommen hatten. Jetzt, nach dem Sieg der Shiv Sena bei den Kommunalwahlen, war er ein wichtiger Mann, Vorsitzender des Ständigen Ausschusses der Bombayer Stadtverwaltung. Er besaß sein eigenes kleines Büro in dem neugotischen Gebäude der Stadtverwaltung, mit einem Wartezimmer und einem Sekretariat und steifen Lehnstühlen für Leute, die mit Petitionen und Anliegen kamen. Die ersten achtundzwanzig Jahre seines Lebens aber hatte er in dem einen Raum verbracht, in dem er zur Welt gekommen war, in dem nicht weit vom Zentrum Bombays gelegenen Vorort Dadar.

In Dadar wohnte Mr Raote jetzt im obersten Stock eines hohen Wohnblocks, den er selbst erbaut hatte, nachdem er in seinen Dreißigern als Bauunternehmer tätig geworden war. Das Gebäude mit dem einen Raum, der ihm mehr als sein halbes Leben lang als Zuhause gedient hatte, lag aber nahe genug, um zu Fuß erreichbar zu sein, und eines Morgens führte er mich hin, um mir diesen Ort zu zeigen.

Wir fuhren mit dem Lift ins Erdgeschoss seines Wohnblocks hinunter, traten in den sandigen Vorhof hinaus, durchquerten eine von Läden mit schicken Aushängeschildern gesäumte Passage im Gebäude, um auf die Rückseite zu gelangen, und gingen von dort zur nächsten Hauptstraße. Mr Raote war ein bekannter Mann; sein Auftritt sorgte für eine gewisse Unruhe; alle bezeigten ihm ihre Hochachtung. Nicht vielen Menschen mochte es gegeben sein, in die eigene Vergangenheit einfach so (und so triumphal) zurückkehren zu können – am Ende eines kurzen Fußwegs.

Nach kurzer Zeit schon bogen wir von der Hauptstraße in einen Hof mit einem alten, zweistöckigen Gebäude ein. Wir gingen um das Gebäude herum nach hinten und stiegen an der Schmalseite Stufen zu einer oben gelegenen Veranda oder Galerie hinauf. Diese Veranda erstreckte sich (ebenso wie die im Stockwerk darunter) über die ganze Länge des Gebäudes und war im maharashtrischen

Stil mit Steinplatten ausgelegt. Getrennte Zimmer führten auf die Veranda. Das Zimmer am Ende war der Raum, in dem Mr Raotes Familie gelebt hatte.

Wir blickten durch die Türöffnung hinein und sahen, dass kürzlich Holz- und Malerarbeiten vorgenommen worden waren, in modernem Stil. »Es ist renoviert worden«, sagte Mr Raote. Das daneben gelegene Zimmer war dunkler und schlichter; es glich eher dem Raum, den Mr Raote gekannt hatte. Es war etwa fünf Meter lang und drei Meter breit, mit einer Küche hinten und einer Bühne als Stau- und Schlaffläche. Alle Zimmer in diesem oberen Stockwerk teilten sich ein Bad und eine Toilette.

Bevor wir hergekommen waren, hatte Mr Raote erklärt: »Mein Vater zwang uns zu lernen. Wie schwierig das war, werden Sie sehen, wenn wir dort sind.«

Und jetzt, da wir auf der Veranda standen, wo er Tausende Male gegangen und gerannt war, und auf den Hof hinuntersahen, den sich sämtliche Bewohner sämtlicher Räume des Hauses geteilt haben mussten, fragte ich mich, wie das Leben auf so engem Raum wohl abgelaufen war, wie fünf Brüder, zwei Schwestern und Vater und Mutter wohl zurechtgekommen waren. Wie schliefen und spielten die Kinder, und wie machten sie sich für die Schule fertig?

Seine Eltern, erzählte Mr Raote, hätten die Kinder gewöhnlich um vier Uhr morgens geweckt. Zwischen vier und sieben hätten sie ihre sportlichen Übungen gemacht – Laufen, Liegestütze – und ihre Schulaufgaben. Alles habe bis sieben fertig sein müssen. Was habe danach die Erledigung der Aufgaben schwierig gemacht? Die vielen Leute im Haus und im Hof, der Krach? »Die Atmosphäre«, sagte Mr Raote.

Als ein führender Kopf der Shiv Sena stand Mr Raote im Ruf der Barschheit. Und er begegnete auch mir ein bisschen barsch, als ich in sein Büro gebracht und ihm vorgestellt wurde. Er änderte seinen Ton, als er begriff, dass ich nicht Material für ein weiteres feindseliges Interview suchte, sondern mehr an seiner persönlichen Herkunft und Entwicklung interessiert war. Er fand seine Lebensgeschichte auch interessant, sah sich als ein Mann, der hatte kämpfen müssen.

Jetzt sei er Vorsitzender des Ständigen Ausschusses der Stadtverwaltung, sagte er, aber angefangen habe er 1965 in der Stadtverwaltung als Angestellter; das Gehalt des damals Einundzwanzigjährigen betrug zweihundertachtzehn Rupien, sechzehn englische Pfund, monatlich. Das erwähnte er, kaum dass wir ernsthaft zu reden begonnen hatten. Und dann erwähnte er noch etwas: Als Junge habe er seinem Vater dabei geholfen, Särge zu zimmern.

Das Detail gefiel mir. Ihm gefiel es auch. Er wollte mir den Rest der Geschichte erzählen. Er lud mich in seine Wohnung in Dadar ein und schickte frühmorgens seinen Wagen, um mich abzuholen. Die Fenster des Wagens bestanden, wie in Bombay mittlerweile Mode, aus dunkel getöntem Glas; im Auto gab es zwei kleine Ventilatoren aus Plastik, die für ein relativ angenehmes Klima sorgten, und das Armaturenbrett zierte ein kleines Bild von Hanuman, der Gottheit, die Stärke verkörperte.

Als ich in die Wohnung geführt wurde, war Mr Raote noch damit beschäftigt, seine *puja* zu verrichten. Ich trat auf die Terrasse hinaus und genoss den Ausblick nach Norden und nach Süden, Bombay in seiner ganzen, riesigen Ausdehnung, unverhofft grün aus dieser Höhe. Als Mr Raote seine *puja* beendet hatte, ging ich ins Wohnzimmer, und er begann zu reden.

»Zur Zeit meiner Geburt arbeitete mein Vater als Techniker beim All-India Radio, AIR. Das war 1944. Er bekam dreihundert Rupien im Monat. Das reichte aus. Als Heranwachsender betrachtete ich mich als Angehöriger des unteren Mittelstands. Wir lebten nicht im Überfluss, aber wir hatten genug zu essen. Morgens gab es bei uns eine Art von Weizengrütze, *satva*. Davon wird man sehr stark. Die Zubereitung dauert zwei Stunden.

Bis zur elften Klasse wurde ich in Marathi unterrichtet. Dann kam ich aufs College. Um diese Zeit hörte mein Vater auf, bei AIR zu arbeiten, und nahm alle möglichen Gelegenheitsjobs an. Seine Einkünfte sanken drastisch. Als Schreiner im Filmstudio, wo er viele Stunden hintereinander arbeitete, verdiente er damals fünfundsiebzig bis neunzig Rupien im Monat.

Als Schreiner ging er auch Särge zimmern. Ich begleitete ihn manchmal. Särge zu machen ist eine Kunst. Es ist nicht leicht, die Ausbuchtung an den Schultern hinzubekommen. Das Brett muss aus einem Stück sein, es darf nicht zersägt werden. Und der Sarg muss einen sehr stabilen Boden haben, denn der ganze Druck des Leichnams lastet auf diesem Boden. Ein Sarg für ein kleines Kind brachte uns vier Annas, eine Viertel Rupie. Zwölf Annas für einen Sarg mittlerer Größe. Für einen größeren Sarg, 1,80 bis gut 1,90 Meter lang, gab es eineinviertel Rupie. Das war nur der Arbeitslohn. An einem Tag konnten wir fünf oder sechs Särge fertig stellen. Normalerweise zimmert unsereins keine Särge. Das ist eine Arbeit für Kastenlose – nicht für jemanden, der einer Kaste angehört. Aber wir machten es wegen des Geldes.

Mein Vater wollte, dass mindestens eines seiner Kinder Arzt wurde. Meine Schwester bekam die Zulassung zum Technikum. Ich absolvierte selber ein interdisziplinäres naturwissenschaftliches Studium. Danach entschied ich mich zuerst fürs Militär. Ich wollte Offizier werden, hatte aber niemanden, der mich dabei beriet. Im Jahr 1962 meldete ich mich zum Ausbildungslehrgang der indischen Marine an und bereitete mich auch auf die Aufnahmeprüfungen und alles vor. Aber ich war einen Monat zu alt, und so schickte man mich wieder nach Hause. Dann versuchte ich, Ingenieur zu werden. An eine Schule in Bombay zu kommen war schwer. Ich bekam die Zulassung zur Technischen Hochschule in Sholapur – das ist weit weg von hier. Mein Vater sagte, er könne die Kosten nicht aufbringen, und er konnte es wirklich nicht. Für das Studium in Sholapur hätte ich zweihundert Rupien im Monat gebraucht. Also musste ich auch das aufgeben. Das war 1964. Im folgenden Jahr meldete ich mich bei der staatlichen Arbeitsvermittlung. Wir lebten immer noch alle in dem einen Zimmer. Am Technischen Institut St. Xavier belegte ich Abendkurse.

Ich war also schon zwei- oder dreimal in meinem Leben gescheitert – beim Militär abgelehnt, zu alt für den Ausbildungslehrgang der Marine, keine Chance auf ein Ingenieursstudium. In diesem Alter sind das große Enttäuschungen. Das ist das Alter, wo Jugendliche Ehrgeiz entwickeln können. Wenn sie keinen Ehrgeiz entwickeln, verlieren sie den Halt.

Meine Mutter und mein Vater sprachen mir Mut zu, und das Verlangen, etwas im Leben zu vollbringen, ging mir nicht verloren. An Selbstvertrauen fehlte es mir nicht.«

Ich dachte daran, was Mr Patil, der Ortsgruppenführer der Shiv Sena in Thane, über Selbstvertrauen, *atma-vishwas*, geäußert hatte: Er habe es von Ganpati erhalten. Ich fragte Mr Raote, ob er meine, dass sein Selbstvertrauen ein Geschenk Ganpatis sei.

Sein Selbstvertrauen verdanke er der Religion im umfassenderen Sinne, erklärte er, nicht speziell Ganpati. »Er ist keine bestimmte Gottheit. In Indien fängt alles mit Ganpati oder Ganescha an. Keine hinduistische *puja* beginnt ohne ihn. Unsere Religion bekommen wir in der Kindheit. Sie ist fester Bestandteil unseres Lebens. Keine Hindufamilie verzichtet auf die morgendliche *puja*. Zur *puja* tragen wir besondere Kleider. Keine Frage, dass die Religion uns Selbstvertrauen gibt. Sie hat unseren Charakter geprägt.

Wir kommen nun zum wichtigsten Aspekt meines Lebens. Ich habe Ihnen von meinen Misserfolgen und Enttäuschungen berichtet und wie ich aufgab und mich bei der staatlichen Arbeitsvermittlung meldete. Im Jahr 1965 wurde ich in der Bombayer Stadtverwaltung angestellt. Das Gehalt betrug zweihundertachtzehn Rupien. War das ein guter Verdienst? Für jemanden, der keine Einkünfte hat, sind alle Einkünfte gut. Und mein Hauptehrgeiz damals richtete sich darauf, dass meine Schwester Ärztin wurde, wie der Vater es wollte. Wir erreichten ihre Zulassung zu einer Medizinischen Hochschule. Und sie bekam drei Stipendien angeboten – vom British Council, von Tata und von noch jemandem. Wir entschieden uns für Tata. Sie zahlten sämtliche Studiengebühren. Die Bücher erhielten wir von anderen Leuten.«

Mrs Raote ging, während ihr Mann erzählte, im Wohnzimmer ein und aus, aber so, dass man sie kaum bemerkte. Jetzt brachte sie lächelnd ein geöffnetes Fotoalbum. Sie hatte gehört, dass wir über die Religion sprachen, und die Fotos, die sie uns zeigen wollte, hielten ein religiöses Ereignis fest: die Fadenzeremonie für einen ihrer Söhne. Daraufhin ging Mr Raote die ungenähte Bahn Baumwolltuch – malvenfarben, mit einem andersfarbigen Streifen – holen, die er bei seiner ersten *puja* trug. Mrs Raote war eine hellhäutige, gut aussehende Frau, und wie so oft in indischen Familien beeindruckte die schlichte und allem Anschein nach ungekünstelte Ergebenheit der Ehefrau gegenüber dem Ehemann.

Mrs Raote zog sich zurück. Das Album lag geöffnet auf dem Sofa. Und Mr Raote fuhr fort mit seiner Geschichte.

»Ich muss an diesem Punkt noch etwas hinzufügen. Im Jahr 1962, drei Jahre, ehe ich den Posten bei der Stadtverwaltung bekam und kurz bevor ich meine Misserfolge und Enttäuschungen erlebte, stieß ich auf eine wöchentlich erscheinende Zeitschrift namens

Marmik. Das war ein satirisches Wochenblatt, das erste in Marathi. Herausgegeben wurde es von Bal Thackeray. Er, sein Bruder und sein Vater schrieben sämtliche Beiträge. Das Titelblatt von *Marmik* zeigte immer eine große Karikatur. Durch die wurde ich auf die Zeitschrift aufmerksam. Damals hatte das Blatt eine Auflage von fünfunddreißig- oder vierzigtausend Stück.

Und jetzt, 1965, da meine Schwester die Medizinische Hochschule besuchte, ich eine Anstellung in der Stadtverwaltung gefunden hatte und mein Vater als Tischler im Filmstudio arbeitete, fing *Marmik* an, mich ernsthaft zu beschäftigen. Jede Woche sprach das Blatt von den Ungerechtigkeiten, die in Bombay und in Maharashtra den Söhnen des Landes zugefügt wurden. Und ich merkte, dass mich die emotionale Verfassung Bal Thackerays und seines Vaters, wie sie in der Zeitschrift zum Ausdruck kam, unheimlich ansprach. Ich bemühte mich sogar, Bal Thackeray kennen zu lernen. Er wohnte in Shivaji Park.«

Mr Raote machte eine Handbewegung nach Westen, wo man eine grüne Fläche sah: das ganze Bombay aus dieser Höhe deutlich vor uns ausgebreitet, vom Gateway of India und der Festung im Süden bis zu den Hügeln und Vororten im Norden – die riesige Großstadt, die nun, da alle Verkommenheit unter dem Grün der Bäume verschwunden war, Mr Raote im Sinne des Wortes zu Füßen lag.

»Im Mai 1966 erschien in *Marmik* eine Ankündigung über die bevorstehende Gründung einer Jugendorganisation. Sie sollte den Namen Shiv Sena tragen. Ich fing an, Bal Thackeray öfter zu besuchen. Tatsächlich wurde am 19. Juni 1966 in seinem Haus die Kokosnuss geknackt.« Das Knacken einer Kokosnuss zu Beginn eines wichtigen Vorhabens stellt bei Hindus eine Art *puja* oder religiöse Handlung dar. »Achtzehn Personen waren anwesend. Um acht Uhr zwanzig am Morgen.«

»War dieser Zeitpunkt von einem Pandit festgelegt worden?«

»Nein. Er ergab sich einfach so. Ich war einer der achtzehn Anwesenden. Vier von den achtzehn gehörten zu Bal Thackerays Familie: Bal Sahib selbst, sein Vater und seine zwei Brüder. Die erste Versammlung dauerte etwa eine halbe Stunde. Sie fand im Hauptraum ihres kleinen Hauses statt. Als alter Herr bewohnte der Vater den Raum. Er schrieb alles auf einer Marathi-Schreibmaschine mit. Die Niederschrift befindet sich noch immer dort im Haus, zu Ehren seines Gedächtnisses. Bal Thackerays Vater war es auch, der den Namen Shiv Sena beisteuerte.« Schiwas Armee. »Was wir taten, erschien natürlich und richtig. Und wir schworen uns auf dieser Versammlung, dass wir gegen das Unrecht kämpfen würden, das den Söhnen des Landes zugefügt wurde.

So begann die Sena. Bal Sahib hielt da und dort kleine Versammlungen ab. Vier Monate nach der Gründung der Sena kündigte er eine öffentliche Versammlung zum Thema Ungerechtigkeit an. Diese Versammlung fand am 30. Oktober 1966 statt. Sie stieß auf enormes Interesse. Zwischen vier und fünf Lakh.« Vierhundert- bis fünfhunderttausend Menschen. »Und eine Reihe von Sportschulen in der Stadt begann, sich für die Sache zu interessieren.«

Was waren das für Sportschulen? Davon hatte ich noch nie etwas gehört.

»Die Sportschule ist eine maharashtrische Einrichtung. Mein Vater war zu arm, um uns in eine Sportschule zu schicken. Aber ich habe Ihnen ja erzählt, dass er uns morgens Laufübungen und Liegestütze machen ließ. Die Sportschule ist schon seit der Zeit unseres großen Heiligen Ramdas Swami, des Gurus von Shivaji, eine Einrichtung Maharashtras.« Shivaji, der kriegerische Anführer der Marathen im 17. Jahrhundert, der Begründer ihres militärischen Ruhms. »Ramdas war ein sehr praktisch denkender Guru. Seine Botschaft schloss die Forderung ein, gymnastische Übungen zu machen und den Körper fit zu halten. Einer von Ramdas berühmten Aussprüchen lautet: ›Rede nicht! Handle!‹«

Und wieder tauchte Mrs Raote auf der Bildfläche auf, diesmal mit einem großen, dicken Buch in Marathi, einer schön gedruckten modernen Ausgabe mit Schutzumschlag, die Ramdas Verse enthielt. Nun ging Mr Raote, um ein paar weitere große Bücher in Marathi zu holen – die Verse anderer Lehrer der Marathen aus klassischer Zeit, Dineshwari, Tukaram, Eknath. Diese Namen kannte ich gar nicht. Die Bücher sahen alle neu aus, waren sorgfältig gedruckt und gebunden, aber ihr Umfang machte es schwer, sie zu handhaben, und meinem Gefühl nach handelte es sich bei ihnen eher um heilige häusliche Objekte als um Bücher, die man wirklich las. Eins nach dem anderen wurden sie mir gereicht, und ich hielt sie ein Weilchen und reichte sie dann zurück. Nun wurden sie auf das Sofa gelegt, neben das geöffnete Fotoalbum mit den Schnappschüssen, die Mr Raote in seinem *puja*-Gewand bei der Fadenzeremonie für seinen Sohn zeigte.

Ich wollte wissen, wie die Menschen unter den Bedingungen von Bombay, unter Bedingungen wie denen, unter denen Mr Raote aufgewachsen war, den Kontakt zu ihren heiligen Büchern hatten bewahren können.

Das sei kein Problem gewesen, sagte er. »In einer traditionellen maharashtrischen Familie sagten die Älteren von morgens bis abends *slokas*, Verse aus den Schriften der berühmten Gurus, auf, so dass die Kinder mit diesen Versen, ob sie nun die Schriften gelesen hatten oder nicht, vertraut waren. Heute geschieht das mit Hilfe von Kassetten.«

Es gab ein kleines Regal mit solchen Kassetten in Mr Raotes Wohnzimmer, in einer Ecke, bei der es sich, nach den Dingen zu urteilen, die dort zu sehen waren, um ein heiliges Plätzchen, eine Art Hausschrein handelte.

»Maharashtra«, sagte er, »ist ein Land der Heiligen.« Er spielte ein Stück Tonband mit einer psalmodierenden Rezitation von Versen Ramdas vor – und die Rhythmen versetzten mich vierzig oder mehr Jahre zurück in die Vergangenheit, zu den *Ramayana*-Sprechgesängen, die ich in meiner Kindheit gehört hatte. Ramdas Verse hätten dank ihrer Rhythmen überlebt, meinte Mr Raote. »Ramdas *slokas* haben einen besonderen, einfachen, eintönigen Rhythmus.« Sie seien nicht musikalisch um der Musik willen. »Sie sprechen den Geist an. Jeder einzelne Maharashtraner, selbst wenn er in einer Baracke lebt, hat Kultur.«

Er hielt das Band an und kam zurück auf die Frühgeschichte der Shiv Sena. Die Sena, die Armee des Landes der Heiligen, habe schnell eingeschlagen. Während aber die Sena einen raschen Aufstieg erlebte, sei es in seinem persönlichen Leben bergab gegangen. Zwischen der Gründung der Sena im Juni 1966 und der großen öffentlichen Versammlung, die vier Monate später stattfand und die Machtposition der Sena in Bombay begründete, sei sein Vater gestorben.

»Ich trug jetzt die Verantwortung für die ganze Familie und musste als Angestellter in der Stadtverwaltung weitermachen. Wie ich Ihnen erzählt habe, wollte ich eigentlich immer zum Militär, und damals meldete ich mich zum Eignungstest für Luftwaffenpiloten. Die Vorauswahl in Bombay überstand ich. Von tausendfünfhundert Bewerbern in meiner Zentralstelle kamen nur zwölf in die engere Wahl und durften nach Bangalore, um an weiteren Einstellungsgesprächen teilzunehmen. Ich gehörte zu den zwölf. Ich ging nach Bangalore und bestand all die Eignungstests für die Luftwaffe. Beim schwierigsten Test aber – beim Maschinentest – fiel ich durch. Im Zuge dieser Prüfung mussten unter anderem hundert Fragen in fünf Minuten beantwortet werden. Das Tempo, in dem die Fragen gestellt wurden, machte mich sprachlos. Ich war von niemandem auf so etwas vorbereitet worden. Man muss das geübt haben – hundert Fragen in fünf Minuten zu beantworten. Heutzutage gibt es Schulen, die einem beibringen, wie man Prüfungen dieser Art besteht. Aber damals nicht. Und dieser Misserfolg verstärkte noch meine Frustration darüber, dass ich im Dienst der Stadtverwaltung arbeiten musste, obwohl mich der Staatsdienst nie interessiert hat.«

Mir war schon bei anderen dieser indische Gebrauch des Wortes »Dienst« aufgefallen. Zum einen bezog sich das Wort auf den »öffentlichen Dienst«, zum anderen hatte es noch die alte Bedeutung und beschwor das Dasein des Hausangestellten, des Dienstboten. In Indien stand »Dienst« für Beschäftigung, Anstellung, aber auch dafür, dass man für jemand anderen tätig war, für Lohn arbeitete, abhängig war. (Mr Patil von Thane zum Beispiel hatte von seinem Vater erzählt, er habe vierzig Jahre lang in der Werkzeughalle einer Fabrik »gedient«.)

»Doch bis meine Schwester ihre Medizinprüfung abgelegt hatte, musste ich in der Stadtverwaltung bleiben. Und 1968 heiratete ich. Mein Schwiegervater und meine Schwiegermutter sorgten dafür, dass ich heiratete. Ich besuchte die Abendkurse am Technischen Institut St. Xavier und hätte lieber erst nach Beendigung meines Studiums geheiratet. Es war eine Liebesheirat.«

Das Wort Liebesheirat sprach er so verfremdet aus, dass es wie ein Marathi-Wort klang.

»Wir gehörten verschiedenen Kasten an. Ich gab damals Nachhilfeunterricht. Sie war eine meiner Schülerinnen. So kam es zu dieser Beziehung.« Dass er Nachhilfeunterricht gegeben hatte, kam unerwartet; es zeigte eine andere Seite des städtischen Angestellten. »Sie wohnte damals da drüben, in dem Haus dort.«

Von der Höhe unseres Wohnblocks aus wies er auf ein nahe gelegenes Gebiet aus Laub und Dächern: Von hier oben betrachtet, präsentierte sich Bombay als riesige Stadt, aber die Räume, in denen er sich bewegt hatte, waren immer dörflich klein geblieben.

»Von beiden Seiten gab es Widerstand gegen unsere Verbindung. Die Kasten waren verschieden, aber auch wieder nicht *so* verschieden. Der Grund für den Widerstand war nicht die Kaste. In der Familie wollte man keine Liebesheirat. In unserer Tradition werden Ehen verabredet.« Von den Eltern arrangiert. »Auf ihrer Seite war es genauso. Also verlangten meine Schwiegereltern, genauer gesagt, meine künftigen Schwiegereltern, von mir, dass ich heiratete. Und diese Ehe wurde zu einer weiteren Bürde.

Um diese Bürde leichter zu machen, bat ich meine Frau, ihre Ausbildung aufzugeben und eine Anstellung zu suchen. Sie brach ihre Ausbildung ab und wurde Telefonistin. Sie bekam eine Stelle in der Verwaltung, im Sekretariat des Bundesstaats. Sie verdiente zwischen hunderteinundsiebzig und hundertachtzig Rupien im Monat – ungefähr neun englische Pfund nach der Abwertung der Rupie. Das war 1969. 1970 bekamen wir ein Kind. Aber da meine Frau jetzt eine Anstellung hatte, machte mir das keine großen Sorgen.

1972 schloss meine Schwester endlich ihr Medizinstudium ab. Eines Tages rief sie Punkt zwölf Uhr an, um mir zu sagen, dass sie die Prüfung bestanden hatte. Und am selben Tag noch kündigte ich bei der Stadtverwaltung. Acht Jahre war ich angestellt – während meine Schwester Medizin studierte, so, wie mein Vater es gewünscht hatte. Am gleichen Tag, an dem sie Ärztin wurde, kündigte ich. Ich hatte keine andere Arbeit, aber ich kündigte. Wir hatten nichts weiter als die Stelle meiner Frau im Staatssekretariat. Die war zeitlich befristet, doch glücklicherweise kam sie dann als Telefonistin in der Stadtverwaltung unter. Dass sie in der Stadtverwaltung unterkam, während ich dort ausschied, war ein Zufall.«

Parallel zu seiner Anstellung in der Stadtverwaltung hatte sich Mr Raote jahrelang in der Sena engagiert. Sie erlebte einen steilen Aufstieg und wurde zu einer gefürchteten Kraft. Im Jahr 1968 gewann sie bereits mehr als ein Drittel der Sitze im Stadtrat. Sie startete eine Kampagne zu den Staatsgrenzen von Maharashtra; sie rief einen Streik aus, der Bombay vier Tage lang lahm legte. Einwanderer aus Südindien lernten die Sena besonders fürchten. Und Dadar, der Vorort, in dem wir uns befanden – mit Blick auf den Shivaji-Park, in dessen Nähe Bal Thackerays Haus stand, und auf das zweistöckige Mietshaus, wo Mr Raote und seine Familie damals noch in ihrem einen Zimmer zusammenlebten –, dieses Dadar war, wie Mr Raote sich ausdrückte, »das Epizentrum« des Shiv-Sena-Bebens.

Ich hatte eine persönliche Erinnerung an jene frühe Zeit der Sena – einen flüchtigen Blick aus der Perspektive der potenziellen Opfer. Im Jahr 1967, ein Jahr nach der Gründung der Sena, besuchte ich einen parsischen Bekannten. Er war ein *boxwallah*, wie das damals hieß. *Boxwallahs* nannte man leitende Angestellte großer Firmen, wobei es sich gewöhnlich um Firmen mit Beziehungen ins Ausland handelte. Damals – es war die Zeit vor dem industriellen Aufschwung Indiens – verlieh dieser Status dem Betreffenden soziale Sicherheit, geradezu Unantastbarkeit. Mein Bekannter hatte eine hinduistische Frau aus einer angesehenen Familie geheiratet, und ich erfuhr zu meiner Überraschung von diesen Leuten, die doch eigentlich den Nöten und Bedrohungen des indischen Alltagslebens weit entrückt waren, dass ihre »Mischehe« sie beide in ihrem Wohngebiet der Gefahr gewalttätiger Attacken von Seiten der Sena aussetzte.

Es war Abend, wir saßen hoch oben, und unten brannten Lichter, in den Elendsvierteln mit fahlgelbem Schein. Meine Vorstellung von Bombay begann sich zu wandeln: Die »Armen«, die Menschen da unten, gewannen Sichtbarkeit und fingen an, ihren eigenen Anspruch auf die Stadt geltend zu machen; Frömmigkeit (oder Empörung über ihren Zustand oder Abscheu) stellte keine adäquate Reaktion mehr dar. Mein Bekannter – er hatte damals, 1967, etwas von der Leidenschaft an sich, die ich dieses Mal bei Papu, dem jungen dschainischen Börsenmakler wiederfand – sagte, als er über die Gefahr gewaltsamer Übergriffe sprach: »Ich versuche, nicht daran zu denken. Ich sage mir, wenn so etwas passiert, dann muss ich mir vorstellen, eine Art schlimmen Verkehrsunfall erlitten zu haben.«

Zu jener Zeit aber, 1967, und noch Jahre später arbeitete Mr Raote, eines der achtzehn Gründungsmitglieder der Sena, als

Angestellter in der Stadtverwaltung, wobei sein Gehalt im Laufe von acht Jahren von zweihundertachtzehn Rupien im Monat auf zweihundertzweiundsiebzig Rupien und fünfzig Paise (hundert Paise sind eine Rupie) stieg. Er fuhr in überfüllten Vorortzügen hin und her zwischen dem neugotischen Gebäude, in dem er arbeitete, und dem Mietshaus in Dadar, wo er zur Welt gekommen war und wo er nach wie vor wohnte – in ein und derselben Einzimmerwohnung. Er schleppte die Trauer um seinen Vater mit sich herum, den Ehrgeiz, seine Schwester studieren zu lassen, seine Enttäuschung darüber, dass er weder Offizier noch Ingenieur geworden war und es dann auch nicht in die indische Luftwaffe geschafft hatte, und litt unter der täglichen Kränkung seiner Büroexistenz in der Stadtverwaltung, seines »Dienstes«.

Draußen kannte ihn niemand. Aber in dem Maß, wie die Sena wuchs, war er in der Organisation aufgestiegen. Was er neben seiner Arbeit an Zeit erübrigen konnte, gehörte der Sena. Seiner Erinnerung nach hatte er damals, zwischen Stadtverwaltung und Sena hin und her wechselnd, zwanzig Stunden täglich gearbeitet. Er fand sich mit der Führung von zweiundzwanzig Ortsgruppen in der Innenstadt von Bombay betraut und stand in unmittelbarem Kontakt mit den führenden Köpfen der Organisation; er leitete das Wahlkampfbüro der Sena. Er wurde bekannt; sein Name tauchte in den Zeitungen auf.

Und doch hatten sie, als er 1972 aus der Stadtverwaltung ausschied, nichts weiter als das Telefonistinnengehalt seiner Frau. Dann schien ihm das Glück hold zu sein. Nur zwei Tage, nachdem er bei der Stadtverwaltung ausgeschieden war, fand er einen neuen Posten als Betriebsaufseher in der Rohrbrunnenabteilung einer der angesehensten Baufirmen Indiens. Sein Gehalt betrug siebenhundertfünfzig Rupien, fast das Dreifache seines Gehalts in der Stadtverwaltung. Aber so groß sein Glück erschien, es sollte nicht von Dauer sein. Er stolperte über seine Senamitgliedschaft.

Die maharashtrischen Arbeiter sahen eher den Organisator der Sena als den Betriebsaufseher in ihm. Sie wollten, dass er eine Gewerkschaft ins Leben rief. Die allgemeine Aufregung konnte der Firmenleitung nicht verborgen bleiben. Eines Tages rief ihn der Betriebsleiter – ein ehemaliger Armeeoffizier: genau das, was

Mr Raote gern geworden wäre – zu sich und verhörte ihn. Sei er da, um zu arbeiten oder um zu agitieren?

Mr Raote ertrug es nicht, verhört zu werden. »Ich bin ein Mann, der schnell in Rage gerät. Noch am selben Tag kündigte ich. Ich hatte erst einen Monat und zweiundzwanzig Tage in der Firma gearbeitet.«

Hier hielt Mr Raote inne. Er komme jetzt zu dem Teil seiner Lebensgeschichte, den zu erzählen ihm ein besonderes Bedürfnis sei. Als er in seinem Büro in der Stadtverwaltung beschloss, sich ernsthaft mit mir zu unterhalten, sei es ihm vor allem um diesen Lebensabschnitt gegangen.

Nun also, da er nach der morgendlichen *puja* in seinen vier Wänden saß, das geöffnete Fotoalbum und die heiligen Bücher neben sich auf dem Sofa, hielt er inne. Dann sagte er: »Damals fing ich an zu hungern. Das war meine schwierigste Zeit.«

Obwohl es doch die Zeit seines Aufstiegs in der Sena war.

»Ich begann, ganztags für die Sena zu arbeiten. Meine Frau unterhielt meine Familie mit dem, was sie verdiente. Und in der Familie – weil wir ja eine Liebesheirat geschlossen hatten – kam es zu Reibereien. Meine Mutter und meine Frau verstanden sich nicht.«

Aber ob Liebesheirat oder verabredete Ehe – dieser Konflikt war fester Bestandteil des hinduistischen Familienlebens, ein ritualisierter Aspekt des Frauenschicksals, so unvermeidlich wie die Ehe selbst oder das Kinderkriegen oder die Witwenschaft. Von einer Schwiegermutter schikaniert zu werden gehörte zur Prüfungszeit einer jungen Frau, wenn nicht sogar zu ihrem Reifungsprozess. Irgendwie überstand die junge Frau die Tortur, bis sie eines Tages selbst Schwiegermutter wurde und ihre eigene Schwiegertochter quälen durfte, damit das Leben sich rundete, Freud und Leid sich in ihm die Waage hielten.

»Schließlich entschloss ich mich, von zu Hause auszuziehen.« Auszuziehen nach all den Jahren, aus der Einzimmerwohnung am Ende der oberen Veranda. »Ich zog mit meiner Frau und meinen Kindern weg. Wir kamen bei meinen Schwiegereltern unter.«

Auch das war nicht weit entfernt. Wie das Mietshaus, aus dem er ausgezogen war, konnte man auch das Gebäude, in das er umzog, von seiner jetzigen Wohnung aus sehen: Von der Dachterrasse zeigte er mir später beide Orte – das Drama der engen Räume und kurzen Wege, bei dem sämtliche Schauplätze auch danach immer noch erreichbar blieben, nie wirklich aus dem Blickfeld gerieten und vielleicht deshalb (wie Kulissen auf der Bühne) frei von den Emotionen erschienen, mit denen sie einst verbunden waren.

»Wenn meine Schwiegermutter mir zu essen gab, hatte ich zu essen. Wenn sie mir nichts zu essen gaben, musste ich den Tag lang hungern. Damals hatte ich keinen Pfennig in der Tasche, nicht einmal Geld für eine Zigarette. Aber da ich meinen Stolz habe, bin ich nie vor jemandem wegen irgendetwas gekrochen. Lieber verhungere ich. Und das waren meine Hungertage. Seit damals, müssen Sie wissen, esse ich nur noch eine Mahlzeit am Tag. Und zwar abends. Morgens esse ich nie etwas. Ich trinke nur Kaffee.

Einer meiner Onkel mütterlicherseits besuchte mich damals öfter. Zwei- oder dreimal in der Woche. Er war absolut arm, aber er ging immer mit mir in ein Hotel.« Das englische Wort »Hotel« klang in Mr Raotes Mund wie *ho-tal*; man hätte es eher für ein Wort in Marathi oder Hindi halten können. Man bezeichnete damit Restaurants – meistens schlichte Gaststätten. »Er spendierte mir eine Mahlzeit. Armeleuteessen. Und eine Tasse Tee und eine Zigarette.

Eines Tages kam mein Schwiegervater nicht nach Hause. Auch am nächsten Tag tauchte er nicht auf. Wir begannen eine lange Suche nach ihm. Nach vier Tagen kam er von sich aus zurück. Wir fanden ihn vor dem Haus auf der Straße. Er hatte einen Verkehrsunfall erlitten und kam aus dem Krankenhaus. Danach wurde er ein »Fall für die Psychiatrie«. Er schikanierte seine ganze Umgebung. Also musste ich den Tag über außer Haus bleiben. Ich war ganz ohne Zuhause. In der Wohnung meiner Schwiegermutter schlief ich nur.

Dann bot mir einer der Freunde meines Schwiegervaters eine Bleibe in Ost-Dadar an. Wir zogen dorthin, und mein zweiter Sohn wurde geboren. Während dieser ganzen qualvollen Zeit war meine Frau schwanger gewesen. In Ost-Dadar richtete ich mich gut ein. Ich führte ein friedliches Leben. Um elf Uhr abends, nach meiner Arbeit für die Sena, kam ich nach Hause. Das war 1973/74.

Diese Phase meines Lebens dauerte vier Jahre. Ich ging viele Kilometer zu Fuß, um für die Sena Versammlungen abzuhalten.

Beschwert habe ich mich nie. Als ich später in den Stadtrat gewählt wurde und anfing, dort Reden zu halten, stammte alles, was ich in die Reden einfließen ließ, aus diesen Jahren, von denen ich Ihnen erzählt habe.«

Wer hatte ihn unterstützt? Hatte er das Gefühl gehabt, jemand »führe« ihn?

Das habe er. Ein Guru habe ihm beigestanden. In der Ecke im Wohnzimmer, die ich für einen Hausschrein gehalten hatte, hing – in unmittelbarer Nachbarschaft des Regals mit den religiösen Kassetten – das große, vielleicht überlebensgroße Bild eines gut aussehenden, bärtigen Mannes, und zwar nur seines Gesichts. Ich hatte das Bild beim Eintritt ins Zimmer gesehen, aber weil ich das Gefühl hatte, dass es sich bei der Zimmerecke um einen sakralen und privaten Ort handelte, hatte ich mir das Bild nicht näher angeschaut. Jener Mann – das Bild zeigte Gesichtszüge von fast unnatürlicher Ebenmäßigkeit und Schönheit – hatte Mr Raote damals als Guru zur Seite gestanden.

Die Religion war das Thema, auf das Mr Raote jetzt, gegen Ende des Vormittags, zu sprechen kommen wünschte. Er führte mich in seinen *puja*-Raum, der direkt neben dem Wohnzimmer lag. Der Altar befand sich in einer tiefen, brusthohen Nische in der Wand. Die Kultbilder trugen frische Girlanden, und es lag dort eine Kokosnuss ohne Schale, gekrönt von einem Büschel Kokosfasern. Die Rückwand der Nische wurde von einem weiteren Bild des Gurus ausgefüllt, das dem Bild im Wohnzimmer glich, wenn man es auch zurechtgeschnitten haben mochte, um es den Dimensionen der Nische anzupassen: Der Betende und der Altar lagen im Blickfeld des Gurus. Tagtäglich kamen frische Blumen auf den Altar; die Kokosnuss wurde monatlich ausgewechselt. Mr Raote verwendete jeden Morgen anderthalb Stunden auf seine *puja*. Dabei saß er auf einem Hirschfell. Das Fell wurde anschließend zusammengerollt und auf einem hohen Regalbrett deponiert.

Ein paar Tage später, als ich Mr Raote erneut in seiner Wohnung besuchte, erfuhr ich den Rest seiner Geschichte.

Am Ende jener vierjährigen Hungerzeit lachte ihm ganz unvermittelt das Glück. In der Werkstatt eines Freundes, hier in Dadar, begann er, Möbel zu bauen. Das war zwar etwas Neues für ihn, aber ein Neuling auf dem Gebiet war er keineswegs. In Holzarbeiten und Tischlerei hatte er bereits in der Schule einen besonderen Kurs belegt. Jetzt, in der Werkstatt des Freundes, fing er an, Sofas, Tische und Stühle zu fertigen, und verkaufte die Sachen dann. Er stellte fest, dass er Talent hatte.

Das Mobiliar in seiner Wohnung hatte er zu einem großen Teil selbst gezimmert. An einer der Wände stand ein Spezialtisch, den er entworfen hatte. Mit zwei Seitenplatten, die sich an einem Mittelteil herunterklappen ließen, glich die Konstruktion einem Pembroke-Tisch, nur dass hier die Tischplatte sehr schmal war, ungefähr zwanzig Zentimeter tief, was den Tisch ideal für die engen Bombayer Behausungen machte, deren Räume so vielen verschiedenen Zwecken dienen mussten. Der Entwurf fand Anklang; alle führenden Möbelfabrikanten Bombays übernahmen ihn. Mr Raote spezialisierte sich außerdem auf Schreibtischecken, die gleichzeitig als Trennwände dienten. Seine Werkstücke entwarf er alle selbst: Die Ideen flogen ihm einfach zu. »Sobald ich anfing, in der Möbelbranche zu arbeiten, kamen mir solche Einfälle.« Er fertigte auch Türen. Alle Türen in seiner Wohnung hatte er selber entworfen und angefertigt, genau wie die dekorierten Architrave aus Teak. Als Zeichen seines Erfolgs und Beweis seines Talents stellte die Wohnung für ihn einen besonderen Triumph dar. Sie enthielt vieles, was ich als selbstverständlich hingenommen hatte und erst jetzt mit seiner Hilfe zu würdigen begann.

Er wurde immer erfolgreicher und begann als Subunternehmer Holzarbeiten in großen Gebäuden auszuführen. Endlich beschloss er, selbst ins Baugeschäft einzusteigen. Zwei Jahre, nachdem er mit der Fertigung von Möbeln angefangen hatte, realisierte er zusammen mit anderen sein erstes großes Bauprojekt. Auch wenn es ihm selber vorkam, als habe er bereits einen langen Weg hinter sich, war er damals doch erst dreiunddreißig Jahre alt. Seitdem hatte er fünfzehn oder sechzehn große Bauvorhaben durchgeführt.

»In meiner ganzen Geschäftstätigkeit aber habe ich mich als Mitglied der Shiv Sena bemüht, die Lage des maharashtrischen Mittelstands zu verbessern. Statt es als Bauunternehmer zum Multimillionär zu bringen, folge ich lieber dem Pfad des Führers, den Prinzipien, die er aufgestellt hat.«

Diese Hingabe Mr Raotes an die Shiv Sena und ihren Führer wirkte wie ein Bestandteil seiner Religion. Er habe, meinte er, immer Mut und Selbstvertrauen besessen, ein Geschenk der Religion, das *atma-vishwas*, von dem auch Mr Patil in Thane gesprochen hatte.

»Bei meinen Erfolgen und Misserfolgen habe ich mich allen Problemen, welcher Art sie auch waren, beherzt gestellt, egal, ob als Geschäftsmann, als Sozialarbeiter oder als Familienoberhaupt. Bis in meine Collegezeit hinein war mein Vater derjenige, der mich antrieb. Dann, 1964, begegnete ich dem großen Heiligen, der in Alibagh seinen Aschram hatte.«

Das war der Guru, dessen Bild in der einen Ecke des Wohnzimmers und an der Rückwand der Nische im *puja*-Raum hing. Seinen Angaben zufolge hatte also Mr Raote den Guru in dem gleichen Jahr kennen gelernt, in dem er zu seiner großen Enttäuschung den Plan hatte fallen lassen müssen, die Technische Hochschule in Sholapur zu besuchen.

»Ich pflegte ihn aufzusuchen, damit er mich segnete. Um etwas Bestimmtes gebeten habe ich ihn nie. Ich ging nur hin, weil er mich segnen sollte und ich ihn als einen Heiligen verehren wollte; ich habe das Gefühl, dass er mein ganzes Leben verändert hat. Er ist 1968 gestorben. Aber ich spüre, dass er mich immer noch segnet, sooft ich seinen Segen brauche. Auch wenn er nicht mehr körperlich, als leibhaftiger Mensch, da ist, schenkt er mir und meiner Familie doch jederzeit seine Gegenwart. Schauen Sie«, sagte Mr Raote, und führte mich zu der aus Teakholz gefertigten Eingangstür seiner Wohnung, »meine Tür hat kein Schnappschloss. Sie steht immer offen.«

Ich hatte Mr Raote gerade noch rechtzeitig erwischt, um das Ende seiner Geschichte zu hören. Als wir uns verabredet hatten, war davon nicht die Rede gewesen, aber jetzt, an diesem zweiten Vormittag, erfuhr ich, dass ich ihn gerade noch abgepasst hatte, bevor er sich just an diesem Tag für neun Tage in seinen Aschram verabschieden wollte. Er reiste allein, ohne seine Frau.

»Ich gehe jedes Jahr, ohne Ausnahme. Diese neun Tage meines Jahres kann ich niemandem sonst geben.«

Er hatte andere Wallfahrten gemacht. Er und seine Frau hatten schon sechs Mal die Höhle von Amarnath in Kaschmir besucht, einem über viertausend Meter hoch gelegenen Ort im Himalaja, wo seit alters das Wunder geschah, dass sich im Sommer ein Eisphallus – der Phallus ein Symbol des Schiwa – bildete, der mit dem Mondzyklus wuchs und schrumpfte.

»Ich liebe diesen Ort im Himalaja«, sagte er.

Der weltliche Mensch, der Offizier und Ingenieur werden wollte, der Mitarbeiter der Sena, der fromme Hindu: drei Persönlichkeitsschichten, die sich zu einer Kette aus Überzeugungen und Handlungen verwirkten.

Als Papu, der junge dschainische Börsenmakler, von der Shiv Sena sprach, die zu den zahlreichen Bedrohungen zählte, von denen er umgeben sei, sagte er: »Alle unsere Probleme sind ökonomischer Natur. Wir hätten kein Problem, wenn es nicht das ökonomische Problem gäbe.«

Nach Handelsschluss an der Börse nahm er mich an diesem Nachmittag mit, um mir sein Zuhause zu zeigen und vor allem das Elendsviertel, das es umgab. Das Elendsviertel, das den Namen Dharavi trug, war berühmt. Nicht ohne einen gewissen Stolz behaupteten in Bombay manche Leute, es handele sich um das größte Elendsviertel in ganz Asien.

Wir saßen in einem gelb-schwarzen Taxi und kamen nur langsam voran: Sonne, Menschenmassen, das Getöse der Hupen, die heißen Auspuffwolken der Busse, die schwarzen Grus in die Luft bliesen, der sich auf der Haut ablagerte. Und dann, mitten darin, ein Aufleuchten von Reinheit: eine Gruppe magerer, kleiner Jungen in weißen Lendentüchern, die den gegenüberliegenden Gehsteig entlangeilten.

Die Jungen seien Dschaina, erklärte Papu, *munis*, Anwärter auf ein der Religion geweihtes Leben, Schüler eines Gurus. *Munis* hätten keine feste Bleibe, sie seien zu ständiger Wanderschaft verpflichtet und lebten von Almosen. Manchen Tempeln seien Einrichtungen angeschlossen, wo sie eine Nacht verbringen könnten; ihre Nahrung erbettelten sie in Häusern von Dschaina.

Woher wussten sie, ob ein Haus von Dschaina bewohnt war?

»Normalerweise findet sich am Hauseingang ein Schild oder irgendeine Art von Symbol oder eine besondere Kachel. Heute kriegt man sogar Aufkleber. Aber meist sind die jungen *munis* in Begleitung einer Aufsichtsperson, die sie herumführt und ihnen die Häuser zeigt. Die Übung diene dem Zweck, heißt es, die

Selbstsucht zu zügeln. Wissen spielt im Dschainismus eine große Rolle. Ein Brahmane gilt als der Klügste und Gebildetste. Er ist derjenige, dem alle zuhören. Um auch so zu werden, wandern die *munis* herum und erbetteln ihre Nahrung. Um Wissen erwerben zu können, müssen sie erst einmal ihre Selbstsucht zügeln.«

Aber die Rituale und Traditionen entstammten doch einer ländlicheren Zeit. Erfüllten sie jetzt noch ihren Zweck, da sie in den Straßen Bombays praktiziert wurden?

Papu war der Meinung, dass die Rituale ständig angepasst werden müssten. So sollten Dschaina zum Beispiel allmorgendlich baden und barfuß in einem Gewand ohne Naht zum Tempel gehen. Viele Dschaina in Bombay konnten das nach wie vor tun; Papus Mutter tat es in dem Vorort, in dem sie und Papu wohnten. Papu selbst aber konnte dem nicht mehr nachkommen. Er konnte noch nach seinem Bad zu Fuß zum Tempel gehen, aber nicht mehr barfüßig und in einem nahtlosen Gewand, weil er den Tempel auf seinem Weg zur Arbeit aufsuchte.

Ich erzählte ihm von meinem Besuch in dem muslimischen Stadtteil und von meinem Gespräch mit Anwar.

»Die Aggressivität kann in Kreativität umgewandelt werden«, sagte er. »Wir spielten früher gegen eine muslimische Mannschaft aus dieser Gegend Basketball. Dank ihrer Aggressivität waren die jungen Muslime gute Spieler. Sie bekamen dadurch den Killerinstinkt.« Den Killerinstinkt, den Papu indischen Unternehmern zuschrieb, der Händlern wie ihm aber nach wie vor fehlte. »Wenn ich ihnen einen Schlag versetzte, schlugen sie zurück. Und sie spielen, um zu gewinnen. Wohingegen ich zufrieden nach Hause komme, wenn es ein gutes Spiel war. Ich würde nie zurückschlagen, wenn ich einen Schlag abkriege. Ich nehme an, ich würde mich beschweren, und das wäre alles.«

Er kam erneut auf seinen Wunsch zu sprechen, mit vierzig aus dem Geschäftsleben auszuscheiden und sich der Sozialarbeit zu widmen. Ich wusste bereits, dass er zweifelte, ob das eine gute Idee war und ob er damit nicht vielleicht ein gottgegebenes Talent verkümmern ließ, das, wenn entsprechend eingesetzt, größere finanzielle Mittel für seine Wohlfahrtsprojekte erzeugen konnte. Jetzt – da er am Ende seines Arbeitstages im grellen Nachmittagslicht im Taxi saß – schien er von Zweifeln geradezu zerfressen. Er war sich nicht einmal mehr sicher, ob die Sozialarbeit einen Sinn hatte, die er sonntags im Elendsviertel seiner Wohngegend leistete.

»Jeden Sonntag speist eine Gruppe von uns, in der Hauptsache Dschaina, die Bewohner des Armenviertels. Es mögen fünfhundert sein, die wir speisen. Wir fangen etwa um zehn Uhr dreißig vormittags an. Für viele der Menschen, die wir speisen, ist es womöglich die einzige große Mahlzeit in der Woche. Sie hält sie vielleicht am Leben. Ich tue das, um ihnen zu helfen – das steht außer Frage. Aber zugleich habe ich das Gefühl, dass ich auf diese Weise versuche, meine Schuldgefühle loszuwerden. Was auch immer ich für sie tue – ich weiß, es ist begrenzt. Vielleicht sollte ich ihnen dabei helfen, sich selbst zu helfen. Mein Vater dachte folgendermaßen darüber: ›Ich würde ihnen gern den Fischfang beibringen, statt ihnen Fische zu geben.‹ Wenn ich ihnen eine ordentliche Mahlzeit gebe, dann hat es sich damit. Ich glaube, ich würde gern – auch wenn das bedeutet, dass ich statt fünfhundert nur fünf von ihnen helfen kann – erreichen, dass diese fünf, denen ich helfe, in die Lage versetzt werden, für sich selbst zu sorgen.«

Er war besessen vom Wohltätigkeitsgedanken, besessen davon, was er mit seinen Talenten für andere erreichen konnte. Nächstenliebe erschien als Ausdruck des religiösen Lebens, eines vernünftigen Lebens, eines in Reinheit verbrachten Lebens.

Endlich erreichten wir Sion. So hieß der Vorort, in dem er wohnte. Er wies den Fahrer an, in der Gegend des »Quartiers« herumzufahren. Hatte er schon die ganze Fahrt in gedrückter Stimmung verbracht, so nahm seine Niedergeschlagenheit nun noch zu. Er sprach von der Prostitution und der Verzweiflung in den Hinterhöfen des Quartiers, würdigte aber die Gegend, durch die wir fuhren, keines Blickes. Bei dem »Quartier« handelte es sich indessen ausschließlich um staatlichen Wohnungsbau, um Wohnblocks für Staatsbedienstete. Aus städtebaulicher Sicht wirkte es deprimierend – indische Architektur der unbedarftesten und inhumansten Art, Betonblock neben Betonblock in einer kahlen, verwüsteten Landschaft, die an manchen Stellen aussah wie eine Müllhalde. Aber das Elendsviertel, mit dem ich gerechnet hatte, war es nicht.

Dieses Elendsviertel, das berühmte, lag tatsächlich auf der anderen Seite von Sion. Papu hatte aber aufgehört, darüber zu reden. Und ich gewann den Eindruck, dass er zwar ursprünglich vorgehabt hatte, es mir zu zeigen, dass er es sich aber unterwegs anders überlegt hatte und sich dem Anblick des Elends jetzt nicht mehr gewachsen fühlte.

Wir fuhren zu der Straße, in der er wohnte. Sie lag im gutbürgerlichen Teil Sions, ein ganzes Stück entfernt von den Wohnblöcken, jenseits einer großen Durchgangsstraße. Die Straße wirkte wohlhabend und gediegen; es gab große Bäume, und gut gekleidete Männer und Frauen, Büroangestellte, warteten auf Busse. Papus Eigentumswohnung hatte ihn den Gegenwert von 100 000 englischen Pfund gekostet – und dabei befanden wir uns eine Stunde Fahrt vom Zentrum Bombays entfernt und in der Nähe eines riesigen Elendsviertels. Das vermittelte einem eine Vorstellung von der Entwicklung der Grundstückspreise in dieser Stadt. Es machte deutlich, warum das größte Problem für die meisten Menschen in Bombay darin bestand, Wohnraum zu finden, eine Bleibe, eine Schlafstätte, und warum Hütten, Baracken und Bretterverschläge jeden Winkel und jede Nische Bombays auszufüllen schienen.

Der sandige Hof von Papus Wohnblock war reingefegt und kahl. In einer anderen Stadt hätte er trostlos gewirkt. Aber hier stellten seine Reinlichkeit und Kahlheit etwas Besonderes dar; die Leere des Hofs betonte seine Sauberkeit.

»Das hier ist ein Gemeinschaftsblock«, sagte Papu. »Das bedeutet: Alle, die hier wohnen, sind Vegetarier. In dem anderen Gebäude« – dem benachbarten Wohnhaus, das architektonisch Papus Haus ähnelte – »wohnen Vegetarier und Nichtvegetarier gemischt. Weil in dem Gebäude hier ausschließlich Vegetarier leben, ist der Wert des Wohneigentums höher. Wenn man Fisch kocht, entsteht ein Geruch. Wenn im Haus ein Nichtvegetarier wohnt, sieht man vielleicht ein paar Tage lang im Hof eine Ziege angebunden; eines Tages sieht man sie nicht mehr, und man weiß, sie ist geschlachtet und gegessen worden. Bei den jungen Leuten in unserer Gemeinschaft allerdings ändert sich die Einstellung. Draußen gewinnen sie den Eindruck, dass alle Welt Fleisch isst, und sie können das Gefühl bekommen, schwach und unmännlich zu sein. Jeder ist bemüht, die Dinge seinen Bedürfnissen anzupassen.« Das Gleiche hatte Papu auch von den Ritualen gesagt: Sie seien einem ständigen Anpassungsprozess unterworfen.

Wir fuhren mit dem altmodischen Fahrstuhl zu seiner Wohnung hinauf. Er zeigte mir den Aufkleber über seiner Eingangstür, der ihn als Dschaina auswies, und das hinduistische Erkennungszeichen an den Eingangstüren anderer Wohnungen. Sein Wohnzimmer, das einen Blick auf die Straße und die gegenüberliegende Schule bot, war geräumig und sparsam möbliert. Es glich dem Hof: die Leere des Raums wirkte luxuriös. Saubere Wände, ein glänzender Terrazzoboden.

Ich fragte wegen der Schuhe. Ich müsse sie nicht ausziehen, sagte er. Später machte er allerdings eine Äußerung, die mir das Gefühl gab, dass ich es einfach hätte tun und gar nicht erst fragen sollen. Wir sprachen über rituelle Handlungen; ein Freund aus dem Pandschab, erzählte er, habe beim Anblick seines Wohnzimmerbodens gesagt, das sei wahrhaftig ein Boden, auf dem man barfuß laufen könne. Der Freund habe damit gemeint, dass normalerweise das Ritual des Ausziehens der Schuhe – vor Betreten eines Tempels zum Beispiel – den Sinn habe, in Vorbereitung der rituellen Reinheit die sauberen Füße zu beschmutzen, zu verunreinigen.

»Ich mag das Streben nach Reinheit«, sagte Papu. »Ich mag es als Lebensform.«

Seine Mutter kam herein und wurde vorgestellt – eine ernste, stille Dame, die einen Teil ihres Lebens im Birma verbracht hatte, bis dann mit der Unabhängigkeit des Landes die Inder vertrieben worden waren. Sie legte nach hinduistischer Art die Handflächen zur Begrüßung zusammen – und ich dachte daran, dass sie allmorgendlich barfuß zu ihrem Tempel wandelte.

»In Indien durchdringt die Religion alle Lebensbereiche«, erklärte Papu. Er zog eine Schublade auf. »Das hier sind Geschäftsberichte von Firmen.« Er nahm einen heraus. »Dies ist der Jahresbericht eines südindischen Unternehmens.« Er zeigte mir die Fotos auf der Vorderseite des Berichts. Sie hielten den Besuch eines heiligen Mannes in der Firmenzentrale fest, zeigten ihn im Kreis der Mitglieder des Verwaltungsrats, die allesamt bis zur Hüfte entblößt im *puja*-Gewand dastanden.

»Die Firma zählt zu den erfolgreichsten Zementfabriken im Land«, sagte Papu. »Im Hinterkopf gibt es bei uns immer die Überzeugung, dass es ganz und gar nicht schaden kann, wenn wir uns an die Religion oder an Rituale halten. Warum also nicht? Zum

Beispiel der Schwiegervater eines meiner Freunde. Er erklärte mir einmal, man müsse, um erfolgreich zu sein, täglich einer Kuh bestimmte Sachen zu fressen geben. Sagen wir, Weizen. Jeden Tag eine Kuh mit Weizen füttern. Nun, wenn ich jung bin und danach strebe, ein Ziel zu erreichen, dann will ich nichts versäumen, was mir dabei helfen kann. Ich weiß ja, dass es nichts schadet, wenn ich das und das tue. Warum also nicht?

Es gibt bestimmte Kultstätten in Bombay – Tempel, Moscheen, sogar Kirchen –, die Menschen an bestimmten Tagen aufsuchen. Dienstags gehen sie in den Siddhi-Vinayak-Tempel, der dem Ganescha geweiht ist. Warum dienstags? Niemand weiß das so genau, aber alle Menschen gehen vermutlich aus dem gleichen Grund dorthin und folgen dem gleichen Prinzip des ›Warum nicht?‹.«

»Eine materialistische Haltung?«

»Sicher. Neunzig Prozent von uns wenden sich an Gott, wenn sie etwas brauchen. Es gibt hier eine Kirche, die von Hindus besucht wird. Sie glauben daran, obwohl es nicht ihre Religion ist. Wie kann man als Hindu in eine christliche Kirche gehen?«

Auf dem schiefen mittleren Regal der Schrankwand lagen eine Ausgabe der Zeitschrift *Fortune* und ein Buch mit dem Titel *Elements of Investment*. Papu war sich der Widersprüchlichkeit bewusst: diese praktischen Bücher und Zeitschriften, sein eigener dschainischer Glaube, sein Verlangen nach umfassender Reinheit, das Wohnmilieu, die anderen Glaubensrichtungen um ihn herum.

Auf kleinen Edelstahltabletts wurde Tee serviert. Es war eine dschainische Teestunde, alles vegetarisch, nichts mit Eiern zubereitet. Es gab ein *puri* und verschiedene gebratene Speisen, zubereitet aus Mehl und Linsen.

Ich dachte, Papu habe seine Absicht aufgegeben, das große Elendsviertel von Dharavi zu besuchen. Aber in seinem Wohnzimmer hatte sich seine Stimmung wieder aufgehellt, und nach dem Tee führte er mich in einen der hinteren Räume, von dem aus man einen Blick auf den Slum hatte. Er war näher, als ich gedacht hatte, unmittelbar hinter den Eisenbahngleisen, die sich hinter der Straße entlangzogen, an der Papus Wohnblock lag. Papus Wohngegend, die so gutbürgerlich wirkte, wenn man in die Straße kam, bildete einen schmalen Streifen zwischen den Gebieten des staatlichen Quartiers und des Elendsviertels.

»Sie würden den Gestank nicht aushalten«, sagte er, hinunterblickend.

Ein bisschen später erklärte er dann mit der plötzlichen Entschlossenheit eines Menschen, der ins Regenwetter hinausgeht, wir müssten los.

Wir machten uns zu Fuß auf den Weg. Das Elendsviertel war nur ein kurzes Stück entfernt. Wir gingen über die stark befahrene, staubige Brücke, die über die Bahngleise führte. Es herrschte dichter Nachmittagsverkehr. Wir hatten kaum die Hälfte der Brücke passiert, da meinte Papu, in seiner Entschlossenheit wankend, wir sollten ein Taxi nehmen.

Um die Größe des Elendsviertels herauszustreichen, sagte er: »Sehen Sie. Von hier bis dort hinten kein einziges hohes Gebäude.« Das war eine gute Methode, sich die Dimensionen klar zu machen. Bewegte man sich erst mal auf der Straße, konnte man das flache, verwilderte, von fernen Wohntürmen gesäumte Gelände in seiner ganzen Ausdehnung gar nicht überblicken.

Und dann befanden wir uns auch schon am Rande des Viertels, so unvermittelt, so offenkundig, so überwältigend, dass es inszeniert wirkte und man das Gefühl hatte, in Filmaufnahmen geraten zu sein, bei denen das Leben im Slum gemimt wurde – Baracken und Hütten, Rücken an Rücken und Seite an Seite, ein allgemeiner Eindruck von Schwärze, düsterem Grau und Schmutz, enge, zerklüftete, gewundene Gassen, die sich in der Ferne verloren, dann die Hauptstraße mit aufgerissener linker Hälfte, dann schwarzer Schlamm, mit Männern und Frauen und Kindern, die am Rand eines schwarzen Teichs ihre Notdurft verrichteten – eines Teichs, der Morast und Senkgrube zugleich war, mit einem höllisch schillernden Ölfilm.

Der Gestank ließ sich kaum aushalten, musste aber ertragen werden. Das Taxi geriet in einen Verkehrsstau. Verursacht wurde der Stau durch eine Reihe schwer beladener Lastwagen auf der anderen Straßenseite. Das Elendsviertel von Dharavi war zugleich eine Art Industriegebiet, mit vielen behördlich nicht genehmigten Betrieben, darunter Gerbereien und Chemieanlagen, die in besser kontrollierten Gegenden der Stadt nicht toleriert worden wären.

In dem Gestank, der noch durch Benzin- und Kerosindämpfe verstärkt wurde, sah ich viele Menschen mit entblößten Armen bei einer Arbeit, die ich noch nie zuvor Menschen hatte verrichten sehen: beim Sammeln oder Auspacken von Lumpen und Pappresten. Sie arbeiteten in grauweißen Staubwolken, die sich wie Schnee auf der Erde ablagerten und das Geräusch der Hände und Füße erstickten. Sie arbeiteten am Rand der Straße oder in kleinen Baracken: Hier wurde in großem Maßstab Abfall sortiert.

Er komme hier kaum vorbei, sagte Papu. Im Taxi saß er so, dass er das Elendsviertel selbst nicht sehen musste. Er hatte das Gesicht der anderen Straßenseite zugewandt, wo die beladenen Lastwagen stillstanden und wo man in der Ferne die Wohnblocks des am Meer gelegenen mittelständischen Viertels Bandra erblickte.

Der Verkehr kam wieder in Bewegung. Irgendwann erklärte Papu: »Das hier ist der muslimische Teil. Die Leute sagen, die Muslime hier seien Fundamentalisten. Aber meinen Sie nicht auch, dass man diese Menschen zum Kampf für weiß Gott was alles aufstacheln könnte?«

Der Gestank von Tierhäuten und Exkrementen und Morast und Chemikalien und Benzindämpfen, der Staub der Lumpen, der bernsteinfarbene Dunst der Auspuffgase von den Lastwagen, das schräg einfallende Licht der tief stehenden Sonne – was für eine Befreiung, das alles hinter sich zu lassen und wieder in das andere Bombay zu kommen, das man kannte und mit dem vertraut zu werden man so lange gebraucht hatte, das Bombay der asphaltierten Straßen und der Busse und luftig gekleideten Menschen.

Am Rande des Elendsviertels entlangzufahren war schon schlimm genug. Wie schlimm musste es erst sein, dort zu leben. Und doch lebten Menschen in dem Gestank und der furchtbaren Luft und hatten sogar Erfolg im Leben. Selbst Anwälte wohnten dort, wurde mir erzählt. Beschränkt sich der Gestank der Exkremente auf den Rand des Viertels, auf die Umgebung des schillernden schwarzen Teichs? Nein, der Gestank durchdringe ganz Dharavi. Noch erstaunter war ich, in einer Bombayer Zeitschrift einen Artikel über Papus Vorort Sion zu lesen, in dem das Elendsviertel von Dharavi fast als ein Bohemien-Viertel dargestellt wurde, das Farbe und Würze in das öde Mittelstandsleben bringe. Keine Frage, dass Bombay seine Bewohner in mancher Hinsicht abstumpfte.

Einige Zeit später bekam ich Dharavi ein weiteres Mal kurz zu Gesicht, als ich im Taxi zum Inlandsflughafen in Santa Cruz fuhr.

Der Taxifahrer – ein Muslim aus Haiderabad, erfüllt vom Bedürfnis, seine Würde zu wahren, und beunruhigt durch sein Leben in Bombay, in steter Angst, unterzugehen, ständig seine Heimkehr planend und bis dahin krampfhaft bemüht, sein Auto und seine Kleidung in tadellosem Zustand zu erhalten – dieser Taxifahrer zeigte mir die Wohnblocks auf der einen Seite der Straße zum Flughafen, in denen ehemalige Slumbewohner einquartiert worden waren. Dann zeigte er in die andere Richtung auf das Sumpfgebiet, in dem sich Dharavi entwickelt hatte, und auf die niedrige schwarze Kontur des Elendsviertels, die man in der Ferne sah.

Von hier aus gesehen, wirkte Dharavi künstlich, überflüssig sogar in Bombay – wie ein Ort, der nur bestand, weil er, wie man sagte, als Wählerreservoir, als Reservoir für die Mobilisierung politischen Hasses gebraucht wurde, als ein Herd, auf dem viele ihr Süpplein kochten. All die widerstreitenden politischen Strömungen Bombays fanden sich auch hier, alle neuen Abgrenzungen – in verstärkter Form. Und doch lebten Menschen hier und ertrugen diese zusätzliche Ausbeutung, weil es in Bombay, hatte man erst einen Unterschlupf gefunden, Geld zu verdienen gab.

Menschen konnten durch ihre Lebensbedingungen geprägt werden, so wie Tiere durch die Bedingungen, unter denen sie gehalten wurden – Hühner zum Beispiel (um eine vierzig Jahre alte Erinnerung aus Trinidad aufzurufen), die in engen Käfigen gezogen wurden, waren außerstande, zu laufen, wenn man sie freiließ; halb hüpften, halb flatterten sie, wie sie das in ihrem Käfig getan hatten. Geradeso gewöhnten sich auch die Menschen, die in ihren Bombayer Behausungen auf engem Raum groß geworden waren, an diese Raumverhältnisse und an das diesen angepasste gemeinschaftliche Leben; das andere Leben, das Leben in Privatheit, erfuhren sie unter Umständen als seelisch verstörend.

Mr Ghate war ein ranghoher Vertreter der Sena. Aufgewachsen war er in einer Fabrikgegend, in einer Einzimmerwohnung in einem *chawl*, einer Mietskaserne für Fabrikarbeiter. Er lebte nach wie vor in einem *chawl*, obwohl er seinem Status nach ohne weiteres in einem besseren Domizil und in einer besseren Gegend hätte wohnen können. Er hatte das auch einige Jahre vorher zu tun versucht, aber die Sache war übel ausgegangen. Seine Frau hatte die relative Abgeschiedenheit und Geräumigkeit der in sich abgeschlossenen Wohnung, in die sie umgezogen waren, nicht ertragen. Die neue Umgebung drückte nicht einfach nur auf ihre Stimmung, sondern brachte sie ernsthaft aus dem Gleichgewicht. Also war Mr Ghate wieder in einen *chawl* gezogen, in die zwei Räume, die er jetzt bewohnte, zurück in die Atmosphäre drangvoller Enge und geräuschvollen Lebens – und war wieder glücklich.

Ich besuchte Mr Ghates *chawl* in Begleitung eines maharashtrischen Brahmanen namens Charu. Ohne Charu wäre ich von Mr Ghate vielleicht gar nicht empfangen worden. Mr Ghate zählte laut Charu zu den »barschen« Männern der Sena; mit dem Wort »barsch« bezeichnete der Brahmane Charu ungehobelte, aggressive Menschen.

Mr Ghate wohnte im obersten Stock seines *chawl*-Blocks. Ich glaube, ohne Charu hätte ich es nicht einmal bis zur Innentreppe geschafft, so sehr packte und würgte mich der Gestank, der mich am Hauseingang empfing – fast hätte ich mich übergeben müssen. Erst der kleine Vorhof mit dem nassen, zerfledderten Müll und den Katzen und Kätzchen, die darin wühlten, und dann in der plötzlichen Dunkelheit des Durchgangs der intensive, warme Geruch von verstopften Abflüssen, der mir die Kehle zuschnürte. Charu mit seinem brahmanischen Pflichtgefühl, seinem Empfinden, dass Verabredungen einzuhalten seien – er war es, der (ständig zurückblickend und mir hin und wieder sogar die Hand reichend, wie ein Vater, der sein Kind zum ersten Mal über den Strand ans Meer führt) mich immer weiter die Treppen des *chawl* hinaufbugsierte, vorbei an offenen Türen, durch die man einen kurzen Blick in die Wohnungen anderer Familien erhaschte.

Obwohl heiße Luft ja eigentlich aufsteigt, war die Atmosphäre im oberen Stock frischer. Das Bild eines Tigers, des Symbols der Shiv Sena, an einer der Türen gab die Wohnung dahinter als Mr Ghates Apartment zu erkennen. Es überblickte die Hauptstraße. Die kleinen Fenster aus Milchglas in grün gestrichenen Rahmen, die hinter dem zur Sicherung gegen Einbrüche angebrachten Maschendraht offen standen, ließen Luft herein, die, den Auspuffgasen zum Trotz, erfrischend wirkte.

Mr Ghate bewohnte zwei kleine Zimmer. Das eine lag hinter einem Durchgang mit Vorhang und war die Küche. Das Zimmer, in dem wir empfangen wurden, diente vermutlich nachts als Schlafzimmer. Tagsüber verwandelte es sich in eine Art Sena-Büro. Ein Einbauschrank an einer der Wände steckte voller Akten – ein unverhofft moderner Zug. Neben anderem Wandschmuck war ein Plakat zu sehen – ursprünglich vielleicht das Werbeplakat einer Ölgesellschaft –, das einen Tiger zeigte und in englischer Sprache die Worte *Man sieht viel – wenn man hinschaut.*

Mr Ghates Vater hatte in der Fabrik gearbeitet und vierhundert Rupien – knapp über dreißig englische Pfund – im Monat verdient. Die Familie war groß: fünf Brüder und zwei Schwestern. Ursprünglich waren es vier Schwestern, aber zwei starben. Das eine Zimmer, in dem sie alle lebten, hatte die für *chawls* üblichen Abmessungen, drei Meter mal drei Meter, und solange sie Kinder waren, funktionierte der Haushalt reibungslos. Zum Frühstück gab es nur Tee, nichts Gekochtes. Von sieben Uhr morgens bis ein Uhr mittags hielten sich die Kinder in der Schule auf. Das bedeutete, dass Mr Ghates Vater die Wohnung an den Vormittagen rund einen Monat am Stück für sich hatte. Er war Schichtarbeiter in der Fabrik; jeden Monat wechselte die Schicht.

Mir fiel ein, was Mr Raote über die allen Maharashtranern gemeinsame Kultur gesagt hatte, und ich wollte von Mr Ghate wissen, ob auch er als Kind eine Sportschule besucht hatte. Er verneinte, aber meine Frage war ihm nicht gleichgültig, denn er versicherte sofort, sich sportlich betätigt zu haben. Ich fragte nach seiner religiösen Einstellung. Wie habe er, als er in dem *chawl* aufwuchs, die Religion und die Lehren der Heiligen kennen gelernt? Er sei kein religiöser Mensch, sagte er – eine Art Bruch mit der Vergangenheit hatte also stattgefunden. Sein Vater freilich habe zu Hause die *puja* verrichtet, obwohl weder sein Vater noch seine Mutter Bildung besessen hätten; bis zu seiner Collegezeit habe es kein Buch in ihrem Haushalt gegeben.

Es klang nach einem beschränkten Leben, einem harten Leben; aber sie waren gut miteinander ausgekommen. Das habe sich nach seiner Heirat geändert. Seine Frau sei aus dem *chawl* ihrer Familie in seinen *chawl* umgezogen, und dann sei ein Kind gekommen. Schließlich hätten zehn Menschen auf zehn Quadratmeter Fläche leben müssen. Die Folge seien »Differenzen« und ständiger Streit gewesen. Also war Mr Ghate mit Frau und Kind in die »Angestelltenquartiere« – einen Wohnblock mit abgeschlossenen Apartments – umgezogen, die in einem dreißig bis vierzig Minuten Bahnfahrt entfernten Vorort lagen.

Damit hätte ein neues Leben beginnen sollen – mit Abstand von der Familie, ohne Streitereien, in einer geräumigen Wohnung: Anstelle der zehn Quadratmeter für zehn Personen verfügten sie jetzt über siebzehn Quadratmeter für drei Personen. Stattdessen brach Unheil über sie herein. Mr Ghates Frau hatte ihr ganzes Leben in einem *chawl* verbracht. Jetzt, da sie den größten Teil des Tages in ihrer separaten, siebzehn Quadratmeter großen Wohnung sich selbst überlassen war, niemanden sah, niemanden hatte, mit dem sie reden konnte, bekam sie Angstzustände. Sie fing an, ernsthaft unter Klaustrophobie zu leiden, und stand kurz vor einem Nervenzusammenbruch.

Also waren sie in die Fabrikgegend, in ihre Heimat, zurückgezogen; Mr Ghate hatte Glück und fand in einem *chawl* eine Wohnung. Das aus zwei Räumen bestehende Apartment, wie er eines bewohnte, bezeichnete man in Bombay als »Einzimmerküche«. Der Hauptraum war tatsächlich ein bisschen größer als die üblichen Zehnquadratmeter-Zimmer. Jetzt wohnten sie zu fünft darin, und Platzprobleme gab es nicht.

Er hatte die Wohnung 1985 gekauft, und das war folgendermaßen vor sich gegangen. Die *chawls*, von denen viele Jahrzehnte alt waren und aus den Anfängen der industriellen Revolution Indiens stammten, gehörten ursprünglich zu Fabriken und waren zur Unterbringung der Fabrikarbeiter bestimmt. Offiziell gehörten die *chawls* nach wie vor den Fabrikbesitzern, aber weil der Staat die Mieten regulierte, kümmerten sich die Fabrikbesitzer nicht mehr um ihre *chawls* und hatten sie praktisch aufgegeben; den Mietern stand es mittlerweile frei, die Räume, in denen sie wohnten, an einen neuen Mieter zu verkaufen. Der Käufer bezahlte dem Noch-Mieter eine Prämie und übernahm den Mietvertrag mit dem Fabrikbesitzer. Mr Ghate hatte 1985 eine Prämie von 35 000 Rupien – etwa tausendvierhundert Pfund – für seine zwei Räume bezahlt. Die Miete aber, die er dem Fabrikbesitzer zahlte, betrug gerade einmal zwölf Rupien im Monat – ohne Zweifel erklärte sich daraus, warum die Fabrikbesitzer sich nicht mehr um ihre *chawls* kümmerten.

Mr Ghate genoss nun Mieterschutz; er könne ewig in seinen zwei Räumen weiterwohnen, erklärte er. Und es klang so, als habe er auch ebendies vor, nach seinem missglückten Ausbruchsversuch. Nicht jeder sei wie er, meinte er. Viele Leute, die gar nicht das nötige Geld hätten, träumten davon, in eine separate Wohnung zu ziehen. Er habe die Mittel, er könne ein Darlehen von der Bank bekommen, aber er fühle sich hier bestens aufgehoben.

In dem Maße, wie in der frischeren Luft des Zimmers meine Lebensgeister wieder erwachten, fing ich an, die Dinge ein bisschen mit seinen Augen zu sehen. Ich sah die Annehmlichkeiten: Es gab einen Ventilator an der Decke, es gab eine stabile Trittleiter, die zur Schlafbühne hinaufführte. Unter der Schlafbühne lag so etwas wie ein Mehrzweckbereich mit einigen nützlichen Dingen – einem Kleiderschrank, einem Holzstuhl, einem Wäscheständer (der zurzeit mit Handtüchern behängt war), einem längeren Schlauch und einem Treteimer aus blauem Plastik für den Abfall. Dieser Bereich befand sich hinter Mr Ghate nahe dem offenen Fenster. Der vordere Teil des Raums war eher der Bürobereich; dort stand der Einbauschrank. Wie um seine Extravaganz zu entschuldigen, erklärte mir Mr Ghate, er habe den Schrank im vergangenen Jahr gekauft, weil er bei seiner Tätigkeit für die Sena so viele Akten bearbeiten müsse.

Hinter den Glastüren des Schranks gab es nicht nur Akten. Auf dem obersten Regalbrett standen Becher und Teller aus Plastik und Edelstahl. Auf anderen Brettern sah man Fotos und eine goldfarbene Plakette mit dem neuen marathischen Wahlspruch der Sena, von dem ich bereits gehört hatte: *Sag es mit Stolz: ›Ich bin ein Hindu.‹* Je mehr sie an Macht gewann, umso mehr bemühte sich die Sena um ein überregionales Image. Sie appellierte jetzt an ein allgemeineres hinduistisches Bewusstsein, was manchen ebenso besorgniserregend erschien wie die frühere Forderung der Sena nach einem Maharashtra, das den Maharashtranern gehören müsse.

Ich wollte ein bisschen mehr über das Leben im *chawl* erfahren. Charu und Mr Ghate unterhielten sich ein Weilchen auf Marathi, und dann fasste Charu zusammen.

»Ihm gefällt das Leben hier. Er ist in dieser Atmosphäre aufgewachsen. Er hat nicht das Gefühl, dass ihm ein größeres Zimmer oder Apartment etwas bringen würde. Er beneidet andere Menschen nicht um ihren Reichtum oder hasst sie deswegen. Er beurteilt Menschen nur nach ihrem Geist.«

»Was gefällt ihm an dem Leben hier?«

Bei der Schilderung der Vorteile des Lebens im *chawl*, die er Charu in Marathi gab, schien Mr Ghate gar kein Ende finden zu können.

In Charus Wiedergabe klang das so: »In einem *chawl* weiß man immer, was rundherum passiert. Man weiß, was all die anderen Familien machen. Man hört alles, man sieht alles. Auf diese Weise leben die Menschen zusammen, nehmen Anteil an den Problemen der anderen. In einem Apartment fehlt das *Leben*.«

In diesem *chawl* gab es reichlich Leben. Allein in der obersten Etage, in der wir uns befanden, gab es vierzig Räume. Diese vierzig Räume verfügten über insgesamt fünf Toiletten. Man begegnete ständig Menschen.

»Braucht er keine Privatsphäre?«

Das wurde von Charu nachdrücklich verneint. »*Er will keine Privatsphäre.* Wer Privatsphäre wolle, sagt er, könne immer in einen Apartmentblock umziehen.« Das klang einigermaßen scharf – nachdem Mr Ghate doch vorher von den Menschen gesprochen hatte, die in Apartmentblocks umziehen wollten, aber das nötige Geld nicht hätten. »Wenn man Ungestörtheit braucht, um zu lesen und zu schreiben, dann findet man die stets nach ein Uhr morgens.«

»Bleibt er oft nachts auf?«

»Ja. Er liest oft bis zwei Uhr dreißig oder drei Uhr morgens. Sonst hat man hier keine Gelegenheit, zu schreiben und zu lesen.«

»Glaubt er nicht, dass ein bisschen mehr Privatsphäre dem Bildungsstand förderlich wäre?«

»Wie intelligent oder belesen man ist, hängt nicht davon ab, ob man in einem Apartmentblock oder einem *chawl* lebt. Es ist eher eine Sache der eigenen Neigung – der Begabung, des Charakters.« Als Beweis führte er den berühmt gewordenen Fall eines einheimischen Jungen aus einem Elendsviertel an, der kürzlich bei einer staatlichen Prüfung im gesamten Bundesstaat als Bester abgeschnitten hatte.

»Wäre es nicht seine Aufgabe, seinen Anhängern ein besseres Leben zu bieten?«

Die Antwort, in Charus wörtlicher Übersetzung, fiel schroff aus. »Ich will niemandem zu einem Luxusleben verhelfen. Das hier ist eine Fabrikarbeitergegend.«

»Er will, dass die Leute Fabrikarbeiter bleiben?«

In der Übersetzung erfuhr die Frage eine leichte Umdeutung. Charu bezog sie auf Mr Ghate persönlich und erhielt eine persönliche Antwort.

»Er selbst ist in einer Bank angestellt. Ein Bruder arbeitet in einer staatlichen Behörde. Ein anderer, jüngerer Bruder arbeitet in einer Fabrik. Aber dieser Bruder ist nicht allzu gebildet; ihm fehlte das geistige Vermögen. Er verdient nun tausend Rupien im Monat. Das ist kein guter Lohn. Um in Bombay auskömmlich leben zu können, braucht man mindestens zweitausend Rupien.«

Ich versuchte, auf meine Frage zurückzukommen, und stellte sie in abgewandelter Form. »Was will er für die Menschen in diesem *chawl* erreichen?«

Wieder ging der Schuss fehl. Offenbar wurde die Frage als Erkundigung nach der Zukunft des *chawl* vorgetragen und von Mr Ghate entsprechend beantwortet.

»Dieser *chawl* ist neunzig Jahre alt. Er ist solide gebaut und wird weitere fünfzig Jahre halten. Aber bezüglich seines Fortbestands habe ich so meine Zweifel. Die Familien hier sind arm. Wenn an diesem *chawl* Schäden auftreten, werden die Familien nicht das Geld haben, ihn wiederherzustellen oder sich anderswo Unterkünfte zu kaufen. Sie werden Bombay verlassen müssen, wenn mit diesem *chawl* etwas passiert.«

Hinter ihm an der Wand, unmittelbar unterhalb der Schlafbühne, hingen Bilder und Symbole der Sena. Neben dem Plakat mit dem Tiger gab es eine große, bronzefarbene Schmuckplatte, die Ganescha auf safrangelbem Hintergrund zeigte, sowie ein gerahmtes Bild von der Krönung Shivajis – ein Traum von Macht, Ruhm und Glamour, wie aus einem indischen Film.

Für Mr Ghate war dieser Traum vermutlich zutiefst bedeutungsvoll. Ich fragte mich, wie er sich in Einklang bringen ließ mit der praktischen Arbeit, die Mr Ghate für die Sena leistete, und mit den Zuständen, die im *chawl* herrschten. Wenn er den *chawl* betrachtete, was sah er da eigentlich? Wer sich jetzt um den *chawl* kümmere und die gemeinschaftlich genutzten Teile des Hauses reinige, wollte ich wissen.

Die Mieter selbst putzten im *chawl*, sagte Mr Ghate. Und warum unternähmen sie nichts wegen der verstopften Abflüsse und wegen des vergammelnden Mülls am Eingang, fragte ich.

»Bombay wird nie schön sein«, antwortete er. »Es gibt Mängel, die einfach dazugehören. Die Abflüsse wurden vor einiger Zeit gereinigt, aber sie verstopften wieder. Auch bei den Menschen selbst gibt es Probleme. *Mangel an Bürgersinn.*« Den letzten Satz sagte er auf Englisch.

Müsse die Sena mit ihrem ausgeprägten Sozialbewusstsein hier nicht etwas unternehmen?

»Es ist ein ewiges Problem. Man muss bei den Kindern anfangen. Das ist kein ökonomisches Problem. Diese Leute werfen den Abfall aus dem Fenster.«

Ich fragte nach seinem eigenen familiären Hintergrund. Seine Familie stamme aus einem Dorf in der Nähe von Goa, sagte er. Er habe noch Verwandte dort, und sie kämen jedes Jahr für zehn oder fünfzehn Tage zu Besuch. Bombay ziehe sie an; am liebsten würden sie dableiben. Aber sie wüssten, wie schwer es sei, sich in der Stadt eine ordentliche Existenz aufzubauen, und deshalb kehrten sie nach Hause zurück.

Aus der Küche hinter dem Türvorhang drangen Frauenstimmen. Mrs Ghate, die sich die ganze Zeit über in der Küche aufgehalten hatte, zog den Vorhang zur Seite und sagte, es habe irgendwo im *chawl* einen Unfall gegeben. Eine alte Frau sei gerade mit der Nachricht gekommen; sie wolle wissen, ob Mr Ghate Zeit für sie habe.

Er sagte, er habe. Die alte Frau war ziemlich außer sich. Sie stand im Durchgang und berichtete unter Tränen, zwei Kinder in ihrem Raum hätten Verbrennungen erlitten. Ihr Vater sei in der Fabrik, und niemand sei da, ihr zu helfen.

Mr Ghate erklärte sofort, er werde die Kinder in seinem Auto ins Krankenhaus bringen lassen. Er eilte hinaus, um das Nötige zu veranlassen, und Charu und ich blieben allein im Zimmer zurück.

Charu erzählte mir ein bisschen mehr über das Gemeinschaftsleben der Menschen in Bombay. Das Bedürfnis, in Gemeinschaft zu leben, entstammte ihm zufolge dem Leben in der Sippe oder Großfamilie: Hier lebe man intensiv, im ständigen Kontakt mit vielen anderen, mit emotional aufgeladenen Beziehungen zwischen verschiedenen Gruppen oder Teilen der Großfamilie. Seine eigene Frau, die ein Studium in Entwicklungspsychologie mache, erzählte Charu, könne sich nicht konzentrieren, wenn sie beim Lesen allein sei; sie lese lieber, wenn sie neben sich Leute reden höre. Selbst heute noch halte sich seine Frau gern bei ihrer Herkunftsfamilie in der alten Wohnung auf, wegen der Gesellschaft, der Wärme, der ständigen beruhigenden Wirkung menschlicher Stimmen.

Seit Mrs Ghate den Vorhang zur Küche zurückgezogen hatte, stand der Durchgang offen. Ich konnte sehen, dass es in der Küche einen *puja*-Kasten gab, etwas ganz Primitives, nicht vergleichbar dem Schrein in der Wandnische bei Mr Raote. Mr Ghate hatte erklärt, er sei kein gläubiger Mensch; der *puja*-Kasten in der Küche stand also dort wohl seiner Frau zuliebe.

Als Mr Ghate zu uns zurückkam, sah er besorgt aus. Er habe die Kinder ins Krankenhaus geschafft. Aber er mache sich jetzt Sorgen um seine Frau. Sie neige zu Depressionen. Sie kenne die betroffene Familie, und der Unfall der beiden Kinder mache sich bei ihr bereits nachteilig bemerkbar.

Der Vorfall zeige aber jedenfalls, wie wichtig es für die Sena sei, an einem Ort wie dem *chawl* vertreten zu sein. Die Sena sei bekannt für ihr soziales Engagement, und die Menschen hätten das Gefühl, sich an sie wenden zu können.

Ich fragte; ob das Gemeinschaftsleben im *chawl* und in anderen überfüllten Milieus die politische Organisationsarbeit erleichtere.

»Der *chawl* gleicht einer großen Familie. Der Wohnbezirk ist eine noch größere Familie.«

Und andere Gruppen ließen sich ebenso leicht organisieren?

Keine Antwort.

Er war ein strenger, dunkler Mensch. Die Sorge um seine Frau, die er so offen zur Sprache brachte, schien der einzige weiche Punkt in ihm. Er habe 1970 geheiratet. Damals sei er einundzwanzig gewesen und seine Frau achtzehn. Die Liebesgeschichte, die er zu erzählen hatte, glich in mancher Hinsicht der von Mr Raote im weit entfernten Dadar. Das Mädchen, das seine künftige Frau wurde, habe in einem anderen *chawl* gewohnt. Er habe angefangen, diesen *chawl* aufzusuchen, um einem Freund, der schwach in Mathematik war, Nachhilfeunterricht zu geben. Er habe die Familie des Mädchens kennen gelernt und dann auch dem Mädchen Nachhilfestunden gegeben; so habe sich eine Zuneigung entwickelt.

Der Vater des Mädchens sei Lehrer gewesen. (Mr Ghates Vater hatte kein einziges Buch besessen.) Ihm habe nicht gefallen, dass Mr Ghate sein Studium an der Technischen Hochschule aufgab. Damals war die Shiv Sena auch noch übel beleumundet und stand im Ruf der Gewalttätigkeit. Die Familie des Mädchens hielt Mr Ghate für einen Taugenichts. Mit dieser Ablehnung, die Mr Ghate von Seiten ihrer Familie erfuhr, hätten bei seiner Frau die Depressionen angefangen.

»Sie ist extrem sensibel«, erklärte Mr Ghate.

Eines Tages hätten er und sie in einem Hotel zusammengesessen. In einem *ho-tal*, einer einfachen Gaststätte. Ihre Schwestern und ihr Bruder hätten die beiden gesehen. Ihm sei klar gewesen, dass es unter diesen Umständen schwierig für sie gewesen wäre, nach Hause zu ihrer Familie zurückzukehren. Also habe er sie in die Wohnung eines Onkels in einem Apartmentblock gebracht. Am nächsten Tag hätten sie geheiratet. Das sei gar nicht seine Absicht gewesen, als er sie zu seinem Onkel brachte. Aber er habe erkannt, dass dies der einzige Weg sei; den Entschluss zur Heirat habe er ganz allein gefasst. Die Ehe sei nach vedischem Ritual geschlossen worden, das weniger aufwändig sei als die traditionelle hinduistische Heiratszeremonie.

Seine Eheschließung war also eine Liebesheirat? Waren andere Mitglieder seiner Familie seinem Beispiel gefolgt?

Seine Schwester habe vor rund einem Jahr eine Liebesheirat geschlossen.

»Das kommt immer häufiger vor, oder?«

»Ja.« Trotz seiner eigenen Liebesheirat blickte er jetzt streng drein. Keine Frage, dass er über die Ehe seiner Schwester nicht glücklich war. »Ehen, die aus Liebe geschlossen werden, sind nicht von Bestand, wenn es keinen Einklang der Seelen gibt. Ehen zerbrechen, wenn sie nur auf körperliche Anziehung gegründet sind.«

»Gab es Widerstand gegen die Liebesheirat Ihrer Schwester?«

Seine Antwort war unstimmig. »Es gab keinen Widerstand. Sie heiratete nur, weil sie sich körperlich angezogen fühlte.«

»Was für einen Beruf hatte der Mann?«

»Er war ayurvedischer Arzt.« *Ayurveda*, die traditionelle hinduistische Heilkunst.

»Wohlhabend?«

»Ziemlich wohlhabend, aber nicht selbstständig. Deshalb wollte ich, dass meine Schwester sich eine Arbeit sucht. Sie wohnen in Sion. Gerade kürzlich habe ich eine Stelle für sie gefunden.«

Sion war Papus Vorort. Wollte er damit beschönigend sagen, dass sie in Dharavi lebten?

»Haben sie eine Wohnung in Sion?«

»Sie wohnen in einem ordentlichen Wohnblock. Aber eigentlich weiß ich nichts über sie. Ich habe mit meiner Schwester jetzt nichts mehr zu schaffen. Ich habe ihr eine Arbeit besorgt, und ansonsten will ich von ihr nichts wissen.«

»Aber warum nicht?«

»Der Junge steht nicht auf eigenen Beinen.«

»Wie viel verdient sie in ihrem Job? Dem Job, den Sie ihr besorgt haben.«

»Ungefähr neunhundert Rupien.«

»Sie wollen nicht hinfahren und sehen, wie es ihr geht?«

»Nein, nein. Ich habe ihr eine Arbeit besorgt. Sie haben ein Kind. Aber, nein. Meine Schwester liegt nicht auf meiner Wellenlänge, und das gefällt mir nicht. Ihre Lebensweise ist äußerst oberflächlich. Sie hat oberflächliche Erwartungen ans Leben. In ihren Augen bin ich nicht sonderlich gebildet. Doch ich glaube, dass meine Denkart ihrer überlegen ist. Ihre Gedanken sind: ›Wichtig ist ein eigener Wohnblock. Wichtig ist viel Geld.‹ Aber sie hat nicht das Zeug dazu.«

So lauteten Mr Ghates Ausführungen in Charus Übersetzung, aber ich war nicht sicher, ob ich ihn verstanden hatte. An früherer Stelle hatte er erklärt, Menschen nur nach ihrem Geist zu beurteilen, und vielleicht wollte er jetzt sagen, dass die materialistischen Ambitionen seiner Schwester ihrem Bildungsstand zuwiderliefen und sie lächerlich machten.

»Und sie passt sich anderen Menschen nicht an«, sagte Mr Ghate. »Meine Frau ist anpassungsfähig. Meine Schwester aber kann sich meiner Frau nicht anpassen.« Vielleicht lag hier das Problem.

»Sieht Ihre Schwester gut aus? Ist sie schön?«

»Nicht unbedingt.« Das sagte er auf Englisch. Mit dem für Inder typischen bejahenden Kopfwiegen fügte er, auch wieder auf Englisch, hinzu: »Hübsch.« Dann erläuterte er noch einmal seine Einstellung: »Blutsbande bedeuten mir nicht sehr viel. Meine Verwandten haben mir nie geholfen. Nur meine Freunde haben mir geholfen. Jetzt, wo ich einen Namen und eine gesellschaftliche Stellung habe, kommen meine Verwandten zu mir. Aber ich schenke ihnen nicht viel Beachtung.«

»Warum halten Sie die Ambitionen ihrer Schwester für oberflächlich?«

Keine Antwort.

Ich wandte mich unmittelbar an Charu: »Sollte er nicht als Angehöriger der Sena seinesgleichen anspornen, Ambitionen zu haben?«

Sie sprachen miteinander, Charu und Mr Ghate, und dann übermittelte mir Charu Mr Ghates Antwort. »Wichtig für einen Menschen ist, dass er weiß, ob er wirklich dazu taugt, diese bestimmten Ambitionen zu hegen. Ständig kommen Menschen zu mir und bitten mich um Hilfe. Aber ich meine, sie haben nicht automatisch ein Anrecht auf Hilfe. Sie müssen der Hilfe würdig sein.«

Ich fragte ihn nach dem Tiger-Plakat an der Wand. Er sagte, er habe es von einem Freund bekommen. »*Man sieht viel – wenn man hinschaut*«, sagte er auf Englisch. Er sprach die Worte auf ungelenke, stockende Weise, aber sie schienen für ihn befrachtet mit einer besonderen, um nicht zu sagen geheimnisvollen Bedeutung. Ich fragte nach der *durbar*, der Krönung Shivajis, auf dem anderen Bild. In welchem Jahr habe die stattgefunden? Das Jahr wusste er nicht.

Seine Schwester hatte auszubrechen versucht. Das hatte er ihr nicht verziehen – das und die Liebesheirat, während ihm die eigene als Beweis seiner Stärke und seines Charakters galt. Er war ein harter Mensch, vom Leben im *chawl* geprägt, von dem er nie mehr loskommen würde. Vielleicht gab ihm der Stolz auf die Sena, in dem er Halt fand, auch noch – zusätzlich zu allem anderen – das Gefühl, dass seine Schwester gegen althergebrachte Vorstellungen von Ehre und Wohlverhalten verstoßen hatte.

Vielleicht machte die Schwester ihren Weg; vielleicht vermochte sie auf eigenen Beinen zu stehen, ohne Unterstützung von Seiten der Familie, Sippe oder Kaste. Aber fest stand auch, dass in Bombay Menschen durch die Ritzen in den Abgrund stürzten und dass manche – diejenigen, die Glück hatten – in Orten wie Dharavi wieder auftauchten, ganz in der Nähe, wo die Schwester mit ihren Ambitionen, die in den Augen des Bruders so lächerlich und unheilträchtig erschienen, jetzt in einem Apartment in einem »ordentlichen Wohnblock« lebte, bei dem es sich mit ziemlicher Sicherheit um etwas in jenem gesichtslosen »Quartier« handelte, das ein paar Tage zuvor so sehr auf Papus Stimmung gedrückt hatte.

Von Menschen, die ich traf, und von den Leitartiklern in den Zeitungen erfuhr ich, dass sich die indische Gesellschaft »kriminalisiere«. Gemeint war damit, dass angesichts all der Frustrationen, die der indische Alltag bereithielt, politische Parteien und Geschäftsleute dazu übergegangen waren, Gangster zu engagieren, die Dinge für sie erledigten oder vorantrieben: Sie brachten politische Abweichler zur Räson, regten zu politischen Spenden an, trieben Schulden ein, sorgten für die Einhaltung eines nur mündlich abgeschlossenen »Schwarzgeld«-Vertrags.

Verbrechen zahlte sich mittlerweile bestens aus. Die einzelnen Banden kämpften wie Politiker um ihre Bezirke, und die Nachrichten berichteten über Bandenkriege in Bombay. Die Zeitungen und Zeitschriften brachten Artikel über die Kriege, die sich wie Berichte über die undurchsichtigen politischen Auseinandersetzungen in vielen Bundesstaaten der Indischen Union lasen. Die Auseinandersetzungen waren aus dem gleichen Grund undurchsichtig wie die Politik: Es gab keine Grundsätze oder Parteilinien, nur Personen. Die Beteiligten kannten nur Feinde oder Verbündete, und sowohl bei den Gangstern als auch bei den Politikern waren die Fronten ständig in Bewegung. Bei den Morden in den überfüllten Bombayer Straßen ging es ebenso wie in der Politik um Macht und Führungsanspruch. Und als der Pulverdampf sich lichtete, wetteiferten die Zeitungen und Zeitschriften miteinander, dem Publikum den Mafiaboss vorzustellen, der zum neuen König der Bombayer Unterwelt aufgestiegen war.

Dieser Mafiaboss glich auch in anderer Hinsicht einem Politiker: Es wurde so viel über ihn geschrieben, und er wurde so oft interviewt (obwohl er sich außerhalb von Indien, in Dubai am Persischen Golf, aufhielt), dass all die Artikel über ihn austauschbar wurden. Wie so viele, die im Rampenlicht der Öffentlichkeit standen, war der Mafiaboss mit dem Bild, das die Presse von ihm zeichnete, identisch geworden: Er hatte nichts Neues zu sagen.

Mein Kontaktmann hieß Ajit. An einem Spätnachmittag nahmen wir ein Taxi und fuhren hinaus nach Dadar; die Strecke kannte ich allmählich. Nachdem wir aus dem Taxi ausgestiegen waren, gingen wir ein kleines Stück zu Fuß zu einem Betelladen neben einem Kino – rings um uns eine feierabendlich heiter gestimmte Menge. Dort warteten wir eine Weile zwischen den Menschen, die vor dem Kino herumtrödelten, bis uns jemand begrüßte, woraufhin noch ein anderer zu uns trat. Diesem zweiten Mann folgten wir. Wir gingen durch mehrere Straßen eines wohlhabend wirkenden Wohnviertels und traten schließlich durch eine Seitentür in ein von Bäumen beschattetes Haus. Beim Eintritt ließen wir zurück, was noch vom Tageslicht übrig war.

Wir befanden uns in einem modernen Apartmenthaus. Die Wohnung im Erdgeschoss, die wir betraten, war gut möbliert, in dem bürgerlichen Stil, den indische Wohnausstatter vorgaben. Und inmitten dieser weiblich geprägten Einrichtung, im Dämmerlicht der schwachen Deckenlampe, in einer Atmosphäre, die von indischen Anstandsformen kündete (am Eingang wurden die Schuhe ausgezogen und drinnen, neben der Eingangstür, zurückgelassen), angesichts der indischen Gesichter, die mich in indisch getöntem Englisch mit indischer Zuvorkommenheit willkommen hießen, schien es mir verrückt, dass ich unter Gangstern weilte, und ich genoss die bühnenwirksame Inszenierung.

In dem kleinen Wohnzimmer befanden sich sechs oder sieben Personen, junge Männer, Ende zwanzig, allesamt mit Gesichtern, hinter denen man eher Universitätsdozenten oder Bankangestellte vermutet hätte – abgesehen von ihrem Anführer, der bei der nun beginnenden Unterhaltung das Wort führte. Die meisten standen, als wir hereinkamen, und blieben auch weiter stehen.

Der Anführer saß allein auf einem wulstigen, stramm gepolsterten Sofa. Wie ein gnädiger Fürst lud er mich ein, mich neben ihn zu setzen. Er war dunkelhäutig, hatte einen wohlgeformten Mund mit kräftiger, geschwungener Unterlippe und ausdrucksvolle Augen mit ausgeprägten Lidern. Man fühlte sich an die Gesichtszüge erinnert, die die Künstler an manchen Radschputen-Höfen besonders betonten.

Und ich wusste nicht, worüber ich mit ihm reden sollte. Ich hatte erwartet, einen einzelnen Mann zu treffen; mit einem ganzen Zimmer voll Männern hatte ich nicht gerechnet. Aus der Fassung brachte mich außerdem der plötzliche Verlust des Tageslichts und sein Ersatz durch eine düstere Deckenlampe, die mir das Sehen schwer machte und meine Augen geradezu physisch reizte.

Ich hatte gehofft, wie in allen meinen Unterhaltungen, die Dinge langsam angehen zu können, mich an das Thema Verbrechen und Banden behutsam herantasten und mir den Gesprächsstoff im Fortgang erschließen zu können. Aber den Bemerkungen des Anführers war klar zu entnehmen, dass er *in medias res* springen wollte. Er wollte ohne Umschweife auf die Bandenkriege zu sprechen kommen, die im Gange waren, und wollte für seine Bande und seine Bevölkerungsgruppe Ansprüche geltend machen. Ich wusste jedoch sehr wenig über das Bandenwesen in Bombay. Ich wusste nichts über die einzelnen Personen, die Rivalitäten und die berühmten Schlachten und konnte aus den Stichworten, die mir der Anführer lieferte, keinen Nutzen ziehen.

Irgendwann schien er mein Problem zu begreifen. Die Enttäuschung, die er verspürt haben muss, ließ er sich nicht anmerken. Vielmehr begann er mir, dem Anfänger, bei der Geschichte für Anfänger zu helfen, die ich seinem Eindruck nach schreiben wollte. Er wisse, dass er früher oder später durch die Kugel eines Polizisten umkommen werde, erklärte er. Er legte erkennbar Wert darauf, dass ich das zitierte. Und dann fütterte er den mutmaßlichen journalistischen Grünschnabel mit dem passenden Sensationsmaterial, indem er mir erzählte, was für Verbrechen seine Bande verübte.

Sie praktizierten in einem gewissen Umfang Schutzgelderpressung; ihre »Partner« in diesem Bereich seien kleine Ladenbesitzer. Auch im Lotto-Bereich seien sie aktiv. Kürzlich hätten sie sich auf einem neuen Feld betätigt: Sie hätten im Auftrag einer politischen Partei einen Studentenführer, der einer anderen Partei angehörte, entführt und bis zum Ende der Studentenschaftswahlen festgehalten. Ein einträgliches Geschäft mit guten Wachstumschancen biete der Immobilienbereich, wo es darum gehe, Mieter dazu zu »ermuntern«, ihre staatlich geschützten Miet- und Pachtverträge aufzugeben, und auf diese Weise Grundstücke oder Gebäude für die Neubebauung oder Sanierung verfügbar zu machen. Zu ihrem Repertoire gehöre auch ein gewisses Maß an »Keks«-Arbeit – womit der Diebstahl von Gold gemeint sei, das man in Keksform eingeschmolzen habe, eine beliebte Form, Schwarzgeld zu horten. Angenehm hierbei sei, dass die Betroffenen den Verlust ihrer Kekse nicht bei den Behörden anzeigen könnten. Das Keksgeschäft sei ein gutes Geschäft; man brauche nichts weiter als Informationen, und die könne man von der Polizei bekommen. Früher, als sie jünger waren und Bombay noch nicht so voller Geld war wie heute, hätten sie auch Schwarzmarkthandel mit Kinokarten betrieben. Eigentlich ein hübsches kleines Geschäft: Man kaufe bei einem beliebten Film alle Karten für die Vorstellung auf und lasse sie dann von Schwarzhändlern mit Gewinn verkaufen. Aber das sei lange her; mittlerweile lohne das den Einsatz nicht mehr. Das Einzige, was sie nicht übernähmen, seien Auftragsmorde; sie könnten keinen Menschen töten, gegen den sie nichts hätten.

Sein Gebaren war vertraulich. Er beugte sich auf dem prallen Sofa zu mir und sprach, ohne die Stimme zu heben. Er machte den Eindruck eines Geschäftsmannes, der einen Überblick über seine Dienstleistungen gibt. Er saß ruhig da und gestikulierte nicht groß, sprach in gleichmäßigem Ton; nur seine Augen verrieten seine Energie und Unkalkulierbarkeit.

Die anderen Männer im Raum standen nicht still. Sie waren die ganze Zeit in Bewegung, blickten durch das vergitterte Fenster hinaus, wo mittlerweile eine Straßenlaterne brannte und die Bäume beleuchtete, die unmittelbar vor dem Haus standen. Jemand stieß zwei, drei Pfiffe aus. Und prompt kam ein Mann herein und brachte – eine indische Höflichkeit – kalte Colagetränke für den Gast.

Der Anführer mit seinem dunklen, perfekt geformten Gesicht beunruhigte mich mehr und mehr. Er spielte mir etwas vor, natürlich: Seine Bewegungslosigkeit, seine ruhige, vertrauliche Art, die fehlende Gestik waren einstudiert. Aber selbst wenn seine Worte humorvoll wirkten, war kein Humor beabsichtigt: Er meinte, was er sagte, er glaubte an Macht und physische Gewalt.

Im Raum befand sich noch ein zweiter Mann, der mich zu beunruhigen begann. Er stand die ganze Zeit über, stand wachsam da, sah gelegentlich aus dem Fenster. Er hatte eine verbundene Hand. Anfangs hatte ich in seinem Gesicht Kultiviertheit und indische Lebensart wahrgenommen, aber dann erschien mir sein Gesicht ausdruckslos, schwer zu deuten. Er war Brahmane oder Angehöriger einer ähnlich hohen Kaste, der auf die schiefe Bahn geraten war.

Seine Hand war, wie ich nun erfuhr, bandagiert, weil ihm jemand aus einer anderen Bande eine Schnittwunde zugefügt hatte – Folge des Bandenkrieges, der gegenwärtig tobte. Während der Anführer von dem Angriff erzählte, wickelte der Mann seinen Verband ab, um die schreckliche Wunde, die verkrümmten Finger zu zeigen: So willig der Geist auch sein mochte, Fleisch war nur Fleisch.

»Ihm geht es gut«, sagte der Anführer in seinem ruhigen Ton. »Vithal geht es gut. Die Hand da kann immer noch ein Messer halten.«

Und ich müsse mir auch keinen Kummer wegen der Wunde machen: Der Hieb sei bereits gerächt. Der Anführer selbst hatte die Rache verübt. Er habe, erzählte er, gerade in einem nahe gelegenen Restaurant gesessen – keinem *ho-tal*, sondern einem richtigen Restaurant, das berühmt sei und in dem Gangster aus und ein gingen –, als er draußen den Messerstecher in einem Auto habe sitzen sehen. Er sei aus dem Restaurant gerannt und habe auf den Messerstecher im Auto geschossen – einfach so, ohne einen Gedanken an die Folgen zu verschwenden. Der Messerstecher sei dann vor ihm auf die Knie gefallen, habe seine Füße umklammert und habe gefleht, ihn zu verschonen. (So wurde die Geschichte erzählt: Eben noch saß der Messerstecher im Auto, und plötzlich war er aus dem Auto heraus.) Er, der Anführer, habe dann den Schultern des knienden Messerstechers wiederholt flache Stiche versetzt (was uns um der Logik der Erzählung willen zwingt, die Pistole in seiner Hand mit einem Messer zu vertauschen) und sie mit den Worten begleitet: »Jetzt heulst du. Ich brauche dich also nicht mehr umzubringen. Du heulst und umklammerst meine Knie. Warum sollte ich dich umbringen?«

Diese Worte wiederholte der Anführer, als er die Geschichte erzählte, zwei- oder dreimal. Er hatte bis dahin nur sparsamen

Gebrauch von Gesten gemacht, aber jetzt führte er vor, wie er den Schultern des Knienden mit der vor- und zurückschnellenden Hand die kleinen Stiche zugefügt hatte.

Für die Bande war das ein großes Ereignis gewesen, der Augenblick der Rache, als der Messerstecher die Füße des Anführers umklammerte. Vithal und ein anderer Mann sekundierten dem Anführer bei seiner Erzählung; sie und auch andere bekräftigten seine Worte. Nach diesem Vorfall sei der Messerstecher kein Mann mehr gewesen. Er habe sich lächerlich gemacht, niemand habe ihn mehr gefürchtet. Seine Bande habe ihn fallen lassen müssen, und jetzt sei er ein Niemand in Bombay, der nirgends mehr Aufnahme finde.

»Vithal geht es gut«, versicherte der Anführer. »Seine Hand ist in Ordnung. Sie kann ein Messer führen.« Und dann sagte er, als spräche er mit einem Kollegen, bei dem Andeutungen genügten (wobei er gleichzeitig einen Sprung in seiner Erzählung wegerklärte): »Ich mag ein Messer. Es ist zuverlässiger. Bei einer Pistole kann man nie sicher sein. Man feuert und denkt, der Mann ist tot, dabei hat die Kugel nur die Rippen getroffen.«

Er erzählte von einem Überfall auf eine gegnerische Bande, den sie einmal an Weihnachten, bei einer Trauerfeier, verübt hatten. Sie seien mit ihren Messern auf die anderen losgegangen. Sie hätten sie überrumpelt und viel Schaden angerichtet, ehe die Trauergäste überhaupt begriffen, was geschah.

Was mich – abgesehen von dem Dämmerlicht und den vielen Menschen im Raum – anfangs aus der Fassung gebracht hatte, war meine möglicherweise einer missverständlichen Bemerkung Ajits geschuldete Vorstellung, dass es sich bei den Leuten, in deren Gesellschaft ich mich befand, um Muslime handelte. Ich hatte zuerst mit ihnen wie mit Muslimen geredet und dann herausgefunden, dass sie Hindus waren, mit den ihnen eigenen Formen von Gemeinschaftssinn.

Bis jetzt hatte der Anführer die Unterhaltung weitgehend bestritten. Aber als ich mich nach den Muslimen in der Bande erkundigte, war es Vithal, der erklärte, er traue den Muslimen in seiner Bande nicht und arbeite lieber nicht mit ihnen. Die muslimischen Gangster kämen aus Armenvierteln. Sie, die Anwesenden, hingegen seien »Mittelständler«. Sie kämen aus dem bürgerlichen Vorort Dadar, wie die großen indischen Kricketspieler Gavaskar, Patil, Shastri. Vithal, der bedächtig seine zerfleischte Hand neu bandagierte, sah ohne erkennbare Gefühlsregung auf sie herab und sagte, als mache er einen altbekannten Scherz: »Es hat was mit dem Wasser zu tun.«

Die Muslime wendeten sich dem Verbrechen zu, behaupteten Vithal und die anderen, weil ihre Wertvorstellungen weniger hoch seien. Muslime hätten mehr als eine Frau und sehr große Familien. Und in einer merkwürdigen Verkehrung ihres Stolzes erklärten die Anwesenden, muslimische Gangster würden von der muslimischen Gemeinschaft als Helden betrachtet, während hinduistische Gangster wie sie selbst als Geächtete gälten.

Aber mochten sie auch Geächtete sein, religiös waren sie trotzdem. Sie fühlten sich von einer Tempelgottheit namens Santoshi Mata beschützt. Bei ihr handelte es sich um eine Erscheinungsform der mächtigen Göttin Durga oder Kali.

In vollem Ernst erklärte der Anführer: »Sie ist die Göttin des Sieges des Guten über das Böse.«

Sie seien gläubige Menschen; ihnen war wichtig, dass jedermann das wusste. Zum Beispiel gehöre es zu ihren Maximen, niemals Arme zu bedrängen.

»Wenn man das tut«, sagte der Anführer, »verfluchen einen die Armen. Und der Fluch der Armen richtet großen Schaden an.«

Jede Nacht schliefen sie anderswo; sie hätten ihre sicheren Unterschlupfe, wie das Haus, in dem wir gerade seien. Niemand wisse, wo sie schliefen, sie träfen sich jeden Tag woanders. Sie verfügten über eigene Methoden, sich zu verständigen. Jeden Tag warteten sie nach dem Aufstehen auf Nachrichten, die sie über den Fortgang des Bandenkriegs, den Ausgang bestimmter Unternehmen informierten. Und der Anführer berichtete, er habe kürzlich geheiratet. Das Mädchen sei der Faszination seines glanzvollen Lebens erlegen.

Als wir uns verabschiedeten, bat der Anführer Ajit, ihm fünfzehn Exemplare der Ausgabe einer Zeitung zu besorgen, die an einem bestimmten Tag erschienen war. Es sei ein Artikel über ihn darin beziehungsweise ein Artikel, in dem er erwähnt werde.

Öffentlichkeit dieser Art, Anerkennung dieser Art war ihm wichtig; sie bildete seine Verbindung zur Welt draußen. Als hinduistischer Verbrecher, der immer noch fest verankert in seinem Glauben und immer noch stolz auf seine Zugehörigkeit zur Hindugemeinschaft war, war er im Grunde ein verlorener Mann. Er und Vithal und viele der anderen befanden sich in einer verzweifelten Lage. Sie konnten diesem Leben nicht mehr entrinnen, konnten sich nicht verstecken. Dazu hätten sie weit weg gehen müssen, auf die andere Seite Indiens, an Orte, die außerhalb der Reichweite der Banden lagen. Jeder von ihnen hatte mittlerweile etwas auf dem Kerbholz. Was der Anführer für sich selbst voraussah, galt für sie alle: Sie alle würden durch Polizeikugeln sterben.

Als Ajit und ich wieder auf die Straße traten, war es früher Abend. Das gelbe Licht der Straßenlampen in dem Wohnviertel fiel auf Bäume und warf vielfältige Schatten. Die gut sortierten Läden und Verkaufsbuden in den Hauptstraßen waren hell erleuchtet. Wie ich erfahren hatte, zahlten manche der Verkaufsbuden Schutzgelder; das ließ die Szenerie in anderem Licht erscheinen.

Die Männer, mit denen wir zusammen gewesen waren, hatten fast den Eindruck erweckt, Filmrollen zu spielen, und sich vielleicht auch bestimmte Kinohelden zum Vorbild genommen. Während sie sprachen und man sich in ihrer Gesellschaft befand, fiel es schwer, für bare Münze zu nehmen, was sie sagten – so sehr wirkten ihre Äußerungen einem Film oder Buch über Banden, Verbrechen und Mord entnommen. Sie hatten mächtig aufgeschnitten. Aber Ajit zufolge entsprach vieles von dem, was sie sagten, der Wahrheit. Die Männer in dem Raum hätten acht Morde auf dem Kerbholz. Vithal, der Mann mit der zerschnittenen Hand, sei besonders gefährlich.

Und alle seien sie dem Untergang geweiht. Die Gangster an der Spitze, jene Männer, die von den Zeitungen und Zeitschriften als die Bosse bezeichnet würden, seien unter Umständen berühmte Persönlichkeiten des öffentlichen Lebens und würden von politischen Parteien und Filmleuten umworben; sie könnten ihr Geld in die Filmproduktion stecken und sich im Glanze Bombays sonnen. Die Männer unter ihnen aber, die Männer in der Mitte, wie etwa jene, mit denen wir zusammen gewesen waren – sie seien dem Untergang geweiht.

Schon als Kinder seien sie dem Verbrecherleben verfallen. Als Kinder, sagte Ajit, habe sie der Ruhm der bekannten Kriminellen in ihrem Viertel geblendet, die in einem Restaurant speisten, ohne bezahlen zu müssen, die sich an einem Obststand eine Frucht nähmen und weitergingen, ohne zu bezahlen, die Stil bewiesen. Eine Vorstellung von Stil, die ihnen Bombay eingab und für die sie ihr Leben wegwarfen. Für den Beobachter von außerhalb hatte dieser Stil etwas Pathetisches an sich, wirkte er wie ein Ausdruck der Belastungen und Anspannungen, denen diese Stadt der engen Räume die Menschen aussetzte – Stil als ein menschliches Bedürfnis, das Anwar in seiner Siedlung und Mr Ghates Schwester in ihrem *chawl* gespürt hatten.

***

Die Gangster brachten im Tempel von Santoshi Mata Opfergaben dar. Mr Ghates Schwester – wenn auch von ihrer Familie verstoßen, weil sie, dem Brauch zuwider, eine Liebesheirat geschlossen hatte – war verheiratet mit einem ayurvedischen Arzt, das heißt mit jemandem, der ganz in den Traditionen aufging. Mochten sie auch in der Großstadt Veränderungen erfahren haben, die Rituale der Vergangenheit waren noch für viele Menschen Teil ihres Lebens, und es herrschte in Bombay Bedarf an Männern, die sich mit Ritualen auskannten.

Aus diesem Grund war der *pujari*, ein Mann, der von Berufs wegen *pujas* verrichtete, nach Bombay gekommen. Er stammte aus dem südlich von Maharashtra gelegenen Staat. Er gehörte der Priestergruppe der Chitrapur-Saraswat-Brahmanen an. Genauer gesagt war er Angehöriger einer der sieben Priesterfamilien, die mit einem Tempel verbunden waren, dessen Gottheit seit über dreihundert Jahren dort verehrt wurde.

Man konnte sagen, dass der *pujari* in einem Aschram aufgewachsen war. Sein Vater hatte den gleichen Beruf ausgeübt, ebenso wie dessen Vater – weiter konnte der *pujari* den Stammbaum der Familie nicht zurückverfolgen. Seinen Vater hatte er im Alter von zehn Jahren verloren, aber er lebte in einer Großfamilie, und seine Unterweisung in den *pujas*, den Ritualen und Texten, hatten die Brüder seines Vaters übernommen.

Einer Priesterfamilie anzugehören bedeutete, dass man in der Gemeinschaft Ansehen genoss, nicht aber, dass man vermögend war. In die Hände der Familien, die den Tempeldienst versahen, gelangte kaum Geld, und der Junge hatte niemals eine Ferienreise unternehmen können. Seine ganze Kindheit verbrachte er im Tempel, und was er lernte, waren ausschließlich religiöse Dinge. Gegen Ende seiner Ausbildungszeit entstand in der Stadt ein modernes, säkulares College, aber der *pujari* besuchte es nur ein Jahr lang. Viel moderne Bildung besaß er also nicht, und als die Zeit für ihn kam, sich seinen Lebensunterhalt zu verdienen, gab es keine moderne Beschäftigung, auf die er sich verstand.

Wie sein Vater und sein Großvater konnte er nur *pujari* sein. Eine schwierige Situation. Die sieben Priesterfamilien – allesamt Großfamilien – hatten viele *pujaris* in die Welt gesetzt, und am Ort gab es einfach nicht genug Arbeit für sie alle. Verschärft wurde die Lage noch dadurch, dass sehr viele Angehörige der Saraswat-Brahmanengemeinschaft nach Bombay abgewandert waren.

Der junge *pujari* beschloss, ihnen zu folgen und zu sehen, was sich in Bombay machen ließ. Bombay empfing die Menschen nicht mit offenen Armen, aber der *pujari* hatte ein bisschen Glück. In der Stadt wohnte eine Tante von ihm, bei der er ein Jahr lang unterkommen konnte. Eine dauerhafte Lösung stellte das allerdings nicht dar, weil die Tante einen Sohn hatte, der bald das heiratsfähige Alter erreichte; sobald dieser Sohn heiratete, brachte er seine junge Frau mit nach Hause, und der *pujari* würde weiterziehen müssen. Immerhin hatte er fürs Erste eine Bleibe.

Und Arbeit gab es auch. Da der Tempel, aus dem der *pujari* kam, in der Gemeinschaft berühmt und da außerdem die Familie des *pujari* denjenigen, die Pilgerfahrten zum Tempel unternommen hatten, bekannt war und es sogar Leute in Bombay gab, die den *pujari* als Kind gekannt hatten, lief der *pujari* nicht Gefahr, wie ein junger Anwalt, der noch keine Mandanten hat, darauf warten zu müssen, dass Menschen zu ihm kamen, um seine rituellen Dienste für die Segnung einer neuen Wohnung und deren Reinigung von alten Geistern in Anspruch zu nehmen. Fast unmittelbar nach seiner Ankunft in der großen Stadt konnte er mit der Verrichtung kleiner *pujas* beginnen.

Er war ein schüchterner junger Mann von vierundzwanzig, dem noch seine ländliche Herkunft und seine Tempelexistenz anhafteten. Wenn er in dieser Anfangszeit *pujas* verrichtete und gefragt wurde, was er dafür verlangte, wischte er das Thema Geld beiseite und sagte, das überlasse er seinen Auftraggebern. Die Menschen nutzten das aus, aber anfangs bekam er das nicht mit. Als er merkte, was passierte, beschloss er, Honorare festzulegen. Als er den Menschen noch überlassen hatte, wie viel sie ihm geben wollten, erhielt er manchmal nur dreihundertfünfzig Rupien für eine Hochzeit – dafür musste er dann geschlagene sechs Stunden lang Verse aufsagen und alle möglichen komplizierten Sachen machen. Mittlerweile nahm er für eine Hochzeit ein festes Honorar von tausend Rupien, und niemand beklagte sich.

So ließ er sich in Bombay nieder, baute sich eine Praxis auf und konnte, als nach etwa einem Jahr der Sohn seiner Tante tatsächlich heiratete, ausziehen, ohne dadurch in Not zu geraten. Er wurde ein »zahlender Gast«. Diese besondere Bombayer Einrichtung bedeutet, dass man in jemandes Wohnung, in einem der Räume oder auf einer Schlafbühne, einen Schlafplatz mietet. Das reichte ihm aus.

Er fand heraus, dass er als berufsmäßiger *pujari* in Bombay eine relativ günstige Position hatte. In Bombay praktizierten fünf *pujaris* aus seiner Gemeinschaft. Zwei davon waren ältere Männer; ein dritter hatte das Gewerbe von seinem Vater in Bombay gelernt. Der junge *pujari*, frisch aus dem Tempel kommend, besaß für die konservativen, traditionsbewussten Mitglieder der Gemeinschaft eine gewisse Attraktivität. Nur einer der anderen *pujaris* war jünger als er.

Es gab noch einen sechsten *pujari* im Bombay, aber der war so berühmt und anerkannt, so großartig und modern in seinen Methoden, dass er quasi in einer anderen Liga spielte. Dieser *pujari* hatte das alte Ritual dem Bombayer Tempo so erfolgreich angepasst, dass er die kompletten Hochzeitsverse, für die normalerweise sechs Stunden benötigt wurden, in dreieinhalb Stunden herunterrezitieren konnte. Dieser *pujari* war dreiundsechzig Jahre alt und wegen der Geschwindigkeit, mit der er die Verse aufsagte, unter dem Namen »Elektrischer *pujari*« bekannt. Er hatte auch bestimme *pujas* – genauer gesagt, die mit den *pujas* verknüpften Verse – auf Band aufgenommen und vertrieb die Kassetten unter den im Ausland lebenden Mitgliedern der Gemeinschaft, hauptsächlich in den Ölstaaten des Persischen Golfs. Für eine Hochzeitskassette nahm er angeblich tausend Rupien und entsprechend weniger für kürzere *pujas*. Er war so erfolgreich, dass er – der Legende zufolge – mit seiner Frau, einer Bankangestellten, eine lange Urlaubsreise nach London und in die USA unternommen hatte. Selbst auf dieser Reise – Erfolg gebiert Erfolg – habe der »Elektrische *pujari*« drei Hochzeits- und drei Fadenzeremonien abgehalten. Er war in Bombay mittlerweile ein so wichtiger Mann, dass er es zu einer führenden Persönlichkeit der Shiv Sena gebracht hatte und an der Produktion eines marathisprachigen Films finanziell beteiligt war.

»Er ist ein Kollege mit Unternehmergeist«, äußerte der junge *pujari* über den »Elektrischen *pujari*«. Er selbst aber habe nicht die Absicht, mit diesem alten Löwen zu konkurrieren. Er habe nicht vor, *puja*-Kassetten zu produzieren. Er sei zufrieden, die Dinge auf seine eigene, altmodische Weise zu tun. Seiner Meinung nach gebe es Leute, die das zu schätzen wüssten. Wegen des Verkehrs in Bombay – jeden Tag verbringe er allein drei Stunden damit, von einem Ort zum andern zu gelangen – schaffe er nicht mehr als drei *pujas* täglich, und das reiche ihm.

Durchschnittlich verdiene er im Monat tausend Rupien (das »durchschnittlich« schloss ein, dass nicht jeden Monat eine Hochzeit dabei war), und er sei zufrieden. Hinzu kämen noch die geschenkten Lebensmittel, Reis, Kokosnüsse, Obst und Hülsenfrüchte, Dinge, die bei den *pujas* als Opfergaben gebraucht und die von den Gläubigen so reichlich zur Verfügung gestellt würden, dass nur ein Teil im Ritual selbst Verwendung finde und der *pujari* den Rest mit nach Hause nehmen könne. Während er so täglich von Haus zu Haus ging (und in dem vom Verkehr erdrückten Bombay ein Leben ähnlich dem der dschainischen *munis* führte, die ebenfalls ihre Nahrung in den Häusern der Gläubigen fanden), musste der *pujari* den Eindruck gewinnen, dass nach den Entbehrungen im weit entfernten Tempel Bombay seine Welt wieder heil gemacht hatte.

Er war ein kleiner, geradezu zierlicher Mann von dreißig Jahren, nicht viel größer als einen Meter fünfzig. Er hatte ein liebes Gesicht, mit einem kleinen Schnurrbärtchen und der für seine Gemeinschaft typischen blassen Haut; gekleidet war er weiß. Sein Lendentuch war hellbraun gesäumt. Er trug ein Halsband aus Sandelholzperlen und bewahrte seine Habseligkeiten in einem weißen Einkaufsbeutel aus Nylon auf. Seine Stimme war so sanft wie sein Lächeln und seine Augen. Er verkörperte mustergültig den heiteren, sanften Brahmanen: Er sah so zufrieden und gelassen aus, wie er zu sein behauptete.

Als er von den *pujas* und den Lebensmittelgaben erzählte – zum Transport der Letzteren diente zweifellos der Nylonbeutel –, rief das Erinnerungen wach. In der Familie meiner Großmutter auf Trinidad hatte ich als Kind so viele *pujas* erlebt, so viele rituelle Lesungen aus den Schriften und Epen. Sie hatten uns weniger eine Vorstellung davon vermittelt, wer wir waren, als den Eindruck, dass wir uns von den anderen Bewohnern Trinidads unterschieden. Die Lesungen, die manchmal Tage dauerten, wurden in einer Sprache abgehalten, die ich nicht verstand. Ich erinnere mich an sie als an feiertägliche Ereignisse, die – an bestimmten Punkten des Rituals, wenn geklärte Butter und brauner Rohzucker ins Opferfeuer gegeben wurden und einen süßen Duft verbreiteten – unterbrochen wurden von Musik: Glöckchen bimmelten, Seemuscheln wurden geblasen, Becken geschlagen.

Diese Ereignisse brachten mich dazu, brahmanische Gelehrte für etwas ganz Besonderes zu halten. Die Pandite waren bei solchen Anlässen die Stars, die man auf jede erdenkliche Weise verwöhnte. Sie saßen auf den besten Decken oder Tüchern; das köstlichste Essen blieb ihnen vorbehalten und wurde ihnen am Ende feierlich vorgesetzt. Danach, wenn das religiöse Feuer erloschen und buchstäblich zu Asche geworden war und die Pandite ihr eigentliches rituelles Amt beendet hatten, genossen sie das Vorrecht, still und heimlich die Münzen aufzusammeln, die in das heilige Feuer auf dem geschmückten Altar geworfen worden waren, wie auch die anderen Münzen auf dem Messingteller mit dem das heilige Feuer symbolisierenden brennenden Kampfer, den man durch die Reihen der Zuschauer getragen hatte: Man warf seine Münze auf den Teller, führte die Finger durch die Kampferflamme und berührte dann mit ihnen die Stirn.

Für mich waren das Erinnerungen aus einer fernen Vergangenheit, fast schon aus einem anderen Leben. Und hier waren sie lebendige Gegenwart – in einem unpassenden Milieu. Ich traf den *pujari* in Nandinis Wohnung. Nandini war Journalistin und arbeitete für ein Anzeigenblatt. Sie gehörte der gleichen Gemeinschaft wie der *pujari* an. Sie selbst glaubte nicht an Rituale und hatte keinen Bedarf daran, aber offenbar nahm ihre Familie bei bestimmten Gelegenheiten die Dienste des *pujari* noch in Anspruch. Die Wohnung lag in der Nachbarschaft von Dadar, in einem Mietsblock mit vier Stockwerken, von denen jedes zehn Wohnungen umfasste. Wir befanden uns in einem der oberen Stockwerke, in Räumlichkeiten, die aus Veranda, Vorderzimmer und Hinterzimmer bestanden und gutbürgerlichen Bombayer Ansprüchen genügten.

In Erinnerung an die Aufregung, mit der mich als Kind der Gedanke an die Geldmünzen erfüllt hatte, die aus der warmen Asche auf dem Altar herausgeharkt und von dem warmen Teller mit dem brennenden Kampfer aufgelesen wurden, fragte ich den *pujari*, ob es in seiner Gemeinschaft üblich sei, Geldmünzen auf den Teller mit dem brennenden Kampfer zu legen. Dieser Brauch existiere in seiner Gemeinschaft nicht. Aber manchmal legten Menschen von außerhalb Geld auf die Schale, wenn das heilige Feuer herumgetragen wurde, und um sich nicht ausstechen zu lassen, folgten dann sogar Menschen aus der hiesigen Gemeinschaft dem Beispiel – und das ganze Geld bekomme er.

Er erzählte mir von der Gottheit des mit einem Aschram verknüpften Tempels, des *math*, in dem er aufgewachsen war. Verehrt werde dort der Gott Bhavani Shankar. Wer das sei, fragte ich. Der Freund des Gottes Schiwa. Was seien seine Attribute? Der *pujari* benahm sich so, als werde er von mir geprüft. Bhavani Shankar, sagte er, sei die Reinkarnation von Yama, dem Todesgott.

»Man betet zu ihm«, sagte er, »damit die Seele im Tode Ruhe findet.«

»Ist das nicht eine christliche Vorstellung?«

Es war nicht die christliche Vorstellung; von ihr schien der *pujari* gar nichts zu wissen. Er sprach in seinem sanften Ton weiter, ein Lächeln auf dem Gesicht, die Augen strahlend, und Nandini dolmetschte.

»Unsere Gemeinschaft glaubt an die Seele, *atma*, die mit der Gottheit verschmilzt.« Und wie auf Kommando – er war *pujari*, eher ein Mann der Ritualpraxis als ein Guru, Philosoph oder Theologe – beschrieb er das Ritual, das nach einem Tod durchgeführt werden musste, wobei er auch jetzt wieder so wirkte, als fühle er sich von mir einer Prüfung unterzogen. »Am vierzehnten Tag, nachdem jemand gestorben ist, wird eine Zeremonie veranstaltet, für die alle möglichen Speisen zubereitet werden – Gerichte, die der Tote mochte, und dazu bestimmte andere Gerichte –, und es findet eine ausführliche *puja* statt. Nach der *puja* stellt man alle Speisen auf ein Bananenblatt und lässt sie im Freien stehen. Man rechnet damit, dass eine Krähe kommt und an den Sachen pickt, die auf dem Bananenblatt liegen« – die indischen Krähen sind räuberisch, schnell und immer auf der Lauer –, »und das gilt dann als Zeichen der Verschmelzung der Seele mit der Unendlichkeit.«

Diese Art von Dingen habe er im Tempel gelernt und ein ungeheuer umfangreiches Studium absolviert. Es gebe Rituale für den Tod, es gebe Rituale für die Geburt.

»Es gibt eine Wiegen-Zeremonie. Dazu muss man das *Panchang* heranziehen. Das ist ein uralter Text; man findet heute Ausgaben davon in zahlreichen indischen Sprachen. Man zieht diesen Text heran, um ein Horoskop zu erstellen und einen Namen zu finden. Das ist gängiger Brauch bei den Hindus, der sich nicht auf unsere Gemeinschaft beschränkt. Ich musste das lernen und musste auch die anderen Zeremonien bis in alle Einzelheiten lernen. Nehmen wir an, Sie beziehen eine neue Wohnung. Sie müssen die Geister vertreiben, die sich dort aufhalten. Die neue Wohnung soll rein sein. Um das zu erreichen, müssen Sie auch wieder eine ziemlich ausführliche *puja* durchführen. Wenn ein Kind acht wird, begeht man die Fadenzeremonie. Und dann natürlich die Hochzeitszeremonie – sechs Stunden lang, in denen der *pujari* unablässig rezitiert.«

Ich wollte wissen, ob die Rituale in allen Einzelheiten feststanden oder ob es zwischen *pujaris* auch Streitfragen gab – wie damals in Trinidad, als Pandite – manchmal um Lappalien wie etwa die korrekte Form des hinduistischen Grußes – Dispute austrugen.

Der *pujari* sagte: »Neuerdings praktizieren *pujaris* abgekürzte Verfahren, besonders bei der Hochzeitszeremonie. Sie halten eine sechsstündige Zeremonie für zu lang.« Er habe für die Kurzfassungen nichts übrig. »Der Sinn geht verloren. Fängt man erst einmal mit Kurzfassungen an, dann gibt es, fürchte ich, kein Halten mehr.«

Hier hakte ich ein. Wie viel von der komplizierten hinduistischen Theologie – die sich in über Tausenden von Jahren Schicht um Schicht entwickelt hatte – sei in Bombay bereits verblasst? Für mich in Trinidad seien damals, obwohl mich nur zwei Generationen von Indien trennten, bereits große Abschnitte der hinduistischen Theologie nicht mehr vorhanden gewesen – auch wenn die hinduistischen Epen mir noch etwas bedeutet hätten. Später habe ich dann Teile davon wieder für mich entdeckt, aber nur als Kunstgeschichte. Ohne ihr Milieu und ihre heimatliche Erde scheine die hinduistische Theologie sich zu verflüchtigen, so wie sie sich nach Jahrhunderten aus den Kulturen Javas, Kambodschas und Thailands verflüchtigt habe: Die Gefühle und Glaubensvorstellungen, die zum Bau von Angkor geführt hatten, seien mittlerweile unwiederbringlich verloren.

Er lege immer Wert darauf, sagte der *pujari*, die Verse, die er rezitiere, auch zu erklären. Er habe auch einige Publikationen der Arya Samaj gekauft – der hinduistischen Reformbewegung, die zu Anfang des Jahrhunderts aktiver war, als sie es mittlerweile ist. Die Bücher der Arya Samaj erläuterten die Bedeutung mancher Zeremonien, die er verrichte, und seien ihm dabei behilflich, sie den Gläubigen zu erklären.

Habe er selbst manchmal Probleme mit der Theologie?

»Ich bin damit aufgewachsen. Sie ist ein Teil von mir.«

»Bhavani Shankar. Der Freund Schiwas, die Reinkarnation Yamas. Jede dieser Ideen ist für sich genommen schon schwierig. Führt man sie zusammen, wird es noch schwerer.«

Er wiederholte: »Man betet zu Bhavani Shankar, damit die Seele mit Gott verschmilzt.« Auf die Vielzahl von Gottheiten zu sprechen kommend, erklärte er: »Jeder hat seinen eigenen Weg zum Verständnis Gottes. In unserem *math* haben wir ihm diese Gestalt gegeben, Bhavani Shankar. Der *math* existiert seit dreihundert Jahren, und die Gottheit existiert seit vielen Jahrhunderten.«

»Unterscheidet sich die Gottheit sehr von Ganpati in Pali?« Ganpati war Mr Patils Gottheit, sein Heilsbringer, der ihm Selbstvertrauen gab.

»In meinen Augen sind alle Gottheiten gleich«, sagte der *pujari*. »Tatsächlich ist Ganpati die Gottheit, die ich am meisten mag, weil er der Gott der Wissenschaft ist.«

»Ist das nicht Saraswati?«

»Ganpatis anderer Name lautet Vidya-Dhiraj. Der Herr der Weisheit. In Bezug auf Gott kommt das Wissen nie zum Abschluss. Man forscht tiefer und findet immer noch mehr. Hat man sich diesem Beruf erst verschrieben, gibt man ihn nie mehr auf. Ich verdiene damit meinen Lebensunterhalt, aber gleichzeitig setze ich dadurch mein Streben nach Wissen fort. Mein Glaube hat sich im Laufe der Jahre so entfaltet, ist so stark, dass es nicht vergleichbar wäre, wenn ich etwas anderes täte, zum Beispiel in einer Bank arbeitete.«

Der jüngere Bruder des *pujari* arbeitete in einer Bank. Er hatte eine Ausbildung zum *pujari* erhalten, aber auch das College des Ortes besucht. So sei das heute mit den jungen Männern des *pujari*-Standes, erklärte der *pujari*. Sie kehrten ihrer traditionellen Arbeit den Rücken. Ein Mann zum Beispiel, ein voll ausgebildeter *pujari* aus dem Tempel, führe in einem Bombayer Hotel in der Nähe des Flughafens die Geschäftsbücher. Die jüngere Generation wolle den Beruf nicht mehr ergreifen. Er mache seinem Bruder nicht zum Vorwurf, dass er Bankangestellter geworden sei. Der Glaube sei nicht bei allen von gleicher Art, und selbst wenn sein Bruder beschlossen hätte, nach Bombay zu kommen und als *pujari* zu arbeiten, hätte er doch große Probleme gehabt, eine Bleibe zu finden.

»Wie viel verdient Ihr Bruder in der Bank?«

»Zwölfhundert Rupien monatlich.«

»Das ist etwa ebenso viel, wie Sie verdienen.« Und vielleicht war es erheblich weniger, wenn man die täglichen Essensgaben und anderes, wie zum Beispiel Tuch, das er geschenkt bekam, in Rechnung stellte.

Anfangs, sagte der *pujari*, habe es ihn bedrückt und traurig gemacht, dass er nicht die Chance hatte, in dem College in seiner Tempelstadt ordentlich zu studieren. Er habe die Sorge gehabt, dass es ihm schwer fallen werde, sich seinen Lebensunterhalt zu verdienen. Aber jetzt bereite ihm die versäumte Ausbildung kein Kopfzerbrechen mehr, zumal er mittlerweile fast so viel wie sein jüngerer Bruder verdiene, der das College absolviert habe und in einer Bank gelandet sei. Manchmal rieten ihm wohlmeinende Menschen, sich für alle Fälle nach einem modernen Zusatzberuf umzusehen. Selbst wenn er fast so viel wie sein Bruder verdiene, sei das in Bombay doch keine große Summe.

»Aber wenn man eine Stelle sucht«, sagte der *pujari*, »fragen einen die Leute als Erstes: ›Haben Sie ein Examen? Haben Sie diesen oder jenen Studiengang absolviert? Haben Sie Berufserfahrung?‹ Deshalb ist es für mich das Beste, in diesem Beruf weiterzumachen.«

»Das klingt, als hätten Sie sich nach anderen Beschäftigungen umgesehen.«

»Das nicht. Aber ich habe viele Studierte gesehen, die zu Hause herumsitzen, weil sie keine Stelle haben.«

Selbst wenn er an keinen Zusatzberuf denke, müsse ihm doch aber der Gedanke gekommen sein, dass es immer schwieriger werde, sich in Bombay zu bewegen, und dass er immer länger brauchen werde, um von einer *puja* zur nächsten zu gelangen. Müsse er sich deshalb nicht doch überlegen, zur Sicherung seiner Zukunft etwas Ähnliches wie der »Elektrische *pujari*« zu machen?

So wie er redete, hatte er das bereits erwogen. »Ich glaube nicht daran.« Er meinte die Herstellung eigener *puja*-Kassetten. »Man ist zu sehr mit *Vorspulen* und *Zurückspulen* beschäftigt.« Er benutzte die englischen Ausdrücke. »Man wird in seiner Konzentration gestört. Der ganze Sinn und Nutzen der *puja* geht verloren.«

Im Aschram des Tempels, gab ich zu Bedenken, könne ein *pujari* arm sein, ohne seine Würde einzubüßen. Auch hier in Bombay komme er als armer *pujari* zurzeit noch ganz gut zurecht. Aber werde das immer so sein? Bombay verändere sich ständig; mittlerweile sei viel mehr Geld im Spiel. Riskiere er als armer *pujari* nicht, dass er in der Achtung der Menschen sinke?

»Mögen andere materiellen Reichtum haben. Ich habe Seelenfrieden.« Tatsächlich gehe es ihm gar nicht so schlecht, fügte er lächelnd hinzu. Er sei inzwischen kein zahlender Schlafgast mehr. Er habe sich eine eigene Wohnung gekauft, eine »Einzimmerküche«, wie das in Bombay heiße, ähnlich der Wohnung, in der wir uns unterhielten. Fünfunddreißig Quadratmeter für 75 000 Rupien.

Ich rechnete im Kopf schnell durch. Er war seit sechs Jahren im Bombay und hatte erklärt, er verdiene tausend Rupien im Monat. Die Wohnung hatte ihn also mehr gekostet, als er in den sechs Jahren insgesamt verdient hatte. Hatte er eine Hypothek aufgenommen?

Sanft lächelnd, sagte er: »Nein. Ersparnisse.«

Ersparnisse! Er hatte also mehr oder weniger von den Gaben gelebt, die er als *pujari* bekam, und so gut wie nichts von den Honoraren ausgegeben, die ihm die *pujas* einbrachten.

»Ich habe in Raten bezahlt«, sagte er. »Weil ich ein *pujari* bin, hat mir der Bauherr Sonderbedingungen eingeräumt. Er gehört zu meiner Gemeinschaft.«

»Nicht viele Menschen in Bombay haben so viel Glück.«

»Ich nehme es als göttliche Wohltat hin«, erwiderte er schlicht.

Wie sich herausstellte, hatte er sogar schon daran gedacht, sich zu verheiraten. Für die Frau, die er heirate, werde es nicht leicht sein, da er den ganzen Tag unterwegs sei, um seine *pujas* zu verrichten. Deshalb wäre es sicher gut, wenn er eine *berufstätige Frau* – er benutzte den englischen Ausdruck – finden könne; natürlich wäre das auch im Hinblick auf den Lebensunterhalt und auf all die Aspekte von Vorteil, um die ich mir offenbar solche Sorgen machte.

Gebe es für ihn Vergnügungen?

Das war keine gute Frage. Für ihn gebe es keinen Unterschied zwischen Arbeit und Vergnügen. Er sei ein *pujari*, er diene Gott; das sei keine Sache von Arbeitsstunden. Dennoch begann er, darüber nachzudenken. Und seine sanften, schwarzen Augen strahlten und lächelten, während er nachdachte. Vergnügen, Vergnügungen – was ließ sich unter dieser Rubrik nennen?

»Es macht mir Freude, den Hausschrein zu schmücken«, sagte er.

Er hatte den Blick immer nach innen gewandt. Aber – wir seien in Bombay, einer Stadt mit vielen Religionen, Rassen und Konflikten. Wie sehe er die Stadt? Was empfinde er, wenn er zum Beispiel die Touristen um das Gateway of India und das Tadsch-Mahal-Hotel sehe? Welchen Eindruck machten diese Scharen auf ihn, diese Menschen, unter denen er in seinem *pujari*-Gewand sicher auffällig wirke?

»Ich achte nicht darauf. Ich habe meine Arbeit. Sie hält mich auf Trab. Ich habe nicht die Zeit, Besichtigungen zu machen. Ich habe nicht die Zeit, mich umzusehen.«

Er war nun seit sechs Jahren in Bombay und würde, soweit es sich absehen ließ, auch in Zukunft dort bleiben. Doch der einzige Mensch, zu dem er immer noch aufsah und den er verehrte, war das Oberhaupt der Gemeinschaft der Chitrapur-Saraswat-Brahmanen.

Er hatte den Blick heiter nach innen gewandt, schloss die übrige Welt aus. Man könnte auch sagen, er überließ es den anderen Menschen, die Welt in Gang zu halten. Seine Sichtweise war nicht die der anderen Angehörigen seiner Gemeinschaft (von denen manche in der Golfregion unter Muslimen lebten), aber sie machte ihn zu einem guten *pujari*.

Subroto – der aus Bengalen kam und in Bombay in der Designabteilung einer Werbeagentur arbeitete, aber sich damit arrangiert hatte, als zahlender Gast in der Stadt zu leben, und für den der Kauf oder die Anmietung einer eigenen Wohnung außer Reichweite lag –, Subroto nahm mich eines Nachmittags mit, um mich mit einem seiner Freunde bekannt zu machen, einem Filmautor, der schwere Zeiten durchlebte. Schwere Zeiten in Bombay waren wirklich schwere Zeiten. Für den Filmautor bedeutete es, dass er fast auf das soziale Niveau des Publikums herabsank, das er als Autor bediente, der Menschen, die (wie er es selber ausdrückte) in den nach Schweiß riechenden, heruntergekommenen Kinos saßen und auf die Leinwand starrten, um zu vergessen.

Der Autor lebte in einem Wohnblock in dem am Rande der Innenstadt gelegenen Stadtteil Mahim, in der Nachbarschaft eines Gemüsemarkts, der warme, faulige Dünste aussandte. Wie in Nandinis Wohnblock befanden sich auch hier zehn Wohnungen in jedem Stockwerk; nur war das Haus weniger gut in Schuss. Während Subroto und ich die Betonstufen hinaufstiegen, erhaschten wir durch offene Türen Blicke in voll gestopfte Zimmer und manchmal auf menschliche Gestalten, die auf Betten oder auf dem Fußboden ihre Siesta hielten; die allgemeine Atmosphäre des Ortes regte mich dazu an, mir aus diesen Gestalten und ihren Stellungen finstere Szenarien zusammenzufantasieren.

Wir kamen in das Stockwerk, in das wir wollten, und gingen eine Veranda oder Galerie entlang, die in der Nachmittagssonne gleißte und in einen frisch gestrichenen und fast kahlen Raum mündete. In diesem Raum, den schräge Sonnenstrahlen mit Licht und Schatten füllten, standen zwei Betten an gegenüberliegenden Wänden und zwei Faltstühle; als denkbar karger Schmuck, eine Andeutung von Zuhause, vielleicht ein Anklang an die bengalische Heimat, hingen an einer der Wände drei Arbeiten aus Flechtwerk. In diesem Ambiente mit seinen klaren, prägnanten Elementen, die fast an eine improvisierte Bühnendekoration gemahnten, empfing uns unser Gastgeber, der Autor, ein hochgewachsener Mann in weißer, bengalischer Kleidung, ein Mann in seinen Vierzigern, gut aussehend, ironisch, mit einer Spur von unterdrückter Wut, ein Mann, dem mein Herz sofort entgegenschlug.

Ein bisschen später merkte ich, dass der Raum in seiner Schlichtheit und Ordentlichkeit eigens für unseren Besuch hergerichtet worden war. Die Wohnung hatte nur diesen einen Raum. Zwei Personen wohnten und schliefen darin. Nebenan, hinter einem Durchgang mit Vorhang, befand sich ein Küchenbereich.

»Studiert habe ich in Kalkutta«, sagte der Autor. »In Gedanken kehre ich immer wieder dorthin zurück. Geistig habe ich dort meine Heimat. Dort fühle ich mich zu Hause. Dort ist für mein Gefühl das Zentrum des Geschehens, und dort habe ich den Ehrgeiz entwickelt, Filmautor zu werden. Ein Filmautor hat es schwer, zu überleben – ich weiß das, ich war elf Jahre lang Betriebskalkulator. Das war die Zeit, da Indien zu einem großen Industrieland gemacht werden sollte. In vielen Teilen des Landes wurde heftig gebaut, und ich arbeitete als Kalkulator in der Bauindustrie. Ich wurde von einem Ort zum anderen geschickt und kam im ganzen Land herum; oft landete ich in wilden, menschenleeren Gegenden. Ich wurde zum Nomaden, und das bin ich geblieben.

Eines schönen Tages stand ich einfach auf und hängte meinen Job an den Nagel. Das geschah hier, in Bombay. Ich war mit meiner Firma nach Bombay gekommen. Die Stadt verwandelte sich damals, Ende der sechziger Jahre, in einen bedeutenden Industriestandort. Und ich hängte meinen Job an den Nagel und engagierte mich in allerlei Theaterprojekten. Während meiner Zeit in der Bauindustrie las ich viel in meiner Freizeit; an manchen Orten, an die wir kamen, gab es nichts anderes zu tun. Und als ich nach Bombay kam, stellte ich fest, dass viele meiner Freunde, Menschen, die ich anderswo kennen gelernt hatte, Theaterleute waren.

In den siebziger Jahren wurden viele Theaterleute zu Filmleuten. Es gab eine staatliche Filmfinanzierungsgesellschaft. Geld stand reichlich zur Verfügung. Also schnappten sich viele meiner Freunde das Geld und machten mit, und es entstanden eine Menge guter Filme. Aber dann kamen diese guten Filme nicht in die Kinos. Sie wurden in Seminaren diskutiert und auf Festivals gezeigt, und Unmengen langer Artikel wurden über sie geschrieben. Doch leider bekam das eigentliche Publikum die Filme nie zu sehen, weil sie es nie in die Kinos schafften.

Ich erzähle Ihnen, wie es mir ging, nachdem ich aus der Baufirma ausgeschieden war. Ich lebte mit zwei Freunden auf dem Dach eines Hochhauses, unter dem Wassertank. Wir schmierten den Wachmann. So lebten wir ein Jahr lang. Mit der besten Aussicht auf die Stadt und mietfrei. Das war im Jahr 1969, und ich war siebenundzwanzig. Das Einzige, was wir uns leisten konnten, war billiger Fusel. Unsere Vereinbarung mit dem Wachmann sah so aus, dass in der einen Nacht er die Flasche mitbrachte und in der nächsten wir. Auf diese Weise wurden wir da oben zu Säufern. Wir hatten keine Wahl. Der Wachmann ließ nicht zu, dass wir auch nur einen einzigen Abend allein verbrachten – das gehörte zu der Vereinbarung.

Der Wachmann stammte aus Nepal und erzählte uns schreckliche Geschichten von dort. Er erzählte, dass er siebenundzwanzig Tage lang gewandert war, um von seinem Dorf zur indischen Grenze zu gelangen und dass er während dieser siebenundzwanzig Tage halb verhungert war. Auf der Suche nach Arbeit kam er hierher und als er seine erste Lohntüte in der Hand hielt, ging er in ein Restaurant und aß so viel, dass er Durchfall kriegte. Wenn er betrunken war, erklärte er: ›Man sollte alle erschießen!‹ Und wir waren einer Meinung mit ihm.

Wir erfanden Geschichten, versuchten Drehbücher zu schreiben. Dann kam einer unserer Freunde zu ein bisschen Geld. Und er drehte einen Film. Drei von uns schrieben zusammen das Drehbuch, und als der Film anlief, stand mein Name nicht im Vorspann. Da lernte ich meine erste Lektion im künstlerischen Kino. Wir waren sehr leidenschaftlich und dumm. Statt dem Regisseur eine Abreibung zu verpassen, erklärten wir ihm: ›Mit Ihnen arbeiten wir nie mehr zusammen.‹ Ihm war das recht.

Jetzt erzähle ich Ihnen, wie ich in den kommerziellen Bereich hineinkam.

Damals lösten sich ganze Dörfer im Pandschab durch Abwanderung auf. Viele der Menschen wurden nach England geschleust. Nur sehr wenige hatten gültige Pässe oder so etwas. Beim kommerziellen Film gab es einen äußerst berühmten Schauspieler, der verkündete, er wolle über diese indischen Emigranten einen Film drehen. Der Schauspieler war wirklich äußerst berühmt. Tatsächlich stand er damals auf dem Gipfel seines Ruhmes.

Um diese Zeit hatte ich das Dach des Hochhauses und den nepalesischen Wachmann bereits verlassen und war in eine Pension gezogen. Wir teilten uns zu zweit ein Zimmer. Damals hatten wir nie ein Zimmer für uns allein. Mein Freund arbeitete für diesen berühmten Schauspieler, und der suchte nach einem jungen, hellen Kopf. Und auch das lernt man in dem Geschäft: Sie suchen *immer* nach jungen, hellen Köpfen. Offenbar entsprach ich dem Steckbrief. Ich war jung genug, und der berühmte Mann befand mich für helle genug.

Die einzige Alternative, die mir zu dieser Zeit blieb, war, wieder in die Baubranche zu gehen. Die Golfregion öffnete sich damals, und meine alte Firma drohte, mich dorthin zu schicken. Tatsächlich stand ich bei diesem Unternehmen immer noch unter Vertrag und hatte auch unter Vertrag gestanden, als ich den Job hinschmiss – um der großen Freiheit willen, Autor zu sein.

Der große Schauspieler also hörte von mir und ließ mich kommen. Sein Büro befand sich in Santa Cruz, in der Nähe des Flughafens. Santa Cruz war zum Teil eine Gegend für Reiche, zum Teil schlimmstes Elendsviertel. Das Büro des Schauspielers lag mittlerweile innerhalb des Elendsviertels. In den dreißig Jahren, seit er seine Büros dort gebaut hatte, war das Grün verschwunden, und die Slums hatten sich ausgebreitet. Rundherum Slums und mitten darin dieses heruntergekommene Bürogebäude. Und wie sich herausstellte, hatte das Innere des Gebäudes mit dem Drumherum draußen nichts gemein – es bestand aus Plüsch, Teppichboden, Klimaanlage. Mit dem, was draußen war, hatte es nichts zu tun. Ich war schnurstracks in die Traumfabrik eingetreten.

Das Büro war groß – kolossal. Ich musste zwei Räume durchqueren, um in das Privatzimmer des Schauspielers zu gelangen. Und das hatte riesige Ausmaße. Die Bücher an den Wänden verschlugen mir den Atem. Nobelpreisträger-Ausgaben in 30 Bänden. Gegenüber die *Encyclopaedia Britannica*. Herrliche Globen und teure Bildbände über Tiere und Blumen. Auf der anderen Seite die Drehbücher aller so genannten Filmklassiker des Westens. Genau über seinem Kopf übrigens.

Er fing an, seinen Film über die indischen Emigranten zu erörtern. Er gab mir einen kurzen Abriss der Handlung. Ich sagte –

Ich unterbrach ihn: »Wie sah denn der Abriss aus?«

»Zwei Zeilen. Zwei ganze Zeilen. ›Das ist eine brillante Idee‹, sagte ich. Er sah mich mit blitzenden Augen an und sagte: ›Eine sehr kluge Bemerkung, die Sie da machen.‹

Ich muss Ihnen ein bisschen was über den berühmten Schauspieler sagen. Er war ewig jung. Er *ist* ewig jung. Er war zu dieser Zeit vielleicht fünfzig, vielleicht einundfünfzig, zweiundfünfzig.

›Gut‹, sagte er. ›Versuchen wir die Szenenfolge zu erstellen.‹«

»Die wollte er sofort haben?«, fragte ich.

»Er wollte sie auf der Stelle. So sah meine erste Lektion in diesem neuen Lehrgang aus. Wie man ein Skript für einen kommerziellen Film schreibt.

Ich war sehr aufgeregt. Auf dem Rückweg durch die Slumgebiete draußen war ich überzeugt davon, dass mir nichts Großartigeres hätte widerfahren können. Ich ging in meine Pension. Die lag mitten in einem der hässlichsten Elendsviertel Bombays, einem der hässlichsten der so genannten Fischerdörfer. Diese Nacht machte ich im buchstäblichen Sinne des Ausdrucks zum Tage. Glücklicherweise kam mein Zimmergenosse aus dem Pandschab. Er kannte die Auswanderer und vermittelte mir eine gewisse Vorstellung von ihren Eigentümlichkeiten. Ich schrieb eine Reihe von Szenen.

Am nächsten Tag brachte ich sie in das Büro. Der Schauspieler las sie in meiner Gegenwart – vier Szenen auf sieben Seiten –, klatschte in die Hände und sagte: ›Das ist großartig! Ich schaue mir diese Seiten an, arbeite ein paar Handlungsstränge heraus, und morgen reden wir darüber.‹

Am nächsten Tag erklärte er: ›Ich habe mir alles zurechtgelegt.‹ Und drei Stunden lang erzählte er mir eine Geschichte – die Filmhandlung, die ich ausarbeiten sollte. Es war eine entsetzliche Erfahrung. Die Geschichte hatte nichts mit dem dörflichen Leben der Emigranten und den Kränkungen zu tun, die ihnen widerfuhren. Sie war wie alle kommerziellen Geschichten – sie handelte von Spionen und Schießereien und Gangs. Es war ziemlich schrecklich.

Ich sah ihn an. Und in diesem Augenblick fuhr mir blitzartig durch den Kopf: ›Wenn ich ihm sage, dass die Geschichte großartig ist, habe ich einen Job.‹ Also sagte ich ihm: ›Das ist eine großartige Geschichte.‹ Und ich bekam auf der Stelle Geld. Einen Vorschuss. Ein Vertrag wurde geschlossen, der ziemlich günstig für mich war. An diesem Vormittag gab er mir fünftausendundeine Rupie. Die Extra-Rupie ist ein indischer Brauch. Selbst wenn es sich um eine Million handelt, zahlen sie dir diese Extra-Rupie. Sie gilt als Glücksbringer. Obwohl ich eigentlich glaube, dass ich die eine Rupie dafür bekam, dass ich die Geschichte lobte, und die übrigen fünftausend dafür, dass ich den glücklichen Einfall hatte, sie zu loben. Also dachte ich: ›Spar auch in Zukunft nicht mit Lob.‹

Die Produktion des Films dauerte zwei Jahre. Und ich schrieb nichts. Nicht eine einzige Zeile. Ich schwöre Ihnen bei allem, was mir heilig ist, dass ich keine einzige Zeile schrieb. Ich hörte mir nur jeden zweiten Tag seinen Quatsch an und sagte: ›Großartig!‹

Dafür, dass ich ja und amen zu allem sagte, bekam ich zehntausend Rupien monatlich. Das Gleiche sagten ihm auch alle anderen. Dieser große Mann lebte in einer sehr merkwürdigen Welt. Wenn man ein Star ist, lebt man in einer sehr merkwürdigen Welt. Man schafft sich eine Welt, in der jeder zu allem, was man äußert, ja sagt. Sagt einer nein, ist er raus aus der Welt. Und zwar ein für alle Mal. Die Verstoßung ist so ähnlich, wie wenn man von Jehova verworfen wird. Die Betreffenden leben in dieser Welt und verlieren den Kontakt zur Wirklichkeit, zum Publikum, zu dem, was das Publikum sehen will. Deshalb sind so viele Filme Misserfolge. Und wenn sie keinen Erfolg haben, findet sich immer ein Sündenbock.

Er pflegte mich in sein Büro zu beordern, angeblich um mit mir an der Handlung zu arbeiten; stattdessen hörte ich ihm zu, wie er von den herrlichen Filmen schwärmte, die er machen würde. Im Kopf dieser Leute brodelt es. Ich hörte ihm zu, von zwei Stunden bis zu sieben oder acht Stunden lang. Und das ging zwei Jahre so.

Der Film kam heraus. Mein Name war im Vorspann. Aber ich hatte absolut nichts geschrieben. Das schwöre ich. Weil es gar kein *schriftliches* Drehbuch gab. Ich lernte, dass Filme aus hingeworfenen Brocken, aus Gesprächsfetzen entstehen können. Auf Autoren blickte man tatsächlich herab. Ein Filmautor war jemand, der *redete* – ein Szenenbesprecher, kein Autor. So dass sie sich eine *Vorstellung* von der Szene machen konnten, ohne lesen zu müssen.

Weil Lesen etwas ist, was *niemand* in der Filmwelt tut. Der Autor ist das fünfte Rad am Wagen.

Sie *reden* über Handlungen. Sie reden über Szenen. Selbst wenn man eine Szene schriftlich fixiert, drehen sie sie anders. Sie verändern sie während der Schneidearbeit, während der Aufnahme. Und alle Schauspieler hier halten sich für Autoren. Ein Schauspieler mit Einfluss kann einen Text ändern.

Das alles geschah 1972. Ich war dreißig, und man hielt mich für einen jungen, brillanten Kopf. Bis der Film in die Kinos kam und sich als Flop erwies. Er hatte absolut keinen Erfolg. Und ich lernte wieder eine Lektion: Wenn ein Film keinen Erfolg hat, muss unfehlbar der Autor den Kopf dafür herhalten.«

»Wie viel hatte der Film gekostet?«

»Annähernd neun Millionen Rupien. Das war außergewöhnlich. Für die Dorfszenen wurden große Häuser errichtet. Gebäude, in denen sich sogar ein Maharadscha verloren gefühlt hätte – und dabei sollte es sich um Dorfhütten handeln. Der Held war ein arbeitsloser Jugendlicher aus dem Dorf. Die Anfertigung der Kleider, die er im Film trug, kostete ein Lakh, hunderttausend Rupien. Und er stand da in diesen bildschönen Kleidern, während die Arbeitgeber zu ihm sagten: ›Den Job bekommst du nicht.‹ Der Mann, der das sagte – er spielte den Arbeitgeber, den Fabrikbesitzer –, war ein Komparse; die verdienten damals dreißig Rupien am Tag. Und er trug seine eigenen schäbigen Kleider – weil man sich um die Kleider von Komparsen nicht zu kümmern brauchte.

Ich hasste jeden Augenblick. Ich hasste mich dafür, dass ich mitmachte.«

»Aber Sie kannten doch den volkstümlichen indischen Film.«

»Ja und nein. Ich hatte Hindi-Filme gesehen, aber ich wusste nicht, wie sie zustande kamen. Und sie werden nach wie vor auf diese Weise produziert. Wie könnte es auch anders sein? Kein Filmemacher ist je ins Kino gegangen, um sich zusammen mit dem Publikum den Film anzusehen. Damals hatten sie diese privaten Vorführkinos. Sie sahen den Film nie gemeinsam mit dem verschwitzten Publikum. Die Kinosäle sind fürchterlich. Sie werden als klimatisiert angepriesen, aber häufig funktioniert die Klimaanlage nicht, und in dem überfüllten Saal ist es heiß und feucht und riecht nach Schweiß.

Also hielt ich den Kopf hin und verließ Bombay. Eine Weile trieb ich mich herum, meistens in Kalkutta und Bengalen. In die Filmindustrie wollte ich auf keinen Fall mehr zurück.

Aber der Filmindustrie den Rücken zu kehren ist schwer. Ein Freund wollte in Bombay einen Film machen. So kam ich zurück und fing neu an. Damals stand ich im Ruf eines guten Drehbuchautors, ohne je ein Drehbuch geschrieben zu haben. Vieles von dem, woran ich gearbeitet hatte, war im Stadium von Einfällen verblieben, und Einfälle können brillant sein. Und nun wollte dieser Freund, der bereits vier Flops hinter sich hatte, schnell einen billigen Film drehen. Er brauchte ihn zum Überleben – einen Film, den wir rasch runterspulen konnten.

Es gab eine bekannte Schauspielerin, die mit der Gruppe befreundet war. Wir hofften, mit ihrem Namen Geld machen zu können. Also fingen wir an zu drehen, ohne dass wir wussten, wo am folgenden Tag das Geld herkommen sollte. Nach acht Tagen war das Geld aufgebraucht, und die Dreharbeiten kamen zum Stillstand. Wir wussten nicht, was tun. Und dann – Sie werden es nicht glauben! – kam ein Mann und bot uns an, für den Film zu bürgen. Er handelte im Auftrag von jemandem, und ich glaube tatsächlich, dass wir die Bürgschaft bekamen, weil der Person, die den Mann beauftragt hatte, die Handlung des Films gefiel.

Es ging um den Ehebruch eines Mannes. Bei dieser Art von Geschichten sieht in Hindi-Filmen das übliche Procedere so aus, dass am Ende, nach dem Seitensprung, der Mann weint und zu seiner Frau zurückkehrt; sie weint ebenfalls und nimmt ihn wieder auf. In unserem Film schickt die Frau den Mann, als er weinend zurückkommt, weg. Das war die Geschichte, und aus irgendeinem Grund gefiel sie jemandem, der deshalb die Bürgschaft übernahm.

Der Film wurde produziert. Zu unserer Überraschung und zur Überraschung aller anderen lief er gut. Am Ende des Films, wenn die Ehefrau den Mann zum Teufel schickt, standen die Frauen auf und klatschten. Und das nicht nur in Bombay, sondern auch in etlichen kleineren Städten.

Wir produzierten zwei weitere Filme. Beide waren große Erfolge. Wir wurden regelrecht berühmt. Und das war der Punkt, wo mein Freund den Ruhm in klingende Münze verwandeln wollte: Er wollte große, teure Film machen. Es kamen Angebote.

Also sollte alles von vorne anfangen. Die kommerziellen Filme – die ständige Jasagerei vor Geldgebern und Stars. Dabei hätten wir damals die Möglichkeit gehabt, weiter gute Filme zu drehen.

Ich gab auf und verließ Bombay erneut. Sie müssen aber wissen, dass Filmautoren sich an die Zusammenarbeit mit einem bestimmten Regisseur gewöhnen. Sie kennen den Stil des Regisseurs, und der kennt ihre Besonderheiten. Nach so einer Beziehung ist es für einen Autor nicht leicht, sich mit einem anderen Regisseur zusammenzutun.

Deshalb kam ich nach vier Jahren zurück – um wieder mit demselben Mann zusammenzuarbeiten, der mittlerweile vier weitere Flops produziert hatte. Viel größere als die vier, die er damals hinter sich hatte, als wir den Schnellschuss machten. Jetzt bin ich seit einem Jahr hier.

Wie habe ich mich in den vier Jahren durchgeschlagen? Ich bin halb verhungert. Ich habe komische Jobs gemacht. Als Ghostwriter gearbeitet, mich an Projekten beteiligt, aus denen nichts wurde. Und jetzt bin ich wieder hier. Und während ich auf dem Trockenen saß, habe ich geheiratet – das schien mir damals genau der richtige Augenblick.«

Seine stille bengalische Frau in sauberem, grünem Sari brachte aus der Küche hinter dem Vorhang, wo sie sich die meiste Zeit aufgehalten hatte, den Tee und deponierte ihn auf einem kleinen Beistelltisch. Subroto räkelte sich auf einem der Betten – es gab für ihn keine andere Sitzgelegenheit in dem Zimmer.

Ich bat den Autor, die Wohnung, in der wir uns befanden, zu charakterisieren.

»Wir sind in einer Wohnung in Mahim. Es ist eine Mietswohnung in einem der üblichen vierstöckigen Bombayer Mietblocks. Wir bewohnen ein Zimmer. Es ist drei mal drei Meter groß, eine Einzimmerküche, wie man das hier nennt.«

Er erhob sich, stand in seinem losen Baumwollgewand da, streckte beide Arme hoch und sah zur Decke. In dieser Haltung füllte er den kleinen Raum förmlich aus. »Das hier ist mein Zimmer. Das ist mein einziges Zimmer in der ganzen weiten Welt.«

Der Raum lag nach Westen und war lichterfüllt. Auf der Veranda war es so blendend hell, dass Subroto irgendwann erwog, die Tür zu schließen.

»Ich arbeite derzeit an drei Filmen«, sagte der Autor. »Es ist sehr schwer in Indien, von der Arbeit an einem einzigen Film zu leben. Diesmal stelle ich fest, dass sie dem Drehbuch mehr Respekt erweisen, auch wenn sie sich nach wie vor nicht daran halten. Ich hoffe, der Respekt ist von Dauer.«

»Glauben Sie, dass Sie mittlerweile ein besserer Autor sind, als Sie es zu Anfang waren?«

»Als ich anfing, hing ich großspurigen Vorstellungen von der Rolle eines Filmautors an. Ich täuschte mich damals. Ich dachte, ein Drehbuch komme einem Roman oder einem Theaterstück nahe. Ich dachte tatsächlich, hier werde ein Roman zu einem Bühnenstück geformt. Inzwischen habe ich begriffen, dass ein Filmautor viel über Filmtechnik wissen muss – über die Beschränkungen, die sie mit sich bringt, und darüber, wo Worte völlig entfallen können. Wir schreiben Bildskizzen – darin besteht die Aufgabe eines Drehbuchautors. Der Drehbuchautor ist so etwas wie die Schaltstelle zwischen allen am Filmschaffen beteiligten handwerklichen Sparten, wozu ich auch die Schauspieler rechne. Meist schreibt der Autor im Fachjargon gehaltene Kurzfassungen – wenn man es in dieser Form niederschreibt, ist es viel besser. Die Techniker verstehen die Kurzfassungen. Sie verstehen sie gefühlsmäßig. Der Kameramann versteht nicht nur die Bildskizze für eine Großaufnahme, sondern auch die damit verknüpfte Emotion. Dem Uneingeweihten mag diese Art zu schreiben langweilig vorkommen – es ist, als ob man den Konstruktionsplan für eine Brücke liest, aber für einen Ingenieur steckt der Plan voller Bedeutung. Ein Drehbuchautor tut gut daran, sich etwas von der Technik anzueignen. Wenn nicht, verschwendet er seine Zeit und die der anderen. Eigentlich besteht der Beitrag des Autors darin, das Konzept des ganzen Films zu verbildlichen, denn die Techniker haben immer nur die einzelne Aufnahme vor Augen. Tatsächlich sind es Regisseur und Autor, die in Teamarbeit den Film hervorbringen.

Jetzt bin ich also seit einem Jahr wieder da. Die ersten sechs Monate waren hart. Die Leute begegneten mir gleichgültig, weil ich den Verein verlassen hatte.«

»Wenn Sie auf Ihre erste Erfahrung, damals mit dem Schauspieler, zurückblicken, meinen Sie nicht, dass sich dann einiges zugunsten des Filmbesprechens vorbringen ließe, wie er es praktizierte?«

Der Autor war unversöhnlich. »Der ist der Feind. Diese selbstgefällige Haltung – der ist der Feind.« Ein, zwei Gedankensprünge machend, sagte er: »Ich glaube, diesmal verdiene ich ordentlich was. Dank der Arbeit an dem Film habe ich genug für den nächsten Monat. Im Augenblick trage ich Schulden ab.«

»Wer sind die Netten im Filmgeschäft?«

»Alle und keiner. Das Geschäft ist total erfolgsorientiert. Sie beten den Erfolg an. Und der Erfolg ist sehr konkret, müssen Sie wissen. Ein Film kommt am Freitag in die Kinos, und am Montag kennt man schon sein Schicksal. Man weiß, wie viele Karten die Kinokassen verkauft haben. Daran ist nichts Abstraktes. Es steht alles da – in nackten Zahlen. Und wenn der Film läuft, sind die Leute sehr nett zu Ihnen.«

Anfangs hatte er zornerfüllt gewirkt, mit einer Ironie, die manchmal drohte, in Bitterkeit und Selbstmitleid umzuschlagen. Aber im Zuge seiner Ausführungen besänftigte er sich. Während er über das Drehbuchschreiben sprach, wurde er nachdenklich, suchte nach den richtigen Worten und machte geradezu den Eindruck, mit sich im Reinen zu sein.

Ob seine Einstellung gegenüber der Filmindustrie sich vielleicht gewandelt habe, wollte ich wissen.

»Ich habe meine zynische Einstellung ihr gegenüber abgelegt«, sagte er.

»Vielleicht, weil Sie einen neuen Sinn für die Technik des Filmschaffens entwickelt haben?«, meinte ich.

»Die Leute drehen schlechte Filme oder gute Filme. Aber zu leugnen, dass es so etwas gibt wie die Kunst des Drehbuchschreibens, wäre unsinnig. Es gibt diese Kunst. Und außerdem lernt man, dass das Leben weitergeht. Es gibt kein das Leben umfassendes Scheitern. Man scheitert an einem bestimmten Punkt. Glücklich ist der Künstler, der nicht an Erfolg oder Misserfolg denkt, sondern einfach weitermacht.«

Ich wollte wissen, wie er arbeite.

»Wir mieten für fünf oder sieben Tage ein Hotelzimmer. Und wir sprechen den Film durch. Dann lassen sie mich allein, und ich habe vier oder sechs Wochen Zeit, um das Treatment zu schreiben

– im Prinzip also die Szenenabfolge ohne Dialoge. Und dann setzen wir uns noch einmal drei Tage zusammen. Und dann werde ich wieder allein gelassen. Diesmal schreibe ich es mit den Dialogen, und das dauert etwa zwei Wochen.«

Dann sagte er etwas, was mich zweifeln ließ, ob er nicht trotz seiner bekundeten Hoffnung, diesmal ordentlich etwas zu verdienen, mit einem Teil seiner selbst bereits die Vorstellung von einem erfolgreichen Filmschaffen aufgegeben hatte. Er äußerte nämlich, er denke mittlerweile an wirkliche schriftstellerische Arbeit, an das Schreiben von Prosa, für die Veröffentlichung in gedruckter Form. Ob er mir die Sachen schicken könne, die er geschrieben habe oder vielleicht schreibe, wollte er wissen.

Mein Urteil sei für ihn wertlos, sagte ich. Mein ganzes Erwachsenenleben sei der Schriftstellerei gewidmet gewesen, Tag für Tag habe mein Denken ihr gegolten. Ich schreibe und erfahre auf ganz eigene Weise; beides sei miteinander verknüpft. Meine Urteile taugten nur für mich selbst.

Er lächelte. »Meine Urteile über die Drehbücher anderer sind ebenso wertlos.«

Subroto und ich verabschiedeten uns kurz darauf. Wir stiegen die schmale, gewundene Betontreppe hinunter, die auf einer Seite von einer halbhohen und durch viele Hände blank polierten Mauer begrenzt war. Wieder sahen wir durch offene Türen das Leben in einzelnen Zimmern: die Menschen und die vielen Kleidungsstücke, die sich in der Beengtheit nicht weglegen oder verstauen ließen. Weiter unten verstärkten sich die Gerüche aus den Wohnungen, und der Schmutz wurde sichtbarer.

Als wir in den hellen, staubigen Hof hinaustraten, rief jemand von oben, und wir blickten zu dem Autor und seiner Frau in ihrem grünen Sari hinauf, die von ihrem Balkon auf uns herabsahen – von einem der vierzig Balkone des Wohnblocks, die von hier unten wie Theaterlogen aussahen. Die Sonne beschien ihre Köpfe und Gesichter. Wie von plötzlicher Heiterkeit erfasst, lächelten sie beide und machten kleine Winkbewegungen.

Am Ende des staubigen Hofs stand ein Baum auf einer kreisrunden, von einem Betonmäuerchen eingefassten Erderhebung. Darauf befand sich, gegen den Baumstamm gelehnt, ein kleines schwarzes, mit Ringelblumenketten behangenes Bildnis, bewacht, wie es schien, von einem Mann. Das Bildnis war das heilige Konterfei einer Gottheit und trug auf der Stirn frische Spuren von Sandelholzpaste. Direkt dahinter bogen wir in die staubige Straße ein.

Wir machten uns auf den Weg zum Bahnhof von Dadar. Es war nur ein kurzer Fußweg dorthin; Subroto entschuldigte sich mehrfach dafür, dass wir kein Taxi genommen hatten. Vor dem Gemüsemarkt, von dem die starken Gerüche ausgingen, packten Jungen den Gemüseabfall mit bloßen Händen in Wagen der Müllabfuhr. Der Bahnhof von Dadar – mit seinen hohen, düsteren Bahnsteigen, der Menschenmasse, dem hohl widerhallenden Stimmenlärm, den Verkaufsständen, den jungen und alten Schuhputzern, den Windungen des glimmenden Stricks, der an einem Metallpfahl befestigt war und an dem sich die Leute ihre Zigaretten anzünden konnten – vermittelte einen großstädtischen Eindruck, so als eigne den Zügen und der sich drängenden Masse ein spontanes Erregungspotenzial.

»Glauben Sie, er wird es diesmal schaffen?«, fragte ich Subroto.

»Er wird es nicht schaffen.«

Wir überquerten die Fußgängerbrücke zu dem Bahnsteig auf der anderen Seite der Gleise. Alles an dieser Brücke war abgenutzt, ihre Farbe nicht mehr auszumachen; jahrelanger Staub schien das Metall zerfressen und um seinen Glanz gebracht und jedes Stück Holz bis ins Mark durchdrungen zu haben.

»Er ist nicht positiv«, sagte Subroto.

Damit wollte er sagen, dass der Autor trotz seiner Erklärungen, was das Geldverdienen betraf, immer noch der Alte war – dass ihn Geld und Besitztümer im Grunde nicht interessierten. Auch wenn die Ehe den Autor verändert habe, meinte Subroto, schade ihm doch jetzt der Ruf, den er sich früher erworben habe. Er habe Leute im Filmgeschäft zu abschätzig behandelt, habe sich zu viele Feinde gemacht. Es gebe einen einflussreichen Mann, einflussreich im Filmgeschäft und in der Politik, einen jener Typen mit vielen verschiedenen Gesichtern, die jetzt im öffentlichen Leben Indiens in Erscheinung träten – der habe den Autor gebeten, von einer bestimmten Geschichte ein Treatment anzufertigen. Der Autor habe den Abriss der Geschichte im Büro des großen Mannes gelesen und diesem dann aus Wut darüber, dass man ihn für einen solchen Mist in Erwägung zog, die Blätter mit dem Abriss buchstäblich ins Gesicht geworfen.

Den ganzen Weg zurück in die Innenstadt sprach Subroto über Kunst und Design und die Ideen, die er hatte, wobei er gegen das metallische Geratter der großen, offenen Waggons anreden musste. Er lebte nur als zahlender Gast in Bombay und glaubte nicht, dass sich das je ändern würde. Aber die Art, wie er über seine kreative Tätigkeit und seine Pläne sprach, wirkte selbstlos; die Entrücktheit von der Welt, die er dem Autor nachgesagt hatte, schien auch ihm selber eigen.

Die Hütten und Baracken entlang der Bahnlinie zogen vorüber, das staubige Licht verfärbte sich golden. Ich dachte an Subroto, ich dachte an den Autor in seiner Wohnung: was für eine Umgebung für einen Mann, der mit so viel Herz und Geist über seine Kunst redete, was für ein Läuterungsprozess der künstlerischen Erfahrung, was für ein Missverhältnis zwischen Träumen und Realität. Das hatte mich schon am ersten Morgen in Bombay beeindruckt, als ich die lange Schlange geduldiger Menschen sah, die darauf warteten, Dr. Ambedkar ehren zu dürfen, und auf der gegenüberliegenden Straßenseite an den Laternenpfählen die kleinen, immer gleichen Werbeplakate für einen neuen Film, ein Produkt der Bombayer Filmindustrie.

Einige Jahre zuvor hatte ich vage von den Dalit-Panthern reden hören. Viel mehr als der Name, für den die Black Panthers in den USA Pate gestanden hatten, war nicht zu meiner Kenntnis gelangt. Eine romantische Namensgebung; sie leistete der – allzu simplen – Überzeugung Vorschub, dass die Dalit (oder Kastenlosen oder *harijan* oder Unberührbaren, um die kränkenden Bezeichnungen früherer Zeiten zu nennen) in Indien das Gleiche waren wie die Schwarzen in den USA.

Jetzt erzählte mir Charu während unserer vielen Taxifahrten kreuz und quer durch Bombay von dem Mann, der die Dalit-Panther gegründet hatte. Er hieß Namdeo Dhasal; er genoss in Bombay gleichzeitig einen Ruf als ein Dichter der Dalit. Er war etwa siebenundvierzig Jahre alt, konnte allerdings sein genaues Geburtsjahr nicht mit Sicherheit angeben. Zur Welt gekommen war er in einem Dorf rund hundertfünfzig Kilometer landeinwärts, in Bombay lebte er seit dreißig Jahren. Lange Zeit hatte er im Bordellviertel gewohnt, unter Kriminellen und Prostituierten. Die Gegend hieß Golpitha, und so war auch Namdeos erster Gedichtband betitelt. Die in Marathi geschriebenen Gedichte erschienen 1974; er dürfte damals etwa vierunddreißig gewesen sein. Im selben Jahr gründete Namdeo die Dalit-Panther und wurde auf Anhieb ein Mann mit einem gewissen politischen Einfluss in Bombay.

Die dichterische Seite überraschte mich. Überrascht war ich davon, dass in der Enge Bombays, inmitten der Menschenmassen und des hektischen Treibens, eine lebendige Literatur in Marathi existierte, mit dem hohen Grad an gesellschaftlicher Organisation, die solch eine Literatur erforderte – den Verlagen, den Druckereien, den Buchläden, den Kritikern, den Käufern. Ich war ähnlich erstaunt wie zuvor über die maharashtrischen Sportschulen, von denen ich durch Mr Raote erfahren hatte.

Namdeo war nicht der erste Dalit, der schrieb. Bereits früher waren Marathi-Stimmen aus der Tiefe ertönt. Aber Namdeos Vorgänger hatten das überlieferte, literarische Marathi verwendet. Namdeos große Originalität bestand darin, dass er umgangssprachlich schrieb, dass er Wörter und Ausdrücke benutzte, die außer den Dalit niemand gebrauchte. Seinen ersten Gedichtband hatte er in der besonderen Sprache der Bombayer Bordellgegend abgefasst. Das war eine Sensation; er wurde gepriesen und verdammt.

Charu, ein maharashtrischer Brahmane und in der Marathi-Literatur gut bewandert, gestand mir, es gebe in Namdeos Gedichten eine Reihe von Wörtern, die auch er nicht verstehe. Er lieferte mir die folgende Übersetzung eines Gedichts aus Namdeos erster Sammlung, das den Titel »Der Weg zum Heiligtum« trug.

Geboren wurde ich, als die Sonne sank
Und in der Umarmung der Nacht
Langsam erlosch.
Geboren wurde ich auf einem Gehsteig
In einem Lumpen.

(Das »grobe« Dalit-Wort für »Lumpen« lautete *chilbut.*)

Am Tag meiner Geburt war ich schon Waise.
Die mich gebar, ging zu Gott.
Ich war dieses Gespenstes müde,
Das mich auf dem Gehsteig verfolgte.
Fast mein ganzes Leben verbrachte ich damit,
Die Dunkelheit in diesem Sari wegzuwaschen.

(Das für »Sari« gebrauchte Wort war alles andere als fein: Es lautete *luggude* und bezog sich auf die Art, wie Frauen auf dem Dorf ihre Saris tragen, nämlich so, dass jedes Bein einzeln damit umwickelt wird und eine Form von Hose entsteht.)

Ich wuchs wie jemand ohne Sicherung auf.
Ich aß Kot und wuchs auf.
Gebt mir fünf Paise, gebt mir fünf Paise,

(100 Paise sind eine Rupie.)

Und nehmt zum Dank fünf Flüche.
Ich bin auf dem Weg zum Heiligtum.

Selbst in der schmucklosen Übersetzung, die mir Charu in einer betriebsamen Hotelhalle aus dem Stegreif lieferte, blieb das Gedicht anrührend. Noch stärker bewegt war Charu selbst. Diese Stimme sei etwas absolut Neues in Marathi; wie er mir erzählte, hatte Vijay Tendulkar, der zeitgenössische Bühnenautor, der auch in Marathi schrieb, Namdeo mit Tukaram verglichen, dem maharashtrischen Heiligen und Dichter aus dem 16. Jahrhundert, von dem ich das erste Mal etwas durch Mr Raote gehört hatte.

In dem von Charu übersetzten Gedicht wirkte das Gemisch aus Anspielungen auf Sexualität und Erniedrigung herb und verstörend; die in Zusammenhang gebrachten Vorstellungen von Unberührbarkeit, Sexualität im Bordell, Kindsgeburt und Lumpen schlugen einem geradezu ins Gesicht. Das war die Leidenschaftlichkeit, die Namdeo in seine Politik und die Dalit-Panther einfließen ließ.

Der Name freilich, den er von den Black Panthers übernommen hatte, erwies sich als prophetisch. Wie die Black Panthers begann auch die Dalit-Bewegung, kaum dass sich der Erfolg einstellte, zu zerfallen. Auf jenem Gipfelpunkt leidenschaftlichen Protests zu verharren war unmöglich; viele fühlten sich versucht, ihren Frieden mit der sie umgebenden Gesellschaft zu machen. Und auch wenn Namdeo nun berühmt war und hofiert wurde, seine Anhängerschaft schrumpfte. Sogar sein literarischer Ruhm begann zu welken. Er hatte ziemlich viel produziert, hatte neben seinen Gedichten zwei Romane geschrieben. Aber sein letztes Buch war 1981, vor sieben Jahren also, erschienen. Er schrieb jetzt weniger und litt zudem unter einer zehrenden Krankheit.

Einen Telefonanschluss hatte er nicht. Aber Charu wusste, wo er lebte, und eines Nachmittags gingen wir dorthin, um ihm eine Nachricht zu hinterlassen. Die Adresse war nicht weit entfernt von dem Golpitha-Viertel, über das er geschrieben hatte. Er hatte ein eigenes Haus, keine Wohnung, und es lag in einer vergleichsweise breiten und sauberen Gasse. Genau gegenüber der Eingangstür des Hauses stand auf der anderen Seite der Gasse ein alter offener Jeep, der dort geparkt oder abgestellt und aus unerfindlichen Gründen langsamem Verfall überlassen worden war; trotz seiner platten, brüchigen Reifen und des fast kahlen Metallgehäuses sah er noch intakt aus.

Charu rief von der Straße zum Haus hinüber. Nach einem Weilchen öffnete eine dunkelhäutige junge Frau mit strahlenden Augen und zarten Gesichtszügen einen Flügel der Tür. Sie und Charu sprachen auf Marathi miteinander, und dann stiegen wir die Betonstufen an der Frontseite des Hauses hinauf, die direkt von der Gasse zur Eingangstür führten.

Der Raum, in den wir eintraten, durchmaß die ganze Breite des Hauses und bildete den Hauptraum. Die Wände waren fliederfarben und kürzlich in Mattglanz neu getüncht worden. Es gab weiß gestrichene Korbstühle mit dunkelgrünen Kissen, und von einem der wuchtigen Deckenbalken hing an einer Kette ein Korbsessel herab. Etwas Besonderes, dieser Hängestuhl, ein Hauch von Luxus: Eine füllige junge Frau in einem blauen Sari aus Seidenkrepp, eine Besucherin, saß darin und schaukelte, sich mit den Füßen am Boden abstoßend, vor und zurück.

Die dunkelhäutige Frau, die uns empfangen hatte, war Mallika, Namdeos Ehefrau. Sie war modisch gekleidet und trug einen an ländliche Traditionen angelehnten langen Rock aus leichtgewichtigem Stoff. Wenn sie auf ihren kleinen, nackten Füßen über den Terrazzoboden ging, schwang der Rock hin und her; ihre helle Stimme füllte den Raum, als sie Charu und mich auf Marathi willkommen hieß.

An einer der Wände hing ein großes Farbfoto von einem weißhäutigen Baby. An einer anderen Wand sah man kleine farbige Schnappschüsse von Namdeo: pausbäckig, dickbäuchig, aber das Gesicht immer noch ausdrucksstark. Gegenüber an der Wand hing ein Foto von Mallikas Vater. Er war zu seiner Zeit berühmt gewesen, ein Sänger von Volksmusik, Mitglied der Kommunistischen Partei und Muslim. Ein kleines rotes Fähnchen hing an der Wand hinter dem Fernseher am anderen Ende des Raums, nicht weit entfernt von einem gerahmten Abzug des bekannten graustichigen Fotos, das Dr. Ambedkar in Jackett und Schlips zeigte.

Die Frau in dem blauen Sari, die im Korbsessel saß, war uns nicht vorgestellt worden. Wir hatten mit ihr kein Wort gewechselt, und sie, unverändert mit sich selbst beschäftigt und offenbar zufrieden, hatte mit kleinen Schubsern der Füße den Hängekorb weiter vor und zurück bewegt. Jetzt stand sie auf und verschwand ohne großes Aufsehen in den inneren Räumen.

Dann folgte ihr Mallika selbst mit schwingendem Rock nach drinnen und brachte uns nach einiger Zeit auf einer Art Tablett aus hübschem Flechtwerk Tee. Mir wurde allmählich klar, dass Mallika kaum etwas mit Nachlässigkeit machte, dass vielmehr all ihr Tun beziehungsweise alles, worüber sie bestimmen konnte, auf Schönheit oder Eleganz abzielte: ihre Kleidung, ihr Gang, die Farben in dem Raum, das große Farbfoto von dem weißen Baby und sogar ihre Hunde, ein Paar weißer, flauschiger, sorgfältig gekämmter und von der Bombayer Hitze leicht mitgenommener Spitze, die sie vor vier Jahren gekauft hatte, weil sie ihr so gut gefielen.

Wir ließen ihr unsere Telefonnummer da. Sie werde Namdeo fragen, sagte sie, und uns dann kontaktieren. Abrupt, übergangslos, fanden wir uns aus dem vorderen Raum wieder auf die Gasse hinausexpediert, wo der verlassene Jeep seine brüchigen Reifen platt drückte. Und als wir die kurze Gasse hinter uns hatten, waren wir zurück in einem vertrauteren Bombay.

Später erzählte mir Charu, dass die Ehe zwischen Mallika und

Namdeo viel öffentliche Aufmerksamkeit gefunden hatte. Mallika hatte in Marathi eine Autobiographie mit dem Titel *Ich möchte mich zerstören* geschrieben, und das Buch war ein Bestseller geworden. Bei Büchern in Marathi bedeutete das zehntausend verkaufte Exemplare.

Mallikas Buch handelte nicht nur von Liebe, sondern auch von Enttäuschung und Leid. Kaum hatten sie und Namdeo geheiratet, begann es für die Dalit-Panther schlecht zu laufen, und Namdeos Verhalten änderte sich. Sie hatte viel ertragen müssen, war mit schrecklichen Dingen konfrontiert worden. Namdeo hatte eine Geschlechtskrankheit; er verkehrte auch weiterhin mit Frauen aus dem Bordellmilieu. Aber durch ihr gemeinsames Kind und durch die Liebe zu ihm fühlte sie sich an Namdeo gebunden. Sie trat leidenschaftlich für die Freiheit der Frauen ein; in ihrem eigenen Leben aber fand sie sich durch ihre Liebe zu Namdeo um einen Teil ihrer Selbstbestimmung gebracht. Nach zehn Jahren der Liebe und der Qual schrieb sie das Buch.

In sexueller Hinsicht nahm sie in dem Buch kein Blatt vor den Mund, und auch wenn bei Autorinnen der Marathi-Literatur solche Offenheit nicht unbekannt war, erregte Mallikas Buch doch Aufsehen, weil es die kastenspezifischen Empfindlichkeiten vieler Menschen verletzte. Mallika hatte zwar einen Muslim zum Vater, aber ihre Mutter war eine Hindu und kam aus einer unmittelbar unter den Brahmanen stehenden Kaste; Mallikas Geschichte von ihrer Liebe zu Namdeo und ihrem turbulenten Leben empörte und kränkte manche Leute.

Von Namdeo kam keine Nachricht, und eines Tages am späten Vormittag fuhren Charu und ich erneut zu seinem Haus. Mallika war nicht da, aber jemand ließ uns ein. Ehe wir eine Mitteilung hinterlassen konnten, kam Mallika zurück. Sie war einkaufen gewesen und trug einen leichten Chiffon-Sari, der sie umwogte – weiß und bedruckt mit einem kleinen, rostroten Motiv. In den Händen hielt sie, fast so, als wäre es Bestandteil ihres Kleides, ein paar Mohrrüben mit Grün: Die Rüben wirkten in ihren Händen wie Embleme auf einem italienischen Renaissance-Gemälde.

Und dann tauchte Namdeo selbst auf, in Begleitung eines Freundes. Er war stämmig, dickbäuchig, dunkelhäutig, überraschend onkelhaft. In einer Menschenmenge wäre er nicht aufgefallen. Eine Andeutung von Kraft verrieten mir höchstens seine Augen und seine Stirn, und das vielleicht auch nur, weil ich wusste, wer er war. Es fiel mir schwer, in ihm den Dichter oder den Panther zu erblicken. Er hatte etwas merkwürdig Gelassenes an sich – als wäre das Feuer in ihm erloschen. Und dann fiel mir ein, was Charu über seine Krankheit gesagt hatte. Seine Krankheit, jener andere äußere Feind, war es, die ihn schließlich entkräftet und ihm die ungezwungene, freundliche und doch irgendwie distanzierte Haltung verliehen hatte, mit der er uns jetzt begegnete.

Englisch sprach er nicht. Ja, sagte er zu Charu auf Marathi, er verabrede sich gern mit uns. Morgen. Ja, wir sollten zum Mittagessen kommen. Nein? Dann eben nach dem Essen. Zwischen zwei und fünf. Da sollten wir kommen.

Er verschwand mit seinem Begleiter in den inneren Räumen, und Charu und ich verabschiedeten uns von Mallika und gingen. Es war scheinbar leicht gewesen, mit Namdeo persönlich ein Treffen zu verabreden. Charu allerdings meinte, es sei zu leicht gewesen. Er glaubte nicht recht an die Sache. Später erfuhr ich dann – nicht von Charu, sondern von anderen –, dass die Dalit in einem schlechten Ruf standen, was Pünktlichkeit und Verabredungen betraf.

Es war so, wie Charu befürchtet hatte. Als wir am nächsten Tag zu Namdeo kamen, war er nicht da. Diese Neuigkeit hielt Mallika für uns bereit, als wir die Betonstufen von der Gasse zu dem vorderen Zimmer oder Empfangsraum hinaufstiegen. Und wie schon beim ersten Mal, als eine junge Frau anwesend war, die in dem Hängekorb saß und der wir nicht vorgestellt wurden, befand sich auch diesmal eine Person im Raum, ohne dass Notiz von ihr genommen wurde: eine dünne, dunkelhäutige Frau, die auf einer Matte auf dem Fußboden schlief, einfach so.

Wir folgten Mallika in die im hinteren Teil des Hauses gelegene Küche und von dort durch eine Seitentür in einen kleinen, im seitlichen Teil des Hauses gelegenen Raum mit einem hohen, tief eingeschnittenen, vergitterten Fenster. Das war der Raum, den Mallika für unser Treffen mit Namdeo vorbereitet hatte. Darin standen zwei von den bemalten Korbstühlen, ein Tisch, bedeckt mit einem Tuch, und in einer Ecke eine altmodische, hübsche elektrische Tischlampe aus bronzefarbenem Metall in Gestalt einer dekorativ gewandeten Frau, die eine Fackel trug.

Während wir dort auf Namdeo warteten, unterhielt ich mich mit Mallika. Ich erkundigte mich nach dem Haus. Ich könne sehen, dass es ein ungewöhnliches Haus sei, fühle mich aber nicht imstande, es angemessen zu beurteilen. Ich brächte zu viele fremde Vorstellungen mit. Ich bäte sie deshalb, das Haus für mich zu beschreiben, so dass ich versuchen könne, es mit den Augen der Hiesigen zu sehen.

Etwas von dem, was ich gewollt hatte, ging in der Übersetzung verloren, und Mallika antwortete: »Dies ist mein Elternhaus.« Also das Haus eines der bekanntesten Volksmusiksänger Maharashtras, das Haus eines erfolgreichen Mannes. »In diesem Haus bin ich aufgewachsen. Es ist schön, in einem Haus zu wohnen, in dem man schon seit seiner Kindheit lebt.«

Sie und Namdeo hätten einige Renovierungen vorgenommen. Das Haus bekomme alle zwei Jahre einen neuen Anstrich. Was die Gegend betreffe, so handele es sich um ein Arbeiterviertel; aber es wohnten auch Leute aus dem Mittelstand in der Straße. Sie kenne jeden hier. Als ihr Vater noch lebte, habe man zu ihrer Familie aufgeschaut.

Aber ihre Eltern hatten eine Mischehe geführt. Ihr Vater war Muslim, ihre Mutter hinduistisch. Habe das Probleme geschaffen?

»Ich wusste nicht, dass mein Vater Muslim war. Meine Mutter war eine Pathari Prabhu. Ein bisschen unterhalb der Brahmanenkaste. Die Pathari essen Fisch. Pathari Prabhu sind die ursprünglichen Bewohner Bombays, und daraus erklärt sich, warum sie Fisch essen.« Weil sie ein Küstenvolk waren, aßen sie Fisch, obwohl sie doch auch fast Brahmanen waren.

Von den Pathari Prabhu habe ihr die Mutter ihrer Mutter erzählt, immer wenn sie dort zu Besuch weilte. Besonders interessiert für die Verwandten ihrer Mutter habe sie sich nicht; wegen der Art dieser Leute habe sie sich keine große Mühe gemacht, etwas über sie zu erfahren. Was sie über diese Seite ihrer Herkunft wisse, sei eher eine Art »nutzloses Wissen«, das sie mitbekommen habe, während sie aufwuchs.

Ich fragte sie nach ihrem Buch. Hatte sie vorgehabt, etwas so Provokantes zu schreiben, wie es dann geworden war?

»Das war nicht meine Absicht. Für mich war es notwendig, das Buch zu schreiben. Ich hatte keine Wahl. Es stand mir nicht frei, eine Seite meines Lebens von der anderen zu trennen.«

Sie trug einen leichten Sari mit einem schlichten Muster auf rosa Grund. Sie saß in einem der weiß gestrichenen Korbstühle. Im Zimmer stand ein olivgrüner Metallschrank mit einem langen Spiegel auf einer Türhälfte – diese Art von Schrank hatte ich in Bombay schon mehrfach gesehen. Auf dem Schrank stand ein fleckiger kleiner Globus. Das Stein- oder Putzwerk des Fenstersockels war sorgfältig abgeschrägt; überzogen mit der mattierten Wandfarbe, bekam ich Lust, mit der Hand darüber zu streichen.

In ihrem Buch – von dem mir Charu in großer Eile Abschnitte übersetzt hatte, ehe wir herausgefahren waren – schrieb sie im Blick auf ihre Liebe zu Namdeo, sie habe ein Gefühl »der Leere« bei dem Gedanken, ihn zu verlassen. Das habe mich ergriffen, sagte ich ihr.

»Auch jetzt noch liebe ich Namdeo«, sagte sie, »und bin bereit, ihm alles zu geben. Obwohl er einige negative Eigenschaften hat. Unsere Beziehung wird durch so etwas wie eine feste Naht zusammengehalten. Selbst wenn ich ihn nicht will, will ich ihn. Auch jetzt noch würde ich das Gute, Kreative in mir unterdrücken, wenn ich es um seinetwillen müsste. Ich weiß, dass er mein Leben verließe, wenn ich bestimmte Dinge täte. Das will ich nicht. Dann ist da mein Kind. Wir drei bilden eine Art von Teufelskreis. Ich liebe Namdeo. Das Kind liebt mich. Namdeo liebt das Kind.« Das Kind war dreizehn.

Das Buch hatte Namdeo nicht geschmeichelt. Nach Ansicht mancher hatte es ihm politisch sogar geschadet. Hatte Namdeo das Buch gelesen, während sie es schrieb?

»Hätte ich das Buch nicht geschrieben, wäre ich verrückt geworden. Namdeo hat es nicht gelesen. Meine Gedichte las er immer. Aber meine Prosa nicht. Ich habe ihm das Manuskript des Buches gezeigt, aber er hat es nicht gelesen. Erst als das Buch erschienen war, hat er es gelesen. Aber da litt er bereits seit einem Jahr an seiner Nervenkrankheit.«

Sie war kleiner, als ihre aufrechte Haltung und ihre Hüften suggerierten. Sie hatte dunkle, schlanke, ja dünne Arme. Zwischen ihren nachgezogenen Augenbrauen sah man einen großen roten

Punkt. Rechts trug sie eine Armbanduhr und einen Armreif am Handgelenk, links acht oder neun dünne silberne Armbänder.

»Er hat nichts zu dem Buch gesagt, aber sein Verhalten hat sich geändert. Er hat das Buch mir gegenüber bis heute niemals erwähnt. Aber ich weiß, dass er mein Buch gegenüber anderen verteidigt hat, als diese ihm sagten, er müsse eine Erwiderung schreiben. Er argumentiert dann so, dass diese Frau, die all die Jahre mit ihm zusammengelebt und mit ihren gutbürgerlichen Augen gesehen hat« – da war sie, die Gesellschaftskritik, die Kritik vielleicht an ihrem Elternhaus, der kritische Kommentar dazu, wie Mallika ihr Verhältnis zu Namdeo sah und wie er wiederum sie sah –, »dass diese Frau alles Recht der Welt hat, ihre Gedanken über die Ehe zum Ausdruck zu bringen.«

Etwas von der Beziehung damals, als sie sich in ihn verliebt hatte, sei jetzt wieder lebendig, sagte Mallika. Er befinde sich immer noch in Behandlung wegen seiner Krankheit und habe aufgehört zu trinken. Sein Trinken habe zu vielen Zusammenstößen zwischen ihnen geführt, und er habe sie häufig geschlagen. Aber sie denke, dass zum großen Teil seine politische Enttäuschung schuld daran gewesen sei, die Tatsache, dass er den raschen Niedergang der von ihm gegründeten Dalit-Bewegung habe erleben müssen.

Ihr Verständnis für ihn habe die Sache nicht leichter gemacht. »Ich wurde wütend. Ich weinte. Ich schrie. Ich fühlte mich extrem gedemütigt. Ich liebte den Mann, aber ich hätte nie gedacht, dass ich im Leben so erniedrigt würde – nachdem ich mich gegen alles aufgelehnt und ihn geheiratet hatte. Weil ich mich gegen alles aufgelehnt hatte, spürte ich, dass ich die Ehe jetzt nicht einfach aufgeben und den Menschen sagen konnte, was für ein Fehlschlag sie gewesen war. Ich spürte auch, dass ich es für alle Zeit würde ertragen müssen, wenn ich jetzt stillhielt, und das entsprach nicht meiner Natur. Jeder reagiert auf eine Situation so, wie es am ehesten seiner Natur entspricht, und ich begann zu schreiben.

Ich schrieb das Buch in einem Monat herunter. Manchmal schrieb ich im vorderen Raum und manchmal hier, an diesem Tisch. Manchmal schrieb ich auch in der Küche.« Man sah die Küche hinter dem Durchgang und rechts die Tür, die zum vorderen Raum, dem Empfangsraum, führte. »Eine feste Zeit zum Schreiben hatte ich nicht. Ich schrieb, sooft ich konnte.«

»War Namdeo im Haus, wenn Sie schrieben?«

»Er war sehr oft im Haus.«

»Hatte er irgendeine Ahnung, woran sie schrieben? Waren Sie nicht nervös?«

»Ich wusste nicht, was er tun würde. Ich dachte, er würde mich verprügeln oder mich aus dem Haus werfen und vor Gericht ziehen.« Um das Sorgerecht für das Kind zu bekommen. »Ich bin der Meinung, einer Mutter steht das Recht auf ihr Kind zu. Aber nach indischem Recht kann dem Vater das Sorgerecht für das Kind zugesprochen werden, sobald es sieben Jahre alt ist. Selbst wenn ich also wegging, hatte ich keine Garantie, dass Namdeo nicht eines Tages kommen und mir das Kind wegnehmen würde.«

Gut die Hälfte des Buches, das sie unter solch qualvollen Umständen schrieb, bestand in dem Versuch, ihre frühe Liebe zu Namdeo noch einmal zu durchleben.

Angefangen hatte es vierzehn Jahre zuvor. Sie war sechzehn und besuchte den zwischen Bombay und Poona gelegenen Erholungsort Lonavala, um dort ein bisschen für die Schule zu lernen. Sie reiste in Begleitung ihres linksorientierten Schwagers Anil und eines berühmten marathisprachigen Filmschauspielers und Regisseurs. Anil schrieb an einem Drehbuch.

Am vierten oder fünften Tag ihres Aufenthalts in Lonavala erschien Namdeo. Er traf spätabends mit einem anderen Mann aus der Dalit-Bewegung ein. Mallika war Namdeo bereits begegnet. Sie hatte ihn in ihrem Elternhaus kennen gelernt – dem Haus, in dem wir uns jetzt befanden. Er kam öfter dorthin, um sich zu verstecken. Das war im Jahr 1974, als sich die Dalit-Bewegung in ihrem Zenith befand und es im Bombayer Bezirk Worli zu Unruhen kam.

»Er hatte mir nie viel Beachtung geschenkt. Das überraschte mich, weil mich die Jungen hier attraktiv fanden. Er aber schenkte mir nie viel Beachtung. Ich las seine Gedichte und erkannte, dass er linksorientiert war. Ich gab ihm meine Gedichte zu lesen.

Dann kam er nach Lonavala. In Lonavala herrschte zu dieser Zeit – der Monsun stand bevor – eine sehr poetische Atmosphäre. Es sah so aus, als würde es gleich zu regnen anfangen, aber es regnete nicht. Wir waren uns in einigen Dingen ähnlich. Er mochte Regen und ich auch. Er mochte Dichtung und ich auch. Unsere literarischen Ansichten stimmten mehr oder minder überein; noch heute gibt es in der Literatur vieles, was uns verbindet. Ich war in einem Alter, in dem man sich noch mit Haut und Haar verliebt.«

Sie lachte. Und als ich bemerkte, die Zeit in Lonavala scheine immer noch romantische Gefühle in ihr zu wecken, lachte sie wieder, hob ihre dünnen Arme mit den dünnen Armbändern und klatschte in die Hände.

»Dann redete er über Politik und darüber, wie die Polizei ihn schikanierte und schlug; ich fand das ungeheuer aufregend. Ich fühlte, dass ich ihm nahe sein wollte. Es war kein sexuelles Gefühl. Ich empfand Mitleid. Am liebsten hätte ich ihm über den Kopf gestreichelt.«

»Sie sahen den Mann nicht unter Kastengesichtspunkten?«

»Ich hatte keine Kastenvorurteile. Ich wusste nichts über seine Kaste und hielt es auch nicht für wichtig, etwas darüber zu wissen.«

Vielleicht hatte ihr kommunistischer Vater, der Volksmusiksänger, ihr diese Einstellung mitgegeben. In allem freilich, was Namdeo tat, war das Kastendenken präsent. Er war Führer einer Kaste, und die Kastenzugehörigkeit hing ihm nach wie vor an. Im vorderen Raum des Hauses, den Mallika so sorgfältig eingerichtet hatte, lag an diesem Nachmittag eine dünne, dunkelhäutige Frau in ihren Kleidern auf einer Matte und schlief. Diese Frau war, wie ich jetzt von Mallika erfuhr, Namdeos Mutter.

»Sie ist siebzig. Wegen Namdeos politischer Tätigkeit und dem Auf und Ab seiner Karriere erlitt sie einen Nervenzusammenbruch. Er ist ihr einziger Sohn. Damals, in den Siebzigern, auf der Höhe der Bewegung, lebte sie fortwährend in der Angst, jemand könne ihn zusammenschlagen und umbringen. Jedes Mal, wenn sie den Fernseher anstellte, erwartete sie, diese Meldung zu hören. Der Druck lastete ständig auf ihr und führte zu dem Zusammenbruch.«

Aber um auf den entscheidenden Punkt zurückzukommen – Tatsache sei, dass für sie, die sechzehnjährige Mallika, Namdeos Kaste keine Rolle gespielt habe.

»Praktisch jeder in Lonavala wusste, dass wir einander näher kamen. Wir waren seit ungefähr 15 Tagen zusammen. Mein Schwager Anil machte sich darüber schon lustig. Er war es, der mich eines Tages fragte, ob ich Namdeo mochte, und meinte, wir passten gut zueinander. Am gleichen Abend, nach dem Abendessen, an dem alle, die im Bungalow wohnten, teilgenommen hatten – es regnete immer noch nicht, aber es war kühl: Lonavala ist kühl –, bat ich ihn in einen der inneren Räume, weg von den anderen, die draußen saßen, und sagte zu ihm: ›Wie finden Sie mich?‹ Und er antwortete: ›Wollen Sie, dass ich es in Worte fasse?‹«

Sie hob die Hände und die acht oder neun schmalen Silberarmbänder glitten an ihrem dünnen Arm herunter.

»Danach redete mein Schwager mit ihm. Er stellte ihm ein paar Fragen über seine familiären Verhältnisse und seine Gefühle. Namdeo gefiel das nicht. Mein Schwager sagte ihm, ich sei nach Lonavala gekommen, um zu lernen. ›Seit Sie da sind, hat sie kein einziges Wort mehr gelesen. Sie ist immer noch auf Seite 153.‹«

»Was für ein Buch war das?«

»Ein Geschichtsbuch. Mein Schwager sagte also zu Namdeo: ›Sie reisen besser ab.‹ Am nächsten Tag reiste er ab.«

Aber habe ihr Schwager Namdeo nicht eigentlich ermutigen wollen? Ja, sagte Mallika, als ihr Schwager Namdeo nach seinen Absichten gefragt habe, sei er nicht zornig gewesen oder habe Namdeo tadeln wollen; er habe das nur der Form halber getan. Namdeo allerdings habe die Befragung ganz und gar nicht behagt; und deshalb habe er abreisen müssen.

»Unmittelbar bevor Namdeo Lonavala verließ, nahm er meine Hand. Er nannte mich ›Genossin‹ und grüßte mich mit dem ›roten Salam‹, dem kommunistischen Gruß. Das fand ich aufregend. Bevor er abfuhr, nahm er etwas von mir auf Band auf – es war ein Lied, das ich Tag und Nacht sang. Ich hörte später, dass er das Band seinen Freunden vorzuspielen pflegte.«

Vier Monate später wurden sie getraut. Nach der Schulmädchenromanze habe sie die sexuelle Seite der Ehe als unangenehm empfunden. Darüber hatte sie in ihrem Buch offen geschrieben. »Die Lust stellte sich mit der Gewohnheit ein. Da erst begann ich, Vergnügen daran zu haben. Der seelische Druck verminderte sich mit zunehmender Erfahrung.« Vom sexuellen Geben und Nehmen in einer Beziehung habe sie keine Vorstellung gehabt. Und die Möglichkeit, ihren Körper und sich selbst jemandem hinzugeben, den sie liebte, habe sie überwältigt und beglückt. Sie habe in ihrem Buch davon erzählt, und die Leute hätten auf ihre Offenherzigkeit verschieden reagiert. Einige hätten ihr vor lauter Bewunderung »zu Füßen gelegen«, andere hätten sie beschimpft.

Die Ehe selbst geriet fast von Anfang an auch aus einem anderen Grund unter Druck. »Zwei Monate nach unserer Heirat begann die Panther-Bewegung auseinander zu fallen. Die Dalit leben in kleinen Gemeinschaften und Verbänden, in kleinen Gruppen. Alle diese Gruppen legten sich eigene Führer zu, und in den verschiedenen Gruppen kamen bösartige Gerüchte über Namdeo auf. Seine Ehe verstärkte seine Schwierigkeiten noch. Ich war die Tochter eines bekannten Kommunisten, und die Dalit mögen keine Kommunisten. Das hat einen einfachen Grund. Dr. Ambedkar, der große Mann der Dalit, mochte keine Kommunisten. In jedem Dalit-Haus hängt Dr. Ambedkars Bild. Also hassen die Dalit die Kommunisten.

Im folgenden Jahr, 1975, wurde der Ausnahmezustand verhängt. Es gab ungefähr dreihundertfünfzig Gerichtsverfahren gegen die Dalit-Panther – wegen Reden, tätlicher Auseinandersetzungen und so weiter. Als die Panther die Verhängung des Ausnahmezustands unterstützten, ließ der Staat alle Anklagen gegen sie fallen. Namdeo wollte das eigentlich nicht. Und auch wenn er nie darüber sprach, bin ich überzeugt davon, dass er damals anfing, sich kompromittiert zu fühlen. Das aber war die Zeit, wo ich ihn am meisten gebraucht hätte – im Juli des Jahres bekam ich mein Kind. Ich brauchte Namdeo und fand, dass er mich vernachlässigte.«

»Wegen des politischen Drucks?«

»Wegen seiner Rückschläge und seiner Enttäuschung. Das trug dazu bei, dass er sich von mir entfernte. Sein politisches Leben wirkte sich auf diese Weise auf sein persönliches Leben aus.«

»Ist er für Sie immer noch ein attraktiver Mann?«

»Viel Wasser ist den Ganges hinabgeflossen, aber wenn er jetzt in dieses Zimmer käme, würde ich mich wie ein junges Mädchen fühlen. Ich würde mich so fühlen, als hätte ich mich gerade erst in ihn verliebt. Daran hat sich eigentlich nichts geändert. Es gibt viele andere Männer, die vielleicht körperlich anziehender oder ihm intellektuell überlegen sind. Aber sie interessieren mich nicht.«

Ich wollte von ihr etwas über das »Fünf-Sterne-Leben« wissen, das Namdeo seinen Kritikern zufolge führte – als Dalit-Panther, als Mann im Rampenlicht.

»Der Abstieg«, sagte Mallika, »begann genau zur Zeit des Ausnahmezustands.«

Namdeos Mutter hatte sich von ihrer Matte im vorderen Raum erhoben. Durch die Tür sah ich sie in der Küche, eine dünne, dunkle Gestalt in dunklen Kleidern, die sich lautlos, wie ein Schatten, bewegte.

»Namdeo ist der geborene Politiker«, sagte Mallika. »Wenn er morgen beschließt, seine Autobiographie zu schreiben, wird er für mich nicht mehr als eine Seite übrig haben. Deshalb hatte sein politisches Auf und Ab solche Rückwirkungen auf sein Privatleben. Das ist eine der Fragen, die ich in meinem Buch gestellt habe. Warum muss ich dadurch in Mitleidenschaft gezogen werden? Warum hilft er mir nicht bei der Bewältigung meines Lebens?

Nach der Verhängung des Ausnahmezustands wurde er unberechenbar. Seine Freunde in der Unterwelt fingen an, ihm Geld zu geben. Den einen Tag hatte er zehntausend Rupien. Am nächsten Tag keine einzige Rupie. Und wir beide hatten eine Gemeinsamkeit – wir konnten Geld nicht festhalten. Namdeo sagte immer, es sei bürgerlich, Geld auf die Bank zu tragen. Was er an Geld hatte, gab er aus – für einen luxuriösen Lebensstil.«

Ab 1975 – seine triumphale Zeit lag gerade einmal ein Jahr zurück (und auch seit Mallikas Romanze in Lonavala war ungefähr ein Jahr vergangen) – sei die Dalit-Bewegung zerfallen. Mallika benutzte hier ein englisches Wort, *numb* – die Bewegung sei erstarrt. Sie habe sich wieder und wieder gespalten, und durch Gerüchte habe man sich wechselseitig in Verdacht gebracht, Geld aus diversen, dunklen Quellen erhalten zu haben. Die Dalit hätten dadurch den Glauben an die Führer ihrer Bewegung verloren.

Es war jetzt fünf Uhr nachmittags. Wir hatten uns drei Stunden lang bei Mallika aufgehalten. Und just in diesem Augenblick – in dem unsere Zusammenkunft zu Ende gegangen wäre, wenn er die Verabredung eingehalten hätte – erschien Namdeo. Seine Mutter war noch in der Küche.

Und es war so, wie Mallika gesagt hatte: Kaum war Namdeo im Haus, spürte sie seine Gegenwart und war mit den Gedanken bei ihm. Sie war nur noch halb bei unserer Unterhaltung, und ihr Beitrag erschöpfte sich in respektvollen Äußerungen über die Dalit-Bewegung; aber dann beruhigte sie sich wieder.

Ich fragte nach der brutalen sexuellen Bildersprache in einigen von Namdeos Gedichten, nach der Verschmelzung von Sexualität, Kot und Erniedrigung. Als sie Namdeo geheiratet habe, sei sie erfüllt von romantischen Gedanken gewesen; schon die sexuelle Seite der Ehe als solche habe sie schockiert. Habe sie sich nach jenem ersten Schock vollständig damit abgefunden beziehungsweise angefreundet? Oder beunruhigten sie gewisse Dinge in Namdeos Dichtung immer noch – ein bisschen zumindest?

Nein, sie sei in keiner Weise beunruhigt. Mehr, als sie in Schrecken zu versetzen, ließen sie manche Wörter und Bilder Namdeos dichterische Kraft spüren. »Es ist wahrhaft echte und reine Dichtung. Keine bloße Nachahmung. Ich betrachte ihn als einen der größten Dichter der marathischen Sprache. Es hat immer wieder Menschen gegeben, die die Dichtung in eine neue Richtung gelenkt haben. Er ist einer von ihnen. *Er ist ein Meilenstein.*« Den letzten Satz sagte sie auf Englisch.

Namdeo kam aus der Küche in den kleinen Raum, in dem wir saßen. Er hatte die Brille auf die Stirn hochgeschoben. Er lächelte und war die Höflichkeit in Person. Die Verabredung, zu der er nicht gekommen war, erwähnte er mit keinem Wort. Er erklärte nur, er werde von Leuten erwartet und könne deshalb nicht bleiben, um sich mit uns zu unterhalten.

Er sei an diesem Tag mit politischer Arbeit beschäftigt. Er organisiere eine Demonstration von Prostituierten des Golpitha-Bezirks, sagte er. Er zeigte die Schwarzweißplakate vor, die er gerade von der Druckerei abgeholt hatte. Ob ich Lust habe, zu der Demonstration zu kommen, fragte er. Ich bejahte. Er schenkte mir ein Plakat, und wir verabredeten ein Treffen für den Tag nach der Demonstration – da sei er zu Hause und habe mehr Zeit. Und schon war er weg.

»Zeigt er Ihnen seine Gedichte?«, fragte ich Mallika.

»Wenn er etwas hier schreibt, zeigt er es mir. Wenn er es woanders schreibt, zeigt er es der Person, die gerade in seiner Nähe ist, egal, ob sie etwas von Dichtung versteht oder nicht.«

All die schockierenden Erfahrungen in ihrer Beziehung zu Namdeo schienen nun der Vergangenheit anzugehören – zum Beispiel die ins erste Ehejahr fallende Entdeckung, dass er eine Geschlechtskrankheit hatte. Darüber und über andere Entdeckungen, die sie hatte machen müssen, stehe in ihrem Buch zu lesen. Sie lebe jetzt leichter mit diesen Dingen, über die sie geschrieben habe, und sie habe das Gefühl, ihr Leben könne so, wie es jetzt sei, ewig weitergehen – »ein gutbürgerliches Familienleben«. Im Übrigen sei sie gar nicht in der Lage zu extremen Entschlüssen: Sie müsse stets an ihr Kind denken.

»Ich möchte mit dem Kind freundschaftlich verbunden sein. Es soll nicht wie sein Vater werden – die negativen Eigenschaften meine ich.«

»Was für negative Eigenschaften?«

»Toben, Fluchen. Die Bewegung ist das Erste, woran Namdeo denkt. Mag unser Verhältnis sein, wie es will, seine Bindungen an die Bewegung wird er niemals lösen.«

Die Bewegung stecke mittlerweile fest. Bestimmte akute Probleme brächten die Menschen vielleicht noch dazu, sich zu versammeln, Slogans zu schreien und zu demonstrieren. Aber eine Richtung oder Zielsetzung hätten sie nicht mehr.

Ich erzählte ihr von der langen Menschenschlange, die ich auf dem Weg vom Flughafen gesehen hatte. In welcher Stimmung seien sie wohl gewesen, während sie darauf warteten, dem lang verstorbenen Dr. Ambedkar ihre Reverenz zu erweisen?

»Sie waren aufgewühlt. Die Dalit würden alles für Dr. Ambedkar hingeben. Er ist keine weitere Gottheit für sie. Er ist der eine und einzige Gott. Sie würden ihre Frau umbringen. Alles würden sie für Ambedkar tun.«

Charu fügte von sich aus hinzu: »Wie Christus für die Christen.«

Mallika stimmte zu.

Ich wollte wissen, ob sie während dieser Jahre aus irgendeinem Glauben Kraft geschöpft habe.

»Wann immer es mir schlecht ging, habe ich Halt bei mir selbst gesucht.«

»Kein Glaube?«

»Ich glaube an mich selbst. Ich glaube nur an meine eigene Existenz.«

Der erste Teil von Mallikas Buch endete mit den Worten (in Charus mündlicher Übertragung): »Das Abscheulichste in unserer gegenwärtigen Gesellschaft ist das männliche Ego. Frauen geben sich mit Freuden dazu her, es zu stärken. Das erinnert mich an eine Geschichte, worin der Baum selbst dem Holzfäller, der nur ein Axtblatt und keinen Stiel hat, seinen Ast gibt ... Ich finde nicht, dass ich jemandem namens Namdeo mein ganzes Leben hingeben sollte.« Aber zugleich war das Buch eine Schilderung ihrer Hingabe an den Mann und seine Dichtung und sein politisches Anliegen und des daraus resultierenden Verlusts ihrer Freiheit. Am Ende des zweiten Teils des Buches stand zu lesen: »Dies war die Lebensreise eines bezwungenen Geistes.« Und obwohl sie alles, was sie getan habe, einem Mann zuliebe getan habe, sei sie stets allein geblieben. »Niemand stand mir zur Seite.«

Charu und ich rüsteten zum Aufbruch. Jetzt besaßen viele Details des Hauses mehr Bedeutung: die Aufnahmen von Mallikas Eltern, die farbigen Schnappschüsse von Namdeo, das rote Fähnchen (von Mallikas Sohn angefertigt) im vorderen Raum, die dunkle, schattenhafte, schweigende Gestalt von Namdeos Mutter, die vor vielen Jahren einen Zusammenbruch erlitten hatte (und jetzt nicht mehr lange zu leben hatte), die gerahmte Urkunde, die Namdeo vom Russischen Kulturhaus in Bombay bekommen hatte, das Heiligenbild, das Dr. Ambedkar zeigte, das Plakat für die Prostituiertenversammlung, die Namdeo plante. An einer Wand, über dem riesigen Farbfoto eines weißhäutigen Babys (das Bild gefalle ihr einfach, sagte Mallika), befand sich eine gerahmte Zeichnung ihres Sohns: braune Steine, schwarzer Fels, rote Sonne, schwarze Vögel. In dem Auf und Ab der braunen Kreidestriche, die den Steinen Masse und Festigkeit verliehen, hatte ich große Finesse erkannt und angenommen, bei dem Bild handele es sich um einen zeitgenössischen chinesischen Druck.

Die Versammlung der Prostituierten, die Namdeo in Golpitha organisierte, sollte am Dienstag stattfinden. Am Sonntag fand sich in einer Zeitung die Notiz, dass ich als »Ehrengast« an der Versammlung teilnehmen würde. Am folgenden Tag griffen andere Zeitungen die Nachricht auf, und obwohl Bekannte in Bombay mich anzurufen begannen, teils besorgt, teils amüsiert, maß ich der Zeitungsgeschichte keine Bedeutung bei. Ich nahm an, diese Falschmeldungen oder Übertreibungen dieser Art würden sich von selbst erledigen.

Der Eindruck von Geschäftigkeit, den Namdeo vermittelt hatte, und die seriös wirkenden, schwarzweißen Dalit-Panther-Plakate hatten in mir die Erwartung geweckt, dass es sich um ein größeres Ereignis handelte. Doch als Charu und ich hinkamen, war kaum etwas zu sehen. Über manche Straßen waren Schriftbänder der Dalit-Panther gespannt, und in der Gegend zeigten sich viele Polizisten und Polizeifahrzeuge, aber übermäßig reges Treiben herrschte nicht.

Wir hatten uns früh hinbegeben, um von der Atmosphäre der Bordellgegend etwas mitzubekommen. Wir wanderten in engen Gassen herum: die Lichter, die Schilder, die Buden, die Menschen, die, manchmal auf Gurtbetten, an den schattigen Rändern der Gasse im Freien saßen, die Haufen nasser Abfall, der Gestank der Abwasserkanäle, Prostituierte und ihre Puffmütter und Geldverleiher und Freier – all das Bestandteil eines szenischen Ganzen, jener Mischung aus Sexualität und Unschuld und Erniedrigung, die ebenso verstörend war wie in den Gedichten, zu denen diese Gegend Namdeo inspiriert hatte.

Das abendliche Treiben dieser Gegend war im vollen Gange. Die Aussicht auf Namdeos Dalit-Panther-Versammlung – die dem Protest gegen eben das diente, was man sah – sorgte kaum für Erschütterung. Ort der anberaumten Versammlung war das Ende einer dunklen Gasse ohne Autoverkehr, aber mit viel Betriebsamkeit; in der Mitte, zwischen den Buden und Verkaufsständen und Gurtbetten, gab es nur einen schmalen Gehweg. Auf einer mit weißen Tüchern bedeckten, hell erleuchteten Plattform am Ende der Gasse saßen Musikanten und spielten volkstümliche Weisen.

Demonstranten schien es nicht zu geben. Aber als Charu und ich näher kamen, tauchten Männer mit Kameras und Männer und Frauen, in denen Charu Zeitungsreporter erkannte, aus dem Schatten auf. Und jetzt begriffen Charu und ich, dass an diesem Abend wir die Story waren, jedenfalls was die Zeitungen anging.

Ich fand, wir sollten uns davonmachen. Wir kehrten um und gingen zum anderen Ende der Gasse zurück. Die Zeitungsleute folgten uns. Als wir das Ende der Gasse erreichten, die in eine heller erleuchtete Hauptstraße mündete, meinte Charu, es sei falsch, sich einfach so aus dem Staub zu machen. Wir würden die Zeitungsleute vor den Kopf stoßen, die für dieses Ereignis ihren Abend drangaben, und sie vielleicht zu einer feindseligen Berichterstattung veranlassen. Es sei besser, meinte er, wenn er zu den Zeitungsleuten gehe und mit ihnen rede – er kenne sie: mit einigen sei er befreundet – und ihnen die Sache erkläre.

Er führte mich zu einem Zigarettenstand und bat mich, dort zu bleiben und auf ihn zu warten. Dann ging er in die Gasse zurück und war bald schon in der Dunkelheit und der Menschenmenge verschwunden. Die Fotografen freilich blieben. Sie standen ein, zwei Meter von mir entfernt und behielten mich im Auge (für den Fall, dass ich versuchte, wegzulaufen), während die Musikanten auf ihrem weiß erleuchteten Podest am entfernten Ende der dunklen Gasse die zuckenden Rhythmen ihrer Volksmusik spielten. Plötzlich schoss ein Fotograf eine Aufnahme und löste damit bei allen anderen, die mich umstanden und nun ebenfalls losknipsten, ein regelrechtes Blitzlichtgewitter aus.

Endlich kam Charu zurück. Er hatte Neuigkeiten. Namdeo war eingetroffen, und Mallika begleitete ihn – was ungewöhnlich war. Ich müsse jetzt unbedingt zurück und ihnen ein Weilchen Gesellschaft leisten, sagte Charu. Wenn ich das nicht täte, hätten sie vielleicht das Gefühl, von mir im Stich gelassen worden zu sein. Und auch wenn es mir verborgen geblieben sei und ich den Grund dafür nicht verstehen könne, sagte Charu, habe sich bei den Menschen in der Gasse, die unser Kommen und Gehen beobachtet hätten, bereits ein gewisses Maß an kastenbedingter Feindseligkeit angestaut. Ein kleiner Funke genüge, und der Aufruhr sei da. Es gebe noch einen weiteren Grund, warum ich mich Namdeo und Mallika anschließen müsse, meinte Charu. Nachdem sie mir schon so viel Zeit gewidmet habe, habe sie nun noch die Mühe auf sich genommen, mir einen langen Brief in Marathi zu schreiben; sie habe ihm den Brief für mich mitgegeben.

In der Mitte der nassen, schmutzigen Gasse hatte man über die ganze Länge Matten, bedeckt mit einem Tuch, quasi einen roten Teppich, ausgelegt. Darauf schritten wir zurück zu den Musikanten, die unaufhörlich spielten. Wir traten in einen kleinen Raum: Dort trafen wir Mallika, die uns in einem frischen Sari freundlich entgegenlächelte, und Namdeo. Ich war froh sie zu sehen, froh darüber, dass Charu mich überredet hatte, zurückzukehren. Frauen aus der Gegend schmückten mich mit Blumenketten. Das war es, was die Fotografen wollten, und diese fröhlichen Bilder, nicht die verstohlenen Schnappschüsse in der finsteren Gasse, konnte man am nächsten Tag in den Zeitungen sehen.

Während wir im Taxi zurückfuhren, übersetzte Charu mir Mallikas Brief: viele großformatige Blätter, beschrieben mit einer schönen, eleganten Handschrift. Sie hatte Sorge, ich könne vielleicht nicht richtig verstanden haben, dass in ihrer Brust zwei Seelen wohnten: ihre Liebe zur Freiheit und ihre Liebe für Namdeo. Aber all das hatte sie mir eigentlich schon bei unserem Gespräch mitgeteilt.

Am nächsten Tag suchten wir Namdeo bei sich zu Hause auf. Das entsprach der Verabredung, die wir einige Tage zuvor getroffen hatten. Charu aber war nervös und sogar bekümmert. Wir seien nicht lange bei Namdeos Versammlung geblieben; vielleicht habe er das als demonstrative Aktion, als Protest gegen ihn aufgefasst. Vielleicht habe er das Gefühl, dass wir ihm politisch geschadet hatten, und wie er reagieren werde, wisse man nicht. Er sei ein unberechenbarer Mensch.

Als wir hinkamen, teilte uns Mallika mit, er sei da. Er sei drinnen und beim Essen. Er kam heraus, sagte uns Guten Tag und ging gleich wieder hinein. Im vorderen Raum lagen sämtliche Tageszeitungen: Sie waren aufgeblättert und durchgesehen worden. Die zu den Fotos gehörenden Berichte hatte ich nicht gelesen. Charu hingegen kannte sie schon, und weil er für uns beide gut Wetter zu machen wünschte (und es ungehörig gefunden hatte, dass ich Namdeos Angebot, zum Mittagessen zu kommen, vor einigen Tagen abgelehnt hatte), folgte er Mallikas Einladung, setzte sich zu Tisch und verzehrte im vorderen Raum ein gewaltiges Mahl, das ihm Mallika servierte. Er aß alles auf, was sie ihm brachte, und bat sogar um einen Nachschlag.

Aber Charus Nervosität erwies sich als unbegründet. Mallika war mit dem Verlauf des Abends in Golpitha völlig zufrieden. Sie legte sogar Wert darauf, mich wissen zu lassen, dass die Musikanten bei der Versammlung zur Volksmusiktruppe ihres Vaters gehört hatten. Auch Namdeo war äußerst zufrieden. Er nahm sein Essen zwar in den hinteren Räumen ein, aber das hatte nichts zu bedeuten. Als sie fertig gegessen hatten, Charu vorne und Namdeo hinten, kamen wir alle in bestem Einvernehmen in dem hinteren Raum mit dem olivgrünen Metallschrank mit hohem Türspiegel und der bronzefarbenen Tischlampe zusammen; Namdeo ließ keinen Zweifel daran, dass er wie versprochen bereit war, mir den ganzen Nachmittag zu opfern.

Dessen eingedenk, was Charu gesagt hatte, hielt ich es dennoch für unangebracht, gleich auf die Prostituierten-Versammlung zu sprechen zu kommen. Ich hielt es für besser, mit seiner Dichtung anzufangen. Ich erzählte ihm von dem frühen Gedicht, das Charu für mich übersetzt hatte, »Der Weg zum Heiligtum«. Ich fragte ihn nach der sexuellen Gewalt in diesem und in anderen seiner Gedichte, die ich mittlerweile kennen gelernt hatte.

Er antwortete mit großer Ausführlichkeit. Charu, weil er vielleicht immer noch nervös war und vielleicht auch aus seinem Interesse für literarische Themen, ließ Namdeo lange Zeit reden, ehe er übersetzte oder zusammenfasste, und Namdeo redete langsam und nachdenklich.

Während Namdeo auf Marathi redete, schnappte ich zwischendurch die Worte »nicht sexuell« auf, weil er sie auf Englisch sagte. »Der Weg zum Heiligtum« zähle nicht zu seinen besten Gedichten, meinte er und lieferte mir eine Interpretation des Gedichts. Der Dichter fühle sich im Land seiner Geburt als Waise. Das Heiligtum, zu dem er gehe, sei ein wirklicher Ort, eine berühmte, am Meer gelegene Bombayer Moschee; aber Bombay sei eine kosmopolitische Stadt, und jede der heiligen Stätten der Stadt könne der Wallfahrtsort des Dichters sein. Die »Dunkelheit im Sari« und das »Gespenst auf dem Gehsteig« stünden für das Gesellschaftssystem, in das der Dichter hineingeboren worden sei. Die Dunkelheit im Sari sei kein sexuelles Bild – selbst die niedrigste Frau habe ihre Anstandsregeln. Die Dunkelheit im Sari bedeute Unwissenheit: Der Dichter habe einen Großteil seines Lebens damit verbracht, diese Dunkelheit, diese Unwissenheit, wegzuwaschen.

Aber er habe bessere Gedichte geschrieben. Er wünschte, einige von diesen wären zu meiner Kenntnis gelangt. Er habe ein Gedicht über Wasser geschrieben. Es sei ziemlich bekannt.

Wasser lernt Kastenvorurteile …

Diese Vorstellung vom Wasser sei ihm wichtig. Er kam verschiedentlich darauf zurück. Sie entstamme seinen Erinnerungen an die strenge Unberührbarkeit, die in dem nahe Poona gelegenen Dorf gegolten habe, in dem er aufgewachsen sei. Die oberen Kasten hätten den Oberlauf des Flusses und die niederen Kasten den Unterlauf benutzt; außerdem hätten die oberen Kasten den Fluss zuerst benutzen dürfen.

Er erinnere sich an ein Ereignis aus der Zeit, als er in die zweite Schulklasse gegangen sei. Die Dorfkinder hätten keine Kastenvorurteile gehabt, sie hätten zusammen gespielt. Eines Tages sei er mit einigen Jungen aus den oberen Kasten baden gegangen. Der Wächter habe ihn entdeckt und ihn mit Steinen beworfen. Er habe den Teich besudelt. Er sei gejagt und gesteinigt worden. Blutend sei er zurück in seine Siedlung gerannt und habe sich dort versteckt. Seine Mutter sei beschimpft worden und habe ihn danach geschlagen, weil er den Teich besudelt und Ärger gemacht hatte.

Er glaube, im Jahr 1940 zur Welt gekommen zu sein, sei sich aber nicht sicher. Sogar in der Schule – das müsse etwa 1951 oder 1952 gewesen sein – hätten die Jungen aus den untersten Kasten außerhalb des Schulzimmers sitzen müssen. Ihnen sei verboten gewesen, irgendeine Wasserquelle zu berühren; das Wasser sei ihnen in die hohlen Hände gegossen worden. Ein Kind aus den untersten Kasten habe der Lehrer nicht berühren dürfen. Um ein Kind aus einer dieser Kasten zu bestrafen, habe er Sachen nach ihm werfen müssen.

Seine Familie gehöre der Mahar-Kaste an. Man habe in einer Großfamilie gelebt: Die Frauen und Kinder von drei Brüdern, insgesamt rund 25 Personen, wohnten in einem Haus zusammen. Sein Vater habe nicht dort gelebt; er sei nach Bombay abgewandert und habe seine Familie zurückgelassen. Die Familie habe Land besessen und sich vom Ackerbau ernährt sowie von den traditionellen Dienstleistungen ihrer Kaste.

Während Namdeo über die traditionellen Dienstleistungen der Mahar in seinem Heimatdorf sprach, gesellte sich uns in dem kleinen inneren Raum ein Mann zu, den ich bereits vorher im Haus gesehen hatte, einer dieser stillen, uns nicht vorgestellten, keiner Erwähnung bedürftigen Menschen, die sich offenbar frei im Haus bewegten. Dieser kleine, dunkelhäutige Mann mit dichtem Schnauzer und orangefarbener Tunika stand neben Namdeos Stuhl und hörte nun, da von den Pflichten der Mahar die Rede war, mit besonderer Aufmerksamkeit zu, wobei er durch Kopfwiegen das Gesagte feierlich bestätigte.

Mahar hatten die Aufgabe, den Leuten Vorladungen des Finanzamts zu bringen. Das war ein amtlicher Dienst, den sie dem Staat leisteten; in früheren Zeiten konnte das bedeuten, dass sie ohne Rücksicht aufs Wetter weite Strecken zurücklegen mussten. Andere Dienste waren traditionellerer Natur. Wenn jemand im Dorf starb, waren es die Mahar, die den Auftrag erhielten, alle Verwandten der toten Person zu benachrichtigen. Die Mahar waren auch für den Abtransport des Leichnams verantwortlich. Dafür bekamen sie von den Dorfbewohnern aus den oberen Kasten dreimal im Jahr ein Quantum Getreide überlassen.

Der Freund des Hauses schwenkte bedeutsam den Kopf hin und her und starrte dabei mit halb zu Boden gesenktem Blick ins Leere, so dass es wirkte, als sinne er, während Namdeo sprach, nostalgisch den alten Zeiten nach.

»Dreimal im Jahr«, wiederholte er nun.

Die Mahar besaßen ein weiteres Vorrecht. Dies ähnelte einem täglichen Ritual; während Namdeo lang und breit darüber sprach, lauschte der Freund des Hauses, sah zu Boden und wiegte den Kopf.

Die Mahar, berichtete Namdeo, hatten das Recht, täglich in den Häusern der oberen Kasten vorzusprechen und um Brot zu bitten. Wenn es in einem Dorf zehn Mahar-Haushalte gab, dann teilten diese die Haushalte der oberen Kasten unter sich auf, so dass jeder Mahar-Haushalt bestimmte Kasten-Haushalte als sein Revier zugeteilt bekam. Der Mahar, der diese Aufgabe übertragen bekam, verließ frühmorgens sein Haus mit einem Korb aus Flechtwerk oder Metall auf dem Kopf. Kam er zum Haus der oberen Kaste, verneigte er sich und bat um Brot. Er konnte die Bitte noch einmal wiederholen. Erhielt er das Brot auch dann noch nicht, hatte er das Recht, es gebieterisch zu fordern. Die Mahar machten das jeden Morgen. Und die Angehörigen der oberen Kasten gaben ihnen Brot, wobei sie es in den Korb fallen ließen, ohne ihn selbst zu berühren.

»Ohne ihn zu berühren«, sagte der Freund.

Auf diese Weise funktionierte das Kastensystem, als es noch stabil war, vor 1955. Danach begann sein Niedergang. Statt den Mahar

Getreide zu geben und bestimmte Rechte einzuräumen, konnte man ihre Leistungen mit Geld entlohnen; manchmal bekamen sie aber auch gar nichts. Während ihre Pflichten im Dorf die gleichen blieben, büßten sie die Rechte, die sie besaßen, mehr und mehr ein. Ambedkar war damals mächtig, und die Mahar und andere niedere Kasten erhoben politische Forderungen.

Unter den niederen Kasten der Gegend waren die Mahar die Einzigen, die ein Recht auf eigenen Landbesitz hatten. Deshalb besaß Namdeos Familie Land und bezog aus dem Ackerbau ein gewisses Einkommen. Zu ihrem Recht auf Landbesitz waren die Mahar auf interessante Weise gelangt.

Es war einmal ein Radscha von Bidar. Er wollte seine Tochter an einen bestimmten Ort bringen lassen. Traditionell fiel den Mahar die Aufgabe zu, die Sänften zu tragen, und also befahl der Radscha den dortigen Mahar, seine Tochter an ihren Bestimmungsort zu tragen. Die Mahar waren sich über die Gefahren, die ihr Auftrag barg, im Klaren; um allem Missgeschick oder Missverständnis zu entgehen, kastrierten sie sich vorsorglich, ehe sie sich auf den Weg machten. Die Feinde des Radschas streuten nun das Gerücht, seine Tochter sei von den Mahar missbraucht worden. Der Radscha ließ die Mahar kommen und befragte sie. Sie zeigten ihm, wie es um sie stand, und berichteten ihm, dass sie sich kastriert hatten, bevor sie die Prinzessin befördert hatten. Der Radscha war so erfreut, dass er den Mahar Land schenkte. So kam es, dass die Mahar als einzige niedere Kaste in der Gegend zu Landbesitzern wurden.

Namdeo hatte die märchenhafte Geschichte mit erkennbarem Vergnügen erzählt, so wie er sich vorher, von seinem Freund ermuntert, offenbar mit einer Art Wehmut an die Kastenpraktiken in seinem Dorf erinnert hatte. Ich bat Charu, ihn nach dieser Wehmut zu fragen; ich dachte, mir sei vielleicht etwas entgangen.

Namdeos Antwort geriet lang, und sein Freund in der orangefarbenen Tunika stand ihm wie stets ermunternd zur Seite.

Schließlich berichtete Charu: »Er ist sich der Qualen, die er durchlitten hat, durchaus bewusst. Aber in ihm steckt auch ein Dichter und Schriftsteller, und als dieser Dichter und Schriftsteller möchte er seine eigenen Ursprünge ergründen. Das Leiden war stets Bestandteil seines Seelenlebens. Sich zu beklagen kam damals nicht in Frage. Man war ein Mahar und erfüllte seine Pflichten, und damit basta.«

Nicht alle Erfahrungen in dem Dorf waren leidvoll. Der Dorflehrer hegte die Vorurteile seiner Kaste und kümmerte sich nicht um Namdeo. Aber das verschaffte Namdeo in seiner Kindheit eine gewisse Freiheit. Er genoss es, das Vieh auf die Weide zu treiben; er ging im Fluss schwimmen.

Im Jahr 1958, er war siebzehn oder achtzehn, ging er nach Bombay. Er erinnerte sich, dass damals der Film *Mutter Indien*, mit der Schauspielerin Nargis, in den Kinos lief. Er kam in einem Elendsviertel bei einem seiner Onkel unter, der in einem *chawl* zwei Zimmer bewohnte. Der *chawl* hieß »Dhor chawl«: Die Dhor waren eine Kaste, in deren Zuständigkeit Abdeckerei und Gerberei fielen. Im *chawl* lebten nur Angehörige dieser Kaste. Namdeo ließ also die Kaste nicht in seinem Heimatdorf zurück; sie folgte ihm nach Bombay.

Er ging nicht arbeiten. Er ging zur Schule. In der Dorfschule war er in der vierten Klasse gescheitert, in Bombay beendete er die vierte Klasse als Primus. Damals begann er auch, Gedichte zu schreiben.

Seine Gedichte strömten aus ihm hervor, er schrieb sie »in einem einzigen Fluss«. Er hatte von Bob Dylan und Eldridge Cleaver gelesen. Auch einige schwarze Dichter und Le Roi Jones kannte er. Er hatte sie auf Englisch gelesen. Er verstand Englisch, auch wenn er es nicht sprechen konnte. Einen direkten Einfluss gab es nicht, aber er hatte diese Dichter in sich aufgenommen. Er kannte auch Allen Ginsberg, Rimbaud, Rilke, Baudelaire, Lorca, die letztgenannten vier in englischer Übersetzung. Er hatte alle bedeutenden Dichter aus der Mitte des zwanzigsten Jahrhunderts gelesen.

Und auch wenn seine Karriere, aus der Distanz betrachtet, Ähnlichkeit mit den Karrieren einer Reihe von Mitgliedern der Black-Power-Bewegung in den Vereinigten Staaten hatte – die Zeitungen und Zeitschriften schrieben über ihn, und am Ende übertraf sein Ruhm den seiner Bewegung –, hatte ich, während wir uns in dem kleinen Raum des Bombayer Hauses unterhielten, das Gefühl, dass er Gefangener einer indischen Vergangenheit war, die kein Außenstehender angemessen würdigen konnte. Auszubrechen und die Vergangenheit abzulehnen war ihm schwerer gefallen als den Schwarzen in den Vereinigten Staaten. Und auf andere Weise war Namdeo auch jetzt wieder ein Gefangener Indiens und seiner Vielzahl von Bewegungen und verzweifelten Ansprüchen: Er konnte jederzeit wieder untergehen. Was für einen schwarzen Aktivisten in den Vereinigten Staaten möglich gewesen wäre – sich zurückzuziehen und zur Ruhe zu setzen – blieb ihm verwehrt.

Ich wollte von ihm wissen, ob er mittlerweile mehr Dichter als Politiker sei.

»Die Rollen lassen sich nicht trennen. Ich bin gegen dieses Kastensystem. Das bringe ich in meiner Politik und in meinen Gedichten zum Ausdruck. Die Dichtung ist politisches Handeln. Die Politik ist Teil meiner Dichtung.«

Erst jetzt meinte ich, das Abenteuer des vorangegangenen Abends zur Sprache bringen zu können.

»Werden Sie weiterhin mit den Prostituierten arbeiten?«

»Ich werde weiterhin an verschiedenen Problemen arbeiten. Die Prostituierten sind ein großes Problem.«

»Gibt es Dalit, die eifersüchtig auf Sie sind?«

»Es gibt welche, die auf mich eifersüchtig sind. Es wird gemunkelt, ich sei Kommunist.«

Als er anfangs herausgekommen war, um uns zu begrüßen, ehe er wieder drinnen weitergegessen hatte, hatte er in seinem bräunlichen Hemd und vielfarbigen *dhoti* den Eindruck eines leger gekleideten Menschen, eines Mannes in seinen eigenen vier Wänden gemacht. Tatsächlich aber trug er ausgesuchte Kleidung. Das Hemd war elegant, von rehbrauner Farbe, und bestand aus einem dicken, strukturierten Stoff; sein *dhoti* hatte ein Schottenmuster. Er passte in den Raum mit seinen Wänden in Mattglanz und den Plastikblumen in der Vase, die auf der Fensterbank vor den senkrechten Gitterstäben stand; Mallikas Stil war hier unübersehbar.

»Mallika hält Ihre Dichtung für einen Meilenstein«, sagte ich.

»Es überrascht mich, wenn Leute so etwas sagen. Die Marathi-Literatur ist so arm. Es gab hübsche Gedichte wie die von Tukaram, und dann passierte Hunderte von Jahren lang nichts.«

Sein Leben spiele sich jetzt sehr in der Öffentlichkeit ab. Sei es ihm denn möglich, zu dichten, während er so sehr in der Öffentlichkeit lebe?

Er missverstand die Frage. »Damit habe ich eigentlich kein Problem. Ich erwarte keine Lobeshymnen.«

»Mallika hat mir erzählt, Sie seien für ihr Recht eingetreten, ihr Buch zu veröffentlichen.«

Direkt ging er darauf nicht ein. »Das ist ein Konflikt zwischen zwei Kulturen, zwei Herkunftsmilieus. Mallikas Mutter war eine traditionsbewusste Hindufrau. Auch wenn ihr Vater Muslim war, entsprachen ihre Lebensverhältnisse doch der traditionellen hinduistisch-mittelständischen Kultur.«

»Sie haben ihr Buch verteidigt.«

»Ihr Buch hat mir geschadet, kein Zweifel. Die Außenwelt sah in mir einen Progressiven, und Mallikas Bild von mir schadete meinem Image. Aber Mallika hatte Recht. Ich bin immer Ambedkarist geblieben. Das gehört zu meinem Sein, und für mein Empfinden hat Mallika das Recht zu sagen, wie sie über ihren Mann denkt.«

Dann begann er von sich aus, ohne abzuwarten, dass ich ihm entsprechende Fragen stellte, Dinge aus seinem Leben zu berichten, die mir zu Ohren gekommen sein mochten oder an denen ich vielleicht interessiert war.

»Mein politischer Aufstieg fing in den Jahren 1971/72 an. Davor lebte ich in der Unterwelt der Gegend von Kanthipura. Geld war leicht zu haben. Es war ein Rotlichtbezirk, beherrscht von Unwissenheit, Grausamkeit und der Mafia. Es ist eine grausame Gegend, und das hatte Auswirkungen auf mich. Es prägte meinen Charakter zutiefst. Als Jugendlicher ist man hart im Nehmen und streitbar. Die Energie, die man hat, kann einen auf einen guten Weg oder auf die schiefe Bahn bringen. Ohne meine besondere Vorgeschichte und ohne mein Interesse für die Bewegung Dr. Ambedkars hätte ich eine der Unterweltgrößen werden können und wäre vielleicht nicht in die Politik gegangen. Aufgrund der Bedingungen, unter denen ich aufgewachsen und erzogen worden war, war ich voller Zorn und bereit, bei der geringsten Provokation zuzuschlagen. In einigen der Kämpfe, in die ich hineingeriet, fehlte nicht viel zum Mord. Jeder in der Bombayer Unterwelt kannte mich.«

Der Nachmittag war vorüber; es dämmerte schon fast. Unser Gespräch hatte lange gedauert, weil Namdeo stets ausführlich antwortete und ich auf Charus Übersetzung oder Zusammenfassungen warten musste. Ich war müde. Charu war müde; er hatte die Vorstellung des russischen Zirkus verpasst, in die er abends mit seiner Frau hatte gehen wollen. Ich stand auf, um mich zu verabschieden. Aber Namdeo wollte nichts davon wissen.

»Sie haben mich noch nicht nach meinen persönlichen Umständen gefragt«, sagte er.

Und wie jemand, der tut, was von ihm erwartet wird und nichts schuldig bleibt, sprach er dann die Dinge an, die die Leute sich über ihn erzählten und ihm manchmal vorwarfen.

»Ich war früher Taxifahrer. Von 1967 bis 1971. Ich habe mit Prostituierten verkehrt und von allen möglichen Lastern gekostet. *Jetzt bin ich zu normal und zu sehr Gentleman.*« Den letzten Satz sagte er auf Englisch. »Auch nach meiner Heirat ging ich manchmal zu Prostituierten. Als die Dalit-Bewegung sich spaltete, fing ich an zu trinken. Ich hatte die Panther gegründet, und nun drängten sie mich in die Minderheit. Das war ein schwerer Schlag. Es macht mich noch heute traurig.«

»Warum, meinen Sie, ist Ihnen die Macht entglitten?«

»Ich war meiner Zeit voraus. Ich versuchte, den Begriff der Dalit zu erweitern – so dass er alle Unterdrückten umfasste, nicht nur die untersten Kasten. Wenn man wirklich die Unberührbarkeit überwinden will, dann muss man die breite Masse ansprechen. Ich wollte die breite Masse ansprechen. Deshalb mein Versuch, den Dalit-Begriff auszudehnen. Aber die Reaktionäre unter den Dalit wollten mit der breiten Masse nichts zu tun haben. Ihrer Ansicht nach musste man selber Gruppe sein, um das Gruppendenken überwinden zu können. Und das waren die Leute, die mich in die Minderheit drängten.«

Dann war da noch die Krankheit, die 1981 ausbrach; im gleichen Jahr hatte er auch sein letztes Buch veröffentlicht. Namdeo hatte kühl und offen von seinem Leben und seinen Misserfolgen berichtet, während der Freund des Hauses mit dem dichten Schnauzer und der orange- oder safranfarbenen Tunika (die mehr und mehr den Eindruck einer Art von religiösem Gewand machte) zugehört, schräg zu Boden geblickt und hin und wieder bestätigend den Kopf geschwenkt hatte. Und genauso sprach Namdeo jetzt auch über seine Krankheit. Er wirkte wie losgelöst von seinem Leben, als betrachte er es aus der Ferne. Er hatte aufgehört, nach Lob oder Beifall zu schielen: Er sprach von Mallikas Recht, ihr kritisches Buch zu veröffentlichen, so, als sei ihm die gegenteilige Möglichkeit, Wut zu empfinden und das Erscheinen des Buches zu verhindern, nie in den Sinn gekommen.

Er hatte von seiner früheren Gewalttätigkeit erzählt. Aber jetzt war er zur Ruhe gekommen: Vielleicht war das etwas, was er von der ihn umgebenden hinduistischen Kultur geerbt hatte.

»Was bedeutet Ambedkar den Dalit?«

»Es gab eine Zeit, da behandelte man uns wie Tiere. Jetzt leben wir wie Menschen. Das verdanken wir alles Ambedkar.«

Geradeso, wie sich dem Haus mit seinen fliederfarbenen Wänden in Mattglanz und den weiß gestrichenen Korbstühlen ein umfassenderer Sinn abgewinnen ließ, ergab sich nun auch ein umfassenderes Verständnis der langen Schlange dunkelhäutiger Männer und Frauen auf dem Gehsteig, die ich am Morgen meiner Ankunft passiert hatte: Da standen nicht einfach die Armen Indiens, da zeigte sich die dieser Armut innewohnende Grausamkeit: Menschen ganz unten, voller Emotion, ohne vorhandene politische Perspektive, nur ihre Ablehnung ablehnend.

ZWEI

Die Erzählung des Sekretärs
Eindrücke aus dem indischen Jahrhundert

»Ich kenne hier einen Mann namens Rajan«, sagte Nikhil eines Tages. »Er ist Privatsekretär bei einem einflussreichen Politiker und Geschäftsmann. Er sagt, er ist Ihnen 1962 in Kalkutta begegnet.«

Daran konnte ich mich nicht erinnern, und die Erinnerung kehrte auch nicht zurück, als mich Nikhil eines Nachmittags in Rajans Büro brachte. Rajan war ein kleiner, stämmiger Mann aus dem Süden mit einem quadratischen, dunklen Gesicht. Sein Büro beziehungsweise die Suite, zu der es gehörte, war eines der geräumigsten und schicksten Büros, die ich bislang in Bombay gesehen hatte. Es entsprach dem internationalen Standard, war in kühlen, sachlichen Farben gehalten und hervorragend klimatisiert. Rajan stellte in dem Büro eindeutig eine Autorität dar. Er trug ein rehbraunes, kurzärmeliges Ensemble im Stile Maos, das auch als eine Art indischer Gesellschaftsanzug oder auch einfach als »Safari«-Kluft durchgehen mochte.

»Sie kamen 1962 während des Krieges gegen China oder unmittelbar im Anschluss nach Kalkutta«, sagte er. »Sie waren in Begleitung einiger Leute vom Film. Ich selbst interessierte mich damals sehr für Filme und für Kunst – ich habe nie mehr so hoffnungsfroh in die Zukunft geblickt wie zu dieser Zeit. Am Ende eines Abends stellte mich jemand von der Filmgesellschaft Ihnen vor. Ich hatte den Auftrag, Sie zu dem Gästehaus der Arzneimittelfirma zu bringen, in dem Sie untergebracht waren.«

Der qualvolle Krieg im Hintergrund, das Gemisch aus Rauch und Herbstnebeln, das Kalkutta erfüllte, die kleinen Räume mit

Deckenbeleuchtung und alten Büromöbeln im Haus der Filmgesellschaft – ein oder zwei Momente des entschwundenen Abends tauchten in meiner Erinnerung auf, aber es waren undeutliche Eindrücke, die sich nur schwer festhalten ließen. Und vom Ende des Abends war gar nichts geblieben.

»Ich war zweiundzwanzig«, sagte Rajan. »Ich arbeitete in einer Werbeagentur. Ich war eine Art Schreibkraft. Mein Monatsgehalt betrug dreihundertfünfzehn Rupien. Man hatte mir den Posten eines Junior-Kontakters in Aussicht gestellt, aber dazu kam es nicht.« Dreihundertfünfzehn Rupien, vierundzwanzig englische Pfund, im Monat.

»Wann sind Sie aus Kalkutta weggegangen?«

»Das ist eine lange Geschichte«, sagte Rajan.

Und später am gleichen Nachmittag – während wir vor dem Klubhaus des Brabourne-Stadions, des alten internationalen Kricketfeldes von Bombay, saßen, Tee tranken und den jungen Kricketspielern zusahen, die an den Netzen trainierten (am anderen Ende des Feldes ragte die hohe Rückwand der großen Bühne empor, die man für die russische Eisrevue, Teil des gastierenden Russischen Festivals, errichtet hatte) – und an einem anderen Tag, in einem nicht weit entfernt von seinem Büro gelegenen Hotelzimmer, wo er nach Büroschluss anfing und bis spät in die Nacht hinein fortfuhr, erzählte mir Rajan seine Geschichte.

»Ich kam 1940 in Kalkutta zur Welt. Unsere Familie stammt aus dem Süden, aus dem Landesteil, der zu britischen Zeiten als die Provinz Madras bekannt war und heute den Bundesstaat Tamil Nadu bildet. Mein Großvater war ein kleiner Beamter an einem der Gerichte in der Umgebung der Stadt Tanjore. Die Leute achteten ihn wegen seiner Ehrlichkeit und seines Mutes. Mutig war er in dem Sinne, dass er heftig reagierte und auf jede nur erdenkliche Weise, die er für angebracht hielt, Widerstand leistete, wenn Unrecht geschah oder wenn jemand etwas von ihm verlangte, was er mit seinem Gewissen nicht vereinbaren konnte.

Er hatte einen Briten als Vorgesetzten. Der verlangte von meinem Großvater, als Zeuge in einem Prozess eine Falschaussage zu machen. Ich weiß nur, dass das Ganze in einem Tumult endete und mein Großvater sein Schuhwerk auszog und damit auf den Briten einprügelte. Ihm wurde klar, dass das Leben in Tanjore für ihn nun schwierig werden würde. Er beschloss, mit seinem einzigen Sohn, der damals Student war, nach Norden zu ziehen. Das muss Anfang des Jahrhunderts gewesen sein, zwischen 1900 und 1905. Er entschied sich für Kalkutta, das damals Hauptsitz der Briten war. Dort konnte er sich seinen Unterhalt verdienen und ein passables Leben führen.

In Kalkutta kam er bei irgendeinem Bekannten oder entfernten Verwandten unter, bis er auf eigenen Füßen stehen konnte. Seinen Sohn ließ er Stenographie lernen. Inder aus dem Süden, vor allem die Brahmanen, verfügten über bessere Englischkenntnisse, weil sie mehr mit der Sprache in Berührung kamen; sie fanden Anstellung als Sekretäre, Stenographen und sogar als Maschinenschreibkräfte. Das waren in der Zeit der Briten die Berufe, die südindische oder tamilische Brahmanen wohl am häufigsten ausübten – und daran hat sich erst in allerjüngster Zeit etwas geändert. Ansonsten waren die südindischen Brahmanen, als Klasse betrachtet, meist Lehrer, Priester oder kleine Angestellte. Oder sie fanden eine Stelle in einer der staatlichen Behörden – wenn sie großes Glück hatten. Damals genoss eine Anstellung im Staatsdienst mit einem Monatsgehalt von zehn Rupien höchste Wertschätzung – für das Gros der tamilischen Brahmanen, die über eine gewisse Schulbildung verfügten, war dies das höchste Ziel. Und eine ganze Menge von ihnen wanderte in den Norden ab, in die Großstädte Bombay, Kalkutta, Delhi.

Häuslich nieder ließ sich mein Großvater in Howrah, auf der anderen Seite des Flusses, gegenüber dem Zentrum von Kalkutta. Er lebte in einem der für Kalkutta typischen Wohnhäuser – einem *pucca*, einem ordentlichen Haus, keinem *kaccha*, einer unfertigen oder zusammengeschusterten Behausung –, und es lag in einer gutbürgerlichen Wohngegend. Die Häuser dort waren Mietshäuser, in denen auch andere Zuwanderer aus dem Süden wohnten; dass man unter seinesgleichen lebte, gab einem ein Gefühl von Sicherheit. Ressentiments gegenüber den Südindern existierten damals noch nicht – es waren noch andere Zeiten. Tatsächlich genossen die Südinder bei den Bengalen durchweg Achtung. Heute ist das ganz anders. Seit den sechziger Jahren haben die Südinder in Kalkutta das Gefühl, fehl am Platz zu sein, obwohl sie schon viele Jahrzehnte dort leben. Das ist vielleicht einer der Gründe, warum ich Kalkutta verließ und nach Bombay zog – aber dazu kam es erst viele Jahre später.

Mit siebzehn oder achtzehn wurde mein Vater Stenograph. Das dürfte etwa 1909 gewesen sein, und vermutlich arbeitete er in einer der britischen Firmen. Er war ein guter Stenograph; wie er mir erzählte, gewann er zweimal den staatlichen Preis von fünfzig Rupien für besondere Schnelligkeit in englischer Kurz- und Maschinenschrift. Er blieb in Howrah wohnen, in dem Hausteil, den schon mein Großvater bewohnt hatte. So etwas wie Etagenwohnungen oder getrennte Mietswohnungen oder Apartments gab es in Kalkutta nicht. Es gab nur Räume, die der – einen Teil des Hauses bewohnende – Eigentümer vermietete, wobei er vielleicht hie und da dem Mieter durch Umbauten entgegenkam.

Innerhalb weniger Jahre verstarben beide Großeltern; sie hinterließen nur wenig Vermögen oder Besitz. Mein Vater aber stieg im Laufe der Jahre beruflich auf. In dem Jahrzehnt zwischen 1915 und 1925 hatte er eine Position inne, in der er ziemlich gut bezahlt wurde. Er hatte genug Geld, um nicht nur seiner Familie ein komfortables Leben zu ermöglichen, sondern um auch einige Statussymbole wie Pferde und Zweispänner zu erwerben. Er besaß ein paar Araberpferde, um die sich muslimische Kutscher kümmerten. Warum Muslime? Sie waren damals für solche Tätigkeiten am ehesten zu bekommen. Den Hindus machte es zu dieser Zeit noch nichts aus, sich mit Muslimen zu umgeben und ihnen Vertrauensstellungen zu übertragen.

Ich selbst habe keine Erinnerungen an diesen Lebensabschnitt meines Vaters. Das sind alles Dinge, die mir meine älteste Schwester erzählt hat, ohne dass ich sie dazu hätte auffordern müssen. Und erzählt haben mir das auch andere, die meinen Vater damals näher kannten. Manche von ihnen machten dann Bemerkungen wie: ›Selten haben Südinder in Kalkutta so vornehm und stilvoll gelebt wie dein Vater.‹ Als Jugendlicher – ich war dreizehn, vierzehn, fünfzehn Jahre alt und ging noch zur Schule – bekam ich das zu hören, wenn ich bei gesellschaftlichen Anlässen den Betreffenden begegnete. Es wurde über Leute geredet, die es zu etwas gebracht hatten und über Leute, die gescheitert waren, und man sprach über die einstigen großen Zeiten meines Vaters. Wenn ich diese Geschichten hörte, empfand ich eine Mischung aus Stolz und Trauer.

In dieser Zeit, in der es ihm gut ging, übernahm mein Vater den britischen Kleidungsstil – einschließlich Zylinder, Anzug, Weste, zweifarbiger Schuhe und Krawatte. Und in seiner Freizeit spielte er Tennis. Er rief in der Nähe seines Hauses einen Tennisklub ins Leben. Als Südinder lebte er sparsam. Alle südindischen oder tamilischen Brahmanen waren damals selbstverständlich und ausnahmslos Vegetarier. Zweihundert Rupien waren also ein beträchtliches Einkommen. Eine durchschnittliche Familie kam mit dreißig oder vierzig Rupien aus.

Wie die meisten südindischen Brahmanen war er ein tiefreligiöser Mann. Vom Tennis abgesehen, verbrachte er seine Freizeit mit seinen *pujas* und *bhajans*, Gebetsgesängen. Seine *bhajan*-Gesänge verschafften ihm ziemlich viel Anerkennung. Er wurde ein führender Kopf der Gemeinde. Das hatte zur Folge, dass er neue Zuwanderer aus dem Süden, junge Männer, die auf der Suche nach einem Lebensunterhalt eintrafen, in sein Haus aufnahm. Er gab ihnen zu essen und etwas anzuziehen und brachte ihnen Stenographie und Schreibmaschine bei. In unserem Haus gab es fast ständig Stenographiekurse. Und er verhalf ihnen zu Anstellungen in britischen Firmen.

Mein Vater empfand Achtung für die Briten. Dass er mit den Briten gut auskam und die englische Sprache liebte, war wahrscheinlich der Grund dafür, dass er mehr als einen hassenswerten Menschenschlag in ihnen sah. Für Politik, egal, welcher Art, hatte er nichts übrig.

Mein Vater war dreimal verheiratet. Er verlor seine erste Frau und heiratete dann ein zweites Mal, damit die zweite Frau sich um seine ersten zwei Kinder kümmerte. Als seine zweite Frau starb und ihm ihrerseits zwei oder drei Kinder hinterließ, zwangen ihn seine Verwandten, ein drittes Mal zu heiraten. Solche Ehen zu arrangieren war damals kein Problem. Ungeachtet ihrer Mittellosigkeit setzten die tamilischen Brahmanen fleißig Kinder in die Welt. Sie gaben ihre Töchter gern jedem, der sie heiraten wollte, solange die Grundvoraussetzungen stimmten – der Mann zur gleichen Gemeinschaft gehörte und imstande war, Frau und Familie zu ernähren.

Im Jahr 1935, als mein Vater zum dritten Mal heiratete, war er dreiundvierzig. Seine dritte Frau, meine Mutter, war achtzehn. 1937 kam ein Kind zur Welt, ein Junge, der aber nur knapp sechs Monate am Leben blieb, hauptsächlich wegen des schlechten Gesundheitszustands meiner Mutter. Ich wurde 1940 geboren.

Zu diesem Zeitpunkt hatte mein Vater bereits seine ältesten zwei Töchter verheiratet; eine musste noch verheiratet werden. Aus seiner zweiten Ehe stammte ein Sohn, der noch zur Schule ging. Es waren die unsicheren Kriegsjahre. Mein Vater arbeitete damals als Verwalter in einem *godown* oder Warenlager. Es war ein verantwortungsvoller Posten – bei den meisten Waren in dem Lager handelte es sich um Importgüter. Betrieben wurde das *godown* von der japanischen Firma Mitsui. Mein Vater hatte den Posten 1936, nach der Heirat mit meiner Mutter, übernommen. Und er behielt ihn, bis während des Krieges die japanischen Betriebe in Indien dichtgemacht wurden. Als das geschah, wechselte mein Vater in die neu geschaffene staatliche Behörde DGMP, die Generaldirektion für Kriegsmaterial und Produktion.

Nach dem Ende des Krieges gab mein Vater diese Anstellung auf. Ungefähr um diese Zeit nahm die Unabhängigkeitsbewegung Mahatma Gandhis ernster zu nehmende Ausmaße an, und auch die Muslime gerieten in Aufruhr. Im Jahr 1946 kam es in Kalkutta zu schlimmen Ausschreitungen zwischen Hindus und Muslimen.

Davor aber war meine Mutter schwer erkrankt. Als sie schon dem Tode nahe war, bat sie meine älteste Stiefschwester – die mit einem ehemaligen Militär verheiratet war –, mich aufzuziehen. Als nun meine Stiefschwester und ihr Mann aus Kalkutta wegzogen, ging ich mit ihnen. Ich war sechs. Einen Monat später starb meine Mutter.

Fast zur gleichen Zeit kam es in Kalkutta zu den großen hinduistisch-muslimischen Unruhen. Dabei brannte das Haus ab, in dem wir seit einiger Zeit lebten. Wir waren schon lange aus Howrah weg- und ins Zentrum der Stadt gezogen. Als mein Vater am Ende des Krieges seine Stelle bei der DGMP verloren hatte, waren wir in eine Einzimmerwohnung in einem großen Gebäude umgezogen. Das war das Gebäude, das während der Unruhen in Flammen aufging und niederbrannte – einschließlich des Zimmers, in dem meine Mutter gestorben war und in dem fast alles aufbewahrt wurde, was uns gehörte.

Während der Unruhen war mein Vater gezwungen, mit anderen in einem Jeep zu flüchten und alles zurückzulassen. Sein ganzes

Geld, mehrere Tausend Rupien, ging an die Leute, die ihn retteten und aus dem Stadtzentrum brachten. Er und andere wurden am Bahnhof in Howrah abgesetzt, von wo sie dann Züge an die Orte nahmen, für die sie sich entschieden hatten.

Ich war weit weg mit meiner Schwester und ihrem Mann, der eine Stelle als bundesstaatlicher Inspektor für die Lebensmittelversorgung hatte. Er war 1945 aus dem Heeresdienst in der Armee Auchinlecks entlassen worden. Dort hatte er die Stelle eines Bestallten Offiziers des Vizekönigs – so hieß das damals – inne und bekleidete beim Ausscheiden aus der Armee den Rang eines *jemadar*. Diese Offiziere mit Patent waren vor dem Krieg für die Armee angeworben worden, als die Briten damit rechneten, dass es bald zu einer kriegerischen Auseinandersetzung kommen würde. Als Junge bewunderte ich ihn. Ich freute mich immer, wenn er kam. In meinen Augen war er so etwas wie ein Held. Er war immer gut gekleidet und hatte viele Geschenke für uns – Schokolade, Lebensmittel aus der Kantine. Das Einzige, was ich an ihm nicht mochte, war, dass er rauchte.

Ich begriff, was mit meinem Vater in Kalkutta passierte. Ich sah die Fotos in den Zeitungen, und die Menschen sprachen von Gräueltaten. Dieser Zeitraum – in dem ich meine Mutter viele Monate hindurch in dem einen Zimmer langsam sterben sah, während mein betagter Vater sie pflegte, und in dem ich dann der Obhut meiner Schwester übergeben wurde, um mit ihr und ihrem Mann an einen völlig neuen Ort auf der anderen Seite Indiens zu ziehen, wo die Menschen Marathi sprachen, eine andere Sprache, die ich nicht verstand – dieser Zeitraum versetzte mich in einen Zustand tiefster Trübsal und Niedergeschlagenheit.

Heute ist mir klar, dass es sich um eine Depression handelte. Damals hockte ich einfach vor dem Haus auf den Stufen, zusammengekauert, mit dem Kopf auf den Armen, ganz allein auf den Stufen vor dem Haus meiner Stiefschwester. Ich verbrachte Stunden auf diese Weise, völlig durcheinander, unfähig, einen Gedanken zu fassen.

Eines Morgens traf plötzlich mein Vater ein, und er war es, glaube ich, der mir wieder ein gewisses Maß an Lebensmut gab. Dann reiste er wieder ab und versprach, mich zu holen und zu sich zu nehmen, sobald sich die Lage beruhigt hatte. Das war unmittelbar vor der Unabhängigkeit.

Mein Schwager begann, seiner Arbeit fernzubleiben. Er verließ uns, war wochenlang verschwunden, und wir wussten nicht, wo er sich aufhielt. Meine Schwester schrieb meinem Vater und bat um Hilfe. Aber mein Vater war noch damit beschäftigt, seine eigenen Angelegenheiten zu ordnen. Er war damals fast fünfundfünfzig. Nachdem ich mehrfach mit meiner Schwester und ihrem Mann umgezogen war – mein Schwager wechselte ständig die Arbeitsstellen und fing jedes Mal wieder gewohnheitsmäßig an, die Arbeit zu schwänzen –, kam mein Vater und nahm mich und meine Schwester nach Kalkutta mit, wo er endlich eine Bleibe gefunden hatte. Er hatte auch eine Anstellung gefunden, in einer Importfirma. Das war im Januar 1948; im selben Monat starb Gandhi.

Ich blieb einige Zeit bei meinem Vater. Dann kam meine Großmutter, nahm mich mit zurück in ihr Dorf im Süden und steckte mich in eine Schule dort. Aber im Dorf gefiel es mir nicht, und 1950 kehrte ich zurück nach Kalkutta, zu meinem Vater. Er begann, mich zu Hause zu unterrichten. Erst 1952, mit elf Jahren, kam ich richtig in die Schule. Mein Vater konnte mich nicht begleiten. Also ging ich allein hin und kam nach einer Aufnahmeprüfung in die achte Klasse.

Mein Vater unterrichtete mich hauptsächlich in Englisch. Den anderen Fächern maß er keine große Bedeutung bei. Weil er die englische Sprache so liebte und weil er mittlerweile hochbetagt war, ließ er mich die Leitartikel und Kommentare aus dem *Statesman* vorlesen, wobei ich oft nicht verstand, was ich las. Er ließ mich die schwierigen Wörter und Ausdrücke unterstreichen, und meine nachmittägliche Hausarbeit bestand darin, aufzuschreiben, was sie bedeuteten.

Das Einkommen meines Vaters war gesunken, und wir wohnten in einer Gegend, in der die Mieten niedrig waren. In unserer Umgebung wohnten noch vereinzelt Briten in ihren Villen, eine beträchtliche Zahl von Muslimen und eine ebenso große Anzahl von englischstämmigen Indern und Christen. Die gesamte Familie – wir waren jetzt sechs Personen: mein Vater, mein Stiefbruder, meine Stiefschwester und ihre zwei Kinder und ich selbst – bewohnte einen einzigen großen Raum. Ungefähr sieben mal fünf oder sechs Meter groß. Mit den anderen Bewohnern teilten wir uns einen Wasserhahn und eine Toilette.

In der Gegend gab es nur wenige Südinder. Die Familie passte nicht so ganz in das Milieu. Also beschloss mein Vater, an einen Ort umzuziehen, wo wir besser Anschluss finden würden und meine Schule näher lag. Ich besuchte eine Schule für Südinder.

Ich lernte dort drei Jahre lang. Jedes Jahr um die Prüfungszeit herum hatte ich verschiedene kleinere Probleme mit meiner Gesundheit, und dass ich jeweils versetzt wurde, verdankte ich nur meinem guten Abschneiden über das gesamte Jahr.

Wir waren in eine Dreizimmerwohnung umgezogen. Mein Bruder hatte inzwischen angefangen, Geld zu verdienen.

Im März 1955 schloss ich die Schule ab. Zwei Monate danach starb mein Vater bei einem Verkehrsunfall, der sich in unmittelbarer Nähe unseres Hauses ereignete. Mein Vater war ein Frühaufsteher. Er war zum Markt gegangen, um Blumen für die *puja* zu kaufen, und auf dem Rückweg stieß ein Motorrad, auf dem drei Personen saßen und das auf der falschen Straßenseite fuhr, mit ihm zusammen. Er stürzte und verlor das Bewusstsein. Wir fanden ihn in einer Blutpfütze liegend; rings um ihn verstreut lagen die Pflanzen und Blumen, die er gekauft hatte.

Wir brachten ihn mit dem Taxi ins Krankenhaus, zusammen mit einem der Männer von dem Motorrad; die anderen beiden waren verschwunden. Dieser Mann war nicht verletzt; er tat nur so. Als er sah, dass er es nur mit meinem Bruder und mir zu tun hatte, die damit beschäftigt waren, den Vater zu halten, öffnete er an einer Straßenecke die Tür des Taxis und rannte weg. Mein Vater lag drei Tage lang im Krankenhaus. Drei schmerzliche Tage. Er kam nicht wieder zu Bewusstsein. Er verschied.

Die ganze Familie musste nun von den hundertfünfzig Rupien, den vierzehn englischen Pfund, leben, die mein Bruder im Monat verdiente. Er hatte eine Stelle als Sekretär des Leiters einer britischen Fabrik, die in einem der Vororte lag. Wir mussten also aus der Dreizimmerwohnung ausziehen. Wir zogen in ein kleineres Domizil in der Nähe der Fabrik meines Bruders.

An den Besuch eines Colleges war für mich nicht zu denken. Ich wollte meinem Bruder nicht zur Last fallen. Und ich wollte unbedingt auf eigenen Füßen stehen. Ich beschloss also, erst einmal das Nächstliegende zu lernen – Schreibmaschine. Es gab eine Schule für Maschinenschreiben nicht weit von unserem neuen

Wohnort entfernt. Die Schulgebühren beliefen sich auf vier Rupien monatlich. Anfangs bezahlte die mein Bruder, aber dann gelang es mir, ein bisschen Geld zu verdienen und die Gebühren selbst zu zahlen. Wenn am Institut Schreibarbeiten anfielen, übernahm ich sie. Ich hielt damals Ausschau nach jeder Art von Beschäftigung, aber es war nicht leicht, etwas zu finden. Oft ging ich zwischen fünfzehn und zwanzig Kilometer zu Fuß, um einen Freund zu besuchen, von dem ich hoffte, dass er mir dabei helfen konnte, einen Job zu finden. Ich war zu dieser Zeit sechzehn.«

Rajan war kräftig gebaut, aber klein. Ich fragte mich, in welchem körperlichen Zustand er sich zu der Zeit befunden hatte, von der er erzählte.

»Fühlten Sie sich stark oder schwach?«

»Die ganze Zeit über fühlte ich mich körperlich kraftlos. Aber die Entschlossenheit, für mich selbst zu sorgen, hielt mich in Gang. Was glauben Sie, was ich eines Tages tat? Ich wandte mich an einen Briten in der Fabrik meines Bruders. Er sagte: ›Du bist zu jung. Du solltest noch in der Schule sein.‹ Ein anderer, den ich ansprach, sagte: ›Aber du hast ja noch nicht einmal einen Schnauzer.‹ Einen Schnurrbart.

Ich litt an Anfällen von Trübsal und Niedergeschlagenheit. Ich hatte fast dasselbe Gefühl, wie damals, als ich auf den Stufen vor dem Haus meiner Schwester saß. Oft dachte ich sogar daran, mir das Leben zu nehmen. Da waren die Vorortzüge. Und es gab jederzeit den Hooghly-Fluss. Aber ein enger Freund redete mir gut zu und brachte mich davon ab.

Eine Jugend hatte ich nicht. Ich wechselte unmittelbar von der Kindheit ins Erwachsenenalter über. Und ich fühlte mich unterernährt. Nach dem Tod meines Vaters ging es mit unserer Ernährung bergab, weil mein Bruder mit seinem mageren Einkommen so viele Münder stopfen musste. Dass ich zu jener Zeit nicht sonderlich glücklich war, lag auch an dem Verhältnis zu meinem Stiefbruder, der uns alle unterhielt. Wir kamen nicht gut miteinander aus. Er war fast neun Jahre älter als ich und verprügelte mich regelmäßig. Dass ich daran dachte, mir das Leben zu nehmen, geschah, als er mich wieder einmal schrecklich verprügelt hatte.

Im folgenden Jahr, 1957, besserte sich meine Lage, als ich einen Freund traf, der versprach, mir eine Anstellung in einem Konzern der Marwari zu verschaffen. Die Marwari übernahmen in Kalkutta die britischen Firmen und waren damals die führenden Geschäftsleute der Stadt – und sind es bis heute geblieben. Sie übernahmen die Jutespinnereien, die Teeplantagen, die Kohlengruben und so weiter.

Bei einem dieser Familienunternehmen trat ich eine Stelle als Schreibkraft an. Mein Gehalt betrug neunzig Rupien – sieben Pfund – monatlich. Ich war gerade einmal imstande, mir eine zweite Hose und ein Hemd zu kaufen. Die Fahrt zum Büro und wieder zurück dauerte ewig. In diesem Monat gab ich gerade einmal zehn Rupien für mich selbst aus; den Rest gab ich meinem Bruder als Beitrag zum Unterhalt der Familie. Im Zug fuhr ich zweiter Klasse. Ich ging nicht ins Kino. Für mein Mittagessen gab ich nicht mehr als zwei Annas, ein Achtel Rupie, aus.

Einen Monat nachdem ich meine Stelle angetreten hatte, befahl mich einer der Direktoren zu sich. Beim Abtippen eines Geschäftsberichts hatte ich das Durchschlagpapier falsch herum eingelegt. Ich wurde gefeuert. Glücklicherweise begegnete ich schon in der folgenden Woche einem anderen Freund – wir fuhren in derselben Straßenbahn –, und er brachte mich mit einem anderen Arbeitgeber zusammen. Der war auch ein Marwari. Das Einstellungsgespräch mit mir führte er bei sich zu Hause. Er besaß ein Zeitungsunternehmen; es ist heute der größte Zeitungskonzern Indiens.

Ich sollte in der neu eröffneten Werbeabteilung arbeiten. Ich tippte Marktanalysen. Dafür erhielt ich hundertfünfundzwanzig Rupien. Ich war also ein bisschen besser gestellt. Zum Unterhalt der Familie trug ich volle hundert Rupien bei und behielt fünfundzwanzig Rupien für mich selbst, unter anderem für die Gebühren eines Abendkollegs über Zwischenhandel, das ich gerade belegt hatte.

Wir konnten es uns nun leisten, wieder in die alte Gegend in Südkalkutta zu ziehen. Wir lebten in einer Wohnung, die sich zwei Familien teilten. Mein Verhältnis zu meinem Bruder blieb das gleiche. Aber er hörte auf, mich zu verprügeln, nachdem ich eines Tages zurückgeschlagen hatte, als er mir einen Schlag versetzte.

Bei der Zeitungsgruppe blieb ich ein Jahr lang. Dann wechselte ich zu Lipton's, wo ich zehn Rupien am Tag verdiente. Der Leiter dort empfahl mich an seine eigene Werbeagentur weiter, und in dieser Agentur arbeitete ich sechs Jahre lang, von 1958 bis 1964. Das war die Zeit, in der ich Ihnen begegnete. Für mich war es eine gute Zeit. Ich war Mitglied im British Council. Meine Begeisterung für die englische Sprache zog mich zu Menschen hin, die geübt in ihr waren – Journalisten, Filmemacher, Werbetexter und Leute aus der Werbebranche ganz allgemein.

Ich mochte die Werbebranche. Sie war anders. Sie regte mein Denken an. Man plackte sich dort nicht stumpfsinnig ab. Meine anderen Jobs hatten mir nur Plackerei gebracht. Und vor allem mochte ich die Menschen in diesem Beruf – die Designer, die Kontakter, die Drucker, die Werbetexter. Bei meinem Eintritt in die Werbeagentur fing ich mit zweihundertsiebzig Rupien an. Dem ranghöchsten Direktor gefiel mein Englisch, und ich arbeitete für ihn. Ihm gefiel, dass ich mich für die Arbeit interessierte. Er beförderte mich zu seinem Assistenten bei verschiedenen Werbekampagnen. Bald schon stand für mich der Posten eines Junior-Kontakters in Aussicht. Mit anderen Angestellten der Firma kam ich auch gut zurecht, weil ich der Jüngste in der ganzen Mannschaft war und mich fließend in ihrer Sprache, in Bengali, unterhalten konnte. Bengalis schätzen das. Ich erhielt eine jährliche Gehaltserhöhung von fünfzehn Rupien. Im Jahr 1964 betrug mein Gehalt dreihundertdreißig Rupien. Man versprach mir die Beförderung zum Junior-Kontakter. Und als die Beförderung nicht kam, kündigte ich schließlich aus Verärgerung.

Ich wurde Assistent bei einem Werbe- und Kurzfilmproduzenten, der Gefallen an mir gefunden hatte. Ich erwarb Grundkenntnisse auf dem Gebiet des Filmemachens. Er zahlte mir dreihundertfünfzig Rupien. Ich drehte sogar selbstständig Filmsequenzen. Der pakistanische Krieg von 1965 aber setzte dieser Art von Filmproduktion ein Ende, und ich musste eine neue Anstellung finden. Während dieser Zeit lernte ich wichtige Persönlichkeiten aus der Kreativszene in Kalkutta kennen. Das machte mich sehr glücklich. Ich hatte immer das Gefühl, eine künstlerische Ader zu besitzen, die ich nicht hatte zum Ausdruck bringen können, weil es mir an gesicherten Lebensverhältnissen und an der richtigen Grundlage fehlte.

Jemand riet mir, nach England zu gehen. Das war der Grund, warum ich eine Stelle bei Air India annahm; ich konnte auf diese

Weise kostenlos nach England fliegen. Am Ende meines ersten Jahres flog ich zu einem Besuch dorthin. Aber ich musste zurückkehren, weil in der Familie immer wieder das Verhältnis zwischen meiner Stiefschwester und ihrem Mann zum Problem wurde. Am Ende meines zweiten Jahres bei Air India machte ich eine Reise in die Vereinigten Staaten.

Mein Gehalt bei Air India belief sich auf dreihundertfünfzig Rupien. Es war zu niedrig – 1967 hatte man die Rupie abgewertet. Ich musste sogar einen abendlichen Teilzeitjob annehmen. Endlich bewarb ich mich auf eine Annonce hin bei einem Industrieunternehmen. Dank meiner Berufserfahrung erhielt ich einen Job auf der Managementebene und bekam das Dreifache meines Gehalts bei Air India. Die Chefs beförderten mich schon bald und übertrugen mir die Leitung der Einkaufsabteilung.

Nach all diesen Jahren fand ich mich also auf der anderen Seite wieder. Aber ich konnte mich nicht vollständig mit dem Management identifizieren, weil ich zu genau wusste, wie sich für andere das Leben darstellte. Dann wurde die politische Lage in Bengalen instabil. Die Arbeiterschaft begehrte auf. Die Linken hatten in den Gewerkschaften und im Staat mehr oder minder das Heft an sich gerissen. Und mit den Lebensbedingungen in der Stadt ging es ebenfalls abwärts. In immer mehr Firmen übernahmen die Marwari-Kapitalisten die Macht. Und dann kam noch die Ölkrise von 1973 dazu. Ich war verantwortlich für die Versorgung der Fabrik mit Erdöl. Es waren wirklich schwere Zeiten für mich. Hinzu kamen noch die Stromknappheit, die Probleme mit dem Transport und die Militanz der Arbeiter – mit alledem musste ich als Mitglied der Unternehmensleitung fertig werden. Man könnte sagen, ich hatte den richtigen Job gefunden, nur eben zur falschen Zeit. Morgens ging ich nur widerstrebend zur Arbeit.

Ende 1973 kündigte ich – die Probleme bei der Arbeit, das Leben in Kalkutta. Das alles bewegte mich, aus Kalkutta wegzuziehen. Als Alternative fiel mir nur Bombay ein, weil mich bei meinen gelegentlichen Reisen dorthin – im Zusammenhang mit meiner Stelle bei Air India – der kosmopolitische Charakter der Stadt und die Chancen, die sie bot, beeindruckt hatten.

Ohne konkrete berufliche Perspektive zog ich also mit meinen geringen Ersparnissen nach Bombay. Dort kam ich bei einem nahezu gleichaltrigen Verwandten unter, der in einem abgelegenen Vorort ein Fotostudio betrieb. Platz hatte er keinen. Aber ich konnte mich im Studio einquartieren und teilte mir mit anderen Bewohnern des Gebäudes eine Toilette und einen offenen Raum zum Waschen. Wir speicherten Wasser für die fotografischen Arbeiten, und davon nahm ich welches, um mich zu waschen.

Und ich schlief auf einer Art Schlafbühne, die ich mir selber gezimmert hatte. Sie war fast zwei oder drei Mal so groß wie ein normaler Sarg. Sie befand sich unmittelbar unter dem Dach und über der Zwischendecke im vorderen Teil des Ladens. Ich erreichte sie, indem ich die Fenstersprossen hinaufstieg und in die schmale Öffnung hineinglitt. Es war dort gemütlich. Luft drang durch die Öffnung rund um den Rollladenkasten herein. Oft erschien mir dieser Platz als am besten geeignet zum Lesen und gelegentlichen Schreiben – von Briefen, nicht von Artikeln.

Ich hatte angefangen, im Studio mitzuarbeiten – für einen kärglichen Lohn. Das meiste davon schickte ich meinen Verwandten in Kalkutta, weil die vier Kinder meiner Schwester größer wurden und mein Stiefbruder jetzt selber eine Familie hatte, für die er sorgen musste.

Anfangs glaubte ich, das Fotogeschäft zusammen mit meinem Verwandten aufbauen zu können, da ich, wenngleich Amateur, etwas von Fotografie verstand. Aber nach einer Weile, als meine Ersparnisse aufgebraucht waren, erwies sich mein Partner als nicht sonderlich hilfreich. Wenn ich Geld brauchte, bekam ich es nicht von ihm, und als ich das Geld haben wollte, das ich bereits in das Studio gesteckt hatte, gab er es mir nicht zurück.

Unsere Beziehung war also gespannt, doch notgedrungen wohnte ich weiter dort und schlief in meinem Kämmerchen und las, denn irgendeine Unterkunft in Bombay zu finden war ein Riesenproblem. Als die Lage sich verschlechterte, gab ich die Idee mit dem Fotogeschäft auf und beschloss, mich aus der Abhängigkeit von meinem Verwandten zu befreien.

Als Erstes veröffentlichte ich auf den Anzeigenseiten der *Times of India* eine Annonce. Sie dürfte mich vierzehn oder fünfzehn Rupien gekostet haben – Arbeitsuchenden räumte die Zeitung Sondertarife ein. Ich erhielt vierzig Antworten.

Meine Annonce hatte etwa folgenden Text: ›Südindischer

Sekretär mit mehr als zehn Jahren Berufserfahrung und tadellosem Englisch sucht interessante Position in Werbung, Öffentlichkeitsarbeit, Tourismus usw.‹ Als Erstes sortierte ich die Antworten aller Unternehmen aus, die in den Vororten an der Hauptbahnlinie lagen, vor allem der Fabriken. Die Verkehrsverhältnisse waren schwierig und hätten erfordert, dass ich von dort, wo ich mit meinem Verwandten lebte – nämlich an der nach Westen führenden Bahnlinie anderthalb Stunden vom Zentrum entfernt –, auf halber Strecke noch einmal hätte umsteigen müssen.

Ich beschloss, nur der Aufforderung zu vier Einstellungsgesprächen Folge zu leisten, die allesamt im Umkreis des Bahnhofs Victoria in Churchgate stattfinden sollten und Anstellungen in Büros, nicht in Fabriken und Werkstätten betrafen. Der erste Tag verlief ergebnislos. Ich musste Stellenangebote aus verschiedenen Gründen ausschlagen – wegen des Gehalts, der Atmosphäre im Büro, des Gesprächsleiters selbst. Tatsächlich gab ich einem der Gesprächsleiter einen Korb, nachdem er mir eine äußerst absurde Frage gestellt hatte. ›Warum sind sie nach all den Jahren aus Kalkutta weggegangen? Diese bildschönen Frauen dort – schon allein wegen der Frauen, die wie Milch und Honig sind, hätten Sie dort bleiben sollen.‹ Ich fand seine Haltung gegenüber dem weiblichen Geschlecht entwürdigend. Wahrscheinlich erschien ich ihm überqualifiziert angesichts seiner Anforderungen. Er leitete ein Handelsunternehmen und war einer jener ungehobelten Typen, die plötzlich zu Geld gekommen sind.

Die vier Einstellungsgespräche, für die ich mich entschieden hatte, sollten sich über zwei Tage erstrecken. An beiden Tagen je zwei Gespräche. Nach dem ersten Tag war ich ziemlich niedergeschlagen. Ich wollte nicht nach Kalkutta zurückkehren. Andererseits wollte ich mir auch nicht mein Leben dadurch vergällen, dass ich ständig Geldmangel litt und weiter mit meinem Verwandten zusammenwohnte. Für den Fall, dass ich tags darauf keine Anstellung fand, beschloss ich, nach Kalkutta zurückzukehren, von wo meine Schwester mir immer wieder geschrieben hatte.

Am folgenden Tag fuhr ich die ganze lange Strecke vom Fotostudio nach Churchgate. Als ich in Churchgate ankam, ging ich in das Restaurant Satkar gegenüber dem Bahnhof. Auf dem Schild stand ›Tee- und Imbissstube‹. Ich bestellte mir ein *idli* und einen

Kaffee – das *idli* kostete etwa sechzig Paise und der Kaffee vierzig Paise –, weil ich meinte, mir angesichts meines leeren Geldbeutels mehr nicht leisten zu können.

Während ich meinen Kaffee trank, sah ich die Unterlagen durch, die Briefe der Firmen, die ich in die engere Wahl gezogen hatte, um mir von den Leuten, die ich noch aufsuchen wollte, ein Bild zu machen. Und da kam mir das Angebot dieses Mannes unter, der sich schlicht als ›Stadtrat‹ bezeichnete. Er residierte in der Straße ›A‹. Ich fragte den Kellner, wo die Straße ›A‹ war. ›Das ist die Straße, in der Sie gerade sind‹, sagte er. Wie sich herausstellte, befand sich die Adresse, die der Stadtrat angegeben hatte, nur einen Steinwurf von dem Restaurant entfernt.

Ich begab mich dorthin und entdeckte, dass es sich um ein Büro in einer Villa handelte. Nachdem ich eine Weile gewartet hatte, kam ein Herr herein. Zum ersten Mal sah ich den Mann, für den ich die nächsten vierzehn Jahre arbeiten sollte. Er war ein hochgewachsener Mann – nein, von durchschnittlicher Größe, einssiebzig, einszweiundsiebzig. Sehr hellhäutig, schlank. Er wirkte gepflegt, gut gekleidet.

Er führte mich in sein Büro, und nach einem sehr kurzen Gespräch, etwa nach fünfzehn Minuten, forderte er mich ohne Umschweife auf, bei ihm anzufangen. Obwohl ich von dem Mann, von seinem Tempo und seiner raschen Entscheidung, nur zu beeindruckt war, willigte ich nicht sofort ein, weil ich erst noch über sein Gehaltsangebot, das sich auf neunhundert Rupien belief, nachdenken musste. Aber er machte kein Geheimnis daraus, dass er erpicht darauf war, mich in Dienst zu nehmen. Es wirkte fast so, als habe er meine Situation durchschaut, sich überlegt, wie viel ich bekommen musste, und mir dann das Angebot gemacht. Bis zum heutigen Tag weiß ich nicht, ob er viel über mich weiß, über meine Herkunft, mein Leben außerhalb des Büros.

Er bat mich, ihn anzurufen, sobald ich mich entschieden hatte; er äußerte die Hoffnung, dass ich ihn nicht zu lange warten lassen würde, weil *er* zu der Überzeugung gelangt sei, dass ich der Mann war, nach dem er suchte. Ich ging in das Restaurant zurück – der Kellner hatte gewechselt – und gelangte, nachdem ich die Sache erwogen hatte, so ziemlich zu dem Ergebnis, dass es besser war, die Stelle anzunehmen, als weiter arbeitslos zu sein. Am nächsten

Tag rief ich ihn an und begann am darauf folgenden Montag mit der Arbeit bei ihm.

Als ich diese Anstellung fand, gab es auf Seiten meines Verwandten in dem Fotostudio den Versuch, unser Verhältnis wieder zu kitten. Aber ich war daran nicht interessiert. Drei Monate lang blieb ich noch in dem Kämmerchen im Studio. Danach zog ich von einem Ort zum anderen, lebte als zahlender Gast bei verschiedenen Familien – die ihre eigenen Probleme hatten, Probleme unterschiedlichster Art. Ich besaß einen Koffer mit Kleidern und einen anderen Koffer mit Büchern und Kleinkram. Zwei Koffer mit meinen Siebensachen – mehr hatte ich nicht.

Bei der Arbeit für meinen Brotgeber lernte ich wichtige Leute kennen. Das genoss ich. Er war eine Führungspersönlichkeit in der Stadt und hatte, wie ich unschwer erkennen konnte, Ehrgeiz. Ich ging davon aus, dass ich Gelegenheit haben würde, mit ihm aufzusteigen. Und tatsächlich hat er in jeder Hinsicht Karriere gemacht. Er ist mittlerweile berühmter und mächtiger und reicher als zu der Zeit, da ich für ihn zu arbeiten begann.

Die Menschen, die in meinem Büro mit mir zu tun haben, würden wohl sagen, dass ich zusammen mit ihm Karriere gemacht habe. Aber meinem Gefühl nach ist mein Aufstieg nicht so verlaufen, wie ich es mir einst erhoffte. Noch lange Zeit, während ich hier arbeitete, setzte ich mein unstetes Leben als zahlender Gast mit meinen zwei Koffern fort, bis ich einer überaus freundlichen Familie begegnete – an einem Ort wie Bombay kaum vorstellbar –, die großzügig genug war, mir ein Zimmer ganz für mich allein anzubieten – allerdings in einem alten Gebäude. Das geschah 1980. Ich war vierzig Jahre alt. So alt musste ich werden, um zum ersten Mal in meinem Leben über ein eigenes Zimmer zu verfügen. An einem Ort wie Bombay, wo die Menschen auf dem Pflaster und in Abflussrohren schlafen müssen, war das traumhaft – vielleicht das Beste, was mir je widerfahren ist.

Bis vor drei Jahren bewohnte ich dank dieser Freundlichkeit ein Einzelzimmer in dem alten Haus und teilte mir mit vierzig Personen eine Außentoilette. An eine Verheiratung war damals nicht zu denken. Ich bezog zwar nach Bombayer Maßstäben ein gutes Gehalt, aber irgendeine Art von Bleibe hätte ich damit nicht finanzieren können. Mittlerweile habe ich allerdings das unwahrscheinliche Glück gehabt, eine eigene Wohnung, ein Apartment, erwerben zu können.

Und dann meinte einer meiner Freunde, es sei Zeit für mich, einen Hausstand zu gründen. Dieser Freund wusste, dass ich meinen Verpflichtungen gegenüber der Familie meiner Schwester genügt hatte. Er schaltete für mich eine Anzeige unter den Heiratsannoncen in der Zeitung. Die Annoncen waren es, die mir in meinem Leben etwas gebracht hatten, und auch jetzt wieder griff eine Annonce verändernd in meinen Lebenslauf ein.

Unter den Personen, die auf die Anzeige, die mein Freund für mich aufgegeben hatte, antworteten, befand sich auch mein künftiger Schwiegervater. Ich hatte in der Anzeige meine Herkunft und mein Alter angegeben. Ich hatte nichts verheimlicht und hatte gesagt, dass ich eine Dame suche, die bereit sei, ein einfaches Leben zu führen. Ich erhielt etwa neunzig Zuschriften, vielleicht sogar hundert. Sie kamen aus den verschiedensten Gegenden Indiens. Ich glaube, ich bekam so viele Zuschriften, weil ich in der Anzeige erklärt hatte: ›Kaste, Gemeinschaft, Witwenschaft, Geschiedensein kein Hinderungsgrund.‹ Ich wollte allerdings eine Dame, die schon in Bombay lebte, weil sich dadurch viele Probleme erledigten. Das Leben in Bombay ist so mühsam – für Leute, die kein Hindi sprechen, gibt es Verständigungsprobleme –, und der öffentliche Verkehr ist anstrengend, und der allgemeine Lebensstil ist strapaziös. Sich daran zu gewöhnen ist nicht leicht.

Ich war etwa eine halbe Stunde mit meinem künftigen Schwiegervater zusammen, da hatte er sich im Wesentlichen ein Bild von meinem Charakter gemacht. Das Treffen fand in der Kaffeestube des Ritz-Hotels statt. Er war zu mir in mein Büro gekommen, aber ich musste ihn, den siebzigjährigen Mann, mehrere Stunden warten lassen, weil ich beschäftigt war, als er kam. Er stammte aus Kerala und war Brahmane. Ein Mann von durchschnittlicher Größe, kahl, ruhig; sein Gesicht und sein Verhalten verrieten echte Ergebung. Er war ein pensionierter Elektroingenieur, der für ein staatliches Unternehmen die Einkaufsabteilung leitete – Mitwirkender am Industrialisierungsprozess Indiens. Er war im ganzen Land herumgekommen und hatte Kinder, die aufgeschlossen für die Welt waren.

Etwa eine Woche nach dieser Begegnung stattete ich der Familie um etwa halb elf Uhr abends, nach einem vollen Arbeitstag, einen Besuch ab. Sie lag schon im Bett. Ihr Vater weckte sie. Ich sprach mit ihr. Sie arbeitete seit zehn Jahren in einer verstaatlichten Bank, interessierte sich für Yoga und war nicht sehr gesprächig. Sie sah passabel aus. Dick war sie nicht, aber wegen ihrer geringen Größe wirkte sie auch nicht schlank. Sie war etwa einsfünfundvierzig groß. Sie trug eine Brille.

Und nachdem ich mehr oder minder durch ihren Vater und ihre Mutter kommuniziert hatte, fand ich, dass ich sie erneut treffen und in einer privaten Unterhaltung selbst zu Wort kommen lassen sollte, ohne die Eltern. Nach drei Tagen traf ich sie wieder – in der Wohnung ihres Vetters. Der Vetter fand gut, wie ich die Sache anging, und traf die nötigen Vorkehrungen – dass wir ungestört waren und so weiter. Bei einer Tasse Kaffee unterhielten wir uns etwas länger als eine halbe Stunde – sie war gerade aus dem Büro gekommen. Für modische Kleidung hatte sie nicht viel übrig. Meinem Eindruck nach kümmerte sie sich nicht viel um ihr Erscheinungsbild.

Nach drei Tagen rief ich sie in ihrem Büro an, und diesmal trafen wir uns im Restaurant. Und nach und nach kamen wir darin überein, dass wir heiraten sollten. Nach etwa vierzig Tagen schlossen wir die Ehe. Ich wollte eine standesamtliche Eheschließung – keine Mitgift, kein Geben, kein Nehmen; kein großer Auflauf mit Verwandten und Freunden; kein großer Empfang, keine Festessen, keine Geschenke. Sie aber wollten das nicht. Also bat ich meinen Vetter, den Ritus zu vollziehen. Ich selbst war absolut irreligiös; ich hatte mir nie besondere Mühe gegeben, die Lehre oder Prinzipien des Hinduismus zu verstehen.

Ich bin froh, dass ich mit der eigenen Familie endlich einen Lebenszweck gefunden habe. Ich habe mit meinem bis dahin unsteten Leben abgeschlossen. Als ich heiratete, war ich fünfundvierzig. Meine Frau war neununddreißig. Auf diese Gnade mussten wir lange warten. Und Gott hat unser Glück zusätzlich dadurch gesegnet, dass wir – so spät noch – ein Kind bekommen haben.

Ich habe nach wie vor das Gefühl, dass ich es noch viel weiter hätte bringen können, hätte ich ein bisschen mehr Verständnis und Mitgefühl gefunden. Oder vielleicht in einem anderen Land. Mich verfolgt die Ahnung, dass ich am Ende angelangt bin, dass ich nicht mehr weiter kommen werde, als ich gekommen bin. So gut meine Stellung ist, sie gleicht einer Schiffsleiter. Das Meer steigt, das Schiff hebt sich, und die Leiter hebt sich mit dem Schiff. Aber von sich aus kann die Leiter nicht höher steigen. Ich kann mich nicht von meinem Arbeitgeber loslösen und im Leben aufsteigen.

Und doch habe ich definitiv das Gefühl eines erfüllten Lebens. Als mein Vater starb, waren wir fast mittellos, trotz unseres früheren Wohlstands. Meine Schwester zog mich als Kind auf. Und als mein Schwager sie im Stich ließ, war es meine Aufgabe, für sie zu sorgen und ihre Kinder zu ernähren. Das ist mir gelungen. Heute sind sie alle wohl versorgt. Ich sehe in ihnen die Zeichen meines Erfolgs.

Und doch hatte ich auch einmal gedacht, ein künstlerisch tätiger Mensch zu werden – wie die Leute, die ich in Kalkutta kannte, als ich Ihnen 1962 zum ersten Mal begegnete. Diese Art von Leben und Umgang blieb mir allerdings immer verschlossen. Ich habe als Sekretär angefangen und bin immer noch Sekretär und werde wahrscheinlich auch als Sekretär enden. Ich habe es nicht weiter gebracht, als mein Vater und mein Großvater es zu Anfang des Jahrhunderts gebracht haben. Mein einziger Trost ist, dass es mir, wenn auch als Sekretär, nicht so schlecht geht wie den meisten anderen Sekretären. Und vielleicht halte ich mich auch schon gar nicht mehr für einen bloßen Sekretär.«

DREI

Ausbruch

KAUM BEIM Flughafen Santa Cruz, dem Bombayer Flughafen für Inlandsflüge, angekommen, fühlte ich mich wie ein Flüchtling. Am Eingang drängten sich die Menschen; junge Leute aus der Nachbarschaft mit kriminellem Potenzial versuchten, aus den Passagieren Geld dafür herauszupressen, dass sie deren Gepäck ein paar Meter weit vom Taxi zur Eingangstür verfrachteten.

Polizisten an der Tür verwehrten den jungen Männern den Zutritt ins Innere, aber den Menschen draußen boten sie offenbar keinen Schutz, selbst wenn diese schon fast an der Tür waren. Die jungen Männer, die das wussten, rannten zu zweit oder zu dritt auf die Eintreffenden zu und stürzten sich brüllend auf Koffer und Taschen, in dem Bestreben, eine Atmosphäre verunsichernder Hektik zu erzeugen. Sie waren klein und dünn, diese jungen Kriminellen aus der Nachbarschaft, und steckten in engen, milchschokoladebraunen Hosen aus irgendeinem Synthetikstoff, die zeigten, wie schmal ihre Hüften und Oberschenkel waren. Sie hatten kleine, knochige Gesichter, und ihre Hälse sahen aus, als könnten sie jederzeit brechen. Ihre elende körperliche Verfassung tat ihrer Bedrohlichkeit keinen Abbruch: Sie erinnerten an die dürren, kriecherisch-finsteren Gestalten mancher Dickens-Illustrationen von Cruikshank.

Draußen Gedränge, Lärm, Bedrohlichkeit und Hektik, ein ständiger Strom von Taxis, die in der Nachmittagssonne ankamen und wieder wegfuhren. Auch drinnen Gedränge und Lärm, aber es war eine andere Art von Lärm – stetiger, der Lärm von Menschen, die auf den Fleck gebannt sind. Es gab nur eine Inlandsfluglinie in Indien, eine staatliche Fluggesellschaft, und bei ihr herrschte

Chaos. Wie verschiedenen Durchsagen zu entnehmen war, hatten die Flugzeuge dieser Fluglinie leider Verspätung, weil viele von ihnen aus Delhi kamen und es dort morgens vielfach neblig war. Es gab noch andere Probleme. Die Fluglinie hatte von jeher zu wenig Flugzeuge, und in den vergangenen paar Wochen war eine Reihe Maschinen aus verschiedenen Gründen aus dem Betrieb genommen worden. Jetzt war der Flugverkehr völlig durcheinander geraten. Das Reisen per Flugzeug aber blieb für wichtige Leute, für Wissenschaftler, Verwaltungsbeamte und leitende Angestellte ein unabdingbares Signum und Privileg; wochenlang fand sich deshalb die männliche und weibliche Elite des Landes zu einem nicht unbeträchtlichen Teil auf den Flughäfen des Landes wie von Zauberhand stillgestellt. In den Zeitungen erschienen regelmäßig Meldungen über wichtige Tagungen in dieser oder jener Stadt, die mangels Teilnehmer ins Wasser gefallen waren. Und doch war die Nachfrage nach Flügen, zumal jetzt, in der Feriensaison, größer denn je, und ein Ticket für diesen Flug nach Goa hatte ich nur bekommen, weil sich ein einflussreicher Freund eingeschaltet hatte.

Auf den elektronischen Anzeigetafeln in der Flughafenhalle blitzten mehr und mehr Meldungen über verspätete oder ausgefallene Flüge auf. Man konnte fast meinen, es müsse ein landesweiter Notstand oder eine nationale Katastrophe eingetreten sein. Die vielen grauweißen Anzeigetafeln durchfuhr ein ständiges lautloses Zucken, wenn sie die neuesten schlechten Nachrichten aufleuchten ließen – über den Köpfen der Menge, die zwar nicht fortkonnte, aber auch nicht stillhielt, sondern sich in ständiger, zeitlupenhafter Bewegung befand. Mein Flug nach Goa hatte bereits fünf Stunden Verspätung. Mittlerweile verhießen die Anzeigetafeln, sooft die Nummer des Goa-Fluges zufällig (wie in einer Lotterie) auf ihnen erschien, eine Verspätung von weiteren vier Stunden. Manche Leute in der Halle warteten indes schon den ganzen Tag lang auf ihren Flug.

Ab und an hörte man ein Flugzeug starten. Das waren Geräusche, die wehtaten: Die Flugzeuge, die da starteten, waren jene, in die Wartende endlich einsteigen wollten, nur hatten sie vorerst noch andere Flugnummern und lange Rundflüge mit vielen Zwischenlandungen vor sich, ehe sie dann schließlich nach Santa Cruz zurückkehrten.

Meinen Flug nach Goa würde ich in einer Maschine machen, die aus einem komischen Nest kommen sollte. Das erfuhr ich von einem sportlich aussehenden Mann aus Delhi, der fünfmal im Jahr geschäftlich nach Goa reiste und sich im Streckennetz der Fluglinie auskannte. Mehr Informationen bekam ich nicht, da von einem bestimmten nächtlichen Zeitpunkt an alle Angestellten der Fluglinie offenbar spurlos verschwunden schienen, auch die jungen Mädchen an der Information, die kurioserweise den Namen »Erleichterungsschalter« trug. Der Mann aus Delhi riet mir, aufzupassen, wenn die Ankunftszeit des Fluges aus dem komischen Nest, das er mir genannt hatte, auf der Anzeigentafel erschien. Rechnete ich eine Stunde für Vorbereitung und Abfertigung hinzu, wusste ich, wann der Flug nach Goa starten würde.

Ich solle die Hoffnung nicht aufgeben, meinte der Mann aus Delhi. Er wisse mit Sicherheit, dass der Flug nicht gestrichen werde. Er habe einen Vetter im gastronomischen Zulieferdienst der Fluglinie, und er wisse, dass sein Vetter beziehungsweise irgendein angeheirateter Verwandter den unmissverständlichen Auftrag erhalten hätte, für den Goa-Flug an diesem Tag eine Ladung Essenspakete zu liefern. Das hieß, sagte er, dass der Flug vielleicht sogar noch vor Mitternacht starten werde. So etwas bedeutete in Indien, privilegiert zu sein: jemanden zu kennen, der jemanden kannte, der Verbindungen zu einer wichtigen Organisation hatte, seien sie auch noch so flüchtig.

Während der ganzen Zeit – während das strahlende, nachmittägliche Licht dem spätnachmittäglichen Dunst, dann der Dämmerung, dann der nächtlichen Finsternis und einer die Halle erfüllenden trüben Einheitsbeleuchtung wich – hielt eine ältliche Amerikanerin neben dem Wagen oder Karren mit ihrem Gepäck die Stellung. Sie wirkte nicht entspannt, stützte sich nicht auf den Wagen; sie stand mit ihrem betagten Körper starr da, als fürchte sie, bestohlen zu werden, und müsse ihre Habseligkeiten schützen. Ihre Augen waren mittlerweile blicklos, als habe sie, nicht durch tantrische Ekstase oder Meditation (um sich in dergleichen zu versuchen, mochte sie hergekommen sein), sondern einfach nur durch das Warten in einer indischen Flughafenhalle jene innere Ruhe gefunden, über deren Geheimnis die Gurus verfügten. Sie wartete seit dem Morgen und würde noch etliche weitere Stunden warten müssen. Sie war mittlerweile geistig so weit entfernt, dass sie einige Zeit brauchte, um mitzubekommen, dass sie angesprochen wurde und die hübsche, mollige indisch-muslimische Frau (die selbst schon seit dem vergangenen Abend wartete) von ihrem Stuhl aufgestanden war, um ihn ihr anzubieten. Als sie begriff, dass von ihr erwartet wurde, sich von ihrem Gepäckwagen zu trennen, breitete sich Panik auf ihrem alten Gesicht aus, und ohne ein Wort von sich zu geben, erstarrte sie noch stärker in der wachsamen Haltung, in der sie neben ihren Siebensachen stand.

Sie wartete nicht weit entfernt vom Abfertigungsschalter. Die Klimaanlage sorgte in dieser Ecke für große Kälte. Anfangs hatte ich es nicht bemerkt. Aber dann war ich froh, eine dicke Jacke anzuhaben. Selbst in dieser Jacke fühlte ich mich nach ein paar Stunden verfroren. Ich gab den Stuhl preis, den ich nicht hatte verlassen wollen, und schloss mich dem langsam dahintreibenden Flüchtlingsstrom an. Ich entdeckte einen Buchladen. Ich kaufte zwei indische Taschenbücher, ein Buch mit Zeichnungen des Karikaturisten Laxman und *Khushwant Singh's Book of Jokes*, nur um fünf Minuten später herauszufinden, was ich mir auch schon hätte denken können: dass nämlich humoristische Bücher ein erfülltes Leben und einen ausgeglichenen Geist verlangen und dass unter den Umständen einer sich ebenso endlos wie unerfüllt dahinschleppenden Zeit der kurze, nur wenige Sekunden Aufmerksamkeit erfordernde Witz den Geist ermüden und eine schlimme Situation noch verschlimmern kann. Da war es besser, einfach vor sich hin zu leiden.

Im oberen Stockwerk befand sich ein Restaurant. Nach der Kühlschrankatmosphäre im Umkreis des Abfertigungsschalters war es dort angenehm warm. Bis ich merkte, dass der modrige, schlechte Geruch im Restaurant nicht einfach nur von Wärme kündete, sondern der Geruch eines geschlossenen, ungelüfteten Raums war, in dem die Klimaanlage nicht funktionierte, brauchte ich eine halbe Stunde, während der ich einen Teller überflüssiger Cashewnüsse aß und eine Kanne ebenso überflüssigen Tees trank.

Kalt im Erdgeschoss, heiß, staubig und stickig im Obergeschoss. Draußen, in der Nacht, war die Luft frischer, nicht klimatisiert; aber um dorthin zu gelangen, hätte man die Schallschutzscheiben zertrümmern müssen.

Es wird behauptet, man könne in einem Meditationsraum seinen Geist durch Konzentration auf eine Kerzenflamme entleeren. So ähnlich erging es mir inmitten der stillgestellten Reisenden, die sich in trägen Wirbeln durch das wässrig fluoreszierende Licht schoben und, dunkel gespiegelt in dem Glas, das sie einschloss, mehr und mehr allegorischen Figuren glichen und fast überall ihre Gespräche eingestellt hatten – allein auf meine Flugnummer fixiert, fand ich mich mit jeder Viertelstunde, die verstrich, immer weiter von mir entfernt. Ich löste mich zunehmend von dem Menschen, der ich zu Anfang dieses Tages gewesen war, und ähnelte mehr und mehr der Amerikanerin, die ich (als ich noch Herr meiner selbst war) beobachtet hatte, wie sie steif und starr neben ihrem Gepäckwagen stand. Mir nicht weniger als ihr brachten indische Architektur und indische Luftfahrt die hinduistische Idee von der Welt als Illusion nahe.

Es gab kein Entrinnen. Mit jeder weiteren Stunde verlor die Möglichkeit, in das Hotel in Bombay zurückzukehren (war da überhaupt noch etwas frei?) und ein Auto für die zwölf oder vierzehn Stunden dauernde Überlandfahrt nach Goa zu mieten (wo eine Hotelbuchung unwiederbringlich verfiel, wenn sie nicht beizeiten wahrgenommen wurde), an Praktikabilität. So wechselte ich geistesabwesend zwischen Hitze und Kälte hin und her und klammerte mich matt an ein Gerücht.

Aber der Mann aus Delhi hatte Recht. Es gab einen Flug nach Goa, und als wir – wann, spielte keine Rolle mehr – an Bord rannten und drängten, fanden wir dort die Essenspakete aus der Geschichte des Mannes aus Delhi, graue Pappschachteln (Weißbrot-Sandwiches mit irgendeinem Aufstrich und mit einem Apfel aus dem Norden), die seine Freunde oder Verwandten für das Flugzeug, das an diesem Tag nach Goa flog, zurechtgemacht hatten. Das Flugzeug vermittelte den Eindruck, ständig in Gebrauch zu sein. Die Bordzeitschrift der Fluggesellschaft hatte Eselsohren. Ein Teil der Verkleidung über unseren Köpfen hing lose herab; jedes Mal, wenn die Stewardess es festklopfte, vibrierte es so lange, bis es sich wieder gelöst hatte. Am Ende des äußerst kurzen Fluges aber wartete Goa. Und interessiert sah ich, als ich endlich in die reine Nachtluft hinaustrat, den Namen des Orts buchstabiert in der Dewanagari-Schrift des Hindi: *Go-wa*.

Mitternacht war längst vorüber. Wir stiegen in den überfüllten

Touristenbus. Zwischen den Sitzen gab es nur wenig Platz, und die Glasscheiben waren getönt: Es wirkte wie eine Fortsetzung der Zwangssituation in Santa Cruz. Nach einiger Zeit erreichten wir den Mandovi-Fluss. Und dort kam es zu einer buchstäblich zu verstehenden Reiseunterbrechung. Bis noch vor kurzem hatte an dieser Stelle eine neu gebaute Brücke gestanden. Nach etwa zehnjähriger Existenz war sie eines Tages eingestürzt, und jetzt musste der Mandovi auf Fähren überquert werden, auf plumpen Apparaten, die so alt aussahen wie das Jahrhundert, tatsächlich aber erst nach dem Einsturz der Brücke produziert worden waren. Das Gepäck wanderte per Hand vom Dach des Busses herunter auf die indische Erde und dann in die Fähre und am anderen Ufer aus der Fähre auf das Dach eines zweiten Busses: In nächtlicher Verstohlenheit wich das technische Zeitalter einem Indien der vielen schwachen Hände, die schlichte, kleine Arbeiten verrichteten.

Und als ich zwei Tage später die eingestürzte Brücke bei Tageslicht sah, von der nichts mehr als die mächtigen Pfeiler standen, während die verbindenden Teile fehlten, kam es mir so vor, als brächte der Anblick die Erfahrung jener langen vierundzwanzig Stunden auf den Begriff, den Riss in der Realität.

Als Nikhil eines Tages in Bombay mit mir über seinen religiösen Glauben sprach – er war tiefreligiös –, nannte er zwei Gestalten, denen er, zumal in Krisenzeiten, besondere Verehrung entgegenbringe: Sai Baba (nicht die heute geläufige Figur mit der Afro-Frisur, sondern der ursprüngliche Lehrer aus der Zeit der Wende vom neunzehnten zum zwanzigsten Jahrhundert) und das Jesuskind.

Nikhil stammte aus einer hinduistischen Familie, und dass er Jesus verehrte – so verstand ich ihn zuerst –, erschien mir merkwürdig. Aber Nikhil hatte ein bestimmtes Bild vor Augen und erzählte mir, wie es zu seinem Glauben gekommen war. Im Zusammenhang mit seiner Arbeit hatte er sich einmal mit einer besorgniserregenden juristischen Bedrohung konfrontiert gesehen. In dieser sorgenvollen Situation war ihm ein Flugblatt in die Hände gefallen, in dem es um das Bildnis des Jesuskindes ging. Darin fand sich die Empfehlung, in Zeiten besonderer Not alle neun Stunden zum Jesuskind zu beten. Das hatte Nikhil angefangen zu tun. Es bedeutete, dass er jeden zweiten oder dritten Tag zu außergewöhnlichen Zeiten aufstehen musste, aber es bedeutete auch, dass sich seine Tage nun um jene Gebetshandlung herum organisierten. Nikhil lebte viele Wochen lang mit der Anbetung des Bildes des Jesuskindes, und am Ende lösten sich die juristischen Probleme, die ihm Sorgen bereitet hatten, in nichts auf. Nikhil blieb dem Jesuskind dankbar. Es sei irrational, sagte er; er wisse das, doch er könne einfach nicht anders.

Nikhil musste mir erzählt haben, wo dieses Bild sich befand, aber ich hatte wohl nicht zugehört. In Goa sah ich eines Morgens am Hoteleingang einen neuen, sorgfältig gepflegten Minibus, über dessen Windschutzscheibe das Wort JESUSKIND aufgemalt war. Ich erkundigte mich beim Fahrer, was es damit auf sich hatte. Er deutete auf ein cremefarbenes Plastikpüppchen – es sah aus wie eine Spielzeugfigur aus einer Cornflakes-Schachtel – auf seinem Armaturenbrett. Der Fahrer war ein christlicher Goaner. Das Original der Figur, sagte er mir, stehe in einer Kirche in Alt-Goa.

Das Bildnis war berühmt und von erprobter Wirksamkeit. Die Plastikfigur auf dem Armaturenbrett stellte kaum mehr als einen schwachen Abklatsch des eigentlichen Objektes dar. Bei der Kirche, von der der Fahrer gesprochen hatte, handelte es sich um die berühmte Kathedrale in Alt-Goa, in der der heilige Franz Xaver begraben lag.

Die Kathedrale und die übrigen portugiesischen Bauten in Alt-Goa, das ein Stück landeinwärts am Mandovi-Fluss lag, wirkten in dieser Umgebung ziemlich überwältigend. So weit entfernt von Europa (eine sechsmonatige Schiffsreise sogar noch im achtzehnten Jahrhundert) und in solch strahlendem Licht! Die weißen Strände ließen eher an die leeren Inseln der Neuen Welt denken (die leer allerdings erst waren, nachdem man sie »entvölkert« hatte: Zur Zeit ihrer Entdeckung dürften sie reich an Bewohnern und Leben gewesen sein) als an die dicht besiedelten Dörfer und Städte des alten Indiens mit seiner komplizierten Geschichte. Einem Teil dieser indischen Geschichte begegnete man eben hier, in Alt-Goa: im Triumphbogen der Vizekönige, der aus einem Triumphbogen des gerade erst an die Macht gekommenen muslimischen Herrschers geschaffen worden war, den die Portugiesen vertrieben hatten. Diesen Bogen, hieß es, musste jeder neue Vizekönig von Goa nach seiner Ankunft im Land feierlich durchschreiten.

In einem anderen alten Bauwerk, das jetzt als Museum diente, befand sich eine Galerie mit den Porträts aller Vizekönige von Goa. Die Porträts hatte man in mehreren Schwüngen gemalt. Eines der Bilder zeigte Vasco da Gama. Ein klangvoller Name, aber sein Porträt, wie jene der anderen Vizekönige, wirkte primitiv, armselig, wie von einem Schildermaler erstellt. Die Kunstfertigkeit der Kolonialherren konnte ihrer Waghalsigkeit nicht das Wasser reichen. Dieser Mangel passte zu dem, was man von der kurzen Blütezeit Portugals wusste, und vielleicht erklärte sich daraus, warum außerhalb Alt-Goas so wenig von Portugal überlebt hatte, was wiederum die in Alt-Goa erhalten gebliebenen Kirchenbauten im Rokokostil mit ihren stockfleckigen Fassaden nur noch unwirklicher erscheinen ließ.

Dennoch blieb es für mich erstaunlich, wie früh die Portugiesen ihr Kolonialreich auf Indien ausgeweitet hatten. Jeden Tag fand ich mich daran erinnert, wenn ich mich – weit weg von dem am Mandovi gelegenen Alt-Goa und im Blick nur noch die Überreste großer Militärbefestigungen aus rotem Stein, ein geometrisches Muster aus nichts als Kreisen und Linien an einem tropischen Strand – im Hotel zu Tisch setzte und auf das Papiertischtuch blickte, das mit einem alten europäischen Stich von Goa bedruckt war. Die Inschrift des Stiches gab 1509 als das Jahr der Ankunft des grimmigen, siegesgewohnten portugiesischen Vizekönigs Albuquerque an. Er eroberte Goa im folgenden Jahr. Gerade einmal achtzehn Jahre, nachdem Kolumbus die Inseln der Neuen Welt entdeckt hatte, und noch ehe diese Entdeckung sich bezahlt gemacht hatte; neun Jahre, bevor Cortés zu seinem Marsch nach Mexiko aufbrach. In Indien selbst war der große Mogulherrscher Akbar noch nicht geboren.

Als geschworene Feinde des Götzendienstes, Feinde von allem, was dem wahren Glauben zuwider lief, als diejenigen, die in Goa die Inquisition und Ketzerverbrennungen einführten und hinduistische Tempel schleiften, schufen die Portugiesen in Goa etwas von der Leere der Neuen Welt, vergleichbar dem, was die Spanier in Mexiko hinterließen. Sie begründeten in Indien, was Indien nicht entsprach, eine Einfachheit, in der die indische Vergangenheit zum Verschwinden gebracht wurde. Und was sie nach vierhundertfünfzig Jahren in dieser Leere und Einfachheit zurückließen, waren ihre Religion, ihre Sprache (ohne dazugehörige Literatur), ihre Namen, ein quasiromanisches Kolonialvolk und diesen Kult aus ihrer Kathedrale, den Kult des Bildnisses vom Jesuskind.

Fast alles andere aus Portugal hatte die koloniale Leere verschlungen. Auf dem Hauptplatz von Alt-Goa hatte eine Statue des Dichters Camões gestanden – des Verfassers der *Lusiaden* (1572), des Epos von der überseeischen portugiesischen Expansion und Verbreitung des wahren Glaubens. Aber nachdem Goa dem unabhängigen Indien eingegliedert worden war, hatte man das Standbild abgebaut (und ins Museum gebracht); auf dem portugiesischen Platz aus dem sechzehnten Jahrhundert wurde stattdessen eine Statue Mahatma Gandhis aufgestellt.

Camões kannte Goa, Ostafrika, den Malaiischen Archipel und China; er ähnelte Cervantes in Spanien, ein alter Abenteurer in kolonialen Kriegen. Er war der erste Dichter des neuzeitlichen Europas, der über Indien und die Inder schrieb; er schrieb auf der Grundlage der Kenntnisse, die er sich in anderthalb Jahrzehnten eines Nomadenlebens hart errungen hatte. Sein Gedicht vermittelt einen herrlich lebendigen Eindruck des südwestlichen Indiens, nicht nur in den Schilderungen der Könige, der Kasten, der Religion und der Tempel (das große hinduistische Königreich von Vijayanagar, das sieben Jahre, bevor Camões sein Epos veröffentlichte, von den Muslimen zerstört wurde, ist im Hintergrund noch spürbar), sondern auch in einem Dutzend kleinerer Dinge: etwa in dem indischen Herrscher, der den gerade eingetroffenen Vasco da Gama empfängt und zu den Rhythmen der Camõesschen Verse Betelnuss kaut.

Man hätte erwarten können, dass Goa mit dem gleichen Stolz auf Camões wie auf Franz Xaver zurückblicken würde. Aber sein Standbild hatte man entfernt, und auch wenn das Tischtuch im Hotel immer wieder auf das Alter des portugiesischen Goas pochte, gab es doch im Buchladen des Hotels kein einziges Exemplar seines Epos, und keiner kannte auch nur seinen Namen. Indien besaß seine eigenen Prioritäten und Wertvorstellungen. Die Touristen, die in Bussen auf dem Hauptplatz von Alt-Goa anrückten, kamen weniger wegen der Architektur (und der Statue Mahatma Gandhis), sondern wegen des Bildnisses des Jesuskindes in der Kathedrale. Sie kauften bündelweise Wachskerzen, um sie in einem Kreuzgang anzuzünden.

Alt-Goa war sehr alt. Fast ebenso viele Jahre trennten die Stadt von der Gegenwart, wie den endgültigen römischen Sieg über Karthago vom Untergang des Römischen Reiches trennte. Und Portugal (auch wenn es im Europa des zwanzigsten Jahrhunderts fortlebte) war hier zum Museum geworden. Ein neues mittelständisches Indien stellte mittlerweile die Touristen. Das war eine verblüffende Wendung, die hier die Geschichte genommen hatte. Die Portugiesen kamen 1498 ins Land und siegten 1509/10. Gut ein halbes Jahrhundert später wurde durch eine Vereinigung muslimischer Herrscher das große hinduistische Reich im Süden, das Königreich Vijayanagar, geschlagen und verwüstet, während fast zur selben Zeit im Norden die Blütezeit der Mogulherrschaft begann. Damals konnte es so scheinen, als stünde das hinduistische Indien, dem das neue Wissen und die neuen Werkzeuge Europas fehlten und dessen Herrscher kein Bewusstsein von Staat und Nation hatten, keine der politischen Ideen, mit deren Hilfe sie ihr Volk vielleicht vor der Fremdherrschaft hätten bewahren können – als stünde dies hinduistische Indien im Begriff, unterzugehen und zwischen dem christlichen Europa und der muslimischen Welt aufgeteilt zu werden. All seine religiösen Symbole und komplizierten theologischen Vorstellungen drohten einer ähnlichen Bedeutungslosigkeit zu verfallen wie die aztekischen Götter in Mexiko oder der Symbolismus im hinduistischen Angkor.

Aber das war keineswegs geschehen. Durch all die Wechselfälle der Geschichte hindurch, all die imperialistischen Unternehmungen in diesem Teil der Welt, die sich mit dem Eintreffen der Portugiesen angekündigt hatten, schließlich sogar im Schoße der wenig nahe liegenden britischen Herrschaft auf dem Subkontinent, hatte sich erneut ein hinduistisches Indien entwickelt, das vollständiger und geeinter war als jemals zuvor.

Geschichte in Goa war einfach. In der anhaltenden kolonialen Leere hatte die Zeit vor den Portugiesen alle Bedeutung verloren; von ihr wusste man nur noch aus Büchern. Die vierhundertfünfzig Jahre portugiesischer Herrschaft bildeten dagegen eine simple Idee, die jeder im Kopf behalten konnte. Verließ man Goa und begab sich in südlicher und westlicher Richtung entlang der schmalen, gewundenen Gebirgsstraße in den Bundesstaat Karnataka, kehrte man zurück nach Indien und in dessen vielschichtige Geschichte.

Wie die portugiesische Herrschaft der Geschichte von Goa eine große Einfachheit verlieh, so verlieh die britische Herrschaft der späteren indischen Geschichte eine Richtung und ließ sie leichter fasslich werden. Von einem bestimmten Stadium ab ließen sich Ereignisse als zur britischen Herrschaft hinführende Vorgänge verstehen, und spätere Ereignisse konnte man als ein zum Ende der britischen Herrschaft führendes Geschehen betrachten. Die Ereignisse in Indien vor der Ankunft der Briten nehmen sich wie unzählige Teile eines Stückwerk gebliebenen Unterfangens aus; man schaut auf etwas, das sich in ständigem Fluss befindet, auf Dinge, die halb vollbracht und dann wieder rückgängig gemacht werden, auf Vorgänge, die besser in Annalen als in einer richtiggehenden Historie aufgehoben sind, einer Geschichte, die dann am besten funktioniert, wenn Großes aufgebaut oder niedergerissen wird.

Auf dieser Straße hinab nach Karnataka begegnete man historischen Namen. Bijapur war ein solcher Name. Ihn trug ein muslimisches Königreich, das fast zur gleichen Zeit gegründet wurde, als die Portugiesen sich in Goa festsetzten (tatsächlich hatten die Portugiesen Goa dem Reich Bijapur entrissen). In meinem Kopf war der Name nicht mit Goa oder Alt-Goa verbunden, sondern mit einer herrlichen, im siebzehnten Jahrhundert unter persischem Einfluss entstandenen Schule der Miniaturmalerei: Allein der Name rief mir die Gesichter und Posen, die eigentümlichen Farben und Gewänder ins Gedächtnis. Aber wie passte Bijapur in die Geschichte der Region? Was waren die Daten des Reiches, und wo verliefen seine Grenzen? Wer waren seine Herrscher und seine Feinde? Das alles im Kopf zu behalten war schwer: Ich würde es in Büchern nachschlagen müssen, und selbst dann würde ich (obwohl das Reich nach Auskunft der Bücher zwei Jahrhunderte lang bestanden hatte) kaum mehr erhalten als das nackte Gerüst der Daten und Herrscher. Sonderlich Großes war schließlich nicht vollbracht worden; in der Geschichte des Reiches gab es nichts vergleichbar Faszinierendes wie in seiner Kunst (und seiner Architektur, wenn ich den Büchern glauben durfte: Es ging um eine bestimmte Art von Kuppel). Und so tauchten der Name Bijapur und die anderen historischen Namen an der Straße nach Süden wie Zufallstreffer im Gedächtnis eines alten Mannes auf.

Zu viele Königreiche hatte es gegeben, zu viele Herrscher, zu viele Grenzverschiebungen. Der Staat Karnataka selbst war eine

Neuschöpfung, entstanden nach den Briten, nach der Unabhängigkeit, ein durch die Sprache definierter Staat, der dem durch die Unabhängigkeitsbewegung genährten neuen Stolz, dem neuen Selbstgefühl Rechnung trug.

Das Land war heilig, aber nicht die politische Geschichte verlieh ihm seine Heiligkeit. Religiöse Mythen knüpften sich an jeden Teil des Landes außerhalb des kolonialen Goas. Geschichte, eingebettet in Geschichten, Legenden im Schoße von Legenden: Sie waren den Menschen in Fleisch und Blut übergegangen. Es waren die Mythen, die von Göttern und den Helden der Epen handelten, die der Erde, auf der die Menschen lebten, Altehrwürdigkeit und Wundersamkeit verliehen.

Auf der Fahrt durch Karnataka nach Süden begegnete man fortlaufend Autobussen voller junger Männer, merkwürdig gekleidet in schwarze Kittel und schwarze Untergewänder. Sie sahen aus wie junge Männer, die einen Ausflug machten, aber das Schwarz ihrer Kleidung wirkte beunruhigend. Als ich Bangalore erreichte, erfuhr ich, dass sich die Männer in Schwarz auf einer Wallfahrt befanden. Sie waren unterwegs zu einem Heiligtum im südlichsten Staat Kerala. Das Heiligtum war Ayappa geweiht, einem hinduistischen Herrscher und Heiligen aus alten Tagen. Im Wesentlichen war die Wallfahrt eine hinduistische Angelegenheit; allerdings mussten die zu Ayappa Pilgernden ungewöhnlicherweise auch Vavar, einem arabisch-muslimischen Freund und Verbündeten Ayappas, die Ehre erweisen.

Nur Männer konnten auf diese Wallfahrt gehen; vierzig Tage lang mussten sie bußfertig leben. Kein Fleisch essen, keinen Alkohol trinken, nichts tun, was nur dem Vergnügen diente, und Frauen fernbleiben. Die letzte Etappe der Wallfahrt bestand in einem vierzig Kilometer langen Fußweg, der zu dem auf einem Berg gelegenen Heiligtum Ayappas hinaufführte. Dort erschien an einem bestimmten Tag im Januar ein göttliches Licht. Nicht alle Pilger zogen wegen des Lichtes hin; die meisten besuchten das Heiligtum an Tagen, an denen kein Licht erschien.

All das erfuhr ich von einem jungen Mann, mit dem ich mich in Bangalore anfreundete. Sein Name war Deviah; er schrieb als Wissenschaftsjournalist für eine Tageszeitung. Er kam aus einer bäuerlichen Familie; manchmal schickte ihm die Familie noch Lebensmittel aus eigener Produktion mit dem Nachtbus nach Bangalore. Zum ersten Mal hatte Deviah die Wallfahrt vor acht Jahren unternommen. Er zog damals los, weil er sich elend fühlte; ihn bedrückte der Gedanke, dass er in den fünf Jahren seit seinem College-Abschluss sehr wenig geleistet hatte. Die Wallfahrt habe ihn verändert, meinte er – die Disziplin der vierzig Bußtage, der lange Fußweg hinauf zum Heiligtum, die Kameradschaftlichkeit unterwegs und wie die Pilger angefangen hätten, einander beizustehen. Er habe, meinte er, danach auch beruflich Glück gehabt, und seitdem habe er sich fast jedes Jahr auf den Weg gemacht. An das göttliche Licht glaubte Deviah nicht. Nach seiner Ansicht handelte es sich nur um brennenden Kampfer, das Werk von Menschen, aber seinen Glauben minderte das nicht. Es beeinträchtigte nicht sein gläubiges Staunen über die Geschichte Ayappas.

Das war die Geschichte, wie sie mir Deviah erzählte.

»Ayappa war eine wirkliche Person, die vor ungefähr achthundert Jahren lebte. Er kam unter interessanten Umständen zur Welt. Radscha Radschaschechar hatte keine Kinder. Er und seine Königin taten Buße vor Schiwa und baten ihn, dass er ihnen einen Sohn schenke. Eines Tages, als Radscha Radschaschechar an den Ufern des Flusses Pampa – der in Kerala ebenso heilig ist wie der Ganges im Norden: Er kann von Sünden reinwaschen – auf der Jagd war, fand er einen männlichen Säugling mit einer Glocke um den Hals. Der Radscha fing an, sich nach den Eltern umzusehen. Ein *rishi*, ein Seher, erschien – tatsächlich handelte es sich um Gott Schiwa höchstpersönlich – und erklärte dem Radscha, das Kind sei für ihn gedacht. Der *rishi* forderte den Radscha auf, das Kind in seinen Palast zu bringen und dort als seinen Sohn aufzuziehen. ›Aber wessen Kind ist es?‹, fragte der Radscha. ›Das wirst du am zwölften Geburtstag des Jungen herausfinden‹, sagte der *rishi*.

Radscha Radschaschechar brachte also den Findling in seinen Palast und sorgte für ihn. Der Palast steht übrigens noch. Er ist nicht wie die Maharadscha-Paläste, die man heute sieht. Es ist ein ziemlich kleines Haus. Er zog das Kind auf, als wäre es sein eigenes, und allmählich ging man davon aus, dass der Junge zu gegebener Zeit Radscha Radschaschechars Nachfolger werden würde.

Dem Ersten Minister des Radschas gefiel das nicht. Während

all der Jahre, in denen der Radscha kinderlos geblieben war, hatte sich beim Ersten Minister die Überzeugung gebildet, dass sein eigener Sohn eines Tages das Königreich erben werde. Von Anfang an hasste der Erste Minister deshalb Ayappa.

Als Ayappa zehn Jahre alt war, geschah etwas Unerwartetes. Die Königin gebar einen Sohn. Radscha Radschaschechar aber war dem Findelkind Ayappa, dem Geschenk der Götter, mittlerweile so zugetan, dass er Ayappa trotz allem zum Thronfolger erklärte.

Die Königin und der Erste Minister verschworen sich nun. Ihr Plan war folgender: Die Königin sollte so tun, als sei sie erkrankt. Sie sollte über Kopfschmerzen klagen. Der Palastarzt – der ebenfalls an der Verschwörung beteiligt war – sollte vorgeben, alles in seiner Macht Stehende zu tun. Weil aber die Kopfschmerzen nicht weggingen, sollte der Arzt schließlich erklären: ›Es gibt nur eins, was das Leben der Königin retten kann. Sie muss die Milch von einer Tigerin trinken.‹

Das war es, was die Königin, der Erste Minister und der Arzt ausheckten und in die Tat umsetzten. Radscha Radschaschechar war voller Verzweiflung. Wie sollte sich Milch von einer Tigerin beschaffen lassen? Wie sollte irgendjemand eine Tigerin melken? Die Königin und der Erste Minister freilich wussten genau, was passieren würde. Sie wussten, dass Ayappa kühn war und dass er, obwohl erst zehn Jahre alt, das Wagnis, die Tigermilch zu holen, unternehmen würde, sobald er von der Not der Königin erfuhr. Und tatsächlich erklärte Ayappa, dass er dies tun wolle. Radscha Radschaschechar wusste, dass Ayappa selbstmörderisch handelte, wenn er versuchte, eine Tigerin zu melken, und verbot dem Jungen, den Palast zu verlassen. Ayappa aber stahl sich mit einem Trick hinaus und hinterging den Radscha, um die Königin zu retten.«

Damit endete der erste Teil der Geschichte. Als Deviah mit dem zweiten Teil begann, erklärte er: »Bis jetzt haben wir es mit Geschichte zu tun gehabt. Jetzt betreten wir das Reich der Mythologie. Um zu verstehen, warum Ayappa auf die Welt kam, müssen wir dreitausend Jahre weit zurückgehen.«

Und mühelos durch die Zeiträume gleitend, reisten wir zurück in das Zeitalter der Götter.

»Ayappa«, sagte Deviah, »war eigentlich der Sohn von Schiwa und Wischnu.« Sie seien zwar beide männliche Gottheiten, aber um der Geschichte willen müsse man sich Wischnu in einer weiblichen Verkörperung vorstellen: Deviah bereitete diese Verwandlung keine Schwierigkeit. Der Ayappa, der in den Wald zog, um die Tigermilch zu besorgen, sei also nicht der normale Junge gewesen, für den ihn die Königin und der Erste Minister gehalten hätten. Vielmehr habe es sich um den Sohn von zweien der drei Hauptgötter des hinduistischen Pantheons gehandelt.

»Als er im Wald unterwegs war«, erzählte Deviah, »begegnete Ayappa einem Dämon und tötete ihn.« Dieser Dämon habe seine eigene Geschichte. Es fehlte nicht viel, und Deviah hätte die Haupterzählung unterbrochen, um die Nebengeschichte wiederzugeben. Ich bat ihn, darauf zu verzichten.

»Na gut«, sagte er. »Um die Sache kurz zu machen, der Unhold oder Dämon, den Ayappa im Wald getötet hatte, war ein weibliches Ungeheuer, vor dem die *devas* in Furcht und Schrecken lebten.« Die *devas* waren die Götter – die an dem Ort wohnten und Rat hielten, der den Göttern vorbehalten war. (Ayappa musste das Ungeheuer durch irgendein Mittel getötet haben, über das die Götter nicht verfügten. Hier gab es wohl eine weitere Geschichte, die Deviah mit Sicherheit kannte.) Als das Ungeheuer tot war, habe unter den Göttern große Freude geherrscht. Natürlich hätten sie über Ayappas Notlage Bescheid gewusst. »Also«, erzählte Deviah, »verwandelten sich die Götter aus Dankbarkeit in Tiger und Tigerinnen, und Ayappa kam auf einem Tiger zurück zu Radscha Radschaschechars Palast geritten. Es wird angenommen, dass es sich bei dem Tiger um Brahma handelte.« Der Sohn von Schiwa und Wischnu, der auf Brahma ritt: Damit war das Dreigestirn der hinduistischen Hauptgötter komplett.

»Ayappas Ausflug in den Wald«, erzählte Deviah, »hatte zwei Jahre gedauert. Die Kopfschmerzen der Königin waren längst geheilt. Tatsächlich hatten die Kopfschmerzen aufgehört, unmittelbar nachdem Ayappa den Palast verlassen hatte, um eine Tigerin zu melken. Just an dem Tag, an dem Ayappa in Radscha Radschaschechars Palast zurückkehrte, wurde er zwölf Jahre alt.«

Um wen es sich bei Ayappa handelte, war – nachdem er auf einem Tiger geritten kam – jedermann klar. Was der *rishi*, der niemand anders als Gott Schiwa war, vorhergesagt hatte, war eingetreten: Am zwölften Geburtstag des Findlings wurde dessen Herkunft offenbar. Und damit verschwand alle Feindschaft, alles Ränkeschmieden durch Königin und Ersten Minister wie Tau vor der Sonne, und Ayappa trat, als es so weit war, sein Erbe an.

Der böse Erste Minister, der seinen Sohn auf den Thron hatte setzen wollen, erkrankte an einem unheilbaren Leiden – einer wirklichen Krankheit. Eines Nachts erschien ihm Ayappa im Traum und forderte ihn auf, zum Fluss Pampa zu gehen und darin seine Sünden reinzuwaschen. Das tat er und war geheilt; daraufhin lief der Erste Minister, Ayappas Namen rufend, den ganzen langen Weg hinauf zu dem Tempel, den Ayappa auf göttliche Weisung auf einem Berg erbaut hatte. Er, der Erste Minister beziehungsweise der einstige Erste Minister, wurde so der Erste, der zu Ayappas Heiligtum pilgerte.

Was war mit dem Araber in der Geschichte? Er gehöre, sagte Deviah, zu der historischen Ayappa-Gestalt. Er sei wohl ein Raubfahrer oder Pirat gewesen, den Ayappa besiegt und dann zu seinem Verbündeten gemacht habe. Kein Versuch sei unternommen worden, ihn zur Aufgabe seines Glaubens zu bewegen; als er starb, habe man über seinem Grab eine Moschee errichtet. Diese Moschee stand am Anfang des vierzig Kilometer langen Fußweges zum Tempel Ayappas oben auf dem Berg, wo alljährlich am 14. Januar das Licht aufleuchtete. Alle Pilger mussten der Moschee ihre Reverenz erweisen. Deshalb befanden sich so viele Muslime unter den Pilgern zu Ayappas Heiligtum. Auch das fand Deviah faszinierend. Die Mischung der beiden Religionen gefiel ihm.

Vor dieser Reise hatte ich noch nie etwas von der Wallfahrt zu Ayappa gehört. Und hätte ich nicht Deviah kennen gelernt, hätte ich die schwarz gewandeten Gestalten vielleicht für einen normalen Bestandteil der dicht bevölkerten indischen Szenerie gehalten und mich gar nicht weiter nach ihnen erkundigt. Die Erscheinung des göttlichen Lichts beim Heiligtum fiel zeitlich zusammen mit einem Erntedankfest im Süden und einem großen religiösen Volksfest im Norden; die Wallfahrt, der Fußweg hinauf auf den heiligen Berg, war vielleicht etwas Uraltem aufgepfropft, das mit dem Wechsel der Jahreszeiten zu tun hatte. Als Wallfahrt zu Ayappa und Vavar sei die Sache schon seit Jahrhunderten Brauch, sagte Deviah; in den letzten Jahren allerdings habe sie aus irgendeinem Grund und trotz der vierzigtägigen Bußzeit und des langen Marsches hinauf zum Heiligtum außerordentlich an Popularität gewonnen. Eineinviertel Millionen Männer würden zur Zeit der göttlichen Lichterscheinung beim Heiligtum erwartet, und einigen Zeitungen zufolge könne sich die jährliche Anzahl der Wallfahrer auf fünfundzwanzig Millionen Menschen belaufen – obwohl sogar für indische Verhältnisse diese Zahl ein bisschen hoch gegriffen scheine.

Vielleicht habe die Popularität des Kults um Ayappa damit zu tun, dass die Menschen jetzt ein bisschen mehr Geld besaßen, dass die Straßen besser ausgebaut, das Reisen einfacher, mehr Busse verfügbar waren, dass mehr Männer, junge und alte, die willkommene Gelegenheit nutzten, ein bisschen Urlaub von der Familie zu machen und Touristen zu spielen. Die Autobusse zum Heiligtum von Ayappa glichen manchmal Touristenbussen: Sie brächten die Pilger unterwegs auch zu anderen Sehenswürdigkeiten. Das sei aber nicht recht, meinte Deviah, denn Besichtigungen seien ein Vergnügen, und der Pilger, der zu Ayappa wallfahre, dürfe nichts tun, was im Verdacht stehe, vergnüglich zu sein.

Die Menschen besaßen mittlerweile ein bisschen mehr Geld. Das konnte man auf der Fahrt von Goa nach Süden, durch die ländlichen Regionen Karnatakas, erkennen. Die indische Armut war noch sichtbar, die Abfallhaufen, der verfallene Eindruck, den Häuser und Gassen machten. Aber die Felder, bepflanzt mit Zuckerrohr, Baumwolle und anderen Erntefrüchten, sahen ertragreich und gepflegt aus; in den Dörfern wirkten die Häuser oft adrett, mit getünchten Mauern und roten Ziegeldächern. Kein Vergleich mit dem Elend, das ich vor sechsundzwanzig Jahren zu sehen bekommen hatte, als ich die Gegend in einem langsamen, ständig Halt machenden Bus hier durchquert hatte. Die wandelnden Skelette mit ihren irren Augen waren verschwunden. Die agrarische Revolution war hier Wirklichkeit geworden; man sah den Leuten die bessere Versorgung mit Lebensmitteln an. Hunderttausende von Menschen in ganz Indien, vielleicht sogar Millionen Menschen, arbeiteten dafür seit vier Jahrzehnten, still und bescheiden: Nur wenige von ihnen taten es mit dem Gefühl, etwas Großes, ein Opfer, eine Mission zu vollbringen; fast alle von ihnen verrichteten schlicht ihre Arbeit.

Kein Winkel in diesem Land, der nicht seinen eigenen Draht zu den Göttern hatte – in einem Land des Mangels und der Hungersnot eine Ironie, mittlerweile aber passender. Traktoren zogen Anhänger mit Baumwolle, die in Form großer, dicker, mit Sackleinen umwickelter Bündel transportiert wurde: Als wäre sie eine Flüssigkeit, die gefiltert würde, drängte sich die Baumwolle durch die braune Umhüllung. Gleichzeitig waren Menschen in den Höfen der Dörfer mit biblisch anmutenden Tätigkeiten befasst, mit Dreschen und Worfeln. Das Land war fast schon schön, fast ohne Schmerzlichkeit für den Betrachter.

Diese Art von Erneuerung konnte sich nur allmählich und nicht ohne falsche Entscheidungen, Fehlschläge, vergeudete Arbeit vollzogen haben. Das war sogar jetzt noch zu beobachten: Ein Forstamt hatte hier gewirkt und neben der Straße Gruppen von Eukalyptusbäumen gepflanzt. Die Bepflanzung erwies sich als erfolgreich: Viele Kilometer entlang der Straße gab es beiderseits so etwas wie Schatten, ein erfrischender Anblick. Jetzt aber musste all dies, die Arbeit von Jahren, unter Umständen wieder zunichte gemacht, die Bäume gefällt, ganz von vorne angefangen werden: Nach neuesten Erkenntnissen war der Eukalpytusbaum ein mörderisches Gewächs, das nach Feuchtigkeit gierte und den Acker, neben dem es stand, eher austrocknete als schützte.

Auf der Straße herrschte reger Verkehr, Spiegel der landwirtschaftlichen Aktivitäten. Die Lastwagen freilich, wenngleich liebevoll geschmückt, waren in der für Indien typischen Weise überladen und wurden rasant und ohne Sicherheitsabstand gefahren, als sei Metall unzerstörbar und mache den Menschen zum Gott, als gehorchten Motor, Lenkrad und Bremsen allen Befehlen. Zwischen Goa und Bangalore waren an diesem Tag bei sieben schweren Unfällen zehn oder zwölf Lastwagen zerstört worden, wobei mit Sicherheit etliche Menschen ihr Leben gelassen hatten. Lastwagen waren von der Straße abgekommen und in Teichen gelandet; andere hatten sich ineinander verkeilt. Führerhäuser waren eingedrückt, überall lagen Glassplitter. Achsen waren gebrochen, Räder merkwürdig verbogen, und manchmal waren Lastwagen wie verletzliche, weichbäuchige Tiere unter ihrer grausamen Last auf den Rücken gekippt und zeigten, wie miserabel und verrostet ihre metallenen Untergestelle und wie glattgefahren ihre runderneuerten Reifen waren.

Durch dieses alte, neue Land gelangten wir zur Stadt Bangalore. Sie lag rund neunhundertfünfzig Meter über dem Meeresspiegel und war in früheren Zeiten berühmt für ihren Regen und ihr mildes Klima, ihre Pferderennbahn, ihre an Simla erinnernde Lebensart. In Bangalore hatte es zwar ein Quartier mit britischer Garnison gegeben, aber im Übrigen war die Stadt Teil des Fürstentums Mysore gewesen, eines der größten Fürstentümer im britischen Indien. Die Fürsten von Mysore, die in der Stadt einen Palast besaßen, waren nicht bloß berühmt für ihren großen Reichtum, der nur vom ebenso unnützen wie sagenhaften Reichtum der Nisam von Haiderabad übertroffen wurde, sondern auch für ihr herrscherliches Verantwortungsbewusstsein, den Stolz, den sie in ihren Staat und ihr Volk setzten. Sie hatten sich als Erbauer von Schulen, Krankenhäusern und Bewässerungssystemen einen Namen gemacht, waren bekannt dafür, dass sie Alleen und Parks anlegten. Bangalore war ein Ort gewesen, wohin man sich zurückzog und zur Ruhe setzte, um der Hektik des indischen Geschäfts- und Arbeitslebens zu entrinnen.

Seit der Unabhängigkeit hatte sich Bangalore gewandelt. Das Klima, das Ruheständler angezogen hatte, zog jetzt die Industrie an; Bangalore war gewachsen. Die Stadt bildete das Zentrum des indischen Raumforschungsprogramms und eines der Zentren der indischen Luftfahrtindustrie. In Bangalore gab es wissenschaftliche Einrichtungen jeder Art. Die von Bäumen gesäumten Straßen der Gartenstadt der Maharadschas erfüllten jetzt der Krach, der Gestank und der Rauch drei- und vierrädriger Kraftfahrzeuge. Eine Stadt, in der man zu Fuß ging, war Bangalore nicht mehr.

***

Die Entwicklung von Wissenschaft und Technik in Indien interessierte mich. Was waren das für Menschen, die sie vorangetrieben und binnen fünfzig Jahren Indien eine industrielle Revolution beschert hatten?

In Bombay hatte ich mich flüchtig mit Dr. Srinivasan, dem Vorsitzenden der indischen Atomenergiekommission, unterhalten, anlässlich eines geselligen Abends in seiner Wohnung. Wie er mir erzählte, war sein Großvater ein *purohit*, ein Priester, eine Art von *pujari*, gewesen. Sein mittlerweile sechsundachtzigjähriger Vater, der in Bangalore lebe, sei ein pensionierter Schullehrer.

Einen Tag nach meiner Ankunft suchte ich am späten Nachmittag Dr. Srinivasans Vater auf. Der alte Mann trug ein *dhoti*; mitten auf seiner Stirn befand sich ein vertikales rotes Kastenmal. Er war ein außerordentlich gut aussehender Mann, klein, schlank, in jeder Hinsicht zierlich. Sein Gesicht verriet einen Menschen mit tiefem Innenleben. Er zeigte mir ein altes passbildgroßes Foto von seinem Vater Shadagopachar, dem *purohit*. Shadagopachar trug sein Priestergewand, die eine Schulter entblößt. Er hatte helle, auf die Kamera gerichtete Augen, aber sein Gesicht war durch die Kastenmale maskiert: durch den dünnen roten senkrechten Strich auf der Stirn und zwei viel dickere Markierungen, die von den Augenbrauen aufwärts liefen. Diese dicken weißen Striche bestanden aus Lehm, einem verfeinerten Lehm, der nach wie vor in Form kleiner Riegel in den Geschäften verkauft wurde. Der weiße Lehm auf der Stirn symbolisierte die Fußabdrücke des Gottes.

Die Familie war in den neunziger Jahren des neunzehnten Jahrhunderts aus einer etwa sechzig Kilometer entfernten kleinen Stadt nach Bangalore gezogen. Dort wurde Shadagopachar von seinem Onkel in Sanskrit und allen *Veden* unterrichtet. Aber *purohits* verdienten äußerst wenig – vier Annas, eine Viertelrupie, für eine *puja* –, und deshalb hatte Shadagopachar auch eine Stelle als niederer Angestellter in der Verwaltung des Maharadschas inne. Er sammelte Dokumente, registrierte sie und band sie zu Akten zusammen und bekam dafür zwischen elf und fünfzehn Rupien im Monat. Studierte verdienten damals zwischen fünfundzwanzig und dreißig Rupien, etwa zwei Pfund; Shadagopachar aber hatte nur einen Schulabschluss.

Shadagopachar wollte, dass sein Sohn einen Universitätsabschluss machte, weil er sich damit eine gute Anstellung im Staatsapparat sichern und weit mehr verdienen konnte als mit der Tätigkeit eines *purohit*.

»Wir mussten aber trotzdem Sanskrit lernen. Wir mussten die Morgen- und Abendgebete lernen. Es gab auch ein Mittagsgebet, doch weil wir die Schule besuchten, sagten wir dieses Gebet am Morgen auf, ehe wir zur Schule gingen. Nach meiner Abschlussprüfung an der Universität bewarb ich mich um eine Stelle im Schulwesen. Das war 1925.«

So hatte seine Laufbahn als Lehrer begonnen. Aber die Kenntnis des Sanskrit und die allgemeinen religiösen Lehren, die ihm von seinem Vater vermittelt worden waren, hatte er sich ebenfalls bewahrt. Aus dem Zusammenwirken dieser Momente – der neuen Bildung, der schwierigen, abstrakten Gelehrsamkeit des *purohit* oder Brahmanen, der Sorge um die genaue Durchführung komplizierter Rituale, der Gesammeltheit, mit der manche dieser Rituale zu absolvieren waren – war eine ganze Generation von Wissenschaftlern hervorgegangen. Die alte hinduistische Sanskrit-Gelehrsamkeit – die im späten achtzehnten Jahrhundert ein gelehrter Kolonialverwalter wie Sir William Jones für ebenso altehrwürdig und tiefgründig erachtet hatte wie das griechische Erbe und die er in einer Art von romantischer, lebendiger Archäologie verschwiegenen, kastenbewussten Brahmanen im Norden zu entlocken gesucht hatte – diese alte Gelehrsamkeit hatte zweihundert Jahre später den Keim für den neuen wissenschaftlichen Geist gelegt.

Es mag Zufall gewesen sein, aber die zwei Wissenschaftler, die ich später in Bangalore kennen lernte – Männer aus unterschiedlichen Disziplinen und aus verschiedenen Landesteilen –, hatten gleichfalls *purohits* oder Priester als Großväter.

Subramaniams Familie stammte aus einem kleinen Dorf, das jetzt, nach der Reorganisation der indischen Bundesstaaten im Gefolge der Unabhängigkeit, im Nachbarstaat Andhra lag.

»Meine Großeltern lebten schon lange Zeit in der Gegend. Nicht weit vom Dorf gibt es einen kleinen Fleck – draußen, mitten im Dschungel –, und dort befindet sich ein Heiligtum. Unsere Familie behauptet, die Gottheit, die dort verehrt wird, sei unsere Gottheit.

Der erste Vorfahr, von dem ich weiß, ist mein Ururgroßvater. Von ihm erzählt man sich eine merkwürdige Geschichte. Da gab es diesen Tiger, der in der Gegend sein Unwesen trieb. Mein Vorfahr beschloss, ihn sich vorzunehmen. Er wickelte sich in Decken, nahm eine Machete, ging zu dem Ort, wo der Tiger die Menschen überfiel, und stellte sich dorthin, den Tiger gewissermaßen zum Angriff herausfordernd. Der Tiger griff an, und mein Vorfahr hackte auf ihn ein, bis er tot war. Ich hörte die Geschichte in meiner Kindheit. Nichts weiter als diese Geschichte von physischem Heldenmut. Vielleicht eine Übertreibung. Und das ist in etwa so weit, wie ich zurückblicken kann.

Meine Familie betrachtete sich als Teil des Staats Mysore, des Staats des Maharadschas. Für meine Großmutter – sie lebte bis in die sechziger Jahre – zerfiel die Welt in drei Teile. Der erste Teil war das Land des Radschas, *Radscha Seemay*. Das war der Staat Mysore, wo alles schön und gut und angenehm war und wo Menschen, die wie wir vom Glück begünstigt waren, lebten. Den zweiten Teil der Welt nannte sie *Kumpani Seemay*, das Land der Kompanie. Damals konnte ich mit dem Ausdruck nichts anfangen – die Kompanie war die Ostindische Kompanie, und noch in den fünfziger Jahren verwendete sie das Wort. Das Land der Kompanie gehörte zu Indien, war aber nicht so schön wie das Land des Radschas. Sicher, einige unserer Verwandten lebten im Land der Kompanie, aber mit Menschen, die dort lebten, musste man Mitleid haben. Jenseits dieser zwei Gebiete lag die restliche Welt. So zu denken war für meine Großmutter völlig natürlich.

Wir sind eine Familie von Brahmanen. Wenn man so will, sind wir eine Priesterfamilie, aber mein Großvater war kein Priester. Er war ein kleiner Grundbesitzer und außerdem ein kleiner Staatsangestellter. Als ein dörflicher Beamter dürfte er zehn Rupien, vielleicht auch fünf Rupien verdient haben. Im Dorf dürfte er damit als wohlhabend, nicht aber als reich gegolten haben. Er war eher gesellschaftlich als ökonomisch gut gestellt. Viele im Dorf waren reicher als er.

Mein Großvater erkannte die entscheidende Bedeutung einer Ausbildung in englischer Sprache, und er sorgte dafür, dass sein Sohn diese Ausbildung erhielt. Und so war mein Vater, der in den ersten Jahren des Jahrhunderts zur Welt kam, der erste Mann in unserer Familie, der Schulen besuchte, in denen auf Englisch unterrichtet wurde. Mein Vater bewarb sich einfach bei einer Schule und wurde aufgenommen. Sein Kind in einer Schule unterzubringen ist heute ein harter Kampf; die Nachfrage ist groß. Aber damals bewarb sich mein Vater einfach nur. Wahrscheinlich machte er den Schulweg zu Fuß. In unserem Dorf gab es keine Oberschule. Viele Leute legten weite Strecken zurück, um zur Schule zu gelangen. Ich selbst – und das war in den vierziger Jahren – hatte einen Schulweg von mehreren Kilometern.

Ich weiß nicht, was meinen Vater zu den Naturwissenschaften brachte. Ich persönlich finde, dass die naturwissenschaftliche Tradition Indien nicht fremd ist. Ich glaube, der Inder hat eine natürliche Neigung zu den Naturwissenschaften. Viele Inder sehen sich gern in einer Tradition der Forschung und Suche nach Erkenntnis, und die Naturwissenschaften verkörpern ein Wissen, wie es den Vorstellungen von Bhaskara, einem unserer alten Naturforscher, entsprach. Heutzutage kann man in Indien Bhaskaras Abhandlung über die Astronomie aus der Zeit um 600 n. Chr. kaufen, und es existiert eine berühmte medizinische Abhandlung aus etwa dem gleichen Zeitraum. Ich möchte allerdings klarstellen, dass ich nicht einen Augenblick lang all denen Glauben schenke, die herumrennen und behaupten, die alten Inder hätten schon alles – Atombomben, Raketen, Flugzeuge – erfunden.

Aber die indische Wissenskultur verlor den Anschluss. Wie sehr, kann man daran ermessen, dass Dinge, die Newton 1660 niederschrieb, in Indien erst Mitte des neunzehnten Jahrhunderts verstanden und zur Kenntnis genommen wurden. Andererseits gab es 1000 n. Chr. und noch ein oder zwei Jahrhunderte danach einen Wissensstand in Indien, der Europa in Erstaunen versetzt hätte. Besonders in der Mathematik. Um 1000 n. Chr. waren die Inder stolz auf ihren Kenntnisstand. Dafür gibt es Belege. Um 1800 aber war es mit ihrer Selbstsicherheit vorbei. Radscha Ram Mohun Roy war der Erste, der öffentlich einräumte, dass es vieles gab, wovon wir keine Ahnung hatten.«

Ram Mohun Roy stammte aus Bengalen. Er kämpfte gegen den Brauch, Witwen auf den Scheiterhaufen ihrer verstorbenen Männer zu verbrennen. Ganz allgemein bemühte er sich darum, den Hinduismus zu reinigen und die neue Bildung aus Europa nach Indien zu bringen. Er war der erste moderne Reformer Indiens, dessen Lebensdaten erstaunen müssen: Er kam um 1772 zur Welt und starb 1833, während er sich als Gesandter in England aufhielt.

Ich erzählte Subramaniam, was ich irgendwo über den Mogulherrscher Dschahangir (er folgte Akbar dem Großen auf dem Thron, regierte von 1605 bis 1625 und liebte die Künste) gelesen hatte. Er habe sich über die Vorstellung von einer Neuen Welt jenseits des Atlantiks lustig gemacht.

Subramaniam sagte: »Und Aurangsib« – er herrschte von 1650 bis 1700, als das Mogulreich einen raschen Niedergang erlebte – »sprach von England mit Verachtung. Das sei eine winzige Insel, sagte er, deren König sich einem unbedeutenden Radscha in Indien vergleichen lasse. Das war Ende des siebzehnten Jahrhunderts.

In meiner eigenen Familie war es mein Großvater, dem klar wurde, dass unser Wissensstand veraltet war. Für ihn selbst allerdings war es zu spät, noch etwas daran zu ändern. Er kam in den achtziger Jahren des neunzehnten Jahrhunderts zur Welt und starb mit fünfundfünfzig. Aber er war, wie gesagt, entschlossen, seinem Sohn die neue Bildung zukommen zu lassen.

Nach der Oberschule ging mein Vater nach Bangalore an die Universität. Und damals wollte er forschen. In Indien war zu der Zeit Meghnad Saha, ein Bengale, eine der größten Berühmtheiten in der Forschung. Er lehrte als Professor für Physik in Allahabad. Er hatte sich ein paar Jahre zuvor mit einem Artikel einen Namen gemacht, in dem er nachwies, wie Ionisation und Temperatur zusammenhingen. Dieser Artikel Sahas erschien 1922, und seine Formel, die Sahasche Formel, bildet bis heute die Grundlage für das Verständnis der Zusammensetzung von Sternenmaterie. Saha war übrigens ein großer Nationalist.

Mein Vater nahm sich vor, nach Allahabad zu gehen und bei Saha zu arbeiten. Und das tat er auch. Für jemanden, der als Erster in seiner Familie aufs College gegangen war, dürfte das ganz schön abenteuerlich gewesen sein. Ich vermute, dass er in Allahabad finanziell von seinem Vater und seinem Schwiegervater unterstützt wurde. Mein Vater führte in Allahabad ein Tagebuch; irgendwann will ich mir dieses Tagebuch vornehmen.«

Das naturwissenschaftliche Interesse, der Wagemut und dann das Tagebuch: das Verlangen nach einer neuen Erfahrung und dann das Bedürfnis, Ordnung in diese Erfahrung zu bringen – das imponierte bei einem Mann, der gerade erst sein Dorf verlassen hatte.

Mit dem ihm eigenen Bedürfnis, Dinge einzuordnen und zu bestimmen, sagte Subramaniam: »Ich glaube, das bestätigt die beiden Thesen, die ich aufgestellt habe. Erstens, dass es eine alte naturwissenschaftliche Tradition gibt. Und zweitens, dass mein Vater nicht das Gefühl gehabt haben dürfte, er tue etwas völlig Fremdartiges, wenn er sich der Naturwissenschaft widmete. Ich glaube, in vielen indischen Köpfen spielte dies beides – Naturwissenschaft und Mathematik – eine zentrale Rolle.

Mein Vater kam zurück und unterrichtete Physik in Oberschulen in Bangalore und andernorts im Staat Mysore. Mysore war in vieler Hinsicht ein fortschrittlicher Staat. Ohne viel Aufhebens darum zu machen. Die Maharadschas und ihre Minister waren oft auf eigentümliche Weise liberal und vorausblickend. Einerseits waren sie konservativ, andererseits aber auch der Zukunft zugewandt. Haben Sie von Visweswaraiah gehört? Er war ein Ingenieur, der um 1910 zum *diwan* oder Ersten Minister ernannt wurde. Er trug die Verantwortung für viele Projekte, die aus Mysore einen Musterstaat im Lande machten. Als Mr Gandhi in den dreißiger Jahren Mysore besuchte, bezeichnete er den Staat als *Rama radschja.*«

Viele in Bangalore hatten das mir gegenüber schon erwähnt. *Rama radschja*, das Herrschaftsgebiet oder Königreich Ramas – ein höheres Lob gab es im Hinduismus nicht. Rama, der Held eines der zwei großen hinduistischen Epen, das verkörperte Gute, von jedermann geliebt, der Mann, der in jeder Situation garantiert das Rechte tat, die Religion achtete, weise handelte, eine gleichzeitig menschliche und göttliche Gestalt: glücklich, wer unter Ramas Herrschaft lebte.

»Wohltätige Herrschaft hatte in dem Staat Tradition«, sagte Subramaniam. »Und Visweswaraiah war seiner Zeit voraus. In den zwanziger oder dreißiger Jahren entwarf er einen Fünfjahresplan. Er war es auch, der die Universität von Mysore gründete. Und Mysore war der erste Staat, der über Elektrizität verfügte. Die Herrscher konnten auf vieles in ihrem Land stolz sein.

Mein Vater ließ sich in Bangalore nieder, und dann zog auch mein Großvater hierher. Wir wuchsen in einer indischen Großfamilie auf, einer sehr großen Familie. Mein Großvater war ein Mann, der seine religiösen Pflichten ernst nahm. Er stand seiner Familie als Oberhaupt vor, und er verrichtete seine *pujas*. Ich glaube nicht, dass er damals noch etwas anderes tat. Er starb in der zweiten Hälfte der dreißiger Jahre.

In meinem Vater wuchs das Gefühl, dass die Naturwissenschaft, die er kannte und praktizierte, und die Art, wie er lebte, sich nicht ohne weiteres vertrugen. Und tatsächlich kam es auch im Haus zu Konflikten, zumal das Haus unter meinem Großvater streng religiös orientiert war. Nach Ansicht meines Vaters war vieles, was wir taten, unsinnig. Die Rituale zum Beispiel. Die Schranken zwischen den Kasten.

Er versuchte, beides miteinander zu versöhnen. Er entwickelte eine eigene Sichtweise – die er als hinduistisch oder brahmanisch verstand und in einer bestimmten Wertschätzung der alten indischen Gelehrsamkeit und Philosophie verankert sah. Mit ihr bemühte er sich um Freiheit von allem, was ihm von Vorurteilen geprägt erschien. Er tat zum Beispiel etwas, was damals sehr ungehörig und keine Kleinigkeit war. Alle brahmanischen Kinder müssen eine Initiationszeremonie durchlaufen – sie ist eine ernste Angelegenheit und wird gewöhnlich veranstaltet, wenn der Junge sechs, sieben, acht Jahre alt ist. Mein Vater hatte einen sehr engen Freund, der kein Brahmane war, und er bestand darauf, dass dieser Freund an dem Ritual, das für sein eigenes Kind – mit anderen Worten, für mich – veranstaltet wurde, teilnahm. So etwas erregte Unmut. Das war in den vierziger Jahren. Aber in diesem Punkte ließ mein Vater nicht mit sich handeln.

Hinsichtlich der Rituale durchlief mein Vater, glaube ich, ein Stadium, in dem er sie ablehnte, um sie dann am Ende in einer bestimmten, modifizierten Form doch noch zu akzeptieren. So pflegte er in seinen späteren Jahren die *puja* zu verrichten, aber auf eine sehr unauffällige Weise. Ich erinnere mich, dass ich meinem Vater wegen der *puja*, die er verrichtete, Vorwürfe machte. Er sagte, ihm genüge es, dass sie ihm für einen Teil des Tages ein gewisses Maß an Seelenfrieden und Ungestörtheit verschaffe. Er lässt sich ohne Paradoxie als ein Mensch beschreiben, der zugleich konservativ und liberal war. In Sachen Kaste und so weiter dachte er liberal. Aber verwestlicht war er ganz und gar nicht.«

»Verrichten Sie die *puja*?«, fragte ich Subramaniam.

»Ich verrichte keine *puja*. Aber ich hänge immer noch an dem Heiligtum im Urwald, dem mit der Gottheit der Familie.«

»Wie kommt eine Familie zu solch einer Gottheit?«

»Manchmal wird einer Familie eine Gottheit verliehen. Oder die Familie macht sie sich irgendwann zu Eigen. Irgendein Ereignis hat sie eingeführt. Vielleicht irgendein Lehrer. Möglich auch, dass jemand bei irgendeinem Tempel Hilfe sucht und die Hilfe gewährt bekommt und Anhänger einer Gottheit des betreffenden Tempels wird.

Mein Vater blieb fast sein ganzes Leben lang Lehrer. Nachdem er sich als Lehrer zur Ruhe gesetzt hatte, arbeitete er in einer psychiatrischen Einrichtung; hauptsächlich kümmerte er sich um die Elektronik eines Elektroenzephalogramms zur Messung von ›Hirnströmen‹. Unter anderem stellten sie übrigens Forschungen an einem *sadhu* an. Sie bestückten den ganzen Kopf mit Elektroden, um herauszufinden, wie die Hirnströme reagierten, wenn er in Trance verfiel. Tatsächlich stellten sie fest, dass er sich in einem Zustand äußerster Ruhe befand.

Die letzten zwanzig Jahre seines Lebens verbrachte mein Vater damit, dass er in der Landessprache Bücher über naturwissenschaftliche Themen schrieb. Er sah voraus, dass sich die Dinge in diese Richtung entwickeln würden – dass man über Naturwissenschaften nicht mehr auf Englisch, sondern in der Sprache des Volkes reden würde. Die Bücher waren ziemlich gut. Manche sogar sehr gut. Er schrieb über Energie, lange bevor das Energiesparen ein Thema wurde. Er schrieb über Astrophysik. Er schrieb ein kleines Buch über den Schall. Darin behandelte er die Physik des Schalls und versuchte dann den Zusammenhang dieser Physik mit der Musik zu erklären, die dem Leser vertraut war, der Musik des Landes. Dieses Buch schrieb er in den vierziger Jahren. Es ist nur ein kleines Büchlein. Es war für zwei Annas zu kaufen.« Ein Achtel einer Rupie, weniger als ein Penny.

»Wie sahen Sie sich als Heranwachsender? Arm? Gut gestellt?«

»Ich empfand mich als dem Mittelstand zugehörig.« Mittelstand im indischen Sinne, wo das Wort die Bedeutung hat, dass man zwar nicht arm ist, aber doch eher in bescheidenen Verhältnissen lebt und sein knappes Auskommen hat – also kein Mittelstand im europäischen oder amerikanischen Sinne. »Nicht reich. Eine mittelständische Familie, die sich nach der Decke strecken muss. Geld, um es zu sparen, hatten wir nicht. Nie. Ich würde sagen, für uns gehörte das zu unserem Leben; es war nichts, worüber wir uns ständig Gedanken machten. Die in Gemeinschaft lebenden Großfamilien haben gewisse Vorzüge: Man weiß sich gut aufgehoben. Es ist wie in einem kleinen Staat: Man hat Freunde, irgendwie geht es weiter.

Dass mein Vater Naturwissenschaften betrieben hatte, wirkte auf mich zurück. Und mein Vater hatte literarische Freunde, weil er Bücher in der Landessprache schrieb. Ziemlich oft wurde zu Hause über Wissenschaft, Religion, Literatur diskutiert. Es herrschte eine sehr gebildete, kultivierte, anregende Atmosphäre. Schlicht waren die Verhältnisse nur in ökonomischer Hinsicht. Ganz und gar nicht im kulturellen Sinn. Und in einem alten Land wie Indien ist das ziemlich wichtig.«

Ich verstand, was er meinte. Ich empfand Ähnliches – in geringerem Maße beziehungsweise in anderer Form – im Hinblick auf meine eigene indischstämmige Familie im fernen Trinidad. Die materiellen Bedingungen unseres Lebens, oft sehr beschränkte Bedingungen, bildeten meinem Gefühl nach nur die halbe Wahrheit: die Überreste der alten Zivilisation, die uns zu Eigen waren, statteten uns dazwischen liegende Generationen in unserem kolonialen Milieu mit einem zweiten Satz Überzeugungen und Aspirationen aus, die uns für die Welt draußen besser gerüstet sein ließen, als eigentlich zu erwarten. Aber ich erinnerte mich auch noch an etwas anderes: an die Schäbigkeit der indischen Bücher, die wir kauften, manchmal nur aus Pietät gegenüber dem Land unserer Vorfahren. Ich erinnerte mich an das schlechte Papier, die verstümmelten Buchstaben, die schmierende Druckerschwärze, die schrägen Zeilen, die ungleichmäßigen Ränder, die rostigen Metallklammern. Der Gedanke an Indien verlieh uns einen Teil unserer Stärke, und ein Teil unserer Anhänglichkeit galt der indischen Heimat; aber da war auch diese andere Vorstellung von der indischen Wirklichkeit, von minderwertigen Waren, von minderwertigen, Maschinen, die nicht richtig eingesetzt wurden.

Subramaniam sagte: »Wenn ich an die Zeiten zurückdenke, als die Briten noch hier waren – und meine Erinnerungen daran sind vage, ich kam in den vierziger Jahren zur Welt –, dann galten uns damals die in England oder in Europa fabrizierten Güter – Waren aus den USA sah man selten – als hochwertig. Die Qualität indischer Güter schätzten wir geringer ein. Ich glaube, die Menschen aus der Generation meines Vaters müssen eine bemerkenswerte geistige oder intellektuelle Kraft besessen haben, um inmitten all dieses indischen Schunds seelisch mit sich im Einklang zu bleiben. Die Menschen wussten, dass die Realität nicht sehr großartig war. Aber sie besaßen ein gewisses Selbstbewusstsein, das einer Vorstellung von tatsächlicher oder eingebildeter Größe entsprang. Sie besaßen ein grundlegendes Bewusstsein kultureller Kraft, das sie aufrechterhielt. Man sah, wie die Leute Sachen aus Großbritannien bewunderten, aber gleichzeitig erklären konnten: ›Das ist toll, aber davor gehen wir nicht in die Knie.‹«

»Weckte das nicht Zweifel in Ihnen, was die Möglichkeit einer industriellen Revolution in Indien und die Fähigkeit der Inder betraf, Sachen zu fabrizieren, die sich vollendet und echt anfühlten?«

»In dieser Hinsicht hatte ich nie Zweifel. Niemals. Für uns war das keine Frage des Ob, sondern nur des Wann. Wir klagten darüber, dass es zu langsam voranging.«

»Sie glauben nicht, dass die Minderwertigkeit die Menschen seelisch beeinträchtigte?«

»Ich empfand ein wenig Scham. Es gab zweifellos Unmut darüber, dass viele Geschäftsleute Geld machten, ohne dafür hochwertige Sachen zu produzieren – man hatte den Eindruck von unrechtmäßig erworbenem Reichtum. Man sah einer ziemlich fernen Zukunft entgegen, in der das nicht mehr so sein würde. Wir erkannten, dass die Antwort hierauf in der Entwicklung einer starken wissenschaftlichen Kultur im Lande bestand. Meine eigene Empfindung war eine Mischung aus Scham, Unwissenheit und Hoffnung. Ich glaube, diese Einstellung wurde damals nicht von allen geteilt. Was die Hoffnung anging, so dürfte es weit divergierende Ansichten gegeben haben.

Nicht wenige Inder hatten damals den Eindruck, die britische Herrschaft in Indien werde ewig dauern – nicht sehr viele, aber doch eine ganze Menge glaubten das. Zu meinen lebhaftesten Erinnerungen gehört ein Streit zwischen meinem Vater und dem Vater meiner Mutter. Er war Arzt.«

»Ein Arzt!«

»Wie gesagt, schlicht waren unsere Verhältnisse nur in ökonomischer Hinsicht. Der Streit – es war während des Kriegs – drehte sich um die Frage, wie die Zukunft aussehen würde. Mein Großvater, der Arzt, hielt Europa, den Westen, für sehr mächtig und hielt es für fast ausgeschlossen, dass Indien die Briten loswerden könne. Und selbst wenn die Briten den Krieg verlören, wären stattdessen die Deutschen zur Stelle. Die Zukunft sah er noch eine beträchtliche Zeit lang vom Westen beherrscht. Und er hielt außerdem die Inder für unfähig, das Land zu verwalten – es in Gang zu halten, es zu regieren.«

Das transportierte mich zurück zu einigen anderen Gefühlen, die ich angesichts der Kultur meiner Vorfahren empfunden hatte. In den späten dreißiger und frühen vierziger Jahren sah ich in Trinidad immer wieder arme Inder, die sich auf den Plätzen von Port of Spain einen Schlafplatz suchten. Das waren bäuerliche Einwanderer aus Indien; sie hatten vor zwanzig oder mehr Jahren ihre Arbeitskontrakte erfüllt, hatten die Fahrt zurück nach Indien nicht bezahlt bekommen und waren verelendet, von Gott und der Welt verlassen. In der Kolonialstadt waren sie durch ihre Sprache noch zusätzlich isoliert; bis zu ihrem Tod lebten sie auf der Straße. Schon in ganz jungen Jahren vermittelte mir der Anblick dieser Verzweifelten die Idee, dass wir Menschen waren, die sich an niemanden wenden konnten. Wir waren aus der Verelendung Indiens hierher geschafft worden und verfügten über keine Stimme. Die Vorstellung von einem äußeren Widersacher reichte nicht aus, um zu erklären, was mit uns geschah. Schon früh wandte ich deshalb den Blick nach innen und fragte mich, ob nicht unsere Kultur – die komplizierte und sehr persönliche Religion, die Tabus, die gesellschaftlichen Vorstellungen –, sosehr sie einige von uns stützte und bereicherte, uns Halt gab, doch auch genau dasjenige war, was uns zum Verderben gereichte.

»So etwas habe ich auch empfunden«, sagte Subramaniam, »aber anders als Sie. Der Fremde war hier bei uns im Land. Das Land war versklavt und wurde ausgeplündert. Der Grund dafür aber war nicht einfach unsere Kultur. Die Ursache war, dass wir über Jahrhunderte schwach und unbeweglich geworden waren.«

Er begann, von einem Muster der indischen Geschichte zu reden.

»Ich komme auf das zurück, was Al-Beruni über die Hindus sagt.« Al-Beruni, der arabische Historiker, der um 1000 n. Chr. am Hof von Ghazni im heutigen Afghanistan lebte. Subramaniam hatte ihn zu Anfang unseres Gesprächs erwähnt. Al-Berunis Buch zählt zu den Quellen für das, was wir über die Wissenschaft und Bildung der alten Hindus wissen; in dem Buch finden sich aber auch einige denkwürdige Äußerungen über den Bildungsdünkel der Hindus.

»Wir wurden selbstzufrieden. Hier war ein System entwickelt worden, durch das der Fortbestand der Kultur des Landes und seiner Gesellschaftsordnung unabhängig wurde von den jeweiligen Kriegsherren, die das Land regierten. Das Land funktionierte auf der Basis von Prinzipien, die darauf fußten, dass Könige kamen und gingen und Kriege ausgetragen wurden, dass aber die Gesellschaft weiter bestand, ohne von diesen Vorgängen groß erschüttert zu werden.

Bis zu einem gewissen Punkt erklärt das, warum Hindus ahistorisch sind. Schauen Sie sich an, was die indische Kultur im Gedächtnis behält – wir haben unsere Bücher über Mathematik, Astronomie, Grammatik bewahrt. Wir bewahren Bhaskara und Charaka.« Naturforscher aus dem siebten Jahrhundert. »Was wir bewahren, schließt die Namen von Königen oder Schlachten nicht ein – das ist nicht Teil unserer Überlieferung. Wir kennen Bhaskara und Shankaracharya.« Shankaracharya, ein Philosoph aus dem neunten Jahrhundert, der ganz Indien bereiste, schuf an bestimmten Orten religiöse Einrichtungen (die bis heute existieren); er soll mit zweiunddreißig gestorben sein. »Aber würden Sie fragen: ›Wer hat 1700 in diesem Teil des Landes geherrscht?‹, die Leute wüssten es nicht, und es wäre ihnen auch egal.

Das war allerdings auch die Schwäche des Landes, die uns die militärische Niederlage eintrug. Mit den Briten freilich änderte sich das. Als die Briten herkamen, wurde den Indern allmählich klar, dass sie über diese politischen und militärischen Niederlagen nicht einfach hinwegsehen konnten. Was andernorts eine natürliche Reaktion, eine Selbstverständlichkeit gewesen wäre, war in Indien nur als intellektuelle Schlussfolgerung möglich. Dazu brauchte es viel Zeit. Erst spät, im neunzehnten Jahrhundert, war die Einsicht gewonnen.

Es war eine Einsicht, die viele teilten. Deshalb besuchten die Menschen englische Schulen. Ich ging auf eine Schule, die englischsprachig, doch dabei sehr indisch war. Sie wurde von Leuten betrieben, die zwar orthodoxe Hindus waren, aber die Überzeugung teilten, dass wir Englisch, Naturwissenschaften, Technik lernen mussten. Die Atmosphäre war sehr anregend. Ich erinnere mich an viele Meinungsverschiedenheiten bei den Lehrern, was die Zukunft anging. Selbst Gandhi war umstritten. Wenn ich daran zurückdenke, staune ich über die Menschen dort, Lehrer, vielleicht ein halbes Dutzend – ihr Gehalt dürfte äußerst niedrig gewesen sein –, die tatsächlich von dem Wunsch beseelt waren, andere zum Lernen zu bewegen. Man bekam das Gefühl, dass sie einer Berufung folgten. Ich erinnere mich an einen meiner Lehrer, der – ich weiß bis heute nicht genau, warum – großen Anteil an mir nahm und mir ein Buch über die Lebensläufe bedeutender Naturforscher schenkte, das er aus eigener Tasche bezahlt hatte.«

»War er Brahmane?«

»Er war Brahmane. Die Schule entsprang einer brahmanischen Initiative.«

Ich dachte daran, wie stark die Brahmanen in der Unabhängigkeitsbewegung mitgewirkt hatten, und an die Ideen von gesellschaftlicher Erneuerung, die mit der Bewegung einhergegangen waren. Ich dachte daran, wie viel die Brahmanen anschließend zur wissenschaftlichen Entwicklung beigetragen hatten.

»Die Brahmanen haben also, wenn man so will, ihre Schuld beglichen?«, fragte ich.

»Ich bin nicht sicher, ob die Schuld schon beglichen ist. Die Brahmanen tragen immer noch für vieles in unserem gesellschaftlichen Umfeld die Verantwortung.« Subramaniam brach hier ab und wandte sich einem damit zusammenhängenden Thema zu. »In diesem Staat hat nach der Unabhängigkeit eine große soziale Revolution stattgefunden. Sie bestand darin, dass sich binnen weniger Jahre die Zusammensetzung der politisch mächtigen Schichten veränderte. Es war eine unblutige Revolution, aber dennoch eine Revolution, auch wenn sie außerhalb Indiens unbemerkt geblieben ist. Vor der Unabhängigkeit lag die Staatsverwaltung in den Händen von Brahmanen. Ein paar Jahre danach war die Macht in andere Hände übergegangen – und ich rede von einem Machtwechsel, wie er auch in anderen Teilen der Welt stattgefunden hat. Die Menschen, die jetzt im Amt sind, entstammen einer anderen sozialen Schicht.

Der wissenschaftliche Berater des Ministerpräsidenten hat kürzlich erklärt, das Problem der indischen Wissenschaft bestehe darin, dass sie zu stark eine brahmanische Wissenschaft sei; was wir bräuchten, sei eine stärker von den unteren Kasten getragene Wissenschaft. Aber dass es in den Wissenschaften so viele Brahmanen gibt, ist nur Folge der historischen Entwicklung.«

»Fühlen Sie sich bedroht?«

»Ohne Frage. Der Zugang zu den Universitäten hängt nicht ausschließlich von der Leistung ab. Es gibt für verschiedene Schichten Quoten. Viele Brahmanen haben heute das Gefühl, dass es sogar im Bildungswesen schwieriger geworden ist. Es gibt die Quoten, und private Hochschulen sind teuer. Daraus mag sich zum Teil erklären, warum so viele indische Akademiker ins Ausland abwandern.«

Während ich von Goa nach Süden gefahren war – durch die ungeordneten, aber energiegeladenen Städte mit den vielen Anzeichen von Wachstum, und dann durch die sorgfältig bestellten, vor der Ernte stehenden Felder –, hatte ich über den indischen, genauer gesagt hinduistischen Aufbruch nachgedacht. Falls Subramaniam Recht hatte, barg dieser Aufbruch eine unterschwellige Ironie: dass eben die Gruppe oder Kaste, die zu diesem Aufbruch einen so großen Beitrag geleistet hatte, sich nun selbst durch ihn bedroht sah.

Bildung und Streben hätten als solche zu nichts geführt, wenn sich nicht auch die Wirtschaft entwickelt hätte. Vielleicht war es sogar das ökonomische Wachstum, aus dem sich der Wandel des indischen Bildungssystems erklärte. Für Pravas, einen Ingenieur, hatte dieses Wachstum bereits einige Zeit vor der Unabhängigkeit begonnen, als sich der Akzent, den die Briten traditionell (und zumal nach dem Indischen Aufstand von 1857) auf Recht und Ordnung legten, zugunsten des Entwicklungsgedankens verschob.

»Viele Menschen wurden in diesen Prozess hineingesogen. Um 1930 kam es in Indien zu einem explosionsartigen Wachstum. Um 1947 gewann der Prozess an Schwungkraft und erfuhr danach eine Beschleunigung; mittlerweile verlangsamt er sich. Im Jahr 1962, als sich mir die Frage stellte, wo ich studieren und was ich werden wollte, hatte ich freie Wahl zwischen Berufen und Einrichtungen. Heute müssen die Menschen schwer kämpfen. Aber das hat auch seine positive Seite.

Der normale Inder strebt danach, im Schatten zu gedeihen – und das ist auch in Ordnung, solange jemand da ist, der den Schatten wirft. Konkret bedeutet dies, dass man bemüht ist, in Strukturen unterzukommen, die andere geschaffen haben. Das war überhaupt die Basis für unsere Unterwerfung. ›Solange mein unmittelbares Milieu gleich bleibt, ist es mir egal, wer da oben regiert‹

– so sieht die Einstellung aus. Vor einiger Zeit las ich einen Beitrag in der Zeitung, dem zufolge die Inder, ehe die Briten ins Land kamen, wie Bienen in einem Garten gelebt hätten. Und solange sich jemand anders um den Garten kümmerte, war das auch in Ordnung. Und dann nahmen, wie bekannt, die Briten den Garten in Besitz und wurden seine Gärtner, die *malis* – während die übrigen Geschöpfe, die Bienen, fröhlich von Blume zu Blume flogen.«

»Worin besteht die positive Seite des heutigen Kampfes?«

»In der Schattenregion, von der ich sprach, drängen sich mittlerweile die Menschen. Das zwingt sie, aus dem Schatten herauszutreten und selbstständig zu agieren. Es zwingt sie, Unternehmer zu werden.«

Pravas kam aus einer weit entfernten Gegend, aus dem Osten des Landes. Sein Großvater war Priester gewesen, und sein Vater hatte als Sekretär im Staatsdienst gearbeitet.

»Es ist die fast schon typische indische Erfolgsgeschichte. Mein Vater dürfte Mitte der vierziger Jahre in den Staatdienst eingetreten sein, als die Verwaltung gerade erst in die Gänge kam. Viel Wissenschaft und Industrie oder dergleichen gab es noch nicht. Aber die Strukturen weiteten sich aus. Es war der Vorlauf zur eigentlichen Entwicklung. Als diese schließlich eintrat, waren zusätzlich zu der traditionellen Bürokratie andere Kräfte in der Verwaltung gefragt. Die traditionelle Verwaltung hatte Bedarf an Polizisten, Soldaten, Beamten und Anwälten. Die neue Verwaltung brauchte Industrielle, Handwerker, Ingenieure, Ärzte, Wissenschaftler, Unternehmer. Weil mein Vater im Vorlaufstadium in den Staatsdienst eintrat, war er kein Wissenschaftler.«

»Wie sah die Lektüre Ihres Vaters aus?«

»Er bewahrte sich ein Gutteil Tradition. Er rezitierte Mantras. Mein Großvater war nach dem, was ich gehört habe, ein klassischer, ritualistischer *purohit*. Rituale zu vollziehen war sein Beruf. Mein Vater hingegen – das markiert vielleicht am besten die Veränderung – rezitierte die Mantras, weil sie ihm vertraut waren, ihn mit Ehrfurcht erfüllten, ihm als Ausdruck seiner Dankbarkeit gegenüber Gott dienten – diese Mantras hatte man von der Kindheit an ständig im Kopf. Für mich besteht kein Unterschied zwischen solchen Rezitationen und dem heutigen jungen Mann, der in einer Welt der Video- und Audioclips aufwächst und egal ob vor einem Publikum oder zum eigenen Vergnügen in Hindi Filmschlager singt.

Mein Vater ist größer als ich und macht eine gute Figur, wenn er mit gekreuzten Beinen kerzengerade dasitzt und rezitiert. Ich finde die Haltung herrlich. Mein Vater ist sechsundsiebzig, und er hält sich immer noch gerade. Aber das Rezitieren der Mantras ist bei meinem Vater von einer lebensnotwendigen Tätigkeit zu einer Lustbarkeit ›herabgesunken‹ – ich sage das in Anführungsstrichen. Einer oralen Lustbarkeit, wenn Sie so wollen, einer Nostalgie, einem Schutz gegen Ängste. Einer Gefühlsorgie – all das nenne ich Lustbarkeit, weil es aus freiem Antrieb geschieht.

Wir lebten in einem kleinen Fürstentum im Osten. Mein Großvater war einer der Priester der königlichen Familie. Es war kein wirklich großes Königreich – ein feudales Fürstentum von vielleicht zweihundert oder vierhundert Quadratkilometern.«

Ein kleines Fürstentum im Osten, ein Priester im Dienste der Herrscherfamilie. »Das ist noch ganz das alte Indien«, sagte ich.

»Das Maß an kulturellem Wandel, das ich persönlich durchgemacht und verkraftet habe«, sagte Pravas, »hätte andernorts Leuten das Rückgrat gebrochen. In meiner Kindheit, wenn wir zu Besuch in unseren Heimatort fuhren, benutzten wir Ochsenkarren – es gab kein anderes Transportmittel. Oder wir gingen zu Fuß. Das war noch 1960 so, bis vor nicht allzu langer Zeit also. Ein Badezimmer, wie wir es kennen, gab es nicht. Man ging hinunter zum Fluss.«

»Waren Sie sich dieser Härten bewusst?«

»Damals erschien das alles normal. Alle im Dorf verhielten sich so. Und noch Jahre, nachdem ich aus dem Dorf weg war, erschienen die Besuche dort, wenn ich für ein oder zwei Tage zurückkehrte, eher wie ein Ausflug ins Grüne. Bevor man seiner Entbehrungen innewurde, hatte man das Dorf in der Regel schon verlassen.

Die meisten Fürsten damals verfolgten eine Politik, die ein gewisses Maß an intellektueller Kultur beförderte. Darauf konnte man stolz sein. Das bedeutete praktisch, dass die Fürsten dafür Sorge trugen, dass ihre Leute, die Priesterkaste, die Intellektuellen, sich nicht in Abhängigkeit von anderen begeben mussten, um ihren Lebensunterhalt zu sichern. Sie schenkten also den *purohits* ein Stück Land. Ein Landgeschenk an einen *purohit* oder jemand anderen war unwiderruflich. Das Land war für alle Zeit verschenkt. Ein Geschenk wieder zurückziehen wäre als Sünde gemeinster Art erschienen. In dem betreffenden Königreich gab es zwischen fünf und zehn Priesterfamilien. Die religiösen Rituale waren stark ausdifferenziert. Der eine *purohit* hatte diese Spezialaufgabe und der andere jene.«

»Waren sie privilegierte Leute?«

»Ja und nein. Das Stück Land war nicht groß. Es reichte gerade für den Lebensunterhalt. Es sollte nur dafür sorgen, dass der Betreffende nicht Hungers starb. Man konnte sich im Notfall damit über Wasser halten, mehr nicht. Die *purohits* hatten nicht viel anzuziehen. Sie besaßen vielleicht zwei *dhotis*. Verglichen mit Geschäftsleuten, mit Leuten, die Korn oder Holz oder Leinsamen oder Öl verkauften, dürften sie arm gewesen sein. Im Vergleich zu den Bettlern waren sie gut gestellt.«

»Die Brahmanen wurden also von den Königen in einer ambivalenten Position festgehalten?«

»Wenn man die Sache ökonomisch betrachtet, wirkt sie schräg. Aber sie hatte ihre eigene Logik. Die Brahmanen genossen Ansehen und königlichen Schutz. Jede Aggressionshandlung gegen Priester wurde vom König streng geahndet. Und die Könige beförderten den geistigen Austausch. Debatten, Rezitationen, *yagnas* oder große *pujas*, vielleicht auch mit Brahmanen aus anderen Königreichen – alle wetteiferten beziehungsweise wirkten mittels Wettstreit zusammen, um ihre eigene Vortrefflichkeit unter Beweis zu stellen. Manchmal saßen tausend Brahmanen zusammen und rezitierten, wobei gleichzeitig alle die Ohren spitzten, um zu hören, wer von den anderen gut oder schlecht sang. Das ist genau das, was auch auf heutigen Kongressen passiert, zu denen Wissenschaftler oder Intellektuelle zusammenkommen.

Psychologisch betrachtet, war entscheidend, dass die Priestergemeinschaft so lebte und aufwuchs, dass sie gar nichts weiter erwartete. Diese Haltung ist so sehr im System verankert, dass sie sich sogar in der Volksüberlieferung wiederfindet. Gott Wischnu hatte zwei Frauen – Lakschmi, die Göttin des Reichtums, und Saraswati, die Göttin der Weisheit. Die beiden Frauen waren sich naturgemäß nicht grün – symbolische Darstellung der Tatsache, dass sich eine intellektuelle Existenz selten mit Reichtum verträgt: Man muss zwischen ihnen wählen. Eine Kombination von Bedingungen also sorgte dafür, dass diese Priesterkaste nicht auf Reichtum aus war und auch keine Reichtümer erhielt. Ein perfekter Interessenausgleich.

Im Leben meines Vaters sah der Ausgleich anders aus. Mein Vater genoss keine garantierte Sicherheit wie mein Großvater. Er musste arbeiten, um für seine Familie zu sorgen. Sein Leben teilte sich auf zwischen dem Ritualismus und dem Kampf ums Dasein. Dies beides war in eine Balance zu bringen.

Bestimmte Gemeinschaften finden sich durch den Aufbau der Gesellschaft gestützt. Wenn man einer kaufmännischen Kaste angehört, mit Leinsamen oder Baumwollstroh handelt und zum Handel mit Radioapparaten fortschreiten will, bleibt das Stützgerüst gleich. Nur die Ware wechselt. Man ist Teil einer kollektiven Bewegung. Was hingegen meinen Vater betrifft, so bewegte er sich nicht im Einklang mit der Gesellschaft – es gab in der Gesellschaft keine Bewegung, in der er hätte aufgehen können. Eine ganze Reihe von jungen Männern tat damals das Gleiche, aber sie alle taten es jeder für sich. Nicht nur stand mein Vater vor der Schwierigkeit, Pionierarbeit leisten zu müssen, er sah sich auch jedes Mal, wenn er ins Haus meines Großvaters kam, in Konflikte gestürzt. Es dürfte so gewesen sein, als ob er zwischen einem heißen und einem kalten Raum hin- und herwechselte.«

»Was waren das für Konflikte?«

»In der traditionelleren Gesellschaft musste man sowohl bei der Fortpflanzung als auch in den gesellschaftlichen Beziehungen seine Reinheit bewahren. Man heiratete nur in einem bestimmten Personenkreis, und man vermied bis zu einem gewissen Grad, mit den niederen Kasten in Kontakt zu kommen. Man durfte nichts essen, was jemand aus einer niederen Kaste gekocht hatte. Essen galt als heilige Handlung. Die Nahrung wurde als Opfer an die Verdauungssäfte betrachtet. Wann man essen durfte, in welche Richtung man beim Essen blicken musste, wer einen bediente und wie viel man aß – das alles war strikt geregelt. Die Nahrung war bis ins kleinste Detail zergliedert und systematisiert. Die verschiedenen Kategorien von Menschen aßen unterschiedliche Mengen. Zum Beispiel enthalten die heiligen Bücher die Vorschrift, dass für Geistesarbeiter, die wenig körperliche Arbeit verrichten, eine Hand voll Reiskörner die ausreichende Menge gekochten Reis ergibt.

Der Hinduismus ist eine Religion, die auf der Dreizahl aufbaut – für alles gibt es drei Optionen. So gibt es drei Arten von Nahrung – *sattvik*, *rajasik*, *tamasik*. *Sattvik*-Nahrung befördert die geistige Aktivität, klärt das Bewusstsein, führt zu reineren Gedanken. *Sattvik*-Nahrung ist leichte Nahrung und umfasst in der Hauptsache Getreide, ein gewisses Maß an geklärter Butter und die leichter verdaulichen Gemüsesorten. *Rajasik*-Nahrung eignet sich für Menschen, die arbeiten.«

(Von Deviah erhielt ich später eine umfassendere Liste der Nahrungsmittel, die *sattvik* waren: Blattgemüse, Milch, Quark, Butter, Reis, Weizen, die meisten Sprossen, die meisten Hülsenfrüchte (außer einer bestimmten Art von Linsen), Süßkartoffeln (aber keine Kartoffeln), Obst. Von Deviah erfuhr ich auch, dass *rajasik*-Nahrung mehr als nur arbeitsdienlich ist, dass sie ebenso sehr den Wagemut und die Leidenschaft befördert. Er zählte folgende Lebensmittel auf: *urad*-Linsen, Fleisch, Wein, Gewürze (echte Brahmanen können mit Gewürzen nichts anfangen). Was die *tamasik*-Nahrung betraf, auf die sich Pravas gut brahmanisch scheute, einzugehen (wobei ich auch nicht nachhakte, weil ich Schlimmes befürchtete und nicht wollte, dass er sich in Abschweifungen verlor), so behauptete Deviah, sie befördere die Trägheit. Merkwürdig war allerdings, dass die Liste durchaus ihre Feinheiten aufzuweisen schien und er schon einige Speisen im Zusammenhang mit der *rajasik*-Nahrung genannt hatte; einige der Gemüsearten, die er nannte, waren leicht genug, um ihre Aufnahme in den *sattvik*-Speiseplan zu rechtfertigen. Deviahs *tamasik*-Liste umfasste im Einzelnen: Zwiebeln, Knoblauch, Kohl, Möhren, Auberginen, Kartoffeln, *urad*-Linsen, Fleisch. *Urad*-Linsen und Fleisch fanden sich auch schon auf der *rajasik*-Liste.)

»Das *sattvik* ist auf den Geist gerichtet«, erklärte Pravas. »Von den entsprechenden Menschen wurde erwartet, dass sie aus Pflichtgefühl handelten und nicht um einer Belohnung willen. Solche Menschen taten, was sie taten, aus innerem Antrieb. Die Brahmanen wurden der Richtung der *sattvik* zugeordnet. Deshalb durften sie bestimmte Sachen nicht essen.

Das Ganze war auf jede nur denkbare Art ritualisiert. Wenn zum

Beispiel dein Vater noch lebte, durftest du beim Essen nicht nach Süden blicken. Das war keine Vorschrift, die in ganz Indien galt, aber sie war auch nicht nur lokal beschränkt. Als schwerwiegender Vorfall galt auch, wenn der Schatten einer Person aus einer niederen Kaste auf dein Essen fiel. Wenn das während der Mahlzeit geschah, dann war Schluss. Man hörte auf zu essen. Das Essen war unrein geworden. Und das habe ich noch vergessen zu erwähnen: Niemand durfte einen während des Essens berühren, und man musste das Essen in einer bestimmten Haltung zu sich nehmen. Manche Menschen waren so ›orthodox‹, in Anführungsstrichen gesprochen, dass sie während der Mahlzeit nicht einmal Personen aus niederen Kasten sprechen hören durften. Diese Menschen speisten tief im Inneren ihres Hauses.«

»Wurden sie wütend, wenn sie wegen des Schattens oder der Stimme aufhören mussten zu essen?«

»Brahmanen ist es nicht gestattet, in Wut zu geraten«, sagte Pravas mit einem Lächeln. »Sie hörten einfach auf zu essen. Wut gilt als unbrahmanisch. Wenngleich ich gestehen muss, dass ein großer Teil der Brahmanen, die ich kenne, sagen wir achtzig Prozent, äußerst jähzornig ist.

Mein Vater wechselte also, wie ich mich ausgedrückt habe, zwischen dem heißen und dem kalten Raum hin und her. Es war ein ständiger Kampf für ihn. Wenn er zurück zu meinem Großvater kam, musste er viele Befragungen über sich ergehen lassen. Hatte er von Nichtbrahmanen gekochte Speisen gegessen? Hatte er die korrekte Kleidung getragen? So etwas war damals wichtig. Mein Großvater trug nie lange Hosen; er trug das *dhoti*. Mein Vater trug beides – *dhoti* und Hosen. Aber die Essensfrage war nichts, was sie auf die leichte Schulter nahmen. In dem damaligen Wertesystem galt es als Sakrileg, gegen irgendeine der Vorschriften zu verstoßen.

Aus diesen Voraussetzungen erklärt sich die philosophische Ausrichtung meines Vaters. Aber obwohl er dieses Interesse übernahm, unterschieden sich seine Lektüren von denen meines Großvaters. Mein Großvater praktizierte das originale Sanskrit, die Mantras, wie sie in den *Veden* oder den *Puranas* standen. Es ist das Kennzeichen des Ritualismus, dass man den tieferen Sinn dessen, was man tut, nicht unbedingt versteht, und mein Großvater verstand nicht unbedingt, was er rezitierte. Vielleicht kann man den Ritualismus als eine, wenn auch nicht gerade plumpe Art von Simulation bezeichnen.

Mein Vater vollzog die Rituale nicht aus professionellen Gründen; er hatte in dieser Hinsicht keine Erwartungen zu erfüllen. Er bemühte sich also, zu verstehen, was er vortrug. Er las eine Menge philosophische Interpretationen aus jüngerer Zeit. Das brachte ihn dazu, Texte in vielen Sprachen zu studieren. Er las moderne philosophische Arbeiten in bengalischer Sprache, und er las auf Englisch. Ich bin mit unzähligen Büchern in Dewanagari und in englischer Sprache aufgewachsen. Mit anderen Themen beschäftigte er sich relativ wenig. Sein zentrales Interesse galt der Philosophie.

Und da war noch etwas anderes. Zusätzlich zu seiner Prägung durch die alten *Purana*-Werte stand er unter dem Einfluss nationalistischer Werte, im Wesentlichen der Ideen Gandhis. Der Gandhianismus hatte in Indien fast den Charakter einer Massenhysterie, aber in einer heilsamen Form. Es waren die guten alten Werte, nur in moderner Verpackung, sehr volksnah. Die alten Werte wirkten intellektuell und waren es auch; sie blieben den Massen letztlich fremd. Gandhi fand einen Weg, die alten Wahrheiten unkompliziert erscheinen zu lassen. Ich wuchs mit einer ganzen Reihe solcher Gandhischen Parolen auf. ›Mehr arbeiten, weniger reden‹.

In meinem Zuhause blieb die Kontinuität des brahmanischen Wertesystems bewahrt, und dann vollzog auch ich meinen eigenen Übergang aus einer alten in eine neue Welt, aus einem heißen in einen kalten Raum. Aber zu meiner Zeit verlief der Übergang anders. Niemand stellte mich zur Rede: ›Warum trägst du Hosen‹, oder ›Hast du von Brahmanen gekochte Speisen gegessen?‹

Doch wie meinem Vater auf seinem Posten als Staatsangestellter fehlte auch mir das Stützgerüst. Ich musste mir gewissermaßen meinen eigenen Weg bahnen.«

»Warum haben Sie sich für die Naturwissenschaften entschieden?«

»Da wären das Milieu und das herrschende Wertesystem zu nennen. Der dritte Faktor ist ein Sinn fürs Wunderbare.«

»Sinn fürs Wunderbare?«

»Er gehört zu den stärksten Antriebskräften. In allen Religionen wimmelt es von Wundererscheinungen. Das Geheimnisvolle zieht an, und die Naturwissenschaften haben dieses Geheimnisvolle zu bieten. Unbewusst war ich dafür empfänglich. Zwei chemische Substanzen verbinden sich, und die Farbe wechselt – das ist ein Wunder in seiner einfachsten Form. Oder man baut einen Apparat wie zum Beispiel einen elektrischen Ventilator, der scheinbar ohne bewegende Kraft funktioniert.

Im Wandlungsprozess, den mein Vater begonnen hat, habe ich noch eine weitere Stufe erklommen. Ich bin in meinen Anschauungen liberaler, als mein Vater es war. Dank dessen, was wir als ›wissenschaftlichen Geist‹ bezeichnen können, hinterfrage ich die Dinge wohl stärker als er. Dafür weiß ich weniger über Rituale. Mein Vater erbte nur einen Teil der Ritualkenntnisse, die sein Vater hatte, und ich wiederum nur einen Teil seiner Kenntnisse.

Bis ich fünfzehn oder sechzehn war, wuchs ich im engsten Familienkreis auf. Um diese Zeit lernt man die Rituale, weil man vor einem bestimmten Alter gewisse Rituale nicht vollziehen darf. Zum Beispiel gibt es einige Rituale, die nur verheiratete Männer ausführen dürfen. Damals aber ging ich weg von zu Hause und kehrte nur für einige wenige Tage im Jahr zurück. Vieles, was Rituale betraf, entging mir deshalb. Und heute glaube ich auch nur noch halb daran.

Ich praktiziere sie nicht, aber ich habe eine nostalgische Schwäche für sie. Ich bin im Ritual verwurzelt. Es ist nichts Fremdes für mich. Wenn mir jemand sagt, ich dürfe keine *rajasik*-Sachen essen – Eier oder so –, dann finde ich das nicht seltsam. Im Unterschied zum modernen Ernährungswissenschaftler verstehe ich es. Und in philosophischer Hinsicht habe ich fortgesetzt, was mein Vater tat. Ich habe mich noch mehr als er mit anderen Schulen der indischen Philosophie und Schulen anderer Philosophietraditionen beschäftigt. Mein Vater hatte sich, ausgehend von den grundlegenden vedischen Schriften, der indischen Philosophie im Allgemeinen zugewandt. Ich bin von dort zu globaleren Fragestellungen weitergegangen.«

»Mit Ihrer wissenschaftlichen Vorgehensweise«, sagte ich, »haben Sie wahrscheinlich umfassendere Kenntnisse über den Hinduismus erworben, als Ihr Großvater sie hatte.«

»Wahrscheinlich kann ich ihn besser in westlichen Begriffen darstellen«, meinte Pravas, »aber dass ich mehr weiß als mein Großvater, kann ich nicht behaupten.

Veränderung ist ein kontinuierlicher Prozess. Dass sich etwas verändert hat, erkennt man erst nach einer Generation. Wenn man es erkennen kann, ist es schon vollbracht. Wenn ich auf die vergangenen fünfzig Jahre blicke, erkenne ich nur zwei Veränderungen, aber sie wirken groß, weil der kontinuierliche Prozess in zwei oder drei Punkten gebündelt erscheint. Die nächste große Veränderung wird sich mit meinem Sohn vollziehen. Wandel vollzieht sich in gewissen Zeitspannen. Anhand aufeinander folgender Generationen lassen sich größere Spannen beobachten.

Mein Sohn wird gewaltige Veränderungen in seinen Lebensumständen durchmachen. In der Familie, in der Schullaufbahn, auf dem Arbeitsmarkt, überall. Ich bin in einem halb ritualistischen Milieu aufgewachsen. Ein solches Milieu wird es für meinen Sohn nicht mehr geben. Aber auch wenn meinem Sohn die Rituale noch stärker abhanden kommen, kann er doch immer noch in seiner heimatlichen Umgebung, in seiner Altersgruppe verwurzelt sein. Es wird viele geben wie ihn. Die Gesellschaft entwickelt sich in diese Richtung.

Die Speisevorschriften und all das, wovon ich sprach, sind manchen noch bekannt, aber die meisten in meiner Generation wissen nichts mehr davon. Sie wissen nicht, dass es dergleichen gab und immer noch gibt. Und doch stehen sie mit ihrer heimatlichen Umgebung im besten Einklang. Wenn man sich zu stark an seine Wurzeln klammert, zu traditionsfixiert ist, kann das tatsächlich zu Entwurzelung und Versteinerung führen. Zumindest der Form nach, zumindest im Stil muss man der neuen Strömung folgen, sich neu verwurzeln. In Indien tun das immer mehr. Was bloßer Stil war, wird binnen einer Generation zur Sache selbst. Dinge, die man anfängt zu tun, weil auch andere sie tun –, im Falle meines Vaters zum Beispiel, lange Hosen zu tragen –, erscheinen der nächsten Generation als Selbstverständlichkeit.«

Mir kam es so vor, als ob die Veränderungen, über die er sprach, in gewisser Weise den Veränderungen ähnelten, die ein oder zwei Generationen zuvor die indische Gemeinschaft in Trinidad durchgemacht hatte, das bäuerliche Indien, das meine Großväter mitgebracht hatten, eine allem Anschein nach komplette Welt, inklusive Sprache, Ritualen und gesellschaftlicher Organisation: ein Indien, das in seiner »Neue Welt«-Umgebung sogar schon in meiner Kindheit angefangen hatte, sich aufzulösen – erst ging die Sprache verloren, dann die Achtung vor den Ritualen und der Bedarf an ihnen (wobei die Rituale noch praktiziert wurden, als sie schon längst niemand mehr verstand), und zurück blieben nur ein Gemeinschaftsgefühl, ein Familiensinn und Sippenbewusstsein, und eine Vorstellung vom fernen Indien, die Vorstellung von einem Land, das anders (historischer, politischer) war als das Indien, das die Vorfahren mitgebracht hatten.

»Für Sie hatte die Veränderung nichts Subversives«, sagte Pravas.

Das Wort ließ mich aufhorchen.

»Die Veränderung«, sagte er, »kam nicht von innen. Sie war äußerlich. Hier vollzieht sich die Veränderung unmerklich. Sie geht überall um mich herum vor – in meinem Vater, meinem Bruder, in allen. Ich kann nicht mehr unterscheiden, was aus der Fremde kommt.«

Es gab (wenn man Pravas' Worte übertrug) einen weiteren, grundlegenden Unterschied zwischen den neuen Generationen in Indien und jenen in unserer weit entfernten Einwanderergemeinschaft. Den Menschen dieser Gemeinschaft, die dem indischen Heimatboden entrissen waren, machte die hinduistische Theologie Schwierigkeiten (so, wie sie den Menschen der vormals hinduisierten Gebiete Südostasiens Probleme bereitete); viele besaßen ihre Religion nur noch halb, viele wandten sich von ihr ab. Das Ganze war Teil eines umfassenderen Kulturverlusts, der bei vielen dazu führte, dass sie keine klare Vorstellung mehr davon hatten, wer sie waren. In Indien konnte das nicht passieren, mochte auch noch so viel Ritualismus auf der Strecke bleiben und mochten sich die äußeren Bedingungen noch so sehr ändern.

»Einige wenige Grundprinzipien werden bleiben«, sagte Pravas. »Die detaillierten Vorschriften zum persönlichen Verhalten – wie man isst, schläft und so weiter – werden die Menschen vergessen. All das wird verschwinden. Einige Orientierungen aber werden im Gruppengedächtnis für alle Zeit erhalten bleiben. Der Glaube und sein Ausdruck gehören zu diesen ursprünglichen Orientierungen, sosehr auch die Einzelheiten verschwimmen mögen.

Kürzlich sind in Form von Serien die großen Epen im Fernsehen gelaufen, das *Ramayana* und das *Mahabharata*. Die meisten

Menschen in den Straßen von Bangalore haben diese Epen nie gelesen. Weder im Original noch in einer englischen oder sonstigen Fassung. Für diese Menschen sind sie eine Naturgegebenheit; sie sind einfach da. Man weiß über die Hauptfiguren und über die Grundthematik Bescheid. Die Einzelheiten kennt man nicht und auch nicht die inneren Zusammenhänge. Trotzdem waren die Fernsehserien auf Anhieb ein Erfolg.«

Und heute nun sah sich Pravas mit all den Beschwerlichkeiten des modernen indischen Lebens konfrontiert. Wie er sie schilderte, waren sie die gleichen, die auch dem Besucher zu schaffen machten: die Schwierigkeiten bei Reisen auf dem Luftweg, im Zug oder mit dem Auto, die von Menschen wimmelnden, Gefahren bergenden Großstadtstraßen, die giftigen Abgase, die Probleme bei der Erledigung einfachster Angelegenheiten, die Schwierigkeit, das praktische, alltägliche Leben zu meistern, das doch die industrielle Revolution eigentlich hatte erleichtern sollen.

»Manchmal verzweifle sogar ich«, sagte Pravas. »Und es ist vielleicht nur meine Veranlagung, die mich hindert, zur Mafia zu gehen.« Um sie Druck auf Leute ausüben, Sachen durchsetzen zu lassen. »Verkehrsregeln gibt es in Indien nicht.« Das sei keine Bagatelle, keine Kleinigkeit. Pravas fuhr einen Motorroller; wenn er mich besuchen kam, trat er mit seinem großen Helm immer wie eine Art Raumfahrer auf. »Man hat ein bisschen das Gefühl, in einem Dschungel zu sein, und dieser Dschungel hat unter Umständen Auswirkungen auf die gesamte Gesellschaft. Nicht nur unter Umständen, sondern tatsächlich. Tatsächlich führt er zu einem Verlust an Produktivität. Ich bin weit weniger produktiv, als ich sein könnte. Viel von meiner Energie fließt in diese Dinge, diese Verkehrsstaus, dieses Chaos. Reibung in der Gesellschaft ist wie Reibung in einer Maschine.«

Ich dachte an seinen Großvater, einen von fünf oder zehn königlichen Priestern in einem kleinen Fürstentum im Osten. Er hatte äußerst bescheiden gelebt; hatte nur sein Stück Land besessen, das ihm das Leben sicherte und ihn vor absoluter Not schützte, falls ihm der König seine Gunst entzog. Über andere Fachkenntnisse verfügte er nicht – der kleine Staat brauchte nicht viele Fertigkeiten. Die Welt damals war unberechenbar, voll von Wechselfällen des Lebens, die einen Menschen jäh und überwältigend heimsuchen konnten. Es war die Zeit jenes Indiens, das wieder und wieder von der einen oder anderen Armee überrannt worden war, des Indiens der unvollendeten Bauwerke, der vergeudeten Energien, in dem der blinde Zufall zu herrschen schien. Auch dieses Indien stellte einen Dschungel dar. Ob wohl Pravas' Großvater Vorstellungen dieser Art gehegt hatte?

»Ich habe meinen Großvater nie kennen gelernt. Er starb, als mein Vater zwölf oder dreizehn war. Ich habe keine Erinnerung an seine Welt, aber ich kann mir nachträglich ein Bild von ihr machen. Er gehörte einer statischen Welt an. Er unterschied sich nicht von seinem Vater oder Großvater. Also selbst, wenn es Reibungen gegeben hätte, hätte er sie nicht bemerkt, weil ihm das Motorrad fehlte.«

Das Motorrad – Pravas hatte vom Verkehr in Bangalore und seinem eigenen Motorroller erzählt. Die Metapher gefiel mir: Sie machte das Statische der Vergangenheit verständlich.

Ich begann mich zu fragen, ob nicht viele der Beschwerlichkeiten, über die Pravas klagte, ihren Ursprung in der Vergangenheit hatten, ob sie nicht der Bescheidenheit indischer Ansprüche entsprangen, der fast religiösen Vorstellung – vergleichbar der Idee hinter Gandhis Handspinnbewegung –, dass ein so armes Land nicht viel brauche. Ich fragte mich, ob nicht auch heute noch tief drinnen im indischen Bewusstsein eine Psychologie der Armseligkeit wirksam war, eine Fortführung der Idee von der heiligen Armut, das alte religiös-politische Gefühl, dass es falsch, sinnlos und ein Vergehen gegen die Götter (und gegen den Herrscher) war, sich über sich selbst zu erheben. Deshalb stellte ich Pravas die gleiche Frage, die ich schon Subramaniam gestellt hatte, und wollte von ihm wissen, welchen Eindruck in seiner Jugend die Minderwertigkeit indischer Industriegüter auf ihn gemacht habe.

»Ich hatte in meiner Jugend nicht viele Vergleichsmöglichkeiten«, antwortete er. »Ich bekam vielleicht die Taschenuhr meines Großvaters zu sehen, aber eine indische Uhr, die mir einen Vergleich ermöglicht hätte, sah ich nie. Schlechte Erfahrungen blieben mir also erspart. Für mich als Heranwachsenden waren Importwaren eine Seltenheit. Gebrauchsgüter entstammten heimischer Produktion, oder wir besaßen sie einfach nicht. Wir benutzten viele heimische handwerkliche Erzeugnisse – Metallteller, kein Porzellangeschirr, und Metallteller werden in Indien schon seit Tausenden von Jahren gefertigt. Textilien wurden schon gefertigt, lange bevor ich zur Welt kam. Unsere Grundbedürfnisse befriedigten wir also mit heimischen Produkten. Wenn man klein ist, sind außerdem auch die Bedürfnisse noch sehr geringfügig.«

Die Minderwertigkeit heutiger indischer Industriegüter konnte ihn nicht aus der Ruhe bringen. »Verglichen mit Gütern, die heute andernorts hergestellt werden, taugen sie nichts. Verglichen mit dem Nichts, das wir vor fünfzig Jahren hatten, stellen sie aber etwas dar. Wir haben einfach spät angefangen. Vor fünfzig Jahren waren japanische Güter auch noch Schund.«

Die neue Welt war so neu: Für manche hatte sie mit den Großvätern angefangen und für die meisten mit den Vätern. Und die Menschen waren so schnell so weit vorangekommen, dass viele der Tatkräftigeren unter ihnen Erfolgsgeschichten zu erzählen hatten, manchmal eigene, manchmal auch die von anderen aus ihrer Familie.

Ich hatte Kala kennen gelernt. Sie stammte von tamilischen Brahmanen ab. Sie arbeitete bei einer großen Organisation in der Öffentlichkeitsarbeit. Sie war in den Zwanzigern und unverheiratet. Sie war fleißig und methodisch, bekannt für ihren Arbeitseifer, eine ernste, selbstbeherrschte, kultivierte Person. Aber so viel über Indien und zumal über den brahmanischen Süden, aus dem sie stammte, wusste ich nicht, dass ich ihr Herkunftsmilieu hätte erraten können.

Und dann, eines Tages, beim Mittagessen, erzählte sie mir so, als handele es sich um ein Märchen, ihr Großvater habe mit nichts angefangen und sei als Kind so arm gewesen, dass er im Licht der Straßenlaternen habe lernen müssen.

(War das nicht auch schon von vielen anderen erzählt worden? Hatte es da nicht irgendwo diesen anderen bettelarmen Jungen gegeben, der, weil er kein Papier, keinen Bleistift, keine Schiefertafel besaß, auf der Rückseite einer Schaufel mit einem Stück Kohle Rechenaufgaben hatte lösen müssen? Ich wertete Kalas Geschichte als einen Romantizismus. Einige Wochen später aber sah ich in einer kleinen brahmanischen »Kolonie« in Madras eines Abends einen kleinen Jungen, der tatsächlich mit einem Buch unter einer Straßenlaterne saß. Das Licht war zu schwach, um dabei zu lesen, aber der Brahmanenjunge saß mit gekreuzten Beinen und seinem Buch da und bewies Ehrgeiz, Kampfesmut und Selbstverleugnung, legte genau die Haltung an den Tag, die er und seine Eltern als tugendhaft hatten rühmen hören.)

Ich ließ mir von Kala den Namen ihres Vorfahren sagen. Es war der Name eines hohen Verwaltungsbeamten in einem der Fürstentümer, ein im Indien vor der Unabhängigkeit allgemein bekannter Name. Der Junge, der im Licht der Straßenlaternen gelernt hatte, war zu Macht und Reichtum gelangt.

Die Art, wie Kala auftrat, ließ erwarten, dass es in ihrer Familie jemanden wie diesen Großvater gab. Unerwartet aber – und doch, wenn man es recht bedachte, im Einklang mit dem brahmanischen Familienhintergrund – war, dass auf der mütterlichen Seite Kalas ein Sanyasi-Vorfahr existierte, ein Asket, jemand, der der Welt entsagt hatte, um nach Benares zu ziehen und auf den Treppenstufen zum Fluss, den *ghats*, zwischen den Scheiterhaufen und Tempeln an den Ufern des Ganges, zu meditieren.

Solche Züge des alten Indiens wies Kalas Persönlichkeit in der Tat auf. Sie war sich bewusst, Teil jener Entwicklung zu sein, die aus der indischen Vergangenheit herausführte, jene Bewegung, von der Pravas gesprochen hatte, aber sie sah es nicht mit der gleichen analytischen Klarheit wie er. Wenn Kala über die Geschichte ihrer Familie nachdachte, was sie mit einer Art von Besessenheit tat, dann galten ihre Gedanken der Mutter, die Opfer jener Bewegung geworden und zwischen den Generationen stecken geblieben, deren Leben dadurch aus der Bahn geraten war.

Die Geschichte über ihren Großvater, der im Licht der Straßenlaternen gelesen hatte, nahm Kala für bare Münze. Sie hatte sie von ihrer Mutter gehört, als sie neun oder zehn Jahre alt war, und dann später ausführlicher vom Großvater selbst. Mit dem ganzen Ernst, der ihr eigen war, sagte sie: »Wenn es einen Stromausfall gibt und die Lichter ausgehen und der Ärger sich einstellt, dann denke ich an diesen Mann, diesen Jungen, der nie Licht bei sich zu Hause hatte.« Was wahrscheinlich stimmte. »Das war in Madras, zu Anfang des zwanzigsten Jahrhunderts. Seine Eltern hatten ihn zu seiner Großmutter geschickt, damit er dort lebte.« Und auch wenn Kala nichts davon sagte, kam mir doch der Gedanke, dass dies zu der brahmanischen Abwanderung in die großen Städte gehörte, von der in so vielen Lebensgeschichten berichtet wurde. In Madras lebte Kalas Großvater in einem brahmanischen Wohngebiet in der Nähe eines wichtigen Tempels.

»Mein Großvater hat mir erzählt, wie er jeden Abend am Tempel wartete, um *parsad*, die geweihten Essensgaben, einzusammeln. Das war seine abendliche Mahlzeit und auch die seiner Großmutter. Wir haben den Tempel kürzlich besucht, den Tempel von Kapaleshwar, einen der beiden berühmten alten Tempel von Madras. Mein Großvater hat mir einen Steinlöwen gezeigt, an dem er immer lehnte oder auf dem er saß, während er auf das Ende der abendlichen *puja* wartete, um dann das Essen einzusammeln und nach Hause zurückzukehren. Die Pandite schimpften ihn regelmäßig aus: ›Kannst du denn nicht aufrecht stehen und ehrfurchtsvoll warten, während die *puja* im Gange ist?‹ Jetzt, da er als alter Mann zurückkehrte, standen die Priester draußen, um ihn zu begrüßen.

Nachdem er in Madras die Schule abgeschlossen hatte, kam er nach Bangalore, um das hiesige College zu besuchen. Er kam bei einem Verwandten unter und machte sich allein auf den Weg und verschaffte sich die Zulassung zum College.« Interessant, wie dies in den Geschichten von der Vergangenheit wiederkehrte: das Kind, das allein, ohne Begleitung durch ein Elternteil oder einen Erwachsenen, loszieht, um sich an einer Schule anzumelden. »Während seiner Zeit auf dem College heiratete er meine Großmutter. Er war ein Teenager, und sie war elf, wenn ich mich recht erinnere. Wenn damals Leute schon als Kinder verheiratet wurden, blieben sie im Haus ihrer Eltern wohnen, bis sie erwachsen waren. Sie müssen wissen, dass mein Großvater und meine Großmutter, wie ich sie kannte, ein liebevolles, treues Ehepaar waren. Ich befragte ihn nach dieser Anfangszeit seiner Ehe, und er erzählte mir, dass er manchmal nach dem Unterricht im College auf den Markt gegangen sei und Sachen für zu Hause gekauft habe, wozu gelegentlich auch Perlen und buntes Garn für meine Großmutter, seine Frau, gehörten.

Der Vater der elfjährigen Braut war der Sanyasi, von dem ich Ihnen erzählt habe. Als junger Sanyasi lebte er in Benares. Sein künftiger Schwiegervater soll auf irgendeine Weise von diesem weit weg in Benares lebenden Sanyasi – Benares ist viele Hunderte Kilometer entfernt von hier – gehört haben. Und er soll erfahren haben, dass dieser Sanyasi vom Schicksal bestimmt war, seine Tochter zu heiraten.« Sanyasi sind Menschen, die der Welt entsagt haben; sie gründen keine Familie, sie heiraten nicht. Merkwürdig deshalb die Vorstellung, dass der Sanyasi ausersehen war, Schwiegersohn zu werden.

»Sie, die künftigen Verwandten des Sanyasi, dürften fromme Leute gewesen sein. Sie müssen mit Astrologen in Verbindung gestanden haben, müssen sich von ihnen das Horoskop ihrer Tochter haben erstellen lassen. Der Mann aus der Familie fuhr also nach Benares oder schickte jemanden hin, um nach dem jungen Sanyasi zu suchen, der im Horoskop seiner Tochter aufgetaucht war. Sie fuhren nach Benares und schauten sich unter all den heiligen Männern dort um und fanden den jungen Sanyasi. Sie machten ihm den Heiratsantrag. Doch er wollte nichts davon wissen, wollte nicht wieder in die Welt zurückkehren. Also kamen sie zurück. Aber dann passierte Verschiedenes, und sie zogen wieder nach Benares und sagten dem Sanyasi bestimmte Dinge und überredeten ihn, sein asketisches Leben aufzugeben, Benares zu verlassen, hierher zu ziehen und sich zu verheiraten. Nicht lange nach der Heirat erlitt die Frau des Sanyasi einen Unfall und fing an zu erblinden. Sie war sechzehn, als sie heiratete.«

»Hatte der Astrologe das nicht vorausgesehen?«

»Ich weiß nicht«, sagte Kala. Die Geschichte war ihr wie eine mythologische Erzählung überliefert worden – voller wundersamer Geschehnisse, aber auch lückenhaft.

»Gibt es irgendeine Erzählung davon, was der Sanyasi sagte, nachdem seine Frau erblindet war?«

»Über die Reaktion des Sanyasi wird nichts berichtet.«

»Wie verdiente er sich seinen Lebensunterhalt?«

»Der Sanyasi wurde in Palani Priester und später ein hoher Beamter dort. Palani ist eine berühmte Tempelstadt. Die Gottheit von Palani ist eine Verkörperung Schiwas. Ich fahre fast jedes Jahr mit meiner Mutter hin. Sie glaubt an den Tempel.«

»Was soll das heißen?«

»Sie glaubt an die Macht dieses Tempels.«

»Glauben Sie auch daran?«

»Ich liebe meine Mutter, und ich glaube an sie. Meine Mutter stand meiner Großmutter, der Frau des früheren Sanyasi, sehr nahe, und meiner Meinung nach hat es wohl eine gewisse Verbundenheit der Familie mit dem Tempel in Palani gegeben. Obwohl ich jedes Jahr mit meiner Mutter hinfahre, bedeutet mir der Tempel nicht viel. Ich selbst bin kein besonders religiöser Mensch.

Der Palani-Tempel ist reich. Es gibt Tempel, die noch reicher sind, aber sein Reichtum ist beträchtlich, und viele Pilger besuchen ihn. Tempel beziehen ihren Reichtum aus den Ländereien, die ihnen gehören, und aus den Gaben, die von den Gläubigen dargebracht werden. Einer der reichsten Tempel im Süden ist der von Tirupati. Über ihn gibt es eine Geschichte. Die Gottheit des Tempels, Srinivasa, lieh sich eine große Summe bei Kubera, dem Herrn des Reichtums. Die Göttin Lakschmi schenkt Reichtum; Kubera besitzt und hortet beziehungsweise verleiht ihn. Und der Geschichte in Tirupati zufolge wird das Geld, das die Menschen dem Tempel geben, von Srinivasa gespart, um die Schulden gegenüber Kubera zu tilgen. Viele Menschen glauben an die Geschichte und die Gottheit, von der sie erzählt. Es gibt ein großes *hundi*, einen riesigen Stoffsack, in den das Geld geworfen wird. Man wirft alles Mögliche hinein – Gold, Silber, Diamanten. Ich glaube, es ist schon vorgekommen, dass Leute Revolver und blutbeschmierte Messer hineingeworfen haben in der Hoffnung, Vergebung für die Verbrechen zu erlangen, die sie mit diesen Waffen begangen haben. Und es heißt, dass die ganz großen Geldgeschenke von Menschen stammen, die das Geld auf ungesetzlichen Wegen erworben haben. Palani bekommt zwar nicht entfernt so viele Gaben wie Tirupati, aber es kriegt auch sein Teil.«

»Der Sanyasi wurde also ein Mann mit Einfluss?«

»Meinem Eindruck nach war er ein sehr heiliger Mann und an so etwas wie weltlicher Macht nicht interessiert. Er starb, als seine Tochter, meine Großmutter, noch ziemlich jung war. Sie war etwa vierzehn und bereits verheiratet, lebte aber noch im Haus ihrer Eltern – wie es Brauch war. Vor seinem Tod hatte der Sanyasi seiner Frau gesagt: ›Wenn du dich jemals in Abhängigkeit von jemandem begeben musst, dann zieh in das Haus des Mannes unserer ältesten Tochter.‹ So zog meine Großmutter zu ihrem Mann in dessen Haus, und die ganze Familie ging mit ihr.«

»Wie war diese Ehe verabredet worden – zwischen Ihrem Großvater und Ihrer Großmutter?«

»Wir sind eine ziemlich kleine Untergruppe der tamilischen Brahmanen, und ich vermute, dass die Menschen damals noch stärker gruppenorientiert waren. Vermutlich waren alle entfernt miteinander verwandt. Jeder besaß Aufzeichnungen über die verwandtschaftlichen Beziehungen aller anderen oder hatte sie im Gedächtnis – dass jemand die Schwiegermutter einer Kusine war oder so. In Resten existiert dieses Klandenken bis heute. Die Menschen führen immer noch Buch über die entferntesten Verwandten – was ich unsinnig finde.«

Aber Kala war auch in der Lage, ein unabhängiges Leben zu führen. Sie war gebildet, sie hatte ihren Beruf, sie konnte tun und lassen, was sie wollte. Fünfzig Jahre früher hätte es keinen Beruf für sie gegeben, die Öffentlichkeitsarbeit, die sie betreute, gab es damals noch nicht; vielleicht hätte noch nicht einmal die Art Firma, für die sie arbeitete, existiert. Vor fünfzig Jahren hätten die Menschen noch anders gedacht und empfunden; das Sippenbewusstsein hätte ihnen Halt gegeben.

»Vielleicht erschien die Welt vor zwei Generationen noch nicht so klein, wie sie uns heute vorkommt«, meinte Kala.

»Nach seiner Zeit im College legte mein Großvater eine Aufnahmeprüfung ab und trat in den Staatsdienst ein. Er stieg auf. Er war sehr dynamisch und stand im Ruf, wagemutig und ehrlich zu sein. Er fuhr viele Male ins Ausland.«

Das war Kalas Art, die Geschichte zu erzählen: Erst verweilte sie bei der Kindheit und dem Lernen unter der Straßenlaterne, dann stürzte sie Hals über Kopf voran zum großen Erfolg. Es war fast, als wolle sie Pravas' These untermauern, dass mit der Entwicklung der indischen Wirtschaft die Menschen in den Sog geraten und nach oben gespült worden waren.

»Im Laufe seines Lebens wurden ihm neun Kinder geboren. Außerdem wohnten seine Mutter, seine Schwiegermutter und seine Schwägerin bei ihm. Mein Großvater war die einzige Erwerbsperson im Haus. Viel Geld war nicht vorhanden, aber alle seine Kinder lernten Reiten, Schwimmen und Musizieren, und sie unternahmen Reisen. Ich bin sicher, das war eine Folge seiner Karriere im Staatsdienst.

Für mich klingt das alles wie ein Märchen. In dem Zuhause meines Großvaters, wie ich es kannte, gab es keine Pferde, keine Stallungen, kein Schwimmen. Man hat mir auch erzählt, dass die Familie in einem Palast lebte, als er einem Fürstentum als hoher Beamter diente. Im Garten gab es Pfauen. Die Geschichten sind wahr, aber sie stammen aus einer anderen Zeit. Ich empfinde keine Wehmut; ich meine einfach nur, es wäre schön gewesen, sich das einmal anzusehen.

Als mein Großvater sein Palastleben führte, war meine Mutter schon verheiratet. Deshalb lebte sie nicht im Palast. Sie kam nur zu Besuch hin. Sie hatte eine neugeborene Tochter, die sie auf eine Schnellbootfahrt mitnahm, als sie erst ungefähr einen Monat alt war. Wie sie sagte, wusste sie, dass das Kind sich an die Fahrt nicht erinnern würde, aber sie wollte alles mit ihrer Tochter teilen.«

Und auch wenn Kala es nicht sagte, kam mir der Gedanke, dass dieses Baby von einem Monat sie selbst gewesen sein mochte.

»Dieser Teil der Geschichte, die Geschichte von der Verheiratung meiner Mutter, ist vielleicht der schmerzlichste Teil. Es ist nicht angenehm für mich und fällt mir nicht leicht, darüber zu reden. Meine Mutter besuchte britische Schulen, Klosterschulen. In allem, was sie machte, war sie sehr gut – in Musik, Sport, schulischer Arbeit. Sie war sehr beherzt und selbstbewusst.« Dass Kala der Beherztheit besonderes Gewicht beimaß, war zu spüren. »Sie wollte so vieles machen. Sie liebäugelte mit dem Gedanken, Ärztin zu werden. Sie ging gern zur Schule und wollte danach studieren. Im Grunde ihres Herzens war sie noch ein richtiges Kind. Sie las häufig und viel, englische Romane. An Heirat dachte sie noch ganz und gar nicht. Sie war ein Kind, ein Schulmädchen, fast wie ein britisches Schulmädchen.« Die stets ernste Kala war jetzt den Tränen nahe. »Sie sagt, sie sei kein sehr schönes Kind gewesen, aber ich weiß, dass sie eine sehr schöne Frau war.

Mit vierzehn wurde sie verheiratet, und sie konnte nichts dagegen machen. Sie hätte sich gewünscht, einfach in Ruhe gelassen zu werden, sagte sie. Sie war sehr verzweifelt, und ihr älterer Bruder und ihre Vettern waren auch verzweifelt. Sie könne wegrennen, sagten ihr die Jungen, und sie würden sich um sie kümmern.«

»Wessen Idee war die Heirat?«

»Ihr Vater hatte die Idee. Mein Großvater.«

»Haben Sie mit ihm darüber gesprochen?«

»Nein.«

»Warum nicht? Sie kennen ihn doch.«

»Ich kenne ihn ziemlich gut. Aber er ist nicht mehr der Mann, der er damals war, und ich bin sicher, dass er, wenn er so gewesen wäre, wie er heute ist, nicht getan hätte, was er damals tat.

Meine Mutter war in der zehnten Klasse. Ich frage sie nur selten danach. Es tut mir so weh, und ändern kann ich hier und jetzt ohnehin nichts mehr. Vielleicht ist es Feigheit, dass ich nicht mehr darüber wissen will. Um die Schule abzuschließen, setzte sie nach ihrer Heirat noch ein paar Monate lang den Schulbesuch fort. Diese letzten Monate waren für sie ziemlich unangenehm. Sie wurde ständig nach ihrer Ehe gefragt – viele ihrer Freundinnen waren britische oder anglo-indische Mädchen. Alle waren ein ganzes Stück älter als sie. Viele von ihnen hatten Freunde. In der Gegend Bangalore gab es Massen von britischen Soldaten. Das war 1946.«

Dieser kurze Blick auf die wirkliche Welt von 1946, einer Zeit, die bis dahin für mich nur eine Geschichte aus fernen Tagen war, ging mir unter die Haut: 1946, die Briten noch in Indien, in ihrer Garnison in der Gegend von Bangalore, aber schon kurz vor der Unabhängigkeit und vor den mörderischen hinduistisch-muslimischen Unruhen, zu denen es in Kalkutta kommen sollte.

»Dieses Jahr klingt für mich sehr nah«, sagte ich. »Das war gerade einmal ein Jahr oder so nach dem Erscheinen von Somerset Maughams *Auf Messers Schneide* – seinem Buch über Sanyasis und Menschen auf der Suche nach Selbstverwirklichung.«

»Das Buch mochte sie«, sagte Kala. »Sie las auch weiterhin viel. Diese Heirat, sie war grundfalsch« – sie bemühte sich um eine maßvolle Ausdrucksweise. »Man hätte sie sich selbst überlassen sollen. Sie wäre eine weit bedeutendere Frau geworden, wenn man sie in Ruhe gelassen hätte.«

»Hat Ihre Mutter ihrem Vater nicht erzählt, wie unangenehm nach der Heirat die Situation in der Schule für sie geworden war?«

»Ich glaube nicht, dass meine Mutter mit ihrem Vater darüber gesprochen hätte.

Über das nächste Stück der Geschichte fällt es mir schwer zu reden. Sie konnte keine weitere Ausbildung verfolgen. Ein paar Jahre lang nach der Heirat war sie praktisch eine Hörige, die für die Großfamilie ihres Mannes arbeiten musste. Schwere körperliche Arbeit – Kleider waschen und Gefäße schrubben. Sie hatte keine Zeit für sich, keine Freiheit. Sie durfte ihre Verwandten nicht besuchen gehen, wann sie wollte. Sie konnte nicht darüber entscheiden, was sie mit ihrem Leben anfangen wollte. Immer traf ein anderer die Entscheidung für sie.«

»Was hielt Ihr Vater von alledem?«

»Mein Vater war ein ruhiger, unbeschwerter, friedlicher Mensch. Seine Familie wurde von den älteren Frauen in ihr beherrscht.«

»Ihr Großvater war ein Mann von Rang. Wie konnte er seine Tochter in solch eine Art von Familie verheiraten?«

»Sie waren angesehene Leute, eine Adelsfamilie. Sie galten als Philanthropen. Wahrscheinlich entsprachen ihre Taten nicht ihren Worten. Viele der Frauen aus der Familie gehörten Wohltätigkeitsorganisationen an. Sie hatten eine weit bessere Ausbildung genossen, als sie meiner Mutter zugestanden. Das Ganze ist ein Fall von doppelter Moral, von mangelndem Feingefühl; ein bisschen Grausamkeit spielt wohl auch hinein.«

Grausamkeit, jawohl – die lag im Wesen der indischen Familie. Die Sippe, die Schutz und Selbstbewusstsein verlieh und die Menschen vor dem Nichts bewahrte – sie war so etwas wie ein kleiner Staat, ein Ort, der den Menschen das Leben auch schwer machen konnte, mit Politik und Hassgefühlen und wechselnden Bündnissen und moralischen Verleumdungen. Es war die gleiche Art von Familienleben, wie ich sie während eines Großteils meiner Kindheit gekannt hatte: eine frühe Einführung in gesellschaftliche Mechanismen und in die Natur der Grausamkeit. Das hatte in mir, wie vermutlich auch in Kala, den Sinn für eine andere Art von Leben geweckt, ein einsameres Leben, in dem man weniger eng mit anderen zusammengepfercht war, mehr freien Raum um sich hatte.

Aber wenn Kala von doppelter Moral sprach, dann schien mir das nicht angemessen. Das hinduistische Familienleben war ritualisiert. So, wie es für jedes neue Stadium im Leben eines Menschen ein Ritual gab, gab es auch Rollen, in die der Mensch sich fügen musste, während er die ihm zugemessene Lebensspanne durchlief. Die Rolle der Schwiegermütter war es, die kindlichen Bräute ihrer Söhne zuzurichten, die unbekümmerten, kindlichen

Mädchen in ihre neuen Pflichten als Gebärende und Arbeiterinnen im Haushalt einzuführen, sie die neuen Formen des Respekts zu lehren, sie mit der fast schon philosophischen Idee von der Mühe und Not des Daseins in der Welt vertraut zu machen, mit der Lebens- und Vorstellungswelt, die dieser Tradition entsprach, und in die vormals sie selbst von ihren eigenen Schwiegermüttern eingeführt worden waren.

Solch eine Zurichtung der Kindsbraut wurde als verdienstvoll angesehen; die wie immer bewusst, wie immer genussvoll geübte Grausamkeit erschien schlicht und einfach als die Grausamkeit des Lebens selbst. Die Wohltätigkeit der Frauen aus der Familie galt anderen Menschen aus weit niedrigeren Schichten, Menschen, die in weit erbärmlicheren Verhältnissen lebten. Das Verlangen nach karitativer Betätigung selbst entsprang eben jener Vorstellung von innerfamiliärer Rechtschaffenheit und Disziplin. Die Rede von einer doppelten Moral entstammte einer anderen Welt, Kalas heutiger Welt.

»Für meine Mutter war es ein absoluter Schock«, sagte Kala. »Sie war die einzige Schwiegertochter. Bei Festessen oder Ausflügen wurde sie als Letzte bedacht. Für sie war kein Platz im Wagen. Und sie war doch selbst noch so sehr Kind. Alle waren so viel älter. Manchmal wurde sie geschlagen.« Darüber zu reden bereitete Kala Qualen. »Sowohl ihre Schwiegermutter als auch ihr Mann schlugen sie. Kaum war sie verheiratet, wurde irgendwie, plötzlich, von ihr verlangt, sich in eine Erwachsene zu verwandeln.«

»Haben Sie mit der Familie Ihres Vaters darüber geredet?«

Das hatte sie nicht. »Als ich davon erfuhr, waren alle schon so viel älter. Es hatte keinen Sinn, einen Streit vom Zaun zu brechen. Dieses Leben ging fünf Jahre so weiter.«

»Ihr Großvater war ein derart hochrangiger und angesehener Mann. Unternahm er denn nichts zugunsten seiner Tochter?«

»Für hinduistische Eltern gehörte es sich nicht, in Frage zu stellen, was mit ihren Töchtern nach deren Verheiratung geschah. Nicht, dass sie es nicht gewusst hätten; es war einfach nicht üblich, Anstoß daran zu nehmen. Heutzutage wäre das anders.

In diesen fünf Jahren sprach meine Mutter viel mit meinem Vater. Sie redete mit ihm, und schließlich beschlossen sie, nicht länger in diesem Haus zu bleiben. Mein Vater bewarb sich auf eine

Stelle in einer Teeplantage in den Nilgiri-Bergen. Er bekam die Stelle, und sie zogen dorthin.

Dort wuchs ich auf, bis ich in mein Internat kam. Es war eine hübsche Kolonialstadt. Als ich sie erlebte, gab es nur noch Überreste der Kolonialzeit – eine christliche Kultur, Partys. Welcher Religion man angehörte, spielte keine Rolle. Briten waren dort nicht zu sehen, nur viele Anglo-Inder. Die Häuser waren im Kolonialstil erbaut – hohe Zimmerdecken, Holzböden, große Gärten, Säulen am Eingang, die Unterkünfte für die Bediensteten ein Stück weit vom Haus entfernt. Dort zu leben kam mir ganz normal vor.«

Kalas Mutter mochte es auch als eine Spielart, ein Echo des Klosterschullebens erschienen sein, dem sie fünf oder sechs Jahre zuvor entrissen worden war.

»Die glücklichen Tage begannen für Sie in den Nilgiri-Bergen?«

»Ich denke, ja. Aber die Narben bleiben. Die Trauer über das, was hätte sein können. Das Ganze war eine ungeheure Vergeudung, Vergeudung der Energien einer Frau, der niemand Bedeutung beimaß. Freiheit ist für mich heute ein hoher Wert. Meine Mutter hat mich immer gelehrt, wie wichtig Bildung und finanzielle Unabhängigkeit sind.«

»Sie sind nicht verheiratet?«

»Ich habe nichts gegen die Einrichtung der Ehe, aber sie ist für mich kein Ziel.«

»Macht sich Ihre Mutter deswegen Sorgen?«

»Sie würde mich gern verheiratet sehen. Aber nicht innerhalb einer bestimmten Frist. Sie möchte, dass ich glücklich bin. Und ich habe das Gefühl, dass alles, was mir widerfahren kann, ein Klacks ist im Vergleich zu dem, was sie durchgemacht hat.«

Sie war nach wie vor ein Teil der Geschichte, die sie mir im Laufe von zwei oder drei Begegnungen erzählte. Sie erlebte immer noch all die Emotionen der Geschichte und war außerstande, in ihr jenen historischen Fortgang zu erkennen, den ich zu sehen glaubte.

Ein anderes Mal sagte sie: »Ich mache mir durchaus Gedanken über die beteiligten Personen, über alle von ihnen, und frage mich manchmal, was sie in bestimmten Augenblicken empfunden haben mögen. Alle von ihnen waren, glaube ich, couragierte Menschen.

Jeder von ihnen bewies auf seine Art Mut bei den Veränderungen, zu denen er letztlich bereit war. Ich frage mich, ob ich imstande wäre, einen vergleichbaren Mut aufzubringen, wenn ich mich in einer schwierigen oder kritischen Situation befände.«

»Ich glaube nicht, dass wir die Gedanken oder Gefühle unserer Großväter und Großmütter wirklich nachvollziehen können.«

»Sie lebten in einer ganz anderen Welt«, meinte Kala.

Prakash, ein Minister in der nicht von der Kongresspartei gestellten Regierung im Bundesstaat Karnataka, lud mich zu einem sonntagmorgendlichen Frühstück ein. Das Haus des Ministers lag nahe beim Hotel, und Deviah holte mich ab und ging zu Fuß mit mir hin.

Wir mussten beim Gehen aufpassen, weil unser Weg über löchrige oder gänzlich unbefestigte Pfade führte. Ebene oder gar voll ausgebaute Gehwege zählen nicht zu den indischen Grundbedürfnissen, und die Straßen in den indischen Städten gleichen oft welligen, holprigen, vielfach ausgebesserten Asphaltbahnen zwischen Ansammlungen von Staub und Dreck und den Dingen, die an indischen Stadtstraßen abgeladen werden und dann dort liegen bleiben, wie etwa Sand, Kies, nasse Abfälle, trockene Abfälle: nirgends der Eindruck, dass etwas fertig gestellt ist, kein Bordstein, keine Mauer, alles irgendwie auf halber Strecke arretiert, auf halber Strecke zwischen Sein und Nichtsein.

Deviah und ich, wir hätten uns im Gehen gern unterhalten, aber das war schwierig. Die ganze Zeit über wurden wir von den Auspuffgasen der Autos und Motorroller eingeräuchert. Der Staub, den die Fahrzeuge aufwirbelten, brauchte lange, bis er sich wieder gesetzt hatte; wir waren also auch in eine ständige Staubwolke gehüllt. Als wir das Haus des Ministers erreichten, waren wir bereits Teil der Straßenszene von Bangalore, Haut und Kleidung, Schuhe, Haar und Brille grusbedeckt.

Solche Frühstückseinladungen verliehen dem Leben des Ministers einen Hauch von Handelsmessengeschäftigkeit, von Dramatik und amerikanischer Hektik. Und in der Tat war es diese frühmorgendliche Stunde, in der Minister und Politiker von Rang die größte Betriebsamkeit entfalteten. Bittsteller (mit ihrer eigenen Auffassung von der Bedeutung der Situation) waren in stockdunkler Nacht aufgestanden und hatten sich zurecht gemacht, um im Morgengrauen vor dem Haus eines großen Mannes Stellung zu beziehen – wie es im alten Rom zu den Pflichten des Klienten gehörte, am Morgen zum Haus seines Patrons zu laufen und sich zu dessen Ruhm der dort wartenden Menge beizugesellen. Wie im alten Rom, so auch im modernen Bangalore: je bedeutender der Mann, desto größer die Menge vor seiner Tür.

Prakash zählte nicht zu den ganz Großen in der Klientelbildung; er genoss einen seriöseren Ruf als gebildeter und kompetenter Minister, als gewitzter und ernsthafter Politiker, der aber auch über innere Freiheit verfügte – ein Mann, der nicht so ganz den in der bundesstaatlichen Politikszene üblichen Normen entsprach.

Er wohnte in einem der Häuser, die von der Regierung Karnatakas für Staatsminister errichtet worden waren. Die Häuser standen als Gruppe in einem eigenen parkähnlichen Areal. Sie waren zweistöckig, aus hellockerfarbenem Beton und waren umgeben von ziemlich ausgedehnten Grundstücken. Eine so große Menschenmenge, wie ich sie vor den Häusern anderer gesehen hatte, stand vor Prakashs Haustür zwar nicht, aber es warteten immer noch genug Bittsteller – geduldig, fast schon phlegmatisch, um die Bedeutung des Mannes zu bezeugen. Parkende Autos und Sicherheitsbeamte füllten den Hof. Die Autos vermittelten den Eindruck, privilegierten Personen zu gehören, Menschen mit leichtem Zugang zum Minister.

Deviah und ich zählten an diesem Sonntagmorgen zur Klasse der Privilegierten. Worte wurden keine gewechselt, aber man schien Bescheid zu wissen, und so gezeichnet vom Straßendreck wir auch waren, die Bittsteller wichen vor uns zur Seite und öffneten uns eine Schneise zu Prakashs Eingangstür. Von draußen hatte das Haus wie ein normales Haus ausgesehen. Das war es aber nicht. Wir gingen durch eine Reihe schmuddeliger, wie Amtsstuben wirkender Räume, bei denen es sich wohl um die Büros einer geschäftigen Verwaltungsabteilung handelte, in der Staatsangestellte arbeiteten. Dann kamen wir in einen privater anmutenden Wohnraum, privater zwar, aber mit seinen vielen niedrigen Sesseln, die im Kreis um einen niedrigen Tisch standen, immer noch eine amtliche Atmosphäre ausstrahlend. Die Zeitungen des Tages, glatt, frisch und unberührt, lagen in zwei gestaffelten Reihen auf dem

Tisch, so dass von jeder nur der Kopf zu sehen war. Bei manchen präsentierte er sich in Englisch oder Hindi, bei anderen in regionalen Schriften.

Es passte zu Prakash, dass er uns nicht warten ließ. Fast unmittelbar nachdem er von unserer Ankunft informiert worden war und noch ehe ich eine der Zeitungen hatte vom Tisch nehmen können, trat er aus einem inneren Raum herein, um uns zu begrüßen, ein kleiner, munterer, selbstbewusster, humorig wirkender Mann in den Vierzigern; ohne viel Umschweife führte er uns in den benachbarten Raum, ein Speisezimmer, in dem ein großer Tisch für eine höchst feierliche Art von indischem Frühstück gedeckt war. Hier befanden wir uns nun in einem sehr privaten, ganz persönlichen Teil des Hauses, dessen Atmosphäre sich auch von der des angrenzenden Wohnraums markant unterschied. Und kaum hatten wir uns zu Tisch gesetzt, trat Mrs Prakash in einem frischen blauen Sari in Erscheinung und begann, uns zu bedienen: die zeremonielle Pflicht der traditionsbewussten hinduistischen Hausfrau, ihrem Gatten persönlich das Essen vorzulegen – eine Pflicht, die dank der hohen Stellung ihres Gatten nun zugleich ein hohes Privileg darstellte. Wie viele der Besucher, die draußen warteten, hätten sie um diese Vertrautheit mit dem Minister, darum, dass sie ihm aufwarten durfte, beneidet, wie vielen wäre sie als vom Glück gesegneter Mensch erschienen?

Ich erkundigte mich nach den Männern, die er an diesem Morgen empfangen hatte, den Männern, die draußen vor der Eingangstür warteten und uns als unendlich bevorzugten Personen Platz gemacht hatten. Der wichtigste unter ihnen, erklärte Prakash, sei ein dörflicher Finanzbeamter. Ihm werde vorgeworfen, von den Grundsteuern, die zu erheben zu seinen Pflichten gehöre, fünftausend Rupien, ungefähr zweihundert englische Pfund, veruntreut zu haben. Dieser Mann sei seines Amtes enthoben worden und sei die ganze Nacht im Bus gereist, habe eine Strecke von dreihundert Kilometern zurückgelegt, um an diesem Morgen vom Minister empfangen zu werden. Der Empfang habe sieben oder acht Minuten gedauert. Der Mann habe versichert, die fünftausend Rupien zurückgezahlt zu haben, und Prakash gebeten, ihm bei der Wiedereinsetzung in sein Amt zu helfen. Er, Prakash, habe ihm gesagt, dass er nichts tun könne; die amtliche Untersuchung des Falles müsse ihren Lauf nehmen. Und das war auch schon alles: Nach der dreihundert Kilometer langen Nachtfahrt und dem morgendlichen Warten vor dem Haus des Ministers und den sieben oder acht Minuten Audienz würde dem Finanzbeamten vom Land nichts anderes übrig bleiben, als mit dem Bus in sein Dorf zurückzukehren.

Prakashs Frau brachte ständig neue kleine Beilagen und gab uns von Gerichten auf, die bereits auf dem Tisch standen. Von Zeit zu Zeit brachte sie frische heiße *puris*, knusprig und aufgebläht.

Elegant mit den Händen essend, sagte Prakash: »Der Kerl wird die Angelegenheit jetzt vor das Oberste Gericht bringen – im Anschluss an die amtliche Untersuchung.«

»Er wird die Sache also quasi zu einem Beruf machen?«, fragte ich.

»Wenn das Oberste Gericht einen Formfehler in der amtlichen Untersuchung entdeckt –«

»Und meistens findet sich der«, sagte Deviah, ebenfalls essend und dieses und jenes kostend.

»Wenn ein Formfehler passiert ist«, sagte Prakash, »dann bekommt er sein Amt zurück sowie das ausstehende Gehalt. Während seiner Suspendierung – er ist zurzeit suspendiert – erhält er eine Unterhaltszahlung von fünfundsiebzig Prozent seines Gehalts.«

»Wie sieht die Herkunft eines solchen Mannes aus?«, fragte ich.

»So ein Mann ist normalerweise Bauernsohn oder entstammt einer Handwerkerfamilie am Ort«, sagte Prakash. »Im Staatsdienst erhält er etwa tausendzweihundert Rupien monatlich.« Etwa achtundvierzig Pfund. »Deshalb bemüht sich jeder in einem Dorf um eine staatliche Anstellung – es sei denn, er besitzt gutes Ackerland. Wenn er seinen Prozess verliert, steht er vor dem Nichts. Er muss dann wieder von der Landwirtschaft leben.«

Der Mann, über den wir sprachen, war sechsunddreißig. Er hatte drei Kinder. Prakash hatte er aufgesucht, weil er in dessen Wahlkreis lebte. Der lag im Bezirk Bellary, wo die Landwirtschaft ein mühsames Geschäft war. Bellary war im Bundesstaat als »heiße Gegend« bekannt, wo die Temperaturen im Sommer bei vierzig Grad lagen.

»Die Summe von fünftausend Rupien hat er vielleicht im Laufe von ein, zwei Jahren veruntreut«, erklärte Prakash. »Die Leute kommen, um ihre Grundsteuer zu bezahlen, und er nimmt das Geld an sich. Kleine Summen, jeweils fünfundzwanzig Rupien oder so. Er stellt falsche Empfangsquittungen aus. Und dann, eines Tages, will ein Vorgesetzter wissen, warum der eine oder andere Bauer seine Grundsteuer nicht zahlt. Er stellt ein paar simple Nachforschungen an, sieht die gefälschten Quittungen, und der Dummkopf sitzt in der Falle.«

»Er empfindet es möglicherweise sogar als ungerecht«, sagte Deviah, »wo doch so viele Größere um ihn herum die Hand aufmachen und damit durchkommen.«

»Hat der Mann geweint?«, wollte ich von Prakash wissen. »Hat er sich hingeworfen und Ihre Beine umklammert?«

In seiner witzigen Art, sich auszudrücken, sagte Prakash: »Tränen mag er in der Nacht, nachdem er erwischt wurde, vergossen haben. Aber ein Jahr hat gereicht, ihn abzuhärten.«

Mir gefiel das mit dem »Abhärten«. Prakash hatte im richtigen oder zivilen Leben, dem Leben vor der Politik, als Rechtsanwalt auf dem Land gearbeitet und kannte seine Leutchen.

»Inzwischen ist er fatalistisch geworden. Er spricht vom Karma, vom Schicksal. So machen es die Hindus.«

»Sehen jetzt die Leute in seinem Dorf auf ihn herab, oder ächten sie ihn?«

»Die Art von Diebstahl kümmert die Leute auf seiner gesellschaftlichen Ebene nicht. Ich glaube nicht einmal, dass sie davon überhaupt etwas wissen. Für die Oberschicht in Indien ist Diebstahl eine Selbstverständlichkeit. Nur der Mittelstand hält Werte dieser Art hoch und macht sich Sorgen wegen Diebstahl und Korruption. Es steckt der Gesellschaft im Blut. Es ist überall. In einem Berufungsausschuss springt jemand auf und sagt: ›Es tut mir Leid, aber ich kann den nächsten Bewerber nicht befragen. Er ist mein Schwager. Sie müssen mich entschuldigen.‹ Sehr anständig und ordentlich, aber gleichzeitig erhält der Ausschuss auf diese Weise den Fingerzeig, dass der betreffende Bewerber der Schwager ihres Kollegen ist.«

Er brach ab und sagte, während er nach einer Beilage griff: »Alles in diesem Haus hat der Staat zur Verfügung gestellt. Jede Tasse, jeden Teller. Wie kann jemand dieses Leben aufgeben?« Er sprach nicht von sich, sondern von anderen. »Wie gesagt, es steckt der

Gesellschaft im Blut. In den alten Zeiten bekamen die Maharadschas ihre Grundsteuer. Aber außerdem gingen die Menschen hin und überreichten ihnen Geschenke – Gold, Zierrat, Früchte, Kokosnüsse. Sie überreichten es auf einer Schale, und die Schale bestand aus Messing oder Silber, je nachdem, welchem Stand der Überbringer angehörte. Die Maharadschas unserer Zeit sind die Minister. Indira Gandhi war eine Maharani.

Die Gunst der Götter zu erkaufen ist eine weitere Entsprechung. Auch bei diesen Geschenken gibt es eine Stufenfolge. Manche Menschen bringen vielleicht nur eine Kokosnuss dar. Kennen Sie die Geschichte über den Tempel von Tirupati?«

Das war die Geschichte, die Kala mir schon erzählt hatte.

»Man bringt Geld dar«, sagte Prakash, »um dem Gott Venkateshwara bei der Rückzahlung der Anleihe zu helfen, die er bei Kubera aufgenommen hat. Er lieh das Geld, weil er heiraten wollte.«

Dieses letzte Detail hatte Kala weggelassen. Vielleicht war das die Art und Weise, wie komplizierte mythologische Erzählungen in den Köpfen der Leute hier entstanden, dadurch, dass immer neue Details hinzugefügt wurden.

Dann standen wir vom Frühstückstisch auf, um in das Gästehaus der Regierung zu fahren. Prakash meinte, wir würden dort ungestörter sein, unbelästigt von Bittstellern.

Ein neuer Schwung Menschen wartete draußen vor der Eingangstür. Darunter ein kleiner, lächelnder Typ in Sandalen und adretter Kleidung: enge, braune Hosen und ein sauberes Polyesterhemd mit beige-gelbem Schachbrettmuster. Er war Fahrer und wünschte sich nichts sehnlicher, als im Staatsdienst unterzukommen. Er war nicht arbeitslos, sondern für eine Privatfirma tätig und erhielt dort weniger Lohn, als er im Staatsdienst bekommen würde. Prakash hatte dem Mann ein paar Monate vorher eine Empfehlung geschrieben, aber der Mann hatte keine staatliche Anstellung gefunden, und an diesem Morgen kam er erneut zu Prakash, um sich zu beklagen und seinen Fall vorzutragen.

Und wie ein Fürst, der durch eine ihm zujubelnde Menge schreitet und dabei ein, zwei huldvolle Worte an ein paar Auserwählte richtet, so fand auch Prakash, während er durch die Schar seiner morgendlichen Bittsteller schritt, für den einen oder anderen ein paar Worte, wobei er allerdings nicht so sehr einem Fürsten als vielmehr einem Chefarzt glich, der in einem Lehrkrankenhaus die Visite macht. Seine Worte waren im Grunde an Deviah und mich gerichtet und bezogen sich auf den Bittsteller, als wäre er gar nicht zugegen und als wären Deviah und ich Medizinstudenten, die mit Professor Prakash die Runde machten, während er über Menschen dozierte, die mit bandagierten, in Schlingen hängenden Gliedern auf ihren Betten lagen.

Einer der Männer sah tatsächlich aus wie ein Fall fürs Krankenhaus; er zeigte ein sehr verschmutztes, sehr fettiges Formular in der ortsüblichen kannaresischen Schrift vor, dem offenbar zu entnehmen war – Prakash kannte den Mann bereits, hatte ihn am Morgen schon gesprochen –, dass seine Frau als Krebspatientin in einem Krankenhaus in Bangalore lag. Was der Mann zu erzählen hatte, war, dass er nach Bangalore gekommen war, um seine Frau ins Krankenhaus zu bringen; jetzt wollte er zurück in sein Dorf, hatte aber kein Geld mehr; er brauchte zweiundvierzig Rupien für den Bus.

Der Mann sah unbeschreiblich heruntergekommen aus. Er war dürr und halb verhungert und hatte ein abgetragenes Übergewand aus Juteleinen an, das aus irgendeinem Industriesack gefertigt war; man konnte auf dem Stoff noch halb verwaschene Buchstaben erkennen. Auf seiner Nasenspitze fehlte die Haut, das rote Fleisch lag bloß; er trug ein Baby und eine Saugflasche.

Kaum waren wir nah genug für einen Kniefall herangekommen, führte dieser Mensch, das Baby im einen Arm, die andere Hand mit einer Geste übertriebener Ehrerbietung hinunter zu Prakahs Füßen, wobei er während seiner Abwärtsbewegung Sorge trug, zuerst die Saugflasche auf dem Betonboden, der Prakashs Haus umgab, aufrecht abzustellen. Prakash bedeutete dem Elenden, sich wieder zu erheben. Der Mann stand auf, bückte sich, um die Saugflasche hochzunehmen, koste das durcheinander gerüttelte Baby ein wenig, steckte ihm den Sauger in den Mund und blickte Prakash mit wilden Augen starr an. Prakash sah auf den Mann, ohne seinen Blick wirklich zu erwidern, sondern vielmehr so, dass so etwas wie soziale oder akademische Distanz spürbar war, und hielt – während er allem Anschein nach sein Gegenüber beim Sprechen taxierte – Deviah und mir einen kleinen Vortrag über den Zustand des Mannes.

Menschen, die ins Krankenhaus müssten, sagte Prakash, dürften ihre Ehegatten dorthin mitnehmen. Darauf hätten sie einen rechtlichen Anspruch. Wenn der Mensch hier das Geld für die Rückfahrt in sein Dorf haben wolle, dann deshalb, weil er es vorziehe, diese Vergünstigung nicht in Anspruch zu nehmen. Wahrscheinlich habe er an diesem Morgen schon bei allen Ministern und bei anderen die Runde gemacht. Er selbst habe an diesem Morgen bereits einen seiner Mitarbeiter angewiesen, dem Mann ein paar Rupien zu geben, auch wenn er sich nicht sicher sei, ob der Mann die Wahrheit sage.

»Und wenn er die zweiundvierzig Rupien für die Rückfahrt bekommt«, meinte Deviah, »wird er vermutlich schwarzfahren.«

Der Eindruck der Not, den der Mann vermittelte, war außerordentlich. Vielleicht war alles ein bisschen zu dick aufgetragen – mit dem Baby und der Saugflasche und dem sackleinenen Gewand. Aber mit seinen rollenden Augen sah der Mann wirklich zerrüttet aus, wirklich krank und zu Tode erschöpft.

Prakash blieb gelassen. Während er uns zu seinem Auto führte, quasi am Ende seines Vortrags angelangt, erklärte er, Menschen wie diese kämen nicht aus den Gruppen oder Kasten, die sich traditionell mit Betteln am Leben erhielten. Sie nähmen diese Lebensweise eher zufällig an oder weil sie andere nachahmten oder weil sie Erfolg damit hätten und überraschend viel damit verdienten. »Die Gewöhnung macht sie süchtig«, fügte er sentenziös hinzu.

(Und Prakash behielt Recht. Mehr als eine Woche später, als Deviah und ich uns gerade mit einem Abgeordneten des Bundesstaats in dessen Zimmer im Gästehaus des Parlaments unterhielten, tauchte der elende Mann wieder auf, mit dem Baby und der Milchflasche, aber ohne das Sackgewand und ohne das amtlich wirkende Formular, auf dem stand, dass seine Frau im Krankenhaus für Krebskranke liege. Der Assistent des Abgeordneten wies den Mann sofort wieder hinaus, und er verließ ohne ein Wort den Raum. Er blickte weniger wild als vor Prakashs Haus; seine Nase war am Verheilen, und er wirkte merkwürdig erholt. Mit dem Baby ging er ebenso behutsam um wie bei Prakash; vielleicht hatte er es sich gegen irgendein Pfand von jemandem ausgeborgt.)

In Prakashs Auto fuhren wir dann durch die staubigen Straßen zum Gästehaus der Regierung. Minister war er, wie zu Hause, so auch hier: Bei seinem Anblick rotierten die Leute. Ich begann seine Machtfülle zu ahnen, fing an zu sehen, wie sich Karnataka ausnahm, wenn man es durch Prakashs Augen betrachtete – auch wenn der Raum, in den wir geführt wurden, um uns ungestört unterhalten zu können, ein schmuckloses kleines Gästezimmer war, das stark nach Urin roch und dessen einziger Tisch so niedrig war, dass ich darauf nicht mitschreiben konnte.

Wir gingen ins Hauptgebäude des Gästehauses. Das war ein großer steinerner Bau in der Mitte eines gelbbraunen Geländes. Nachdem wir uns auf der breiten Veranda im oberen Stockwerk niedergelassen hatten, fragte ich Prakash nach der politischen Macht in Indien. Wie gelangten Menschen an die Macht? Wodurch bewies man seine Eignung dafür?

Als Erstes sei die Kaste wichtig. Wer ein öffentliches Amt oder eine politische Karriere anstrebe, müsse aus der entsprechenden Kaste kommen. Er müsse mit anderen Worten der in der Gegend einflussreichsten Kaste entstammen. Natürlich müsse er auch auf die Unterstützung seiner Kaste zurückgreifen können; das heißt, er müsse in der Gemeinschaft einiges Ansehen genießen, über gute Verbindungen verfügen, gut bekannt sein. Und da es selten vorkomme, dass die Stimmen aus einer einzigen Kaste ausreichten, eine Wahl zu entscheiden, brauche der Kandidat eine politische Partei; die brauche er, um die Stimmen aus den anderen Kasten zu bekommen. Das ganze parlamentarische Unternehmen der politischen Parteien und der Wahlen habe in Indien also seinen guten Sinn. Es befördere Kooperation und Kompromissbereitschaft; schon die bloße Vielzahl indischer Kasten und Gemeinschaften sorge für eine Art von Kräftegleichgewicht.

Angesichts der Bedingungen des indischen Lebens, in einem aus Existenzkampf und Notbehelf bestehenden Milieu, sei die Macht, die man erringen könne, sehr groß. Und ebenso groß sei der Sturz, der Verlust der Macht; er sei oft nur schwer zu verkraften.

Die Sessel auf der steinernen Veranda waren gewichtig und hässlich, Staatssessel, von der Sonne ausgebleicht und um allen Glanz gebracht; es gab jede Menge von ihnen. Die Veranda, obwohl die Sonne sie noch nicht direkt beschien, erstrahlte bereits in grellem Licht. Bäume gab es auf den braunen Rasenflächen nur wenige, die Schatten unterstrichen die Helligkeit und Trockenheit. Die großen hochgezogenen grünen Jalousien bildeten das einzige Schmuckelement auf der Veranda, und sie verstärkten noch den Eindruck von Kahlheit und bürokratischer Öde, den das Gästehaus der Regierung vermittelte.

»Wenn der normale Politiker stürzt«, sagte Prakash, »hat er nicht viel, zu dem er zurückkehren kann, nichts was ihn auffängt. Er ist vielleicht Anwalt in einer ländlichen Gegend oder der Sohn eines Bauern oder Landbesitzers oder der Sohn oder Bruder eines kleinen Kaufmanns, aber ein Mann mit viel Geld ist er nicht. Und viele kommen am Ende auch nicht einmal aus einer Bewegung.«

»Bewegung?«

»Bewegung, damit meine ich die Unabhängigkeitsbewegung oder die Bewegung gegen Indira Gandhis Verhängung des Ausnahmezustands oder die Bauernbewegung in diesem Bundesstaat hier oder irgendeine andere Volksbewegung. Wenn man nicht aus solch einer Bewegung kommt und nichts hat, worauf man sich beim Sturz zurückziehen kann, hat man es eilig, zu Geld zu kommen.

Die Macht verschafft einem so viel Bequemlichkeit, Privilegien und Ansehen – einen Bungalow mit allem Drum und Dran, häusliche Dienstboten, Büropersonal. Einen Wagen mit Chauffeur und die Möglichkeit, auf Reisen in Bungalows und Gästehäusern der Regierung zu wohnen, und Flugtickets – man kann auf Staatskosten herumfliegen. Aber wenn man die Machtposition verliert und keine Mittel hat, muss man unter Umständen in das halburbane Milieu zurückkehren, aus dem man gekommen ist. Dort kann man sich schwerlich einen Sekretär oder Dienstboten leisten. Vielleicht hat man einen Hausangestellten, aber nicht den ganzen Haufen, den man als Minister hatte. Oder die kostenlosen Telefongespräche.«

Prakash sprach sich scheinbar gegen all das aus, aber mir kam es so vor, als halte er sich bei den Einzelheiten der privilegierten Existenz verdächtig lange auf. Er war seit sechs Jahren Minister, und soweit ich es in den Zeitungen entziffern konnte, befand sich seine Regierung derzeit in einigen Schwierigkeiten.

»Dienstboten«, sagte ich. »Sie sprechen viel von Dienstboten. Sind Dienstboten denn für diese Männer aus ländlichen Gebieten wichtig?«

Prakash war Anwalt, ein Mann mit Ironie und hellem Verstand: Er durchschaute, worauf ich hinauswollte. »In den guten alten Zeiten«, sagte er, »waren für die Großgrundbesitzer, die *zamindars*, und die Adligen unnötig viele Dienstboten ein Statussymbol. Heute sind sie Symbol der Macht. Dienstboten sind dazu da, Ihnen das Leben angenehm zu machen. Wenn Sie Minister sind und eine Flugreise unternehmen wollen, haben Sie jemanden, der Ihnen das Ticket besorgt. Eine Gruppe von Plätzen ist immer für Regierungsbeamte reserviert, sie werden bis zur letzten Minute freigehalten; Sie haben also immer die Chance, einen Platz zu bekommen. Und Ihr P. A., Ihr persönlicher Assistent, bringt Sie zum Flughafen, um Sie ins Flugzeug zu setzen« – schon wieder hielt sich Prakash bei den Einzelheiten auf, genüsslich die Dinge rekapitulierend, die ihm noch zustanden –, »und am Zielort kommt jemand und holt Sie ab. Ein Fahrzeug steht zu Ihrer Verfügung, und eine Unterkunft ist bereits für Sie reserviert.

Als Mann ohne Macht aber« – und wie ein Prediger, der den Himmel des Erfolgs mit einem Bild vom Fegefeuer kontrastiert, wandte sich Prakash nun den Schattenseiten des indischen Flugreiseverkehrs zu – »weiß man häufig genug nicht, wo man ein Ticket bekommt, in welche Schlange man sich einreihen muss, wie man sein Gepäck durch die Kontrolle bringt. In westlichen Gesellschaften, die so gut geordnet sind, gibt es zwischen einem privilegierten und einem normalen Menschen keine große Kluft, was die Regelung der praktischen Dinge, das Reisen, die Bequemlichkeiten und die Unterbringung angeht.

Sogar in westlichen Ländern ist es für einen Mann natürlich, nach Machtpositionen zu streben. In Indien ist das umso ausgeprägter, weil hier Macht alles bedeutet. Wenn ein amerikanischer Präsident das Weiße Haus verlässt, macht das keinen Unterschied, was seinen Lebensstil und die Annehmlichkeiten des Lebens betrifft. In Indien ist das in vielen Fällen nicht so, es sei denn, man ist willens, wie die alten Götter der Ära Gandhi in Askese zu leben.

Unsere Politiker der neuen Generation besitzen nicht diese spirituelle Kraft, und so spüren sie den Unterschied. Ein Weilchen versuchen sie nach ihrem Sturz, aus ihren so genannten guten Beziehungen zu den Behörden Kapital zu schlagen. Sie übernehmen Aufträge von Menschen, die gewisse Dinge ins Reine gebracht sehen wollen. Aber mit den guten Beziehungen ist es bald vorbei. Und der Industrielle, der dich umwarb, fährt in seinem dicken Auto auf dem Weg zu seinem luxuriösen Haus in seiner hübschen Wohngegend an dir vorbei und würdigt dich keines Blickes.

Dank der Industrialisierung und der grünen Revolution in den ländlichen Gebieten entsteht eine neue Klasse von Neureichen, und diese Menschen machen zum ersten Mal Bekanntschaft mit akademischer Bildung, bequemem städtischem Leben, einem modischen Lebensstil und westlichen Einflüssen – materiellen Annehmlichkeiten. In dieser Übergangsperiode trennen wir uns allmählich von den moralischen Grundsätzen unserer Großväter, ohne schon im Besitz der westlichen Vorstellungen von Disziplin und sozialer Gerechtigkeit zu sein. Im Augenblick geht es hier chaotisch zu.«

Ich hätte mir gewünscht, dass er mehr auf sich selber zu sprechen gekommen wäre. Aber ihn auf dieses Thema zu bringen war nicht leicht. Die politische Krise in seiner Regierung und die sich andeutende Möglichkeit, dass es für ihn zu Ende ging, bewogen ihn, sich von den Genüssen der Macht zu distanzieren. Gleichzeitig wurde dadurch seine politische Aggressivität befördert. Es machte ihn geneigt, auf altmodische Weise (fast, als sei er schon aus dem Amt geschieden) über den Gandhianismus, den Materialismus und den Supercomputer zu moralisieren, von dem in Delhi gesprochen werde und der große Gefahren für das Land heraufbeschwöre.

Dann schließlich erzählte er: »Ich war nicht reich, aber auch nicht arm. Meine Familie führte eine komfortable, sichere Existenz. Das war in Bellary. Ich besitze dort Land, und viel von dem, was ich brauchte, wurde auf meinem eigenen Grund und Boden erzeugt – Hirse, Reis, Tamarinde, Chili, Gemüse und Brennstoff. Ich kann jederzeit dorthin zurück. Aber nach den sechs Jahren im Amt, die ich hier verbracht habe, merke ich, wie sich meine Kinder verändert haben. Ihre prägenden Jahre haben sie in diesem Überfluss und in dieser gesellschaftlichen Stellung verbracht, wo ihnen alles von den Augen abgelesen wird. Sie wollen jetzt nicht mehr zurück ins Dorf. Mir macht das nichts aus.

Bellary ist sehr heiß. Und viele meiner Verwandten und Freunde dort ergreift ein bisschen Ehrfurcht, wenn sie hierher kommen.

Die Freunde empfinden vielleicht ein wenig Neid, Freunde vom Dorf oder Menschen, die früher mit mir zusammengearbeitet haben und sich erinnern, wie ich durch die Straßen des kleinen Orts gegangen bin. Jetzt haben sie den Eindruck, dass ich ein ungeheuer wichtiger Mann bin, und empfinden Neid – und der unterscheidet sich von der Bösartigkeit des Systems, wo meine Kollegen sich an meine Beine hängen, wenn ich zu schnell die Leiter hinaufsteige. Das gehört zum System, aber der Neid der Freunde ist etwas anderes.

Sogar mein Wähler, er fühlt sich weniger unter Druck, wenn er dort, in meinem Zuhause, mit mir reden kann. Wenn er hingegen herkommt und auf einem Sofa sitzt« – es war interessant, vorgeführt zu bekommen, wie sich die Welt aus der Sicht von Prakashs Wähler darstellte und wie sogar das trostlose Gästehaus der Regierung ein anderes Aussehen gewann –, »wenn er hier sitzt und diesen großen Garten, den Rasen, die Polizeibeamten, die Dienstboten sieht, dann ist ihm unbehaglich zumute und er gewinnt augenblicklich den Eindruck, dass ich zu weit weg bin und wir nicht mehr auf gleicher Ebene verkehren beziehungsweise unser persönliches Verhältnis sich geändert hat.«

Draußen, vor dem Gästehaus, knallten Autotüren. Ein Gast oder eine ganze Gruppe waren eingetroffen. Kurz nach dem Knallen der Autotüren kam eine Reihe von Männern in farbigen Gewändern eilig die Stufen herauf und ging drinnen durch den Raum; große Männer in großen Schuhen, die große Schritte machten. Ich sah sie nur aus dem Augenwinkel; ich saß leicht abgewandt vom Innenraum. Dann erklärte mir Prakash mit gesenkter Stimme, der Ankömmling sei der Dalai Lama.

Kaum zu glauben, aber ich war halbwegs darauf vorbereitet. Ich wusste, dass sich der Dalai Lama auf einer Tour durch Indien befand. In Bombay hatte ich eines Tages in der Zeitung gelesen, dass der Dalai in die Stadt komme, um dort lebende Buddhisten zu besuchen. Ich wusste nicht, was damit gemeint war. Wenn die Menschen in Bombay von Buddhisten sprachen, dann meinten sie nicht Tibetaner; sie meinten dann eher die Neobuddhisten aus den Reihen der Dalit. Aber ich hatte mich nicht weiter um den Besuch des Dalai Lama in Bombay gekümmert. Und jetzt war er, ohne dass mir eine Ankündigung zu Ohren gekommen wäre, mit nur ein paar Autos und eskortiert von ein paar Bundespolizisten, noch tiefer in den Süden gereist, wo er sich weit, weit entfernt von zu Hause befand.

Der Dalai Lama bewegte sich so schnell, dass Prakash mir gerade erst gesagt hatte, wer er war, als er auch schon den Raum drinnen durchschritten hatte, halb verborgen durch einen Assistenten, der, eine Aktentasche schwingend, dicht neben ihm ging. Die letzten Riesenschritte, die schwingende Aktentasche des Assistenten – mehr bekam ich eigentlich gar nicht mit.

Danach traten Mönche heraus auf die breite Veranda, auf der wir saßen. Nach der Hektik ihrer Ankunft waren sie jetzt ruhiger. Von der kahlen Veranda blickten sie hinunter auf den von der Sonne verbrannten Rasen und Park. Sie hatten geschorene Köpfe und trugen Pullover unter ihren dunkelroten Roben. Erst schien es, dass sie nur auf die merkwürdige Szenerie des indischen Südens starrten. Aber tatsächlich hielten sie Ausschau nach ihren Anhängern.

Wie mir Prakash erzählte, gab es in der Nähe von Mysore City, ungefähr hundertfünfzig Kilometer weiter südlich, ein tibetanisches »Lager«. Dort bauten die Tibetaner auf Landflächen, die ihnen die indische Regierung zur Verfügung gestellt hatte, Mais an, betrieben Milchwirtschaft und strickten ihre typischen Pullover. Bei unserer Ankunft am Gästehaus der Regierung war auf dem Gelände noch niemand zu sehen gewesen. Nach und nach aber erschienen die Tibetaner aus dem Lager bei Mysore City, die draußen in den Straßen gewartet hatten, in kleinen Gruppen auf dem verbrannten Rasen, die Frauen in traditionellen Gewändern, die Männer in Jeans, heitere, gut aussehende Menschen, die vielleicht allmählich, nachdem sie schon länger als eine Generation in der Fremde lebten, den Kontakt zur Heimat zu verlieren begannen: eine weitere asiatische Vertreibung, Teil des historischen Gezeitenstroms.

Eine Zeit lang nahmen diese Menschen meine Aufmerksamkeit in Anspruch. Die Mönche blieben auf der Veranda, blickten hinaus, als wollten sie jede einzelne Person in den kleinen, verstreuten, wartenden Gruppen ein Weilchen fest ins Auge fassen. Und auch als Prakash wieder zu sprechen begann, hatte ich immer noch das Gefühl, dass wir Bestandteil jenes wortlosen tibetanischen Tableaus waren.

»Wegen der langen Tradition von Radschas und Maharadschas und Feudalherren betrachten die Menschen bei uns den Sitz der Macht, die Institution und jene, die sie ausüben, stets mit Ehrfurcht und Angst; gleichzeitig hegen sie Abneigung und Hass gegen sie. Aber da gibt es einen Zwiespalt. Als Machthaber schätzen sie einen umgänglichen, schlichten, mitfühlenden, wohlwollenden Menschen. Und gleichzeitig haben sie im Kopf ein bestimmtes Bild von der Macht, das Pomp, Gepränge, gebieterische Größe und Vornehmheit einschließt. Dies beides geht nicht oft zusammen.

In meinem Fall möchten sie mich gern als ihren guten alten kleinen Anwalt vom Lande sehen – so, wie ich vor 1983 war, ehe ich an die Macht gelangte und Minister wurde. Aber Anerkennung zollen sie meiner Amtsgewalt nur, wenn ich mit einem Beamtenstab daherkomme und mich in Positur werfe.

Am 16. Februar 1983 legte ich als Minister von Bangalore den Amts- und Verschwiegenheitseid ab. Am selben Tag kam es in Bellary zu Unruhen – mit polizeilichem Schusswaffengebrauch, sieben Toten, Brandstiftung und Plünderungen. Noch in der Nacht fuhr ich mit dem Auto nach Bellary, dreihundert Kilometer weit. Und ich übernahm dort sofort das Kommando und unterstellte den Bezirksinspektor der Polizei, den Polizeipräsidenten von Bellary und die anderen Beamten meinem Befehl. Es gelang mir, die Unruhen binnen eines Tages unter Kontrolle zu bringen.

Als Anwalt war ich im Zusammenhang mit Prozessen mehrfach vor dem Polizeipräsidenten aufgetreten und hatte ihn damals mit ›Euer Ehren‹ angeredet. Als Minister aber machte ich eine Wandlung durch. Ich fing an, ihm Anweisungen zu erteilen. In nur einem Tag änderte ich mich. Und die Menschen hätten es nicht gemocht, und die Lage wäre auch nicht unter Kontrolle gebracht worden, wenn ich nichts weiter gewesen wäre als ein *mofussil* Anwalt. Es ist eine sehr seltsame Gesellschaft, die wir da geschaffen haben. Die Demokratie ermöglicht es Menschen wie mir, Rollen zu wechseln.«

Seine Regierung habe die Ausgaben für den ministeriellen Pomp gekürzt. In den Zeiten der Kongresspartei sei der Aufwand weit größer gewesen: Polizeieskorten, rote Warnleuchten, um die Straße freizuhalten, Sirenen. Damals hätten die Leute nicht einfach beim Haus eines Ministers aufkreuzen können; sie hätten einen Termin gebraucht.

Die Macht kam vom Volk. Das Volk war arm, aber die Macht, die es verlieh, berauschte. Ebenso hoch, wie ein Mensch steigen konnte, konnte er auch hinabfallen, wenn er die Macht verlor. Die Parlamentarier waren also von Anfang an in heller Aufregung und in ständiger Bewegung, wie eine Gruppe Pinguine in einem antarktischen Schneesturm: Die am äußeren Rand setzten alles daran, sich zu der brodelnden Masse im warmen Zentrum vorzuarbeiten. Die Politik im Staat, von der die lokalen Zeitungen voll waren, bestand in permanent wechselnden Konstellationen, in ständig neuen Parteinahmen. Fing eine Mehrheit an zu wackeln, dann wurde die einzelne Stimme im Parlament zu einem Pfund, mit dem man wuchern konnte: Sie ließ sich beliebig viele Male verkaufen. Kürzlich (das hörte ich von einem anderen Politiker) hatten zehn sehr schwierige Abgeordnete im Parlament gesessen, die bei jeder Abstimmung ein Lakh, hunderttausend Rupien, viertausend Pfund, für ihre Stimme verlangten. Die Regierung und die Oppositionsparteien mussten Gelder auftreiben, um diese Ausgaben decken zu können; die Art und Weise, wie sie die Gelder auftrieben, war nicht unumstritten.

So wie in den Zeitungen über sie berichtet worden war, blieb die Staatspolitik für den Besucher kaum zu durchschauen. In der Politik der wechselnden Parteinahmen und Konstellationen ließen sich keine Grundsätze oder Programme erkennen. Es gab nur Feinde oder Verbündete – eine Pinguinpolitik. Was für den Staat Karnataka galt, traf auch auf andere Bundesstaaten zu. In den Zeitungen gab es jede Menge Spalten, die man überlesen, deren Lektüre man sich sparen konnte. Die Namen zu kennen bedeutete nicht, dass man über die Politik Bescheid wusste, so wenig, wie es genügte, Computerprogramme auswendig zu lernen, um mit einem Computer umgehen zu können. Die Programme konnten sich ändern oder ausrangiert werden; die Politiker konnten ganz schnell verschwinden oder den Posten wechseln.

Es wirkte wie ein Wunder, dass überhaupt eine staatliche Ordnung existierte. Aber im Zuge des Wirtschaftswachstums in Indien hatten tatkräftige Regierungen den Profit für alle generiert. Und aus der politischen Hektik hatte sich eine Art von Balance herausgeschält: Vielleicht zum ersten Mal in der Geschichte Indiens hatten die Menschen das Gefühl, dass sie oder ihre Vertreter, Menschen aus ihrer Gruppe, eine Chance hatten, ins warme Zentrum der Macht und des Geldes vorzudringen.

Prakash war an diesem Tag mit irgendeiner weiteren Krise befasst, die in den Zeitungen breiten Raum einnahm. Wir gingen hinunter zu dem asphaltierten Gelände um das Gästehaus, wo ihn im gleißenden Licht vier oder fünf Männer mittleren Alters in sauberen, schlichten, cremefarbenen Tuniken und *dhotis* erwarteten, Betelnuss kauend und einen milde konspirativen Eindruck machend – sie hielten Abstand zu den Autos und der in Khaki gekleideten Polizeieskorte der Gruppe des Dalai Lama. Die Parlamentarier waren an diesem Tag aufgefordert, eine Loyalitätserklärung zu unterzeichnen, und es wurden unaufhörlich mit Gandhikappen bedeckte Köpfe gezählt. Gewänder aus Streichgarn, einst die Kleider der Armen, wurden nicht mehr von den Armen getragen, sondern ausschließlich von den Männern, denen die Armen Macht verliehen hatten.

Leute aus den verschiedensten Schichten sprachen mit Hochachtung von den Tagen der alten Maharadschas; die fast fünf Kilometer lange Mauer des Palastgeländes im Zentrum von Bangalore erinnerte an die einstige Glanzzeit von Mysore. Den Palast hatten die Maharadschas nur als Sommerresidenz genutzt. Er stand tief drinnen im Park und war von der Straße aus nicht zu sehen. Der Park selbst, allein schon als Immobilie von ungeheurem Wert, war Gegenstand eines Rechtsstreits und für die Öffentlichkeit geschlossen.

Der Hauptpalast stand in Mysore City, hundertfünfzig Kilometer weiter südlich. Ich erfuhr von Deviah, dass es in Mysore City einen Barbier gab, der noch beim fünfundzwanzigsten und letzten Maharadscha in Dienst gestanden hatte. Es gab auch einen Brahmanen, der dem Maharadscha in irgendeiner Funktion als Pandit gedient hatte. Der Barbier, hieß es, stecke voller Anekdoten, aber als Deviah und ich eines Tages nach Mysore fuhren, galt unser Besuch dem Brahmanen.

Die Straße war gut, eine der Straßen des alten Staates Mysore. Über lange Strecken beschatteten sie Regenbäume, die in den Zeiten der Maharadschas gepflanzt worden waren und heute fast schon als Teil des bleibenden Erbes der Maharadschas betrachtet wurden. Und man sah üppige grüne Felder, die den Bewässerungsanlagen zu verdanken waren, die auf die Initiative des berühmten Ersten Ministers des vierundzwanzigsten Maharadschas zurückgingen.

Mysore City war um den Palast herum erbaut worden. Als wir in die Stadt hinein fuhren, erhaschten wir einen Blick auf einen Teil des Palastgeländes. Verführerisch; aber den weiträumigen, großartigen Komplex hoben wir uns für später auf. An diesem Vormittag lag unser Ziel in der Stadt selbst und bestand in einer kleinen Hochzeitshalle aus Beton, die der einstige Pandit des Maharadschas leitete. Die Hochzeitshalle war neu und machte wenig her, aber sie gehörte zu einer Stiftung, die der Philosoph Shankaracharya im neunten Jahrhundert ins Leben gerufen hatte. Der Pandit stand also, mochte seine jetzige Arbeit auch kommerzieller Natur sein, der Religion immer noch nahe.

Er war ein kleiner Mann von zweiundsiebzig Jahren. Drei breite weiße Streifen zogen sich waagrecht über seine Stirn, und zwischen den Augenbrauen befand sich ein Fleck aus roter Sandelholzfarbe. Beide Ohren zierte ein in Gold gefasster Rubinohrring. Seine weiße Tunika war über einem kleinen Bäuchlein zugeknöpft, und da dieses Bäuchlein merkwürdig schmal und lang gestreckt war, erinnerte der in seine Tunika eingeknöpfte Pandit an eine Gurke. Die heiligen weißen Male auf seiner Stirn stammten von der Asche verbrannten Kuhdungs. Der Kuhdung wurde zu diesem Zweck an einem bestimmen Tag, genannt *Shiva-ratri*, die Nacht des Schiwa, verbrannt. Über *Shiva-ratri* konnte Deviah Folgendes berichten: Jeden Tag wacht Schiwa über die Welt, aber es gibt einen Tag, da fällt er in Schlaf, und an diesem Tag (beziehungsweise in dieser Nacht) müssen Hindus wach bleiben, um aufzupassen.

Wir trafen den Pandit im Büroraum der Hochzeitshalle. Das war ein kleiner, schlichter Raum mit cremefarbenen Wänden, einer eisernen Truhe in einer Ecke und Bettzeug, das auf dem roten Betonboden lag. In einer anderen Ecke stand ein rotes Telefon auf einem Wandbrett, neben einem Schlüsselbrett mit vier Schlüsseln. In eine Wand waren grün gestrichene Regalbretter eingelassen. Auf einem von ihnen lagen alte Neonröhren mit heraushängenden Elektrokabeln (zweifellos wurden sie in der Hochzeitshalle benutzt und waren hier deponiert, damit sie nicht gestohlen wurden). Auf einem anderen Regalbrett lagen einzelne Glühbirnen, während sich auf einem dritten Brett ein Stapel mit irgendwelchen Broschüren nebst einer Reihe von Päckchen befanden, die in altes Papier gehüllt waren. Von einem Nagel oder Haken neben den Einbaubrettern hing ein Beutel aus Webstoff an der Wand herab. Die Wand war wie ein Möbelstück: Sie diente dazu, Sachen abzustellen oder aufzuhängen.

Zur Welt gekommen war der Pandit 1916. Sein Vater stammte nicht aus Mysore, sondern aus Tamil Nadu; er nahm die Geschäfte eines abwesenden Grundbesitzers wahr und handelte außerdem mit Getreide. Die Mutter des Pandits kam aus Mysore. Da Frauen zur Niederkunft ins Elternhaus zurückkehren, war der Pandit in Mysore zur Welt gekommen. Dann nahmen ihn seine Eltern mit nach Tamil Nadu, aber als er zehn war, starb sein Vater, und sein Großvater mütterlicherseits brachte ihn nach Mysore zurück und schulte ihn im Sanskrit-College in Mysore City ein.

Als Schüler am Sanskrit-College erhielt er ein Stipendium des Staates Mysore. Jeder, der sich für das Sanskritstudium entschied, erhielt ein Stipendium. Das betrug anfangs zwei Rupien, ungefähr sechzehn Pence, monatlich. Ein zehnjähriger Junge konnte 1926 mit zwei Rupien gut auskommen; der Spitzenlohn für einen Büroangestellten betrug damals dreißig Rupien.

Der Pandit war kein redefreudiger Mensch. Er wartete auf Fragen, und Deviah übersetzte seine Antworten.

Deviah übersetzte: »Es war mein Großvater, der mich ins College brachte. Er arbeitete als Koch im Palast, und ich weiß nicht, ob er von dem Stipendium wusste, als er mich ins College brachte. Wir wohnten nicht im Palast; wir wohnten in einem Mietshaus außerhalb des Palastes. Mein Großvater kochte für die *pujas* im Palast. Er kochte die Speisen, die dargebracht wurden. Er verdiente achtzehn Rupien im Monat. Auch wenn er als Koch im Palast arbeitete, aß er niemals dort. Er aß zu Hause – so war es Brauch für ihn als Brahmanen. Er wurde zweiundneunzig Jahre alt.«

Der Pandit studierte zwanzig Jahre lang im Sanskrit-College, von 1926, als er zehn war, bis 1946. Im Laufe dieser Jahre wurde das

Stipendium, das mit zwei Rupien begonnen hatte, ganz allmählich aufgestockt.

Zu den wichtigen Fächern, die er studierte, zählte die Astrologie. Er studierte sie fünf Jahre lang. Er hatte einen Lehrer, der als Astrologe sehr berühmt war.

»Als Astrologe lernt man niemals aus. Wie sich die Wissenschaft immer weiterentwickelt und immer neue Entdeckungen gemacht werden, so habe auch ich nie aufgehört, meine astrologischen Kenntnisse zu erweitern.«

Auf dem Schreibtisch, an dem der Pandit saß, lag ein kleiner dunkelblauer oder grauer Plastikbeutel – Plastik, nicht Leder, weil ein Lederbeutel aus der Haut eines Tieres gemacht und unrein ist. An der Wand über seinem Kopf hing ein gerahmtes Bild von Schiwa und seiner Gattin. Das Licht hatte die Farben ausgebleicht. Beiden Figuren hatte der Künstler größtmögliche Schönheit verliehen: eine weibliche, fast schon erotische Schönheit.

»Der Geburtstag eines Menschen gibt uns Auskunft über seine Blutgruppe«, erklärte der Pandit. »Es gibt drei Blutgruppen, und wir können sagen, ob Menschen kompatibel sind oder nicht. Wir müssen keine Bluttests machen. Es gibt keinen Unterschied zwischen Astrologie, Medizin und *dharma-shastra.*« Deviah übersetzte Letzteres mit »traditionelles Wissen«. »Um Astrologie zu lernen, muss man erst all die anderen Wissenschaften lernen. Bevor man bestimmte Arzneien verschreiben kann, muss man sich erst anschauen, wie bestimmte Planeten stehen, weil bestimmte Arzneien nur unter bestimmten planetarischen Bedingungen wirken. Bestimmte Arzneien wirken unter den Strahlen der Sonne oder des Mondes oder des Mars oder des Merkur.«

Er könne die Zukunft voraussagen. »Wenn Sie mir Ihre genaue Geburtszeit sagen – aber sie muss auf die Minute genau sein –, kann ich Ihnen alles bis ins Detail darlegen. Eine Minute Abweichung aber macht schon einen himmelweiten Unterschied. Der Ort ist ebenfalls wichtig.«

Im Jahr 1946, nach zwanzig Jahren, gelangte er mit seinen Studien am Sanskrit-College zu einem Abschluss. Die ganze Zeit über hatte er von dem staatlichen Stipendium gelebt. In seinem letzten Collegejahr betrug das Stipendium fünfzehn Rupien im Monat. Er war jetzt dreißig und endlich frei zu heiraten. Er heiratete die Tochter eines Mannes, der als Büroangestellter im Palast arbeitete. Er fand auch eine Anstellung; er wurde Bibliothekar an besagtem Sanskrit-College; sein Gehalt betrug fünfundvierzig Rupien monatlich. Diese Stelle hatte er sechzehn Jahre lang inne.

Zu den Projekten, an denen er als Bibliothekar des Sanskrit-College arbeitete, zählte die Übertragung sämtlicher *Puranas*, der heiligen alten Texte des Hinduismus, ins Kannaresische, die Sprache, die man in Mysore sprach. Dieses Projekt wurde vom Maharadscha gefördert, der von der Arbeit des Pandits Kenntnis erhielt. Die Maharadschas in Indien hatten 1956 ihre Titel verloren, aber sie besaßen nach wie vor ihre Privatschatullen, und in Mysore spielte der Maharadscha als Staatsgouverneur, *raja pramukh*, immer noch eine angesehene zeremonielle Rolle.

Eines Nachmittags im Jahr 1962, an einem Vollmondtag, hatte der Pandit seine *puja* beendet und saß zu Hause, als ein Bediensteter aus dem Palast erschien. Er war vom Sekretär des Maharadschas geschickt worden und überbrachte die Botschaft, der Maharadscha wünsche den Pandit im Palast zu sehen. Mitteilungen wurden in der Regel so überbracht, dass der Maharadscha seinem Adjutanten den Auftrag erteilte und der dem Sekretär und der wiederum dem Bediensteten.

Der Pandit muss wohl schon eine gewisse Ahnung davon gehabt haben, was der Maharadscha wollte, oder ihm muss durch den Bediensteten schon ein Hinweis gegeben worden sein. Denn als diese Aufforderung aus dem Palast eintraf, sandte der Pandit augenblicklich eine Nachricht an seinen Schwiegervater und seinen Großvater, die beide im Palast arbeiteten, der eine als Büroangestellter, der andere als Koch.

Der Großvater eilte nach Hause. Er freute sich für seinen Enkel, war aber auch nervös. »Du bist als ein Gelehrter, ein *vaidhika*, ausgebildet worden«, sagte er. »Die Arbeit aber, die du jetzt machen wirst, ist die eines *loukika* – weltliches Werk. Du eignest dich vielleicht nicht dafür. Das musst du bedenken.« Er gab seinem Enkel außerdem detaillierte Anweisungen, wie er sich in Gegenwart des Maharadschas verhalten sollte.

Ungefähr um drei Uhr nachmittags, in der größten Tageshitze, verließ der Pandit sein Haus, um zum Palast zu gehen. Er war als Brahmane gekleidet, in seinem *dhoti* und mit einem Tuch um die

Schultern. Ansonsten war er oberhalb der Hüfte nackt. Er ging barfuß. So war er es gewohnt; er hatte nie Schuhwerk irgendwelcher Art getragen; bis zum heutigen Tag hielt er es so – und tatsächlich, als ich unter den Schreibtisch blickte, an dem der Pandit saß, sah ich seine nackten Füße flach auf dem roten Betonboden, die Haut dunkel und rissig, an der Sohle eine dicke Schicht Hornhaut. Ebenso wenig machte es ihm Schwierigkeiten, mit nacktem Rücken in der Nachmittagssonne herumzulaufen; auch daran war der Pandit gewöhnt.

Der Weg zum Palast war ungefähr einen halben Kilometer lang. Er traf den Sekretär in einem der inneren Räume, und der Sekretär schickte ihn gleich weiter zum Maharadscha, der sich in der Palastbibliothek aufhielt. Die Bibliothek bestand aus drei Räumen, jeder etwa dreizehn Meter lang und acht Meter breit. Alle waren sie voll mit Büchern; es gab kaum Platz, sich hinzusetzen. Es waren Bücher in allen Sprachen.

In einem dieser Räume saß der Maharadscha. Der Pandit näherte sich und huldigte ihm so, wie es sein Großvater ihm beigebracht hatte: Er legte die Handflächen zusammen und verbeugte sich tief. Der Maharadscha trug *djibba* und *dhoti*; er war in »leutseliger« Stimmung.

»Wie sah er aus?«

»Er war ein hochgewachsener Mann, mit dem Körperbau eines Königs. Stämmig.« Er dachte nicht nur an die sitzende Gestalt, die er damals in der Bibliothek getroffen hatte, er dachte an den Mann, den er später kennen gelernt hatte. »Morgens, nach seiner *puja*, wenn er mit den heiligen Malen auf der Stirn herauskam, sah er aus wie Gott.«

Der Maharadscha – aber das war nicht das Wort, das der Pandit verwendete: Er benutzte das englische Wort »Highness«, »Hoheit«, das er so aussprach, als sei es ein Wort der heimischen Sprache – der Maharadscha, Hoheit, erklärte dem Pandit, er sei für die Arbeit im Palast erwählt worden.

»Ich hatte mich um die Stelle in keiner Weise beworben. Also erklärte ich Hoheit tapfer, was mein Großvater mir zu bedenken gegeben hatte, dass ich mein ganzes Leben als *vaidhika* verbracht hatte und jetzt nicht als *loukika* leben konnte. Und Hoheit sagte: ›Ich verwende Sie hier nur für die Arbeit eines *vaidhika*. Ich brauche Sie als *mukhthesar*.‹

Ich wusste, worin die Aufgaben eines *mukhthesar* bestanden. Sie bestanden darin, alle *pujas* im Palast zu organisieren, die *purohits* oder Priester auszuwählen und ihr Tun zu beaufsichtigen, sicherzustellen, dass die *pujas* und Rituale korrekt durchgeführt wurden.«

Der Maharadscha führte ein halbstündiges Gespräch mit dem Pandit. Er erklärte ihm, was er alles zu tun haben würde. Es gab zehn ständige *purohits* im Palast; der Pandit musste sie beaufsichtigen wie auch alle zusätzlichen *purohits*, die bei besonderen Gelegenheiten noch hinzukamen. Der Pandit musste auch auf die Juwelen im Tempel des Palastes aufpassen. Leute, die im Palast arbeiteten, erhielten eine Sonderzuwendung von zwanzig Rupien monatlich; der Maharadscha sagte dem Pandit diese Sonderzuwendung zu. Gewährt wurde sie, weil das Palastpersonal rund um die Uhr verfügbar sein musste und keinen Urlaub hatte. Das Gehalt selbst betrug hundertfünfzig Rupien; als Bibliothekar im Sanskrit-College erhielt der Pandit ein Monatsgehalt von fünfundvierzig Rupien.

»Ich hatte die Pflicht, es zu tun. Was Hoheit auch immer verlangte, ich musste es tun. Ich war bereits ein Angestellter von Hoheit, weil das Sanskrit-College Hoheit gehörte.«

Nach der Audienz in der Bibliothek kehrte der Pandit in das Haus seiner Familie zurück. Er erzählte seinem Schwiegervater und seinem Großvater die Neuigkeit, und sein Großvater freute sich. Er sagte: »Wir haben im Palast alle einen guten Namen. Du musst deine Arbeit ordentlich verrichten, damit unser guter Name dort Bestand hat.«

Weil er im Palast arbeitete, brauchte der Pandit eine Uniform. Er ging gleich zum Palastschneider, um seine Maße nehmen zu lassen. Er bestellte zwei Anzüge, und die kosteten zweihundert Rupien, mehr als ein Monatsgehalt. Aber aus irgendeinem Grund wollte der Maharadscha, dass der Pandit sofort seine Arbeit im Palast antrat. Deshalb war der Pandit in der Klemme, was seine Kleidung betraf – die Uniformen, die er beim Schneider bestellt hatte, würden erst in ein paar Tagen fertig sein.

»Ich machte etwas Verrücktes«, sagte der Pandit. »Ich borgte mir die Uniform meines Schwiegervaters aus. Wir hatten die gleiche Statur.« Verrückt war das, weil ein Brahmane nicht die Kleider anderer Leute tragen durfte. Das war genauso unrein wie das Trinken aus einem Gefäß, das ein anderer benutzt hatte. »Drei Tage lang trug ich die Uniform meines Schwiegervaters. Dann bekam ich vom Palastschneider meine eigene, die beiden Anzüge. Ich bekam sie auf Kredit. Die zweihundert Rupien hatte ich nicht. Ich bezahlte mit meinem Gehalt und zahlte meine Schulden in drei oder vier Raten ab.«

Er trug weiße Hosen und einen langen Rock. Der Rock war für den Morgen weiß, für den Abend schwarz. Er trug den Turban von Mysore, weiß, mit einem Goldband, und er bekam eine weiße Schärpe. Keine Schuhe: Innerhalb des Palastes trug niemand Schuhe, nicht einmal der Maharadscha. Der Maharadscha trug Schuhe nur außerhalb des Palastes.

An der cremefarbenen Wand des Büros der Hochzeitshalle, in dem wir uns unterhielten, sah man Schmutzflecken, die von Fingerabdrücken stammten – Indien und sein ewiger Schmutz. Der Boden war von dunkelroter Farbe, und ein schmaler Streifen am Fuß der Wände wies die gleiche Farbe auf. Blassgrüne Türen führten in andere Räume; über einer Tür mit Vorhängeschloss – die den Durchgang zur eigentlichen Hochzeitshalle bilden mochte – hing ein buntes, wellenförmig verschnörkeltes Schild, mit der Aufschrift *Kein Zutritt.* Und wie in einer indischen Großstadtstraße, wo nichts jemals absolut sauber und fertig ist, sah man in der Ecke mit der eisernen Truhe einen Haufen halb zusammengekehrten Staub und Flusendreck, nebst dem Putzlumpen und dem Besen, die das Kehren und Wischen hätten erledigen sollen. Der Schreibtisch, an dem der Pandit saß, war aus Stahl und grau gestrichen.

Als *mukhthesar* des Palastes hatte der Pandit lange Arbeitszeiten. Er arbeitete von sechs Uhr morgens bis zwei Uhr nachmittags. Dann ging er nach Hause und kehrte nach einer Stunde wieder in den Palast zurück, wo er bis sieben blieb. So war es an normalen Tagen. An bestimmten anderen Tagen, wie etwa den Tagen des Dussehra-Festes, blieb der Pandit unter Umständen bis Mitternacht im Palast. Beim Dussehra-Fest wurden nämlich die Tempeljuwelen ausgestellt, und der Pandit musste dableiben, um dafür zu sorgen, dass die Juwelen wieder in die Schatzkammer des Palastes zurückgebracht wurden.

Wenn der Maharadscha nicht da war, sondern »auf Reisen«, hatte der Pandit frei und konnte sich ausruhen. Der Maharadscha ging vier oder fünf Mal im Jahr auf Reisen und war jeweils etwa fünfzehn Tage unterwegs. Manchmal fuhr er ins Ausland; dann war er einen Monat lang weg.

»Hoheit ging gern auf Pilgerfahrt. Wenn Hoheit in einem alten Text, einem *Purana*, über einen bestimmten Tempel – irgendwo im Land – las, sagte er oft: ›Fahren wir dorthin.‹ Am nächsten Tag war er bereit zum Aufbruch, und fünfundzwanzig Leute begleiteten ihn. Er hatte ein oder zwei Spezialwaggons, die an die normalen Züge angehängt wurden. Er nahm stets Köche, Leibwächter, einen *purohit*, einen Astrologen mit. Manchmal ließ er auch seine Familie mitkommen. Hoheit war ›verrückt‹ danach, Tempel zu besuchen. Es gibt keinen Tempel, den er nicht besucht hat – er war solch ein glühender Verehrer.«

Im Jahr 1965 wurde dem als *mukhthesar* angestellten Pandit eine Unterkunft zugestanden: ein kleines Haus mit zwei Zimmern und einer »Diele«. Die Miete betrug zehn Prozent seines Gehalts. Drei Jahre später, im Jahr 1968, erhielt er eine besondere Uniform für die Zeremonien. Sie musste er nicht selber bezahlen; sie war ein Geschenk des Maharadschas. Der lange Rock war rot, mit goldenen Aufschlägen und Goldknöpfen. Die Knöpfe trugen ein Phönix-Symbol und die Buchstaben *JCRW*, die Initialen des Maharadschas: Jaya Chama Rajendra Wodeyar. Die Hosen waren aus beigefarbener Seide.

Ich wollte wissen, ob das für ihn als Brahmanen nicht zu protzig gewesen sei.

»Ich war stolz darauf. Wenn ich diesen Anzug trug, konnte mich niemand aufhalten, weder auf der Straße noch im Palast.« Er ließ sich sogar in der Uniform fotografieren.

Er wurde befördert. Der Maharadscha ernannte ihn zum *Shastri Narayan*, zum »Herrn der Shastras«, zum »Großen Gelehrten«. Dann aber nahmen draußen die Dinge eine Wendung zum Schlechten. Im Jahr 1971 erkannte die Regierung von Mrs Gandhi den indischen Maharadschas ihren Sonderstatus ab, und der Maharadscha verlor seine von der Steuer befreite Privatschatulle im Wert von 2 600 000 Rupien, damals (nach der 1967 erfolgten Abwertung der Rupie) etwa 130 000 englische Pfund. Dennoch beförderte der Maharadscha seinen *mukhthesar* erneut. Im Jahr 1972 ernannte er ihn zum Stellvertretenden Sekretär, von denen es im Palast zwei gab. Im Palast angefangen hatte der Pandit mit einem Gehalt von hundertfünfzig Rupien; im Lauf der Jahre hatte es sich auf dreihundert verdoppelt; jetzt, als Stellvertretender Sekretär, bekam er fünfhundert.

»Hoheit erhielt die Kataloge von verschiedenen Buchhändlern. Er bestellte monatlich dreihundert bis vierhundert Bücher. Der Palastsekretär kaufte sie für ihn. Hoheit kaufte Penguin-Bücher und Ausgaben der Oxford University Press. Ich musste die neuen Bücher lesen oder überfliegen oder anschauen und ihm von denen, die ihn nach meiner Ansicht interessieren konnten, eine Zusammenfassung liefern. Er interessierte sich für Philosophie und Geschichte. Er unterhielt sich mit mir und anderen über philosophische Themen. Hoheit archivierte Dinge gern in einem Album. Ich wusste, was ihn interessierte, und machte ihn auf entsprechende Abschnitte aufmerksam. Bestimmte Passagen ließ er dann abtippen, für seine eigenen Reden und Schriften.

Hoheit hatte zwei Leidenschaften, zwei Verrücktheiten. Erstens, Tempel. Und zweitens, Bücher – Bücher kaufen und lesen. Er las häufig die ganze Nacht durch. Ich hatte mit seinen beiden Verrücktheiten zu tun. In sein Lesezimmer durfte niemand. Er hatte sein eigenes System, Bücher hinzulegen oder anzuordnen. Er bewahrte sie auf dem Fußboden auf. Niemand durfte sie anrühren, während sie dort lagen. Wenn er mit einem Buch fertig war, brachte er es mir und ließ es mich katalogisieren und in die Regale der Bibliothek stellen.«

Ich fragte, was für englische Bücher der Maharadscha gelesen und mit seinem *mukhthesar*, seinem *Shastri Narayan*, erörtert habe. Ich erwartete, die Namen von Aldous Huxley, Bertrand Russell, Christopher Isherwood zu hören. Aber der Pandit konnte mir damit nicht dienen; er erinnerte sich an keinen einzigen englischen Autor.

Im Jahr 1973, zwei Jahre nachdem den Maharadschas ihr Sonderstatus genommen worden war, streikte das Palastpersonal im Kampf um bessere Entlohnung. Einst hatten fünfhundert Leute im Palast gearbeitet. Zum Zeitpunkt des Streiks belief sich das Personal auf dreihundert Personen. Der Maharadscha bewilligte den Streikenden die Lohnerhöhung, die sie gefordert hatten. Damit übernahm er sich finanziell. Im folgenden Jahr erhielt das gesamte Palastpersonal eine Sonderzuwendung und wurde entlassen. Der Pandit selbst bekam neunzehntausend Rupien, fast tausend Pfund. Aber nicht lange danach schickte der Maharadscha nach ihm und fünf oder sechs anderen und stellte sie wieder ein. Der Pandit machte als *mukhthesar* und Stellvertretender Sekretär weiter, und die Arbeit war ebenso schwer wie zuvor.

»Für einige Leute«, sagte der Pandit, »hat sich Hohheit nie geändert.«

Die Gunst des Maharadschas hatte freilich ihren Preis. Weil er so unregelmäßig gegessen habe, sagte der Pandit, habe sich bei ihm ein Magengeschwür gebildet. Als Brahmane durfte er nicht außerhalb seines eigenen Hauses essen. Er durfte nicht im Palast essen; selbst sein Großvater, der im Palast als Koch diente, habe niemals dort gegessen. Und wegen der vielen Stunden, die er im Palast arbeiten musste, sei, sagte der Pandit, seine Verdauung in Unordnung geraten.

Eines Tages im Jahr 1974 – er war achtundfünfzig Jahre alt –, fing der Pandit an, Blut zu spucken. Man brachte ihn ins Krankenhaus. Dort blieb er acht Tage. Er sollte gerade entlassen werden, als die Nachricht eintraf, dass der Maharadscha gestorben war. So also war es passiert – ganz plötzlich. Die Ärzte rieten ihm, nicht an den Tod des Maharadschas zu denken; das sei nicht gut für ihn. Sie verschoben seine Entlassung aus dem Krankenhaus, behielten ihn zwei weitere Tage dort. Nachdem er dem Maharadscha all die vielen Jahre als *mukhthesar*, als Beaufsichtiger der Riten, gedient hatte, war er nun also bei dessen Tod und bei den wichtigen anschließenden Ritualen nicht zugegen.

»Bis heute«, sagte der Pandit, »versuche ich, nicht an den Tod von Hoheit zu denken.«

Ich glaube nicht, dass er übertrieb. Die Geschichte, die wir zu hören bekommen hatten, war ihm nur mit großer Mühe über die Lippen gegangen; er hatte viele Stunden dafür gebraucht. Fast fünfzig Jahre lang, als Student, Bibliothekar, *mukhthesar*, hatte er von der Freigebigkeit der Maharadschas gezehrt und zwölf Jahre lang dem Maharadscha persönlich gedient. Die Geschichte seines Lebens und seines Dienstes beim Maharadscha aber hatte in seinem Kopf als eine Reihe von getrennten Episoden existiert, als eine Reihe von eigenen kleinen Geschichten. Nie zuvor hatte er, glaube ich, diese kleinen Geschichten zu einer zusammenhängenden Erzählung verbunden.

Nach seinem Krankenhausaufenthalt blieb er ein Jahr lang zu Hause. Und dann sah er eine Anzeige, in der ein Manager für die Hochzeitshalle gesucht wurde, und übernahm die Stelle.

»So habe ich eine Arbeit.«

Sei es ihm wirklich gelungen, einen so wichtigen Teil seines Lebens hinter sich zu lassen? Beschäftige ihn der Palast nicht doch noch emotional?

»Ich empfinde nichts mehr. Die Zeit für diese Art von Leben ist vorüber. Die Zeiten haben sich gewandelt.« Er sagte das einfach so, unverkrampft. Die fürstliche Familie gab es noch, aber keinen Maharadscha mehr. Der Sohn des früheren Maharadschas saß jetzt für die Kongresspartei im Parlament.

Viermal im Jahr besuchte er den Palast, um für das Oberhaupt der fürstlichen Familie Opfer darzubringen. Er ging als Brahmane hin, so, wie er immer hingegangen war: mit entblößtem Rücken, mit *dhoti* und Schultertuch, barfuß. Jetzt aber ging er nicht mehr als Angestellter oder Palastbediensteter. Er ging als freier Mann. Er ging als Repräsentant einer großen, uralten Religion – auch wenn die religiöse Einrichtung, die er leitete, nur eine Hochzeitshalle war –, und was er darbrachte, war nicht der Tribut eines Gefolgsmannes, sondern waren priesterliche Opfergaben: eine Blumenkette, zwei Kokosnüsse und *kumkum* für die heiligen roten Male auf der Stirn.

Nichts in der Erzählung des *mukhthesar* hatte mich auf die verschwenderische Pracht des Maharadschapalastes vorbereitet. Ein Feuer im letzten Jahrhundert hatte den alten Palast zerstört; der Bau des jetzt vorhandenen – des Palastes, in den der Pandit zu seinem ersten Gespräch mit dem Maharadscha gegangen war – hatte fünfzehn Jahre, von 1897 bis 1912 gebraucht. Entstanden war der Palast also – um ein vergleichbar luxuriöses Bauwerk zu nennen – unmittelbar nach dem Schloss, das die Vanderbilts in Biltmore, Tennessee, errichteten. Ein europäischer Architekt hatte den Palast entworfen, der in jeder Hinsicht der mit der britischen Herrschaft Ende des neunzehnten Jahrhunderts verknüpften Vorstellung davon entsprach, wie ein indischer Palast auszusehen hatte. Muschelförmig verzierte Bögen im Mogulstil, schottisches Buntglas in einem indischen Pfauenmuster, die Haupthalle mit blau bemalten, dekorativ angeordneten gekehlten Pfeilern aus Gusseisen, *made in England* – der Führer konnte noch den Namen der Fabrikanten nennen; dazu Marmor- und Fliesenböden, *pietra dura* im Mogulstil, weißer Marmoreinsatz mit farbigen Steinen in Blumenmustern, und Fliesen aus dem Fin de Siècle.

Viele Besucher im Palast – alle mussten nach wie vor barfuß gehen – waren junge schwarz gekleidete Männer, Pilger unterwegs nach Ayappa. Ganze Busladungen von ihnen waren eingetroffen; ein Hauch von Weltlichkeit, ja, Ausgelassenheit, umgab sie, ein Hauch von Fußball-Fangemeinde. Deviah gefiel das nicht. Die Tage vor dem Besuch eines Wallfahrtsorts sollten bußfertig verbracht werden, meinte er, sollten Tage ohne Lustbarkeit sein; es sei nicht richtig, dass Pilger auf ihrem Weg nach Ayappa die Fahrt unterbrachen, um einen Palast zu besichtigen.

Es gab eine sehr weiträumige, schattige, kühle Galerie, wo sich wohl einst der Maharadscha seinen Untertanen gezeigt hatte. Eingerahmt durch die muschelverzierten Bögen, sah man die gleißend hellen, braunen Gärten draußen; die Weite der Ausblicke stand den Ausblicken durch die Bögen und Tore des Tadsch Mahal in nichts nach. Und besonders hier – mit dem kühlen Marmor unter meinem Fuß, im Inneren der von Säulen getragenen Galerie, wo die Hitze und das grelle Licht draußen sich wie das Gegenstück zur privilegierten Existenz ausnahmen – dachte ich an den Pandit und seinen Arbeitgeber: daran, wie sich Vorrecht und Hingabe gefunden und wechselseitig Befriedigung gewährt hatten.

Zu den Palastschätzen, die man besichtigen konnte, zählte eine Bildergalerie mit hinduistischen Gottheiten. Einige dieser Gottheiten schienen wie der Palast selbst einer Mischung von Stilen entsprungen: Der zunehmende Naturalismus der indischen Kunst im zwanzigsten Jahrhundert ließ die alten hinduistischen Götterfiguren eher wie Puppen aussehen.

Das fand auch Deviah. Die mittlerweile durch Kalender weit verbreiteten Darstellungen der hinduistischen Götter mochte er nicht. »Die Götter sehen wie Mädchen aus, wie Frauen. Ich kann die Vorstellung von Göttern, die man wie Frauen erscheinen lässt, nicht gutheißen. Rama war ein tapferer Mann, wenn man genauer über ihn Bescheid weiß.«

Die Palastarchitektur mit ihrer Protzigkeit und ihrem Stilgemisch, ihrem europäischen Verständnis indischen Fürstentums, stellte – paradoxerweise – eine Art von indischer Selbsterniedrigung vor der Vorstellungswelt Europas dar. Die Galerie mit den Gottheiten, die von einem hinduistischen Glauben kündete, der der Erde selbst entsprungen schien, drückte das Gegenteil aus. Der puppenhafte Zug einiger der Gottheiten – so modern und halb fotografisch sie sich auch ausnahmen – verstärkte sogar noch den Eindruck des Geheimnisvollen.

Die königliche Familie von Mysore hatte zum Dussehra-Fest eine besonders enge Beziehung. Während der zehn Festtage waren die Juwelen des Palasttempels bis Mitternacht zu besichtigen, bewacht vom *mukhthesar*, und am letzten Tag des Festes nahm der Maharadscha persönlich am Umzug in der Stadt teil. Für die Einwohner von Mysore sei es ein großer Kummer gewesen, sagte der Führer, dass der Maharadscha nach der staatlichen Aberkennung seines Sonderstatus sein Erscheinen in der Dussehra-Prozession habe einstellen müssen. Fortan habe ein großes Bild der Familiengottheit seinen Platz eingenommen – und das Bild befand sich dort, in der Galerie der Gottheiten.

In einer Galerie rund um die Haupthalle des Palastes war zu sehen, wie der vierundzwanzigste Maharadscha das Fest gefeiert hatte. Rundherum zogen sich Wandtafeln, die Abschnitte eines fortlaufenden, realistischen, nach Fotografien gefertigten Ölgemäldes mit fast der gesamten Prozession von 1935 zeigten. Fast alle Gesichter, sagte der Führer, ließen sich wirklichen Personen zuordnen. Die Uniformen des Hofstaats und die verschiedenen Klassen von Bediensteten entsprächen der Wirklichkeit – wobei die nackten Füße überraschend wirkten, aber nicht ohne weiteres ins Auge fielen. Die Maler hatten auch mit großer Liebe zum Detail die Straße, die Gebäude, Läden und Autos, die Ladenschilder und Reklametafeln wiedergegeben. Vollkommen fertig war das Gemälde nicht geworden. Neun Maler hatten drei Jahre lang daran gearbeitet, von 1937 bis zum Tod des vierundzwanzigsten Maharadschas. Der fünfundzwanzigste Maharadscha, dem der Pandit diente, interessierte sich nicht für Kunst; die Bildfolge vom Dussehra-Fest war – wie so viele indische Denkmäler und aus dem gleichen Grund: weil der Herrscher verstarb – unvollendet geblieben. Ganz am Ende der Galerie sah man ein paar leere Wandtafeln.

Über diese Pietätlosigkeit seines Herrn hatte der Pandit in seiner Erzählung kein Wort verloren. Und auch von dem, was im Trophäenraum zu sehen war, hatte er nichts verlauten lassen: Der fünfundzwanzigste Maharadscha hatte viele Länder bereist, um Wildtiere zu jagen. Zu den Trophäen zählte eine Giraffe mit hochragendem Hals und einem Ausdruck der Verblüffung im Gesicht. Sie war in Afrika geschossen und in Mysore ausgestopft worden; damals lebte einer der weltweit versiertesten Tierpräparatoren in Mysore. Eine andere Trophäe bestand aus der unteren, kurvigen Hälfte eines Elefantenrüssels, der versteift und in einen Aschenbecher oder Ascheimer verwandelt worden war, mit einem Eisengitter am oberen Ende, um Zigaretten oder Zigarren ausdrücken zu können.

Die Leute erzählten bereitwillig von den Zeiten der Maharadschas. Aber niemand, mit dem ich sprach, schien über die komplette Geschichte vom Ende des fünfundzwanzigsten und letzten Maharadschas von Mysore zu verfügen. Die verschiedenen Personen kannten verschiedene Versionen, die nicht immer zusammenpassten. Er habe sich bei Geschäftsleuten am Ort zu tief verschuldet – das war eine der Geschichten. Einer anderen zufolge hatte er die falschen Leute begünstigt. Nach einer dritten Version war er in einen Prozess verstrickt, und die Aussicht, seinen altehrwürdigen Namen – nackt, ohne Titel – von einem Gerichtsdiener dreimal aufgerufen zu hören, an einem Ort, wo sein Wort einst Gesetz war, sei ihm so unerträglich erschienen, dass er eine Überdosis Schlaftabletten genommen habe.

Einer Version seines Todes zufolge hatte er einen zertrümmerten Diamanten geschluckt. Einen Diamanten zu verschlucken, um Selbstmord zu begehen, hatte Kala mir erklärt, sei ein Motiv, das in Filmen in kannaresischer Landessprache häufig wiederkehre: Menschen in höchster Verzweiflung bissen in ihren mit Diamanten besetzten Ring und krümmten sich dann im Todeskampf. Die Geschichte von den verschluckten Diamantentrümmern verlieh also der Tragödie des letzten Maharadschas das gebührende Pathos, ohne dass der Tod dadurch weniger geheimnisvoll wurde.

Ich erfuhr, dass er mit fünfundfünfzig gestorben war. Demnach war er um drei Jahre jünger als der Pandit gewesen, auch wenn sich der Pandit selbst über das Alter des Maharadschas ausgeschwiegen und diese ganze Seite des Mannes im Dunkeln gelassen hatte. Sogar noch nach seinem Tod sei dem Maharadscha das Unglück treu geblieben, erzählte jemand. Die Menschen, die ihn umstanden, hätten ihm die Ringe von den Fingern abgezogen, und sie hätten heftig ziehen müssen, weil der Maharadscha sehr fett gewesen sei – das verbarg sich hinter der äußerst respektvollen Beschreibung des Pandits, der den Maharadscha als »stämmig«, königlich, gottgleich geschildert hatte. Und in dieser Erzählung war dem schlimmen Tod eine missratene Verbrennung gefolgt. Der Scheiterhaufen bestand aus Sandelholz. Sandelholz ist teuer (der alte Staat Mysore hatte ein Monopol darauf). Die Menschen fingen an, aus dem Scheiterhaufen halb verbrannte Scheite herauszureißen, und am nächsten Tag entdeckte man, dass der Leichnam nicht vollständig verbrannt war.

Das tragische Leben des letzten Maharadschas, seine Erniedrigung, Verarmung und schließlich hoffnungslose Verschuldung hatte die Fantasie der Leute zu Geschichten angeregt, aber nichts davon hatte sich den Erinnerungen des Pandits beigesellt. Er blieb dem Mann so, wie er ihn erlebt hatte, treu ergeben: Seine Erinnerungen handelten von dem reinen, frommen Menschen, dem er achtzehn Jahre lang direkt und indirekt gedient hatte.

In Bangalore umschloss eine fast fünf Kilometer lange Mauer das zweihundert Hektar große Gelände des Sommerpalastes. Um das große, wertvolle Grundstück wurde vor Gericht gestritten; die Öffentlichkeit hatte keinen Zutritt; um es zu betreten, brauchte man eine Sondergenehmigung. Auf dem verwahrlosten Gelände wurden gelegentlich Filme gedreht. Der Palast bestand aus rotgrauem Bangalore-Granit; die Behauptung, er sei Windsor Castle nachgebildet, wirkte ziemlich aus der Luft gegriffen. Das Gras war verbrannt, die Pfade bestanden aus roter Lateriterde; manchmal ragten aus dem Gras rote Ameisenhügel von etwa einem Meter Höhe, die aussahen wie die abschmelzenden Turmspitzen aus den architektonischen Fantasien eines Gaudí. Die Laternenpfähle waren demoliert; ein oder zwei standen schief, während bei vielen die weißen Kugellampen zerbrochen oder verschwunden waren. Und ringsum toste der Verkehr, waberten Rauchwolken, gellte das

Zikadenkonzert der Autohupen – in einem Bangalore, das zu einer Stadt der Geschäfte, der Wissenschaft und der Industrie geworden war.

An der Straße zwischen Bangalore und Mysore City lag auf einer Flussinsel die Festung von Tippu Sultan, der im späten achtzehnten Jahrhundert hier geherrscht hatte. Er war von den Briten, von Wellington, geschlagen worden. Das ist alte Geschichte, die heute nicht jedem in England mehr bekannt ist, da spätere Kriege, spätere Schurken mittlerweile die Fantasie gefangen genommen haben. Die Briten setzten statt Tippu die Maharadschas von Mysore ein. Diese waren keine Neulinge in dem Geschäft; im vierzehnten und fünfzehnten Jahrhundert hatten die Wodeyars als Satrapen unter den mächtigen Hindukönigen von Vijayanagar geherrscht. Dank eines historischen Wechselfalls, mit dem sich kaum rechnen ließ, waren sie wieder an die Macht gelangt. Jetzt verloren sie sich rasch in der undurchsichtigen indischen Vergangenheit, der Vorstellungskraft entzogen – wie so viele der historischen Namen an der Straße von Goa.

VIER

Kleine Kriege

Aqui a cidade foi, que se chamava
Meliapor, fermosa, grande e rica;
Os ídolos antigos adorava,
Como inda agora faz a gente inica.
Camões: *Die Lusiaden* (1572)

Hier lag die schöne, große und reiche Stadt mit Namen Mylapore, wo die sündhaften Heiden ihre alten Götzen verehrten, wie sie es bis heute tun.

Irgendwo im Himalaja, an einem Augusttag im Jahr 1962, als ich zu der großen, jährlichen Pilgerschar gehörte, die unterwegs zum Lingam aus Eis, einem Symbol Schiwas, in der weit über viertausend Meter hoch gelegenen Höhle von Amarnath war, machte ich die Bekanntschaft von »Sugar«. Er kam aus dem Süden, aus Madras, und war ein ziemlich großer Mann mit weichen Gesichtszügen. Wir freundeten uns damals an, und rund zwei Monate später, als ich mich in Madras aufhielt, verbrachte ich noch sehr viel mehr Zeit mit ihm. Er war Brahmane und wohnte in der Brahmanengegend, die Mylapore hieß, in der Nähe des berühmten alten Tempels. Er war ein melancholischer, in sich gekehrter Mensch: So hatte ich ihn im Himalaja erlebt, und so erschien er mir auch in Madras, in seiner häuslichen Umgebung. Er unterhielt sich nicht viel. Was er zu bieten hatte, und zwar von ganzem Herzen und offenbar ohne jeden Hintergedanken, war seine Freundschaft, eine höchst selbstlose Art von Freundschaft. Er war immer bereit, einen zu empfangen, genoss stets das Zusammensein. Er war Ende dreißig, hatte aber nicht geheiratet. Er wohnte bei seiner Mutter und seinem Vater in deren komfortablem, gutbürgerlichem Haus in Mylapore.

Ich hielt mich damals ein ganzes Jahr lang in Indien auf. Einige Wochen nach meiner Ankunft war ich in den Norden, nach Kaschmir, gefahren. Dort hatte ich ein paar Monate lang ein bisschen gearbeitet und mich dann in Richtung Süden bewegt. Manchmal, in ländlichen Gebieten, fand ich Aufnahme bei jungen Staatsbeamten, mit denen ich bekannt geworden war. Manchmal stieg ich in Bungalows und Rasthäusern der Regierung ab, kargen Unterkünften, die nur den allerbescheidensten Komfort boten – obwohl auf dem Land im Indien vor der grünen Revolution auch dieser notdürftige Komfort schon an Luxus grenzte.

In den Städten suchte ich mir Hotels, die ich mir leisten konnte. Nach Indien war ich mit der Vorstellung gekommen, dass dank der vielen verfügbaren Arbeitskräfte Hotels billig und gut sein müssten, vergleichbar denen in Spanien Anfang der fünfziger Jahre. Dem war nicht so. Im damaligen Indien gab es noch kaum Tourismus, und das Führen von Hotels war noch kein Berufszweig. Wer in kleinen Städten eine bescheidene Herberge betrieb, konnte an Unterkunft nur eine Version seiner eigenen Wohnverhältnisse bieten; das Personal, das er beschäftigte, entsprach seinen eigenen zerlumpten Hausangestellten.

In Madras aber war das anders. Die vegetarischen unter den Restaurants und Hotels waren reinlich (die beliebten nichtvegetarischen oder »militärischen« Lokale freilich, wie sie altmodisch genannt wurden, standen an Scheußlichkeit denen im Norden in nichts nach). Reinlichkeit und Vegetarismus bildeten einen Zusammenhang; sie waren beide Bestandteil der im Süden vorherrschenden Idee des Brahmanismus. Im Hotel Woodlands bewohnte ich ein sauberes Zimmer in einem Anbau und aß im klimatisierten Speiseraum an Marmortischen Gerichte, die auf Bananenblättern serviert wurden (um der Reinheit willen und in Anknüpfung an bewährte Traditionen). Das Hotelgelände umfasste Gartenanlagen und eine Freilichtbühne.

Hätte ich von der brahmanisch-hinduistischen Kultur des Südens noch nichts gewusst, hätte ich noch keine Ahnung von den musikalischen und tänzerischen Künsten gehabt, in denen sich die

Brahmanen so hervortaten, hier hätte ich einen ersten Eindruck davon bekommen können: eine Vorstellung von Kaste, vergleichbar der Vorstellung von »Ständen«, wie sie die elisabethanische Zeit kannte, eine Idee, die dem Chaos Einhalt gebot, der kulturellen, sozialen, physischen Unordnung, die sich in Indien so leicht einstellen konnte.

Aber mit dieser Idee von einer schützenden Kultur ging auch ein Gefühl der Fremdheit einher. Es war gegenwärtig, im Speisesaal des Woodlands, im vegetarischen Essen des Südens. Das glich ganz und gar nicht dem vegetarischen Essen, dem *dal* und dem *roti*, das ich gewohnt war, als typisches indisches Essen anzusehen. Dieses vegetarische Essen des Südens, dessentwegen die Menschen scharenweise ins Woodlands kamen, war zu subtil, zu leicht; es machte keinen Eindruck auf meinen Magen, hinterließ bei mir nie das Gefühl, satt zu sein.

Und die Religion war nicht weniger merkwürdig als das Essen. Sugar wollte, dass ich den Tempel von Mylapore kennen lernte, wo er seine Andachten verrichtete. Die Idee des Tempels hatte aber in dem Hinduismus, mit dem ich in Trinidad aufgewachsen war, fast keine Rolle gespielt. Ich wusste von *pujas*; sie wurden zu Hause verrichtet; mein Großvater, der noch in Indien zur Welt gekommen war, hatte ganz oben in dem Haus, das er in den zwanziger Jahren in Trinidad erbaute, einen *puja*-Raum eingerichtet. Am vertrautesten waren mir die gelegentlichen zeremoniellen Lesungen aus den Epen und den heiligen Schriften. Der Gläubige saß dem Pandit gegenüber, zwischen ihnen ein eigens für diesen Zweck geschaffener und verzierter Schrein aus Ton, auf dem ein süß duftendes heiliges Feuer brannte, das mit harzreichem Pechkieferholz unterhalten wurde. Während der Lesung wurden in Abständen geklärte Butter und Zucker in das Feuer gegeben; dann wurde eine Glocke geläutet, ein Messinggong geschlagen und manchmal auch auf einer Muschel geblasen. Worte nebst einer Art von schallender Musik – so sah der Hinduismus aus, mit dem ich groß geworden war, und ihn zu verstehen, hatte mir schon Mühe genug bereitet. Die Idee des Tempels, mit der mich Sugar vertraut zu machen suchte – die Idee eines Heiligtums, mit einer besonderen Tempelgottheit im Zentrum –, war eine weit hergeholte, sogar leicht beunruhigende Vorstellung.

So freundlich und friedlich Madras sich darbot, ich wurde nie das Gefühl los, an einem merkwürdigen Ort zu sein. Die kunstvoll gemeißelten, pyramidenförmigen Tempeltürme, die Palmen, die Brahmanen mit entblößtem Rücken zwischen den alten Steinsäulen, der große, schöne Wasserturm in Mylapore, mit einer Steintreppe im Innern, die rundherum führte – das alles erinnerte an alte europäische Kupferstiche. Besonders die Tempeltürme bereiteten mir wieder und wieder kleine visuelle Schocks: Ich hatte das Gefühl, den Ort in seiner Ursprünglichkeit zu sehen, eine vollständige, unversehrte Kultur vor mir zu haben, das Gleiche zu sehen, was die ersten Reisenden gesehen hatten.

Reisende, das Meer: Meine Erinnerungen an Madras waren vermischt mit Erinnerungen an Spaziergänge in der Morgendämmerung entlang dem Strand der Stadt, der sehr lang gestreckt und breit war. Bei Sonnenaufgang wuschen die Leute im Meer ihre Rinder. Die Sonne stieg aus dem Meer; der flache, nasse Sandstrand leuchtete rot und golden; das dürre, knochige Hornvieh stand auf seinen eigenen, verwischten Spiegelungen; und dann begann der heiße Tag.

Weniger als fünf Jahre später hielt ich mich erneut für ein paar Tage in Madras auf. Im Bundesstaat hatte eine Wahl stattgefunden (derentwegen ich aber nicht hergekommen war), und die Atmosphäre im Hotel Woodlands glich am Tag meiner Ankunft der Atmosphäre in einem Kolonialgebiet, in dem gerade die Partei gewählt worden war, die das unabhängig gewordene Land regieren sollte. Autos, Musik, neue Kleider, die politischen Helden des Tages, die an dem zusätzlichen Aufruhr zu erkennen waren, den ihr Eintreffen verursachte. Und das Freilichttheater des Woodlands war wie für einen Karneval mit Lampions und Girlanden geschmückt.

Zwanzig Jahre nach der Unabhängigkeit Indiens solch ein Fest im Stil der ehemaligen Kolonialherren! Nachdem ich mit der brahmanischen Kultur des Südens Bekanntschaft geschlossen hatte, war dies nun meine Begegnung mit dem aufbegehrenden Süden: der Revolte des Südens gegen den Norden, der Nichtbrahmanen gegen das Brahmanentum, die rassische Revolte der Dunkelhäutigen gegen die Hellhäutigen, des Drawidischen gegen das Arische. Die Revolte hatte schon vor langer Zeit begonnen; die Fundamente der brahmanischen Welt, der ich 1962 begegnete, waren schon untergraben.

Bei der Partei, die 1967 die Wahlen gewann, handelte es sich um die DMK, kurz für *Dravidian Progressive Movement* (Drawidische Fortschrittspartei). Ihre Wurzeln reichten tief; sie hatte ihren eigenen Propheten und ihren eigenen politischen Führer, Männer, die das Gegenstück zu Gandhi und Nehru bildeten und deren Karrieren merkwürdig parallel zu denen der Führer der Unabhängigkeitsbewegung Gesamtindiens verlaufen waren. Bis zu jenem Augenblick hatte ich von ihnen praktisch noch nichts gehört und wusste so gut wie nichts über das, wofür sie leidenschaftlich kämpften. Der Sieg von 1967 bedeutete nichts Geringeres als die Niederschlagung der Kultur, mit der mich weniger als fünf Jahre zuvor Sugar bekannt gemacht hatte, jener Kultur, die mir so unversehrt, so geheimnisvoll und so uralt erschienen war.

Auf seine Brahmanenart schien Sugar von den Vorgängen keine Notiz zu nehmen. Er lebte nach wie vor im Haus seiner Eltern in Mylapore, besuchte nach wie vor den alten Tempel, ging nach wie vor, allem Anschein nach zufrieden, der bescheidenen Geschäftstätigkeit nach, der er von jeher nachgegangen war.

Er begegnete mir 1967 mit der gleichen Herzlichkeit wie fünf Jahre zuvor. Er war noch ebenso schwermütig, wie ich ihn in Erinnerung hatte, erfüllt von tiefen, nagenden Zweifeln. Vielleicht war er noch ein wenig stärker in sich gekehrt. Über Politik unterhielten wir uns, glaube ich, nicht. Stattdessen sprachen wir in einem der Zimmer im Obergeschoss seines Elternhauses über bestimmte tamilische Weissagungsbücher, für die er sich mittlerweile interessierte. Es seien uralte Bücher, erzählte er mir; die Regierung des Bundesstaates habe sie jetzt in vielen Bänden veröffentlicht.

Warum er sich für die Weissagungsbücher interessierte, ob er hoffte, etwas über seine eigene Zukunft zu erfahren, oder ob sein Interesse an den Büchern wissenschaftlicher Natur war, vermochte er nicht zu sagen. Er schien ein gespaltenes Verhältnis zu ihnen zu haben: Einerseits faszinierten sie ihn unverkennbar, aber andererseits bemühte er sich offenbar, mich von ihnen fern zu halten, indem er mir erzählte, die Priester, die diese heiligen Bücher studierten und deuteten, zögen den Leuten viel Geld aus der Tasche.

Er las auch andere Bücher. Sie standen in seinem Zimmer. Er

brachte sie mir von dort: romantische Frauenliteratur aus England, Bücher für den Zeitvertreib, wie er mir erklärte, als spiele für ihn der Inhalt der Bücher gar keine Rolle, als sei in seiner Einsamkeit für ihn nur der Akt des Lesens als solcher wichtig, das abstrakte Bedürfnis, den Geist zu beschäftigen.

Jetzt, mehr als zwanzig Jahre später, hielt ich mich wieder in Madras auf; und erneut war ich unbeabsichtigt in einer politisch brisanten Zeit hergekommen. Eine weitere bundesstaatliche Wahl stand bevor. Überall sah man die Plakate der verschiedenen Parteien mit ihren Emblemen und den Bildern ihrer Führer. Einige der Plakate waren riesig, wie die Kinoplakate in der Stadt, und das war auch passend, denn bei den Führern, die von der drawidischen Bewegung, nachdem die ursprüngliche drawidische Partei sich gespalten hatte, an die Spitze gestellt worden waren, handelte es sich um tamilische Filmstars. Auf den Plakaten wiesen alle Politiker die runden, fülligen Gesichter von Filmstars aus dem Süden auf, und sogar den als dunkelhäutig bekannten Personen hatte man rosa Wangen gemalt: Das war Teil der Ikonographie des Führertums.

Der Filmstar, der während des größten Teils des vergangenen Jahrzehnts das Amt des Ministerpräsidenten innegehabt hatte und dessen Tod der Anlass für die jetzigen Wahlen war, erschien auf den Plakaten mit dunkler Brille und weißer Pelzkappe. Beides hatte ihm als Markenzeichen gedient – in seiner Rolle als Filmstar wie auch als Politiker. Er hatte den Ruf eines großen Stuntmans genossen, hatte so etwas dargestellt wie eine Lokalausgabe von Errol Flynn; seine Anhänger hatten ihn fast wie einen Gott verehrt. Die Rolle als Herrscher und Star hatte ihn mehr interessiert als die Regierungsgeschäfte. Bei seinem Tod, so erzählte man sich, türmten sich achtzehntausend unerledigte Akten auf seinem Schreibtisch. Zu seinen Taten zählte die Abschaffung der Stadtverwaltung von Madras. Deshalb steckte die Stadt jetzt im Schlamassel; überall lagen Müllberge herum. Auch das mochte als Teil der Revolte des Südens erscheinen: dieses Aufbegehren gegen die althergebrachten Vorstellungen von Reinlichkeit.

Die Politik der Revolte der ehemaligen Kolonie Tamil Nadu hatte sich in kolonialen Bahnen bewegt: Diebstahl, Verschwendung, Stagnation, Worte, das ewige Herumreiten auf alten Nöten. Aber diese Nöte waren real. Die Bürger des Bundesstaates waren nicht etwa von der ursprünglichen drawidischen Bewegung abgefallen, hatten sich nicht etwa von ihr losgesagt: Der jetzige Wahlkampf spielte sich zwischen Abspaltungen der ursprünglichen DMK und dem ab, was von Letzterer übrig geblieben war.

Die Siegerin von 1967, die ursprüngliche DMK, gewann auch diesmal wieder. Ein paar Tage nach meiner Ankunft wehten überall die schwarz-roten Parteifahnen – Schwarz die Farbe der Kastenrevolte, Rot die Farbe der Revolution. Das Triumphfähnchen flatterte an dreirädrigen Scooter-Taxen, sogar an Fahrrädern. Manchmal reckten sich aus offenen Lieferwagen oder Kleinbussen Hände mit der Fahne empor, wobei die erhobenen Hände für die Strahlen der aufgehenden Sonne, das Wahlkampfsymbol der DMK, standen.

***

Eines späten Abends schlug ich Sugars Namen im Telefonbuch nach. Ich fand jemanden gleichen Namens, aber mit einer anderen Adresse. Ich rief an. Eine tamilische Stimme meldete sich, die zuerst völlig ablehnend klang, absolut unwillig, mich zu verstehen. Aber dann, als der Mann hinter der Stimme sich auf mein Englisch eingestellt hatte, tauchte sein eigenes Englisch auf, ein recht amtliches, präzises Englisch. Sugar schlafe, sagte die Stimme. Er könne jetzt nicht mehr gestört werden, habe sich für die Nacht »zurückgezogen«; er habe die Angewohnheit, sich um neun »zurückzuziehen«. Wann er denn aufstehe? Er stehe um fünf auf. Ich hinterließ meinen Namen.

Am nächsten Tag erhielt ich von Sugar eine Nachricht. Eine Frauenstimme meldete sich, und nach einer Weile kam Sugar ans Telefon. Er klang krank. Ich fragte ihn, wie alt er sei; das sei mir bis heute unbekannt geblieben, sagte ich.

»Vierundsechzig«, sagte er. »Nicht gerade jung.«

»Sie waren also siebenunddreißig, als wir uns in Kaschmir kennen lernten?«

»Ich war ein junger Mann. Wie Sie.«

Jetzt kümmerten sich Mr und Mrs Raghavan um ihn. Letzte Nacht sei Mr Raghavan mein Gesprächspartner gewesen, und heute Morgen habe Mrs Raghavan meinen Anruf entgegengenommen. Das Telefon gehöre ihnen; es befinde sich bei ihnen im Obergeschoss; er lebe im Erdgeschoss; Treppensteigen falle ihm mittlerweile nicht leicht. Er sei aus dem »Dienst« ausgeschieden. Seine Mutter sei gestorben, sein Vater sei gestorben. Aus dem Elternhaus, in dem ich ihn besucht hatte, sei er ausgezogen. Er sei aus Mylapore weggezogen und lebe jetzt in einer kleinen Wohnung im Haus der Raghavans. Er wollte, dass ich gleich zu ihm kam. Er gab mir die Adresse und fügte – ich fand das merkwürdig – hinzu: »Jeder kennt mein Haus.« Er sprach mit einer gewissen Dringlichkeit. Die Stimme begann, ihm zu versagen; er erschien mir ziemlich krank.

Er wartete auf mich, rannte, als das Taxi hielt, auf mich zu und rief meinen Namen; ich war gerade im Begriff, durch ein Tor ins falsche Haus einzutreten. Er trug ein ärmelloses Unterhemd und ein *dhoti*, beides in Gelb. Er war weniger groß, als ich ihn in Erinnerung hatte. Im Himalaja hatte er eine dunkle Hautfarbe gehabt, braun gebrannt von der Gebirgssonne; jetzt war seine Haut blasser. Der Ausdruck von Schwermut war in der Erscheinung von Gebrechlichkeit aufgegangen. Sein Gesicht und seine entblößten Schultern wirkten welker und ließen an den Mann denken, dem das Treppensteigen schwer fiel.

Er führte mich durch das richtige Tor in das Haus, in dem sich seine Wohnung befand. Sie lag im Erdgeschoss, und wir traten unmittelbar vom Gartenweg in sein Wohnzimmer ein. »Wohn und Schlaf«, erklärte er, womit er sagen wollte, dass er den Raum als Wohnzimmer und als Schlafzimmer nutzte. »Badezimmer angeschlossen.« Er deutete in die Richtung, machte aber keine Anstalten, mir die Räumlichkeit zu zeigen. Es gab auch eine Küche und einen Raum, der ihm als Tempel diente. Das war seine große Neuigkeit für mich: sein Tempel. Er hatte sich in seiner Wohnung seinen eigenen Tempel eingerichtet. Darin befanden sich Bildnisse der drei wichtigsten Gottheiten, der Gottheiten der Weisheit, der Kraft und des Geldes.

»Kommen Sie, ich möchte es Ihnen zeigen. Ziehen Sie die Schuhe aus.«

Das sagte er freundlich, aber entschieden, ohne die Verlegenheit, von der die Aufforderung gewöhnlich begleitet war, die Suggestion, dass man es auch lassen könne, wenn man nicht wolle. Freundschaft aber ging ihm über alles: Dass er mir Einblick in seinen Tempel gewährte, war ein Freundschaftsbeweis.

Ich zog mir die Schuhe aus und stand vor den schwarzen, mit Girlanden behangenen, unverständlichen Bildnissen.

Er betrachtete sie mit mir. Meinem Mangel an Glauben war er stets mit Nachsicht begegnet. Dann führte er mich in den Raum, der ihm als Küche diente. Er ließ demonstrativ den Kopf hängen, und die ohnehin hängenden Schultern sanken noch ein bisschen tiefer. Er lachte und sagte: »Bitte, schreiben Sie nichts über meine Küche.« Er wisse, dass sie nicht reinlich sei, sagte er. Aber es gebe kein fließendes Wasser. Alles Wasser, das er in der Küche brauche, müsse er in Krügen herbeischaffen. Es falle ihm mittlerweile schwer, einen vollen Krug zu heben; er führte es mir vor, um zu zeigen, wie wenig sein Körper noch imstande war, manche der einfachen Dinge zu verrichten, die er ihm abverlangte. Er werde krank, wenn er schwere Dinge hebe, deshalb könne er seine Küche nicht mehr sauber halten. Die Küche war verdreckt. Schmutz und Fettrückstände vom Kochen hatten sich auf dem Drahtgeflecht vor dem Fenster und auf den Simsen und Regalen unmittelbar darunter abgelagert. Er sorge jetzt für sich selbst und verzichte auf vieles, sagte er. Ein Mädchen komme, um bei ihm sauber zu machen. Als Brahmane aber konnte er (auch wenn das unausgesprochen blieb) das Mädchen nicht in seine Küche lassen.

Er sei jetzt vierundsechzig. Er verzichte auf vieles. Im vorderen Zimmer, dem Hauptraum seiner Wohnung, dem Wohn-und-Schlaf-Zimmer, standen an einem Ende eine Reihe von kleinen Möbelstücken zu einem Haufen zusammengeschoben. Er wolle das Mobiliar loswerden; er brauche es nicht.

»Ich möchte einen kahlen Raum.«

Ich fragte ihn, warum er nicht geheiratet hatte.

»Warum? Warum? Was soll ich darauf antworten? Mir war nicht danach.«

Und ähnlich reagierte er, als ich von ihm wissen wollte, was es mit dem Tempel auf sich hatte und wie er darauf verfallen war. Es sei ihm einfach die Idee gekommen, sagte er.

Mir fiel das Interesse ein, das er 1967 für die Weissagungsbücher gehabt hatte. Ich fragte ihn danach. Hatte er das Interesse mittlerweile verloren? Und auch hier wollte ich wissen, wie es zu diesem Interesse gekommen war.

»Warum? Warum?«, sagte er. »Das sind Ihre Art von Fragen. Was soll ich darauf antworten?« Er habe einfach den Wunsch dazu verspürt. Aber meine Vermutung treffe zu: Der Wunsch, sich in die Weissagungsbücher zu vertiefen, gehöre der Vergangenheit an.

Und angesichts seiner neuen Einsamkeit und seines befleckten *dhoti* und Unterhemds befragte ich ihn zum ersten Mal, seit wir uns kennen gelernt hatten, direkt nach seinem Lebenslauf.

Er habe sein ganzes Leben lang in ein und derselben Firma gearbeitet; angefangen habe er dort unmittelbar nach dem College. Gegen Ende habe er das Büro geleitet, habe quasi die Stelle eines Bürochefs bekleidet. Er habe sich um die Akten aller Angestellten gekümmert. Er liebe seine Firma immer noch. Als er in Rente gegangen sei, habe er zweitausend Rupien, achtzig englische Pfund, verdient. Für eine Einzelperson reiche das aus. Jetzt erhalte er von der Firma eine Rente von tausend Rupien monatlich. Aus Geldmitteln, die die Firma für ihn investiert habe, beziehe er weitere tausenddreihundert Rupien. Damit komme er aus.

Den Betonboden des Zimmers, in dem wir uns befanden, verzierten weiße Blumenmuster, wie man sie auf den Türschwellen vieler indischer Häuser findet. Gewöhnlich werden sie mit Mehl gemacht und täglich erneuert, aber das Muster auf Sugars Fußboden bestand aus Plastik und war aufgeklebt. Die blau gestrichenen Wände wiesen blinde Stellen auf, wo sich Schultern und Hände und über den Rückenlehnen der Stühle fettige Haare gerieben hatten. Sämtliche Bilder an den Wänden waren religiös motiviert. Es gab einen hängenden Wandschrank mit zwei Regalbrettern und gläsernen Schiebetüren; darin befanden sich Arzneiflaschen, Kerzen und Riegel mit eingeschweißten Tabletten zusammen mit Papieren und Haushaltsutensilien. In seinem Elternhaus in Mylapore hatte mich nie ein solches Gefühl der Trostlosigkeit beschlichen.

Ich wollte wissen, ob er ein glückliches Leben geführt habe.

»Ein einfaches Leben. Ein einfaches Leben.«

Dann begann er, Leute zu empfangen. Sie kamen durch die offene Wohnungstür. Der Erste, der kam, war ein dunkelhäutiger Mann mit frischen religiösen Malen auf der Stirn: Er hatte seine morgendliche *puja* verrichtet oder kam aus dem großen Tempel.

»Er ist ein Hausbesitzer«, sagte Sugar, als der Mann im Tempelraum verschwand. »Ein Mann mit Geld.«

Der zweite Besucher war jünger und sah kultivierter aus. Er grüßte Sugar und ging ohne ein weiteres Wort in den Tempelraum. Dieser Mann trug eine steife, lange rotbraune Tunika. Der Mann sei leitender Angestellter in einer großen Firma, sagte Sugar.

»Die Leute kommen«, sagte Sugar, quasi als Erklärung für seine Besucher.

Der erste Mann, der Hausbesitzer und Mann mit Geld, kam heraus, setzte sich an einer der Wände des Wohn-und-Schlaf-Zimmers auf den Boden. Als der Mann in der rötlichen Tunika herauskam, nahm er auf einem Stuhl Platz, der zu dem Möbelhaufen am Ende des Raums gehörte.

Dieser zweite Mann, der leitende Angestellte, war Produktionsleiter in seiner Firma. Für seine Anwesenheit hier schien es schon ziemlich spät am Vormittag, aber wie er sagte, kam er jeden Morgen in Sugars Tempel, um zu meditieren und Ruhe zu finden. Während sie zusammen seien, werde nicht viel geredet. An Sonntagabenden komme er für drei Stunden; sonntags habe er viel Zeit. Einmal, während eines Stromausfalls, habe er fast vier Stunden lang mit Sugar zusammen gesessen, und sie hätten in dieser Zeit kaum ein Wort gewechselt. Herzukommen und in dem Raum hier mit den fleckigen blauen Wänden und dem Blick in die dunkle Küche zu sitzen sei eine Form der Meditation. Meditation, zu der gehöre, dass man den Geist leere, sei nicht leicht, sagte der Produktionsleiter: Beim Anfänger irrten die Gedanken allzu schnell zur Familie, zum Beruf und zu dergleichen ab. Um das Meditieren zu lernen, brauche man Jahre. Er sei nicht wie Mr Sugar.

Das war neu für mich – dass Sugar diesen Ruf genoss, ein Weiser, ein heiliger Mann zu sein.

»Sind Sie imstande, Ihren Geist zu leeren?«, fragte ich ihn.

Bescheiden, aber doch zufrieden, dass ich – ohne ein Wort von ihm – begriffen hatte, sagte er: »Ich habe wenig erreicht.«

Der Produktionsleiter sagte: »Zu den meisten Gottesmännern geht man, um etwas zu erlangen.« Bei Sugar sei das nicht so. Zu Sugar komme er, um Frieden zu finden; sonst wolle er nichts von ihm.

Die brahmanische Welt Mylapores war umgestürzt. In Sugars kleinem blauem Heiligtum aber war die Politik, die draußen die

Straßen beherrschte, weit weg: die rot-schwarzen Fahnen, die flachen, fünfundzwanzig Meter hohen gemalten Figuren der neuen Heroen (an primitiven Holzgerüsten angebracht). In der kleinen Wohnung im Haus der Raghavans hielt Sugar gewissermaßen Hof und hatte seinen eigenen Zirkel; er war vielleicht beschützter und geachteter als jemals in dem Haus seiner Eltern, in dem er aufgewachsen war. Er war ein Heiliger, schenkte Frieden. So fand seine Erklärung, was er am Telefon geäußert hatte: »Jeder kennt mein Haus.«

Als ich zum Aufbruch rüstete, sagte er: »Sie müssen zum Essen herkommen. Ich werde selbst für Sie kochen. Ich werde Kürbis für Sie kochen.«

»Kürbis?«

»Sie haben 1962 im Woodlands jeden Tag Kürbis gegessen.«

Er erinnerte sich auch an anderes, was ich vergessen hatte. Er erinnerte sich daran, dass ich 1962 und auch 1967 in seinem Elternhaus mit seinem Vater lange Gespräche über Bücher und über Indien geführt hatte.

Es schmeichelte mir, dass er sich auf diese Weise und so detailliert und nach so langer Zeit an mich erinnerte. Zugleich kündete es für mein Empfinden von einem derart unscheinbaren Leben, dass man Tränen darüber vergießen konnte. Und doch fand diese Unscheinbarkeit am Ende ihren Lohn. Sein Ruf, im Besitz besonderer Gaben zu sein, hatte sich verbreitet. Vielleicht hatten ihn die gleichen Eigenschaften, die ihn in der Pilgermenge im Himalaja hervorstechen ließen – seine Einsamkeit, seine Stille, seine Schwermut, der Eindruck von Unfertigkeit und Streben, der von ihm ausging –, auch für andere anziehend werden lassen.

Nur dreiunddreißig oder vierunddreißig Prozent der Wähler hatten sich für die siegreiche DMK-Partei entschieden, aber die Stadt war so voll von den rot-schwarzen Fahnen der Partei, dass man meinen konnte, die DMK sei von praktisch allen gewählt worden. Das Symbol der hinter Bergen aufgehenden Sonne, mit dem die Partei in die Wahl gezogen war, wurde an den Mauern, an die man es vor dem Wahltag gemalt hatte, jetzt aufgefrischt und nach und nach immer weiter ausgeschmückt. Das wirkte wie ein zusätzlicher Hohn auf die geöffnete Hand und die beiden Tauben, die Symbole zweier anderer, unterlegener Parteien, die noch vor wenigen Tagen für große Hoffnung und Zuversicht gestanden hatten und die jetzt keiner mehr beachtete, denen kein treuer und glücklicher Anhänger zur Feier des Tages neue Farbe verlieh.

Schon rund einen Tag nach Verkündung des Wahlergebnisses tauchten an einigen Stellen in der Stadt große Tafeln auf, die mit den drei Heroen der Partei bemalt waren. Keine Namen, keine Worte; man musste wissen, wer die drei waren. Die im Profil erscheinenden Köpfe, die wie Königshäupter auf einer Münze wirkten, waren gestaffelt angeordnet und unterschieden sich farblich voneinander. Der augenblickliche Führer der Partei war in einer Art Braun gehalten, der Mann, der die Partei 1967 zu ihrem ersten Sieg geführt hatte, in Schieferblau oder Grau; das Profil hinter diesen beiden war das des alten Mannes mit rosa Bäckchen und langem, welligem Bart, der als der geistige Vater der Partei galt.

Ihn kannte man als den »Periyar«. Das war ein tamilisches Wort, das so viel wie Weiser, Erleuchteter bedeutete. Ich kannte den Namen Periyar, aber eben nur den Namen; über den Mann selbst wusste ich nichts. Jetzt erfuhr ich etwas über ihn, und das, was ich erfuhr, verblüffte mich ebenso sehr wie die Tatsache, dass meine ganze Lektüre über die Unabhängigkeitsbewegung in Indien mir so wenig über diesen Propheten des Südens vermittelt hatte.

Er war ein Atheist und ein Rationalist, und während seines äußerst langen Lebens hielt er täglich zwei oder drei Reden. Er zog die Hindugötter ins Lächerliche. Er machte sich lustig über das Kastensystem der Hindus und verglich die Armseligkeit ihrer wissenschaftlichen Errungenschaften mit den europäischen Leistungen. Und dann drehte er den Spieß auch noch um und behauptete, die Hindus hätten ihre Götter (»einige ausgesuchte Tiere, ein paar Vögel, ein paar Bäume und Kletterpflanzen, ein paar Berge und ein paar Flüsse«) bei den Göttern des alten Ägyptens, Griechenlands, Persiens und Chaldäas abgekupfert.

Das war die erste Überraschung: dass jemand, der – zumindest in der englischen Übertragung seiner oft verworrenen tamilischen Reden – den Eindruck eines Humoristen und Satirikers machte, von den Menschen Tamil Nadus als Prophet angesehen und im Augenblick des politischen Triumphs so lange Zeit nach seinem Tod neu geehrt wurde. Freilich lag Periyar, wenn er gegen den

Hinduismus und das hinduistische Kastensystem wetterte, Humor fern. Er hatte einst selbst dem Glauben angehangen und war so fixiert auf die Religion und ihre Verkünder, wie es nur ein Apostat sein konnte.

In Madras gab es einen Ort namens Periyar Thidal. Er lag auf dem Gelände eines ehemaligen Bus- oder Straßenbahndepots. Periyar selbst hatte ihn 1953 für ein Lakh, 100 000 Rupien, gekauft, was damals etwa 7 500 englischen Pfund entsprach. Hier befand sich nach wie vor die Schaltzentrale seiner Organisation.

Eine mit Blumenketten behangene schwarze Statue von Periyar stand in der Mitte eines großen sandigen Platzes; der Sockel trug folgende Inschrift: PERIYAR DER PROPHET DER NEUEN ÄRA DER SOKRATES SÜDOSTASIENS VATER DER SOZIALBEWEGUNG UND ERZFEIND DER UNWISSENHEIT, DES ABERGLAUBENS, SINNLOSER BRÄUCHE UND GRUNDLOSER SITTEN. Periyars Grab lag in einer Ecke des Sandplatzes. Umgeben war das Grab von geschliffenen grauen Granitplatten, in die man einige der Aussprüche Periyars eingemeißelt hatte. Einer dieser Aussprüche, praktisch ein Zauberspruch, war sehr berühmt: *Es gibt keinen Gott. Es gibt keinen Gott. Es gibt keinerlei Gott. Ein Narr, wer Gott erfand. Ein Schurke, wer Gott verkündet. Ein Barbar, wer Gott anbetet.* Mit diesen Worten fing Periyar alle seine Reden an.

Kaum vorstellbar, dass etwas so Unverblümtes und Herbes irgendwo in Indien Zustimmung fand, wenn nicht gleichzeitig noch etwas anderes geboten wurde. Und was Periyar zusammen mit seinem »Rationalismus« und seiner Ablehnung Gottes bot, war seine Ablehnung der Brahmanen und ihrer Sprache, seine Ablehnung des Nordens, seine Ablehnung der Kaste, seine Ablehnung der Verachtung, mit der die hellhäutigen Menschen des Nordens den dunkelhäutigen Menschen des Südens begegneten.

Schon das Grab in Periyar Thidal hatte seine Bedeutung. Hindus werden verbrannt; Periyar bestand auf einer Erdbestattung. Er war mehr als der Rationalist: Für die Menschen, die ihm zuhörten und denen gefiel, was er sagte, war er der Anti-Hindu.

Zur Welt kam er 1879, zehn Jahre nach Gandhi und zehn Jahre vor Nehru. Sein politisches Leben begann 1919 und endete mit seinem Tod im Jahr 1973. Und das war die zweite große Überraschung, die Periyar bereithielt: dass er so lange gelebt hatte, dass seine Karriere so viele Jahre lang parallel zu der von Gandhi verlaufen war und dass Gandhi während so vieler seiner späteren Jahre, in denen er kämpfte und auf der Suche war, dies vor dem Hintergrund jener Figur des Anti-Hindu tat, der am Ende der Anti-Gandhi wurde, ein Mann, dessen Leben und Laufbahn das Spiegelbild und die Kehrseite zu Gandhis eigenem Leben bildete.

Gandhi war Vegetarier. Periyar aß demonstrativ Rindfleisch. Gandhi kämpfte darum, Herr über sein Sinnenleben zu sein. Periyar aß enorme Mengen und war ungeheuer dick. »Er war ein *Vielfraß*«, erklärte mir einer von Periyars Bewunderern. Und in der allgemeinen Umwertung der Werte, die hier statthatte, war dies als Lob gemeint. »Er hatte immer ein *biriyani* – Reis und Lamm, Rind, Schwein – vor sich. Beim Essen war er niemals *heikel.*« Für Gandhi war Essen immer eine heikle Angelegenheit.

Er unterschied sich von Gandhi, stand im Gegensatz zu ihm, und doch glich er Gandhi in mancher Hinsicht – in der Art, wie er seine Lebensaufgabe fand, wie er sich die Methoden erarbeitete, diese Aufgabe zu erfüllen, und vor allem in seiner praktischen Veranlagung, seinem Geschäftssinn. Wie Gandhi gehörte Periyar von Geburt einer hinduistischen Kaufmannskaste an. Gandhi stammte aus einer Familie kleiner Verwalter. Periyar kam aus einer Familie wohlhabender Kaufleute. Periyar war weniger gebildet als Gandhi; man konnte sagen, dass er gläubiger und traditionsbewusster war. Gandhi lehnte sich gegen die Prinzipien seiner Kaste auf und fuhr nach London, um dort Jura zu studieren. Periyar ging, als er Mitte zwanzig war (Gandhi lebte damals in Südafrika und focht harte Kämpfe aus), nach Benares, um das Leben eines *sanyasi* zu führen, nackt, von den Almosen der Gläubigen lebend, in Erwartung irgendeiner Art von spiritueller Erleuchtung.

Die Erleuchtung blieb aus, und er verließ Benares und kehrte zurück in seine Heimatstadt und in das Geschäft der Familie. Er engagierte sich außerdem in der kommunalen Politik und trat 1919, als sich Gandhi bereits seit einigen Jahren wieder in Indien aufhielt, dem Indischen Nationalkongress bei. Er unterstützte die Handwebstuhl-Kampagne und beteiligte sich an der Bewegung, die sich der Politik des passiven Widerstands verschrieb.

Dann kam es zum Bruch, der mit den Kastenvorurteilen der Brahmanen im Süden zu tun hatte. Nichtbrahmanen hatten keinen freien Zutritt zu den Tempeln. Vom inneren Heiligtum, wo sich die Tempelgottheit befand, blieben sie vollständig ausgeschlossen; sie mussten sich damit zufrieden geben, aus der Ferne einen Blick darauf zu werfen. Manchmal durften Nichtbrahmanen nicht einmal den Weg vor einem Tempel betreten.

Dieses letztere Verbot führte 1924 zu einem besonderen Aufruhr im benachbarten Staat Kerala, der damals ein Fürstentum mit eigenem Maharadscha war; die Brahmanen von Kerala nahmen es mit den Kastenverboten sogar noch genauer als die tamilischen Brahmanen von Madras. Auf dem Gelände des königlichen Palastes gab es einen Tempel und auch ein Gerichtsgebäude. Eines Tages – es war gerade irgendeine heilige Tempelmesse im Gange – wurde der Tempelweg für Nichtbrahmanen gesperrt. Der Tempelweg war aber auch der Weg zum Gericht. Ein Rechtsanwalt namens Madhavan, ein Nichtbrahmane, hatte an diesem Tag einen Termin beim Gericht, durfte aber nicht am Tempel vorbei (manchmal ereilt der Ruhm die Menschen auf merkwürdigen Wegen). Einige Nichtbrahmanen in Kerala protestierten und fingen an, die Leute aufzuhetzen; sie wurden vom Maharadscha ins Gefängnis gesteckt. Sie wandten sich an Periyar. Er kam nach Kerala und kämpfte ein ganzes Jahr lang, bis der Tempelweg für Nichtbrahmanen geöffnet wurde.

Bald darauf kam es zu einem weiteren Konflikt. Es wurde bekannt, dass in einer von der Kongresspartei betriebenen Schule zur Verbreitung Gandhischen Denkens Brahmanenkinder getrennt von Nichtbrahmanenkindern gespeist wurden. Und dann stellte sich heraus, dass die Schule zwar von einem Brahmanen geleitet wurde, dass die Geldmittel für sie aber von einem Nichtbrahmanen kamen. Man erstattete Gandhi Bericht; er aber reagierte zweideutig und nahm die Sache auf die leichte Schulter.

Das war der Augenblick, in dem Periyar mit Gandhi und der Kongresspartei brach. (Einer – auf brahmanischer Seite – in Madras kursierenden anderen Version zufolge kam es zum Bruch, weil Periyar sich wegen Geldern im Zusammenhang mit der Handwebstuhl-Bewegung verantworten sollte.) Im Jahr 1925 gründete Periyar die Selbstachtungsbewegung; er hatte damals die brillante Idee, ein schwarzes Hemd zum Symbol seines Anliegens zu machen. Im schwarzen Hemd kämpfte er sein restliches Leben, fast fünfzig

Jahre lang, gegen den Brahmanismus, das Kastenwesen, die Kongresspartei, die hinduistische Religion, die Benachteiligung der Frauen. Er führte Selbstachtungshochzeiten für Nichtbrahmanen ein, Eheschließungen ohne Priester und ohne religiöse Gelübde. Und er predigte eine primitive Form von Sozialismus.

»In der Welt der Zukunft wird es keine Menschen ohne Charakter und Kultur mehr geben ... Die Verderbtheit des modernen Charakters verdankt sich der Tatsache, dass Kultur, Recht und Disziplin zur Aufrechterhaltung der Kasten- und Klassenunterschiede zwischen den Menschen eingesetzt werden ... Wenn diese kapitalistischen und individualistischen Bedingungen verschwunden sind, braucht es keinen verderbten Charakter mehr.«

Er entwarf das Bild von einer dank wissenschaftlicher Errungenschaften hell erstrahlenden Zukunft, die auf die Gottesidee verzichten konnte.

»Die Kommunikation wird hauptsächlich über den Äther und mit großer Geschwindigkeit abgewickelt werden ... Radios lassen sich am Hut festmachen ... In Form von Pillen oder Kapseln nimmt man vitaminreiche Nahrung zu sich, die einen Tag oder eine Woche lang vorhält. Die durchschnittliche Lebenszeit beläuft sich auf hundert oder mehr Jahre ... Kraftfahrzeuge wiegen etwa einen Zentner und fahren ohne Benzin ... Überall und in jedem Haus gibt es Elektrizität, die den Menschen zu allem Möglichen dient ... Keine Industrie oder Fabrik arbeitet für Privatpersonen und deren Profit. Alle gehören sie der Gesamtheit, und alle Erfindungen kommen der Bedürfnisbefriedigung und dem Lustgewinn sämtlicher Menschen zugute ... Wenn die Welt selbst in ein Paradies verwandelt ist, entsteht kein Bedürfnis mehr, sich ein Paradies in den Wolken auszumalen. Wo kein Mangel ist, ist auch kein Gott. Wer über wissenschaftliche Kenntnisse verfügt, braucht keine Spekulation und Einbildungskraft ... Der Kampf ums Dasein muss in ein Leben überführt werden, das von Glück erfüllt ist.«

Diese täglich wiederholten Predigten, diese Ausblicke auf eine Welt, in der die Leiden des Kastendaseins zusammen mit der Gottesidee verschwunden sein würden, gingen Hand in Hand mit seinem angeborenen Sinn fürs Praktische. Er war in einer Kaufmannsfamilie zur Welt gekommen und blieb sein Leben lang um Geld besorgt, dessen Nützlichkeit er nie in Frage stellte; er war stets bemüht, sich und seine Bewegung unabhängig und frei von Belastungen zu erhalten. Seine Bewegung litt nie unter Geldknappheit, die Stiftung, die er hinterließ, um sein Anliegen weiterzuverfolgen, war finanziell gut ausgestattet.

Die Andenken an ihn befanden sich in einem großen Raum im Hauptgebäude von Periyar Thidal. Auf einem Himmelbett im vorderen Teil des Raums sah man einen lebensgroßen Ausschnitt aus einem Foto (der Stil der Kinoreklamen und Wahlkampfplakate hatte seinen Weg ins Privatmuseum gefunden), der den uralten Periyar mit großem Bart zeigte, wie er, die Beine gekreuzt, in Schreibhaltung dasaß. Auf dem Bett lag eine gemusterte rosa Decke, und die ausgeschnittene Figur lehnte an einer Nackenrolle. Die Säulen des Himmelbetts waren weiß gestrichen; der Betthimmel fehlte. Auf der einen Seite des Bettes stand ein hohes, drehbares Büchergestell mit kleinen Büsten von Buddha und Lenin, Stücke aus einem Souvenirladen, und einer Pferdestatue, einem Geschenk. Das Pferd hatte keine besondere Bedeutung; Periyar hatte es wegen seiner Schönheit aufbewahrt und als Erinnerung an den Geber.

In einer Vitrine befanden sich weitere Geschenke mit Symbolwert, bilderstürmerische Gerätschaften aus Silber: zwei silberne Hämmer und zwei silberne Stöcke, die in ihrer Form dem Stock glichen, den der alte Periyar benutzt hatte.

Die Führung der Periyar-Bewegung war an Mr Veeramani übergegangen. Er pflegte Periyars Gedächtnis und hütete seine Hinterlassenschaft. Als er mir die Hämmer und die Stöcke zeigte, zitierte er lachend einen, wie er sagte, alten Sanskritspruch: »Das Gift der Kobra steckt allein in ihrer Zunge. Das Gift des Brahmanen reicht von Kopf bis Fuß.« Dazu fiel Mr Veeramani ein weiteres Sprichwort ein, bei dem es sich ihm zufolge um einen bekannten Ausspruch in Hindi handelte: »Wenn du einen Brahmanen und eine Schlange siehst, erschlag zuerst den Brahmanen.« (Das hatte ich vor Jahren schon in einer anderen Version gehört; damals hatte man mir gesagt, es handele sich um ein Sprichwort, das man in ganz Südostasien kenne: »Wenn du in einem Wald bist und eine Schlange und einen Inder siehst, erschlag zuerst den Inder.«)

Auf die Embleme der Bilderstürmerei Periyars folgten die seines Königtums. Periyar war oft als der weißbärtige König von Tamil

Nadu bezeichnet worden. Eine Stadt im Süden hatte dem alten Mann einen verzierten Thron aus Silber geschenkt, der zusammen mit einer silbernen Krone, dem Geschenk von Anhängern aus einer anderen Stadt, in einer Vitrine aufbewahrt wurde. Ein weiteres Geschenk bestand in einem Silberzepter mit kleinen Köpfen von Periyar und Buddha am oberen Ende, und in noch einem anderen Glaskasten lagen geschwungene Schwerter aus Silber.

Rund um den großen Museumsraum, oben an den Wänden, unterhalb der Decke, zog sich eine Folge von dreiunddreißig Ölbildern mit den Stationen des langen Lebens von Periyar. Es war wie bei Abbildungen biblischer Ereignisse: Man musste die Geschichte kennen. Und wenn man sie kannte, fand man alles wieder: Periyar im Jahr 1904 als nackter *sanyasi* in Benares, der sich von dem ernährte, was er ergattern konnte; Periyar zehn Jahre später als Kommunalpolitiker in seiner Heimatstadt; Periyar 1919 als Mitglied der Kongresspartei; Periyar, wie er 1924 in Kerala für das Recht der Nichtbrahmanen kämpft, Tempel zu betreten; Periyar, wie er kurz danach für die Abschaffung der Kastenunterschiede in der Schule der Kongresspartei kämpft; Periyar, wie er 1925 die Selbstachtungsbewegung gründet und zum ersten Mal das schwarze Hemd trägt; Periyar 1932 in Deutschland in Gesellschaft »deutscher Atheisten«; Periyar im selben Jahr in Russland zusammen mit Angestellten eines russischen Sanatoriums; Periyar, wie er 1943 mit Mr Jinnah (der für ein muslimisches Pakistan kämpft) und mit Dr. Ambedkar (der einen Staat der Kastenlosen, Dalistan genannt, gründen will) über die Aufspaltung Indiens nach der Unabhängigkeit diskutiert, wobei er selbst die Gründung eines südlichen, drawidischen, nichtbrahmanischen Staates namens Drawidistan anstrebt. Auf späteren Bildern sieht man Periyar, wie er 1952, nach der Unabhängigkeit, an Bahnhöfen im Süden die Hindi-Namen übermalt, wie er 1953 Bildnisse von Ganesha, dem Elefantengott, zertrümmert, um zu beweisen, dass sie nur aus Ton und ganz harmlos sind, wie er 1957 auf einem Schild mit der Aufschrift »Brahman-Hotel« das »Brahman« überstreicht, das für vegetarisch im Gegensatz zu »militärisch«, das heißt nichtvegetarisch steht, und wie er im gleichen Jahr die indische Verfassung verbrennt.

Ein ganzes, langes Leben lang hatte er unbeirrt ein Ziel verfolgt. In der Mitte des Raums hatte Mr Veeramani in einer weiteren

Vitrine persönliche Erinnerungsstücke Periyars versammelt: seine Taschenlampe, seine Lupe, seinen ungewöhnlich dicken Stock, seine Armbanduhr, seine Brille, sein Esstablett aus rostfreiem Stahl, seine Bettpfanne, eine Spritze und andere medizinische Utensilien. Fast wie das, was Gandhi hinterlassen hatte, und es wäre auch ein typisch gandhisches Ensemble gewesen, hätte Periyar nichts weiter hinterlassen. Das Vermögen aber, das er in seiner Stiftung hinterließ und zu dem auch die große innerstädtische Immobilie Periyar Thidal gehörte, war viele Millionen wert, wobei der Wert sich in den fünfzehn Jahren seit seinem Tod noch vervielfacht hatte.

Ungeachtet seines Vergnügens am Essen und seines Fleischverzehrs steckte in seiner Zielgerichtetheit, in seiner Obsession so etwas wie Reinheit, und sie war es, die ihn zum Anti-Gandhi machte. Bedeutung freilich hatte diese Figur des Anti-Gandhi nur, weil es Gandhi gab. Gandhi entwickelte sich und wuchs; während der ersten vierzig Jahre des Jahrhunderts, von seinem dreißigsten bis zu seinem siebzigsten Lebensjahr, war er permanent auf der Suche nach neuen politischen und religiösen Verhaltensweisen. Seine Suche machte ihn zu einer universalen Persönlichkeit; Menschen, denen Politik fern lag, konnten sich trotzdem in ihren eigenen Bestrebungen mit ihm identifizieren. Periyar hingegen blieb eine Lokalgröße; er wuchs nie über sein Anliegen hinaus. Ohne Gandhi und die Kongresspartei und die Unabhängigkeitsbewegung hätte seine Bewegung nie die Macht errungen, die sie errang; er stand auf den Schultern eines Riesen. Vielleicht war das der Grund, warum ich nie von ihm gehört hatte.

Sadanand Menon, ein in Madras lebender Schriftsteller, war es, der mich zum Periyar Thidal brachte und mich mit den Hintergrundinformationen versorgte, die nötig waren, um Periyars Leben und seine politische Bewegung zu verstehen.

Gegen Ende des neunzehnten Jahrhunderts, unter der Herrschaft der Briten, hätten die Brahmanen, erklärte mir Sadanand, ein solches Übergewicht gewonnen, wie sie es lange nicht besessen hatten. Im gesellschaftlichen Leben Indiens, in den akademischen Berufen und in den Anfängen der nationalistischen Bewegung seien sie die herrschende Gruppe gewesen. Aber die Provinz

Madras (sie habe den heutigen Bundesstaat Tamil Nadu und noch andere Gebiete umfasst) mit der Hafenstadt Madras als Hauptstadt habe eine große Region gebildet; in dem Maß, wie sich die Wirtschaft der Provinz entwickelt habe, hätten die Kasten der Mittelschicht eigene prominente Persönlichkeiten hervorgebracht. Viele dieser Menschen aus den mittleren Kasten seien wohlhabend gewesen – wie die Familie von Periyar; viele von ihnen hätten über Grundbesitz verfügt, manche ihre Söhne nach Oxford und Cambridge schicken können. In dem Maße, wie solche Leute aus den mittleren Schichten aufgestiegen seien, sei es ihnen schwer gefallen, sich den alten brahmanischen Kastenbeschränkungen zu unterwerfen. Periyar habe nichts weiter getan, als diese ablehnende Haltung der nichtbrahmanischen Massen zu seiner Sache zu machen.

»Zur Kommunikation nutzte er die Kanäle der Kultur«, sagte Sadanand. »Die Selbstachtungsbewegung gründete auf einen Schlag drei oder vier Zeitungen. Sie legten großes Gewicht auf die Bildung. In den dreißiger Jahren bestand eine der Methoden der Bewegung darin, das Gespräch zu suchen – statt Vorträge zu halten. Ein Freiwilliger mit Schulbildung ging in ein Elendsviertel in der Stadt und fing auf dem öffentlichen Platz der Siedlung an, laut aus einer Zeitung vorzulesen. Im Nu hatte er eine Menge um sich versammelt. Und ihr erläuterte er das Vorgelesene im Sinne der Ideologie der Selbstachtungsbewegung. Das ist eine bis heute praktizierte Form geblieben. Dieser direkte Kontakt zwischen den Parteikadern und dem Volk ist eine tragende Säule der DMK. Die anderen Parteien kennen das nicht. Sie haben es nie auch nur probiert. Ich erinnere mich, wie ich in den sechziger Jahren an einem Ort in der Nähe meiner Wohnung einen Parteigänger der DMK bei der Arbeit beobachtete. Er tauchte pünktlich um achtzehn Uhr dreißig auf, in der Hand die Parteizeitung, zusammen mit einer englischen und einer anderen tamilischen Zeitung. Er brachte eine Sturmlaterne mit. Er saß in einem offenen Schuppen, der aus vier Pfosten und einem Dach bestand, und las laut vor; sein Publikum belief sich auf hundertfünfzig Leute.«

Wie tief verwurzelt beziehungsweise wichtig sei die rationalistische Seite der Bewegung gewesen? Wie weit seien die Leute imstande gewesen, sich von Gott oder den Göttern abzuwenden?

Die rationalistische Bewegung als solche sei im Laufe der Jahre zu ihrer eigenen Parodie geworden, meinte Sadanand. Aber die DMK, der politische Ableger der Bewegung, habe politische Macht errungen, und das habe Umwälzungen nach sich gezogen.

»Die DMK kam 1967 an die Macht«, erklärte Sadanand. Das war das Jahr, in dem ich zum zweiten Mal nach Madras gefahren war und Sugar und seinen Vater in ihrem zweistöckigen Haus in Mylapore besucht hatte; damals hatte mir Sugar von den Weissagungsbüchern erzählt. »Sie schufen ein Ministerium mit der Bezeichnung Hinduistische Religiöse und Karitative Einrichtungen. Die ungeheuren Schätze der hinduistischen Tempel und Stiftungen unterstanden der Kontrolle dieses Ministeriums. Ländereien, feste Vermögenswerte, Juwelen – jeder Tempel besaß enorme Mengen von Juwelen, dazu die Götterbilder selbst und die täglichen Schenkungen. Die Schenkungen an einen Tempel erfolgen anonym; über sie lässt sich nicht Buch führen. Den Tempelreichtum zu schätzen war unmöglich. Wie sollte man den Wert einer Schiwastatue aus dem zehnten Jahrhundert schätzen? In der Folge – und das geschah ganz unabhängig von den Aktivitäten der Regierung – fing man an, die Götterbildnisse zu stehlen und durch Nachbildungen zu ersetzen. Archäologen haben in letzter Zeit darauf hingewiesen, in welch großem Umfang die Tempelbilder durch Fälschungen ersetzt wurden. Die Originale sind in Privatsammlungen überall auf der Welt gelandet.«

»Hat das die DMK nicht gekümmert? Ist es nicht auch ihre Kunst?«

»Die DMK hat daran keinen Gedanken verschwendet. Sie war mit dem Feind beschäftigt. Gleichzeitig begann die neue Regierung mit einer Politik der Verteilung von Tempelländereien an Landlose. Aber das blieb rein nominell. Man konnte die Namen von zweihundert Leuten nennen, die je einen knappen halben Hektar Tempelland bekommen hatten, tatsächlich aber gehörte das ganze Land einem Einzelnen oder der Partei. Den Menschen kam nichts davon zugute.«

Sadanand sprach von »looting« (Plünderung) der Tempel, wobei er das Wort – ursprünglich ein Hindi-Wort, was ein bezeichnendes Licht auf die Geschichte Indiens wirft – im indischen Sinne von Raub verwendete. Seien die Brahmanen dadurch verarmt?

»In den meisten der Tempel fanden sich die Brahmanen auf die bloße Rolle von Vollziehern der Rituale, von *purohits*, beschränkt, und ohne Frage kam es zu einer Verarmung.« Aber wichtiger noch erschien in Sadanands Darstellung die Tatsache, dass die Tempel an Bedeutung verloren. »Ihrem ursprünglichen Sinn nach waren die Tempel weitgehend soziale Einrichtungen. Jeder Tempel besaß Schulen, Getreidespeicher, Vorrichtungen für die großzügige Speicherung von Wasser – Ursprung der für Tempelanlagen typischen Wasserbecken –, Hospitäler, Kuhställe. Sie förderten auch die Künste. Die DMK aber nahm grobe Gleichsetzungen vor. Der Tempel wurde mit einer bestimmten Form von Unterdrückung gleichgesetzt und dann unterschiedslos mutwilliger Zerstörung ausgeliefert.«

Die Bewegung beanspruchte eine Verbindungslinie zur nichtbrahmanischen Vergangenheit von Tamil Nadu und besonders zu den Chola-Herrschern aus der Zeit vom neunten bis zum elften Jahrhundert. Aber auch das war laut Sadanand unhistorisches Geschwätz.

»Die Chola waren Demokraten, so weit sich Demokratie in einer feudalen Gesellschaft denken lässt. Aber sie waren auch die Imperialisten in dem Gebiet, und das Chola-Symbol, das die Bewegung benutzt, ist das Symbol des tamilischen Imperialismus, nichts weiter. Die Chola standen im Ruf gebildeter Leute, die Bücher über Astronomie schrieben und die Künste förderten. Das Chola-Symbol der DMK steht für nichts dergleichen. Die Chola-Könige schufen faszinierende Bewässerungssysteme im Gebiet von Tanjore. Die DMK hat Bewässerungsfragen keiner Beachtung gewürdigt.«

Ihre Enge, ihr Regionalismus, ihre obsessive Beschränkung auf die Kastenfrage habe auch anderen Dingen zum Schaden gereicht. Die englische Sprache habe Schaden genommen. Die Anzahl von Bürgern des Landes in staatlichen Positionen habe sich verringert; viele Beamte im Staatsapparat von Tamil Nadu kämen mittlerweile von außerhalb. Sogar die tamilische Sprache sei in Verfall geraten.

»Die Bewegung hat aufgehört, kreativ zu sein. Tamilisch ist eine Sprache geworden, die keine einzige moderne Idee mehr auszudrücken vermag. Es ist eine versteinerte Sprache, und das spiegelt sich wider in der Qualität des tamilischen Journalismus. Vieles davon ist dummes Zeug, nicht ernst zu nehmen.

Die Bewegung hat immer noch eine Position. Aber was sie heute ständig reproduziert, ist die Parodie ihrer selbst, mit dem Resultat einer verarmten Bildersprache. Sie haben diese flache Figur von Periyar auf dem Bett gesehen. Dieser Einfall wurde danach auch auf die Politiker der Bewegung, die Führer der DMK und ihrer Nachfolgegruppierungen, übertragen. Sie wurden als riesige, fünfundzwanzig Meter hohe Pappkameraden aufgestellt – zum Ersatz für das, was verloren gegangen ist. Und religiöse oder neoreligiöse Bewegungen sind in Tamil Nadu auf dem Vormarsch.

Die neoreligiöse Bewegung, die hier zurzeit floriert, ist der Kult um Adi Parashakti. Sein Wallfahrtsort befindet sich auf halber Strecke zwischen Madras und Pondicherry. Der Kult dreht sich um die Urmutter – im Unterschied zur arischen Religion war die drawidische Religion mutterzentriert. Daraus ist der neue Kult hervorgegangen. Ein einzelner Mann, ein Schullehrer, behauptete eines schönen Tages, diese Urmutter, Shakti, sei ihm im Traum erschienen und habe ihm befohlen, ihren Namen zu verbreiten. Als er aufwachte, behauptet er, sei vor seinen Augen ein Götterbild aus dem Erdboden gewachsen. Die Anhänger des Kults tragen eine Einheitskleidung von ausschließlich roter Farbe. Hier handelt es sich um eine der paradoxen Auswirkungen der rationalistischen Bewegung.«

Es gebe da noch eine tiefere Ironie. Die antibrahmanische Bewegung sei keine Bewegung sämtlicher nichtbrahmanischer Kasten. Sie sei hauptsächlich eine Bewegung der mittleren Kasten. Wie von jeher in Indien gebe es noch niedrigere soziale Schichten, eine Stufe, wo die Benachteiligung noch größer sei. Diesen Menschen am Boden der Gesellschaft biete die DMK keinen Schutz.

»Als die DMK 1967 an die Macht kam«, sagte Sadanand, »sprach sie von der Unterdrückung der unteren Kasten. Tatsächlich haben sich die brutalsten Angriffe gegen die Kastenlosen nach 1967 ereignet. 1969 wurden vierzig *harijan* in einer Hütte bei lebendigem Leibe verbrannt. Verantwortlich dafür war die Kaste der so genannten Thevars. Sie gehören zu den mittleren Kasten, sind rückständig und haben in den vergangenen hundert Jahren einen sozialen Aufstieg erlebt; heute sind sie mächtig und verfügen über einen kasteneigenen Verband. Sie zählen zu den militantesten Kasten. Sie bezeichnen sich selbst als die Kschatriyas, Krieger, der tamilischen Gesellschaftsordnung. Die drawidische Bewegung ist eine Gründung der mittleren Kasten. Als sie an die Macht gelangten und die Regierung übernahmen, wurden sie zu den Unterdrückern.«

Sadanands Analyse der kulturellen Verarmung, zu der die Bewegung geführt habe, traf mit an Sicherheit grenzender Wahrscheinlichkeit zu. In der Bildersprache war es zu greifen, in den Übertreibungen, Vereinfachungen und Widersprüchen der Reden Periyars, wo Worte um ihrer selbst willen geschätzt und Wendungen genüsslich ausgewalzt wurden, wo sich Phrase auf Phrase türmte. Aber zugleich war da die Leidenschaft der Anhänger Periyars. Er hatte bei diesen Menschen etwas getroffen, etwas, das tiefer reichte als bloße Logik und Sinn für historische Richtigkeit; auch das musste man in Rechnung stellen.

Mr Gopalakrishnan war Verleger und besaß den Emerald-Verlag, der Lehrbücher für die Schule und Bücher über die rationalistische Bewegung publizierte. Er erzählte mir folgende Geschichte.

»Mein Vater war ein kleiner Händler. Er gehörte der Mudaliar-Kaste an. Wir zählten zum unteren Bereich der mittelständischen Kasten. Er betrieb einen Verkaufsstand. Er handelte mit Zigaretten, Sprudelwasser und ähnlichen kleinen Artikeln.

Rationalist wurde ich Anfang der vierziger Jahre, als ich ungefähr zehn war. Ich war Schüler in der Sri-Ramakrishna-Oberschule in Madras. In der Schule hatten die Brahmanen das Sagen. Sogar die Wachleute und Wasserträger, es gab vier oder fünf von ihnen, waren Brahmanen. Von uns Nichtbrahmanen gab es in jeder Klasse nur wenige. Jeden Tag mussten wir uns von unseren Lehrern Vorträge anhören, dass wir zu nichts weiter taugten als zum Viehhüten. Insbesondere von drei Lehrern bekamen wir das zu hören. Ihrer Ansicht nach hatten Nichtbrahmanen kein Recht auf Bildung, und der Satz, den sie ständig im Mund führten, lautete: ›Geht Vieh hüten.‹

Jeden Morgen mussten wir uns in der Gebetshalle zum Beten versammeln. Täglich waren es die gleichen, langweiligen Gebete. Ich hatte einen nichtbrahmanischen Klassenkameraden, der nicht zu den Gebetsversammlungen ging; dafür erhielt er oft Prügel. Alle Jungen kamen mit ihrem Kastenmal. Statt der so genannten heiligen Asche benutzte ich meist ein Stück Kreide, um die waagrechten Striche auf meine Stirn zu malen. Mein Freund tat das nie, und auch dafür bekam er Schläge. Er war ein kreativer Junge. Zehn Jahre später schrieb er ein Bühnenstück, in dem er auch selber mitspielte – ein Stück mit rationalistischen Ansichten.

Während meiner Schulzeit hatte ich eines Tages Gelegenheit, an einer von Periyars Versammlungen teilzunehmen. Die Versammlung fand in Saidapet statt, wo wir wohnten, und viele Menschen, Nichtbrahmanen, gingen hin. Bei dieser Versammlung begriff ich zum ersten Mal, warum die brahmanischen Lehrer so voller Vorurteile uns gegenüber waren. Bis dahin hatte ich ihre Voreingenommenheit nicht verstehen können. Ich fing an, Literatur zu lesen, Publikationen der Bewegung Periyars und die Zeitschriften, die sie herausgaben. Ich brauchte vier Jahre, um ein vollständiger Rationalist zu werden.

Als Erstes hörte ich 1947 auf, in den Tempel gehen. Bis dahin hatte ich ihn voll Andacht regelmäßig aufgesucht. Das war etwas, was meine Mutter und meine Schwestern mir im Kleinkindalter beigebracht hatten – das Umfeld war so. Damals behandelten die brahmanischen Priester ihre nichtbrahmanischen Gläubigen mit Verachtung. Die Gläubigen nahmen das als selbstverständlich hin: Es entsprach der Tradition. Auch ich nahm es als selbstverständlich hin, in jungen Jahren. Der Priester schleuderte die heilige Asche immer aus einiger Entfernung und mit verächtlicher Geste in Richtung der nichtbrahmanischen Gläubigen, während die Brahmanen Zutritt zum innersten Heiligtum hatten, wo das Götterbild selbst stand. Die nichtbrahmanischen Gläubigen konnten das Bild nur aus der Entfernung sehen.

Dass ich aufhörte, den Tempel aufzusuchen, geschah nach und nach. In meiner Collegezeit gehörten Shaw, Wells und Russell zu meiner regelmäßigen Lektüre. Ihre Schriften übten einen starken Einfluss auf mich aus, so dass ich den Mut fand, den Gläubigen in meiner Familie und in meiner Gesellschaft die Stirn zu bieten.

Meine Mutter blieb dem Ritual verhaftet. Viele Jahre später sorgte sie sich, dass ich nach ihrem Tod versäumen könnte, das Ritual für sie zu verrichten. Dann aber, drei Monate bevor sie starb, rief sie mich zu sich und erklärte mir, ich solle auf das Ritual für sie verzichten.

Mittlerweile kümmere ich mich nicht mehr um die hinduistische Religion. Ich verschwende meine Zeit nicht damit, Streitgespräche über sie zu führen. Nach dem Tod meiner Mutter habe ich keinerlei Ritual für sie verrichtet. Sie starb vor zwei Jahren. Was ich aber jedes Jahr an diesem Tag tue, ist, dass ich jeder meiner Enkelinnen ein neues Kleid schenke. Das ist alles. Keine gemeinschaftliche Lesung aus den Schriften. Keine Blumen. Ich habe einfach nur ein Bild von meiner Mutter, das ist alles.«

Stärker, mit einer durch nichts zu besänftigenden Leidenschaft, hatte es Mr Palani gepackt. Er war ein dreiundsechzigjähriger kleiner dunkelhäutiger Mann. Zur Welt gekommen war er im Bezirk Coimbatore, und er erinnerte sich noch deutlich daran, wie er vor mehr als fünfzig Jahren in seiner Schule mit Kastenvorurteilen Bekanntschaft gemacht hatte.

»Von mir aus hegte ich keinerlei antibrahmanische Gefühle. Mein Bruder wurde zu der Schule zugelassen, auf die auch ich ging. Ich besuchte die fünfte Klasse. Mein Bruder war in der vierten Klasse. In einer Schulpause schloss er sich als Schulanfänger einfach den anderen Jungen an, als die in ein Hotel gingen, um Wasser zu trinken. Er machte es den anderen Jungen nach. Er nahm einen Messingbecher, tauchte ihn in das Wasserbecken und setzte zum Trinken an. Es war ein brahmanisches Hotel – ein Hotel, wo Leute nicht übernachten, sondern nur ihre Mahlzeiten einnehmen. Es war ein Mittelklassehotel. Der Eigentümer wurde schrecklich wütend, als er sah, wie mein Bruder seine Hand in das Messingbecken tauchte und Wasser schöpfte. Er goss das ganze Becken draußen aus und fing an, meinen Bruder anzubrüllen.

Mein Bruder kam weinend zurück zu mir in die Schule, und ich erklärte ihm, dass wir als Nichtbrahmanen nicht selbst unmittelbar Wasser aus dem Messingbecken schöpfen durften. Er hätte einen brahmanischen Jungen bitten müssen, ein Glas mit Wasser zu füllen und ihm zu reichen. Brahmanen seien hellhäutiger als wir. ›Wieso?‹, wollte mein Bruder wissen. Er konnte sich mit dieser Sache nicht abfinden. Ich begann selber, darüber nachzudenken. Ich war einfach der vorhandenen Tradition gefolgt. Ich war elf; mein Bruder war zehn. Ich besuchte seit einem Jahr die Schule.

Wir gingen heim und sprachen mit unserem Vater. Er war Staatsangestellter und verdiente fünfunddreißig Rupien im Monat. Das galt damals als ausreichend für den Lebensunterhalt einer kleinen Familie. Der Vater meines Vaters hatte als Weber gearbeitet. Wir stammten aus der Weberkaste, der Kaste Sengunthar. Mein Vater aber hatte die Schule bis zum Abschlusszeugnis, bis zum Alter von sechzehn, besucht. Er war jetzt dreißig.

Als er unsere Geschichte hörte, sagte mein Vater: ›Das ist an diesen Orten so Brauch. Wenn es auch ungerecht ist, müsst ihr euch doch damit abfinden.‹ Er selbst hielt sich auch an die Vorschriften – zwar nicht begeistert, aber er hielt sich daran. In brahmanischen Hotels betrat er nicht den Bereich, der Brahmanen vorbehalten war. Damals gab es in brahmanischen Hotels zwei Bereiche, einen für die Brahmanen und einen für die anderen. Mein Vater hütete sich also, den Bereich der Brahmanen zu betreten.

Wir wohnten in einem kleinen Ziegelhaus, einem Haus mit Backsteinmauern und einem Ziegeldach. Wir hatten es gemietet und zahlten dafür ungefähr fünf Rupien im Monat. Elektrizität gab es nicht. Wir hatten ein Dienstmädchen, das freie Kost und ungefähr drei Rupien monatlich bekam.«

»Aß sie zusammen mit der Familie?«

»Sie aß nicht mit uns. Sie aß nach uns. Das war keine soziale Diskriminierung; sie bediente uns einfach. Sie schlief im Haus, im Raum nebenan. Wir – alle Kinder – schliefen in dem großen Zimmer. Es gab drei Räume im Haus, das Zimmer unserer Eltern, das Zimmer der Kinder und das Zimmer des Dienstmädchens. Sie kam vom Dorf. Wir kannten ihre Familie. Wir hatten sie gebeten, uns für unser Haus ein Mädchen zu überlassen. Wir gehörten zur Mittelschicht.«

»War das der Grund, warum Ihr Bruder so reagierte?«

»Ich bin mir nicht sicher. Vielleicht war es einfach eine menschliche Reaktion.« Er wandte sich wieder der Geschichte seiner politischen Entwicklung zu. »Dann kam es im Jahr 1938 zu der Anti-Hindi-Agitation. 1937 hatten im Bundesstaat Parlamentswahlen auf Basis eines eingeschränkten Wahlrechts stattgefunden, und eine Regierung der Kongresspartei war gebildet worden. Diese Regierung schlug vor, Hindi als verbindliche Sprache in den Schulen einzuführen. Tamilische Gelehrte und Pädagogen wie auch Periyar und seine Gruppe machten dagegen mobil.

Eines Abends kam Periyar, um eine Rede zu halten. Es war noch hell, als er anfing, und als die Dunkelheit hereinbrach, wurden Petroleumdrucklampen angezündet. Er war ein stämmiger Mann, mittelgroß, mit einem Bart. Er trug ein tamilisches *dhoti* und ein schwarzes Hemd, mit einem Tuch über einer Schulter. Er war hellhäutig. Der Kaste nach gehörte er zu den Naicker – der Gemeinschaft der Kaufleute.

Er erklärte, wie das Hindi das Englische verdrängen und diese Verdrängung des Englischen Tamil Nadu benachteiligen werde. Tamilisch werde im Laufe der Zeit gegenüber Hindi an Boden verlieren. Wenn die Sprache erst zweitrangig sei, werde auch alles, was mit der Kultur und der Gesellschaft zusammenhänge, zweitrangig werden. Das gesamte Publikum teilte diese Meinung.

Auf diese Rede folgten andere, die von den Stellvertretern Periyars gehalten wurden. Das waren junge Männer aus der Mittelschicht. Zu ihnen zählte Mr Annadurai. Er gründete später die DMK und führte sie 1967 bei den bundesstaatlichen Wahlen zum Sieg. Er konnte sehr gut reden. Er riss das Publikum mit, wenn er zu reden anfing. Wegen der Hindi-Frage wurden Schulen bestreikt, und die Anführer veranstalteten einen Marsch vom südlichsten Zipfel Tamil Nadus bis nach Madras.«

Sieben Jahre zuvor war Gandhi auf den Gedanken des gewaltlosen politischen Marsches gekommen. Nachdem er in seinem Aschram in Ahmedabad lange in sich gegangen war, kam Gandhi auf die Idee, von dort zum Meer zu marschieren, um Salz zu gewinnen: eine grandiose Inszenierung, mit einem eindeutigen, greifbaren Ziel und mit ungewissem Ausgang; dabei ein grandioser symbolischer Akt zivilen Ungehorsams, da Salz – etwas so Billiges, so Unentbehrliches, auf das sogar die Ärmsten nicht verzichteten – von der Fremdherrschaft monopolisiert worden war. Gandhis Salzmarsch im Jahr 1931 dauerte viele Tage; er verlieh dem nationalen Kampf neue Lebenskraft. Und im Jahr 1938 diente der Antihindi-Marsch durch Tamil Nadu dem drawidischen Kampf: Die von der Kongresspartei gestellte bundesstaatliche Regierung ließ die Idee fallen, Hindi als verbindliche Sprache an den Schulen einzuführen. Auf die Parallele zu Gandhi wies Mr Palani freilich nicht hin.

Er sagte: »Fünf Jahre nach der Kampagne, im Jahr 1943, schrieb ich mich an der Technischen Hochschule ein. Auch das war ein großes Ereignis für mich. In meiner alten Schule hatte ich brilliert.

Ich gewann Stipendien und alles Mögliche, und meine Lehrer empfahlen meinem Vater, mich auf die Hochschule zu schicken. Also absolvierte ich ein zweijähriges Kunststudium an einer Kunsthochschule. Als ich das Kunststudium beendet hatte, drang ein Professor der Hochschule darauf, ich solle Ingenieurwesen studieren. Also bewarb ich mich bei der Technischen Hochschule. Im freien Wettbewerb hätte ich keine Chance gehabt, weil die brahmanischen Jungen viel höhere Noten erzielten. Zum Glück für mich – und für Leute wie mich, die aus rückständigen, nichtbrahmanischen Gemeinschaften kamen – blieben dank einer weiteren Kampagne von Periyar einige Extraplätze den rückständigen Gemeinschaften vorbehalten. Hätte es diese Freiplätze für die rückständigen Gemeinschaften nicht gegeben, ich hätte kein Ingenieur werden können. Das meine ich, wenn ich sage, dass die Aufnahme in die Hochschule ein großes Ereignis für mich war.

Nun muss ich Ihnen Folgendes erzählen. Als ich mein Studium an der Technischen Hochschule begann, stellte ich fest, dass in der Mensa des Studentenwohnheims die brahmanischen Jungen in dem der Küche nächstgelegenen Bereich verköstigt wurden und dass ihr Bereich von der restlichen Mensa durch eine Holzwand abgetrennt war. Alle Köche der Mensa waren zufällig Brahmanen. Die Brahmanen heimsten folglich den Löwenanteil dessen ein, was die Mensa zu bieten hatte. Das empörte uns. Wir fingen an, früher hinzugehen und uns in den Bereich zu setzen. Weil wir Nichtbrahmanen in der Überzahl waren, willigten sie schließlich ein, die Trennwand zu entfernen, und fortan gab es nur noch eine gemeinsame Mensa. Sie sehen, die meinen, mit uns kann man's machen, solange wir uns nicht wehren. Als wir anfingen, auf unser Recht zu pochen, trauten sie sich nicht, Widerstand zu leisten.«

»Was war mit dem Kampf der Nation? 1943 war eine wichtige Zeit. Haben Sie sich an der Nationalbewegung beteiligt?«

»Mit der Nationalbewegung ging es voran. Aber gleichzeitig forderten wir innerhalb der Bewegung eine Anerkennung unseres Bemühens um die Selbstachtung.«

»War ihr Bruder ebenso aktiv wie Sie?«

»Er ging auf ein anderes College. Er sympathisierte mit unserem Kampf, aber er exponierte sich nicht so stark wie ich. Er überließ alles mir.«

»Was hielten Ihr Vater und Ihre Mutter von der rationalistischen Seite der Botschaft Periyars?«

»Sie schenkten dieser Seite der Sache keine große Beachtung. Sie sympathisierten mehr mit dem Kampf um die Sprache und der Forderung nach Raum für die Nichtbrahmanen. 1943 stimmten wir zwar nicht mit dem atheistischen Aspekt der Philosophie Periyars überein, aber mit seinem Kampf für die Ausmerzung des Aberglaubens und der Rituale waren wir sehr einverstanden.

Unsere tamilische Kultur ist uralt. Sagen wir, rund fünftausend Jahre alt. Bei den Städten von Mohenjo-Daro und Harappa – Mohenjo-Daro liegt heute im pakistanischen Sindh – handelte es sich um drawidische Städte. Sie reichen zurück bis 5000 v. u. Z. Das behaupten die Historiker. Bis vor ungefähr zweitausend Jahren kannte die Gesellschaft keine Kasten. Dann kam diese fremde Kultur aus dem Norden, und der Zerfall der Gesellschaft in Klassen begann. Seit damals hat es in jedem Jahrhundert Proteste tamilischer Intellektueller gegen das Kastensystem gegeben. Diese Intellektuellen haben sich stets mehr oder minder gegen Ritualismus und Aberglauben gewandt. Aber sie verneinten nicht das ganze System. Sie erklärten, Religion müsse es geben und Gott müsse es geben. Die Arier aber brachten den Aberglauben mit.«

»Waren Sie in Ihrer Jugend religiös?«

»Als ich noch ein Kind war, suchte ich regelmäßig Tempel auf, mit meinen Eltern und auch ohne sie. Wir gingen hin und schauten alles an, wanderten umher und traten vor die Gottheit, um von ihr Gedeihen und Bildung und Reichtum zu erbitten. Ich war ein Gläubiger. Bis zu meinem zwölften Lebensjahr. Nachdem ich Periyar gehört hatte, zog ich mich langsam zurück. Nach meinem zwölften Lebensjahr war ich noch gläubig, ging aber nicht mehr in den Tempel. Ich fing an, am rituellen Teil der Religion zu zweifeln. In jüngeren Jahren las ich viel Mythologie, aber als ich zu begreifen begann, dass es nur um Ausbeutung ging, verlor ich das Interesse.«

Er kehrte zurück zu seiner Biographie. »Von der Technischen Hochschule ging ich 1948 ab. Ich war dreiundzwanzig. Dann passierte diese andere Sache. Ich trat in den Staatsdienst ein und wurde als Ingenieur niederen Ranges in eine kleine Stadt geschickt. Mein Eltern waren sehr froh darüber, dass ich Ingenieur geworden und in den Staatsdienst eingetreten war.

In der kleinen Stadt, in die ich geschickt wurde, sollte ich einen brahmanischen Beamten ablösen. Am Tag der Amtsübergabe lud er mich zu einem Essen in sein Haus ein. Er wohnte in einem Mietshaus. Nach dem Essen brachte das Dienstmädchen die Schüsseln wieder in die hinteren Räume. Ich konnte hören, wie die Frau des brahmanischen Beamten das Mädchen anwies, das Geschirr, das ich benutzt hatte, nicht in die Küche, sondern in den Hinterhof zu bringen, um es dort zusätzlich zu waschen und zu reinigen, weil ich es berührt hatte. Das fand ich empörend.«

»Was haben Sie gemacht?«

»Damals habe ich nichts gesagt.«

»Hatten Sie und der Beamte zusammen gegessen?«

»Wir aßen zusammen, saßen auf dem Boden und aßen mit unseren Händen. Diese Erfahrung verletzte meinen Stolz. Ich steckte die Kränkung weg und unternahm nichts. Sie hatten mich zum Essen eingeladen, und es wäre nicht höflich gewesen, laut zu werden oder aufzubegehren oder sonst etwas.«

»Ihr Großvater war Weber. Ihr Vater war Angestellter. Sie wurden mit dreiundzwanzig Ingenieur. Ist Ihre Lebensgeschichte nicht auch eine Geschichte von Aufstieg und Erfolg?«

»Ingenieur wurde ich dank der reservierten Studienplätze. Und ich beschloss, dafür zu kämpfen, dass ähnliche Vorrechte auch anderen in anderen Bereichen eingeräumt wurden. Ich hätte mich gern voll und ganz diesem Anliegen gewidmet. In meiner amtlichen Eigenschaft tat ich, was ich konnte – ließ rückständigen Regionen Geldmittel zukommen, sorgte für öffentliche Einrichtungen an abgelegenen Orten. Mr Annadurai gründete 1949 die DMK. Als Beamter durfte ich aber in sie nicht eintreten.«

»Indien wurde 1947 unabhängig. Das haben Sie in Ihrer Geschichte gar nicht erwähnt.«

»Periyar hatte sich um die nationale Bewegung und die Unabhängigkeit nicht allzu sehr gekümmert. Er konzentrierte sich ausschließlich auf Kaste und Religion.« Ohne sich von meiner Frage groß unterbrechen zu lassen, fuhr Mr Palani fort: »Die DMK ging aus seiner Sozialbewegung als deren politischer Flügel hervor und begann, sich in das politische Leben des Bundesstaats und des Landes einzumischen. Damals hatte die Kongresspartei das Übergewicht. Im Laufe von achtzehn Jahren entriss die DMK der Kongresspartei die Macht. Aus einer Sezessionsbewegung hatte sich die DMK in eine Partei verwandelt, die nach regionaler Autonomie strebte. Wie es der Zufall wollte, nahmen viele meiner Freunde, Menschen meines Alters und meiner sozialen Gruppe, verantwortliche Positionen in der Staatsverwaltung ein. Ich konnte also ihren Goodwill zur Einführung vieler Programme zur Beförderung sozialer Gerechtigkeit nutzen.«

In diesem kleinen, dunkelhäutigen Mann steckten der Kummer und der Zorn von Generationen. Er als Erster hatte in seiner Familie die Kränkung empfunden, und wenn man seinen Worten glauben konnte, war er nach wie vor der Einzige, der den Kampf aufgenommen hatte. Er war erfüllt von tiefer Leidenschaft, die Achtung verdiente. Ich begann freilich auch, mich zu fragen, ob ein so großer Zorn noch Raum für ein Privatleben, für schlichtere Gefühlsbewegungen ließ.

»Wann haben Sie geheiratet?«

»Im Jahr 1951.« Das war drei Jahre nach jenem Essen bei dem brahmanischen Beamten.

»Welcher Kaste gehörte sie an?«

»Derselben Weberkaste. Aus einer benachbarten Stadt.«

»Warum dieselbe Kaste?«

»Es geschah mehr den Eltern zuliebe. Und außerdem erschien mir das Mädchen, das meine Eltern ausgesucht hatten, akzeptabel.«

»Gebildet?«

»Maßvoll gebildet. Bis zum Schulabschluss. Ein arrangierter Schritt.«

»Könnte man sagen, ein Rückschritt?«

»Ja.«

»Dunkelhäutiges Mädchen?«

Er zeigte mir seinen Handrücken. »Meine Farbe.«

»Eine religiöse Hochzeit?«

»Ja. Wir hatten aber keinen Pandit. Wir hatten einen Ältesten aus unserer Gemeinschaft, der die Rituale vollzog. Er betete einfach nur, Gott möge das Paar segnen. Es war ein Kompromiss. Keine brahmanische Hochzeit, aber auch keine Hochzeit im Sinne der Selbstachtungsbewegung Periyars.«

»Sind Sie noch ein Hindu? Sie haben nicht daran gedacht, Buddhist zu werden?«

»Dazu besteht keine Notwendigkeit. Solange man seine eigenen Ansichten vertreten darf, gibt es keinen Grund, eine andere Religion anzunehmen.«

»Wie halten Sie es mit den verschiedenen Zeremonien?«

»Als meine Kinder zur Welt kamen, verzichtete ich auf Zeremonien. In den Zeiten unserer Vorväter ging jedes Ereignis im Leben eines Mannes oder einer Frau mit einer Zeremonie einher – die Geburt, das Durchbohren der Ohrläppchen, der Beginn der Pubertät beim Mädchen, die Heirat, die Schwangerschaft. All das gibt es heute nicht mehr.«

»Was wurde aus Ihrem jüngeren Bruder?«

»Er wurde ebenfalls Ingenieur. Er heiratete ein gebildetes Mädchen in Coimbatore. Selbe Weberkaste. Auch aus Pietät gegenüber den Eltern.«

»Wie haben Sie Ihre eigenen Töchter verheiratet?«

»Die Hochzeit meiner ältesten Tochter haben wir im Kreis einer ganz kleinen Zahl von engsten Verwandten und Freunden gefeiert. Die Hochzeit meiner zweiten Tochter war eine Selbstachtungshochzeit. Sie war eine Periyar-Hochzeit und wurde von einem bekannten Akademiker, einem Mann aus unserer Bewegung, durchgeführt.«

Er war unerbittlich in seinem Kampf, auch wenn sein eigener religiöser Glaube ihn in Widersprüche und Kompromisse verstrickte, auch wenn das Kastensystem in seiner eigenen Familie erhalten blieb und ungeachtet dessen, dass man in den Müllhaufen von Madras, in den kaputten Straßen, in dem Fehlen jeder kommunalen Ordnung, in den Streitigkeiten und Unterschlagungen der von der DMK und ihren Nachfolgern gestellten Regierungen fast schon das nackte Chaos am Werk sehen konnte.

Sadanand Menon hatte von der »Plünderung« der alten Tempel in der Stadt gesprochen. Und das große Wasserbecken des Tempels von Mylapore bot in der Tat einen traurigen Anblick, wie es leer und offenbar dem Verfall preisgegeben dalag – die schönen Stufen in seinem Innern eingesackt.

Ich fragte Mr Palani nach dem Tempel.

»Ich wünschte mir«, sagte er, »dass der Tempel und das Wasserbecken von Mylapore erhalten blieben, als architektonisches Zeichen unseres kulturellen Erbes. Aber doch bin ich gleichzeitig dagegen, dass diese Einrichtungen benutzt werden, um Spaltungen zwischen den Menschen herbeizuführen. Sie sagen, nur Brahmanen dürften Wasser aus dem Becken schöpfen, um es im Allerheiligsten zu verwenden. Nur Brahmanen hätten dort Zutritt. Andernorts haben Leute versucht, ins Heiligtum einzudringen, sind aber von Staats wegen daran gehindert worden. Es ist ungefähr zehn Jahre her, dass Mr Karunanidhi, der damalige Ministerpräsident von der DMK – er ist jetzt, nach den Wahlen, erneut Premier –, ein Gesetz durchbrachte, demzufolge auch Nichtbrahmanen Priester werden konnten. Die Brahmanen gingen dagegen vor, und der Oberste Gerichtshof von Indien hob das Gesetz auf, mit der Begründung, das hinduistische Recht in seiner heutigen Form verlange von Priestern, dass sie Brahmanen seien.«

Darauf lief alles hinaus: auf die ungerechtfertigte Vorrangstellung der Brahmanen. Sie war die Quelle seiner Empörung. Dieser Empörung blieb er stets treu, allen Zerstörungen zum Trotz, die die Art des Protests in seiner Welt anrichten mochte. Und die Ansprüche der Brahmanen, die ich 1962 noch als Teil einer scheinbar heilen Welt des Südens wahrnahm, waren ja auch wirklich nicht zu rechtfertigen.

Ich fragte: »Das Dienstmädchen, das im Haus Ihrer Eltern arbeitete – was wurde aus ihr?«

»Sie verheiratete sich.«

»Mit einem Mann aus der Weberkaste?«

»Dieselbe Weberkaste; sie haben eine kleine Weberei aufgemacht. Sie haben ihr knappes Auskommen.«

Ich wollte wissen, was er von den verschiedenen drawidischen Regierungen seit 1967 hielt.

»Die DMK-Regierung war in den Anfängen sehr gut. Aber Macht korrumpiert, und die Brahmanen sind schlaue Leute. Sie haben ihre eigenen Methoden, die Entschlossenheit der Menschen zu sozialen Reformen aufzuweichen. Sie versprechen Sachen, die die Zentralregierung in Delhi tun werde, und wollen dafür Zugeständnisse vor Ort. Im Bereich der Kultur haben sie eine Vormachtstellung. Auch da setzen sie den Bemühungen und dem Elan der bundesstaatlichen Regierung Dämpfer auf.«

Sein Kampf machte die Welt rund für ihn, ließ keinen Raum für Zweifel, lieferte für alles Erklärungen. Und ich fragte mich erneut, ob es wirklich nichts Privates für ihn gab, nichts, was unberührt blieb von seinem politischen Kampf.

»Sie können sich wohl nicht ein bisschen in sich zurückziehen wie wir Übrigen?«, fragte ich. »Sie können die Welt nicht gelegentlich ausschließen, um ganz bei sich selbst zu sein?«

»Meine Frau beklagt sich sehr oft, dass ich mich nicht um die Familie und die Kinder kümmere, dass ich mich immer nur für andere und ihr Wohlergehen interessiere. Ich fürchte fast, sie hat Recht. In mancher Hinsicht habe ich versagt. Ich habe kein ausgewogenes Leben, kein erfülltes Privatleben geführt. Mein Kampf ist meine fixe Idee. Die herrschenden Verhältnisse sind es, die mich dazu gebracht haben, mein Leben so zu führen.«

Eines Morgens ging ich Sugar besuchen. Er war stets in seiner kleinen Erdgeschosswohnung im Haus der Raghavans anzutreffen, sofern er nicht schlief. Er war immer zu sprechen. Die ganze Zeit empfing er Leute, abgesehen von einem Zeitraum am Mittag. Er war ein ortsbekannter Seher, erteilte Ratschläge und hörte manchmal einfach nur zu.

Das an einem Ende des Wohn-und-Schlaf-Zimmers zusammengeschobene Mobiliar war verschwunden; der Raum war fast leer, so, wie Sugar erklärt hatte, dass er ihn haben wolle.

Seine Besucher an diesem Morgen bestanden aus einer Gruppe von Brahmanen mittleren Alters. Und was ich eigentlich immer gewusst hatte, ohne freilich darüber nachzudenken: Alle seine Besucher waren vermutlich Brahmanen. Die Gruppe an diesem Morgen wirkte ernst, aber zufrieden. Die Zufriedenheit hatte darin ihren Grund, dass gerade die Heirat eines Mädchens in der Familie verabredet worden war; jetzt redete man mit erregter, frohgemuter Betrübnis darüber, wie viel die Hochzeit kosten werde.

Die Kosten einer Hochzeit waren Thema in den Medien: Schon seit einiger Zeit brachten die Zeitungen Berichte aus verschiedenen Teilen des Landes über Hindu-Bräute, die von der Familie des Angetrauten getötet worden waren – oft hatte man sie verbrannt –, weil sie keine ausreichende Mitgift oder keine hinlänglich wertvollen Geschenke mit in die Ehe gebracht hatten. Heutzutage verlangte die Familie des jungen Mannes häufig moderne Geschenke, Motorroller oder teure elektronische Geräte.

Bräute zu verbrennen – der Gedanke daran lag freilich der Gruppe in Sugars Wohn-und-Schlaf-Zimmer denkbar fern. Sie hakten einfach nur die Ausgaben ab, eine nach der anderen, die der große Tag mit sich bringen würde; sie schienen das zeremonielle Ereignis in all seinen Einzelheiten schon einmal im Voraus zu genießen.

Mit der Miene dessen, der sich seiner autoritativen Stellung bewusst ist und ein Machtwort spricht, erklärte mir Sugar: »Sie werden eineinhalb Lakh brauchen. Ich habe es ihnen gesagt. Eineinhalb Lakh.«

Das waren 150 000 Rupien, sechstausend englische Pfund. Besser konnte man aber die Kosten beurteilen, wenn man sie zum Einkommen des Vaters der Braut, der all diese Kosten würde tragen müssen, ins Verhältnis setzte. Er war leitender Angestellter in mittlerer Position und verdiente zwischen siebentausend und achttausend Rupien monatlich. Die Hochzeit seiner Tochter würde ihn zwanzig Monatsgehälter kosten.

Gekommen war ich, als sie ihre Berechnungen fast beendet hatten, aber der Mann und die Frauen der Gruppe sowie Sugar gingen mir zuliebe die Sache nur zu gern noch einmal durch.

Da war erstens die *choultry*, der Hochzeitssaal. Die Kosten für die zwei Tage, für die er gemietet werden musste, würden sich auf sechstausend Rupien belaufen. Und das war noch eine bescheidene *choultry*; es gab welche in Madras, die zehn und zwanzig Mal so viel kosteten. Dazu kämen dann noch die Ausgaben für den Strom und für die anschließende Reinigung.

»Dazu Diverses«, sagte Sugar und gebrauchte einen Begriff aus seinem früheren Büroleben.

Zusammen mit dem Diversen würden sich die Nebenkosten für die *choultry* auf nicht weniger als zweitausend Rupien belaufen. Dann kämen viertausend Rupien für den Koch dazu.

»Mindestens«, sagte Sugar. »Zwei Tage lang viermal täglich Essen für fünfhundert Leute zuzubereiten – das ist nicht billig. Der Koch braucht zehn Hilfskräfte.«

»Gemüse«, sagte eine der Frauen.

»Dreitausend«, sagte der Mann.

»Die Verpflegung«, sagte Sugar. »Die Verpflegung wird zehntausend Rupien kosten.«

Ich wollte wissen, was er damit meinte. »Verpflegung« klang in Sugars Mund wie etwas, das mit »Gemüse« absolut nichts zu tun hatte.

»Reis, Gewürze, bengalische Kichererbsen, grüne Kichererbsen, Reismehl, Tamarinde, Chili, Pfeffer, Salz – das versteht man unter Verpflegung«, erklärte Sugar.

»Saris für die Braut«, sagte eine der Frauen. »Und Kleidergeschenke für Verwandte auf beiden Seiten. Zehntausend.«

»Ich sehe nicht, dass es für weniger zu haben wäre. Und Kleider für den Bräutigam.«

»Fünftausend«, sagte der Mann aus der Gruppe.

»Schmuck«, sagte Sugar. »Fünfzehn Goldmünzen à vierundzwanzig Karat, pro Stück dreitausend.«

»Plus zwölftausend für Diamant-Ohrringe«, sagte eine der Frauen.

»Zwei Kilo Silbergefäße«, sagte der Mann. »Fünfzehntausend. Gefäße aus rostfreiem Stahl und Messing für den Haushalt. Das sind weitere Fünftausend.«

»Ausgaben für die Flitterwochen«, sagte eine der Frauen.

»Noch zehntausend«, entschied Sugar. »Die Ausstattung für die erste Nacht«, erklärte er mir. »Bettgestell, Matratze, Betttücher, Kissen, zwei oder drei Schalen mit Süßigkeiten. Passende Gewänder für Braut und Bräutigam.«

»Und im ersten Jahr der Ehe«, sagte der Mann, »sind Geschenke nötig. Anzüge und Kleider für den Bräutigam. Sie müssen dem Bräutigam auch einen Ring oder eine Uhr schenken. Diese Forderung wird nach der Hochzeit fällig. Schenkt man einen Diamantring, kosten die Diwali-Geschenke fünftausend.« Diwali, das Lichterfest gegen Ende des Jahres. »Es gibt noch vier oder fünf weitere Feste. Jedes Mal sind zweitausend fällig. Rechnen Sie es zusammen.«

Sugar, der leicht mit den *dhoti*-bedeckten Beinen wackelte, sagte: »Eineinhalb Lakh.« 150 000 Rupien.

»Meine Rechnung ergibt 129 000«, sagte ich.

»Wenn es wirklich ans Zahlen geht, sind es eineinhalb«, versicherte Sugar.

»Und doch sehen Sie froh aus«, sagte ich zu dem Mann in der Gruppe.

»Es ist ein frohes Ereignis. Wir kennen den Jungen. Er ist ein netter Junge.«

»Wie schaffen es die Leute, wenn sie zwei oder drei Töchter haben?«

»Das ist der Grund«, sagte der Mann, »warum brahmanische Damen aus der Mittelschicht nicht heiraten. Sie gehen stattdessen arbeiten. In unserer brahmanischen Gemeinschaft gehen alle unsere Ersparnisse für die Heirat der Töchter drauf. Haben Sie einen Sohn und eine Tochter, gleicht es sich aus. Haben Sie nur Söhne, sind Sie ein glücklicher Mann.«

»Wie können Leute heute noch solch hohe Forderungen stellen?«

»Die Eltern des Jungen – der all diese Dinge bekommt – seine Eltern sagen: ›Wir haben ihn erzogen, und jetzt streicht er den Gewinn ein.‹ Als Entschädigung für das, was sie in ihn investiert haben, wollen sie Kapital sehen.«

Für Brahmanenjungen sei die Situation heute nicht einfach. Studienplätze in Erziehungseinrichtungen und staatliche Posten würden für rückständige Gemeinschaften, niedere Kasten, kastenlose Stämme und Kriegsbeschädigte reserviert. Fünfzig Prozent der Studienplätze seien mittlerweile den rückständigen Gemeinschaften vorbehalten, und es sei die Rede davon, die Zahl auf siebzig Prozent zu erhöhen. Das würde bedeuten, dass man sich nur um fünf Prozent der Plätze frei bewerben könne, dass mit anderen Worten nur fünf Prozent der Plätze Brahmanen offen stünden.

»Deshalb wandern wir ab, suchen grünere Weiden«, sagte der Mann.

Mylapore sei einst als eines der zwei oder drei brahmanischen Wohngebiete in Madras bekannt gewesen. Jetzt seien nur noch vierzig Prozent der Bewohner von Mylapore Brahmanen. Bei den anderen handele es sich um Nichtbrahmanen, unter ihnen sogar ein paar Kastenlose. Häuser seien auf dem üblichen Weg zum Verkauf angeboten worden, und Leute mit Geld – nicht unbedingt Brahmanen – hätten die Häuser erworben. In den Dörfern habe es vormals brahmanische *agraharams*, eigene Straßen für die Brahmanen gegeben, durch die niemand sonst habe gehen dürfen. Das alles sei verschwunden. Die Brahmanen seien auf der Suche nach einer Verbesserung ihrer Lage aus den Dörfern weggezogen. Sie hätten die dörflichen *agraharams* zurückgelassen, und andere hätten die Häuser gekauft. Diese Umwälzungen hätten stattgefunden, aber Brahmanen seien keine Menschen, die auf die Barrikaden gingen oder demonstrierten oder sich beklagten, und deshalb wüssten die Menschen draußen nichts von den Umwälzungen, die stattgefunden hätten.

»Tamil Nadu wird also zum Schudra-Ort.«

Ich hatte das arglos geäußert. Aber der Mann wirkte erschrocken, und Sugar schlug in gespieltem Entsetzen die Hände vor das Gesicht.

Er sagte: »Schreiben Sie das nicht. Wenn Sie das schreiben, wird man kommen und Ihr Haus niederbrennen. Nehmen Sie Schudra hier nicht in den Mund. Sagen sie ›drawidisch‹. Wissen Sie, wie wir hier genannt werden? Im Tamilischen ist das korrekte Wort für Brahmane *parpannan*. Wenn sie uns verhöhnen wollen, sagen sie *pa-paan*. Schudra zu sagen ist wie *pa-paan* zu sagen.«

Die Leute, deren Gedanken um die Hochzeit kreisten, standen auf, um zu gehen. Die Vorfreude auf die Hochzeit bewirkte, dass sie über die Situation der Brahmanen mit einer Art von Unbeschwertheit sprachen (obwohl sie selber zum Mittelstand gehörten und gefährdet waren).

Als sie weg waren, wirkte Sugar müde.

»Da sehen Sie«, sagte er. »Sie kommen laufend. Ich heile Menschen. Haben Sie das gewusst? Ich heile Menschen durch den Glauben. Ich bin von etwa tausend oder zweitausend Menschen besucht worden. Jeden Tag kommen zwei oder drei oder vier oder fünf zu mir. Jeden Tag.«

Sein *dhoti* machte keinen sehr sauberen Eindruck, und auch nicht sein gelbes Hemd. Die Haut und die runden Schultern bedeckte ein leichter Feuchtigkeitsfilm. Er sah aus, als bewege er sich zu wenig, wirkte ungesund.

»Wie heilen Sie die Leute?«

»Man gibt ihnen verbrannten Kuhdung, singt Mantras und tröstet sie mit freundlichen Worten.«

Ich war verblüfft: Es klang, als gehe er auf Distanz zu dem, was er für die Leute tat. Sein Ton war müde.

»Sie kommen wegen Eheschließungen«, erklärte er, womit er sagen wollte, sie kämen, um sich wegen der Verheiratung von Kindern oder anderen Verwandten Rat bei ihm zu holen. »Ich muss für sie vorhersagen.«

»Wie machen Sie das?«

»Etwas schießt mir durch den Kopf, und ich sage es ihnen.«

Er wechselte von dem niedrigen Sitz mir gegenüber, auf dem er gesessen hatte, auf den Stuhl, der unmittelbar neben meinem an der Wand stand. Beide saßen wir mit dem Rücken zur Tür und blickten auf die blaue Wand des Wohn-und-Schlaf-Zimmers mit den religiösen Bildern und dem in der Mitte angebrachten Hängeregal mit den voll gestopften Brettern hinter gläsernen Schiebetüren.

»Punkt für Punkt zutreffend«, sagte er. Er sprach von den Vorhersagen, die er für die Leute traf, und wieder schien er seine Einstellung zu dem, was er für die anderen tat, geändert zu haben. »Wenn ich den fünfzehnten des Monats nenne, dann kann es auch am zehnten oder zwanzigsten sein – ein paar Tage früher oder später.«

»Wann ist Ihnen diese Gabe zugeflogen? 1967 hatten Sie die noch nicht.«

»Sie kam plötzlich. Im Jahr 1970. Ich weiß nicht, wie es kam. Ein gewisser Mr R. sagte mir, ich hätte die Gabe. Und er sagte zu mir: ›Machen Sie den richtigen Gebrauch davon, damit Sie vielen Menschen Nutzen bringen können.‹ Von dem Tag an habe ich diese Sachen gemacht. Ich besuchte Mr R. früher oft in seinem Haus. Es befand sich in Madras. Ein kleines Häuschen, ein armer Mann. Ich kann nicht behaupten, dass er mein Guru ist. Er mag mich, und ich mag ihn, das ist alles. Gleich zu Gleich gesellt sich gern, und er hat auch diese Gaben. Ich kann nicht wie Sai Baba Wunder wirken – ich möchte nicht, dass Sie das denken.

Was geschah, war Folgendes. Ein Freund von mir, ein Geschäftsmann, ein Mann aus der Mittelschicht, ein guter Freund, ein Mann von damals ungefähr fünfzig Jahren, er kam und erzählte mir, sein Bruder sei sehr krank und habe vierzig Grad Fieber. ›Sugar, geben Sie mir etwas für meinen Bruder, um sein Fieber zu senken.‹ Und andere Symptome hatte er auch noch, wie Krämpfe und Ähnliches. Und dieser Freund kam zu mir nach Hause, und ich bat ihn herein, bat ihn, ein Weilchen Platz zu nehmen, und ich nahm ein bisschen Kuhdungasche, rezitierte das *Sudarsan*-Mantra und gab sie ihm.«

»Was veranlasste Sie, das zu tun?«

»Irgendetwas. Irgendwelche Mächte verlangen, dass ich es tue. In dem Augenblick, während ich es tue, bin ich nicht Sugar. Ich bin nicht ich selbst. Nach ein paar Sekunden gab ich die Asche meinem Freund. Er ging nach Hause und gab sie seinem Bruder und strich sie ihm auf die Stirn. Am nächsten Morgen war der Bruder wieder wohlauf. Er ging wieder ins Büro. Ich arbeitete damals selbst noch in einem Büro.

Danach konnte ich zwei Tage lang nicht schlafen. Ich suchte Mr R. in seinem Haus auf und bat ihn um Rat deswegen. ›Mit mir stimmt etwas nicht. Ich kann nicht schlafen. Ich sehe ein paar schwarze Gestalten vor mir. Menschliche Gestalten. Schwarze Gestalten.‹ – ›Was haben Sie gestern gemacht?‹, fragte er mich. Ich erzählte die ganze Geschichte. Er schimpfte mich aus. ›Wer hat Sie geheißen, Ihrem Freund Asche und dergleichen zu geben? Lassen Sie das in Zukunft.‹ Und er forderte mich auf, das gleiche *Sudarsan*-Mantra noch einmal zu rezitieren. Nach ein oder zwei Tagen ging es mir wieder gut.

Seit damals mache ich nichts Derartiges mehr, wenn ich nicht von anderswo die Erlaubnis dazu bekomme. Ich sehe diese schwarzen Gestalten, sogar jetzt, da ich mit Ihnen rede. Zwei Gestalten. Hörner auf dem Kopf. *Madan* – der kuhköpfige Mann. Er ist eine boshafte Gestalt. Er kann so vieles machen. Im Augenblick ist er sehr freundlich zu mir. Ich muss mir seine Erlaubnis holen, sooft jemand mit diesem oder jenem Anliegen kommt. Ich höre das in meinem Kopf, seine Erlaubnis.

Ich möchte diese Gabe loswerden. Ich möchte all diese Sachen loswerden. Den Tempel, alles. Ich möchte all diese Sachen loswerden. Ich will Frieden. Die Leute kommen und quälen mich wegen ihres Horoskops, weil sie für ihre Söhne keine Anstellung finden, weil sie es nicht schaffen, ihre Töchter zu verheiraten, weil sie Besitztümer verloren haben. Und: ›Ich bin krank, Sugar. Tu etwas für mich.‹ Ich weiß nicht, wie ich all diese Sachen loswerden kann. Ich mag diese Sachen nicht. Da kommt jemand und sagt mir, seiner Tochter geht es nicht gut. ›Tu was für mich.‹ Was bringt mir das?

Sie haben diese Leute nicht gesehen. Wegen dieser Leute habe ich an meiner Tür ein Schild angebracht, auf dem ich sie bitte, mich während einer bestimmten Zeit – wenn ich mich ausruhe – nicht zu besuchen.

Nur wegen dieser Sachen geht es mir nicht gut. Mein Gehirn ist schlecht durchblutet. Mir ist oft schwindlig. Ich kann keine Treppen steigen. Allmählich höre ich mit diesen Sachen auf, aber das sage ich ihnen nicht.«

»Womit werden Sie sich beschäftigen, wenn Sie damit aufgehört haben?«, fragte ich.

Sein Leben in der kleinen Wohnung schien im Empfang von Besuchern, im Warten auf sie sein organisierendes Zentrum zu haben. Es war schwer vorstellbar, wie er sich beschäftigen würde, wenn er keinen Besuch mehr empfing.

Er denke, er werde lesen, sagte er. »Ich lese sogar jetzt schon Bücher. Jack Higgins, Wilbur Smith. Haley, der *Airport* geschrieben hat. So viele andere. Um mir die Zeit zu vertreiben, lese ich diese Sachen. Egal, welches Buch – ob *Gita* oder Schund.«

Zwanzig Jahre zuvor war mir das schon aufgefallen: dass er imstande war, englische Kolportageromane zu lesen, die von seinem Leben und seinen Erfahrungen in Mylapore so weit weg waren.

»Ich brauche ein paar Bücher, um mir die Zeit zu vertreiben«, sagte er. »Es beschäftigt meinen Geist. Manchmal rezitiere ich Mantras. Manche Mantras rezitiere ich zweitausend, dreitausend Mal, den ganzen Tag über immer dasselbe Mantra.«

Wir saßen nebeneinander.

»Sie werden diese Gabe loswerden müssen«, sagte ich.

»Das werde ich auch. Ich bin zuversichtlich. Ich kenne mich. Ich werde es tun. Ich habe hier keinen Frieden. Ich möchte weg von der Stadt an einen weit entfernten Ort ziehen, aber die Ärzte lassen es nicht zu. Ich darf mich nur wenige Kilometer von meinem Arzt entfernen.«

Er deutete auf einen Stuhl, der an der gegenüberliegenden Wand unter dem Hängeregal mit den Glastüren stand.

»Ich kann dort sitzen und Ihr Gesicht lesen, es in allen Einzelheiten wiedergeben, wenn Sie vor mir sitzen. Aber danach kriege ich Kopfschmerzen. Ich leide zwei Tage lang.«

Das vorige Mal aber, als ich ihn in seiner kleinen Wohnung besucht hatte, sei die Rede von dem Frieden gewesen, den die Leute bei ihm fanden. Ein Mann habe davon gesprochen, wie sein

Geist sich leere, wie er während eines Stromausfalls fast vier Stunden lang mit Sugar zusammengesessen und in dieser Zeit kaum ein Wort mit ihm gewechselt habe.

In irgendwie gereiztem Ton sagte Sugar: »Sie kommen nicht des Friedens wegen, sondern weil sie hören wollen, was ich über sie zu sagen habe. Es ist sehr hilfreich für sie, wenn sie erfahren, was ihre Schwierigkeiten sind und wie sie die loswerden können. Sie sagen, sie wollen Frieden. Aber sie wollen Ratschläge.«

Ich dachte an den Hausbesitzer, den Sugar als »Mann mit Geld« charakterisiert hatte, wie er geduldig auf seinem Stuhl saß, und ich dachte an den jungen leitenden Angestellten mit seinem fein geschnittenen brahmanischen Gesicht und den frischen heiligen Malen auf seiner Stirn, wie er vorgebeugt, die Füße unter dem Stuhl, die Handflächen auf die Stuhlkanten gestützt, dasaß.

»Aber ich werde den Mund halten«, sagte Sugar. »Und sie werden hier sitzen und über Politik und andere Dinge reden, und dann werden sie wieder gehen.

Mr R. weiß, was ich durchmache. Er leidet selbst. Er ist ein alter Mann von sechsundachtzig. Er macht haargenaue Vorhersagen. Er erzählt Ihnen von Ihrem Haus in London und wie Sie Ihren Haushalt führen. Er erzählt Ihnen all diese Dinge, während Sie hier vor ihm sitzen.«

»Warum mochten Sie mich 1962?«, fragte ich.

Wir hatten uns an einem Spätnachmittag kennen gelernt; der Tagesmarsch lag hinter uns, die Zelte waren aufgeschlagen, in der Nähe floss ein Bergbach. Selbst im August sanken die Temperaturen rasch ab; das Gebirge färbte sich grau und braun. Und er stand da im Zwielicht, gehüllt in seinen groben Wollpullover. Wir fingen einfach an, miteinander zu reden.

»In meinem letzten Leben waren wir uns schon begegnet. Sie mochten mein Bruder, Freund und Vater gewesen sein. Da oben, im Himalaja, hatte ich so ein Gefühl. Ihren Namen werde ich nicht vergessen. An Ihren Namen werde ich mich immer erinnern.«

»Sie schienen mir ein trauriger Mann. Waren Sie traurig?«

»Keine Trauer damals. Nichts. Mein Vater war am Leben. Meine Mutter war am Leben. Es machte mir Spaß, Orte im Himalaja zu besuchen. Ich war der Erste in meiner Familie, der den Himalaja besuchte.«

»Gibt es etwas, was ich für Sie tun kann?«

»Gott wird für mich sorgen. Ich setze mein Vertrauen in ihn. Raghavan muss ich für die Wohnung nur wenig zahlen. Ich halte mich den ganzen Tag hier auf; man könnte also sagen, dass ich das Haus quasi für sie hüte. Zwischen uns besteht ein gutes Einvernehmen.«

»Erzählen Sie mir etwas über den Kuhdung, den Sie den Leuten geben. Wo verbrennen Sie ihn?«

»Ich kaufe ihn.«

Der verbrannte Kuhdung war also eine gängige Ware, die man in Läden kaufen konnte, die *puja*-Artikel führten. Er war gar nichts Spezielles, nichts Selbstgefertigtes.

»Man nennt ihn *vibudhi.* Man kann ihn in Tüten kaufen, in Packungen von einem oder zwei Kilo. Meiner ist nicht parfümiert. Ich zahle drei Rupien fürs Kilo. Parfümiert kostet er eine Rupie oder eine Rupie fünfzig Paise pro Hundert-Gramm-Päckchen. Wie man ihn selber macht, weiß ich nicht.«

Eine schlankes junges Mädchen in dunklen Kleidern kam durch die Vordertür herein. Zwischen ihr und Sugar wurde kein Wort gewechselt. Sie begann in dem mittleren Raum, dem Raum zwischen Tempel und Küche, aufzuräumen und zu fegen. Da sie vermutlich keine Brahmanin war, durfte sie Tempel und Küche nicht betreten.

Es hatten große Umwälzungen stattgefunden. Die Tempel waren »geplündert« worden. Straßen und Mauern wirkten verwahrlost und waren bekritzelt mit Wahlslogans und Parteisymbolen. Mylapore war angeblich nur zu vierzig Prozent brahmanisch. In der kleinen Sphäre aber, die noch Sugar gehörte, schien die alte Welt weiterzuleben.

In Bangalore hatte Kala mir von ihrem brahmanischen Vorfahren erzählt, der sein Dorf verließ und in die Stadt Madras zog und der so arm war, dass er und seine Mutter sich von den geweihten Speisen aus dem großen Tempel von Mylapore ernähren mussten. Diese Geschichte – alte Götter, alte Tempel, arme Brahmanen – hatte auf mich den Eindruck eines Märchens aus fernen Zeiten gemacht. Tatsächlich aber war es eine Geschichte aus der modernen Welt, eine Geschichte, die von der Übervölkerung der ländlichen Regionen und von der Landflucht der Brahmanen handelte. Was ich in Sugars Wohnung über die Auflösung der brahmanischen *agraharams* oder dörflichen Wohnviertel gehört hatte, betraf die gleiche Geschichte, die Zerstreuung von Menschen, die ihre Heimat verlassen mussten.

Auf einer Reise dieser Art aber stellt sich die Einsicht manchmal nur langsam ein; der Reisende hört vielleicht nur, was er hören will, setzt bestimmte Dinge – weil sie zum Land oder der Kultur des Landes zu passen scheinen – zu selbstverständlich voraus. Als ich zu Anfang meines Aufenthalts in Madras Kakusthan kennen lernte und erfuhr, dass er ein Brahmane war, der sich bemühte, voll und ganz als Brahmane zu leben, war mir nicht klar, was für einen ungewöhnlichen und geradezu heroischen Entschluss er da gefasst hatte.

Er lebte in einer brahmanischen Kolonie, einem *agraharam*, in der Nähe eines der alten Tempel von Madras. Sein Vater war dort hingezogen; davor hatten die Männer der Familie Kakusthans viele Generationen lang als Tempelpriester in einem Dorf gedient, das zwei Busstunden von Madras entfernt lag. Seinem Beruf nach gehörte Kakusthan der modernen Welt an. Er arbeitete für eine große Firma, für die er diverse Wirtschaftsberichte anfertigte und Projekte beurteilte. Zugleich aber war ihm die Aufgabe zugefallen, den Familientempel zu hüten. Dass er diese Verantwortung übernahm, war Teil seines Entschlusses, ein vollgültiges Brahmanenleben zu führen; dazu gehörte, dass er an seinem Büroschreibtisch ebenso wie auf Geschäftsreisen stets als brahmanischer Priester gekleidet war. Auf der Stirn trug er die Kastenmale; den Kopf hatte er kahl geschoren; sein Rücken war zwar nicht nackt, aber er trug das lange, cremefarbene Brahmanengewand.

Mir erschien Indien als ein Land der kastenspezifischen Trachten. (Obwohl es das weit weniger war als ein Land wie England, wo ein ganzes, großes Ritual aus Trachten und Farben der Kenntlichmachung verschiedener Berufe, Gruppen, sozialer Stellungen, Sportarten, Freizeitaktivitäten, Formen von Mahlzeiten, Tages- und Jahreszeiten diente und viele Menschen in einem Zustand permanenter friedvoller Raserei erhielt; in Indien hingegen trug jeder nur diese eine Tracht.) Der altertümliche Aufzug, in dem mir Kakusthan entgegentrat, als wir uns kennen lernten, beeindruckte mich deshalb nicht so sehr, wie er das eigentlich hätte tun sollen. Was seine voll und ganz brahmanische Lebensweise betraf, so nahm ich an, sie bedeute, dass er die reinste Art von Vegetarismus praktizierte und weder Fisch oder Eier noch Knoblauch oder Zwiebeln aß, dass er die grundlegenden Vorschriften für rituelle Reinheit befolgte, dass er nicht aus Gefäßen aß oder trank, die ein anderer benutzt hatte, dass er die rechte Hand für reine Verrichtungen, die linke für unreine benutzte und dass er ganz allgemein bestrebt war, Befleckungen zu vermeiden.

Kakusthans Brahmanismus ging aber weit darüber hinaus. Die Reinheit, die er erstrebte, verbot ihm, Essen zu sich zu nehmen, wenn er es nicht zuvor seinem Gott zu Hause dargebracht hatte, verbot ihm sogar, Wasser zu trinken, das nicht auf diese Weise geweiht worden war. In der großen Hitze von Madras machte das jeden Arbeitstag für ihn zur Tortur. Und tatsächlich stellten die brahmanischen Beschränkungen, denen er sich unterwarf, auch eine Art von persönlicher Buße dar, einen Akt der Frömmigkeit und Sühne vor seinem Vater und seinen Vorfahren.

Kakusthan wuchs als armer Brahmane auf. Als Kind in Madras musste er wegen der Befolgung brahmanischer Vorschriften, die sein Vater ihm abverlangte, viel erdulden. Periyars antibrahmanische Ideen waren bis hinab ins Bewusstsein der Kinder von Madras vorgedrungen, und Kakusthan wurde in der Schule und auf der Straße derart gepiesackt, dass er seiner Herkunft untreu wurde. Er wandte sich von seinen brahmanischen Verpflichtungen ab und zerstritt sich mit seinem Vater. Es gelang ihm, auszubrechen; er baute sich andernorts eine eigene Existenz auf. Aber dann, im mittleren Alter, überfiel ihn Reue, und er kehrte nach Madras zurück, um in eben dem *agraharam*, in eben der brahmanischen Siedlung, in eben dem Haus zu leben, wo er aufgewachsen war. Dort lebte er jetzt und war entschlossen, ein so reiner Brahmane, wie nur irgend möglich, zu sein.

Die Siedlung, in der Kakusthan wohnte, befand sich in dem zu Madras gehörenden Bezirk Triplicane. Als brahmanische Wohngegend stand Triplicane nur hinter Mylapore zurück, und der Parthasarathy-Tempel, der rund tausend Jahre alt war und mitten im Bezirk lag, galt seiner Gemeinde als dem Tempel von Mylapore ebenbürtig.

Die Siedlung lag an einer Gasse, die an der Seite des Tempels entlangführte. Von der Gasse aus wirkte die Tempelmauer unerwartet hoch. Sie war ein herrlicher, sorgfältig behauener Steinbau und im unteren Teil bemalt mit breiten senkrechten Streifen in Rotbraun und Weiß, geheiligten Tempelfarben. Dieser Tempelmauer gegenüber und fast genau auf halber Strecke, wenn man die Gasse durchschritt, befand sich der Eingang zur Siedlung: ein nicht sehr hohes Tor, das wie eine Abschirmung wirkte, mit hölzernen Türflügeln, über denen das Symbol des Garuda, des Vogels, der Gott Wischnu als »Reittier« diente, aufgemalt war.

Wenn man durch den Eingang trat, befand sich zur Linken der von einer Steinmauer umgebene Tempelgarten, vom Tempel selbst durch die Gasse getrennt. Der Garten war alt, womöglich so alt wie der Tempel selbst – und dieser umfriedete, traditionelle Raum mit seinem eigenen symbolträchtigen *gopuram* oder Tempelturm schien einen in alte, längst überholte Gefühlswelten zurückzuversetzen. Die Siedlung selbst war nicht alt – auch wenn sie unverkennbar auf geheiligtem Boden stand. Als Siedlung war sie zu Ende des neunzehnten oder zu Beginn des zwanzigsten Jahrhunderts errichtet worden; das Land hatte ein wohltätiger Einwohner von Triplicane zur Verfügung gestellt, um Brahmanen eine Bleibe zu bieten, die aus den Dörfern zugezogen waren und entweder als Priester im Tempel dienten oder in der Stadt als einfache Pandite arbeiteten.

Die Tore der Siedlung wurden nachts, von zehn Uhr abends bis fünf Uhr morgens, abgeschlossen; nur Anwohner kamen dann hinein. Menschen, die als unrein galten, blieb die Siedlung überhaupt verschlossen – Rauchern, Säufern, Schustern, Kastenlosen allgemein und Muslimen. Solchen Menschen war der Durchgang durch das Tor nicht gestattet. Manche Menschen mussten hereingelassen werden, weil sie die Siedlung versorgten, aber die Häuser durften sie nicht betreten.

Vom Eingang führte ein gepflasterter Pfad zwischen niedrigen kleinen Häusern hindurch zum in der Mitte gelegenen Hof. Im Hof gab es Brunnen mit Winden und Seilen. Frauen und Mädchen zogen gerade Wasser hoch, als ich hinkam – eine überraschend ländliche Szene inmitten einer dicht bevölkerten Stadt. Kakusthan, der mein Gastgeber war und mir als Führer diente, erklärte, Brahmanen dürften nur Brunnenwasser trinken, weil es eine direkte Verbindung zur Erde habe. (Von dieser brahmanischen Vorschrift wusste ich nichts. Für mich löste sich dadurch ein altes Rätsel. Im Jahr 1971 war ich nach Indien gefahren, um den Wahlkampf in einem von Dürren heimgesuchten Wahlbezirk im nordwestlichen Rajasthan zu beobachten. Einer der Kandidaten, ein viel bewunderter, gottesfürchtiger alter Gandhi-Anhänger, hatte sich wiederholt aus moralischen Gründen dagegen ausgesprochen, zu den in der Wüste gelegenen Dörfern Wasserleitungen zu legen. »Gutes altes Wasser aus dem Brunnen«, verkündete er immer wieder, sei gut genug; Wasser aus Leitungen werde »Auswirkungen auf die Gesundheit und die Moral« der Frauen in den Dörfern haben. Den Grund für seine Behauptung hatte er nicht genannt; aber nach dem, was ich jetzt von Kakusthan erfuhr, dürften seine Zuhörer den Kasten-Code verstanden haben.)

Im Laufe der Jahre, als die Zahl der Koloniebewohner anstieg, sei der Wasserspiegel im Brunnen auf zehn Meter abgesunken, erklärte Kakusthan. Vor Jahren habe man einfach das »Gefäß« eintauchen und das Wasser schöpfen können. Mittlerweile sei das Wasser rationiert, sechs Krüge pro Familie morgens, sechs Krüge abends. »Krüge«, »Gefäße« – das seien die korrekten Ausdrücke, weil Brahmanen Eimer nicht benutzten. Auch das hatte ich nicht gewusst, obwohl die Erklärung einfach genug war. Moderne Eimer bestünden aus galvanisiertem Eisen, und Brahmanen müssten Krüge aus Messing oder Ton benutzen, da diese Materialien direkt mit der Erde verbunden seien. Und dort, am Brunnen der Siedlung, sah man die Frauen und Mädchen mit ihren unhandlichen, henkellosen Krügen – und war geneigt, nur die ländliche Idylle mitten in der Stadt zu sehen, ohne etwas von der Kastenvorschrift zu ahnen.

Nahe dem Brunnen befand sich eine Handpumpe. Das Wasser aus dieser Pumpe war ausschließlich für die Verwendung in der Toilette bestimmt – obwohl es ja offenkundig derselben Quelle entstammte wie das Wasser im Brunnen. Die Vorschrift, die sich auf die Handpumpe und die Toilette bezog, wirkte ebenso krass wie typisch brahmanisch: Sie ließ deutlich werden, wie schwierig es mittlerweile geworden war, kompromisslos als Brahmane zu leben. Schon die bloße Idee einer Toilette war zutiefst unbrahmanisch; solch einen unreinen Ort zu betreten kam an sich schon einer Verunreinigung gleich. Kein Brahmane alter Schule hätte so etwas auch nur in Betracht gezogen. Gute Brahmanen, traditionsbewusste Brahmanen suchten Stellen im Freien auf, jedes Mal eine neue. Hier hatte man also bereits einen Kompromiss geschlossen, wie auch bei einer Reihe von anderen kleinen Dingen, wo es dem Besucher vielleicht gar nicht auffiel beziehungsweise in den Sinn kam: beim Tragen von genähten Kleidern wie etwa Hemden, beim Tragen von Ledersandalen und sogar bei den Blättern, die bündelweise auf dem Markt gekauft wurden, um als Unterlage fürs Essen zu dienen.

Blätter, von denen man seine Mahlzeiten aß, waren aus brahmanischer Sicht vorschriftsmäßiger als Teller. Blätter wurden einmal benutzt und dann weggeworfen; Teller wurden mehrfach benutzt und waren genau genommen immer unrein, mochte man sie auch noch so sorgfältig abwaschen. Von einem Blatt zu essen hatte etwas ausnehmend Rituelles, etwas Romantisches an sich. Es hatte sogar bei uns, im fernen Trinidad, überlebt. Im Haus meiner Großmutter wurde, als ich noch ein Kind war, den Leuten im Anschluss an besondere religiöse Feiern das Essen auf Bananenblättern serviert (wie selbst noch 1962 im Hotel Woodlands in Madras). Von einem frischen Bananenblatt ließ es sich herrlich essen: ein dunkles Grün, die Vertiefung der Mittelrippe von hellerer Farbe, das Blatt selbst glatt, aber mit festem Halt, gerippt, mit leichtem Schimmer, undurchdringlich, ohne abstoßenden Geruch oder Geschmack. Das Essen von einem solchen Blatt wurde nicht nur zum Merkmal festlicher Anlässe, es verband sich zugleich auf romantischste Weise mit der Religion und ließ einen an seine fernen Ursprünge denken und an die Wälder, in denen die Helden der hinduistischen Epen, die Gottheiten, in den Jahren ihrer Verbannung umhergestreift waren. Sogar im kleinen Trinidad freilich waren die Wälder weit weg, und Bananenblätter zählten nicht zu den Dingen, die man einfach draußen pflücken konnte. Sie mussten viele Kilometer weit herbeigeschafft werden, und zwar in frischem Zustand; sie waren auch nicht immer zu bekommen. Diese Art, das Essen zu servieren, war ebenso verschwenderisch wie kostspielig. Das Hotel Woodlands in Madras verwendete mittlerweile keine Bananenblätter mehr. Leute wie

Kakusthan, die von Blättern essen mussten, kauften Bündel einer kleineren Sorte von Blättern, die getrocknet auf den Markt kamen. Sie waren weder frisch noch besonders rein und hatten keinerlei ästhetische Ausstrahlung. Das Ritual hatte sich über die Reinheitsidee hinweggesetzt; worauf es nun ankam, war die Idee des Blattes als eines natürlichen Objekts, das ein einziges Mal gebraucht und dann weggeworfen wurde.

In der Siedlung gab es eine die Frauen betreffende Vorschrift, die mir unbekannt war. Frauen und Mädchen, die ihre Regel hatten, wurden für die Dauer der Blutungen abgesondert. Es gab in einem Winkel der Siedlung einen eigenen Raum für sie. Dieser Raum hatte zwei Türen, und beide hielt man geschlossen, damit draußen Vorübergehende nicht verunreinigt wurden. Wie ich von Kakusthan erfuhr, verunreinigten menstruierende Frauen ihre Umgebung in einem Umkreis von drei bis fünf Metern: Wenn man aus irgendeinem Grund mit einer menstruierenden Frau sprechen musste, dann war es ratsam, diesen Abstand zu wahren. Die Frauen in dem abgetrennten Raum hatten ihre eigene Toilette und Waschgelegenheit. Während der drei Tage, die ihre Regel dauerte, blieben sie absolut untätig. Für sie, sagte Kakusthan, sei es eine Zeit »uneingeschränkter, vollständiger Ruhe«. Sie läsen Bücher oder hörten Musik. Der Raum biete zehn Frauen Platz, und in früheren Zeiten sei er stets voll gewesen; heutzutage allerdings, unter den modernen Verhältnissen, wo Mädchen arbeiten gingen (und andere sich ins Kino und dergleichen davonstählen: auf der Rückseite der Kolonie gebe es ein Pförtchen, das von den menstruierenden Frauen benutzt werde), hielten sich jeweils höchstens fünf bis sechs Frauen in dem Raum auf. Diese Absonderung mache den Frauen den Gedanken an die Monatsregel verhasst, sagte Kakusthan, und doch seien sie gleichzeitig davon angetan, weil sie dadurch in den Genuss eines regelmäßigen kleinen Urlaubs gelangten, den sie andernfalls nie bekämen.

Nur fünf Häuser in der Siedlung hatten ein oberes Stockwerk zum Schlafen, und diese Häuser standen in einer Reihe an einer Begrenzungsmauer am Rande der Siedlung. Alle anderen Häuser waren einstöckige, niedrige Bauten, die dicht am Boden kauerten. Von den höheren Gebäuden hinter der Siedlung konnte man deshalb den Hof in der Mitte und das ganze Treiben um den Brunnen überblicken. Ich wollte wissen, ob es für die Brahmanen im *agraharam* nicht Verunreinigungsprobleme mit sich bringe, wenn Menschen anderer Kasten sie von oben begaffen könnten oder wenn die Schatten dieser höheren Häuser auf die Siedlung fielen. Die hohen Gebäude hinter der Siedlung seien kein Problem, sagte Kakusthan. Die Menschen, die darin lebten, seien Yadavas, gehörten der Kuhherden-Kaste, der Kaste des Gottes Krischna an; die Yadavas und die Brahmanen hegten Achtung für einander.

Die anderen unmittelbaren Nachbarn der Siedlung waren Muslime. Man hätte die dreiundfünfzig Familien der Siedlung für gefährdet, weil im Falle eines Aufruhrs leicht angreifbar halten können. Aus irgendeinem Grund aber hatte es zwischen den Muslimen und den Brahmanen nie irgendwelche nachbarschaftlichen Probleme gegeben. Möglich sogar – auch wenn Kakusthan diese Überlegung nicht anstellte –, dass die Muslime als Puffer gegen feindselig gesinnte Nichtbrahmanen angesehen wurden. Zwischen dem Tempel, den Yadavas und den Muslimen genoss die Siedlung also eine Art von Sicherheit: Die Türen der Häuser, erklärte Kakusthan, seien nicht abschließbar.

Mit ihren hölzernen Türflügeln, die jede Nacht geschlossen wurden, und ihrer Nähe zu dem umfriedeten Tempel ließ die Siedlung an alte Einrichtungen in Europa denken, zum Beispiel an ein Armenhaus im Hof einer Kathedrale, und die Art und Weise, wie sie verwaltet wurde, erinnerte auch ein bisschen daran. Es existierte eine Stiftung, die die Mieten einnahm, für die Ausbesserung der Gebäude sorgte und den Mann bezahlte, der das Eingangstor bewachte. Das Mietverhältnis vererbte sich durch die Generationen; die meisten der Familien wohnten dort schon seit Jahrzehnten. Kakusthans Vater war Anfang der vierziger Jahre in die Siedlung gezogen.

Wie Kakusthan erläuterte, zog es mittellose Brahmanen, wenn sie damals aus den Dörfern in die Stadt übersiedelten, nicht nur deshalb in die Umgebung der Tempel, weil sie es als Pandite oder Wanderpriester dort leichter hatten, ein bisschen Geld zu verdienen, sondern auch, weil der Tempel über Becken und Brunnen verfügte und also Wasser bot, das direkt aus der Erde kam. Die Tempel lagen auch nahe beim Meer. Diese Nähe zum Meer war wichtig, weil während Mond- und Sonnenfinsternissen und auch bei einigen anderen Anlässen traditionsbewusste Brahmanen gern ins Meer eintauchten.

Es war nicht leicht, ein guter Brahmane zu sein! Je ausführlicher Kakusthan wurde, umso mehr Anforderungen und Verhaltensvorschriften förderte er zutage und umso schwieriger wirkte das ganze Geschäft. Vielleicht war eine absolut brahmanische Lebensweise gar nicht möglich. Vielleicht war das schon immer so; vielleicht hatten Brahmanen zu allen Zeiten in diesem oder jenem Punkt Kompromisse schließen müssen.

Der Vater Kakusthans war 1932 oder 1933 nach Madras gekommen, um sich hier eine Existenz aufzubauen. Er war damals zweiundzwanzig und verheiratet, brachte aber seine Frau nicht mit. Nicht nur fehlte ihm das Geld; es gehörte sich damals auch für ein Ehepaar nicht, zu zweit aus dem Großfamilienverband auszubrechen.

Kakusthans Vater hatte als Erster in seiner Familie eine englischsprachige Schule besucht. Er schaffte es nur bis zur zehnten Klasse, was aber nicht verhinderte, dass er später Lehrer wurde. Er war besonders gut in Mathematik und gab Privatunterricht in diesem Fach. Wie viele Brahmanen seiner Generation ließ er sich nur schwer einordnen. Man konnte ihn als einen halbgebildeten Mann vom Land bezeichnen; gleichzeitig fiel er, was die Mathematik betraf, durch seine Begabung aus dem Rahmen. Und hinzu kam die Gelehrsamkeit, die er als Hindu und Brahmane mitbrachte und die beträchtlich war.

Im Heimatdorf der Familie gab es einen alten Tempel. Seit siebenhundert oder achthundert Jahren, seit der Zeit der Chola-Dynastie, genoss die Familie von Kakusthans Vater besondere Rechte und Privilegien in diesem Tempel. Sie verrichteten die *pujas* für die Tempelgottheit, und alle Opfergaben, die der dortigen Gottheit dargebracht wurden, flossen anschließend der Familie zu. In dem Tempel genoss die Familie von Kakusthans Vater Vorrechte, wie sie nicht einmal Herrscher besaßen.

Seiner Erziehung und Abstammung nach konnte sich Kakusthans Vater mit jedermann messen, und doch konnten er und seine Familie gerade einmal das Geld für die Zugfahrkarte nach Madras aufbringen. Er ließ sechs Personen im Dorf zurück: seine

Frau, seine Eltern, die Familie seines älteren Bruders. Keiner von ihnen hatte Einkünfte; alle hingen sie von dem jungen Mann ab, der mit dem Zug nach Madras fuhr.

Da er über keinen Pfennig verfügte, quartierte sich Kakusthans Vater bei Verwandten in Madras ein. Eine Zeit lang lebte er als junger Brahmane von der Mildtätigkeit: Jeden Tag bekam er in einem anderen Brahmanenhaus zu essen. Dann allerdings begann seine Gelehrsamkeit ihm ein bisschen Geld einzubringen. Er kannte sämtliche viertausend Verse der *Veden* in ihrer tamilischen Version auswendig. Das sprach sich herum, und der junge Mann wurde zu *pujas* geholt, um die viertausend Verse aufzusagen. Dafür bekam er ein oder zwei Rupien und wurde außerdem verköstigt. Mit dem Geld, das er für die Verse erhielt, dem Honorar für Privatstunden in Mathematik und seinem Gehalt als Lehrer, konnte er sich schließlich ein passables Einkommen sichern. Er verdiente etwa vierzig bis fünfundvierzig Rupien im Monat, genug, um sich und die sechs Menschen, die er im Dorf zurückgelassen hatte, zu erhalten.

Irgendwann Anfang der vierziger Jahre, nachdem er zehn Jahre so gelebt hatte, konnte Kakusthans Vater endlich seine Frau nach Madras holen. Sie fanden ein Zimmer für zehn Rupien, etwa fünfundsiebzig Pence. Kinder kamen zur Welt, und dann erhielt Kakusthans Vater mit Hilfe von Freunden einen Platz in der Brahmanensiedlung, wo er mehr oder weniger das Gleiche zahlte, was er draußen gezahlt hatte. Er dürfte mittlerweile Anfang dreißig gewesen sein; zu guter Letzt hatte er doch eine Art von Sicherheit gefunden. Er zog zweimal innerhalb der Siedlung um; das machten manche so. Im Jahr 1943 wurde Kakusthan geboren.

Die Geburt als Anfang einer Erfolgsgeschichte. Getan hatte sich seitdem viel – aber hatte sich auch der Erfolg eingestellt? Fünfundvierzig Jahre, nachdem er zur Welt gekommen war, führte mich Kakusthan an der Stätte herum, an der er seine ganze Kindheit und Jugend verbracht hatte und an die er zurückgekehrt war, um sich dauerhaft niederzulassen, als Brahmane, als der er gekleidet war. Er war höchstwahrscheinlich der reichste Mann in seiner kleinen Gemeinde. Aber die Gemeinde war arm. So historisch die Szenerie sich auch darbot, mit all ihren Anspielungen an eine tief religiöse ländliche Idylle, mit dem umfriedeten Tempelgarten am

Eingang, mit dem Brunnen und der Ziehvorrichtung im zentralen Hof (und mit den Menschen aus Krischnas Kuhherden-Kaste in den hohen Gebäuden im Hintergrund), viele der Frauen und Mädchen am Brunnen, die ihre Krüge mit rationiertem Wasser füllten, machten einen blassen, unterernährten Eindruck.

Bei der brahmanischen Siedlung handelte es sich um ein kleines städtisches Elendsviertel, in dem das Leben weniger kräftig pulsierte als in der muslimischen Gemeinschaft am Rande des Tempelbezirks. Und die Siedlung stand unter Druck. Ihre bereits von Kompromissen gezeichnete brahmanische Lebensweise fand sich ständig weiter kompromittiert. Den schrecklichsten Kompromiss hatte man schließen müssen, als das Reinigungspersonal, das die Toiletten sauber hielt, Summen zu fordern begonnen hatte, die sich die Gemeinde nicht mehr leisten konnte. Um es dem Reinigungspersonal zu zeigen und es von weiteren Erpressungsversuchen abzubringen, hatten daraufhin die Brahmanen ihre Toiletten selbst gesäubert. Kakusthan hatte die jungen Männer der Gemeinschaft zusammengetrommelt. Er hatte ihnen erklärt, dass jeder täglich in Berührung mit Exkrementen komme, und seien es auch nur seine eigenen; deshalb sei nichts dagegen einzuwenden, dass sie ihre eigenen Toiletten reinigten und selber die Kloaken leerten. Zu jeder anderen Zeit wäre Kakusthans Vorschlag als Todesstoß gegen die Kaste angesehen worden; jetzt aber präsentierte ihn Kakusthan als moralischen Sieg, als Triumph der Kaste.

Er war ein kleiner Mann, nicht einmal einen Meter sechzig groß, mit warmherzigem Ausdruck und wohlgeformten Zügen. Er hatte klare, ruhige Augen. Aus den Augen leuchtete seine Leidenschaftlichkeit – einst die Leidenschaftlichkeit des Abtrünnigen, des Mannes, der um jeden Preis ausbrechen wollte, jetzt die Leidenschaftlichkeit des Mannes, der so leben wollte, wie er es als richtig empfand.

Er wohnte in einem der fünf Häuser mit Obergeschoss, mit einem Schlafraum, zu dem man über eine offene Terrasse gelangte. Der Raum, in den er mich führte, als ich zum ersten Mal sein Haus betrat, lag hinten im Erdgeschoss, am Fuß einer Treppe. Möglich, dass er direkt an die Mauer der Siedlung grenzte: Er war dunkel, ohne Luftzufuhr und roch leicht nach Kanalisation, bildete eine kleine, von Neonlicht erhellte Zelle, in der alles, Farbe,

Wände, Schränke und Einbauten von hohem Alter und langem Gebrauch kündete, aber in der alles ohne Zweifel rituell rein war. Reinheit – ebenso wie Unreinheit – war für Brahmanen ein Kinderspiel: Ein paar Tropfen Wasser, mit dem Finger in einen Raum geschnickt, galten als ausreichend, ihn zu reinigen.

Da ich als Besucher kam und wir uns in Indien befanden, wünschte Kakusthan, dass ich in seinem Haus etwas zu mir nahm – obwohl es sich, für einen Mann, der alles daransetzte, ein guter Brahmane zu sein, streng genommen nicht gehörte, einen Fremden in sein Haus zu lassen. Natürlich würde er nichts zusammen mit mir einnehmen, aber er wollte mir etwas aus seiner Küche vorsetzen. Deshalb waren wir im Erdgeschoss. Wir kamen an der Küche vorbei, als wir zu dem hinten gelegenen kleinen Raum gingen, und im Vorbeigehen sah ich auf einem Tisch oder einem Gestell oder einer Wandablage neben dem Kücheneingang ein schwarzes Bildnis, vor dem eine hohe, rußige Öllampe aus Bronze oder Silber brannte. Der Stil der Lampe versetzte einen in die Antike: Der Docht brannte in der Öffnung eines flachen Ölgefäßes, das geformt war wie ein gerolltes Blatt, und dieses Ölgefäß war an einer senkrechten Stange befestigt. Das schwarze Bildnis stellte Kakusthans Gottheit dar; was auch immer Kakusthan aß, es musste zuerst dieser Gottheit dargebracht werden.

Auch ich hatte so meine Bedenken, was das Essen außerhalb meiner vier Wände betraf – will heißen, außerhalb des Hotels Tadsch Coromandel. Ich schämte mich freilich dieser Bedenken, nahm etwas aus Kakusthans Küche an und setzte meine Lippen an das Glas Kaffee; allerdings wurde meine Schreibhand fettig, als ich in Kakusthans Hinterzimmer vom *puri*-Brot abbrach. Das machte eine mehr als bloß rituelle Waschung erforderlich – bei der Kakusthan mir, ohne zu klagen, kostbares Wasser aus dem Brunnen, einen der sechs abendlichen Krüge, die ihm zustanden, über die Hände goss. (Und dabei hätte ich gar keinen Grund gehabt, mich zu genieren oder zum Essen verpflichtet zu fühlen. Kakusthan war ein Mann von Welt. Als ich ihn einige Tage später das nächste Mal in der Siedlung besuchte, erklärte ich ihm offen, ich sei wie er und nähme außerhalb meines Domizils nichts zu mir. Er akzeptierte das sofort, lachte und sagte: »Also gut, diesmal bin ich der Unberührbare.«)

An jenem ersten Nachmittag redete Kakusthan in dem düsteren, von Neonlicht beleuchteten Hinterzimmer in ganz nüchternem Ton über seine Nachbarn.

»Es ist eine arme Gemeinschaft«, sagte er. »Fast die gesamte Gemeinschaft ist arm. Die erste Generation besteht weitgehend aus *purohits*, *pujaris*, Köchen und einigen wenigen Büroangestellten. Die zweite Generation steht etwas besser da. Es gibt mehr Jungen und Mädchen in der Familie, die Geld verdienen und Arbeit haben.«

»Was für Arten von Arbeit?«

»Arbeiten, von denen sich traditionsbewusste Brahmanen nicht hätten träumen lassen. Sie arbeiten an Maschinen, sind als Mechaniker tätig, verrichten all die anderen körperlichen Arbeiten in der Fabrik. Mein Nachbar auf dieser Seite ist Koch.«

Fünfzehn Menschen lebten im Zimmer des Kochs. Das sei nicht so schlimm, wie es klinge: Die Fünfzehn schliefen nicht alle zur selben Zeit in dem Zimmer. Tatsächlich hätten sie ihre eigenen festen Schlafplätze im mittleren Hof: Im Sommer, der in Madras den größten Teil des Jahres umfasse, schlafe jedermann im Hof oder im Freien. Den größeren Teil seiner Einkünfte verdiene der Koch bei Hochzeiten; er müsse aber so viele Gehilfen anstellen, dass der Gewinn aus einem Hochzeitsauftrag, der tausend Rupien einbringe, tatsächlich nur sehr gering sei.

Kakusthans Nachbar auf der anderen Seite arbeite in einer staatlichen Behörde als *peon* oder Laufbursche. In der Siedlung gebe es einen anderen Jungen, der mit einer motorisierten Rikscha als Taxifahrer arbeite. Sein Vater sei ein Sanskrit-Gelehrter gewesen, ein anerkannter Fachmann auf dem Gebiet der *Veden* und des hinduistischen Rituals.

»Es ist wirklich traurig«, sagte Kakusthan. »Der Junge selbst sagt: ›Was soll ich machen, wenn mir andere Möglichkeiten fehlen? Ich bin nicht gebildet. Und ich habe meinem Vater auch nicht nachgeeifert.‹«

»Das klingt ungewöhnlich«, sagte ich.

»Er empfing keine Bildung, weil die Eltern sich nicht um ihn kümmerten«, erklärte Kakusthan.

Als Kakusthan und ich uns das nächste Mal trafen, in dem Hotel, in dem ich mich einquartiert hatte, nahm er den Faden wieder auf und sprach von der Armut der brahmanischen Siedlung neben dem großen Parthasarathy-Tempel.

»Die Situation heute ist um ein Vielfaches besser, als sie es in den fünfziger Jahren war, während ich dort aufwuchs. Ich empfand damals, wie sehr ich bessere Lebensbedingungen nötig hatte. Meine Bekannten in der Schule waren besser angezogen, sahen gesünder aus, waren stärker und waren in ihrer ganzen Erscheinung moderner. Ich machte mehr den Eindruck eines Jungen vom Land – mit meinem *dhoti*, meinen heiligen Malen auf der Stirn und meinem *churki*.«

Abgesehen vom *churki* sah er noch genauso aus. Das *churki*, die lange Haarsträhne oder Locke, die man am Hinterkopf wachsen ließ, war ein uraltes brahmanisches Kennzeichen. Kakusthan trug kein langes *churki* mehr; seines war höchstens vier Zentimeter lang, erfüllte aber seinen Zweck. (Vier- oder fünfmal im Jahr, wenn der Tag dafür günstig war, ließ sich Kakusthan, seinem wiederbelebten Brahmanismus gemäß, alles Körperhaar wegrasieren – Augenbrauen, alles, nur nicht das Haar in den Achselhöhlen und das *churki*. Als wir uns kennen lernten, befand er sich gerade auf halber Strecke zwischen zwei Rasuren, das Haar auf seinem Kopf sah aus wie eine Bürstenfrisur, und das kurze *churki* stach nicht besonders hervor.) Als Kind war er von seinem Vater angehalten worden, das *churki* zu tragen. In den fünfziger Jahren gab es nicht viele brahmanische Jungen, die so etwas noch trugen; in der Schule wurde er deswegen gehänselt.

»All diese Dinge zogen mir den Hohn und Spott anderer Jungen zu; das geht selbst heute noch so«, sagte Kakusthan. »Wenn der Junge, der mich hänselte, schwach war, reagierte ich aggressiv, war er stark, nahm ich keine Notiz von seinem Spott. Ich klagte meinem Vater wegen dieses Außenseiterdaseins in der Schule mein Leid, und er pflegte dann zu antworten: ›Geh und beschwer dich beim Direktor.‹ Er sagte außerdem, ich müsse diese religiösen Zeichen tragen, um die Familientradition zu wahren – ohne sie werde die ganze Familie im Dorf die Achtung der anderen Familien einbüßen, zumal unsere Brahmanenfamilie mit dem Dienst an der dortigen Gottheit betraut war.

Mein Vater selbst hatte in seiner eigenen Schule und wenn er in der Stadt unterwegs war – im Bus, auf der Straße – unter den gleichen Hänseleien zu leiden. Die ganze Brahmanengemeinschaft war damals solchen Hänseleien ausgesetzt, dank des Antibrahmanismus, den die so genannte drawidische Bewegung entfesselt hatte.« Die *Dravidar Kazagham*, die Drawidische Bewegung, die Periyar ins Leben gerufen hatte. »Das war Mitte der fünfziger Jahre, als die Brahmanen und ihre Praktiken weit verbreiteten Anfeindungen ausgesetzt waren. Das ging so weit, dass Götterbilder zerschlagen und Brahmanen die *churkis* und heiligen Fäden abgeschnitten und die heiligen Male von der Stirn abgerieben wurden. In Madras präsentierten sich die meisten vegetarischen Restaurants stolz als ›brahmanische Hotels‹ – und die drawidischen Parteigänger sorgten dafür, dass das ›brahmanisch‹ verschwand. Heute findet man in der Stadt diese Begriffe nicht mehr. Damals gab es das ›brahmanische Hotel‹ und das ›militärische Hotel‹.«

Das »militärische Hotel« gab es noch, als ich das erste Mal in den Süden reiste. Es bezeichnete ein Lokal, wo man Fleisch zu essen bekam. Und so, als wollten sie das brahmanische Vorurteil gegen sie bestätigen, als wollten sie die Verschiedenartigkeit und absolute Freiheit auskosten, die solch ein Vorurteil ihnen gestattete, waren die militärischen Hotels im Süden äußerst schmutzige und unreinliche Einrichtungen.

Irgendwo an der Busstrecke zwischen Bangalore und Madras, irgendwo auf der roten Erde dieser Region, bekam ich 1962 zum ersten Mal ein militärisches Hotel zu sehen. Es war eine Baracke auf nacktem Boden und gehörte zu einem inoffiziellen Rastplatz für Busse. Durch die englischen Wörter auf dem Hotelschild fühlte man sich – in dieser altertümlich wirkenden Landschaft mit schlichten Farben, die wie ein exotisches Panorama in einem englischen Kupferstich aus dem achtzehnten Jahrhundert wirkte – in die Zeiten der Kriege zwischen der Ostindischen Kompanie und Tippu Sultan zurückversetzt. Die komische Bezeichnung schien etwas von indischer Geschichte zu enthalten, etwas von den anarchischen Zuständen des achtzehnten Jahrhunderts, wo Heere indischer Söldnertruppen um das Land kämpften, ohne jeden Bezug zu den Menschen, die in den Dörfern oder auf den Feldern arbeiteten.

Von einem Krieg zum anderen, von einer Art der Weltsicht zur anderen: Im Hauptraum des Museums von Periyar Thidal, unter den dreiunddreißig Gemälden der Stadien oder Stationen in Periyars Leben, fand sich eines, das den großen Mann im Jahr 1957 zeigte, wie er, fast achtzig Jahre alt, auf einem Hotel- oder Restaurantschild das Wort »brahmanisch« übermalte. Auf diesem Bild hatte Periyar einen weißen Bart und wirkte äußerst imposant. In der einen Hand hielt er eine Malerbürste; er stand auf einer Bank oder einem Schemel, um das Schild erreichen zu können, und ging gemächlich seinem Vorhaben nach, ohne von irgendjemandem, einem Polizisten, Politiker, Hotelbesitzer oder Hotelgast, gestört zu werden. Das Gemälde war in den Farben schlicht, in der Darstellung auffällig detailgenau (das Schild, der Schemel oder die Bank, worauf Periyar stand, die Malerbürste mit weißer Farbe an den Rändern), als würde ein allgemein bekannter Text illustriert; das Ganze strahlte kindliche Bilderbuchruhe aus.

Als Kakusthan über die Demütigungen sprach, mit denen er als Junge wegen seiner traditionellen brahmanischen Kleidung hatte zurechtkommen müssen, sagte er: »Ich leistete Widerstand, wann immer ich konnte, und erhielt Prügel, als ich meinen Eltern erklärte, ich müsse die neuen Lebensformen übernehmen – vor allem das *churki* wegmachen und Hosen tragen. Wir litten unter den *churkis*. Darunter litten wir am meisten. Beim Sportunterricht erntete ich immer viel Gelächter, wenn ich an Rennen und an der *kabbadi* genannten Sportübung teilnahm. Beim Rennen löste sich mein *churki* und fiel herab, und alle amüsierten sich. Beim *kabbadi* packten mich meine Gegenspieler am *churki* und hielten mich an dieser langen Haarsträhne fest, so dass sie das Spiel gewannen.

Die Schule besuchte ich bis 1958. Dann wechselte ich zum Vorstudium ins College, und ironischerweise wurde ich dort nur wegen meines *churki* und meiner Kastenmale aufgenommen. Der Mann, der mich empfahl, war Brahmane und hing den gleichen Wertvorstellungen an wie wir in unserer Familie. Dieses College besuchte ich aber nur sechs Monate lang. Ich fand mich von Seiten meiner Kommilitonen noch heftigerem Hohn und Spott ausgesetzt. Und das waren ja jetzt Erwachsene, nicht mehr kleine Jungen.

All das machte mich sehr traurig. Ich fing an, mich meinem Vater völlig zu entfremden und bat ihn, mir diese Torturen zu ersparen. Er aber blieb fest. Die Achtung und Tradition der Familie seien wichtiger, sagte er, als diese vorübergehenden Erfahrungen. Ich war nicht überzeugt. Ich ging von dem College ab. Ich hatte das Gefühl, ich müsse unabhängig werden.«

Unabhängig – das sei ein merkwürdiges Wort.

»Unabhängig von diesen Bräuchen«, sagte Kakusthan. »Ich war sechzehn. Ich spürte das Bedürfnis, so modern zu sein wie alle anderen.«

»War Ihnen nicht bang, als Sie vom College abgingen?«

»Mir war nicht bang. Ich hoffte zuversichtlich, tun zu können, was ich wollte, sobald ich von zu Hause fort war. Ich erzählte das meiner Mutter im Vertrauen. Zum Teil stimmte sie mir zu, zum Teil nicht. Sie verstand meine Gefühle.«

Ich versuchte, mir dieses Familiendrama dreißig Jahre zuvor in der Siedlung, die ich kennen gelernt hatte, vorzustellen. Im Hof um den Brunnen dürften die Menschen noch unverhohlener brahmanisch aufgetreten sein, was die Kleidung und die Einhaltung der Vorschriften anging: Menschen, die einst gesellschaftliche Autorität genossen hatten und jetzt nur noch in ihrem kleinen Lebensraum sicher waren. Ich versuchte, mir die leidenschaftlichen Ausbrüche von Vater und Sohn in dem eng beschränkten Privatbereich vorzustellen, den die Familie in der Siedlung hatte: in dem kleinen dunklen Raum hinter der Küche im Untergeschoss, unter dem an die gemeinsame Terrasse anschließenden, oben gelegenen Schlafzimmer; wenn man die schmalen Stufen aus Stein und Beton an der Seite der Hausreihe zu der Terrasse hinaufstieg, blickte man auf den verwilderten Tempelgarten, eine Erinnerung an ruhigere Zeiten.

»Ein paar Tage blieb ich zu Hause. Mein Vater war sehr zornig. Er redete nicht mit mir. Er wollte mich nicht im Haus haben. Ich hatte die Familie verraten und sein Ansehen geschändet. Er wollte, dass ich das Studium abschloss und Bankangestellter oder Staatsbeamter wurde und dabei gleichzeitig meinen religiösen Aufgaben im Tempel unseres Dorfes nachkam – wo wir als Brahmanen hoch geehrt waren. Er führte mehrere Leute an, die beispielhaft beides taten, nämlich die lange Locke, das *churki*, zu tragen und gleichzeitig gute, sichere, moderne Berufe auszuüben.

Durch Freunde in der Siedlung, Freunde in meinem Alter oder ein bisschen älter, erhielt ich für einen Tageslohn von einer Rupie eine Anstellung als Laufjunge bei einem Kaufmann, der mit Glühbirnen handelte. Das war 1959. Aber da die Vater-Sohn-Beziehung enorm gestört war, gab es zu Hause keinen Frieden. Auch zwischen Vater und Mutter herrschte Unfrieden und Streit, und gelegentlich bekam ich von beiden, von Vater und Mutter, Prügel. Also zog ich aus.

Ich beschloss, zu meiner verheirateten Schwester zu ziehen. Sie wohnte in der Stadt Vellore, hundert Kilometer westlich von Madras. Ihr Mann war, nachdem er seinen Abschied von der Armee genommen hatte, Lehrer geworden. Ich fuhr mit dem Bus nach Vellore. Die Reisekosten bestritt ich mit Hilfe der alten College-Bücher. Mein Vater hatte sie mir neu gekauft. Ich überließ sie für einen Spottpreis einem Straßenhändler.

Es war ein Samstag, als ich das Haus verließ. Jeden Samstag und Mittwoch bekam ich mein gewohntes Ölbad, und meine Mutter seifte mir dann mein langes Haar ein. Das tat sie auch an diesem Samstag. Um zehn Uhr dreißig frühstückte ich, und unmittelbar anschließend stahl ich mich davon und ging zur Bushaltestelle, ohne irgendjemandem gesagt zu haben, dass ich nach Vellore fuhr. Ich hatte nur sehr wenig Geld, das gerade einmal für die Busfahrkarte nach Vellore reichte; von Triplicane nach Parry's Corner ging ich zu Fuß. Sieben Kilometer, in der sengenden Hitze. Ich brauchte etwa eine Stunde.

Mich erfüllte heimliche Angst. Ob ich wohl das Richtige tat? Wie würde meine Mutter reagieren? Das quälte mich während meiner ganzen Reise nach Vellore. Auf halber Strecke dachte ich sogar daran, nach Hause zurückzukehren. Aber dann zwang mich der andere Teil in mir, weiterzufahren – und ich sagte mir, dass ich ja schließlich zu meiner Schwester fuhr.

Ein paar Tage lang war ich ein willkommener Gast dort in Vellore, im Haus meiner Schwester. Dann allerdings, als ich erklärt hatte, warum ich zu ihnen gekommen war, hatten sie eher Mitgefühl mit meinen Eltern als mit mir. Meine Schwester hatte meinem Vater geschrieben, dass ich bei ihr war. Mein Vater hatte heimlich nach mir geforscht, aber äußerlich so getan, als mache er sich wegen meines Verschwindens keine Gedanken.

Mein Schwager versuchte, mir eine Arbeit in Vellore zu verschaffen. Aber Vellore ist eine vorwiegend muslimische Stadt, und meine hinduistisch-brahmanische Erscheinung wirkte sich nachteilig aus. Sooft ich mit meinem Schwager loszog, um Arbeit zu bekommen, lautete die erste Frage: ›Warum tragen Sie keine Hosen und werden moderner, wenn Sie eine Stelle suchen?‹ Aber obwohl ich von zu Hause weggegangen war, hatte ich nicht den Mut, das *churki* abzunehmen oder Hosen anzuziehen. Ich steckte in einer Zwickmühle. Ich hatte keine Arbeit und konnte nicht zurück nach Hause. Auch wenn ich mich beherzt gab, verbrachte ich doch einige schlaflose Nächte.

Ich dürfte mich einen Monat lang bei meiner Schwester aufgehalten haben. Und dann ging ich voll Widerstreben zurück nach Madras. Ich kehrte nicht heim in mein Elternhaus. Ich zog in das Haus einer Freundin meiner Mutter. Das Haus befand sich außerhalb unserer brahmanischen Siedlung.

Der Sohn dieser Freundin meiner Mutter trug ebenfalls das *churki* und die Kastenmale und tat, was seine Eltern ihm sagten. Er war ein Junge mit einer außergewöhnlichen Begabung für Mathematik und Statistik. Heute ist er Professor an einer großen amerikanischen Universität. Und schon damals, als ich in seinem Haus einzog – er war zwei Jahre älter als ich –, bewunderte er den genialen Ramanujan, über dessen mathematische Arbeiten er und seine nicht minder brillanten Kommilitonen stundenlang redeten und diskutierten. Besonders beschäftigten sie sich mit den ungelösten mathematischen Problemen Ramanujans. Diese jungen Männer waren Collegestudenten. Ich konnte ihren Diskussionen nicht folgen, aber ich bewunderte die Hingabe, mit der sie ihre Studien betrieben – eine Hingabe, die mir fehlte.

Am meisten beeindruckte mich, wie viel Anteil der Vater des Jungen an den Diskussionen nahm und wie er sie dadurch beförderte, dass er die Diskutierenden mit Kaffee versorgte. Sie müssen sich vorstellen, dass diese Diskussionen in einem Haus stattfanden, das ebenso arm war wie das meines Vaters im *agraharam*, in der Siedlung. In der Sache steckte eine Ironie. Der Mann der Freundin meiner Mutter war ein Sanskrit-Lehrer, sein Sohn hingegen ein mathematisches Genie. Mein Vater war ein Mathematiklehrer und ich eine mathematische Null.

Die mathematische Debatte dauerte bis nach Mitternacht. Ich bedauerte, dass ich nicht daran teilnehmen konnte; in dieser Nacht vergoss ich buchstäblich Tränen darüber, dass ich meinen Vater enttäuschen musste.«

Kakusthans Augen füllten sich mit Tränen. Er bemühte sich, ihnen keine Beachtung zu schenken und weiterzureden. Aber es half nichts, die dreißig Jahre alten Erinnerungen brachten ihn zum Weinen. Er stand auf und sagte: »Lassen Sie mich fünf Minuten Pause machen.«

Er ging in den hinteren Teil der Hotelhalle und schritt dort auf und ab, eine kleine Gestalt in brahmanischer Kleidung, die ins Auge fiel, wie sie, vielleicht einen Meter fünfundfünfzig groß, hin- und herwanderte, mit dem Kummer kämpfte, zu Boden blickte und in ihrer Geistesverlorenheit, ihrer Gleichgültigkeit gegenüber der Hotelumgebung, an einen Mönch oder Heiligen in seinem Kloster erinnerte.

Galten die Tränen ihm selbst und dem, was er aus sich hätte machen können, wäre er nicht in die Rebellion getrieben worden? Oder galten die Tränen dem Kummer, den er vor dreißig Jahren seinem Vater bereitet hatte? Sie bezogen sich auf beides: Der Unterschied zwischen den Familien sei es, der ihn erneut aufgewühlt habe, sagte er, als er zurückkam, Platz nahm und sich wieder sammelte.

»Ich verbrachte zehn bis fünfzehn Tage in dieser Atmosphäre und war voller Schuldgefühle, dass ich von zu Hause weggegangen und mein Studium abgebrochen hatte. Der Junge, von dem ich gesprochen habe, gab mir Unterricht in Mathematik und tröstete mich, dass noch nichts verloren sei und ich den Faden wieder aufnehmen könne. Ich fasste Mut und dachte daran, das Studium fortzusetzen.

Ich kehrte nach Hause, in den *agraharam*, zurück und wohnte dort. Aber ich kam nicht wieder ins College. Es war mitten im Jahr. Ich suchte mir eine Arbeit. Ich brauchte das Geld, um meine gesellschaftlichen Gelüste zu befriedigen – Freunde in Hotels auszuführen, ins Kino zu gehen und so weiter. Nichts von alledem hätte ich haben können, wenn ich finanziell abhängig von meinem Vater geblieben wäre. Tatsächlich waren all die Vergnügungen verboten. Zu Hause tranken wir nicht einmal Kaffee – das war etwas Ausländisches, eine Erfindung der Briten. Und auch heute noch wird in streng brahmanischen Familien kein Kaffee getrunken, wegen seiner berauschenden Wirkung – dem Koffein.

Ich fing also wieder an, bei dem Glühbirnenhändler zu arbeiten. Ich verdiente sechsundzwanzig Rupien im Monat. Meiner Familie gab ich zwanzig Rupien und behielt sechs für mich – um all meine Gelüste zu befriedigen, ohne dass mein Vater davon wusste. Ich blieb ein Jahr lang in diesem Job. Und nachdem ich die Macht des Geldes gekostet hatte, widerstrebte es mir, erneut das Studium aufzunehmen. Also frönte ich weiter meinem alten Lebensstil.

Die Arbeit war schwer. Ich musste mit den Glühbirnen buchstäblich in der Stadt hausieren gehen, mal mit dem Fahrrad, mal zu Fuß, wenn der Reifen platt war. Es war so heiß, dass die Reifen manchmal platzten. Sogar meinen Vater rührte, wie schwer ich arbeiten musste und wie meine Gesundheit darunter litt. Weil ich nicht regelmäßig essen konnte, magerte ich stark ab. Also verschaffte er mir eine Stelle bei einer Bauberatungsfirma, wo ich Konstruktionszeichnungen kopierte; ich bekam monatlich fünfundsechzig Rupien – ein großer Sprung.« Fünfundsechzig Rupien, fünf englische Pfund, monatlich – und das im Jahr 1960.

»Eines Tages verbrannte ich eine Zeichnung. Der Ingenieur gab mir eine Ohrfeige und ging wortlos weg. Es war mein Fehler. Ich machte ihm keinen Vorwurf. Als ich nach Hause kam, erzählte ich es meinem Vater. Er riet mir, die Sache nicht so schwer zu nehmen, so sei das Leben. Ich war überrascht – ich hatte erwartet, mein Vater werde mich ebenfalls ohrfeigen wollen, weil ich mir das mit der Zeichnung hatte zuschulden kommen lassen.

Das mit den Konstruktionszeichnungen machte ich neun Monate lang für die Firma. Dann wurde ich an eine der Baustellen der Firma abkommandiert. Die Arbeit auf dieser Baustelle geschah im Auftrag eines der großen Industriekonzerne des Südens. Hier passierte es zum zweiten Mal in meinem Leben, dass sich mein traditionelles brahmanisches Aussehen und Betragen als hilfreich und vorteilhaft für mich erwies.

Der Hauptgeschäftsführer der Gesellschaft, für die wir arbeiteten, war sehr angetan davon, dass ich die brahmanische Lebensweise so strikt einhielt. Er war begeistert, einen brahmanischen jungen Mann mit *churki* als *maistry*, Baustellenleiter, zu sehen – zumal in einer Zeit, in der die antibrahmanischen Ressentiments auf ihrem Gipfelpunkt waren. Man schrieb das Jahr 1961.

Ich hatte keine Ahnung, wie wichtig dieser Geschäftsführer war, wie viele Unternehmen er leitete. Er fragte mich nach meinem Vater und schickte ihm durch mich eine Nachricht, in der er ihn um eine Zusammenkunft bat. Ich war ein bisschen beunruhigt. Mein Vater ebenfalls. Wir wussten nicht, was der Geschäftsführer wollte oder wer er war. Sie trafen sich, und der Geschäftsführer verstand sich auf Anhieb gut mit meinem Vater. Nachdem er erfahren hatte, aus welchen Verhältnissen mein Vater kam, und vor allem, dass er in den viertausend Gesängen der tamilischen *Veden* bewandert war, bat er ihn, sein Lehrer zu sein und ihm Unterricht in den tamilischen *Veden* zu erteilen. Was mein Vater auch tat. Dieses glückliche Zusammentreffen mit einem der großen Industriellen des Südens machte meinen Vater so glücklich, dass er sich verwundert fragte, wie ich einen Fremden so für mich hatte einnehmen können, wo mir das doch bei meiner eigenen Familie nicht gelang.

Nach der Beendigung des Auftrags, den unsere Baufirma für ihn ausführte, bot mir der große Mann eine Stelle in seiner eigenen Gesellschaft an. Er wünschte, dass ich als ›Aufwärter‹ anfing, mit einem Gehalt von siebenundneunzig Rupien, zweiundfünfzig Rupien Grundgehalt und fünfundvierzig Rupien Zuschuss. ›Aufwärter‹ ist ein anderes Wort für Bürodiener. Aber egal, in welcher Funktion man in das Unternehmen hineinkam, es war so, als bekäme man heute eine Stelle bei IBM. Ich saß mehr an der Schreibmaschine, als dass ich als Bürodiener arbeitete. So begann ich also endlich meine Karriere und bin seitdem – Gott sei's gedankt! – immer weiter aufgestiegen. Ich war siebzehn.

Das Unternehmen eröffnete einen Zweigbetrieb in Vellore. Dorthin wurde ich versetzt – wo ich bei meiner verheirateten Schwester wohnen und unabhängig sein konnte. Als 1962 der Krieg mit China ausbrach, engagierte ich mich politisch – was ich nie zuvor getan hatte. Um bei der Finanzierung des Krieges mitzuhelfen, spendete ich meine Ringe und Ohrringe – Dinge, die mir mein Onkel aus Anlass der Fadenzeremonie geschenkt hatte. Darüber waren meine Eltern und auch meine Schwester erbost, weil ich Erbstücke gespendet hatte, die schon seit einigen Generationen in der Familie waren.

Eines Tages kam ein Besucher aus Delhi. Er war ein Vetter ersten Grades. Er arbeitete für einen amerikanischen Konzern in dessen Büro in Delhi. Mein traditionelles Aussehen schockierte ihn – und auch, dass ich nur ein so lumpiges Gehalt bekam. Er forderte mich auf, meine derzeitige Stelle aufzugeben und nach Delhi zu kommen. Für die gleiche Arbeitsleistung, die ich für die Firma in Vellore erbringe, könne er mir in Delhi, sagte er, das doppelte Gehalt verschaffen. Das war ein faszinierendes Angebot für mich. Ich beschloss augenblicklich, es anzunehmen. Ich war freilich nicht sicher, wie mein Vater reagieren würde.

Wie ich erwartet hatte, zögerte mein Vater, mich nach Delhi gehen zu lassen, weil er fürchtete, ich würde noch weiter vom rechten Weg abkommen. Vier Monate lang gab es zahlreiche Debatten und viele hitzige Wortwechsel zwischen mir und meinem Vater. Am Ende aber war er es, der die Fahrkarte für mich kaufte. Sie kostete etwa zweiundvierzig Rupien, und er steckte mir auch noch ein bisschen Taschengeld zu. Für die Reise selbst gab mir die Familie *idlis* und *dosas* und gebratene Speisen mit, und zwar so viel, dass ich den Rest wegwerfen musste. Sie dachten, der Zug werde vielleicht unterwegs liegen bleiben, und wollten nicht, dass ich Entbehrungen litt, wenn das passierte. Sogar heute noch halten südindische Familien das so, wenn jemand auf Reisen geht.

Schließlich, am 3. Mai 1963, schlug ich einen völlig neuen Kurs in meinem Leben ein. Ich fuhr um sieben Uhr dreißig abends mit dem Express-Fernzug vom Hauptbahnhof in Madras ab und kam vierzig Stunden später, am 5. Mai, um elf Uhr dreißig vormittags, in Delhi an – meinem Geburtstag, wenn man nach dem Gregorianischen Kalender geht.

Nach der Ankunft in Delhi fuhr ich als Erstes – dem Ratschlag meines Vetters folgend – vom Bahnhof geradewegs zu einem Barbiergeschäft und ließ mir das *churki* entfernen. Das war ein Augenblick großer Not und Seelenpein. Achtzehn ganze Jahre hatten sich sowohl meine Mutter als auch meine Schwester darum gekümmert, als wäre es ihr eigen Fleisch und Blut. Sie waren stolz darauf und beneideten mich darum. Ich hatte ungewöhnlich langes Haar, das länger war als das meiner Schwester. Wenn ich es löste, reichte es mir bis zu den Waden. Sie wuschen, ölten, kämmten und flochten es regelmäßig.

Meine Qualen vergrößerten sich noch, als der Barbier, ein junger Mann, ein wirklich dürr aussehender Mann mit Schnurrbart, anfing, mir bohrende Fragen zu stellen – ob ich sicher sei, dass ich das auch wollte, was ich verlangte. Er gab mir drei Chancen. In Hindi fragte er: ›Sind Sie sicher? Sind Sie sicher? Sind Sie sicher?‹ Ich antwortete immer wieder mit ›Ja‹, obwohl ich im Innersten meines Herzens beim Gedanken daran, was mein Vater sagen würde, zitterte und bebte. Der Barbier war so nett und rücksichtsvoll, dass er es, von unten anfangend, schrittweise abschnitt, statt mit einem Schlag – damit ich Zeit hatte, es mir noch einmal zu überlegen. Das war der Tag, an dem ich alle religiöse Energie verlor – wie Samson seine Körperkraft einbüßte.«

Damit hätte die Geschichte zu Ende sein sollen – mit der Flucht nach Delhi, dem Abschneiden der Haarsträhnen am Hinterkopf und dem Beginn eines neuen Lebens. Kakusthan aber war ein für alle Mal in die Siedlung zurückgekehrt, die er fluchtartig verlassen hatte. Seine Geschichte schloss eine zweifache Wandlung ein, und von der zweiten Wandlung erzählte er mir an einem anderen Tag.

»In Neu-Delhi fand ich zu mir«, sagte Kakusthan, »und dort lebte ich während der folgenden sechzehn Jahre. Ich bekam eine kleine Stelle in der amerikanischen Firma, für die mein Vetter arbeitete. Ich arbeitete außerdem als Stenograph für eine gewerkschaftliche Zeitschrift.«

Stenographie: die Berufung der südindischen Brahmanen, die auf das Abhalten der Rituale gefolgt war – die andere Seite ihrer Begabung für Mathematik und Physik.

»Von der amerikanischen Firma meines Vetters bekam ich fünfzig Rupien im Monat. Das Gewerkschaftsblatt zahlte mir zweihundert Rupien. Und meine zweite Wandlung vollzog sich im Verlauf meiner Arbeit für das Gewerkschaftsblatt.

Die Gewerkschaftsbewegung in Indien gründete auf den Prinzipien der Philosophie Gandhis: Wahrhaftigkeit und Gewaltlosigkeit, Pflicht vor Recht, man muss schaffen, bevor man fordert. Das ist genau das, was die *Gita* uns lehrt, und das waren die Prinzipien des Nationalen Indischen Gewerkschaftskongresses. Unsere Tagesarbeit bei der Zeitung begann mit einem gemeinsamen Gebet. Das machte mir Eindruck. Und das tat auch die religiöse Kolumne, die täglich auf der Rückseite der in Madras erscheinenden Zeitung *Hindu* abgedruckt war. Und ich las auch die Schriften Mahatma Gandhis, besonders seine Autobiographie.

Im Büro herrschte diese religiöse, vergeistigte Atmosphäre. Draußen gab es die Verlockungen des städtischen Lebens, eines Lebens mit Geld, Schönheit, allem. Eine Zeit lang faszinierte es mich, das Leben in Delhi. Und es machte mir Kummer – weil mir das Geld fehlte. Dann aber erwies sich die Zugkraft der religiösen Bücher, die ich las, als größer. Im Laufe der Zeit also wandelte ich mich erneut und wandte mich dem religiösen Leben zu.

Während dieser Zeit absolvierte ich ein Studium an der Universität Delhi, und ich verheiratete mich. Die Tochter meiner Schwester in Vellore hatte es mir angetan, und ich hatte beschlossen, sie so bald wie möglich zu heiraten. Die Familie war einverstanden, aber ich wollte, dass sie zuerst ihr Examen machte. Für die Kosten ihrer Ausbildung kam ich auf, und am letzten Tag ihrer Abschlussprüfung begannen die Hochzeitsfeierlichkeiten.

Auf meine Beschäftigung bei dem Gewerkschaftsblatt folgte die Mitarbeit in den Redaktionen anderer Zeitungen und Zeitschriften. Eine dieser Anstellungen führte mich 1980 nach Ahmedabad. Ich war siebenunddreißig. Mein Vater kam mich dort besuchen, anlässlich der Geburt meines zweiten Sohnes. Er war hochzufrieden, dass ich endlich eine gute Stellung hatte – obwohl ich nun ohne mein *churki* war. Hätte ich mein *churki* noch besessen, er wäre ohne Frage doppelt beglückt gewesen.

Am Morgen nach seiner Ankunft sah er mich meine *puja* verrichten. Das tat ich gewohnheitsmäßig, aber er war entsetzt. Wir sprachen eine Weile über die *puja*, die ich am Morgen verrichtet hatte, und über die mit der *puja* einhergehenden Texte. Er erwähnte einen Fehler, den ich bei der *puja* gemacht hatte, und gab mir zu verstehen, dass dieser Fehler nicht passiert wäre, wenn ich in meiner Jugend sorgfältiger studiert hätte.

Ich entschuldigte mich für den Fehler. Und ich bat um Verzeihung für alles, was in der Vergangenheit vorgefallen war.

Ich bat ihn, mich in unsere traditionellen Rituale einzuführen. Ich bat ihn auch, mir die viertausend Verse der tamilischen *Veden* beizubringen und all die anderen Mantras, die ich kennen musste, um die Rituale im Tempel unseres Heimatdorfes zu vollziehen.

Er versprach, mich zu unterrichten. Er fing noch am selben Tag an, da es ein Freitag war, ein Tag, der unter einem günstigen Vorzeichen stand. Nach fünfzehn Tagen verließ er Ahmedabad und kehrte nach Madras zurück. Vor seiner Abreise versprach er mir, mich zwei oder drei Jahre lang täglich zu unterrichten. Aber er kam nicht mehr wieder. Er starb sechs Monate nach seiner Abreise aus Ahmedabad.

Nach seinem Tod wurden elf Tage lang ausführliche Riten veranstaltet. Alle, die kamen, Verwandte, vedenkundige Pandite, gedachten der Größe meines Vaters, meines Großvaters, meines Onkels und des religiösen Lebensstils, den unsere Familie gepflegt hatte, vor allem im Dienste der Gottheit des Dorfes. Ich erfuhr, dass mein Großvater nach einem religiösen Streit mit dem *pujari* des Tempels gestorben war, bei dem es um ein bestimmtes Ritual ging, das nicht korrekt durchgeführt worden war. Auch mein Vetter war unter ähnlichen Umständen gestorben. Er hatte sich bestimmten Ritualen widersetzt, die im Tempel eingeführt worden waren, und hatte sich in den Eingang des Tempels gelegt. Die Leute waren über ihn weggetrampelt. Er starb ein paar Tage später am Kummer und am Schrecken.

Als ich diese Geschichten hörte, dachte ich, wenn mein Großvater und andere Verwandte ihr Leben für die Familiengottheit hingegeben haben, sollte ich sie mir dann nicht wenigstens zum Vorbild nehmen?

Ich beschloss, nach Madras zurückzukehren.

Ich fand hier eine Anstellung. Mit meiner Erfahrung fiel mir das nicht schwer. Und bei meiner Bewerbung machte ich zur Bedingung, dass die Firma keine Einwände gegen meine äußere Erscheinung hatte – keine Einwände gegen die Religionsmale auf der Stirn, gegen das *churki* und gegen die traditionelle brahmanische Kleidung, gegen all die Dinge, die ich nicht verstanden hatte, als ich jünger war. Für mich war es wichtig, dass die Firma sich damit einverstanden erklärte, weil ich ja vor allem nach Madras zurückkehrte, um den Tempeldienst meiner Familie fortzusetzen.«

»Warum wird solches Gewicht auf die äußere Erscheinung gelegt?«, wollte ich von ihm wissen. »Ist Frömmigkeit nicht etwas, was man im Herzen trägt?«

»Wenn es im Leben und in der Überlieferung unserer Familie keinen Tempeldienst und keine Ehrenstellung gegeben hätte«, sagte Kakusthan, »wäre uns vielleicht ein etwas entspannteres Leben möglich gewesen, wie vielen anderen normalen brahmanischen Familien. Bei allen Tempelritualen hat das Äußere Vorrang, weil ich ohne die äußere Form nicht befugt bin, der Gottheit zu dienen. Die äußere Form ist ebenso wichtig wie die innere. Je reiner die äußere Form, umso reiner auch die innere.«

Er habe unter der äußeren Form gelitten und sich das Recht erworben, dies zu sagen.

»Ich hatte den *agraharam* 1963 verlassen. 1981 kehrte ich zurück. Ich kehrte heim in mein Elternhaus in der Kolonie und kam als ein ganz anderer Mann zurück, als ein voll engagierter, voll verwirklichter Brahmane. Am ersten Jahrestag des Todes meines Vaters, am Ende der Rituale, die aus diesem Anlass vollzogen wurden, kam es für mich zu einem vollständigen Bruch mit der Vergangenheit: von *loukika* zu *vaidhika*, vom weltlichen Dasein zum spirituellen Sein.«

Dies waren Worte, die ich zum ersten Mal in Mysore City gehört hatte, von dem Brahmanen, der dem verstorbenen Maharadscha von Mysore als religiöser Zeremonienmeister gedient hatte. Im Palast, in dem der Brahmane seinen Dienst verrichtet hatte, herrschte eine alles menschliche Bedürfnis übersteigende Pracht und Verschwendung, fast so, als zähle es aus hinduistischer Sicht zu den Aufgaben großen Reichtums, die Menschen an die Eitelkeit des Sinnenlebens zu erinnern. Der große Reichtum des Herrschers hatte freilich in der Erzählung des Brahmanen keine Rolle gespielt. Die materiellen Bedürfnisse des Menschen waren begrenzt: Diese Botschaft verkündete der kleine, kahle Raum, in dem der Brahmane seine Geschichte erzählte.

Das war auch die Botschaft des *agraharam*, der Kolonie, in der Kakusthan wohnte, der Reihe von kleinen Räumen, die er schon als Kind gekannt hatte. Im christlichen Denken bilden Gut und Böse den ewigen Gegensatz. Im hinduistischen oder brahmanischen Denken stehen sich Weltlichkeit und Spiritualität gegenüber. Man kann sich aus dem einen ins andere zurückziehen. Wenn man von der Welt enttäuscht ist, kann man im Geist versinken, in der Idee von der Welt als Gaukelspiel.

»Damals, ein Jahr nach dem Tod meines Vaters, wurde ich zu dem, was ich heute bin, zu dem Mann, den Sie vor sich haben«, sagte Kakusthan. »Damals beschloss ich, so weit wie möglich das *vaidhika*-Leben zu führen, mit all den Härten und Beschränkungen, die damit verknüpft sind.«

»Wie sehen die Härten aus?«

»Ich werde nie außerhalb des Hauses essen. Ich esse nur, was ich dem Gott meines Hauses geopfert habe.« Deshalb brannte ständig die Öllampe vor dem Bildnis des Gottes, unmittelbar neben dem Küchenbereich. »Ich werde nie Wasser außerhalb des Hauses trinken. Mich nie unter unreine Menschen begeben. Weil ich den Gott des Tempels beflecke, wenn ich diese Vorschriften nicht befolge.

Ich lebe jetzt als vollgültiger Brahmane in der Siedlung. Die Menschen achten mich jetzt, weil ich mich so unvermittelt gewandelt habe und so streng die Gebote einhalte. Meine Familie war arm, und diese Siedlung ist auch arm – Leute aus der unteren Mittelschicht mit beschränktem Einkommen. Obwohl ich dank der Gnade Gottes und des Segens meiner Vorfahren gut gestellt bin, möchte ich nirgendwo sonst leben. Unter diesen mir vertrauten Menschen zu leben gibt mir ungeheuer viel Glück und Seelenfrieden.«

Wir hatten uns über viele Tage getroffen, in meinem Hotel und in der Siedlung. Manchmal kam Kakusthan zu mir ins Hotel und ging dann mit mir zurück in die Siedlung; manchmal schickte er seinen Sohn im Teenageralter, um mich abzuholen. Der Sohn war um etliches größer als der Vater, aber er hatte nicht die Robustheit seines Vaters; seine Augen waren sanfter.

Ungeachtet des Wegs, den er selbst gewählt hatte, war Kakusthan von Ehrgeiz für seinen Sohn erfüllt und wollte, dass dieser in der Schule gut abschnitt. Und geradeso, wie viele Jahre zuvor sein Vater vielleicht jemanden gebeten hätte, mit seinem Sohn zu reden, bat Kakusthan bei unserer letzten Begegnung nun mich, seinem Sohn gut zuzureden und ihm zu erklären, wie wichtig es war, in der Schule voranzukommen und fleißig zu lernen.

Der Junge, sagte Kakusthan, sei zu versessen aufs Spielen. Am Morgen zum Beispiel sei er losgezogen, um Kricket zu spielen. Aber das sei doch gut, meinte ich. Ja, schon, sagte Kakusthan. Aber dann sei der Junge nachmittags wieder zum Kricketspiel losgezogen.

Wir gingen gerade in die Siedlung zurück, und Kakusthan hatte sich etwas Einfaches ausgedacht, um mir die Möglichkeit zu einem Vieraugengespräch mit seinem Sohn zu verschaffen. Wir – Kakusthan und ich – würden auf die Terrasse hinaufgehen, von der man den Innenhof, der direkt vor der Terrasse lag, und den seitlich gelegenen ummauerten Tempelgarten überblickte. Der Junge würde Tee für mich heraufbringen, und dann würde sich Kakusthan entschuldigen, dass er hinunter auf die Toilette müsse.

So brachte mir denn, als wir in der Siedlung waren, der Junge einen Becher Tee auf die Terrasse, und wir fingen an, uns zu unterhalten, während unten Kakusthan – ein König in seinem Reich – selbstsicher und ohne Hast in seiner brahmanischen Tracht durch den nachmittäglich belebten Hof, vorbei am Brunnen, zur Toilette in der Ecke schritt.

Der Junge begeisterte sich für Kricket. Er spiele ebenso gern als Schlagmann wie als Werfer, sagte er. Mir gefiel die Ernsthaftigkeit, mit der er über das Spiel sprach. Und ich konnte mich nicht überwinden, ihm den Vortrag über die Wichtigkeit des Lernens für die Schule zu halten, um den mich Kakusthan gebeten hatte: Ich konnte mir einfach nicht vorstellen, dass unter den Bedingungen, die in der Siedlung herrschten, irgendjemand ernsthaft lesen oder lernen konnte. Eines Abends hatte ich auf dem schwach erleuchteten Pfad, der vom Eingang hereinführte, einen kleinen Jungen im Dunkeln vor seinem Häuschen sitzen sehen, auf den gekreuzten Beinen ein aufgeschlagenes Buch: seinen Eltern zuliebe mimte er Tugendhaftigkeit, brahmanischer Lerneifer war zum Ritualismus erstarrt.

Ich fragte den Jungen, Kakusthans Sohn, welchen Beruf er zu erlernen hoffe. Seine sanften Augen zeigten sein Erschrecken. Er kannte die Frage; er war entsetzt, sie aus meinem Munde zu hören. Er werde vielleicht Stenograph, sagte er; vielleicht finde er Anstellung in einem Büro; darüber entscheide das »Schicksal«.

Ich war überrascht, dass er von Schicksal sprach. Kakusthan hatte das nie getan. Kakusthan hatte sich seine ganze Jugend hindurch aufgelehnt. Sein Sohn war jetzt in hohem Maße ein Kind der Siedlung, mit Ideen und Ansprüchen, die über die der anderen jungen Leute hier nicht hinausgingen. Ich vermute, Kakusthan wünschte sich, dass sein Sohn mehr Energie bewies. Aber ich wollte den Jungen nicht unter Druck setzen. Bis zu seinem Schulabschluss und dem Beginn seines Berufslebens waren noch Jahre hin; seine Welt, seine Sichtweise würden sich bis dahin noch ändern.

Und Kakusthan versicherte ich, als er auf die Terrasse zurückkam, der Junge werde sich machen; die Ernsthaftigkeit, mit der er über Kricket gesprochen habe, zeige, dass Feuer und Beherztheit in ihm steckte; das mit dem Lernen und dem Beruf werde sich ergeben, wenn es so weit sei. Es war wohl halbwegs das, was Kakusthan hören wollte; er sah zufrieden aus. Wir wandten uns anderen Themen zu.

Es war ein später Sonntagnachmittag, noch Winterzeit in Madras, mit einer milden Sonne. Im *agraharam* herrschte eine entspannte Atmosphäre; alle im Innenhof wirkten vergnügt.

Die Terrasse wurde von einem alten Baum beschattet, und Kakusthan und ich saßen in diesem Schatten, auf der Betonbrüstung vor seinem Schlafzimmer. Ich bat ihn, mit mir über die Szenerie zu reden, die sich vor uns ausbreitete.

Ob ich die Fernsehantennen bemerkt habe? Es gebe zwanzig davon, sagte er. In der Siedlung gebe es sogar einige Farbfernseher. Die Menschen seien nicht mehr so abgeschnitten von der Welt, wie sie es einst waren.

»Und schauen Sie sich die Mädchen da drüben an«, sagte er. »Sie spielen Seilspringen.«

Man könne das leicht als Bagatelle abtun. Aber vor zwanzig Jahren, sagte er, hätte man es diesen Mädchen noch nicht erlaubt, sich auf diese Weise im Freien zu vergnügen. Die Mädchen stünden kurz vor der Pubertät, und vor zwanzig Jahren hätten fast schon die Schatten des Quarantänehauses auf ihnen gelastet.

Und dann hätte ich von der Blässe und körperlichen Schwäche mancher Bewohner in der Siedlung gesprochen, sagte Kakusthan. Es gebe aber mittlerweile Brahmanenjungen, die Sport trieben. Zum Beispiel der Junge auf der gegenüberliegenden Hofseite, etwa zwei Häuser entfernt von den seilhüpfenden Mädchen in ihren langen Röcken – dieser Junge treibe Sport. Er meinte einen jungen Mann mit bloßem Rücken, der nicht sehr groß und von eleganter Haltung war. Er hatte den Körperbau, den man in der indischen Bildhauerkunst immer wieder antrifft: breite Schultern, schmale Taille, glatte Haut, die Kraft und Spannung drinnen verborgen und nicht durch Muskelspiel zum Ausdruck gebracht.

Kakusthan fand das gut; körperliche Tüchtigkeit sei für ihn wichtig. Er sei ein kleinwüchsiger Mann; sein Vater sei das auch gewesen; sie hätten beide darunter gelitten, dass man sie in der Stadt verspottet und gepiesackt habe.

Von unserer hohen Warte auf der Terrasse besahen wir uns den Sport treibenden jungen Mann und seinen Vater. Wo mache der junge Mann seine sportlichen Übungen? Direkt hier, im belebten Hof; niemand nehme Anstoß daran. Er gehöre zu einer zehnköpfigen Familie. Diese zehn Leute lebten zusammen in dem einen Raum, dessen Tür wir sehen konnten. Der Vater sei *peon*, Bürodiener. Der Sohn, der so viel Zeit auf die Körperertüchtigung verwandte, sei nur ein kleiner Angestellter.

»Er hat ein feines Brahmanengesicht«, sagte ich zu Kakusthan.

»Und die Hautfarbe«, sagte Kakusthan und nickte zustimmend.

Plötzlich wirkte Kakusthan verlegen und senkte die Stimme: Eine Frau war auf die Terrasse heraufgekommen, und ich versperrte ihr den Weg. Ich saß auf dem Vorsprung vor Kakusthans oberem Zimmer, und meine Beine ragten in den Gang, der am Rande der Terrasse entlang lief. Wenn die Frau versuchte, an uns vorbeizukommen, kam sie vielleicht mit mir in Berührung, und das gehörte sich nicht. Mich direkt anzusprechen schickte sich ebenso wenig für sie. Ich stand auf. Wortlos ging sie an mir vorüber; nach drei oder vier weiteren Schritten verschwand sie in ihrem eigenen kleinen Raum.

Das Abendlicht wurde weicher und gelber. Frauen und Mädchen gingen zum Brunnen, um ihre Krüge zu füllen.

Als ich mich das erste Mal in der Siedlung aufhielt, hatte ich Kakusthans Äußerungen so verstanden, dass die Siedlung ihrer Auflösung entgegengehe, weil sie sich zu sehr an die Außenwelt anpasse. Jetzt wurde mir klar, dass er der gegenteiligen Ansicht war. Die Gemeinschaft lerne, sich anzupassen: Darin bestehe ihre Stärke.

»Solange die Welt existiert«, sagte er, »wird es auch immer Brahmanen geben. Brahmanen sind für die Gesellschaft unentbehrlich.«

Mr K. Veeramani, ein kleiner, lebhafter Mann in einem schwarzen Hemd mit langen Schößen, das er auf indische Art trug, nicht in die Hose gesteckt, sondern über die Hose herabhängend, kümmerte sich um das Periyar Thidal und sorgte dafür, dass die Flamme, die Periyar in Tamil Nadu entzündet hatte, nicht erlosch.

Periyar starb in der letzten Woche des Jahres 1973 mit vierundneunzig; die Führung der Bewegung übernahm seine zweite Frau. Sie starb fünf Jahre später, und daraufhin wurde Mr Veeramani Führer. Die Bewegung schien zu dieser Zeit die Orientierung verloren zu haben und sowohl politisch als auch sozial bedeutungslos geworden zu sein. Nun aber, nach dem Wahlsieg der ursprünglichen drawidischen politischen Partei, schien die Bewegung wieder voll da zu sein.

Als philosophischer Erbe Periyars reiste Mr Veeramani durch den Bundesstaat, hielt Reden und nahm Selbstachtungseheschließungen nach Periyarschem Muster vor. In Tamil Nadu, wo viele Menschen nicht lesen und schreiben konnten, waren Reden wichtig. Die Menschen begeisterten sich für Reden, für den Klang von Worten; und wie Mr Veeramani erklärte, konnte er notfalls zwei Stunden lang ununterbrochen sprechen. Was die Eheschließungen betraf, so vollziehe er nur etwa acht oder zehn im Monat, etwa hundertzwanzig bis hundertfünfzig im Jahr. Nicht viele; aber die Rationalisten bildeten im Bundesstaat, meinte er, auch nur eine »mikroskopisch« kleine Gruppe. Er glaube aber nicht, dass dies die Bedeutung seiner Arbeit mindere. Seine Aufgabe sei es, so viel wie möglich von Periyars Botschaft zu bewahren. Er kümmere sich also um die Hinterlassenschaft – das Bett, die verschiedenen Geschenke, die Periyar erhalten hatte; er erläutere den Bildgehalt der dreiunddreißig Gemälde im Raum, auf denen die Stationen von Periyars langem Leben zu sehen waren; er veröffentliche Flugschriften, und er führe Besucher um das Grab und lese die berühmteren Aussprüche Periyars vor, die in die grauen Granitplatten rund um das Grab gemeißelt waren. Ohne diese seine jahrelange Arbeit, meinte Mr Veeramani, hätte Periyars Botschaft nicht ohne Verzerrungen überlebt.

Zur Welt gekommen war Mr Veeramani 1933 in der Stadt Cuddalore. Sein Vater war Schneider. Die Schneiderei galt als »importierter« Beruf (so, wie Kaffee als »importierter Artikel« galt), und deshalb stand sie nicht wie die Weberei in Verbindung mit einer bestimmten Kaste. Cuddalore war eine Hafenstadt, und Mr Veeramanis Vater hatte neben seinem heimischen Geschäft auch eine Reihe von ausländischen Matrosen als Kunden. Er verdiente ziemlich gut, aber erst verlor er einen beträchtlichen Teil seines Geldes in einem Gerichtsprozess (er war ein geübter Stockkämpfer und Ringer, trainierte Leute in diesen Sportarten und fand sich auf Umwegen in einen schlimmen örtlichen Zwist verstrickt), und dann ging sein restliches Geld für medizinische Behandlungen drauf, als er an Filariose erkrankte, die er sich durch verseuchtes Wasser zugezogen hatte.

Zu Mr Veeramanis Lehrern in der Schule zählte ein Bewunderer Periyars, der in der Selbstachtungsbewegung eine wichtige Rolle spielte. Dieser Lehrer, der zu der Zeit, als Mr Veeramani ihn kennen lernte, achtundzwanzig oder dreißig Jahre alt gewesen sein dürfte, hatte seinen Namen Subramaniam (den Namen einer hinduistischen Gottheit) in Dravidarmani abgeändert, was so viel bedeutete wie »eine drawidische Person von Gewicht«. Er brachte auch Mr Veeramani dazu, einen anderen Namen anzunehmen und aus Sarangapani, dem Namen einer Gottheit, Veeramani zu machen, was »tapferer Mann«, »Held« bedeutet.

Im Alter von ungefähr zehn Jahren wirkte Mr Veeramani in einem Theaterstück an der Schule mit, und Mr Dravidarmani war von dem Talent des Jungen so beeindruckt, dass er Reden über das Thema Selbstachtung zu schreiben begann, die der Junge dann bei öffentlichen Versammlungen vortrug. Im Jahr 1944 fand in Cuddalore ein drawidischer Kongress statt. Periyar reiste an. Auch ein berühmter tamilischer Dichter, ein Schüler Periyars, kam, der Bharathidasam hieß. Er war siebenundvierzig, entstammte der Weberkaste und lebte in großer Armut in der Stadt Pondicherry (die damals eine französische Enklave in Britisch-Indien bildete). Er galt als der Shelley und der Whitman der Bewegung. Eines seiner Gedichte wurde regelmäßig in Selbstachtungsreden zitiert. Mr Veeramani lieferte mir von dem Gedicht die folgende Übersetzung:

Die Welt liegt noch im Dunkeln.
Selbst Menschen, die an die Kaste glauben, dürfen leben.
Denen, die ihre Mitmenschen durch Religion in Angst versetzen, geht es nach wie vor gut.
Wann wird dieser ganze Betrug enden?
Sofern und solange diese Art von Betrug nicht endet,
Wird man Freiheit und Freisinn einzig und allein verteufeln.

Anders als Periyar, der kleine, fette, onkelhaft wirkende alte Mann, machte Bharathidasam einen bedrohlichen Eindruck. Er war groß und sehr korpulent. Er trug ein *dhoti*, ein Hemd und einen roten Schal – rot als Revolutionssymbol. Er geriet leicht in Wut und stand im Ruf, stets zu sagen, was er dachte.

In Anwesenheit dieses Mannes und Periyars trug der zehn Jahre alte Mr Veeramani die Rede vor, die sein Lehrer ihm anlässlich des drawidischen Kongresses geschrieben hatte. Sie huldigte einem Antibrahmanismus und Antihinduismus, wie ihn Periyar selbst nicht krasser hätte formulieren können. Sie beschäftigte sich mit der Absurdität des hinduistischen Mythos, die Brahmanen seien dem Kopf Brahmas entsprungen, die Kschatriyas seinen Armen, die Banias oder Kaufleute seinen Schenkeln und die Schudras seinen Füßen. Wie könne – wollte der Zehnjährige vom Kongress wissen – ein Mensch, der nicht einmal eine Frau sei, aus so vielen Körperteilen, die ungeeignet zum Gebären seien, Menschen zur Welt bringen?

Periyar zeigte sich von der Rede beeindruckt, und Mr Veeramani wurde in der Folge zu einem der anerkannten Redner für die Selbstachtungsbewegung. Er trat als der zehnjährige Rationalist auf und fing bald schon an, seine Reden selber zu schreiben (oder jedenfalls zu konzipieren).

Fünf Jahre nach dem Kongress in Cuddalore, 1949, kam es zu einer Spaltung der Bewegung. Verursacht wurde sie durch Periyars Entschluss, sich im Alter von siebzig ein zweites Mal zu verheiraten.

Die Frau, die er heiraten wollte, war die Tochter eines Holzhändlers in Vellore. Die Familie unterstützte die Bewegung, und Periyar pflegte in ihrem Haus zu wohnen, wenn er nach Vellore kam. Die Tochter machte gerade eine Ausbildung zur Lehrerin; die Mutter aber, obwohl Anhängerin von Periyar, stand noch hinlänglich unter dem Einfluss traditioneller Denkweisen, um sich zu wünschen, dass ihre Tochter den Gedanken an den Lehrberuf aufgab und heiratete. Die Tochter war fünfundzwanzig; sie galt bereits als alte Jungfer. Als sie entdeckte, welche Pläne ihre Mutter für sie hatte, verließ sie das Haus in Vellore und zog in einen weit entfernten Ort, wo sie im Haus eines Schullehrers unterkam.

Periyar kannte die Tochter. Als er hörte, was passiert war, holte er sie aus dem Haus des Schullehrers in sein eigenes Haus in der Stadt Erode. Er weigerte sich, sie in das Haus ihrer Mutter zurückzuschicken. Er machte die junge Frau zu seiner Sekretärin, dann wurde sie auch seine Pflegerin, und sechs Jahre später heirateten sie. Die junge Frau war zu diesem Zeitpunkt einunddreißig, Periyar siebzig.

Das war die Geschichte, die Mr Veeramani mir erzählte; es lag ihm viel daran, dass ich verstand, warum Periyar in so hohem Alter noch einmal geheiratet hatte. Periyar habe viel Besitz angehäuft. Diesen Besitz habe er nicht seinen Verwandten überlassen wollen. Er habe gewollt, dass er der Bewegung zugute komme, und habe gedacht, dass er dies am besten erreichen könne, wenn er den Besitz seiner Sekretärin und Pflegerin hinterließ. Nach hinduistischem Gesetz habe er sie nur durch Heirat zu seiner rechtmäßigen Erbin machen können.

Nicht alle verstanden Periyars Beweggründe, und ein bedeutender Teil der Bewegung spaltete sich ab und bildete eine eigene Gruppe. Mr Veeramani freilich, zu dieser Zeit ein Rationalist von fünfzehn Jahren, blieb Periyar treu ergeben. Er blieb das auch, als er an die Universität ging und als er begann, Jura zu studieren. Und dann, während er noch sein Jurastudium absolvierte, geschah etwas Wichtiges.

Im Jahr 1957 wurde Periyar zu sechs Monaten Haft verurteilt, weil er die indische Verfassung verbrannt hatte. (Von dieser Episode gab es im Reliquienraum des Periyar Thidal eine detailgenaue, klare, nüchterne bildliche Darstellung.) Bis dahin hatte Mr Veeramani nur als Propagandist für die Bewegung gewirkt, energisch und allgemein bekannt, aber doch ohne näheren Kontakt zu Periyar. Jetzt aber, da der große Mann im Gefängnis saß, fiel Mr Veeramani die Aufgabe zu, gemeinsam mit Periyars Frau, Mrs Manyammai, wie Periyar sie nannte, die Tour durch den Bundesstaat zu machen.

Als Periyar aus dem Gefängnis kam, schickte er nach Mr Veeramani. Periyar hielt sich in der Stadt Tiruchy auf. Mr Veeramani begab sich unverzüglich dorthin.

»Wie steht es mit Ihrer Zukunft?«, fragte Periyar. »Werden Sie sich verheiraten?«

Mit dieser Frage hatte Mr Veeramani nicht gerechnet, denn

Periyar war ein Gegner früher Eheschließungen; seiner Ansicht nach wirkten sie dem sozialen Aufstieg von Nichtbrahmanen entgegen. Mr Veeramani war zu diesem Zeitpunkt fünfundzwanzig und musste noch über ein Jahr lang die juristische Fakultät in Madras besuchen.

Er sagte also: »Ich sehe in diesem Stadium noch keine Notwendigkeit zu heiraten. Ich bin noch nicht ökonomisch unabhängig und würde gern meine ganze Kraft der Partei widmen.«

»Aber es geschieht ausschließlich im Interesse der Partei, dass ich Ihnen empfehle zu heiraten«, erklärte Periyar.

Das Mädchen oder die junge Frau, die Periyar mit Mr Veeramani verheiraten wollte, war die älteste Tochter eines Paares, das Periyar 1933 nach Selbstachtungsritus getraut hatte. Diese Selbstachtungseheschließung hatte politische Berühmtheit erlangt, weil 1952 ihre Gültigkeit gerichtlich angefochten worden war. Aber abgesehen von sentimentalen Regungen war der eigentliche Beweggrund für Periyars Wunsch, Mr Veeramani mit der Tochter dieses Paares zu verheiraten, die Tatsache, dass die betreffende Familie vermögend war, da der Vater einer Kaufmannskaste angehörte und die Mutter aus einer Landbesitzerfamilie stammte: Die Heirat mit der Tochter des Hauses würde Mr Veeramani ermöglichen, sich ganztags für die Bewegung zu engagieren.

Als Mr Veeramani dies begriffen hatte, sagte er zu Periyar: »Wenn es dem Gesamtinteresse der Partei dient, werde ich Ihrem Befehl gehorchen.«

Mrs Manyammai suchte daraufhin Mr Veeramanis Eltern auf, um ihnen die Nachricht zu überbringen, dass ihr Sohn heiraten werde; anschließend brachte sie Mr Veeramani zum Wohnhaus des Mädchens in Tiruannamalai. Sie fuhren mit Zug und Bus und kamen schließlich zu dem Bauernhof, wo das Mädchen und ihre Mutter sich aufhielten. Zu dem Hof gehörte viel fruchtbares Land – Reis- und Erdnussfelder. Nach den üblichen Förmlichkeiten kam das Mädchen heraus, setzte den Gästen etwas zu essen vor (ein merkwürdiger Rest des alten Ritualismus) und ging dann wieder ins Haus. Tatsächlich kannte sie Mr Veeramani bereits bestens, dank seiner Auftritte bei öffentlichen Versammlungen.

Sechs Monate danach fand die Hochzeit statt. Periyar und Mrs Manyammai verschickten im eigenen Namen die Einladungen, so dass die Hochzeitsgesellschaft einem weiteren drawidischen Kongress glich. Geschlossen wurde die Ehe an einem Sonntagnachmittag um fünf Uhr. Diese Zeit hatte man bewusst gewählt, weil sie nach Ansicht orthodoxer Hindus unter besonders ungünstigen Vorzeichen stand. Der atheistische Dichter Bharathidasam, die an Whitman gemahnende Symbolfigur der Bewegung, las ein Gedicht vor, das er zu dem Anlass geschrieben hatte.

Die Sache hatte noch ein kurioses Nachspiel: In seiner Abschlussprüfung fand sich Mr Veeramani mit einer Frage konfrontiert, bei der es um den Selbstachtungseheschluss seiner Schwiegereltern im Jahr 1933 ging.

Die Ehe erbrachte, was sich Periyar von ihr erhofft hatte. Mr Veeramani war imstande, sich ganz in den Dienst der *Dravidar Kazagham*, der Drawidischen Bewegung, zu stellen, und hatte dafür gesorgt, dass der Name und die Botschaft Periyars lebendig blieben. Und jetzt, nach all dem Auf und Ab der vergangenen dreißig Jahre, konnte man Periyars überlebensgroßes Bildnis an vielen Stellen in Madras sehen, und Mr Veeramani, der Hüter der Flamme, ging als großer Held durch die Stadt.

Das Haus, in dem Mr Veeramani wohnte, gehörte seiner Frau. Es lag in der Adiyar-Gegend von Madras, in der Nähe der Theosophischen Gesellschaft. Es war ein großes fünfzehn Jahre altes Betonhaus mit drei Stockwerken, von denen die Veeramanis eines bewohnten.

Hoch oben an der Wand im Salon hing ein Schwarzweißfoto von Periyar und Mrs Manyammai. Periyar saß und hielt seinen kräftigen Spazierstock mit dem gebogenen Griff in der Hand. Die anderen Elemente seines Erscheinungsbilds waren mir mittlerweile wohl vertraut: der große, wellige Bart, das *dhoti*, das Schultertuch, das schwarze Hemd. Mrs Manyammai stand festen Blickes, füllig und kompakt, in einem schwarzen Sari neben seinem Stuhl; ihre rechte Hand ruhte auf der Stuhllehne.

Der Ehrenplatz, den das Foto in Mr Veeramanis Salon einnahm, wirkte passend: Periyars Heirat hatte ja Mr Veeramanis eigene Heirat quasi antizipiert.

Mrs Veeramani servierte Tee und verschwand wieder: pflichtbewusst und korrekt, ohne viel Worte, wie jemand, der sich ganz in den Dienst der Sache stellt. Obwohl man ohne Kenntnis dieser

Sache nie darauf verfallen wäre, so traditionell und sittsam und selbstverleugnend betrug sich Mrs Veeramani.

In dieser häuslichen Atmosphäre, unter Periyars Foto, erzählte mir Mr Veeramani von der lebenspraktischen Seite Periyars, der, einer reichen Kaufmannsfamilie entstammend, seinen Reichtum noch gemehrt hatte.

»Er war sehr vorsichtig. Er war ein Hüter nicht nur der Menschenrechte, sondern auch der Vermögenstitel der Partei. Er vervielfachte diese Titel, indem er in Fabriken und Banken investierte. Im Jahr 1973 betrug sein Vermögen beziehungsweise das seiner Partei über zwei Karor.« Zwanzig Millionen Rupien, eine Million englische Pfund. »Mittlerweile hat das Vermögen einen Gesamtwert von etwa 10 Karor.« Vier Millionen Pfund.

»Die Leute gaben ihm Geld. Und wenn er, sagen wir, neunundneunzig Rupien zusammen hatte, nahm er eine Rupie von Mrs Manyammai und tauschte die hundert Rupien in einen Hundertrupienschein um, damit er sie nicht so leicht ausgab. Mrs Manyammai musste dann lachen.« Mr Veeramani musste ebenfalls lachen. »›Sparsamkeit, dein Name ist Periyar!‹ In ganz Tamil Nadu weiß man das. Sogar für Autogramme nahm er Geld. Die Leute bat er, ihm statt Blumenketten zwei Rupien zu geben.«

Seine Reden ließ er sich bezahlen, und er hielt zwei oder drei täglich, wobei er in dem Kleinbus, den seine Anhänger ihm geschenkt hatten, im Durchschnitt dreihundert Kilometer am Tag zurücklegte. Seine letzte Rede hielt er fünf Tage vor seinem Tod, im Alter von vierundneunzig. Mrs Manyammai hatte er mit siebzig geheiratet, damit sie sein Vermögen erbte, aber die Ehe währte vierundzwanzig Jahre, und sie überlebte ihn nur um fünf Jahre. Danach hatte Mr Veeramani die Herrschaft übernommen.

Mr Veeramanis ältester Sohn war Ingenieur und studierte in Boston. Sein zweiter Sohn hatte einen Abschluss in Handelslehre und arbeitete jetzt in der Kunststoffbranche. Und die erste Tochter hielt sich ebenfalls in den Vereinigten Staaten auf, wo sie ihren Master in Informatik machte. Mr Veeramanis Vater hatte in der Stadt Cuddalore das Schneiderhandwerk betrieben. Die Welt hatte sich seinen Enkeln auf eine Weise erschlossen, wie er sich das nie und nimmer hätte vorstellen können.

Gegenüber der Wand mit dem Foto von Periyar und seiner Frau

hing über einem Bücherschrank ein Kalender der Tamilischen Tiger von 1989. Der Kalender zeigte ein großes Farbfoto der beiden Führer der Tamilischen Tiger, Pirabhakaran und Mathaiya. Man sah sie in einem Waldgebiet, auf das die Sonne herunterbrannte und das brütend heiß wirkte. Sie trugen Tarnanzüge, Guerillakluft. Beide waren sie korpulent und fettbäuchig und lächelten, als amüsierten sie sich über die absurden Uniformen, die sie für das Kalenderfoto angezogen hatten. Sie waren freilich alles andere als Spaßmacher. Sie hatten das Chaos nach Sri Lanka gebracht. Und hier, in Mr Veeramanis Salon, hing ihr Kalender für das Jahr 1989. Die rationalistische Bewegung von Tamil Nadu, die antibrahmanische Bewegung, schloss auch diese Idee von tamilischer Größe, vergangener und gegenwärtiger, ein.

Bis zu diesem Besuch in Madras war für mich Periyar kaum mehr als ein Name gewesen, und von Mr Veeramani hatte ich noch nie gehört. Seit vierzig Jahren aber stand Mr Veeramani im Zentrum einer gewaltigen regionalen Revolution, die im Rahmen des wirtschaftlichen und geistigen Aufschwungs, der Indien nach seiner Unabhängigkeit erfasst hatte, die Züge eines kleinen Krieges angenommen hatte. Bislang konnte sich Mr Veeramani zu den Gewinnern zählen.

Von Kakusthan ließ sich nicht das Gleiche sagen. Gut die Hälfte seiner Geschichte drehte sich um Weggang und Flucht – bis Familiensinn und Pflichtgefühl gegenüber den Eltern ihn dazu gebracht hatten, zurückzukehren und sich bewusst für ein archaisches Leben zu entscheiden. Aber vielleicht war es nicht gerecht, Kakusthan mit Mr Veeramani zu vergleichen. Vielleicht war es angemessener, zum Vergleich jene Brahmanen heranzuziehen, die von der alten zur neuen Gelehrsamkeit, von den Tempelritualen zur Wissenschaft übergewechselt waren, jene Brahmanen, die (fast im Stile Mr Veeramanis) mit den alten Lebensformen radikaler gebrochen hatten.

Madras mit seinen kunstvoll gemeißelten Tempeltürmen, mit seinen kulinarischen Spezialitäten, den *idlis* und *dosas*, mit seiner Musik und seinem Tanz, mit dem Museum und den dort ausgestellten großen Bronzearbeiten mochte auf den Besucher den Eindruck einer noch unversehrten Kultur machen. Es brauchte Zeit, bis man begriff, dass ein Machtwechsel stattgefunden hatte, dass die Brahmanen in der Defensive waren, auch wenn sie nach wie vor die Musikanten und Tänzer, nach wie vor die Köche, nach wie vor die Priester in den Tempeln stellten.

Es fiel schwer, beim Anblick des kulturellen Niedergangs keine Betrübnis zu empfinden. Aber der Anspruch der Brahmanen – wenn es denn einen solchen gab – ließ sich nicht getrennt von all den anderen Ansprüchen in Indien betrachten. Besser war es, den kulturellen Niedergang – den Aufstieg Mr Veeramanis, die Fluchtbewegung der Brahmanen und ihren Wandlungsprozess – als Teil einer allgemeineren Vorwärtsbewegung anzusehen.

Bharathidasam, der atheistische Dichter der Drawidischen Bewegung, trug einen roten Schal – rot als Revolutionssymbol. Die Fahne der DMK, der politischen Partei, die aus der Drawidischen Bewegung hervorgegangen war, hatte die Farben Rot und Schwarz – Rot für die Revolution, Schwarz für die Sache der Drawiden. Zusammengenommen mochten die beiden Farben für alle Erniedrigten und Beleidigten in Tamil Nadu stehen, für all die Menschen, die sich durch die ausnehmende brahmanische Borniertheit des Südens ins Abseits gedrängt fanden. Allerdings repräsentierte die Drawidische Bewegung nur die mittleren Kasten – Periyar selbst gehörte einer Kaufmannskaste an –, die in anderen Teilen Indiens einen ziemlich angesehenen Platz im Kastensystem einnahmen. Unterhalb dieser jetzt triumphierenden mittleren Kasten gab es, wie stets in Indien, andere. Auch sie waren in Bewegung geraten; auch sie hatten begonnen, ihre Ansprüche anzumelden.

Sieben oder acht Jahre zuvor hatte im Norden von Tamil Nadu ein Bauernaufstand stattgefunden – eine maoistische Rebellion, wenn man so will. Sie war niedergeschlagen worden. In den gut vierzig Jahren seit der Unabhängigkeit hatte der indische Staat mit vielen Formen des Aufruhrs, zu denen es in vielen Landesteilen gekommen war, fertig werden müssen. Der Staat hatte gelernt, wie man damit umgehen, wann man hart zuschlagen, wann Zurückhaltung üben musste.

Von dem Bauernaufstand damals gab es Überlebende. Sie waren wieder ins bürgerliche Leben integriert und standen vermutlich besser da als jemals zuvor. Die Polizei hatte noch ein Auge auf diese Männer, und mit Hilfe der Polizei wurde ein Treffen zwischen mir und zweien von ihnen arrangiert.

Man hatte sie aus einem weit entfernten Bezirk herbeizitiert; das Treffen fand in meinem Hotelzimmer statt. Ein Polizeibeamter in Zivil begleitete sie. Ich befand mich in Gesellschaft zweier Journalisten; der eine, ein Gerichtsreporter, sollte dolmetschen, der andere, ein Sportjournalist, beobachten. Im Hotelzimmer befanden sich also sechs Personen. Die bloße Anzahl sorgte für eine förmliche Atmosphäre. Der Tee und das Gebäck, serviert von einem beflissenen Zimmerkellner, machten alles noch ein bisschen steifer.

Ich wusste nicht, was ich von den einstigen Rebellen halten sollte. Sie waren sehr dunkelhäutig, stämmig gebaut und steckten in einer Art Uniform: lange *dhotis* und lose herunterhängende cremefarbene Hemden. Sie hatten dichtes, langes, gut geöltes Haar, das aus der Stirn und von den Seiten des Kopfes nach hinten gekämmt und am Hinterkopf unmittelbar über dem Hemdkragen in gerader Linie abgeschnitten war.

Der ältere der beiden führte das Wort. Er war im Körperbau noch gedrungener, hatte eine klobigere Nase, und seine Haut glänzte fettiger. Sein Bruder, erzählte er, sei Kommunist gewesen, und dieser Bruder – der später von einem Grundbesitzer umgebracht worden sei – habe ihn indoktriniert. Er, der Sprecher, habe dann seinen Begleiter indoktriniert, der jünger und sein Schwager sei. Seinen Schwager zu indoktrinieren sei leicht gewesen. Sein Vater habe bei der Eisenbahn in der Kantine gearbeitet. Eines Tages habe der Vater bei einem Unfall auf dem Rangierbahnhof die Zehen verloren. Der Sohn habe sich dann um eine Anstellung bei der Eisenbahn beworben. Er hätte die Stelle kriegen müssen: Bei der Eisenbahn existiere der Brauch, dass, wenn jemand verletzt werde und aus dem Beruf ausscheiden müsse, ein Angehöriger seiner Familie eine Stelle bekomme, aus humanitären Gründen. Der Sohn habe aber keine Stelle gekriegt, weil andere den stellvertretenden Stationsvorsteher oder irgendeinen anderen hochrangigen Beamten bestochen hätten.

Der Polizeibeamte nickte: So gehe das zu in diesen Kreisen – das Mitgefühl des Beamten war interessant. Auch die Zeitungsleute stimmten zu. In solchen Berufen sei das so.

In ihrem Dorf gebe es nur sehr wenige Brahmanen. Es sei ein Gebiet mit rückständigen Kasten und *Adi-dravid*, den frühesten

Drawiden, Ureinwohnern, Stammesleuten. Diese Menschen würden von den Großgrundbesitzern, den *zamindar*, ausgebeutet. Ein Großgrundbesitzer sei hier jeder, der mehr als zwanzig Hektar Land besitze. Viele der *zamindar* kämen aus der Gemeinschaft der Reddiar, die aus dem Nachbarstaat Andhra Pradesh stammten. Es gebe aber auch *zamindar* aus den Reihen der *Adi-dravid.*

Die *zamindar* beschäftigten Frauen für drei Rupien Tageslohn und Männer für fünf Rupien pro Tag. Der staatliche Mindestlohn habe damals bei fünf Rupien für Frauen und neun Rupien für Männer gelegen. Die Maoisten hätten das Ziel verfolgt, zwischen den Landarbeitern und den Grundbesitzern Feindschaft zu stiften. Zu diesem Zweck hätten sie den Arbeitern von dem Mindestlohn erzählt und sie ermutigt, ihn zu fordern. Die Grundbesitzer hätten sich häufig geweigert und Landarbeiter aus anderen Dörfern geholt. Manchmal seien sie auch rabiater geworden. Sein Bruder sei von einem *zamindar* umgebracht worden. Danach habe Krieg geherrscht: Der betreffende *zamindar* habe sterben müssen.

Dreimal hätten sie versucht, den *zamindar* umzubringen. Man habe ihn beschattet, und eines Tages, als er im Bus fuhr, seien sechs von den Maoisten zugestiegen. Aber es sei nichts passiert. Die Rebellen hätten gezögert, weil sie an die anderen Busreisenden dachten, und in dem Durcheinander sei der *zamindar* entkommen. Das zweite Mal hätten sie dem *zamindar* frühmorgens auf einem Feld aufgelauert. Als er kam, hätten sie auf ihn geschossen und ihn verfehlt. Das dritte Mal hätten sie ihn erwischt. Eine Gruppe von acht Leuten habe das Haus des *zamindars* überfallen und Handgranaten geworfen. Drei Personen seien umgekommen: der *zamindar*, seine Geliebte und ein Baby. Von dem Baby hätten sie nichts gewusst; sein Tod habe sie erschüttert.

Danach seien nur noch zwei weitere Morde verübt worden. In diesem Stadium hätten sie einfach Befehle ausgeführt. Die Befehle seien eher Beschlüsse gewesen, die man auf Gruppenversammlungen gefasst habe. Sie hätten die Regierung stürzen wollen, und wenn sie mit Leuten zu tun hatten, die sie zu »Feinden« erklärt hatten, sei es ihnen schlicht und einfach darum gegangen, die Betreffenden umzubringen.

Dann sei die Polizei angerückt. Sie habe einen Ring um das Operationsgebiet der Maoisten gezogen, eine »Schlinge«, und sie allmählich zugezogen. Dreißig Maoisten seien umgekommen. Sie, die beiden Männer in meinem Hotelzimmer, hätten Glück gehabt. Sie hätten sich schon einige Zeit zuvor der Polizei ergeben und unter der Anklage des Mordes an dem *zamindar*, seiner Geliebten und dem Baby im Gefängnis gesessen. (So bekam ich die Geschichte erzählt, die an dieser Stelle unklar und unbefriedigend blieb. Aber weil die ganze Situation so förmlich war, weil zwischen dem, was der Erzähler sagte, und dem, was mich als Übersetzung erreichte, ein zeitlicher Abstand klaffte, weil die Übersetzung das Erzählte so komprimierte, kam es mir damals nicht in den Sinn, nachzufragen. Erst später wurden mir die Unklarheiten deutlich.)

Die Polizei habe sie beide nicht belasten können. Sie habe keine Zeugen finden können, und der Grund dafür sei gewesen, dass sie beide zehn Tage vor der Beweisaufnahme eine Warnung hinausgeschickt hätten, dass jeder, der sich als Zeuge zur Verfügung stelle, am nächsten Tag tot sein werde. Das bekam ich in dem Hotelzimmer ganz nüchtern erzählt, und der Polizeibeamte in Zivil nickte, sog die Luft ein und nahm es so ruhig auf, als sei es das Normalste von der Welt.

Schließlich habe man sie entlassen. Da ihre Gruppe ausgelöscht war, hätten sie nicht gewusst, wo sie hin sollten – und an dieser Stelle versicherten beide ungefragt, dass sie niemanden aus ihrer Gruppe verraten hätten. Der jüngere Mann, der Schwager, erklärte, die Polizei habe an einem seiner Füße die »Nerven« durchschnitten. Er zeigte mir oben auf seinem in einer Sandale steckenden Fuß eine dunkle Narbe, die wie ein Brandmal aussah. Aber selbst danach, sagte er, sei niemand von ihm verraten worden. Der Polizeibeamte schien nicht irritiert und machte auch keinen Versuch, sich einzumischen; es wirkte so, als sei auch diese Scheußlichkeit mit den Nerven und dem Fuß etwas Normales und allgemein Bekanntes.

Von der Polizei unterstützt – und zweifellos im Rahmen einer staatlichen Rehabilitationspolitik –, machten die zwei Männer Geschäfte auf, beide mit mäßigem Erfolg. Der Ältere handelte mit Tomaten und beschloss aus irgendeinem Grund, seine Tomaten bis nach Kalkutta zu verfrachten. Er verlor fünfundzwanzigtausend Rupien, ungefähr tausend englische Pfund. Der Schwager fing mit der Produktion von *beedis*, billigen Blattzigaretten, an; seine Angestellten, sagte er, hätten sich mit dem Geld aus dem Staub gemacht. Keiner wirkte deswegen niedergeschlagen; sie machten beide einen ganz zufriedenen Eindruck.

Ich wusste nicht recht, was ich von dem, was ich gehörte hatte, halten sollte. Ihrer Erzählung fehlte es so sehr an Bildhaftigkeit, an Einzelheiten. Schuld daran mochte die Übersetzung sein, oder das Gezwungene unseres Treffen oder auch, dass sie ihre Geschichten schon zu oft zum Besten gegeben hatten. In ihrer ganzen Art lag etwas Unverhohlenes. Ich fühlte mich an die Unverhohlenheit der Gangster erinnert, mit denen ich in Bombay zusammengekommen war; sie, die Gangster, waren ein offenes Buch, weil sie ein letztlich sehr einfaches Leben führten. Und vielleicht mussten auch die Fußsoldaten einer Revolution, wie diese Männer es gewesen sein mochten, einfache Leute sein, mit Anliegen, deren Einfachheit ihren Fähigkeiten und Bedürfnissen entsprach.

Ich fragte sie, was sie von Periyar wussten. Und plötzlich schienen sie, sogar in der Übersetzung des Gerichtsreporters, mitteilungsfreudiger zu werden, als sie es bis dahin waren – möglich, dass der Grund dafür das Unerwartete meiner Frage war.

Sie achteten Periyar, sagte der Ältere. Sein Vater sei Anhänger von Periyar gewesen. Periyar aber habe ausschließlich gegen die Kaste gekämpft; an die Klasse habe er nicht gedacht. »Er hat uns aufgerüttelt, aber für unsere Art von Kampf hatte er keine Bedeutung.« So lautete die erste Übersetzung des Gerichtsreporters, die er später leicht korrigierte. Gesagt worden war, in wortgetreuer Übersetzung: »Zwischen uns gab es keine Verbindung.« Und das brachte besser die kastenspezifische Kluft zum Ausdruck, die zwischen der Drawidischen Bewegung und den Maoisten bestand.

Ich fragte ihn nach dem antireligiösen Aspekt dessen, was Periyar verkündete. Sie seien nicht religiös, sagte der ältere Mann, ihre Frauen hingegen seien es. Obwohl sogar die Frauen angefangen hätten, bei ihren Zeremonien auf Brahmanen zu verzichten.

Das klang ehrlich. Ganz zum Schluss gewann ich somit doch noch den Eindruck, dass die zwei Männer, unabhängig von ihren Beziehungen zur Polizei, vielleicht wirklich gewesen waren, was sie gewesen zu sein behaupteten.

Ehe sie gingen, bat der Schwager, die Toilette benutzen zu dürfen. Ich hatte meine Bedenken, aber der Polizeibeamte wies ihn mit einer Handbewegung ins Badezimmer. Wir warteten. Man hörte keine Spülung. Dann kam der Mann wieder heraus und zog behutsam die Tür hinter sich zu.

Später, als ich die so behutsam geschlossene Badezimmertür öffnete, fand ich die Klosettschüssel ungespült vor; Brille und Fußboden waren bepinkelt. Handelte es sich bloß um soziale Unerfahrenheit? Oder verbarg sich hier auch – in diesem Mann, der den Klassenkampf gekämpft hatte – irgendein tief sitzendes kastenspezifisches Empfinden, dass Latrinen unrein waren: so unrein, dass man über sie hinwegsah und es anderen überließ, ihre Unreinheit zu bemerken und zu beseitigen?

Ein oder zwei Tage später sprach ich darüber mit Suresh, dem Sportjournalisten. Die zwei Männer, sagte er, gehörten zu den Untersten der Unteren. Auch wenn mir das vielleicht entgangen sei, in der Hotelhalle seien sie gleich aufgefallen. Sie stünden noch weit unter den Schudras und ganz außerhalb der Reichweite der Drawidischen Bewegung. Ob sie irgendeine Vorstellung von religiöser Reinheit und Unreinheit hätten? Kasten- und Gemeinschaftsbestimmungen auf dieser niederen Ebene seien zwar von oben vielleicht nicht ohne weiteres zu erkennen, aber das heiße nicht, dass sie nicht streng eingehalten würden.

Das Hemd und das lange *dhoti* und das schmalzige, lange Haar der beiden – das alles sei wahrscheinlich von irgendeinem Star des tamilischen Unterhaltungsfilms abgekupfert. Diese Pflege des äußeren Erscheinungsbilds sei Zeichen ihrer Modernität, der Tatsache, dass sie sich von ihrer dörflichen Herkunft gelöst hätten. Die Ansätze von Bauch seien ebenfalls Ausdruck der neuen Selbstachtung, die ihre Rehabilitation ihnen eingeflößt habe. Sie hätten versichert, dass sie mit der Revolution fertig seien und sich nur noch um ihre Familien kümmern wollten. Und das, erklärte Suresh, mache ungeachtet aller eventuellen Widersprüche in ihren Geschichten den Eindruck, ehrlich gemeint zu sein.

Ich ging mich von Sugar verabschieden. Er war wie immer in seiner kleinen Erdgeschosswohnung, ein Gefangener seiner Reputation.

Ich traf ihn an, wie er gerade einen Mann beriet, der einen Computerausdruck von zwei Horoskopen mitgebracht hatte. Es ging um eine Heirat, und Sugar äußerte seine Meinung zu den beiden Horoskopen. Er bezog unmissverständlich Stellung. Das Horoskop des Mädchens passe nicht; in etwa sechs Monaten werde der Junge etwas Passenderes finden. Den Ratsuchenden, einen hoch gestellten Staatsdiener, schien das nicht anzufechten. Er gehörte zum Anhang des Jungen. Beim Eheanbahnungsgeschäft hatten die Jungen Oberwasser; die Mädchen und ihre Familien waren die Bittsteller.

»Hat das Mädchen ein schlechtes Horoskop?«, wollte ich wissen.

»Nicht schlecht«, sagte Sugar. »Unpassend.«

Es war merkwürdig, ihn mit der ihm eigenen Melancholie bereitwillig die Rolle des tyrannischen Propheten spielen zu sehen. Ich spürte, dass er, allem zum Trotz, was er über die Selbstsucht und Falschheit der Leute, die zu ihm kamen, und über seine eigenen Rückzugsabsichten geäußert hatte, Gefallen daran fand, als heiliger Mann tätig zu sein und Ansehen zu genießen.

Dann hatte er wohl das Gefühl, er müsse mir irgendetwas bieten. Er tat das auf die Art, die ihm mittlerweile zur Gewohnheit geworden war.

Er sah mich quer durch den kleinen Raum an und sagte: »Als ich Sie 1962 im Himalaja kennen lernte, war ihr Gesicht *heiter*. Das war eines der Dinge, die mich zu Ihnen hinzogen. Jetzt sehen Sie bekümmert aus. Hat das etwas mit Ihrem Leben zu tun? Mit Ihrer Arbeit?«

Ich sagte: »1962 war ich bekümmerter. Aber ich war jünger. Wie Sie.«

»Werden Sie wieder nach Madras kommen? Kommen Sie und besuchen Sie mich. Kommen Sie und besuchen Sie mich, ehe zwei Jahre um sind.« Er wandte seine Weissagungsgabe auf die eigene Person an. »Nach zwei Jahren–«

Er schüttelte den Kopf und sackte auf seinem Stuhl zusammen, von der schieren Last seiner Krankheit und seiner Einsamkeit niedergedrückt. Er ließ seinen Blick in dem kleinen Raum umherschweifen, den er zu seiner Sphäre gemacht hatte – dem Wohn- und-Schlaf-Zimmer ohne das angehäufte Mobiliar, das ich beim ersten Mal dort gesehen hatte, mit den heiligen Bildern an der Wand und dem Hängeregal, auf dem er die Kopfschmerztabletten aufbewahrte, mit dem anschließenden Durchgang zur Küche, die er nicht selbst putzen durfte und die er auch niemandem sonst erlauben konnte zu putzen, und mit dem Tempelraum und seinen unzugänglichen Bildnissen –, die kleine Sphäre, die er bald räumen sollte.

FÜNF

Nach der Schlacht

BEI MEINEM Besuch in Indien 1962 nahm ich vieles von der britischen Architektur als selbstverständlich hin. Nach dem, was ich aus Trinidad und England kannte, erschienen mir die britischen Bauten in Indien vertraut und boten mir keinen Anlass zur Verwunderung. Vielleicht war es auch so, dass ich mir 1962, gerade einmal fünfzehn Jahre nach der Unabhängigkeit, nicht gestattete, in der britisch-indischen Architektur mehr zu sehen als eine Kulisse. Das Staunen behielt ich den Schöpfungen der indischen Vergangenheit vor. Selbst Lutyens große Leistungen in Neu-Delhi betrachtete ich mit missgünstigem Blick: Ich fand die Dimensionen zu groß, suchte in seinen Zeremonialbauten nach Anleihen, die er bei den Baumeistern der Moguln gemacht hatte, und fand in der Art, wie er Motive übernommen hatte, meinen Vorwurf selbstgefälliger Prahlerei bestätigt.

Sogar die kleineren Bauten der Briten, die Bungalows und Häuser für Verwaltungsbeamte, die sie in den ländlichen Bezirken errichtet hatten, betrachtete ich derart voreingenommen. In ihnen ließ es sich gut wohnen; mit ihren von Säulen getragenen Vorbauten und Veranden, ihren dicken Mauern und hohen Zimmerdecken, unter denen sich manchmal auch noch zusätzliche Oberfenster oder Wandöffnungen befanden, trugen sie dem Klima bestens Rechnung. Aber im Verhältnis zur Armut in den indischen Landregionen schienen sie zu großkotzig. Und sie schienen auch die Beschwerlichkeit des indischen Klimas allzu sehr herauszustreichen. Obwohl sie also absolut indische Bauten waren, schienen sie durch ihren übertriebenen Aufwand das Land doch zugleich auf Abstand zu halten.

Aber während die Jahre verrinnen, kann es einem passieren, dass sich neue Empfindungs- und Betrachtungsweisen einstellen. Seit mittlerweile vierzig Jahren bauen die Inder in einem unabhängigen Indien, und was in dieser Zeit errichtet worden ist, macht es leichter, das Vorangegangene zu würdigen. Im unabhängigen Indien haben die Inder wie Menschen ohne eigene Tradition gebaut; zum größten Teil haben sie ebenso oberflächlich wie mechanisch den internationalen Stil nachgeahmt. Schwer zu verstehen ist dabei, dass die Inder im Unterschied zu den Briten bei ihren Bauten eigentlich keine Rücksicht auf das indische Klima genommen haben. Sie hatten die fixe Idee, modern zu bauen, und vieles, was dabei entstanden ist – die öden, quadratischen Türme von Bombay, die viel zu dicht gedrängt stehen, die gesichtslosen Betonbauten von Lucknow und Madras und die Wohnsiedlungen von Neu-Delhi –, macht das ohnehin schwere Leben in den Tropen nur noch beschwerlicher und schweißtreibender.

Weit entfernt davon, die Vorstellungen von Schönheit, Größe und menschlichen Möglichkeiten weiterzuentwickeln – erhebende Vorstellungen, deren sehr arme Menschen vielleicht nötiger bedürfen als reiche –, trägt ein großer Teil der Architektur des unabhängigen Indiens zur Hässlichkeit, Enge und zunehmenden physischen Bedrängnis im Land bei. Schlechte Architektur in einer tropischen Stadt ist nicht nur ein ästhetisches Problem. Sie verdirbt den Menschen ihren Alltag, zerrt an ihren Nerven, führt zu angestauter Wut, die sich auf vielerlei Weise entladen kann.

Diese indische Architektur, die menschenverachtender ist als die britisch-indische Architektur es je war, lässt heute den nüchternsten Bungalow des britischen Kolonialamts für Öffentliche Bauten wie die Verkörperung einer vollendeten architektonischen Idee erscheinen. Und wenn man, von dort ausgehend, die Bandbreite britischer Bauten in Indien bedenkt und die Zeitspanne in Rechnung stellt, die vielfältigen Stile und die sich entfaltenden Funktionen in Betracht zieht (man denke an die Bahnhöfe, das Victoria-Denkmal in Kalkutta, das Gateway of India in Bombay, die Parlamentsgebäude in Lucknow und Neu-Delhi), dann wird einem klar, dass die britisch-indische Architektur – die man so leicht geneigt ist, als etwas Selbstverständliches hinzunehmen – die gelungenste säkulare Architektur auf dem Subkontinent darstellt.

Mehr als Neu-Delhi ist Kalkutta die von den Briten erbaute Großstadt Indiens. Sie war eines der frühesten britischen Zentren in Indien; sie wuchs mit der britischen Macht und wurde fortlaufend verschönert; sie war bis 1930 die Hauptstadt des britischen Indiens. Bei ihrer Bautätigkeit in Kalkutta, die zuerst als die Stadt der Paläste und später als die zweite Metropole des britischen Empire galt, verfuhren die Briten mit ungeheurem Selbstbewusstsein: Sie lehnten sich nicht an die Stile indischer Herrscher an, sondern errichteten in Indien angepasste Varianten des klassischen europäischen Stils, als Ausdruck der siegreichen Zivilisation. Im Laufe der zweihundert Jahre ihrer Entwicklung wurde die imperiale Stadt aber auch zu einer indischen Stadt und – da sie zugleich eine Hafenstadt und ein Zentrum für Verwaltung, Wirtschaft, Bildung und Kultur britischer wie indischer Prägung war – zu einer Stadt, die in Indien ihresgleichen sucht. Mir, der ich Ende 1962 nach einigen Monaten indischen Provinz- und Landlebens dort hinkam, vermittelte Kalkutta auf Anhieb den Eindruck einer Metropole mit all den starken optischen Reizen einer Metropole und all ihren Verheißungen – auf Abenteuer, Gewinn, gesteigertes menschliches Erleben.

Sechsundzwanzig Jahre später konnte man die Großartigkeit der von den Briten erbauten Stadt – die breiten Prachtstraßen, die Plätze, die reizvolle Art, wie Fluss und offene Flächen einbezogen waren, die Verteilung der Paläste und öffentlichen Gebäude – immer noch nachts als gleichsam gespenstische Erscheinung wahrnehmen, wenn sich die Menschenmassen des Tages in ihre Löcher und Spalten verkrochen hatten, um für das sinnlose Treiben und die Qualen des neuen Tages in Kalkutta Kraft zu schöpfen: für die kaputten Straßen und Gehsteige, den braunen Dunst aus Dieselöl und Benzin, der das brennende Sonnenlicht noch unerträglicher machte, sich mit dem Straßenstaub vermischte und die Haut mit einem Film aus Grus und Schmutz überzog, für das den ganzen Tag andauernde zikadenhafte, an- und abschwellende Hupkonzert der klapprigsten Busse und Autos der ganzen Welt. Die von den Briten erbaute Stadt ließ sich, wenn auch auf diese gespenstische Weise, immer noch erkennen, weil seit der Unabhängigkeit so wenig dazugekommen war, sich seit 1962 kaum etwas getan hatte.

Die Energie und die Investitionen waren in andere Teile Indiens geflossen. Das links liegen gelassene Kalkutta zehrte von seiner Substanz und erhielt sich damit einen Schein von Lebendigkeit. Bestimmte Gebäude im Zentrum der Stadt hatten offenbar seit 1962 keinen neuen Anstrich erhalten. Auf manchen Mauern und Säulen – wie etwa den Mauern und Säulen von Gebäuden, die auf ihren Abriss warteten – bildeten alte Plakate und Leimschichten eine Art von zerfetzter Pappmachékruste; wollte man diese Kruste abkratzen, musste man fürchten, den Gips oder Stuck gleich mit zu entfernen. Die berühmten Klubs der Kolonialzeit – der Bengalische Klub, der Kalkutta-Klub – verfielen, und Inder bewohnten jetzt die Räume, die ihnen einst verschlossen waren. Verfall drinnen, Verfall draußen: Mancherorts wirkte Kalkutta ein bisschen wie eine verlassene belgische Siedlung im Zentralafrika der sechziger Jahre, nachdem die Afrikaner dort ihre Zelte aufgeschlagen hatten. Zelte aufschlagen: der Ausdruck passte. Als sich im Zuge der Unabhängigkeit Bengalen in das zu Indien gehörige Westbengalen und das pakistanische Ostbengalen aufspaltete, kam aus dem Osten ein riesiger Strom von Flüchtlingen, die lagerten, wo immer sie Platz fanden. Große Gebiete innerhalb der Stadt und in ihrem Umkreis waren voll mit ihnen. Und seit damals hatte sich die Bevölkerungszahl der Stadt verdoppelt.

In den Straßen oder den großen, von der Sonne verbrannten Parks gab es keinen freien Raum. Es gab keinen Ort, an dem man hätte spazieren gehen können. Man konnte im Schritttempo eine auf gerissene Straße entlang durch die Menschenmassen zum Tollygunge-Klub fahren und dort einen Spaziergang auf dem Golfplatz machen. Aber die Fahrt war anstrengend, und bis man zurück war, hatten die Auspuffgase das bisschen Erholung, das man sich verschafft hatte, schon wieder zunichte gemacht. Die Leute erzählten einem, dass bis fünfzehn Jahre zuvor die Straßen im Zentrum von Kalkutta noch jeden Tag mit Wasser gereinigt wurden. Aber das hatte ich auch schon 1962 zu hören bekommen. Schon damals, gerade einmal fünfzehn Jahre nach der Unabhängigkeit, sechzehn Jahre nach den großen hinduistisch-muslimischen Unruhen, von denen die Erinnerung so vieler Leute geprägt war, hatte man auf das goldene Zeitalter Kalkuttas zurückgeblickt.

Die Briten hatten Kalkutta erbaut und der Stadt ihren Stempel aufgedrückt. Und als die Herrschaft der Briten endete, fing die Stadt an zu sterben – ohne dass zwischen dem einen und dem anderen eine zwingende Kausalität bestand.

Zu den Menschen, die ich 1962 in Kalkutta kennen lernte, gehörte Chidananda Das Gupta. Er arbeitete damals für die Imperial Tobacco Company, später unter dem weniger provozierenden Kürzel ITC bekannt. Weil er für so eine große britische Gesellschaft tätig war, konnte sich Chidananda zu der auserwählten und beneideten kleinen Gruppe von Indern zählen, die man *boxwallahs* nannte.

Diese *boxwallahs* sahen sich selbst als eine Synthese aus indischer und europäischer Kultur. Sie wurden von den nicht dazugehörenden Indern bewundert und beneidet, weil ihre Stellen sicher waren und ihre Verbindungen zu den Briten sie überdies als kultiviert auswies. Mit ihren ausgezeichneten Gehältern standen sie an der Spitze der Einkommenspyramide in Indien; die Dienstwagen und die möblierten Apartments, die ihnen von den Firmen zur Verfügung gestellt wurden, erlaubten ein Leben im Überfluss. Und schwer arbeiten mussten sie auch nicht. All die Firmen, für die die *boxwallahs* arbeiteten, besaßen in ihrer jeweiligen Sparte mehr oder minder ein Monopol in Indien. Vom *boxwallah* wurde nichts weiter verlangt, als dass er kultiviert war, über gute Beziehungen verfügte und als Mitglied der Belegschaft in der Öffentlichkeit eine gute Figur machte.

Chidananda war noch anderweitig engagiert. Er liebte den Film und zählte zu den Gründern der Calcutta Film Society. In der Calcutta Film Society hatte ich ihn eines Abends kennen gelernt. Und sechsundzwanzig Jahre später sollte mich dann Rajan, der Sekretär, der mir in Bombay seine Geschichte erzählte, daran erinnern, dass Chidananda Rajan am Ende des Abends gebeten hatte, mich sicher zurück zu dem Gästehaus der Arzneimittelfirma zu bringen, in dem ich untergebracht war. Ich konnte mich freilich nicht mehr an Rajan erinnern, dem der Verkehr mit Filmleuten und gebildeten Bengalen in der Filmgesellschaft so viel Vergnügen bereitet und ein Kalkutta gezeigt hatte, das so viel schöner war als die Stadt, die er kannte. An das Büro der Gesellschaft konnte ich mich ganz schwach erinnern: ein funzliges Deckenlicht in einem mit alten Büromöbeln voll gestopften kleinen Raum. Von Chidananda behielt ich einen *boxwallah*-Eindruck zurück – das Bild eines schlanken schnurrbärtigen Mannes von vierzig Jahren in einem grauen Anzug.

Chidananda blieb nicht bei der ITC. Er wurde Filmschaffender und Schriftsteller, machte dies zu seinem Lebensinhalt, und seine Laufbahn führte ihn weg aus Kalkutta. Ungefähr zwanzig Jahre später kehrte er, halb schon im Ruhestand, nach Kalkutta zurück. Die Hälfte der Woche arbeitete er für die Zeitung *The Telegraph*, als Redakteur des Kulturteils. Den Rest der Woche verbrachte er in Shantiniketan, der von Rabindranath Tagore, dem Dichter und Schutzheiligen Bengalens, gegründeten Universität.

Shantiniketan lag zweieinhalb Zugstunden von Kalkutta entfernt. Chidananda baute sich dort ein Haus und wohnte in diesem Haus, während es um ihn herum gebaut wurde. Eines Sonntags fuhr ich ihn besuchen.

Was wusste ich von Shantiniketan? Ich stellte es mir als eine dichterisch-pädagogische Spielart der südafrikanischen Phönixfarm Gandhis vor, als ein Unternehmen, das mit der Unabhängigkeitsbewegung zusammenhing und gleichzeitig ein Protest gegen zu viel Technisierung war: Mir schwebten eine bestimmte Art von Musik, Seminare, die im Freien abgehalten wurden, Hütten als Hörsäle vor – etwas Arkadisches und äußerst Zerbrechliches, etwas, das die Suspendierung von Skepsis und Kritik voraussetzte, und etwas, von dem ich – weil ich lange nicht mehr davon gehört hatte – annahm, dass es sich überlebt hatte.

Die Fahrt machte ich in dem klimatisierten Salonwagen des Shantiniketan-Expresszuges. Er war wie ein Salon eingerichtet, mit Sofas und Sesseln. Ausgeschmückt war er mit buddhistischen Motiven, und in einem Teil des Waggons, der durch ein Geländer abgetrennt war, mochte sich sogar ein kleiner Altarraum befinden: eine Hommage an den buddhistischen Glauben in den nördlich gelegenen Regionen. Ich war der einzige Reisende im Salonwagen; kein Wunder bei dem ehrfurchtgebietenden Preis, den der Oberpage im Hotel in Kalkutta in meinem Auftrag bezahlt hatte. Genießen konnte ich den Luxus freilich nicht: Der Salonwagen wurde vom niederen Zugpersonal als Schlafraum genutzt; drei von ihnen lagen schnarchend auf den Sofas.

Das Land draußen war Reisanbaugebiet, das flache, baumlose Land eines Deltas, mit grünen und braunen Feldern. Die grünen

Felder standen unter Wasser und waren mit Reis bepflanzt, der sich von Feld zu Feld in unterschiedlichen Wachstumsstadien befand. Auf manchen Feldern standen bündelweise Setzlinge im Wasser, die nicht viel anders aussahen als zum Trocknen arrangierte Getreidegarben und darauf warteten, in Reihen ausgepflanzt zu werden. Die abgeernteten Felder lagen braun und trocken da, manchmal noch mit Stoppeln, manchmal leer und umgepflügt, manchmal mit verstreuten Haufen dunklerer, neuer Erde zur Auffrischung des Bodens, die noch untergepflügt werden musste. An vielen verschiedenen Stellen wurde Wasser von einem Feld zum anderen geschafft, manchmal durch elektrische Pumpen, manchmal mittels langer, biegsamer Schläuche, die per Hand in ein Feld mit Wasser getaucht und dann hochgehoben und in das andere Feld ausgeleert wurden. Jede mit dem Anbau von Reis verknüpfte Tätigkeit konnte man in diesem weiten, flachen Delta beobachten: Das ging so Kilometer um Kilometer, und es war kaum zu verstehen, wie es hier je zu einer Hungersnot hatte kommen können. Dann aber, in der Nähe von Shantiniketan, fing das Land an, trocken zu werden, und verwandelte sich in eine flache, unwirtliche Einöde.

Chidananda wartete am Bahnhof auf mich. Nach sechsundzwanzig Jahren glichen wir Schauspielern, die im dritten Akt eines Stücks auf die Bühne kommen, von der sie am Ende des zweiten Aktes jugendlich abgetreten sind und auf die sie jetzt mit weiß bepuderten Haaren und Brauen zurückkehren. Er steckte in zwanglosen indischen Kleidern (und nicht in dem *boxwallah*-Anzug, in den ihn meine Erinnerung gebannt hatte) und fuhr einen Wagen Marke Ambassador. Er lasse sich hier viel billiger halten als in Neu-Delhi; das sei einer der Gründe für seinen Entschluss gewesen, nach Shantiniketan zu ziehen.

Der kurze Fahrweg, der aus dem Bahnhof herausführte, war ein einziges Gewirr von Fahrrad-Rikschas. Das Auto stelle hier den Störenfried dar, sagte Chidananda. Tatsächlich habe Shantiniketan eine eigene Bahnstation, aber die Bewohner von Bolpur, der Station davor, bestünden darauf, dass alle, die nach Shantiniketan reisten, bereits in Bolpur ausstiegen, damit der dortige Basar etwas von ihnen hatte.

Nach einer Weile gelangten wir ins Freie. Es gab Bäume. Sie seien von der Universität gepflanzt worden und hätten zur Erhöhung der Regenmenge beigetragen, erklärte Chidananda. Auch der Schatten war angenehm; aber staubig war es trotzdem, sehr staubig. Lehmhütten der Universität waren hier keine zu sehen, nur ockerfarben getünchte Betonhäuser. Wir fuhren am Shantiniketan-Tempel vorbei, einer Halle von ansprechenden Dimensionen, bewusst unkirchlich gehalten. Freilich war der Tempel ein Geschöpf seiner Zeit. Die Mauern waren kunstvoll durchbrochen, die Fensterscheiben bestanden aus Buntglas, und von der Straße sah er nach Fin de Siècle aus und war ein bisschen sehr farbenfroh.

Chidananda zeigte mir ein paar der Häuser, in denen Tagore während seiner Zeit in Shantiniketan gewohnt hatte. Tagore habe ein Haus sehr schnell übergehabt, erzählte Chidananda, und sei von einem ins andere gezogen: das Privileg des Dichters und Stifters und vielleicht auch die Anspruchshaltung des bengalischen Aristokraten. Ich bekam auch den Eindruck, dass der große Mann sich in Shantiniketan ein wenig ausgetobt oder spielerisch betätigt hatte: Es gab eine Reihe von Universitätsgebäuden, die Tagore selbst entworfen und bei denen er es mit einer Mischung asiatischer Motive probiert hatte – hinduistischer, indischer, chinesischer. Heute merkwürdig anzusehen, der Romantizismus und die Selbsttäuschung hinter dem illustrativen Gedanken, und doch dürfte sich damals Leidenschaft in das Spielerische gemengt haben, das starke Bedürfnis, gegenüber der alten und allem Anschein nach überdauernden Glorie des britischen Empire und Europas nun endlich Asien zur Geltung zu bringen.

Chidanandas unfertiges Haus stand am Rande des Universitätsgeländes. Das Haus, aus Backsteinen erbaut, sollte einmal zwei Stockwerke haben. Das Erdgeschoss war fast fertig; für das Obergeschoss waren noch ungefähr drei Monate Arbeit nötig. Das Grundstück war nach drei Seiten hin offen. Chidananda hatte den Ort wegen seiner Abgeschiedenheit, seiner Stille und seiner frischen Luft ausgewählt; all dies war in indischen Großstädten nicht mehr zu haben. Vor allem aber war Chidananda nach Shantiniketan gezogen, weil – allen Veränderungen zum Trotz, die aus der Universität eine ganz normale indische Hochschule hatten werden lassen – der Ort mit der spezifischen bengalischen Kultur verknüpft war, die ihn in seiner Jugend geprägt hatte. Der Boden hier war ihm heilig, wie er auch, wenngleich auf andere Weise, den einfachen indischen Touristen heilig war, die den Ort besuchten. Diese Touristen kamen nicht, weil sie sich mit der Dichtung oder dem Werk Rabindranath Tagores beschäftigt hatten, sondern weil sie von ihm als heiligem Mann gehört hatten, und weil es gut war, die Heiligtümer solcher Menschen aufzusuchen.

Chidanandas Vater hatte sein ganzes Leben lang als Prediger für die Brahmo Samaj gewirkt. Die Brahmo Samaj vertraten eine Art von gereinigtem oder reformiertem Hinduismus, den der Vater von Rabindranath im neunzehnten Jahrhundert ausgearbeitet hatte. Die Bewegung entsprang dem Versuch, die neue Wissenschaft Großbritanniens und Europas mit den alten spekulativen hinduistischen Glaubenssätzen der *Veden* und der *Upanischaden* zu synthetisieren. Sie stellte eine direkte Fortentwicklung der Ideen von Radscha Ram Mohan Roy von Bengalen (1772–1833) dar, dem ersten modernen indischen Reformer und Pädagogen. Die Leistung von Menschen wie Roy und dem älteren Tagore lässt sich heute nicht mehr so ohne weiteres würdigen, wo die Güter und Erfindungen Europas und Amerikas die Welt verändert haben und rund um die Erde auch die einfachsten Leute gezwungen sind, sich an die Zivilisation anzupassen, die sie umgibt und anzieht. Im ausgehenden achtzehnten und beginnenden neunzehnten Jahrhundert gelangten weniger Güter aus Europa nach Indien. Unter den statischen Bedingungen der damaligen indischen Zivilisation – die auf einem Festhalten an der Tradition und den alten Werten beharrte – brauchte es außergewöhnliche geistige Kraft, um die neuen Errungenschaften Europas wahrzunehmen.

»Der Brahmo-Glaube«, erklärte Chidananda, »verknüpft den Kern der Lehren der *Upanischaden* mit einigen christlichen Ritualformen. Zum Beispiel mit der Form des Gottesdienstes – eines Gottesdienstes am Sonntagmorgen und am Sonntagabend. In den größeren Kirchen saß man in Bankreihen, und es gab eine Kanzel. Im Gottesdienst wechselten sich gesprochene Rituale, Gebete und Gesänge ab, von denen viele Rabindranath Tagore und einige sein Vater geschrieben hat. Die Form des Gottesdienstes stammt von Rabindranaths Vater. Der Brahmo-Glaube trennte den Monotheismus der *Upanischaden* und die Vorstellung eines universalen Geistes, der gestaltlos ist, vom Hinduismus der *Puranas* – vom Götzendienst, von der Vielgötterei, vermengt mit Animismus und Kastenlehre. Er beinhaltete den Glauben an Bildung für Frauen, die Ideale der Demokratie und die Abschaffung des Kastensystems.«

Das war der Glaube, dem Chidanandas Vater sein Leben lang diente, wozu er sich schon in jungen Jahren entschloss.

»Schon seit er zehn war, wurde mein Vater sonntags von meinem Großvater zum Gottesdienst der Brahmo Samaj mitgenommen. Das war in der Stadt Chittagong, die jetzt in Bangladesch liegt.« Chittagong: Heute denkt man bei dem Namen an die Armut und die Naturkatastrophen Bangladeschs, während sie dem portugiesischen Dichter Camões vor vierhundert Jahren als eine der schönsten Städte des reichen, fruchtbaren Bengalen galt: *Chatigão, cidade das milhores de Bengala.*

»Mit vierzehn beschloss mein Vater, ein Brahmo zu werden. Für meinen Großvater kam dieser Ausgang der Geschichte völlig überraschend, und er war rasend vor Zorn. Eines Nachts verließ mein Vater sein Elternhaus. Buchstäblich zu Fuß und – um einen modernen Ausdruck zu gebrauchen – per Anhalter, nämlich auf Ochsenkarren und in Booten, legte mein Vater den siebenhundertfünfzig Kilometer langen Weg bis zu der in den Bergen gelegenen Stadt Shillong zurück. Damals existierte noch eine recht lebendige Tradition der Gastfreundschaft gegenüber Durchreisenden. Wie mein Vater mir erzählte, wanderte er den ganzen Tag lang zu Fuß oder wurde mit dem Ochsenkarren mitgenommen, um dann abends im nächstgelegenen Haus um Obdach zu bitten, das auch gewährt wurde.

Nach Shillong ging er, weil er einige Brahmos dort kannte. Sie halfen ihm dann bei seiner Schulausbildung, und ins College ging er gemeinsam mit einer ganzen Reihe berühmter Leute, unter ihnen der Vater von Satyajit Ray, Sukumar Ray, ein großer Humorist und Publizist.

Mein Vater machte nie seinen Abschluss. Er absolvierte die ersten zwei Collegejahre – heute würde man das als Grundstudium bezeichnen – und wurde Missionar des Brahmo-Glaubens, mit einer kleinen finanziellen Vergütung. Ziemlich bald danach lernte er meine Mutter kennen und verliebte sich in sie – in Ganga, in Bihar, wo der Vater meiner Mutter als angesehener Arzt praktizierte. Als mein Vater um die Hand seiner Tochter bat, gab der Arzt seine Einwilligung. Und mein Vater blieb sein ganzes Leben lang ein armer Prediger.«

Für jemanden mit seinem Hintergrund – und vielleicht für alle, die dem Brahmo-Glauben anhingen – war Shantiniketan heiliger Boden, und zwar aus einem bestimmten Grund.

»Rabindranaths Vater reiste in den vierziger Jahren des neunzehnten Jahrhunderts durch diese Gegend. Sie glich einer Wüste, und ihm gefiel der Ort sehr. Es gab einen einzigen Baum, und unter dem saß er und beschloss an diesem Tag, einen Aschram an der Stelle zu gründen. Vorbild sollte der alte *bramacarya*-Aschram sein – in dem man während des Studiums sexuelle Enthaltsamkeit übt und zu Füßen seines Gurus lernt. Er gründete diesen Aschram tatsächlich, und lange Zeit danach gründete Rabindranath die Universität, *Vishwa-Bharati*, die Indische Welthochschule. Unter dem Baum, wo Rabindranaths Vater saß, befindet sich ein Podest. Die Stelle gilt als der heiligste Ort in Shantiniketan.

Was bei Radscha Ram Mohan Roy Anfang des neunzehnten Jahrhunderts als Reformbewegung begann, machte Devendranath Tagore zu einer Religion. Sie verwandelte das bengalische Bürgertum. Rabindranath Tagore weitete die Religion zu einer Kultur aus. Und diese Kultur machte Nehru zu seiner Politik. Weil Rabindranath eine Kultur daraus machte, die nicht auf Religion beschränkt blieb, konnte sich die breitere Mittelschicht damit identifizieren. Formell gibt es den Brahmo Samaj auch heute noch. Aber das Leben ist aus der organisierten Form gewichen – und in breiteren Gesellschaftsschichten aufgegangen.«

Chidananda sah Shantiniketan erstmals 1940, mit neunzehn Jahren. Er lebte mit seiner Familie in der Nachbarprovinz Bihar, und sein Vater schlug ihm vor, hinzufahren und dort Urlaub zu machen. Er stieg im Gästehaus ab und teilte sich ein Zimmer mit einem Indonesier, der an der Universität Batiken lehrte. Chidananda fand es aufregend, mit einem Ausländer zusammen zu wohnen, und auch der Name des Indonesiers, Prahasto, faszinierte ihn. Dieser Name entstammte dem großen hinduistischen Epos *Mahabharata*. Chidananda bekam sofort eine umfassendere Vorstellung von Indien und Asien und hatte das Gefühl, in Shantiniketan an einem Ort zu sein, der zur Welt und nicht nur zu Indien gehörte – ein Gefühl, das Tagore ja auch den Studenten an seiner Universität vermitteln wollte.

Ein paar Tage später hielt Rabindranath im Tempel eine Rede.

»Es war frühmorgens im Dezember, ganz schön kalt – damals gab es nicht viele Häuser in Shantiniketan, viel mehr offenes Gelände –, und wir saßen auf dem kalten Marmorboden in dem gläsernen Tempel, mit seinen verschiedenfarbigen Scheiben. Als die Sonne aufging, tauchte sie die Gesichter und Kleider der Menschen in alle möglichen Farben. Wir alle saßen da und warteten auf Rabindranath.

Er wurde im Rollstuhl hereingefahren. Dann stand er aus dem Rollstuhl auf. Er war sehr groß, aber vom Alter gebeugt. Er ging ohne fremde Hilfe. Er trug ein weißes *dhoti, koortah* und Schultertuch. Sein Anblick beeindruckte mich. Er war wie eine Erscheinung aus dem alten Indien; man hatte das romantische Gefühl, einem heiligen Mann aus alter Zeit zu begegnen. Er saß auf einem ganz niedrigen Schemel. Alle anderen saßen ohne Sitzdecke direkt auf dem Marmorboden.

Dann begann der Gesang. Keine modernen Instrumente, nur traditionelle Instrumente. Allerdings kein Harmonium – Rabindranath mochte es nicht, weil es eine feste Tonleiter hat, eine westliche Tonleiter, und weil es mit ihm unmöglich ist, die Halbtöne oder Mikrotöne zu erzeugen, die für das System der klassischen indischen Musik so wichtig sind. Dann sangen sie ein Kirchenlied, eines von Rabindranaths Kirchenliedern.

Er las aus einem vorbereiteten Text vor, auf Bengali, mit den Zitaten in Sanskrit. Er war ein sehr großer Mann, ein Meter fünfundachtzig, und sah sehr stark aus; mich verblüffte der Gegensatz zwischen seiner Stimme, die hoch und dünn war, und der Größe des Mannes. Ich hatte eine tiefe, klangvolle Stimme erwartet. Ich brauchte ein paar Minuten, um das zu verwinden. Aber bald schon schlug mich das, was er sagte, in Bann. Es war der Dezember 1940, und der Krieg war uns sehr gegenwärtig. In seiner Rede ging es um die Krise der Zivilisation – er machte sich Sorgen wegen der Selbstzerstörungstendenzen.«

So also wurde Chidananda von Tagore in eine bestimmte Art der Weltanschauung eingeführt. Zu den segensreichen Merkmalen der indischen Unabhängigkeitsbewegung gehörte, dass viele ihrer Führer Männer von großem Weitblick waren, die über ihr indisches Anliegen hinauszublicken vermochten.

Der erste Besuch von Chidananda in Shantiniketan dauerte zwei Wochen. Weniger als ein Jahr danach starb Rabindranath. Wie viele andere Bengalen hatte Chidananda das Gefühl, dass Shantiniketan ohne Rabindranath seinen Sinn verloren hatte; erst sechsundvierzig Jahre später fuhr er erneut dorthin. Tatsächlich kehrte er erst zurück, nachdem er sich entschlossen hatte, in Shantiniketan zu leben. Für seine Rückkehr wählte er die gleiche Strecke, die auch ich gekommen war: Er nahm den Zug vom Bahnhof Howrah in Kalkutta und stieg zweieinhalb Stunden später in Bolpur aus.

»Diese Bahnstation versetzt einen in die allerschlimmste bengalische Kleinstadtatmosphäre – hässlich, laut, von Menschen wimmelnd, voll der Verwahrlosung, die mir typisch für die Verstädterung in unserem Land scheint, der geistigen Verwahrlosung, der Vernachlässigung grundlegender Bedürfnisse. Die Bahnstation hatte sich viel stärker verändert als Shantiniketan selbst.

Ich ging durch das chaotische Gedränge von Bolpur. Ich wusste, dass ich auf dem Weg nach Shantiniketan war, wo ich offene Flächen und eine ruhige Umgebung und Bäume vorfinden würde. Ich fühlte mich nicht allzu sehr bedrängt – weil man sich mit der Realität des eigenen Landes irgendwie abfinden muss. Es war gut zu wissen, dass hinter all diesem Chaos ein Schatz verborgen lag. Ich praktiziere seit ungefähr fünfzehn Jahren Yoga, und es hat mir ungeheuer dabei geholfen, diesen geistigen Zustand zu erreichen – in dem ich enorme Mengen von Chaos und Durcheinander um mich herum hinnehmen und eine Zeit lang ertragen kann, ohne meinen Seelenfrieden zu verlieren.

Selbst bei diesem ersten neuerlichen Besuch also war mir klar, dass mir der Ort gefiel. Einige Monate später kaufte ich mir ein bisschen Land, so viel ich mir leisten konnte, und fing gleich an zu bauen. Ein alter Freund, Architekt, Bengale und schon im Ruhestand, entwarf die Baupläne. Er kannte die Gegend, das Klima, die Windrichtung.

Der Ort hat sich verändert. Ich erwarte nicht, dass er so ist wie früher. Man kann nicht zurück in die alten Zeiten, als die Menschen hier in Lehmhütten wohnten und freiwillig barfuß gingen. Aber ich habe das Gefühl, dass ich durch meinen Umzug hierher zu freieren Formen des Denkens, Lebens und Handelns zurückgekehrt bin. Ich fühle mich nicht mehr eingeschlossen. Ich habe mir wieder die *Upanischaden* vorgenommen – eine wiederentdeckte alte Neigung. Eigentlich bin ich Atheist, aber ich habe einen Zustand erreicht, in dem ich die Spiritualität vom Theismus und von der Religion trenne. Für mich stellen die *Upanischaden* das Bemühen des Menschen dar, das Universum und sich selbst auf der Stufe höchster Spiritualität zu verstehen.

Wir sind hier nur zweieinhalb Stunden entfernt von Kalkutta, aber ich habe das Gefühl, dass es ein weiter, weiter Weg von meiner früheren Inkarnation bis hierher war. Die *boxwallah*-Inkarnation, in der Sie mich 1962 erlebten, hatte mich von den Wurzeln meiner Kultur und Erziehung weit weg geführt.«

In seiner Jugend wollte Chidananda Lehrer werden. Irgendwann wollte er sogar als Brahmo-Missionar in die Fußstapfen seines Vaters treten. Aber dann führte ihn der Wunsch, sich in der Welt zu beweisen, in die Werbung und schließlich in das Tabakunternehmen.

Auf die Nachricht, dass er die Stelle bekommen hatte, gratulierten ihm alle. Seine Frau aber sagte: »Warum willst du diese Stelle? Ist dir nicht klar, dass sie andere Menschen aus uns machen wird?«

»Als Sie mich 1962 kennen lernten«, sagte Chidananda, »war ich für die Werbung des Unternehmens zuständig, und jene Werbeabteilung zählte zu den größten im Land. Die Firma verfügte über eine Art von Tabakmonopol, das noch aus britischen Zeiten stammte. Alles, was produziert wurde, wurde auch verkauft, fast unabhängig von seiner Qualität. Ein Beispiel kann Ihnen die Selbstgefälligkeit verdeutlichen, die in dieser *boxwallah*-Welt herrschte. Es gab einen hoch bezahlten Personalchef, der einen Großteil seiner Zeit damit verbrachte, festzulegen, auf wie viel Teppichboden die Angestellten der jeweiligen Gehaltsstufe Anspruch hatten, und mit den Ehefrauen die Farbe der Vorhänge zu erörtern.

Der *boxwallah* war eine ganz eigentümliche Züchtung. Geschaffen wurde das *boxwallah*-System gemäß britischen Bedürfnissen, nach Maßgabe des Lebensstils der Briten, ihrer Art zu essen, zu sitzen, zu schlafen, zu scheißen. Die Briten, die für die Firma herkamen, betrachteten ihre Zeit in Indien wie einen Hotelaufenthalt, wo alles zur Verfügung gestellt wurde – bis auf das letzte

Handtuch, den letzten Löffel. Es war wie eine Vorbereitung darauf, dass sie wieder zurück nach Hause fahren, sich dort ein Haus kaufen und ihre eigene Wäsche waschen konnten. Sogar Dienstboten wurden ihnen zur Verfügung gestellt.

Sechs Wochen nach meinem Eintritt in die Firma schrieb ich einen Bericht, in dem ich vorschlug, den Namen des Unternehmens von Imperial Tobacco Company in ITC abzuändern. Damals erntete ich nichts als Gelächter.

Wie die Verwaltung des britischen Empire selbst trennte auch das Handelsimperium, das ja nur dessen verlängerter Arm war, eine Hand voll Inder von den übrigen ab und machte sie zu einem wesentlichen Bestandteil des Herrschaftssystems. Sie sollten sich stärker mit den britischen als mit den indischen Interessen identifizieren – das war das Ziel, das auf höchst subtile Art erreicht wurde. Die Briten zögerten nicht, sich indischen Vorgesetzten zu unterstellen, ob in der politischen oder in der ökonomischen Verwaltung. Ich glaube nicht, dass so etwas in anderen Imperien vorgekommen ist, und bei anderen ausländischen Gesellschaften, die in Indien tätig sind, findet man das bis heute nicht. Bei französischen oder amerikanischen oder japanischen Firmen gibt es fast nie den Fall, dass einer ihrer Landsleute unter einem Inder Dienst tut.

Die Firma war streng hierarchisch aufgebaut. Es gab zwei klar unterschiedene Gruppen, leitende Angestellte und normales Personal. Wir, die leitenden Angestellten, hatten einen Wagen mit Chauffeur, und unsere Frauen bekamen zum Einkaufen – etwa um Teppichböden und Vorhänge auszusuchen – einen Wagen gestellt. Ich hatte Kollegen, die den Schlips zurechtrückten, wenn der Direktor anrief, oder die den Wagen zu sich nach Hause schickten, um sich ein frisches Jackett holen zu lassen, wenn sie zum Lunch ausgehen wollten. Und natürlich hatten die leitenden Angestellten am Arbeitsplatz eigene Toiletten.

Meine Frau gewöhnte sich rasch an die Annehmlichkeiten und genoss sie. Auch ich genoss das Luxusleben – es wäre Heuchelei, das zu leugnen. Und ich muss gestehen, dass diese Lebensweise prägend für unsere Bedürfnisse in späteren Jahren war.

Mein Problem war, dass ich wegen meines Interesses an Literatur und Film in meinem Privatleben ständig mit Leuten verkehrte, die absolut anders waren. Nach der Tagesarbeit ging ich regelmäßig ins Büro der Calcutta Film Society. Ich hatte sie 1947, im Jahr der Unabhängigkeit, zusammen mit Satyajit Ray gegründet. Unsere Hauptarbeit bestand darin, Briefumschläge zuzukleben und sie zu adressieren. Wir hatten Glück, dass über unseren Köpfen ein Ventilator hing – in diesem schmuddeligen Büro eines Filmverleihs. Hier diskutierten wir über die Großartigkeit des Weltkinos.

Ray war unserer Arbeit eng verbunden. Mit seiner enormen Körpergröße und seinen breiten Schultern erinnerte er mich stark an Tagore; heute sehe ich in ihm den letzten großen Vertreter der Tagore-Zeit. Anders als Tagore aber hat er eine volle, dröhnende Stimme. Er ist dunkelhäutig; Tagore hatte eine helle, zarte Haut. Mit seiner Kultiviertheit, seinem Indertum, seiner Universalität (nicht zu verwechseln mit dem modischen Kosmopolitismus), seiner Ehrlichkeit hat Ray einige Eigenschaften, die sehr an Brahmo gemahnen.

So führte ich also eine Jekyll-und-Hyde-Existenz. Am Tag westliche Kleidung, ganz konventionell, und abends die Filmgesellschaft. Gelegentlich wurde ein Kollege neugierig und wollte wissen, was ich in der Freizeit trieb. Er kam dann mit zur Filmgesellschaft, um sich einen französischen oder deutschen Film anzusehen, aber der Schweißgeruch stieß ihn ab, den meine Freunde ausströmten, die mit dem Bus, der Straßenbahn oder zu Fuß lange Wege zurückgelegt und den ganzen Tag lang in Büros ohne Klimaanlage gearbeitet hatten und die nicht über die Mittel verfügten, vorher noch nach Hause zu fahren und die Kleider zu wechseln.

Ein ganz konkretes Erlebnis brachte mir das geistige Dilemma, in das mein Doppelleben mich versetzte, zu Bewusstsein. Ich erinnere mich, dass ich mit meinen Kollegen zur Hochzeit eines britischen Mitglieds der Unternehmensleitung mit einer Inderin ging, ein Ereignis, das in den oberen Etagen der Firma für viel Stirnrunzeln gesorgt hatte.

Gezwungenermaßen steckte ich in einem westlichen Straßenanzug, ebenso wie meine Kollegen. Vielleicht hatte es mir aber auch einfach an Willensstärke gemangelt. An diesem extrem heißen und schwülen Abend war der Saal voll von Bengalen in ihren bequemen *koortahs* und *dhotis* aus dünnem Popelinstoff. Und während ich in meiner völlig unpassenden Kleidung schwitzte, wurde mir plötzlich klar, auf welcher Seite ich mich befand, und ich fragte mich voll Abscheu: ›Was hast du dir angetan?‹ Nach diesem Vorfall wurde mir einiges klarer. Ich dachte erstmals daran, aus der Firma auszuscheiden und den Lebensstil aufzugeben, zu dem sie ihre leitenden Angestellten nötigte.

Es gibt, würde ich sagen, viel geistige Unterforderung bei diesen Formen von Beschäftigung. Viele von uns, die im Vertrieb arbeiteten, besuchten die Basare in Kalkutta und in den kleinen Städten überall im Land, aber nur, wie ich feststellte, um aufs Geratewohl Zigarettenstangen in die Hand zu nehmen und die Kodierung auf der Rückseite zu überprüfen, die Auskunft darüber gab, wie frisch oder alt die Zigaretten waren.

Die Leute trieben also durch den Tag – vom Frühstück ins Büro, zum Lunch, zu einem Ausflug in den Basar, und dann in den Klub, und es wurde jede Nacht spät. Das Büro, das Zuhause und der Klub waren klimatisiert; man musste also nicht mehr als eine halbe Stunde oder Stunde ohne Klimaanlage zubringen.

Der Hauptvorteil dieses Lebensstils bestand darin, dass er einen vor dem Denken bewahrte. Wenn man anfing, nachzudenken, konnte einem unbehaglich werden. Manche der Inder erlitten durch diese Lebensweise Schaden und büßten dauerhaft die Fähigkeit ein, sie selbst zu sein, und lebten schließlich eine Art von Scheinexistenz. Ich habe eine ganze Reihe Leute kennen gelernt, die sich ohne diesen Schutzschirm gar nicht mehr zu behaupten vermochten. Und ich habe mit ansehen müssen, wie Leute einem höllischen Maß an Demütigungen in der Organisation ausgesetzt waren.

Diese Stellen waren mehr oder weniger Pfründe. Die Demütigungen bestanden darin, dass einem bestimmte sichtbare Machtsymbole weggenommen wurden und keine Arbeit mehr zugeteilt wurde. Ich habe Leute erlebt, die tagaus, tagein ins Büro kamen und dort einfach herumsaßen und dann wieder heimgingen – Absolventen aus Oxford und Cambridge, die ihre Fähigkeiten vielleicht besser hätten nutzen können, wenn sie sich andere Beschäftigungen gesucht hätten. Das ganze Büro bekam diese Demütigung mit. Sie war für jedermann klar ersichtlich. Aber zu kündigen konnten sich viele einfach nicht vorstellen. Es wäre so gewesen, als würde man mitten im Winter aus einer warmen, hellen Stube in die Kälte und Dunkelheit Nordschwedens hinausgeworfen.

Damals waren indische Unternehmen noch nicht so auf dem Vormarsch, und die Chancen waren noch sehr begrenzt. Jedenfalls hätten indische Firmen den *boxwallahs* nicht die Art von Lebensstil bieten können, an die sie sich gewöhnt hatten. Heutzutage bieten Ihnen indische Unternehmen bestimmte Annehmlichkeiten und ermöglichen Ihnen einen sehr aufwändigen Lebensstil – vorausgesetzt, Sie erfüllen die Erwartungen. Darauf wird bestanden: Pfründe gibt es im indischen Geschäftsleben nicht mehr.

Mitte der sechziger Jahre begann die neue Geschäftsentwicklung. Die bereits unter Druck stehende *boxwallah*-Herrlichkeit wurde von der Realität eingeholt. Die Tabakgesellschaft veränderte sich total. Sie verwandelte sich binnen kurzer Zeit, innerhalb von zehn Jahren – für einen Austausch der Unternehmenskultur nicht eben lange. Herbeigeführt wurde dieser Wandel durch Inder. Die Briten bildeten ihre Leute aus, aber sie versuchten nicht, das Geschäft in eigener Regie zu leiten. Mittlerweile hat sich die ITC auf eine breitere Produktpalette umgestellt und wird gut fertig mit dem verlangsamten Wachstum in der Tabakindustrie.«

Dieser Wandel sei Beweis dafür, dass die *boxwallah*-Kultur auch ihre guten Seiten gehabt habe; die dürfe man nicht vergessen.

»Die Arbeitsmoral war hoch. Es gab viel Elan und Disziplin, auch wenn sie nicht immer wussten, wohin der Elan sie bringen sollte. Im Grunde waren sie gute Inder, patriotische Inder. Ich erinnere mich, dass 1962, während des Krieges gegen China, etwa zu der Zeit, als wir uns kennen lernten, eine Sitzung des Finanzausschusses stattfand. ›Nun, meine Herren‹, sagte der Finanzdirektor, ›was meinen Sie – wird die nächste Ausschusssitzung in Peking stattfinden?‹ – ›Nur wenn unser Premier sich angewöhnt, mit Schirm auszugehen, Herr Direktor‹, sagte ich. Und eins muss man den Briten lassen, Sie hatten für diese Art von Schlagfertigkeit etwas übrig und zollten einem dafür Respekt.«

Ashok war fünfundzwanzig Jahre jünger als Chidananda. Er arbeitete für eine alte britische *boxwallah*-Firma. Die Firma selbst war mittlerweile von einem Repräsentanten der neuen Generation superreicher indischer Finanziers und Industrieller aufgekauft worden, dessen geschäftliche Interessen zu einem großen Teil außerhalb Indiens lagen.

Ins Geschäftsleben eingetreten war Ashok nicht wegen der Privilegien und der gesellschaftlichen Stellung, die Chidananda geschildert hatte. Ihn habe eher die Vorstellung vom »Marketing« fasziniert – das klinge so modern, so aktiv, so up to date. (In meinen Augen war Marketing einfach nur ein anderes Wort für Verkaufen; ich bat Ashok nicht darum, mir seine Vorstellung zu erläutern. Viele Wochen später, in Delhi, erhielt ich von einem Mann, der früher in der Werbebranche gearbeitet hatte, eine genaue Definition: »Marketing bedeutet, ein unberücksichtigtes Bedürfnis zu erkennen und zu befriedigen.« Nicht Bedarfsschöpfung – in einem armen Land wäre so etwas schiere Frivolität. Sondern einfach nur Bedürfnisse erkennen, die noch keine Berücksichtigung gefunden haben.)

Ashoks erste Geschichte – insgesamt erzählte er mir drei – handelte von seinem Versuch, ins Marketing zu gehen.

»Ich fing die Sache mehrfach falsch an. Zuerst studierte ich Handelswissenschaft an der Universität. Das entsprach dem Wunsch meiner Eltern. Ich wusste, dass Handelswissenschaft nichts für mich war, aber ich biss die Zähne zusammen und marschierte durch. Ich schaffte die Abschlussexamen mit Ach und Krach, und das verletzte meinen Stolz. Dann bewarb ich mich bei einer Schule für Management. Das machte ich, weil es alle machten. Wie nicht anders zu erwarten, bekam ich keine Zulassung.

In dieser Situation brachte mein Vater mich in einer Handelskammer in Delhi unter. Dort war ich anderthalb Jahre. Ich kam in Kontakt mit einer Reihe von Industriemagnaten, für die die Handelskammer eingerichtet worden war; es gab aber auch eine ganze Reihe provinzieller Typen. Ich bekam einen ziemlich guten Eindruck von den ungleichen Verhältnissen in Indien. Ich bezog einen Hungerlohn, dreihundert Rupien im Monat, fünfzehn englische Pfund, aber ich wohnte bei einem Onkel und hatte nicht viele Ausgaben.

Eines Tages, bei einer gutbürgerlichen Abendgesellschaft in der Defence Colony in Delhi, lernte ich einen Dr. Malhotra kennen. Er war ein beleibter Mann mittlerer Größe und trug einen dunkelbraunen Anzug. Ich fragte ihn, was er mache, und er antwortete ganz lässig, er sei Direktor von Imba. Ich fragte ihn, was Imba sei, und und er sagte, es sei das Institute of Management and Business Administration. Wenn mir das bekannt vorkam, dann deshalb, weil viele dieser Einrichtungen ähnliche Namen haben. Jedenfalls war ich ungeheuer beeindruckt. Er war Mitte vierzig, ich Anfang zwanzig. Er wirkte äußerst gut gestellt und trat auch so auf. Zunächst begegnete er mir mit Gleichgültigkeit, wohl weil er in mir einfach nur einen der vielen jungen Männer sah, die irgendwo angestellt waren.

Aber dann kam in der Unterhaltung heraus, dass mein Vater ein einflussreicher Geschäftsmann in Kalkutta war, und Dr. Malhotras Verhalten mir gegenüber veränderte sich. Er interessierte sich plötzlich dafür, was ich machte, wie viel ich verdiente, und äußerte dann seine Ansicht, dass ich für weit Höheres bestimmt sei. Voll Naivität ließ ich mich von der Woge seines Interesses mitreißen. Er war absolut begeistert von mir.

Es übersteige seine Vorstellungskraft, wie jemand mit meiner augenscheinlichen Begabung seine Zeit damit verschwenden könne, in einer nichtssagenden Handelskammer dreihundert Rupien zu verdienen, wo mir doch die ganze Welt offen stehe. ›Haben Sie mir denn etwas Besseres vorzuschlagen?‹, fragte ich. ›Na und ob, Junge!‹, sagte er. Er beschrieb sein Imba-Institut. Wie er mir die Sache darstellte, diente Imba dem Zweck, möglichst viele Menschen im Land in die Kunst des Marketings einzuführen. Und jetzt plane er eine Expansion von Delhi in andere Metropolen.

Wenn man ihm Glauben schenken durfte, nahmen die großen Unternehmen Indiens sein Know-how in Sachen Marketing in Anspruch, und er hatte beim Erfolg einer ganzen Reihe von bekannten Markenprodukten seine Hand im Spiel gehabt. Allein schon ihm zuzuhören, fand ich aufregend, weil er mir die Augen für die wunderbare Welt des Marketings öffnete, von der ich schon so oft gehört hatte.

Ich fasste den Entschluss, ins Marketing zu gehen. Zum Teil tat ich das, weil sich viele meiner Freunde und Kollegen bei diesen Management-Schulen bewarben, wo Marketing ein wichtiges Fach war, oder weil sie in die Marketing-Abteilungen großer Firmen eintraten, um sich dort ausbilden zu lassen. Ich hatte keine Ahnung, worum es dabei ging, aber es schien mir das Gegebene. Es strahlte einen gewissen Glanz aus, hatte eine Aura.

Ich war mit Dr. Malhotra einer Meinung, dass ich an meinem damaligen Arbeitsplatz meine Zeit verschwendete. Er lud mich für den nächsten Tag in sein Büro ein, wo ich, wie er andeutete, etwas erfahren würde, was mir weiterhelfen könne. Am nächsten Morgen trabte ich hin. Ehe ich wusste, wie mir geschah, hatte mir Dr. Malhotra eine Stelle angeboten, für das Doppelte des Gehalts, das ich in der Handelskammer bekam und mit der verlockenden Aussicht, nach Kalkutta zurückkehren und dort arbeiten zu können.

Als ich von ihm wissen wollte, warum ein offensichtlich erfolgreicher Marketingmensch wie er sich für einen blutigen Anfänger wie mich interessierte, für jemanden, der es nicht einmal in die Management-Schulen geschafft hatte, erklärte er, die Steigerungsform akademischer Qualifikationen laute bei ihm folgendermaßen: Bakkalaureus, Magister, Doktor – doof, doofer, am doofsten. Erneut war ich tief beeindruckt. Schon in meinen schulischen Beurteilungen hatte immer gestanden: ›Seine Noten spiegeln seine Fähigkeiten nicht angemessen wider.‹ So war ich mehrmals geneigt, Dr. Malhotras Äußerungen beizupflichten.

›Was zählt, ist Arbeitserfahrung‹, sagte er. Und seiner Sicht der Dinge entsprechend, suche er sich lieber blutige Anfänger wie mich und bringe sie zur Entfaltung.

Er wollte, dass ich mich um die Niederlassung in Kalkutta kümmerte, er nannte sie die ›Kalkutta-Agentur‹ von Imba – ich glaube, er fand das Wort ›Agentur‹ schick. Meine Aufgabe sollte darin bestehen, Kurse einzurichten und Firmenangehörige beziehungsweise Privatpersonen als Teilnehmer zu rekrutieren, wobei die Gebühren ziemlich hoch waren.

Ich war geistesgegenwärtig genug, ihn zu fragen, wie mir das dabei behilflich sein würde, etwas über Marketing zu lernen. Ich sah, dass es bei dieser Stelle eher darum ging, Imba zu verkaufen, als die Marketing-Fertigkeiten zu erlernen, für die Imba allem Anschein nach berühmt war. Das werde nur ein Aspekt meiner Arbeit sein, sagte er. Imba selbst werde in hohem Maße im Bereich der Marktforschung und der Kundenberatung engagiert sein. Das beeindruckte mich. Ich sah mich schon als Marketing-Ass.

Ich setzte mich über die Bedenken meines Vaters hinweg und akzeptierte Dr. Malhotras Angebot. Am Tag meines Eintritts bei Imba gab er mir eine Schachtel mit Visitenkarten, auf denen mein

Name stand und ich großartig als Leiter der Agentur firmierte. Eine Visitenkarte hatte ich noch nie gehabt. Ich war begeistert.

Ich hatte gehofft, eine Woche oder so in Delhi verbringen und etwas über die Arbeitsweise von Imba lernen zu können, aber Dr. Malhotra hatte es unverkennbar eilig, mich nach Kalkutta zu schaffen. Er wollte, dass ich hinfuhr und anfing, die großen Unternehmen als Mitglieder zu gewinnen. Er sagte, mein Vater werde mir dabei helfen. Das gab mir zu denken: Ich gewann den Eindruck, dass sein Interesse meinem Vater galt und dass etwas nicht stimmte.

Er setzte mich in den Zug nach Kalkutta und bezahlte die Fahrkarte. Er hatte mir zu verstehen gegeben, dass er ein Büro in Kalkutta besaß und dass ein Freund sich um das Büro kümmerte. Kurz nach meiner Ankunft rief dieser Freund an und bat mich, zu ihm zu kommen. Das Büro lag in einem übervölkerten Teil von Nordkalkutta, und als ich hinkam, fand ich ein schmuddeliges kleines Loch in einem alten, verkommenen Wohnblock mit zahlreichen Stockwerken vor.

Auf meine Frage, wo mein Imba-Büro sein werde, wies dieser Herr, Dr. Malhotras Freund, auf einen ramponierten kleinen Tisch in einer Ecke des Raums und sagte, von dort aus könne ich arbeiten. Er fügte hinzu, dass er zwar im äußersten Notfall in Erwägung ziehen könne, ein bisschen Tipparbeit zu machen, dass es ihm aber lieber wäre, wenn ich meine eigenen Briefe und Berichte mit Durchschlägen per Hand schrieb. Ich dürfe auch das Telefon benutzen, sagte er – das einzige im Büro, das funktionierte. Ich solle aber jeden Anruf aufschreiben, und die Kosten würden dann Imba in Rechnung gestellt.

Und von diesem Schreibtisch aus versuchte ich nun tatsächlich, meinen ersten Schulungskurs in Marketing zu organisieren. Dr. Malhotra trug mir auf, mit einem Hotel wegen eines Tagungsraums und wegen der Verköstigung und sonstigen Versorgung der Teilnehmer zu verhandeln. Ich solle einen günstigen Preis aushandeln – dieser Punkt lag ihm besonders am Herzen –, und das tat ich denn auch.

Er erzählte mir immer wieder, er werde zu dem Schulungskurs einen renommierten amerikanischen Professor nach Kalkutta holen. Darauf musste ich unbedingt bestehen. Die Idee mit dem Amerikaner war wichtig. Die Management-Szene im Land stand in hohem Maße unter dem Eindruck des Management-Booms in Amerika, und Dr. Malhotra war sich dessen zweifellos bewusst.

Ich tat wie geheißen, und warb erfolgreich die rund fünfundzwanzig Teilnehmer, die er für den Kurs haben wollte. Hauptsächlich gelang mir das durch Kontakte zu leitenden Firmenleuten, die mit der Familie befreundet waren. Dadurch hatte ich einen Anknüpfungspunkt, und der Rest erwies sich als ziemlich einfach. Ich suchte sie auf, und sie waren gern bereit, jemanden in ihrer Firma für die Teilnahme am Kurs, die zweitausend Rupien pro Person kostete, zu benennen. Ich sollte erwähnen, dass sich viele dieser Führungskräfte verwundert und bestürzt zeigten, mich in solch einem Laden arbeiten zu sehen – von dem sie noch nie gehört hatten.

Der Kurs selbst lief ohne Pannen ab – bis auf einen Zwischenfall. Der amerikanische Professor und seine Frau reisten tatsächlich an. Renommiert war er allerdings nicht. Er kam von irgendeiner obskuren Universität und betrieb einen ziemlich ähnlichen Laden irgendwo in den Weiten des nordamerikanischen Kontinents. Er war ein amerikanischer Tourist, wie er im Buch steht, ein Dickwanst in seinen späten Vierzigern.

Dieser Professor und seine Frau wurden in dem Hotel untergebracht, mit dem ich auf Dr. Malhotras Geheiß die Arrangements wegen der Räumlichkeiten und so weiter getroffen hatte. Es war nicht das allerbeste Hotel in der Stadt. Es stand ein paar Stufen tiefer. Dem Professor und seiner Frau gefiel nicht, was sie sahen, aber Dr. Malhotra erzählte ihnen, das hier sei Indien, ein äußerst armes Land, man könne nicht so hohe Ansprüche stellen, und häufig sei die Bedienung in diesen schlichteren Hotels besser als in den Fünfsternehotels, bei denen manchmal alles nur Fassade sei.

Gerade als die Amerikaner offenbar im Begriff standen, sich mit ihrer Unterkunft abzufinden, erschien eine Ratte und trippelte durch das Zimmer. Die Dame kreischte und schrie: ›*Kriechende* Viecher kann ich nicht ausstehen.‹ Und zu Dr. Malhotras Kummer bestanden die Amerikaner darauf, ins beste Hotel in Kalkutta gebracht zu werden. Es handelte sich um das Grand Hotel, das unendlich viel teurer war. Ich selbst musste mich darum kümmern.

Der Kurs wurde mir als ein Erfolg gutgeschrieben. Aber dann, kaum dass er vorbei war, forderte mich Dr. Malhotra auf, einen weiteren vorzubereiten – das Ganze noch einmal durchzumachen. Ich selbst war nicht zufrieden mit dem Kurs, den ich gerade veranstaltet hatte, weil mir im Rückblick schien, als hätte ich in Sachen Marketing gar nichts für mich erreicht.

Auch in meinem Bemühen, Mitglieder für Imba zu werben, war ich nicht erfolgreich. Dr. Malhotra legte großen Wert darauf, weil jede Mitgliedsfirma sieben- oder achttausend Rupien einbrachte und jedes Einzelmitglied tausend Rupien. Die meisten Leute hatten einfach noch nie von Imba gehört. Dr. Malhotra meinte, die bloße Tatsache, dass ich aus einer einflussreichen Familie kam, müsse es mir möglich machen, sie zu werben. Aber meinem Gefühl nach hatte ich den großen Firmen nichts zu bieten. Es ist schwer genug, ein gutes Produkt an den Mann zu bringen, ohne dass man aufdringlich wird. Aber ein Pseudoprodukt zu verkaufen war mir, dem damals noch schüchternen jungen Mann, so gut wie unmöglich. Und die Freunde meines Vaters wurden etwas deutlicher in der Zurückweisung meines Ansinnens, für achttausend Rupien ihre Firma Mitglied bei Imba werden zu lassen.

Meine wöchentlichen, mit Kugelschreiber und Durchschlägen geschriebenen Berichte an Dr. Malhotra lasen sich immer weniger eindrucksvoll. Und Dr. Malhotra wurde immer ungeduldiger. Er spürte wohl auch die drohende Gefahr, dass ich Imba verließ.

Er kam nach Kalkutta geflogen und wollte wissen, warum ich keine Ergebnisse erzielte. Ich hielt ihm vor, dass ich bei Imba in der Hoffnung eingetreten war, Kenntnisse und Fertigkeiten im Fach Marketing zu erwerben, und zwar auf herkömmliche Weise. Stattdessen aber sei ich in den letzten paar Monaten damit beschäftigt gewesen, Imba selbst zu verkaufen oder zu vermarkten, und das habe weder meinen Kenntnisstand noch mein Ansehen befördert. Ich gab ihm zu verstehen, dass Imba in Kalkutta einen mittellosen ehemaligen Offizier mit organisatorischen Fähigkeiten brauche und keinen idealistischen Dreiundzwanzigjährigen, der am Anfang seiner Karriere stehe. Und an diesem Punkt brachte ich meine Hoffnung zum Ausdruck, dass wir freundschaftlich auseinander gehen würden.

Wir gingen nicht freundschaftlich auseinander. Er wurde wütend. Er habe eine Menge Geld und Zeit in mich investiert, sagte er. Darauf ging ich nicht ein: Ich dachte, er würde irgendeine finanzielle Rückforderung stellen. Er wurde äußerst wütend und sagte, er werde meinen Namen aus der Liste der Imba-Mitglieder auf Lebenszeit löschen. Ich wusste gar nichts davon, dass ich Mitglied auf Lebenszeit war, aber offenbar wurden das Zweigstellenleiter oder ›Agenturleiter‹ automatisch.«

Die ausgebrannten Maoisten, die ich in Madras kennen gelernt hatte, hatten zum Rand einer viel umfassenderen Bauernbewegung gehört, die ihr Zentrum in Bihar und Bengalen, fast tausendfünfhundert Kilometer nordöstlich hatte und die Ende der sechziger und Anfang der siebziger Jahre am aktivsten gewesen war. Der Kommunismus in Bengalen blickte auf eine lange Geschichte zurück. Auch er war durch den Kolonialismus eingeführt worden und in der Folge der neuen Wissenschaftsskultur des neunzehnten Jahrhunderts und der kulturellen Vermischung erstmals auf der Bildfläche erschienen. Sogar heute noch gab es in der erstarrten, von den Briten erbauten Stadt, quasi als einen Aspekt ihrer Erstarrung, häufige, feierliche kommunistische Märsche durch den Dreck, den Abfall und die Hoffnungslosigkeit. Selbst heute, wo die Kommunistische Partei im Bundesstaat die Regierung stellte, ließen sich die Menschen noch von der Poesie der roten Fahnen und der Revolution mitreißen.

Die Kommunistische Partei, die mit Poesie und Leidenschaften Politik machte, nie wirklich verfolgt war, zuzeiten dem Gedanken einer indischen Unabhängigkeit geradezu ablehnend gegenüberstand und ihre eigenen, manchmal realitätsfernen Kämpfe ausfocht – diese Partei hatte sich wieder und wieder gespalten. Erst gab es die Kommunistische Partei Indiens, dann die Kommunistische Partei Indiens (Marxisten), dann die Kommunistische Partei (Marxisten/Leninisten). Es war die letzte, die maoistische Splittergruppe, die die Revolte der Bauern ins Rollen gebracht hatte. Die Revolte wurde zerschlagen. Aber solange sie währte, zog die Bewegung Tausende von gebildeten Menschen in Bengalen und in anderen Teilen Indiens in ihren Bann und verzehrte sie.

Es gab Überlebende. Einer von ihnen war Dipanjan. Er arbeitete jetzt als Dozent für Naturwissenschaften an einem College im Zentrum von Kalkutta. Das College existierte, und es wurde in ihm gearbeitet, aber als Gebäude befand es sich in einem Zustand des Verfalls, des für Kalkutta typischen Verfalls.

Das Schild draußen blätterte ab, die Fenster des zweistöckigen Hauses waren zerbrochen. Aber es gab einen Torwächter, der das Doppeltor bewachte. Er schickte mich eine schmale, an der Außenmauer hochgezogene Betontreppe am anderen Ende des Hauptgebäudes hinauf zu Dipanjan, in einen verwahrlosten Raum mit Tischen, auf denen einige simple Geräte standen. Der unebene Boden war nicht ausgefegt oder vielmehr nur bis zu einer welligen Grenzlinie gefegt worden, wo der zusammengekehrte Dreck und der Besen, der das Kehren besorgt hatte, kurzerhand liegen geblieben waren. Auf sämtlichen Zierleisten oder Ausbuchtungen der hohen, graubraun gestrichenen Türen lag Staub; der Wandputz bröckelte an vielen Stellen. Der Raum erweckte keinerlei Eindruck von Farbgebung, keinerlei Eindruck von geglätteten Oberflächen oder begradigten Linien.

Dipanjan war ein kleiner, schlanker Mann mit Brille. Er trug ein kurzärmeliges, beigefarbenes Hemd und Hosen. Wir gingen in einen hohen, schrankartigen Raum, der unmittelbar neben dem Haupteingang lag. Ein Schreibtisch, zwei Stühle und einige hohe Metallschränke nahmen den Großteil des Raumes ein. Das bisschen Wand, das man zwischen den Schränken sehen konnte, war verschmutzt; etwas Braunes, Öliges war vom Fenster heruntergetropft.

Nachdem wir uns eine Weile unterhalten hatten, fragte ich Dipanjan: »Sehen Sie das hier mit meinen Augen?«

»Es ist wie in anderen Colleges auch. Es ist Indien«, antwortete er mit seiner sanften, ruhigen, artikulierten Stimme.

Er sah aber nicht alles, was ich sah. Er könne sich, sagte er, auf die Geräte auf den Labortischen konzentrieren, könne über das, was rundherum war, hinwegsehen. Was ihm allerdings ins Auge stach, was ihn ärgerte und seine Nerven weit mehr strapazierte, als es mich irritierte, war der ungefegte, staubige Fußboden.

Das College sei für Schulabbrecher, sagte er, für »geschlagene Krieger« (obwohl sie in dem kleinen Hof des Colleges einen munteren, gesunden Eindruck machten). Es seien Leute, die in anderen Colleges nicht angenommen würden. Ihre Chancen, eine Stelle zu finden, seien gering – ein Bakkalaureus in Naturwissenschaften sei keine hinlängliche Qualifikation –, und sie seien nicht motiviert. Die Mädchen im College seien eher motiviert. Für sie sei der Leistungsanspruch nicht so groß, sie stünden nicht unter solchem Erfolgsdruck, und paradoxerweise mache sie das zu besseren Studenten. Das College sei an mehr Mädchen interessiert. Die Gebühren betrügen dreißig Rupien im Monat, ein englisches Pfund und zwanzig Pence, was sogar in Indien keine große Summe sei.

In dieser beengten Kammer neben dem Vorlesungsraum unterhielten wir uns an jenem Nachmittag über seine Herkunft und seinen Werdegang. Seiner Gestalt und Stimme, seinem Ausdruck und Verhalten nach zu urteilen, war er ein sanfter, gutartiger Mensch. In einer Menschenmenge irgendwo in Kalkutta wäre er nicht aufgefallen. Es fiel nicht leicht, den Revolutionär in ihm zu sehen, der zwanzig Jahre zuvor (er war mittlerweile fünfundvierzig) aufs flache Land gezogen war, um bei den Bauern zu leben, ihnen die Idee der Revolution zu predigen und dann, gemäß den Anweisungen der Partei, zur Ausschaltung bestimmter Menschen, von Klassenfeinden, aufzurufen.

Seine Mutter kam aus einer wohlhabenden Familie. Ihr Vater hatte als hoher Regierungsbeamter gedient, als Mitglied der indischen Schulbehörde. Davor hatte er laut Dipanjan als »unbedeutender Naturwissenschaftler« gearbeitet. Er habe eines der ersten Instrumente zur Messung radioaktiver Partikel entwickelt und sich damit einen Namen gemacht.

»Wie können Sie ihn dann unbedeutend nennen?«, fragte ich.

Ohne sich im Mindesten zu ereifern, erklärte Dipanjan: »In Kalkutta gibt es ziemlich viele Naturwissenschaftler minderen Ranges. Dies ist die Stadt von M. N. Saha, S. N. Bose, J. C. Bose und P. C. Ray. Die ersten drei waren Mitglieder der Royal Society. Erst in jüngster Zeit hat Kalkutta den Anschluss verloren. Noch in den sechziger Jahren besaß das Presidency College von Kalkutta eine Riege von Physikprofessoren, die damals auf der ganzen Welt schwer zu übertreffen gewesen wäre. Deshalb müssen Sie verstehen, dass ich in meinem Großvater mütterlicherseits nur einen Naturwissenschaftler minderen Ranges sehen kann.«

Im Süden war eine eigenständige Naturwissenschaft im Laufe von zwei oder drei Generationen aus der brahmanischen Tradition abstrakter Gelehrsamkeit hervorgegangen. In Bengalen, in der von den Briten errichteten Stadt Kalkutta, waren die Naturwissenschaften mit westlicher Bildung ins Land gekommen; wissenschaftliche Leistungen entsprangen dem kolonialen Konkurrenzdenken und dem Bedürfnis der Inder, sich zu beweisen.

Auf der väterlichen Seite entstammte Dipanjan der bengalischen Gentry. Erst auf dieser Reise bekam ich diesen Begriff in Indien zu hören. Gentry war für mich ein englisches Wort, das Menschen bezeichnete, die im Land ihrer Vorfahren verwurzelt waren und sich ihm verbunden fühlten und es sorgfältig hüteten. Und das Wort hier war auch das englische, das sich Anfang des neunzehnten Jahrhunderts in Bengalen eingebürgert hatte. »Die Briten machten den Gentrystand erblich«, sagte Dipanjan. »Aus ihrer Sicht schufen sie eine Schicht von Landbesitzern, die von den Zahlungen ihrer Pächter lebten und unter denen das Erbfolgeprinzip galt.«

Die Familie von Dipanjans Vater kam aus dem Bezirk Faridpur. Der wurde 1947 ein Teil von Ostpakistan. Die Gentry von Faridpur bestand im Wesentlichen aus Hindus der oberen Kasten. Sie verpachteten ihr Land; die Pächter, die das Land bestellten, waren Muslime und Hindus aus den niederen Kasten. Während der hinduistisch-muslimischen Massaker, zu denen es 1946/47 in Bengalen kam, mussten die Hindus aus Faridpur fliehen – nicht nur die Landbesitzer aus den oberen Kasten, sondern auch die Landbebauer aus den niederen Kasten. Aber lange vor dieser Flucht aus Faridpur war die Familie von Dipanjans Vater schon verarmt. Das Erbland der Familie war so oft geteilt worden, dass Dipanjans Großvater (und denen, die von ihm abhingen) nicht mehr als ein einziger Raum in dem großen Stammsitz der Familie geblieben war.

Mit zwanzig trat dieser Großvater in den Staatsdienst ein, als Mitarbeiter in der Hauptbuchhaltung Bengalens. Dazu verhalf ihm der Sippenverband. Sein Sohn, Dipanjans Vater, zog in eine Wohnung, die einem Verwandten in Kalkutta gehörte. In dieser Wohnung kam Dipanjan zur Welt.

Ungefähr um 1940, er war damals siebzehn oder achtzehn und studierte am College, wurde Dipanjans Vater Kommunist. Dipanjan war es nie eingefallen, seinen Vater später zu fragen, warum er Kommunist geworden war: Ihm war das normal erschienen. Die Mitgliedschaft in der Partei war eine ernste Sache. Als Dipanjans

Vater sich 1943 verheiraten wollte, musste er die Genehmigung der Partei einholen, weil seine Braut aus einer Beamtenfamilie kam. Die Partei erteilte die Genehmigung unter der Bedingung, dass der künftige Schwiegervater von Dipanjans Vater (der unbedeutende Naturwissenschaftler und Beamte im Schuldienst) einen Blankoscheck ausstellte, zahlbar an die Kommunistische Partei Indiens.

Nach dem Krieg, 1946, als Dipanjan zweieinhalb Jahre alt war, wies die Partei Dipanjans Vater und Mutter an, nach Ungarn zu gehen und dort ihre Aufbaustudien zu absolvieren. Dipanjan blieb bei den Großeltern zurück. Seine Eltern kehrten 1950 heim – als all die Wirren der Spaltung und der Unabhängigkeit vorüber waren. Dipanjans Mutter hatte in Ungarn eine Lehrerausbildung gemacht; bald nach ihrer Rückkehr fand sie in Kalkutta eine Anstellung. Dipanjans Vater hingegen, der seinen Doktor in Biochemie gemacht hatte, suchte vergeblich nach einer richtigen Stelle. Er wechselte von einem unbefriedigenden Job in den anderen, bis er 1955 etwas fand, was auf seinem Gebiet lag. Danach trat er aus der Kommunistischen Partei aus. Und wie Dipanjan seinen Vater nie gefragt hatte, warum er Kommunist geworden war, so dachte er auch nie daran, ihn später zu fragen, warum er aus der Partei ausgetreten war: Dass die Jüngeren die Älteren ausfragten, entsprach nicht hinduistischem oder indischem Brauch. Ein komisches Überbleibsel der ungarischen Episode bewahrten sich seine Eltern: Sie hatten beide Ungarisch gelernt, und das wurde in Kalkutta zu ihrer Privatsprache, wenn sie vor Dipanjan etwas geheim halten wollten.

1951, als er sieben war, bekam Dipanjan Asthma. Seine Mutter wurde überfürsorglich; der Junge lebte zurückgezogen und suchte Trost und Anregung in Büchern. In der Wohnung gab es viele Bücher. Es gab die kommunistische Literatur seines Vaters. Und es gab die Bücher des Onkels seines Vaters, dem die Wohnung gehörte. Dieser Onkel war Nationalist; er hatte Bücher, die den nationalistischen Standpunkt vertraten. Dipanjan interessierte sich damals aber nicht allzu sehr für Politik.

Er gewann allerdings eine gewisse Vorstellung von der Welt. Im Jahr 1952 besuchte er mit seiner Mutter ein Elendsviertel, wo sie Kindern Lesen und Schreiben beibrachte – Arbeit im Dienste der

Partei. Er ging auch manchmal einige Verwandte seines Großvaters besuchen, die aus Faridpur in Ostbengalen geflüchtet waren. Diese Verwandten lebten in einer der für die Flüchtlinge errichteten Siedlungen im Umkreis von Kalkutta. Das war Dipanjan damals nicht klar, aber als er später über die Vorgänge von 1947 nachzulesen begann, erinnerte er sich an die Flüchtlingssiedlungen, die er als Kind besucht hatte, und die Ereignisse gewannen eine größere Bedeutung für ihn. Er glaube aber nicht, meinte er, dass seine Generation durch die Spaltung politisch beeinflusst worden sei.

In der Schule sei er gut gewesen. »Meine Mutter entwickelte allmählich Ehrgeiz für mich. Und im Rückblick glaube ich, dass mich das mental sehr beeinflusst hat. Im Jahr 1960, ich war sechzehn Jahre alt und stand im Begriff, die Schule abzuschließen, gab es für mich nichts Wichtigeres, als akademisch zu glänzen und Gedichte zu schreiben. Ich interessierte mich mittlerweile für Literatur und schrieb auf Bengali und auf Englisch.«

Er sei voller romantischer Ideen gewesen, aber unter seinen Lebensumständen habe es an Gelegenheiten gefehlt, Mädchen kennen zu lernen. Die Stadt Kalkutta immerhin habe ihm offen gestanden. »Ich war schon damals von der Stadt begeistert und bin es bis heute geblieben. Verwurzelt bin ich nur in Kalkutta. Ich habe kein Dorf in Bengalen, das ich als Heimat in Anspruch nehmen könnte. Für mein Empfinden war Kalkutta eine sehr lebendige Stadt, weil dort die bengalische Dichtung richtig modern geworden war – nach Rabindranath und nach dem Aufbegehren gegen ihn.«

Wie stehe es mit den Menschenmassen und dem Schmutz in Kalkutta? Nehme er das wahr, beziehungsweise reagiere er darauf?

»Kalkutta ist immer so gewesen. In den Zeiten der Briten war es sogar noch schlimmer. Für einen Bewohner Kalkuttas ist dies die ewige Herausforderung, wie er über die alle Kraft verzehrende, sämtliche Zeit verschlingende Aufgabe, sich einfach nur sauber zu halten, hinausgelangen kann. Das Problem ist, wie man diese Aufgabe bewältigt und darüber hinaus noch Zeit für andere, wichtigere Dinge findet. Dieser Herausforderung müssen sich der Geistesarbeiter in seinem Elfenbeinturm und der Rikschafahrer gleichermaßen stellen.

Als J. C. Bose lebte, gab es noch nicht viele unterirdisch verlegte Abwasserkanäle im indischen Teil von Kalkutta. Die Abflusskanäle dürften in Gräben bestanden haben.

Wir sind geschlagen mit einem korrupten Gemeinwesen. Die Straßen zu säubern ist eine Aufgabe des Gemeinwesens, und deshalb werden sie nie gesäubert. Korruption ist hier eine Lebensform, die es schon seit der Zeit der Ostindischen Kompanie gibt.«

Der Arbeitstag ging zu Ende. In den Straßen draußen gellten die Autohupen noch ein bisschen triumphierender oder ungeduldiger. Der Aufwärter des College, der uns Tee und Limonade gebracht hatte – die auf dem fleckigen Tisch, an dem wir saßen, feuchte Ringe hinterließen –, kam, um abzuschließen und die Türen zu verriegeln.

Dipanjan ging mit mir in das Lehrerzimmer im unteren Stockwerk. Niemand war dort. Der Raum roch ungelüftet, feucht, muffig; auch der Deckenventilator konnte den Geruch nicht zerstreuen. In einer Ecke befand sich eine kleine, grob zusammengehauene Wandtafel; sie war von der vielen Kreide erbleicht und hing schief. Nichts von dem Holz- oder Tischlerwerk präsentierte sich elegant oder vollendet. Welchen Eindruck musste das auf die Lehrer machen? Und auf die Studenten, die geschlagenen Krieger?

Hoch oben an der Wand, unmittelbar unterhalb der Decke, hing ein großes gerahmtes Foto. Es zeigte J. C. Bose, den Wissenschaftler, dessen Namen Dipanjan voller Hochachtung aussprach. Die Absicht war, den Mann zu ehren, aber was auch immer der große Mann geleistet haben mochte, in diesem Ambiente schien es fruchtlos geblieben zu sein.

Anderntags hatte Dipanjan seinen freien Tag; er lud mich ein, ihn bei sich zu Hause zu besuchen. Er wohnte in Südkalkutta, in einer Gasse, die so schwer zu finden war, dass er mir eine detaillierte Wegbeschreibung zeichnete, die ich dem Fahrer geben sollte. Jemand, bei dem ich mich erkundigte, meinte, die Fahrt könne je nach Verkehrslage bis zu einer Stunde dauern. Also brach ich früh auf.

Der Verkehr war an diesem Morgen erträglich, aber nach einiger Zeit schien die städtische Durchgangsstraße zu schrumpfen und sich unter der wachsenden Masse Mensch spontan zusammenzufalten. Die Fahrbahn verengte sich; die Hütten und Verschläge, farblich unbestimmt, ein Mischmasch aus Braun, Schwarz und Grau, das sich in den für die Fahrzeuge gedachten Raum hineindrängte, verdeckten die festeren Betongebäude dahinter und vermittelten den Eindruck einer langen, auf der nackten Erde verlaufenden Dorfstraße, wobei die morgendliche Frische hier bereits den braunen Auspuffdünsten und den vom Verkehr aufgewirbelten, von Sonnenstrahlen durchschossenen Staubwolken gewichen war. Was an vielen Stellen im Zentrum von Kalkutta zu drohen schien, war hier offenbar bereits eingetreten. Es war, als wohnte man einem Verfallsprozess bei: Eine große, belebte Stadt wurde wieder zu Staub.

Allen Anweisungen zum Trotz fuhren wir an dem Treffpunkt, für den sich Dipanjan entschieden hatte, vorbei und mussten auf der Suche nach dem Ort durch die hektische, enge Straße zurückfahren. Dipanjan hatte eine so detaillierte Skizze angefertigt, dass sowohl der Fahrer als auch ich die Dimensionen falsch eingeschätzt hatten. An einer Ecke der Straße, wo wir uns treffen wollten, befinde sich das Spielfeld eines Sportklubs, hatte Dipanjan gesagt. Ich hatte Ausschau nach einem Ort von der Größe eines Fußballplatzes gehalten; wie sich herausstellte, hatte das besagte Spielfeld die Maße eines kleinen Baugrundstücks und war vielleicht tausend Quadratmeter groß, ein kleines Betonquadrat in einer Staubwüste. Auf der gegenüberliegenden Seite der Straße gebe es ein Möbelgeschäft, hatte er gesagt. Ich hatte ein ansehnliches Warenhaus erwartet; aber der Nufurnico-Laden war nur ein kleiner ebenerdiger Betonschuppen. In diesem Teil von Kalkutta mit seinen verringerten Bedürfnissen und Aktivitäten unterlag die Namensgebung einer kompensatorischen Tendenz zur Schwülstigkeit. Auf dem Spielfeld, das ein paar Basketballkörbe besaß, fand sich auch ein Schild mit der Aufschrift »Sunny Green Kindergarten, Green Park«. Nufurnico pries sich an als »Fachgeschäft für Schaumartikel, Urethan-Schaumartikel und Polster«. Schaumartikel: irgendwie passend.

Ich hatte Zeit, über all das nachzudenken – und auch die überaus staubigen Palmen zu bemerken, die mir ein ganzes Weilchen gar nicht aufgefallen waren –, weil ich ungefähr eine halbe Stunde zu früh war. Aus der gewundenen Gasse zwischen dem Möbelgeschäft und dem Spielfeld (Dipanjan hatte gemeint, ich könnte mich verirren, wenn ich allein in diese Gasse hineinging) tauchten flotten Schrittes Leute auf, die vergleichsweise gut gekleidet waren und von denen manche Aktentaschen trugen – Bewohner Kalkuttas, die irgendeinem Tagesgeschäft nachgingen. Und dann erschien Dipanjan, mit dem gleichen energischen Schritt, den auch die anderen Fußgänger in der Gasse vorlegten, nur dass er jetzt Sandalen und ein *dhoti* anhatte: die häusliche Kleidung, die er an seinem freien Tag trug.

Vor vierzig Jahren, sagte er, sei diese Gegend noch Reisanbaugebiet gewesen. Dies sei eines der Gebiete außerhalb von Kalkutta, wo sich 1947 die Flüchtlinge aus Ostpakistan angesiedelt hatten; alles hier sei in den letzten vierzig Jahren von Leuten errichtet worden, die versucht hätten, sich ein neues Leben aufzubauen. Und tatsächlich machte, wenn man die Durchgangsstraße hinter sich gelassen hatte, die kleine Gasse (vielleicht durch den Kontrast) einen angenehmen Eindruck. Es gab Kanalisation und Elektrizität. Aber auch hier hatte die Anzahl der Bewohner immer weiter zugenommen; selbst in den letzten zehn Jahren waren viele freie Flächen, an die sich Dipanjan noch erinnern konnte, bebaut worden.

Dipanjans Wohnung bildete das Erdgeschoss eines kleinen zweistöckigen Hauses. Sein Vermieter wohnte oben. Dipanjan ließ mich auf der kleinen Veranda, die nur ein, zwei Meter von der Gasse trennten, die Schuhe ausziehen. Der vordere Raum war ein kombiniertes Wohn- und Schlafzimmer, das drei mal drei Meter groß war. »Und was noch schlimmer ist«, sagte Dipanjan, »mal drei Meter.« Damit meinte er, dass der Raum auch genau drei Meter hoch war: ein perfekter kleiner Würfel.

In einer Ecke stand ein großes Bett. Es gab auch ein Sofa aus Rattan, Bücherregale mit Büchern und Papieren in wildem Durcheinander und ein paar rote Karteikästen in einer anderen Ecke. Die Wohnung besaß ein weiteres Zimmer, das die Kinder bewohnten, und es gab außerdem einen »Bereich« – so drückte sich Dipanjan aus: Er sagte nicht »Raum« – mit der Küche am einen Ende und mit Badezimmer und Toilette am anderen Ende.

Die beiden Kinder standen schon erwartungsvoll da, um den Gast ihres Vaters zu treffen. Die Ältere war ein Mädchen von neunzehn Jahren, die an der nahe gelegenen Universität von Jadavpur Ingenieurwesen studierte. Sie hatte ein offenherziges Lächeln, war hübsch und trug eine Brille; sie besaß ein Moment von Extrovertiertheit, das ich bei ihrem Vater noch nicht bemerkt hatte. Von ihrem dicklichen Bruder, der dreizehn war und seinen Vater an Körpergröße zu übertreffen versprach, verriet sie mit spitzbübischem Ausdruck: »Er will nach Amerika.« Halb entsprach es wohl der Wahrheit, halb zog sie ihn damit auf, aber er nahm es mit Humor. Und schon waren sie auf und davon, hinaus auf die kleine Veranda und von dort die paar Stufen hinunter in die Gasse.

Dipanjan war 1980 in die Wohnung gezogen. Jetzt lebten sie dort sehr beengt; 1980 sei ihnen das noch nicht so vorgekommen. Die Kinder jedenfalls hätten das Gefühl, zu wenig Platz zu haben. Die kleine Wohnung koste sechshundert Rupien im Monat, vierundzwanzig englische Pfund. In der Umgebung gab es einige gut gepflegte Häuser. Nebenan stand ein hübsches kleines Haus, mit einem Hibiskusstrauch vor der ockerfarbenen Hauswand, direkt vor den Fenstern des Zimmers, in dem wir uns befanden. Dieses Haus gehöre einem ayurvedischen Arzt, jemandem, der die traditionelle hinduistische Heilkunst ausübe.

Sie hätten nette Nachbarn in der Gasse; darüber könnten sie sich nicht beklagen; nur sei das Haus schrecklich staubig. Deshalb habe er so darauf gedrungen, dass ich meine Schuhe auszog, um den Staub fern zu halten, den meine Schuhe sonst vielleicht ins Haus geschleppt hätten. Oft führen Lastwagen durch die enge Gasse; wenn das geschehe, werde Staub direkt in das Haus geweht. Und es gebe Stechmücken.

»Da fällt mir ein«, sagte Dipanjan, »ich sollte eine Spule einschalten.«

Er verschwand im inneren »Bereich« – sein langes *dhoti* war braun oder beigefarben und hatte ein Schotten- oder Schachbrettmuster – und kam nach einiger Zeit wieder heraus, nicht mit dem grünen Mückenlicht, das ich zu sehen erwartete, sondern mit einem blauen japanischen Dingsbums – Dipanjans Ausdruck – aus Plastik, das in eine Steckdose eingestöpselt werden musste. Die Chemikalie in dem Plastikbehälter verdunstete durch die Erwärmung.

Eine Reinemachfrau durchquerte ohne ein Wort, ohne jemanden anzuschauen, das vordere Zimmer und ließ, mit gestreckten

Beinen den Rumpf aus der Hüfte herunterbeugend, ihren Handfeger über jene kleinen Flächen des Terrazzobodens gleiten, die nicht vom Mobiliar und den roten Karteikästen bedeckt waren.

Dipanjans Frau kam herein. Sie hieß Arati. Sie war gleichen Alters wie Dipanjan. Sie trug einen fein gemusterten, dunkelfarbigen Sari und ein schwarzes Mieder. Sie war ebenfalls Lehrerin: Ihr Unterricht fing frühmorgens an und endete um zehn Uhr.

Sie kam wegen des Mittagessens. Dipanjan könne Weizen nicht vertragen. »Reis, Reis, Reis – das will er, dreimal am Tag, so oft, wie ich es ihm serviere. Weizen kann er nicht verdauen.« Das sei eine Begleiterscheinung des »postpolitischen« Lebens Dipanjans. Schuld daran seien Dipanjans Krankheiten während seines Untergrundlebens in den Dörfern und die schlechte Wasserqualität im Delta.

»Amöbiasis«, sagte Arati. »Es ist ein chronisches Leiden. Gibt es das auch bei Ihnen zu Hause? In der Dritten Welt findet man es fast überall.«

Das war das erste Mal im Laufe meiner Gespräche mit Dipanjan, dass sein Leben als Guerilla erwähnt wurde. Und ich hatte nicht erwartet, dass es auf diese direkte, unheldische Weise zur Sprache kam, mit dem Akzent auf seinem persönlichen Gebrechen – auf den qualvollen Dingen, die er schon vor dem Staub und den Stechmücken in der Gasse hier erlebt hatte.

Dipanjan saß auf dem Bett. Durch die drei kleinen Fenster des Zimmers, vergittert und mit grünen Fensterläden, fiel aus verschiedenen Richtungen Licht auf ihn. An den blauen Wänden hingen drei alte Fotografien und ein kleines farbiges Porträt. Die Fotografien zeigten Dipanjans Eltern, seinen Großvater väterlicherseits und den Onkel seines Vaters mütterlicherseits, in dessen mietgebundener Wohnung Dipanjans Vater und dann Dipanjan bis 1969 gelebt hatten. Dieser Verwandte, ein Nationalist und Journalist, hatte eine verbotene gandhische Zeitschrift herausgegeben und war 1942 ins Gefängnis gewandert. Er war ein gebildeter Mann, ein Brahmo, ein Repräsentant der bengalischen Erneuerung. Am meisten bewunderte Dipanjan aber seinen Großvater väterlicherseits, einen orthodoxen Hindu. Er habe sich eine Anstellung in der Hauptbuchhaltung gesucht, weil kein Geld für sein Studium vorhanden gewesen sei, und habe fast sein ganzes Arbeitsleben der

Aufgabe gewidmet, für seine Brüder und Schwestern zu sorgen – was, zumal nach den katastrophischen Ereignissen des Jahres 1947, nicht leicht gewesen sei.

Das Foto, das den Großvater zeigte, war riesig. Das Original, das als Vorlage gedient habe, sei beschädigt, sagte Dipanjan. Es gebe noch andere, weniger ausdrucksstarke Abzüge, aber der an der Wand gefalle ihm am besten.

»Er hatte durchdringende, strahlende Augen. Wegen der Augen ziehe ich diesen Abzug vor. Wir alle haben unseren Sinn für Moral von ihm geerbt. Er war ein Mann mit Prinzipien. Man erzählt sich, er habe in seinem ganzen Leben nie etwas Unrechtes getan.«

Das andere, farbige Foto, das ziemlich klein war, zeigte den jungen Mao.

»Man erkennt ihn nicht«, sagte Dipanjan. »Ich bekam es von einem Dr. Bose geschenkt, der 1939 von Nehru zu Tschiang Kai-Schek geschickt wurde und bei Mao landete. Das Foto hängt dort, weil es ein Geschenk ist. Sie dürfen nicht zu viel hineininterpretieren, auch wenn ich eine starke, gesunde Achtung für den Mann hege.«

Unter den Zeitungen auf dem Bett befand sich auch ein Finanzblatt. Es mache ihm Spaß, die ökonomischen Entwicklungen zu verfolgen, erklärte Dipanjan. Die indische Wirtschaft sei nicht sehr stabil, und es könne zu einer weiteren Depression wie der von 1965 kommen, die zu Hungerrevolten geführt und der Bauernbewegung einen Schub gegeben habe.

Arati brachte Tee heraus. Dipanjan goss eine Tasse für den Fahrer ein, der mich hergefahren hatte, und brachte sie ihm hinaus; er parkte in dem Hof nebenan.

»Bleiben Sie den Sommer über hier?«, fragte Arati. Ohne meine Antwort abzuwarten, sagte sie: »Die Hitze ist unerträglich. Es gibt mittlerweile nur noch wenig Bäume.«

»Warum werden sie gefällt?«, wollte ich wissen.

»Die Menschen sind schuld. Es gibt zu viele Menschen. Man kann nicht Menschen und Bäume haben. Sie haben so viele Bäume gefällt, dass sich das Klima verändert. Wir haben kältere Winter und heißere Sommer.«

Eine Nachbarin rief im Gesprächston »Arati?« von der Gasse herauf und war im nächsten Augenblick auch schon eingetreten.

Gleichzeitig fuhr durch die Gasse eine Fahrrad-Rikscha mit vielen jungen Kindern, die unter einem kleinen Dach auf zwei Bänken einander gegenübersaßen – Kinder, die in diesem Spielzeuggefährt von der Schule nach Hause gebracht wurden. Das Gefährt erinnerte mich an das Transportfahrrad des Bäckers aus meiner Kindheit in Port of Spain.

Arati und ihre Nachbarin unterhielten sich im Küchenbereich hinter dem vorderen Zimmer. Durch die offene Tür war ihr Gespräch klar zu hören.

Als Dipanjan sich um den Fahrer gekümmert hatte und wiederkam, ließ er sich zwischen Zeitungen auf dem Bett nieder und begann zu erzählen.

»Bei meinem Eintritt ins Presidency College war ich noch nicht politisch aktiv. Dank meiner Erziehung fühlte ich mich der Linken verbunden, aber politische Aktivitäten gab es am College damals noch kaum. Gegen Ende meines zweiten Jahres, als ich mich im Studium schwer ins Zeug legte und das Ganze ein ziemlicher Stress wurde, fing ich an, mich zu fragen, wozu ich das machte. Nebenbei dichtete ich auch ein bisschen. Mein Vater hat meine Gedichte nie gelesen – ich habe sie ihm nicht gezeigt. Meine Mutter interessierte sich nicht dafür. Sie hielten das für ein möglicherweise schädliches Hobby. Dazu ermutigt haben sie mich nie. Ich begann am Sinn meiner Schreibversuche zu zweifeln. Nicht wenige von uns Collegestudenten schlugen sich mit ähnlichen Problemen und Zweifeln herum, Jungen wie Mädchen.

Um diese Zeit fing ich plötzlich an, die Armut und das Elend um mich herum zu bemerken. Bis dahin hatte ich davon nichts mitbekommen. Ich sah Sachen und akzeptierte sie als Teil des Milieus. Ich erzähle Ihnen eine kleine Geschichte. Eines Tages – ich erinnere mich noch genau – wollten wir, ein Freund und ich, zu einer Vorstellung, bei der die Verfilmung eines Theaterstücks von Bernard Shaw gezeigt wurde. Ich war auf dem Weg dorthin. Ich hatte gerade das Haus verlassen. Und da sah ich diesen Menschen – ich würde ihn nicht Bettler nennen, er war völlig außerstande zu betteln.

Er lag auf dem Bordstein. Er war im Begriff zu sterben, bei vollem Bewusstsein und schweigend. Er lag vor einem Institut für Pathologie. Ich bat die Leute im Institut, einen Krankenwagen zu rufen. Der Krankenwagen kam, und ich stellte fest, dass niemand bereit war, den Betreffenden ins Krankenhaus zu begleiten. Also musste ich mitfahren. Ich war nicht sehr erpicht darauf, aber ich begleitete ihn. Er war teilnahmslos. Absolut. Sprach nicht.

Wir fuhren in ein Krankenhaus. Die Ärzte untersuchten ihn und schrieben auf sein Krankenblatt, dass er aufgenommen werden müsse, und stempelten eine vorgedruckte Bemerkung auf seine Karte: ›Dieses Krankenhaus ist voll belegt. Versuchen Sie es andernorts.‹ Der Fahrer musste ihn wieder in den Krankenwagen schaffen. Er fragte mich, ob ich den Mann kannte. Als ich verneinte, sagte der Fahrer: ›Wir können ihn zu einem anderen Krankenhaus fahren, aber dort wird das Gleiche passieren.‹«

»Wie sah der Mann aus?«, fragte ich Dipanjan. »Das haben Sie gar nicht erwähnt.«

»Er war zerlumpt, schmutzverkrustet. Das Auffälligste an ihm war, dass er Hydrozele, eine Entzündung des Hodensacks, hatte, die gewöhnlich die Folge von Filariose, einer durch Parasiten verursachten tropischen Erkrankung, ist. Und beim Gehen musste er seinen Hodensack mit den Händen halten, so schwer war er.

Ich fragte den Fahrer des Krankenwagens, wie oft so etwas vorkam, und er sagte oft. Wenn sie aufgefordert würden, solche Leute aufzulesen, würden sie das ohne viel Umstände tun. Aber da niemand den Betreffenden begleite, würden sie ihn üblicherweise in irgendeiner anderen Straße wieder absetzen, weil sie wüssten, dass kein Krankenhaus ihn aufnehmen werde.

Da er sah, dass ich mich irgendwie für den Mann verantwortlich fühlte, sagte der Fahrer: ›Einen Ort kenne ich, wo er vielleicht aufgenommen wird. Ich bin nicht sicher, aber fahren wir hin.‹ Wir fuhren zu diesem Ort in der Nähe des Tempels der Kali, und dort gab es eine kleine Räumlichkeit – einfach nur einen langen, dunklen Korridor, mit einem Ziegeldach oder etwas Ähnlichem darüber, und auf beiden Seiten Notleidende, die auf Betten lagen und auf den Tod warteten. Dort ließen wir ihn, legten das Krankenblatt neben seinen Kopf und gingen hinaus.

Dieser Ort war der Anfang der Einrichtung, die Mutter Teresa für solche Menschen aufbaute, und sie war damals noch ganz unbekannt. Damit das klar ist: Ich äußere mich nicht zur Nützlichkeit oder Richtigkeit dessen, was Mutter Teresa anstrebt und tut. Ich muss allerdings feststellen, dass es bis zum heutigen Tag keinen anderen Ort in Kalkutta gibt, wo ein sterbender Mensch in Not Aufnahme findet.«

In diesem Augenblick gab es einen Stromausfall, was in Kalkutta häufig passiert. Dipanjans erster Gedanke galt dem japanischen Mückenschutzgerät, das Wärme brauchte, um zu funktionieren. Ohne diesen Mückenschutz, sagte er, sei es einfach unmöglich, dazusitzen und sich zu unterhalten. Er stand auf, holte eine Petroleumlampe, zündete sie an und setzte das blaue Gerät oben auf den Glaszylinder. Fast im gleichen Augenblick kam der Strom wieder, und er machte die Petroleumlampe aus. Außerdem wechselten wir die Plätze. Ich setzte mich aufs Bett, er nahm auf dem Rattansofa Platz.

»Es war ein Sonntagmorgen«, sagte er. »Ein schöner Tag, aber am Nachmittag, als wir den Mann in Kalighat untergebracht hatten, regnete es. Ich verpasste die Kinovorstellung. Das Herumtransportieren des Mannes kostete mich etwa drei bis vier Stunden.

Dies ist nur ein Beispiel. Sie dürfen nicht glauben, dass es mein Damaskus-Erlebnis war. Ich habe es deutlich in Erinnerung, aber den Punkt meiner Bekehrung markiert es nicht. Es gehört zu einer Vielzahl von Dingen, die sich damals um mich herum ereigneten und die ich zum ersten Mal bewusst wahrnahm. Und ich fing an, durch die Straßen zu wandern, manchmal allein, manchmal mit Freunden.«

Auf dem Rattanmöbel sitzend und mit blicklosen Augen in die Vergangenheit vertieft, streckte er die schmalen nackten Arme nach oben gegen die blaue Wand.

»Von 1964/1965 an kam mir die Art, wie ich lebte, eitel und sinnlos vor. Ich blieb zwar der Physik und der Dichtung eng verhaftet, brachte aber weniger Zeit damit zu.«

Im Jahr 1964 schloss Dipanjan das Presidency College ab und begann ein Aufbaustudium an der Naturwissenschaftlichen Fakultät der Universität von Kalkutta. Gleichzeitig gab es neue Entwicklungen in seinem Privatleben. Er lernte Arati kennen, machte ihr einen Heiratsantrag und stieß auf Widerstand in ihrer Familie. Arati kam aus einer hoch angesehenen Brahmanenfamilie, Dipanjan entstammte der Kayastha-Kaste. »Die Kayastha«, erklärte Dipanjan, »gehören eigentlich zu den Schudra, aber in Westbengalen und anderswo hat sie ihr Landbesitz erfolgreich sanskritisiert. Sie sind eine Buchhalter- und Schriftführerkaste, sind Schreiber seit den Mogul-Zeiten oder schon davor.«

Zeitgleich mit diesen privaten Problemen habe es die Wirtschaftskrise gegeben, von der er schon zu Anfang an diesem Morgen gesprochen habe.

»Seit 1965 schnellten die Preise für Reis und andere Lebensmittel in ungeahnte Höhen. Kraftstoff verschwand vom Markt. Fabriken schlossen. Entlassene Arbeiter begingen Selbstmord. Selbst qualifizierte Ingenieure und Ärzte fanden keine Anstellung. In Westbengalen kam es zu einem großen Aufstand. Diese Volksbewegung zwischen 1965 und 1966 veränderte komplett die Perspektive unserer Generation.

Die Leute fingen an, den Händlern auf den Märkten die Stirn zu bieten und eine Senkung der Preise zu verlangen. Mancherorts plünderten sie Lager, wo widerrechtlich Getreide gehortet wurde. Als die Regierung die Polizei gegen sie einsetzte, leisteten die Demonstranten Widerstand. Der reichte vom Steinewerfen bis zur Brandstiftung – öffentliche Gebäude und Verkehrsmittel gingen in Flammen auf. Seit den Zeiten der Briten ist das eine geheiligte Form des Protests. Wenn jemand einen Bus in Brand steckt, dann weiß man, dass er es ernst meint.«

»War Ihre Familie von dem Preisanstieg betroffen?«

»Wir persönlich – meine Familie – konnten es verkraften. Die Leute redeten ständig darüber – über die Preise, die Krise, die Hungerunruhen, die Unfähigkeit der Regierung, die Schüsse der Polizei. Die Bewegung wurde immer Hungerbewegung genannt.«

Organisiert worden sei sie von einfachen politischen Aktivisten einer kommunistischen Splittergruppe, nicht von den führenden Köpfen der Partei. Dann hätten 1966 die Studenten des Presidency College, seiner alten Schule, zum ersten Mal eine prokommunistische Bewegung ins Leben gerufen. Die Anführer dieser Bewegung seien vom College ausgeschlossen worden und gegen ihren Ausschluss hätten die Studenten sechs Monate lang gekämpft.

Eines Abends sei er mit dem Bus aus dem südlichen Kalkutta zurückgekommen. Auf dem Gelände des Presidency College habe er eine Menschenmenge gesehen. Er sei aus dem Bus ausgestiegen, um zu schauen, was da los war. Er habe niemanden getroffen, den er kannte, aber als er am nächsten Tag wieder hingegangen sei, habe er festgestellt, dass die Anführer der Studentenbewegung und andere Beteiligte Freunde von ihm waren. Er habe mehr und mehr Zeit mit diesen Freunden verbracht – im Presidency College, in der gegenüberliegenden Kaffeestube und im Studentenwohnheim des Colleges.

Er habe angefangen, die Studenten, die sich nicht beteiligten, politisch zu agitieren. »Sie waren eine lautstarke Minderheit, die meinten, sie seien am College, um zu studieren und ihre Karrieren zu begründen. Und wir mussten sie überzeugen.« Es habe die Ansicht geherrscht, bei den Aktivisten, die den Studentenprotest und die Hungerbewegung organisierten, handele es sich um Agenten Chinas. Er, Dipanjan, habe viel gelesen, um diesen Anschuldigungen begegnen zu können. Er habe angefangen, marxistische Literatur zu lesen.

»Das war damals die Zeit der Kulturrevolution in China, deren Einfluss in Kalkutta ungeheuer groß war – was die Studenten in China machten und warum sie es machten und warum es nach der eigentlichen Revolution noch eine Kulturrevolution geben musste.

Ich war sehr aufgeregt. Ich dachte, jetzt könne ich anfangen, meinem Leben einen Sinn zu geben. Die politische Vergangenheit meines Vaters in der Partei oder die Vergangenheit seines Onkels als Nationalist und Gandhi-Anhänger spielten in meinem Bewusstsein keine Rolle. Mein Vater war mittlerweile ein normaler Familienvater; zur Partei hielt er keinen Kontakt mehr. Auch meine Mutter hatte aufgehört, Kommunistin zu sein. Der nationalistische Onkel meines Vaters war inzwischen ein erbitterter Kritiker der gesamten indischen Politik. Er hat in seinem ganzen Leben nie gewählt, und erklärt, er werde sich unter keinen Umständen an einem Verfahren beteiligen, bei dem es darum gehe, unter Schurken denjenigen auszuwählen, der am wenigsten Schaden stifte.

Aber mir fehlte nach wie vor eine Ideologie oder Philosophie, obwohl die Politik meine ganze Zeit in Anspruch nahm. In manchen Nächten kam ich gar nicht nach Hause. Arati machte sich gewaltige Sorgen. Meine Eltern hatten mich fast schon abgeschrieben.«

»Was taten Sie nachts?«

»Wir diskutierten mit Jungen im Wohnheim bis elf Uhr. Dann diskutierten wir bis zwölf oder ein Uhr untereinander. Danach schliefen wir auf dem Rasen des Presidency College.«

So habe sein Leben 1967 ausgesehen, in dem Jahr, in dem er sein Magisterexamen in Naturwissenschaften abgelegt und eine Anstellung gefunden habe und in dem – nach all dem Gezerre mit Aratis Familie – er und Arati Hochzeit gefeiert hätten, vier Jahre nach seinem Heiratsantrag.

»Es war eine ereignisreiche und aufregende Zeit, emotional, intellektuell. Es war der Anfang meines Bildungsganges in der Welt. Ich hatte ein behütetes Leben geführt. Ich hatte akademische Ambitionen. Meine Mutter war überfürsorglich – ich hatte diese asthmatischen Zustände. Meine Mutter weinte viel. Der Ehrgeiz, den sie in mich setzte, musste viel erdulden. Mein Vater, selber ein gebranntes Kind, machte sich Sorgen wegen der Richtung, die unsere Bewegung einschlug.

Im Presidency College nahm unsere zentrale Idee allmählich Gestalt an. Unserer Ansicht nach war die kommunistische Bewegung in Indien gescheitert, weil die Führung, die aus Intellektuellen der Mittelschicht bestand, sich bürokratisiert hatte. Die Initiative der Massen hatte man nie gefördert. Und dann, im April 1967, kam es zu dem Naxalbari-Vorfall.«

Das war der Vorfall in Westbengalen, der der Naxalitischen Bewegung ihren Namen gab.

»Ich las an diesem Morgen die Zeitung. Ich las diesen Artikel auf der Titelseite. Bauern hatten eine Gruppe von Polizisten umzingelt und mit Pfeil und Bogen einen Polizeiinspektor niedergeschossen. Das geschah während eines Kampfes um Landflächen, die Großgrundbesitzer zum größten Teil unrechtmäßig an sich gerissen hatten und die die Bauern nun besetzen wollten.

Das war ein dramatisches Ereignis. Ich konnte es einfach nicht glauben – dass so eine Geschichte, die wir nur aus Büchern, aus der marxistischen Literatur kannten, tatsächlich passieren konnte, dass die Mühseligen und Beladenen zu den Waffen greifen und für ihre Rechte kämpfen konnten. Und mein Entschluss stand so fest wie der der meisten unserer Freunde am Presidency College: Dies war der Kampf, den wir zu unserer Sache machen würden. In

Kalkutta waren wir es, die die ersten Plakate zur Unterstützung des Naxalbari-Aufstandes aufhängten, an der Mauer gegenüber dem Presidency College.«

»Wer waren Ihre Freunde?«

»Einige waren ähnlicher Herkunft wie ich. Viele waren Söhne der verarmten Gentry auf dieser Seite der Grenze. Wir alle kamen aus der Mittelschicht.

Wir beschlossen auf der Stelle, uns den Ausgebeuteten anzuschließen. Einige von uns gingen zurück in ihre Dörfer. Und andere gingen in die Elendsviertel der Industriearbeiter. Wir engagierten uns stark bei den Arbeitern der Guest-Keen-Williams-Fabrik im südlichen Howrah. Ein Gewerkschaftsführer dort hatte sich an uns gewandt. Bald verbreitete sich in den Dörfern und in den Fabriken, dass Studenten aus Kalkutta kamen, um mit den Menschen darüber zu reden, wie sich ihre Verhältnisse ändern ließen.«

»Wie brachten Sie das mit Ihrer Arbeit in Einklang?«

»Ich arbeitete an einer Schule mit Vormittagsunterricht. Den Nachmittag und Abend hatte ich frei.«

»Hatten Sie nicht Probleme damit, die Leute zu Hause aufzusuchen?«

»Bei den Industriearbeitern fiel es mir leicht. Wir waren auf gleicher Wellenlänge. Später allerdings, als ich meine Arbeit aufgab – ich wechselte mehrfach den Arbeitsplatz – und in die Dörfer ging, machte ich traumatische Erfahrungen. Aber das war viel später, 1969.

1967 waren wir noch mit dem Aufbau der Studentenbewegung beschäftigt. Ich war ständig unterwegs, nahm an Schulungskursen teil, führte Gruppendiskussionen mit Studenten und rüstete sie mit Propagandamaterial für die Auseinandersetzung mit der offiziellen Parteipropaganda aus, die sich *gegen* die Naxalitische Bewegung richtete. Die Partei sah darin eine Bedrohung ihrer Organisation.

Die ein oder zwei Jahre danach verbrachte ich viel Zeit in Guest Keen Williams. Arati begleitete mich manchmal. Mein Leben verlief in dieser Zeit etwa folgendermaßen: Um zwei Uhr nachts kehrte ich zu Fuß nach Hause zurück, weil der letzte Bus, die letzte Straßenbahn schon gefahren waren. Oder ich verbrachte die Zeit auf dem Rasen des Presidency College beziehungsweise, wenn es regnete, im Gebäude oder im Studentenwohnheim. Um sechs Uhr fünfzehn, sechs Uhr dreißig musste ich wieder zur Arbeit. Da fing der Unterricht an. Um zehn kam ich zurück ins Presidency College. Wir fingen an, mit den Studenten des Colleges und mit anderen Studenten zu diskutieren, die von Schulen aus allen Teilen Kalkuttas und Westbengalens kamen, um sich über die Bewegung zu informieren.

Die Polizei behielt uns im Auge. Sie schickten Spitzel ins College. Als wir einen erwischten, wurde er verprügelt. Es kam häufig zu Straßenkämpfen mit der Polizei.«

»Wie war das?«

»Vor jedem Kampf, egal, ob mit Privatleuten oder der Polizei, ist man erst einmal aufgeregt. Dann legt sich die Anspannung allmählich, und Erregung tritt an die Stelle, so daß man schließlich sogar bereit ist, sein Leben aufs Spiel zu setzen. Die Kämpfe mit der Polizei wurden in Kalkutta gewöhnlich mit Pflastersteinen ausgetragen. Das ist die normale Kampfmethode. Zu einem ernsthaften Kampf gehören selbst gebastelte Bomben und primitive Schusswaffen. Aber solche Kämpfe sind selten; zu ihnen kommt es nur, wenn bedeutende politische Bewegungen ihren Siedepunkt erreichen.«

Ich fand das seltsam, wie er auf diese akademische, aristotelische Weise über Unruhen und Kämpfe reden konnte.

»Sie reden über diese Kämpfe mit der Polizei«, sagte ich, »als hätten Sie unter irgendeinem Schutz gestanden.«

»Die Kommunisten waren damals an der Regierung beteiligt«, sagte Dipanjan. »Wir verstanden, in welcher Zwickmühle sie steckten. Wir wussten, dass die Polizei bestimmte Grenzen nicht überschreiten würde. Das war das erste Mal, dass die Kommunisten in Westbengalen mitregierten, und sie konnten nicht gegen die Studenten und Arbeiter losschlagen. Schon der Schusswaffengebrauch der Polizei gegen die Bauern in Naxalbari hatte zu einer Spaltung innerhalb der Partei geführt und einige führende Kommunisten auf die Seite der Naxalitischen Bewegung getrieben.

Abends, nach dem Beisammensein mit den Studenten, gingen wir dann in die Fabriken und Elendsviertel oder nahmen an Schulungen teil und führten Gruppendiskussionen. Allmählich wurden wir mit den klassischen Ideen des Marxismus vertraut – Marx, Lenin, Mao, sie alle.

Und dann, 1969, gingen wir in die Dörfer. Die kommunistische Partei in Westbengalen ist ganz schön alt, sogar in vielen der ländlichen Gebiete, und führende Leute an der Basis, die den Kampf wollten, fingen an, die Studenten zu unterstützen, die in ihre Regionen kamen.

Es gab eine feste Regel. Man durfte nur ein *lungi*, ein Gewand, ein Untergewand oder ärmelloses Hemd und ein Handtuch dabeihaben. Man ging in die Dörfer, fand heraus, wo sich die Hütten der Landarbeiter oder armen Bauern befanden, und sagte ihnen dann ganz offen, warum man gekommen war. Man fing sofort an, über die politischen Ziele zu reden – die Machtübernahme durch das ausgebeutete Volk. Wir nannten das die Rote-Garden-Aktion.

Die Ersten, die dort auftauchten, hatten viel Mühe, den Leuten ihre Botschaft klar zu machen. Aber als ich in die Dörfer kam, war die Sache unter den Bauern schon wohl bekannt. Wir behielten nur das Geld für die Rückfahrt in das städtische Zentrum, aus dem wir kamen, und sonst nichts. Und wir hatten ein *dhoti*, ein Hemd und ein paar leichte Schuhe für die Reise zwischen den einzelnen Dörfern und Städten.

Wenn sie konnten, gaben uns die Bauern zu essen. Kamen wir neu an einen Ort, gaben sie uns manchmal nichts, jedenfalls zu Anfang nicht. Aber insgesamt hörten sie uns überall geduldig zu. Wir schliefen in ihren Hütten. Wenn sie nur einen Raum hatten und das Dörfchen sicher war, weil die Bevölkerung nur aus armen Leuten bestand, schliefen wir normalerweise auf der Veranda. Aber das war ein seltener Luxus. Meist mussten wir uns oben auf einer Schlafbühne verstecken. Als sich die staatliche Repression verstärkte, mussten wir den ganzen Tag im Versteck bleiben. Ein oder zwei von uns machten die Erfahrung, wie es ist, wenn man in einen Topf seine Notdurft verrichtet.«

»Repression« – auch das fand ich seltsam, dass er nach allem, was er durchgemacht hatte, dieses abstrakte Wort verwendete und es wie einen Begriff aus einem politischen Lehrbuch klingen ließ.

»Zwei Probleme stellten sich ein«, fuhr er fort. »Amöbiasis, weil das Trinkwasser durchweg schlecht war. Und Krätze. Weil wir uns immer nur flüchtig waschen konnten, und an vielen Tagen gar nicht. Wir wussten nicht Bescheid, wie man sich in einem indischen Dorf sauber hält. Alle Dorfbewohner wissen, wie man sich mit ein bisschen Öl, ein bisschen Kaliasche, ein bisschen Wasser reinigen kann – wir hingegen wussten das nicht. Aber richtig zu schaffen machte uns das nicht. Dies war der aufregendste und interessanteste und erfüllendste Teil unserer politischen Arbeit: Wenn wir uns unter den Dorfbewohnern bewegten.

Anfänglich war das Hauptproblem für mich das Gefühl, dass es zwischen uns und den Dorfbewohnern eine unsichtbare Wand gab, dass wir verschiedene Sprachen benutzten. Es brauchte lange, bis wir uns an die Schweigsamkeit und Umständlichkeit des ländlichen Indiens gewöhnt hatten.«

»Können Sie das ein bisschen konkretisieren?«

»Nehmen wir an, ich komme in ein Dorf, wo sie Angst haben, mich aufzunehmen. Das sagen sie mir nicht einfach so. Wenn ich abends in solch ein Dorf kam, schlugen mir die Leute vor, mit den Jungen eine *jatra*, eine die ganze Nacht dauernde Theateraufführung, einen der Höhepunkte des alljährlichen Dorflebens, zu besuchen, die in der Nähe stattfand. Damit gaben sie mir zu verstehen, dass ich in keinem ihrer Häuser die Nacht verbringen konnte.«

»Sie haben mir nicht erzählt, wie es in den Dörfern aussah.«

»Die Lebensqualität war besser als in den städtischen Elendsvierteln. Außer in einem von Leprakranken bewohnten Dorf, wo sie – die Ernte stand erst bevor – ein bisschen Weizen hatten, aber so wenig, dass sie keine *chapatti* backen konnten. Sie machten aus dem Mehl eine breiige Masse, die sie in kleinsten Mengen verteilten. Die Kinder konnten diesen Brei nicht verdauen. Hunger – es gab nur eine volle Mahlzeit am Tag – bestimmte damals während fünf Monaten im Jahr die Lebensqualität im Dorf.«

Und wieder – wie als er mir von dem Sterbenden erzählte, den er von der Straße in Kalkutta aufgelesen hatte – verblüffte mich die Art und Weise, wie er über die Not in Indien sprach: als handele es sich um eine persönliche Erfahrung, eine persönliche Einsicht, als könne seine Gruppe das Elend besser und mit mehr Verständnis wahrnehmen, als sei diese Not etwas, auf das sie zur Rechtfertigung ihrer Aktionen befugt seien, sich zu berufen.

***

Die Mittagsstunde, die normale Mittagessenszeit, war mittlerweile längst vorüber. Er war müde. Er wolle duschen, sagte er. Arati hatte das Mittagessen vorbereitet, und als Dipanjan nach hinten ging, um zu duschen, brachte sie das Essen heraus und stellte es auf einen kleinen Schemel für mich hin: einfaches Essen, zwei Stück gebratener Fisch, Erbsen, *puri*. Der Fisch war grätenreich, nicht leicht auseinander zu nehmen. Ich solle die Finger gebrauchen, sagte Arati, dann könne ich die Gräten besser spüren und entfernen.

Während ich aß, stand sie in dem kleinen Zimmer und redete erneut über die Sommerhitze in Kalkutta, und erneut wollte sie wissen, ob ich den Sommer über hier bleibe. Sie sprach erneut von den Bäumen, die gefällt worden waren. Ich fragte sie, ob die Inder Bäume hassten, ob es irgendeine Vorstellung bei ihnen gebe, dass Bäume böse Geister beherbergten oder anzögen. Nein, sagte sie, Inder liebten die Bäume; aber jetzt gebe es einfach zu viele Menschen, und die Bäume müssten gefällt werden.

Dipanjan habe sie während ihrer ersten Schwangerschaft zurückgelassen, sagte sie – als er in die Dörfer gegangen sei. Sie sei zu seinen Eltern gezogen. Das sei in Indien üblich, sei hier Brauch: Die Ehefrau wohne bei den Schwiegereltern. Um über Indien zu schreiben, sagte sie, müsse man viel Zeit in Indien verbringen. Es gebe so vieles in Indien, was anders sei.

Anfangs, sagte sie, habe sie mit der Bewegung sympathisiert. Aber die Idee, in die Dörfer zu gehen und dem Volk die Revolution zu bringen, habe ihr nicht gefallen. Sie habe das für töricht gehalten. Die Armen hier in Indien seien schicksalsgläubig. Diese Aktion in den Dörfern habe die Revolution um vierzig Jahre zurückgeworfen. Und als die Morde begannen, habe sie das nicht gut gefunden. Das habe sie ganz und gar nicht gut gefunden.

An diesen Punkt waren Dipanjan und ich noch nicht gekommen: Dipanjan hatte das für einen anderen Tag in Aussicht gestellt, möglicherweise für morgen.

Vielleicht, sagte ich zu Arati, liege der Fehler in der Revolutionsidee selbst, in der Vorstellung von einem bestimmten Augenblick, in dem sich alles ändere und die Welt gut, der Mensch neu werde.

Darauf ging sie nicht ein.

Turgenjew habe darüber einen Roman geschrieben, sagte ich. Er habe in den siebziger Jahren des neunzehnten Jahrhunderts einen Roman über Menschen aus dem russischen Mittelstand geschrieben, die den Arbeitern die Revolution bringen wollten. Hätte man dieses Buch unvoreingenommen gelesen, hätte man vielleicht die Fehleinschätzungen vermeiden können, die die Menschen im Roman begingen. Aber sie hatte Turgenjew nicht gelesen; sie kannte *Neuland* nicht. Ihre Kenntnisse der russischen Literatur reichten nicht sonderlich weit; sie reichten offenbar nicht weiter als bis zu den klassischen politischen Texten.

Während sie seitlich in der Türöffnung stand und auf die Veranda und in das weiße, frühnachmittägliche Licht in der Gasse hinaussah, in das Licht, das nur erst Frühlingslicht war, sagte sie nachdenklich, die Menschen in anderen Ländern kehrten sich allem Anschein nach vom Marxismus ab.

Sie war keine große Frau. Aber sie war kräftig und immer noch wohlgeformt.

Sie habe einige Zeit in England verbracht, sagte sie, als Dipanjan hingefahren sei, um sich dort in Physik fortzubilden – nachdem der ganze Trubel vorüber war. Und was sie in England gesehen habe und zumal, was ihr hinsichtlich der Stellung der Frauen in England aufgefallen sei, habe sie noch mehr durcheinander gebracht. Vielleicht, sagte sie, habe Marx Unrecht. Und ich fand es bewegend: solch eine Leidenschaft, in diesem winzigen, voll gestopften Raum, mit der Drohung des Sommers vor Augen.

An diesem Abend traf ich bei einer Essenseinladung in einem großen Apartment im Zentrum von Kalkutta jemanden, der Dipanjan vom Presidency College her als Kommilitone kannte. Dipanjan sei ein begabter und sogar brillanter Student gewesen, erfuhr ich. Dann sei diese naxalitische Geschichte passiert, und eine schreckliche Zeit lang habe es so ausgesehen, als erwarte Dipanjan, der mit einer Frau aus einer äußerst angesehenen Familie in Kalkutta verheiratet sei, der Tod durch den Strang. Seit der naxalitischen Geschichte hätten sie, Dipanjan und der Erzähler, sich nicht mehr gesehen.

»Er war ein besserer Student als ich«, sagte der Mann. »Jetzt lehrt er Physik. Ich betreibe Physik – das ist der Unterschied zwischen uns. Das College, an dem er lehrt, ist schrecklich. Ihm muss das klar sein. Er vergeudet dort sein Talent. Er sollte sich wieder in die bürgerliche Gesellschaft einreihen.«

Aber sollten er und Dipanjan sich begegnen, sei das kein Thema, das er sich trauen würde anzuschneiden. Die Sache sei zu peinlich. Dieses ganze naxalitische, kommunistische Engagement – in dem Dipanjan nach eigenem Bekunden zum ersten Mal in seinem behüteten Leben Gemeinschaftsgeist, Dramatik und Bestimmung gefunden hatte – stehe jetzt wie ein peinliches Ereignis zwischen Dipanjan und der übrigen, ihm einst vertrauten Welt.

Vielleicht, meinte der Mann, schäme sich Dipanjan zu sehr, um die Leute wiederzusehen, die er einst gekannt habe. So also lebe er dort und unterrichte in diesem armseligen College. Genauso sei es gewesen, als er nach England ging: Er habe das allerschlichteste möblierte Zimmer bewohnt.

Ein anderer Essensgast kommentierte, so zu verschwinden, sich so zu verstecken, sei ein typisch bengalisches Verhalten.

Und ich dachte an Dipanjan, wie er am frühen Morgen in seinem Gewand und Hemd aus der Gasse gekommen war, um mich zu empfangen – gekommen war nach all den anderen Leuten, die in ihrem gutbürgerlichen Aufzug und mit ihren Aktentaschen und Aktenkoffern die arme Siedlung verließen. Seine Äußerungen bei unserem ersten Treffen hatten mir den Eindruck vermittelt, dass er aus Solidarität mit den Studenten, den »geschlagenen Kriegern«, an seinem College lehrte. Und zuerst hatte ich gedacht, dass ein Gefühl sozialer Verantwortung ihn dort wohnen ließ, wo er wohnte. Aber nein; so war es nicht. Er wohnte dort, weil ihm nichts anderes übrig blieb. In den Dörfern hatte er gelitten; in der Stadt litt er jetzt fast genauso sehr, unter dem Staub und den Stechmücken, während seine Frau unter der Hitze litt. Er hatte einen schweren Weg gewählt, und weder er noch seine Frau waren an harte Lebensbedingungen gewöhnt.

Am nächsten Morgen suchte ich ihn im College auf und betrachtete erneut die Details des zweistöckigen Gebäudes, mit seinen klassischen Verzierungen im Kalkuttastil, seinem Giebelfeld und den in beiden Stockwerken in die Mauern eingefügten Säulenpaaren. Die grünen Fensterläden überzog eine schwarze Schmutzschicht aus Rußpartikeln und Staub – man hätte darin schreiben können. Die kleinen Bäume in dem kleinen Collegehof hatte der Staub verfärbt; nur die frischen Frühlingstriebe waren unverschmutzt und grün. Schwelende Haufen alter, zusammengesackter Gartenabfälle schickten ihren durchdringenden, aber nicht unangenehmen, irgendwie herbstlichen Geruch in die Frühlingsluft Kalkuttas. Die Gartenabfälle zu verbrennen war Brauch in Kalkutta, sogar im Zentrum der Stadt; der braune Dunst wurde dadurch noch dichter. An diesem Morgen hatte man viele kaputte braune Tische und Stühle aus den Klassenzimmern auf dem ungepflegten Rasen des kleinen Collegehofs, auf dem aus Abfallbergen Unkraut spross, zu einem wirren Haufen zusammengetragen.

Im oberen Stockwerk waren zerbrochene Fensterscheiben und Türfüllungen durch Maschendraht mit verschieden großen Maschen ersetzt. Die Aufschrift *Institut für Physik*, die aus festgeschraubten, angelaufenen Metallbuchstaben bestand, wirkte fehl am Platz. Die wellige Staublinie auf dem roten Fußboden – Dipanjan und ich hatten uns zwei Tage zuvor darüber unterhalten – war nach wie vor da. In der beengten Kammer oder Zelle nebenan hatte niemand die Ringe weggewischt, die vor zwei Tagen die Limonadenflaschen und die Untertassen hinterlassen hatten.

Dipanjan wies mit einer halben Handbewegung auf die Ringe auf dem Tisch und mit einem halben Kopfnicken auf den Staub im Zimmer mit den Labortischen und sagte: »Das wird *niemals* weggewischt werden.«

Wir saßen uns in der Zelle gegenüber, er in seinem alten Lehnstuhl, ich in dem gleichen Lehnstuhl wie beim letzten Mal, zwischen uns der Tisch. Der wies wahrhaft vielfältige Flecken auf. Hinter den oliv- oder khakifarbenen Metallschränken und dazwischen sah man einen schmalen Streifen weiß gekachelte Wand. Braune Tropfen unbekannter Herkunft waren auf den Kacheln erstarrt.

Es gebe bestimmte Dinge, sagte ich ihm, die ich in seiner Erzählung vermisse. Er habe erzählt, dass er in Kalkutta zu den Arbeitern von Guest Keen Williams gegangen sei. Wie habe er das gemacht? Mit welchem Arbeiter habe er zuerst gesprochen? Sein Bericht habe mir nicht viele Bilder vermittelt. Er sei in die Dörfer gegangen – wie habe er das gemacht? Habe er einfach den Bus oder Zug bestiegen und sich in ein bestimmtes Dorf bringen lassen? Sei es ihm möglich, über gewisse Abstraktionen – »Arbeiter«, »Dörfer«, »Bauern«, »Repression« hinauszugehen?

Er akzeptierte, was ich sagte. Er erbot sich, ins Detail zu gehen. Zuerst sprach er über die Zeit 1967, als er sich in der Fabrik unter die Arbeiter gemischt hatte.

»Einer meiner Freunde lebte schon längere Zeit in dem Elendsviertel von Guest Keen Williams und hatte dort diesen kommunistischen Anführer aus der zweiten Riege kennen gelernt. Mein Freund bat mich um einen Besuch; ich sollte beurteilen, ob es sich bei dem Betreffenden um einen wirklichen Revolutionär handelte. Ich fuhr mit dem Bus vom Presidency College über die Howrah-Brücke. Am Bahnhof von Howrah bestieg ich einen anderen Bus, und der fuhr durch die überfüllten Straßen von Howrah zum Werkstor von Guest Keen Williams.«

(Etwa eine Woche später machte ich selbst diese Fahrt, in Begleitung eines Firmenangehörigen von Guest Keen Williams. Ein ganzes Jahr Aussperrung der Arbeiter durch die Firma war gerade vorüber, und die Untätigkeit dieses Jahres ließ sich im Hof erkennen, an dem tropisch wuchernden Unkraut und dem Rost, den der Monsun hinterlassen hatte. Die Firma zählte zu jenen sich mühsam über Wasser haltenden, ehemals britischen Unternehmen, die in den Zeiten ihres annähernden Monopols träge geworden waren; sie ließ sich nicht leicht an die neuen Verhältnisse anpassen. Die Probleme, mit denen die Firma 1966/67 zu kämpfen hatte, waren der Beginn eines langen Niedergangs. 1966, als es der indischen Wirtschaft schlecht ging, kappte die Indische Eisenbahn, von der die Firma traditionell mehr oder minder abhing, ihre Aufträge um mehr als die Hälfte. Sechs oder sieben Monate lang hatten 1967 die Abteilungen für Kreuzungen und Weichen und für Kreuzungsschwellen keine Arbeit. Auch die Abteilung für Schrauben und Muttern war betroffen. Die Arbeiter bekamen ihren Lohn, aber nur den Mindestlohn. Das erfuhr ich von der Firma; es bildete den Hintergrund für Dipanjans Geschichte.)

»Mein Freund und ich«, berichtete Dipanjan, »warteten lange Zeit am Tor. Vor uns lag die Baracke der Gewerkschaft. Wir sprachen mit den Leuten dort. Arbeiter kamen durch das Tor. Ich sah die Vielzahl verschiedener Menschen – Muslime, Hindus, Biharis, Bengalen. Ich war hellauf begeistert, aber der Mann, mit dem mein Freund mich zusammenbringen wollte, tauchte leider nicht auf.

Der nächste Besuch, an den ich mich erinnere, verlief folgendermaßen. Das Unternehmen stand im Begriff, einige neue Maschinen anzuschaffen, und eine Reihe von Arbeitern sollte mit halbiertem Lohn Feierschichten einlegen. Der Organisator der kommunistischen gewerkschaftlichen Splittergruppe hatte uns die Rolle zugedacht, die nichtbengalischen Arbeiter in ihren Elendsvierteln aufzusuchen, da es den Gewerkschaften nicht gelungen war, sie als Mitglieder zu gewinnen. Diese Arbeiter waren antikommunistisch eingestellt.

An einem Spätnachmittag zog eine große Schar von uns in die Elendsviertel. Ich fand mich in einem Raum in einer der Hütten wieder, und da sitzt dieser Bihari auf einem Gurtbett in der schmalen Lücke vor seiner Hütte.«

»Wie alt?«

»Mittleres Alter. Reserviert zuerst. Aber er lächelt, und ich fange an, über die Maschinen zu reden, die kommen werden. Ich sprach Hindi, was ich damals noch nicht sehr gut konnte. Er war freundlich, blieb aber unverbindlich.

Und hier ist noch eine Szene, an die ich mich erinnere – das war einige Zeit später. Ich fing an, abends dieses Elendsviertel zu besuchen. Man hatte mich gebeten, mit den Arbeitern über Marxismus zu reden. Zu dieser Zeit hatte die Splittergewerkschaft eine große Anhängerschaft. Eines Abends war ich in der Hütte von Muslimen und wartete zusammen mit einem der Arbeiter. Ich hatte mich immer noch nicht an ihre Lebensumstände gewöhnt, und woran ich mich nach zwanzig Jahren am stärksten erinnere, ist der öffentliche Abwasserkanal, der mitten durch den Raum verlief. Daran erinnere ich mich vor allem. Dann ging ich in den Schulungskurs, um über Marxismus zu reden. Ich glaube nicht, dass bei ihnen angekommen ist, was ich vermitteln wollte. Sie waren müde, und ich redete auf einer zu abstrakten Ebene, wie mir heute klar ist.

Ich lebte in dieser euphorischen Welt. Ich war sehr jung, und einige von den muslimischen Arbeitern – ich rede jetzt von den Dockarbeitern, zu denen ich später ging – sagten uns, wir sollten heim zu unseren Eltern gehen, die Tränen um uns vergössen, und sollten unser Studium fortsetzen. Ich erinnere mich, dass ich einen dieser Arbeiter fragte: ›Warum sollte ich zurückgehen? Und warum kommst du nicht dazu und hilfst mir bei meiner Arbeit?‹«

»Wie alt war er?«

»Der Mann war mittleren Alters. Ich weiß noch, was er in seinem Hindustani antwortete: ›Wir sind hier, um Geld zu verdienen.‹ Mir kam der Gedanke, dass ich zu theoretisch war. Aber die Partei hatte erklärt, die Arbeiter in der Stadt seien im Vergleich mit den Bauern ›rückständig‹, und auf diese Erklärung konnte ich mich zurückziehen.«

»Arati gefiel es nicht, dass Sie in die Dörfer gingen«, sagte ich.

»Mitte '68 sagte ich ihr, dass ich gehen würde. Als ich tatsächlich ging, war sie schwanger. Sie weinte. Sie hielt es nicht für eine großartige Idee, aber für eine Torheit hielt sie es damals auch nicht. Sie hatte das Gefühl, dass ich sie verriet. Bis zu einem gewissen Grad fand ich das selbst auch.«

»Wie kamen Sie in die Dörfer?«

»Auch das war zunächst ein ziemlicher Rückschlag. Es gab außerhalb von Kalkutta einige gut entwickelte städtische Zentren. Ich fuhr mit dem Zug zu einem von ihnen. Die Fahrt dauerte zweieinhalb Stunden. Ich suchte das Haus eines Fabrikarbeiters auf, das ich kannte. Ich war dort schon mit bestimmten Aufträgen gewesen. Er war ein Flüchtling aus Ostbengalen. Er hatte sich ein eigenes, kleines Haus gebaut, in einem verwahrlosten, verdreckten Teil der Stadt.

Am gleichen Tag traf ich mit einem der Genossen aus den Dörfern zusammen. Er hatte mich erwartet. Am nächsten Tag fahren wir mit dem Bus los. Ich habe eine Leinentasche, in der aber nichts drin ist, nur ein *dhoti*. Am späten Nachmittag steigen wir aus. Meine Kleider fallen nicht auf, wohl aber meine Brille und mein Kalkutta-Akzent. Wir gehen eine halbe Stunde zu Fuß und erreichen dann das Zentrum des Dorfs, in dem uns alle unterstützen. Am Abend findet eine Versammlung statt, auf der über das weitere Vorgehen entschieden werden soll. Ich nehme an der Versammlung nicht teil.

Abends essen wir in der Hütte von jemandem. Die Dorfbewohner haben gemeinsam für unser Essen gesorgt. Der Reis ist nass. Er ist überhaupt nicht abgegossen worden, weil ja auch das Reiswasser nahrhaft ist, und es gibt reichlich von dem Reis. Und ich bringe ihn nicht herunter. Ich bin unter Druck, weil ich ihn auch nicht wegschütten kann. Mein städtischer Magen ist einfach zu klein dafür. Und etwas anderes gibt es nicht zu essen, und eine richtige Mahlzeit wird es erst am nächsten Abend wieder geben.«

»Wovon essen Sie? Von Tellern? Von Blättern?«

»Von Metalltellern. Es ist eine mit Stroh gedeckte Hütte. Wir essen draußen, im Freien. Kein Licht, außer vom Himmel, und ziemlich viele Stechmücken. Ich bin durcheinander.«

»Warum?«

Er wechselte wieder die Zeitform. »Ich hatte Angst vor dem, was mich am nächsten Tag erwartete – was die Kommunikation anging. Wir schliefen auf einem Gurtbett außerhalb der Hütte – zu zweit in einem Bett, und das war ziemlich unbequem, weil ein Gurtbett in der Mitte einsinkt. Ich fühlte mich verloren und machte mir Sorgen. In den Dörfern gab es keine Toiletten. Es gibt bestimmte Felder – mit nahe gelegenen Wassertümpeln, die für diesen Zweck bestimmt sind.

Am nächsten Morgen bekamen wir von einem besser gestellten Bauern (er hatte ein Radio) Tee – in den Dörfern etwas Außergewöhnliches: Die Dorfbewohner damals kannten keine heißen Getränke. Am Nachmittag erhielten wir eine weitere Mahlzeit – wieder Reis –, weil wir einen weiteren Fußmarsch vor uns hatten. Einen Marsch von drei oder vier Stunden.

Mir fiel es schwer, mit dem Bauern, der uns führte, Schritt zu halten. Am Abend erreichten wir unser Ziel. Ich war zum Bersten voll mit meiner Politik, sie aber gingen gemächlich und ruhig ihren Tagesgeschäften nach. Ich merkte das und kam mir wie ein Narr vor. In den Städten brodelte alles, und diese Bauern hier, angeblich die Hauptstreitmacht der Revolution, waren ganz ungerührt. Ich fühlte mich im Stich gelassen und bekam Heimweh nach Kalkutta.

Am folgenden Nachmittag machte ich mich zu Fuß zur nächsten Parteizentrale auf, die in einem ganz kleinen Städtchen lag. Ich erinnere mich nicht an irgendwelche körperlichen Anstrengungen, und ich glaube auch nicht, dass sie sich irgendwie auf mich auswirkten. Ich erinnere mich nur daran, dass ich ungefähr sechs Stunden laufen musste, weil ich kein Geld hatte – wir waren gehalten, keines anzunehmen. Während ich marschierte, kamen ständig Busse vorbei.

So begann meine Rote-Garden-Aktion. Und da hatte ich das Gefühl, endlich das zu machen, wozu ich bestimmt war.«

»Wissen Sie«, sagte ich, »ich will ja nicht irgendwelche Namen hören. Aber die Leute, von denen Sie sprechen, haben alle keine Gesichter. Ich kann sie nicht sehen.«

»Es gibt Gesichter«, sagte Dipanjan. »Aber als wir bei den Arbeitern von Guest Keen Williams anfingen, folgten wir der kommunistischen Tradition, in der Menschen Objekte sind, keine lebenden Subjekte, die ihr eigenes Leben führen – und im Verlauf dessen Geschichte machen. Unsere Interaktion auf menschlicher Ebene beschränkte sich weitgehend auf unser eigenes politisches Milieu. Deshalb machte es so einen Eindruck auf mich, als der muslimische Dockarbeiter mich fragte, warum ich nicht zurück zu meiner Familie ging. Bis heute glaube ich, dass wir uns im Gespräch auf unterschiedlichen Ebenen bewegten.

Ich möchte noch etwas anmerken. Die Gesichter meiner Freunde stehen mir vor Augen. Aber die meisten von ihnen sind nach wie vor politisch aktiv, und ich möchte mich über sie nicht äußern.«

Dann kam es am 1. Mai 1969 zu einem Ereignis, das Dipanjan aus den Dörfern zurück nach Kalkutta rief. An diesem Tag erklärte sich die kommunistische Fraktion, von der die Naxalitische Bauernbewegung organisiert worden war, auf einer öffentlichen Versammlung im Maidan, einem großen öffentlichen Park im Zentrum von Kalkutta, zu einer eigenständigen Partei, der Kommunistischen Partei Indiens (Marxisten/Leninisten).

»Meine Eltern«, sagte Dipanjan, »lehnten die neue Partei ab. Arati war ganz und gar nicht begeistert. In diesem Stadium hätte sie es gern gesehen, wenn ich der Politik den Rücken gekehrt hätte. Unsere Tochter kam im Oktober zur Welt. Bis Ende 1969 blieb ich in Kalkutta und machte politische Arbeit in den Docks. Und dann kehrte ich in die Dörfer zurück.

Die früheren Genossen hatten die Bauern aufgefordert, ihre eigenen Organisationen zu bilden, die politische Macht zu ergreifen und im Zuge dessen das Land der Großgrundbesitzer und dann auch Waffen zu konfiszieren – um mit Waffengewalt die Feldfrüchte zu ernten und sich die Ernten der Großgrundbesitzer anzueignen. Und in den Dörfern Zentren der Bauernmacht zu schaffen, als Gegengewicht zur Macht der Großgrundbesitzer.

Und tatsächlich war es in der Region zur Erntezeit zu einem großen Aufstand der Bauern gekommen. Dafür kam ich zu spät zurück. Es war während dieses Aufstands, dass die Partei die Direktive ausgab, einzelne Personen umzubringen. Die Hinrichtungen sollten durch Geheimkommandos durchgeführt werden. Und als ich diesmal mit meiner Rote-Garden-Aktion begann, musste ich die Bauern auffordern, Liquidationskommandos zu bilden, wie man sie nannte.

Das Trauma von damals wegen des Dorflebens und der fehlenden Kommunikation hatte ich überwunden. Ich hatte einiges gelernt. Diese Rote-Garden-Aktion fing ich mit größerer Zuversicht und weniger Nervosität an. Es wurde eine ausgedehnte Tour, die viele Monate dauerte, irgendwas zwischen sechs Monaten und einem Jahr. Ich zog von Dorf zu Dorf, von Gemeinschaft zu Gemeinschaft, von Stammesgruppen zu Nichtstammesgruppen, von Unberührbaren zu bäuerlichen Kasten. Ich lernte Indien richtig kennen.«

»Wie dachten Sie über die neue Direktive?«

»Viele der Genossen hatten schon zuvor erfolgreich Kommandos gebildet und Liquidationen durchgeführt, hauptsächlich in dem Gebiet, in dem der frühere Aufstand in der Erntezeit stattgefunden hatte, bei dem es um das Land und um die Ernte ging – um die Besetzung von Land und die gewaltsame Aneignung der Ernten.«

»Schockierte sie die Direktive?«

»Nein, nein. Inder sind im Grunde ein sehr gewalttätiges Volk. Ich führte Rote-Garden-Aktionen in neuen Regionen durch, und obwohl ich mir alle Mühe gab, konnte ich die Bauern zu keiner einzigen Liquidation überreden – was großes Bedauern bei mir hervorrief und mir das Gefühl gab, versagt zu haben.«

»Erinnern Sie sich daran, wie Sie die Leute dazu aufforderten?«

»Oh ja. Ich forderte einen Bauern auf, in dessen Hütte ich Quartier gefunden hatte. Ich erinnere mich sehr gut an diese Hütte. Sie hatten einen Säugling, und den fütterten sie mit Reiswasser statt mit Milch – in einer Flasche –, worüber ich mich ziemlich entsetzte. Die Leute waren wie viele andere, mit denen wir sprachen. Sie besaßen ganz wenig Land, das vielleicht drei Monate im Jahr das Überleben sicherte. Die Partei hatte uns aufgetragen, uns auf diese Leute zu konzentrieren.

›Wer ist der meistgehasste Grundbesitzer in der Gegend?‹, fragte ich den Mann. Er nannte mir den Grundbesitzer. ›Warum macht ihr ihn nicht kalt?‹, fragte ich ihn. Am Abend bringt er einen anderen Bauern mit und bittet mich, mit ihm über die Sache zu reden. Die beiden sind der Ansicht, dass der Grundbesitzer kaltgemacht werden sollte, aber sie weigern sich, selbst Hand anzulegen.«

»Erschreckte sie der Gedanke?«

»Der Gedanke erschreckte sie nicht. Ich sage Ihnen noch einmal, wir sind ein sehr gewalttätiges Volk. Ungefähr zwei Monate lang versuchte ich jedes Mal, wenn ich dort hinkam, sie zu überreden.

Mein Leben in der Hütte dort wurde geheim gehalten. Hätte der Grundbesitzer von meiner Anwesenheit erfahren, er hätte mich umgebracht oder der Polizei übergeben. Ich wusste, dass ich in Gefahr war. Ich wusste, dass ich das Gesetz übertreten hatte. Aber jemanden umzubringen wird nirgends als Widerspruch zu irgendeinem Moralkodex betrachtet. Sie müssen wissen, dass das *Ramayana* und das *Mahabharata* das alltägliche religiöse Verhalten des Hindus ebenso beherrschen wie der Koran das der Muslime, und in diesen beiden Büchern wird Mord im Dienste einer höheren Sache verherrlicht. Ich würde sagen, dass ich es ebenso wenig als moralischen Skandal empfand, das Töten für eine gute Sache zu befürworten, wie das ein anderer Inder tun würde.«

»Gandhi?«

»Unter den vielen Idealen Gandhis, die von den Indern nicht übernommen wurden, ragt *ahimsa*, Gewaltlosigkeit, besonders heraus.«

»Die Dschaini?«

»Sie sind eine seltsame Sekte. Aber Sie sehen Indien aus einem falschen Blickwinkel, wenn Sie diese Religionen erwähnen – den Buddhismus, den Dschainismus und Gandhi. Ich darf auf das verweisen, was in Kambodscha, Ceylon, Birma, China passiert ist – alles Länder, die angeblich unter dem Einfluss von Buddha und Konfuzius leben. All diese Völker sind äußerst gewalttätig.«

»Kommen wir auf die Dörfer zurück.«

»Wie gesagt, ich entwickelte das Gefühl, versagt zu haben. Ende 1970 und Anfang 1971 erlitt die Bewegung als Ganze einen Rückschlag, und viele meiner Freunde fingen an, neu nachzudenken.

In den letzten paar Monaten, bevor ich verhaftet wurde, hatte ich mich bei Stammesleuten engagiert. Ich schloss sie sehr ins Herz. Ich fühlte mich bei ihnen zu Hause. Ich verstand ihre politischen Absichten. Zum ersten Mal war ich einem Teil der bäuerlichen Bevölkerung begegnet, der politisch dachte und handelte. Ich unterhielt mich oft mit einem Schullehrer, der dort lebte. Diese Monate waren sehr befriedigend, die befriedigendsten Monate meines Lebens in den Dörfern, und das umso mehr, als meine Freunde in der Bewegung mittlerweile am Sinn der Direktive zur Tötung Einzelner zweifelten – diese Zweifel ermöglichten es mir, frei und ungehemmt zu reden, nicht eingeschränkt durch die Parteifesseln, die ich inzwischen als praxisfern empfand.«

»Wie viele Menschen wurden in Ihrem Gebiet liquidiert?«

»Mehr als hundert Menschen wurden in der Gegend aufgrund der Parteidirektive umgebracht. Die meisten von ihnen waren Großgrundbesitzer.«

Dann aber sei die Polizei zum Angriff übergegangen.

»Unsere Freunde mussten die Kontakte zur Partei abbrechen, und viele von uns waren gezwungen, in Bihar und in Bengalen von Ort zu Ort zu ziehen. Eines Abends, ungefähr um acht oder neun Uhr, waren wir in einem Lebensmittelgeschäft an einem Bahnhof im nördlichen Bihar. Dort tauchten ein paar Polizisten in Zivil, in Hemd und Hose, auf. Sie gehörten zur bengalischen Polizei und suchten einige andere Naxaliten. Ins Geschäft kamen sie, um für sich selbst ein bisschen gekochtes Fleisch zu kaufen. Einer meiner Freunde wurde erkannt, und man verhaftete uns.

Damals hatte die Polizei angefangen, Naxaliten hinzurichten, und mein erster Gedanke war, dass sie uns umbringen würden. Dieser Terror regierte damals schon seit sechs Monaten, und ich hatte mich auf ein solches Schicksal eingestellt – einfach um nicht in Lähmung zu verfallen.

Die Polizisten in dem Lebensmittelgeschäft waren älter als wir. Sie misshandelten uns nicht, sondern brachten uns zur Polizeistation. Dort bemühten wir uns sofort, den Polizeibeamten, der uns bewachte und Bihari war, so zu beeinflussen, dass er die bengalischen Polizisten davon abhielt, uns umzubringen.

Der Bihari-Beamte, der ein gebildeter Mann war, sagte: ›Ich habe Achtung vor euch. Ihr tut etwas für das Land. Aber meine Pflicht als Polizeibeamter macht mich zu eurem Gegner.‹ Wir lachten ihn aus. ›Machen Sie sich über uns lustig? Die bengalischen Polizeibeamten da werden uns in ein paar Minuten umbringen.‹

Die Polizisten fesselten uns mit ein paar Stricken und versetzten uns unterwegs Schläge und ritten darauf herum, dass wir Bengalen waren. Der Bihari-Beamte war entsetzt und informierte augenblicklich über Funk den ganzen Polizeiapparat von Bihar über unsere Verhaftung, so dass uns die bengalischen Polizisten nicht umbringen konnten, falls sie das vorgehabt hatten.

Die meisten von uns kamen nie vor Gericht. Nur ein paar wurden vor Gericht gestellt und verurteilt. Uns Übrige hielt man ohne Prozess in Haft, bis 1977 in Westbengalen eine Amnestie verkündet wurde.

Ich saß bis zum Oktober 1972 in Kalkutta in Haft. Im Gefängnis begegnete ich zwei Dingen, die mich entmutigten. Das erste war die Verfassung der naxalitischen Häftlinge aus Kalkutta. Wir hatten gehört, dass sie einzelne Polizisten, sogar Verkehrspolizisten, und vermeintliche Spitzel getötet hatten. Das Gefängnis war voll mit Naxaliten, vornehmlich mit Jugendlichen, und sie waren ganz und gar nicht politisch orientiert. Tatsache war, dass es einen Aufstand gegen das Schulsystem gegeben hatte – Jungen und Mädchen, die man gezwungen hatte, zur Schule zu gehen, und die dann die Schule abgebrochen hatten und von der Partei für Gewaltaktionen in der Stadt rekrutiert worden waren.

Die Partei hatte sich in Splittergruppen aufgelöst. Ich selbst hatte keine klaren Vorstellungen. Ich spürte, dass es innerhalb der Bewegung Fehlentwicklungen gegeben hatte. Ich hatte das Gefühl, mit meinen politischen Bestrebungen in der Sackgasse zu stecken und von vorne anfangen zu müssen. Eine Zeit lang konnte ich mir gar nicht mehr vorstellen, politisch tätig zu sein.

Nachdem ich in das Gefängnis in Kalkutta überführt worden war, konnte ich regelmäßig meine Eltern und Arati sehen. Eine Anklage gegen mich ließ sich nicht erhärten. Ich blieb in Vorbeugehaft. Schließlich schrieb ich an die Behörden und versprach, zur Fortsetzung meiner Physikstudien ins Ausland zu gehen, wenn man mich freiließe.«

Das Gesuch wurde bewilligt. Er bekam die Zulassung zur London University, und sein Vater bezahlte ihm den Flug nach England. Die Polizei brachte ihn bis zur Gangway. In London promovierte er und kam dann nach Kalkutta zurück. Das war im September 1974.

»Wie sieht jetzt Ihre Einstellung aus?«, fragte ich ihn.

Er fingerte an seiner Brille, blinzelte und blickte aus dem Fenster. Ich saß ihm an dem schmalen Tisch gegenüber, in einem Lehnstuhl, zwischen den zwei hohen Metallschränken. Hinter ihm lag ein leerer Raum mit Wänden, die stellenweise neu und sauber verputzt waren.

»Der Hauptfehler«, sagte er, »das grundlegende Missverständnis der marxistischen Position – meiner Meinung nach muss sich das Volk selbst befreien. Die Intellektuellen können nur das Werkzeug dazu liefern.«

Er mache jetzt Bürgerrechtsarbeit und gebe in den Elendsvierteln Unterricht. »Einen Bruch mit meinem früheren politischen Bestreben sehe ich nicht. Zwischen der damaligen Agitation in den Elendsvierteln und dem Unterricht, den ich jetzt dort gebe.« Er lehnte sich zurück an einen olivgrünen Metallschrank und betrachtete den Himmel. »Die Gesellschaft ist so konstruiert, dass das arbeitende Volk niemals seine eigene Stimme, seine eigene Sicht von der Welt, seine eigene Identität findet.«

Ich fragte nach Arati und danach, wie es ihr in England ergangen sei.

»Es veränderte ihre Welt. Weil sie zum ersten Mal erlebte, dass eine Frau nicht nur oder ganz und gar nicht das Anhängsel irgendeines Mannes war. Ich war sehr froh, hierher zurückzukommen. Arati weinte tagelang, und ihren Freundinnen, denen ihre Erziehung verbot, jemals in der Öffentlichkeit Gefühle zu zeigen, tat sie deswegen Leid. Hätte sie die Wahl gehabt, sie wäre in England geblieben – für dieses Gefühl der Freiheit, dafür, als Individuum anerkannt zu sein.

Von '67 bis '72 hatte ich diesen ständigen Streit mit ihr – ich konnte sie nicht davon überzeugen, dass wir immer von meinen Eltern dominiert würden, wenn wir bei ihnen wohnen blieben. Die Dominierung als solche erkannte sie nicht. Und erst, als wir nach England gingen, begriff sie, was ich meinte. Bis dahin hatte sie das meiner Verschrobenheit zugeschrieben – der gleichen Verschrobenheit, die mich auch in die Naxalitische Bewegung gebracht hatte. ›Suchen wir uns eine Wohnung‹, sagte ich immer wieder. Oder: ›Warum behauptest du dich nicht gegen meine Mutter? Warum tust du alles, was mein Vater sagt, selbst wenn es dir

Schmerz bereitet?‹ Sie wusste gar nicht, dass eine andere Lebensweise möglich war. Heute liegen die Dinge anders und verändern sich weiter, aber in den sechziger Jahren hatte sie eine ganz gängige Sicht vom Leben.«

Das verlieh der Bemerkung, die Arati am vorangegangenen Tag gemacht hatte, als ich bei ihnen zu Hause war und Dipanjan duschen ging, noch einmal zusätzliche Bedeutung. Als Dipanjan in die Dörfer gegangen sei, hatte Arati gesagt, sei sie zu Dipanjans Eltern gezogen. In Indien wohne die Frau bei ihren Schwiegereltern; sie ziehe aus dem Haus ihrer Eltern ins Haus der Eltern ihres Mannes. Indien unterscheide sich von anderen Orten. Um über Indien schreiben zu können, müsse man vieles wissen.

Jetzt aber lebten sie allein.

»Sind Sie glücklich in dem kleinen Haus?«, fragte ich Dipanjan.

»Ja. Was Arati und mich betrifft, so war uns der materielle Aspekt des Lebens nie wichtig. Beide sind wir imstande, körperlich schwer zu arbeiten.«

»Was ist mit der Unordnung in Ihrem Bücherregal dort – alles wild durcheinander geworfen? Und der Staub – darf ich den Staub erwähnen? Sie sagten doch, das College sei eine öffentliche Einrichtung, und deshalb werde dort niemals sauber gemacht.«

»Ich schäme mich dessen«, sagte er, »wie es in meinem Haus aussieht. Wir sind beide überarbeitet und finden keine Zeit. Arati arbeitet vormittags als Physiklehrerin in einem College. Sie arbeitet dort von sechs Uhr dreißig bis zehn Uhr, und dazu kommen noch eine Stunde Fahrzeit hin und zwei Stunden zurück. Aber ich schäme mich für die Unordnung bei mir zu Hause. Jawohl, erwähnen Sie ruhig den ›Staub‹. Mein Großvater hätte mir was erzählt. Hier aber, in diesem Gebäude, gibt es *niemanden*, der sich dafür schämt. Das ist der Unterschied.«

»Haben Sie das Gefühl, dass die aktivste Zeit Ihres Lebens vorbei ist?«

»Ganz und gar nicht. Mein bisheriges Leben bildet nur den ersten Teil meiner Bestrebungen.«

»Darf ich Sie etwas fragen? Sie haben so viel Zeit damit zugebracht, an andere zu denken. Ist das nicht anmaßend? Hätten Sie nicht auch daran denken müssen, Ihr eigenes Talent zu entwickeln? Sie müssen darauf nicht antworten. Wenn Sie nicht antworten möchten, ziehe ich die Frage zurück und lasse sie unerwähnt.«

»Ich will darauf antworten. Der begabteste Junge, der am Presidency College in dem Jahrgang vor meinem studierte, ist heute ein bekannter Professor in den USA. Er hat mich das Gleiche gefragt, auch wenn er nicht von Anmaßung gesprochen hat. Auf die Fragen in der Physik, die mich interessierten, eine Antwort zu finden, überstieg, wie ich feststellen musste, meine Fähigkeiten. Ich arbeitete an ihnen, dachte über sie nach. Ich arbeite nach wie vor an ihnen; vielleicht sollte ich besser sagen, ich lese über sie. Mein Interesse an weniger schwierigen Fragen aber erlahmt rasch. Bei meinen Gedichten bin ich nie mit dem zufrieden, was ich schreibe, besonders deshalb, weil die Art Dichtung, wie ich sie schreibe, nur ein paar Leute meinesgleichen anspricht. Aber anderen zu helfen – damit komme ich, wie mir scheint, zurande, auch wenn ich Fehler mache. Aus ihnen lerne ich immer wieder.«

Ashoks erste Geschichte hatte von seinem Versuch gehandelt, ins Marketing einzusteigen, und von seinem Engagement bei Imba, dem von Dr. Malhotra aus Delhi betriebenen Institute of Management and Business Administration. Bei seiner zweiten Geschichte ging es um seine Heirat, seinen Bruch mit der Vergangenheit.

»Ich trat schließlich in eine Werbeagentur ein und fühlte mich auf Anhieb dort wohl. Von da an nahm meine Karriere einen guten Weg. Ich wuchs mit meiner Aufgabe; ich lernte viel über die wirkliche Welt des Marketings; es waren die fünf produktivsten Jahre meiner Karriere.

Aber gleichzeitig geriet ein anderer Aspekt meines Lebens in Unordnung. Ich kam aus einer traditionsbewussten südindischen Brahmanenfamilie. Mein Vater war zwar im Zuge von Versetzungen überall in der Welt herumgekommen und hatte sich dann in Kalkutta niedergelassen. Und ich war in Privatschulen in Indien aufgewachsen. Der Traditionalismus der Familie war aber so stark, dass ich nie auf die Idee kam, mich mit Mädchen zu treffen, obwohl ich beliebt war und Schlager und klassische indische Lieder sang. In diesem klassischen indischen Genre war ich zu Hause von einem Privatlehrer unterrichtet worden; das gehörte zu meiner traditionellen Erziehung.

Eine Reihe meiner Freunde pflegte ein geselliges Leben, während ich das weder für nötig noch für wünschenswert hielt. Andere legten Wert darauf und hatten Freundinnen, aber nach meinem Gefühl war das nichts für mich. Tief in meinem Unterbewusstsein war ich wohl überzeugt davon, dass ich eine traditionelle, von den Eltern verabredete Ehe schließen würde – bis ich dann tatsächlich an einer Zeremonie teilnahm, bei der es darum ging, ein Mädchen im Hinblick auf eine Heirat ›zu besichtigen‹.

Meine Familie hatte die Sache auf die übliche Weise arrangiert, durch einen Austausch von Horoskopen. Das Mädchen lebte in Bangalore, und ich fuhr den weiten Weg hinunter, um sie zu sehen. Meine und ihre Verwandten waren scharenweise zugegen. Wir sollten uns an einem bestimmten Ort, den die Eltern des Mädchens ausgesucht hatten, zu einer bestimmten Zeit einfinden.

Das geschah am Abend. Der Anlass verlangte, dass wir uns alle in einem Kreis hinsetzten. Vorgestellt wurde ich nur dem Vater des Mädchens, und wir saßen im Kreis in einem Saal. Delikatessen und Süßigkeiten wurden herumgereicht. Alle hatten sich für den Anlass in Schale geworfen. Die ganze Geschichte war so merkwürdig arrangiert, dass ich nicht mit Sicherheit sagen konnte, wer das Mädchen war. Sie war in Begleitung anderer Mädchen, und man hatte mich ihr nicht eigens vorgestellt, und ihr Vater schwatzte unaufhörlich und wollte wissen, was ich machte, was ich mochte, was ich nicht mochte und so weiter.

Zu meinem Schrecken fing er auch an, darüber zu reden, wo die Hochzeit am besten stattfinden könne. Es fiel mir deshalb schwer, ungezwungen zu reagieren. So sagte er etwa: ›Ich würde die Hochzeit lieber in Sholapur als in Bangalore feiern, weil die Bedingungen in Sholapur besser sind. Was meinen Sie?‹

Und man konnte nicht nein und nicht ja sagen. Sagte man nein, war man unhöflich. Sagte man ja, war man unvernünftig. Also verschanzte man sich ständig hinter halbherzigen Reaktionen. Man lächelte unverbindlich. Ich fühlte mich erleichtert, als die Stunde vorbei war. Und gefragt, was ich von der Sache hielt, erklärte ich stereotyp, ich wüsste es nicht.

Es wurde erwartet, dass man sich eine Meinung über ein Mädchen bildete, das man gar nicht kennen lernte, mit dem man nicht ein Wort wechselte und das einem nur von einem Verwandten flüchtig gezeigt worden war. Es wurde erwartet, dass man sich am Ende des Treffens entschieden hatte.

Mich störte auch, dass augenscheinlich das Mädchen bei der Sache keinerlei Mitspracherecht hatte. Alle – die zwanzig, dreißig Anwesenden – warteten nur gespannt darauf, ob ich grünes Licht geben würde. Bei diesen Treffen liegen alle Trümpfe bei der Familie des Jungen, und die Familie des Mädchens befindet sich in der schwächeren Position.

Viele Jahre später legt sich um die Erinnerung ein Gefühl der Scham. Aber in der Situation selbst hatte ich eher ein Gefühl von Peinlichkeit, obwohl selbst heute noch Jungen und Mädchen auf diese Art und Weise, gegen die ich mich damals entschied, verheiratet werden. Fairerweise muss ich sagen, dass den Betreffenden keine Wahl bleibt. Es wäre nicht fair von mir, wenn ich den Leuten riete, meinem Beispiel zu folgen. Wäre die Sache anders abgewickelt worden, hätte ich es vielleicht als weniger peinlich empfunden.

Als wir dann hinauspilgerten und uns verabschiedeten, wurde mir blitzartig klar, dass ich so etwas nie wieder durchmachen wollte.

Wir fuhren zurück ins Haus der Familie. Ich war durcheinander. Im Auto saßen mein Bruder, seine Frau, mein Vater und ich. Ich war still und blieb es auch. Sie wussten, dass ich niedergeschlagen war. Ich verdrückte mich zu einem Freund und blieb bis spät in die Nacht bei ihm. Ich sollte am nächsten Tag aus Bangalore wieder abreisen. Sorgen machte mir, dass meine Familie den Eltern des Mädchens versprochen hatte, sie am nächsten Tag noch einmal aufzusuchen.

Als ich am späten Abend nach Hause zurückkam, wollten mein Vater und mein Bruder wissen, wie ich mich entschieden hätte – ob ich das Mädchen heiraten wolle. Ich sagte nein. ›Kein Problem‹, sagte mein Vater. ›Wir finden ein anderes Mädchen.‹

Ich erklärte meinem Vater, dass ich nicht nein gesagt hätte, weil mir das Aussehen des Mädchens nicht gefalle – das wäre unfair: Ich hätte ja nicht einmal Gelegenheit gehabt, mit dem Mädchen auch nur ein Wort zu wechseln. Der Vorgang selbst sei es, zu dem ich nein sagen würde, nicht das Mädchen. Und ich wolle auch nicht mehr darüber reden.

Meine Altvorderen meinten, die Zeit werde das schon wieder einrenken, immerhin sei es für mich das erste Mal gewesen, und beim nächsten Mal werde es anders laufen.

Meine Neigung, mich mitzuteilen, nahm immer mehr ab. Es liegt an der Situation, dass Eltern und Kinder über diese Dinge nicht offen miteinander reden. Niemand fragt dich je, wie deine Ansichten über die Ehe aussehen. Es ist einfach so, dass dich eines schönen Tages jemand mit einem Heiratsvorschlag konfrontiert.

Und so fasste ich zu jener Zeit, angetrieben von der Schreckensvorstellung, diesen Besichtigungsprozess noch einmal oder gar mehrmals durchmachen zu müssen, allmählich den Vorsatz, selbst zu entscheiden, wen ich heiraten wollte.

Da gab es jemanden, den ich schon länger kannte, eine leitende Angestellte im Marketingbereich. Marketing – bei mir läuft es immer darauf hinaus. Diese Bekannte kam allerdings aus einer anderen Kaste. Ich machte ihr einen Antrag. Wir fanden beide, dass die Sache funktionieren könnte. Wir waren gesellschaftlich miteinander vertraut. Wir sprachen dieselbe Sprache. Aber sie kam aus einer anderen Kaste. Und als ich schließlich das Thema bei meinen Eltern zur Sprache brachte, reagierten sie so ablehnend, wie ich es erwartet hatte. Sie waren ganz Abwehr, zogen sich in ihr Schneckenhaus zurück – so, wie ich mich nach der Besichtigungsveranstaltung in Bangalore zurückgezogen hatte. Es war schwierig, sich mit ihnen zu verständigen, weil sie in dieser Situation einen Standpunkt einnahmen, der nicht einer gewissen, kruden Logik entbehrte: In einer Angelegenheit wie dieser konnte es keine faulen Kompromisse geben. In ihren Augen stand ich im Begriff, die Verbindung der Familie zur Geschichte, zur Tradition zu zerreißen, und eine Zukunft ohne dies konnten sie sich nicht vorstellen. Für sie versank alles in Finsternis.

Auch ich war gefordert, weil die Person, die ich zu heiraten plante, sehen wollte, wie ich auf Druck reagierte. Es war also wichtig für mich, dass ich mich der Herausforderung stellte. Ich sagte meinen Eltern, dass ich fest entschlossen sei, aber nichts übers Knie brechen wolle. Sie könnten sich Zeit lassen. Für sie war es sehr schwer, aber nach und nach fügten sie sich. Einige in der Familie und Freunde redeten ihnen gut zu. Unsere Hochzeit wurde mit traditionellem Pomp gefeiert.

Heute leben wir räumlich getrennt, in verschiedenen Städten, meine Frau und ich in Kalkutta, meine Eltern anderswo. Diese Distanz hat den Anpassungsprozess erleichtert. Wir treffen uns in Abständen, zwei- oder dreimal im Jahr, und pflegen eine herzliche Beziehung. Meine Brüder und Schwestern haben auf traditionelle Weise geheiratet und leben mit meinen Eltern in derselben Stadt. Aber große Vertraulichkeit herrscht nicht zwischen ihnen. Meiner Ansicht nach ist der südindische Brahmane außerstande, sich gehen zu lassen; Selbstbeherrschung ist oberstes Gebot.

Für die jüngere Generation in der Familie bin ich ein Held. Eine ganze Reihe von Familienangehörigen hat es mir nachgetan. Und es ist mittlerweile nicht mehr ganz so empörend, wie es einmal war. Doch man muss auch zugeben – meine Eltern spürten das, konnten es aber nicht in Worte fassen und verkrochen sich deshalb in ihrem Schneckenhaus –, dass da etwas Undefinierbares zerbrochen ist. Wir sind seit unzähligen Generationen Brahmanen.«

Fünfzehn Jahre waren seit dem Ende der Naxalitischen Rebellion vergangen, aber Debu – inzwischen ein hochrangiger Angestellter in einer großen Firma – wartete immer noch auf eine neue, eine richtige Revolution. Debu hatte an dem Aufstand in seinen frühen Stadien teilgenommen. Er hatte sich dann mit einigen Leuten aus der Führung ideologisch verkracht und musste sich sowohl vor der Polizei als auch vor einstigen Genossen verstecken. Er vermochte exakt und überzeugend nachzuzeichnen, wie sich die Revolution der Liebe und Barmherzigkeit in schlichten Nihilismus verwandelt hatte, mit Menschen, die von Revolution und Bauernmacht sprachen, aber sich nie mit dem Staat beziehungsweise den Mächtigen und gut Geschützten anlegten, sondern sich stattdessen auf die Schwachen und Angreifbaren konzentrierten. Aber irgendwie hatte Debu nach wie vor die Vorstellung, dass es möglich sei, noch einmal neu und besser anzufangen.

»Der einzige Unterschied – ein großer Unterschied – ist der«, sagte er, »dass ich damals, in den späten sechziger Jahren, glaubte, an der Revolution teilzunehmen, während ich heute weiß, dass ich nur *Zeuge* sein werde. Ein sympathisierender Zeuge. Ich glaube nicht, dass sich an der Notwendigkeit für eine Revolution etwas geändert hat.« Und im Begriff, die Geschichte seines Engagements zu erzählen, ließ er den Halbsatz fallen: »Hat man einmal Blut geleckt –«

Blut lecken – ein merkwürdiges Bild.

»Große Menschenmassen organisieren«, erläuterte er. Und damit meine er gleichzeitig die Erfahrung, von den Menschen geliebt zu werden, für die man etwas zu tun versuche. »Liebe ist ein abgedroschenes Wort. Was ich meine, lässt sich nicht beschreiben – etwas wallte in einem auf, berührte einen tief. Damals dachte ich, das habe etwas mit Parteitreue zu tun. Heute bin ich der Überzeugung, dass die Partei immer die Person ist. Das meine ich mit ›Blut lecken‹: Die Menschen geben einem das Millionenfache von dem, was man letztlich ihnen geben könnte.«

Hineingeboren wurde er in den Mittelstand, Ende der dreißiger Jahre in Kalkutta. In seiner frühen Jugend aber erkrankte sein Vater, ein studierter Freiberufler, über mehrere Jahre, und die Familie verarmte. Geholfen wurde ihnen von Freunden, während die eigene Verwandtschaft sie mied.

Manche dieser Verwandten sagten, wenn sie zu Besuch kamen, Sachen wie: »Falls Ihr diese Stühle da verkaufen wollt, müsst Ihr uns Bescheid geben. Wir würden sie vielleicht kaufen wollen.« Das mit den Stühlen war wörtlich gemeint, war kein bloßes Beispiel. Als ich Debu wiedertraf und er mich nach einer kleinen Tour durch das mittelständische Wohngebiet im Zentrum von Kalkutta und die ehemals britischen Klubs mit in seine große Wohnung nahm, sah ich die Stühle in seinem Salon: niedrige, altmodische, bengalische Stühle aus Ebenholz oder schwarz lackiert, eine vollständige Garnitur. Sie mussten ihn täglich an jene schweren Jahre, in denen sein Vater krank war, erinnern; sie mussten ihn täglich in seinem Misstrauen gegenüber der Klasse bestärken, aus der er stammte.

Er hatte so lange über diese Jahre nachgegrübelt, dass ihm die Geschichte, zusammen mit der politischen Moral, die er aus ihr gezogen hatte, leicht über die Lippen ging, wie eine schlichte Fabel. Zur bengalischen Mittelschicht gehörten vier Komponenten, sagte er: Kaste, Bildung, Familiengeschichte und Geld. Die ersten drei seien seiner Familie bei ihrem Fall erhalten geblieben, der Mangel an Geld aber habe sie an den äußersten Rand der Klasse verschlagen.

Das könne er nicht vergessen. Auch als sich die Umstände seiner Familie besserten, sei er ein »Streber« geblieben, wild entschlossen, sich in der Schule und im College auszuzeichnen. Auch beim Kricketspiel – in dem er gut gewesen sei – habe ihn dieser Leistungswille getrieben, das Bedürfnis, sich in seiner Schule hervorzutun. Er habe sich selbst gequält. Sechs Jahre lang habe er sechzehn Stunden täglich gearbeitet. Mit zweiundzwanzig sei er dann schließlich dafür belohnt worden. Er sei leitender Angestellter in einem der *boxwallah*-Unternehmen geworden; damals habe die *boxwallah*-Welt Kalkuttas noch zehn Jahre Lebensdauer vor sich gehabt.

Erst da habe er frei um sich blicken können. Er habe ein Buch über Präsident Kennedy gelesen und gemeinsam mit einigen jungen Buchhaltern beschlossen, Sozialarbeit in den Elendsvierteln zu verrichten. Die Gruppe habe nur verschwommene politische Vorstellungen gehabt und in keiner Verbindung mit irgendeiner politischen Partei gestanden. Ihre Hauptidee sei die alte bengalische Idee vom Heimatland gewesen, die Idee, die Bengalen dem übrigen Indien geschenkt habe, meinte Debu: die Idee, dass Indien ein Land sein müsse, auf das man stolz sein könne. Diese Idee sei seit der Unabhängigkeit in Bengalen in Verfall geraten, erklärte Debu. »In meiner gesellschaftlichen Klasse gibt es sie noch, aber als ein Überbleibsel der Vergangenheit, das als Anachronismus gilt, während sie in der Klasse darüber, bei den Industriellen und Geschäftsleuten, praktisch nur als negative Größe existiert.«

Die Arbeit in den Elendsvierteln sei zu einer ernsthaften Beschäftigung geworden. Er habe ihr wöchentlich drei Abende und zwei Morgen gewidmet. Seiner eigenen Klasse, der Mittelschicht, habe er ja schon mit Misstrauen gegenübergestanden. Jetzt habe er aus nächster Nähe die gesellschaftliche Ungerechtigkeit weiter unten erlebt. Er habe gesehen, wie sehr die Mittelschicht dafür verantwortlich war, und habe die *Kette* des Unrechts verfolgen können.

»Da gab es Sir Soundso, den Vermieter eines Elendsviertels. Was immer er den verwitweten Frauen in dem betreffenden Viertel antat, er tat es durch seinen Agenten aus dem unteren Mittelstand. Der Agent wiederum hatte seine eigenen Agenten, die er aus dem

Lumpenproletariat rekrutierte. Das war die Kette. Beseitigte man den Vermieter, trat ein anderer an seine Stelle. Die Kette selbst blieb bestehen.«

Er habe angefangen, Marxismus und indische Geschichte zu studieren, und beschlossen, nach seiner Rückkehr nach Kalkutta zum Ende des Jahres der radikaleren der kommunistischen Parteien beizutreten. Es sei die Zeit der Hungerbewegung gewesen, als Indien seine schlimmste Versorgungskrise durchmachte. Sechzig Menschen seien in Westbengalen von der Polizei erschossen worden, und die Menschen hätten sich von »Milo« ernährt.

»Das war eine bestimmte Hirsesorte, die man in Amerika an die Schweine verfütterte und die als milde Gabe herübergeschickt und von der indischen Regierung in ihren Lebensmittelausgabestellen an die Bedürftigen in den Dörfern verteilt wurde. Ich empfand tiefe Scham und Wut. In meinen Augen waren es nicht *Bedürftige*, die das aßen. Es waren Inder und Bengalen.«

Er sei der Kommunistischen Partei (Marxisten) beigetreten und habe angefangen, in den Dörfern zu arbeiten und bei den Bauern zu leben. In der Hauptsache habe er Propaganda betrieben. Er habe auch versucht, den Schwarzhandel mit Reis zu unterbinden. Er und seine Arbeitsgenossen hätten dazu verhindert, dass der Reis aus den Dörfern weggeholt wurde. Sie hätten auch versucht, die Vertreibung kleiner Pachtbauern zu verhindern.

Er, Debu, habe in der Partei Karriere gemacht. Die bengalische *bhadra-lok*, die Mittelschicht, liebe das Ausländische, und er habe festgestellt, dass ihm sogar in der Kommunistischen Partei (Marxisten) sein früherer Auslandsaufenthalt und seine Englischkenntnisse den Weg ebneten. Das habe ihn beunruhigt, aber in diese Zeit falle auch die fast mystische Erfahrung der Liebe, die ihm das Volk entgegenbrachte. Er habe der Bewegung unbegrenzt viel Zeit geopfert, sei bereit gewesen, jedes Risiko auf sich zu nehmen, und dafür habe ihm das Volk seine Liebe geschenkt.

»Menschen, die ich überhaupt nicht kannte – Bauern, Arbeiter – keiner von ihnen hat je gesagt: ›Du kannst nicht hier bleiben. Wir können deinen Freund da nicht bei uns unterbringen.‹«

Er habe ein Komitee für den Kampf gegen den Revisionismus gebildet, aber dann habe die Partei auch ihn selbst enttäuscht. Er habe festgestellt, dass es in den unteren Rängen der Parteiführung viel Korruption kleineren Kalibers gab, dass die Leute Fisch oder Reis stahlen, Dinge, die für die Partei gesammelt worden waren. Als er deswegen auf höherer Ebene bei einem Komitee vorstellig geworden sei, habe man ihn beschuldigt, CIA-Agent zu sein. Er habe den Eindruck bekommen, dass ihn einige aus der Partei hinausdrängen wollten.

Er habe aber auch damit angefangen, Artikel über die Bauernbewegung zu schreiben, und diese Artikel hätten Leute auf ihn aufmerksam gemacht, die später die Naxalitische Fraktion der Partei bildeten. Einige dieser Artikel seien von Radio Peking verlesen worden; den Naxaliten, die als *bhadra-lok* die Begeisterung fürs Ausländische mit ihrer Schicht teilten, habe das als die denkbar höchste Auszeichnung gegolten. Er sei in den Gremien der Parteifraktion ein wichtiger Mann geworden. Der Anführer der Fraktion sei fortan in seinem Haus abgestiegen, wenn er Kalkutta besuchte.

»Ich hatte mich der Bewegung angeschlossen, weil mich im Ausland Empörung über den Zustand Indiens überkam. Und da die meisten Menschen in Indien arm waren und auf dem Land lebten, fand diese Empörung in den Armen ihren Fokus. Ich war davon überzeugt, dass es eine *Umwälzung* brauchte, die von den Armen herbeigeführt werden musste, da meine Klasse und die Klasse darüber stanken und von ihnen nicht einmal ansatzweise Rettung zu erwarten war. Und da kommt nun der abstrakte Teil ins Spiel: Das ganze Konzept der *Umwälzung* stammte aus dem Marxismus, wie ihn Lenin und besonders Mao interpretiert hatten. Über Russland und China gab es damals zwei Arten von Literatur. Auf der einen Seite waren da die Kalten Krieger. Und auf der anderen gab es die Blauäugigen – Han Suyin, Felix Greene, Edgar Snow. Von den Kalten Kriegern wollte man nichts wissen. Das ist meine nachträgliche Sicht.

Als die Naxalitische Bewegung aktiv zu werden begann – mit ihren Versuchen, die Volksmassen aufzuklären und zu engagieren –, war das etwas ganz anderes, als was die anderen kommunistischen Parteien bis dahin getan hatten. Und ich muss Ihnen sagen, ich fing an zu glauben, dass es machbar war, dass es hier und jetzt Wirklichkeit werden konnte. Der Wunsch verwandelte sich in Glauben.

Die Naxaliten benutzten nicht nur Marx-Zitate, sondern auch welche von Rabindranath und Vivekananda und Romain Rolland. Auf ihren Plakaten lieferten sie *Fakten* über die Armut, die vorhandene Nahrungsmittelmenge, die Lohntarife. Und man sah, wie die Menschen das lasen und wie sogar die Analphabeten es verstanden, wenn es ihnen jemand laut vorlas. Und das Wichtigste war, dass keine Ämter angestrebt und dass Wahlen boykottiert wurden – das Wahlverfahren war nämlich völlig korrumpiert, eine Sache des Geldes und des Kuhhandels.

Und dann beginnt für jemanden wie mich die Qual. Wenn man etwas Großes vollbringen will, braucht man eine groß angelegte Organisation. Für eine solche Organisation braucht es eine Kommandostruktur. Und eine Kommandostruktur führt automatisch zu Kämpfen der Einzelnen um Positionen in dieser Kommandostruktur.

In kommunistischen Parteien trägt man parteiinterne Kämpfe mit Hilfe eines Konzepts und Programms für die Revolution aus. Und dann kommt es zu Debatten, begleitet von wechselseitigen Parteiausschlüssen, bis am Ende die oberste Führung in den Händen einer kleinen Gruppe oder eines Einzelnen liegt. Der Stil, in dem das geschieht, variiert von Land zu Land – abhängig von der Heimaterde, der Kultur, den Traditionen.

In Bengalen machten uns mehrere Dinge schwer zu schaffen. Da gab es die *bhadra-lok*-Tradition, von der ich Ihnen erzählt habe – was nicht heißen soll, dass dadurch die Kämpfe einen zivileren Charakter bekamen, sondern nur, dass die *bhadra-lok* die höheren Kasten umfasst und hinduistisch ist und eine Schwäche fürs Ausländische hat. Der Bengale der höheren Kasten ist bestimmten Erbschaftsgesetzen unterworfen, was dazu führt, dass es geradezu eine Lebensform ist, sich innerhalb der Gruppe zu bekriegen. Davon waren unsere Aktionen zutiefst geprägt. Wir vergaßen die anderen politischen Gruppen, sogar die extremen Kommunalisten. Der Kampf, den wir miteinander ausfochten, war schlimm. Bei diesem Kampf rückten die Menschen, könnte man sagen, in den Hintergrund. Die Intensität unseres Streits war groß, entsprechend heftig wurde er ausgefochten. Es war keineswegs ein abstrakter ideologischer Krieg; das Ganze glich einem Familienstreit mit starker Tendenz zur Gewalttätigkeit.

Daneben vollzog sich eine zweite, später einsetzende Entwicklung: die Sanktionierung der Einzeltötungen.« Und damit seien andere Aktionen einhergegangen: »Die Besetzung von Colleges und Schulgebäuden, die Zerstörung von Laboratorien und Bibliotheken – da dieses Erziehungssystem angeblich Feinde des Volkes hervorbrachte. Die Neufassung unserer Geschichte. Die Zertrümmerung der Standbilder von Leuten wie Radscha Ram Mohan Roy und Vivekananda.« Ram Mohan Roy, aus dessen Lehren die Brahmo Samaj und die Bengalische Erneuerungsbewegung hervorgegangen waren, die dem indischen Nationalismus so viel gegeben hatten und die Menschen wie Chidananda Das Gupta nach wie vor in Ehren hielten. Vivekananda, der religiöse Lehrer, aus dessen Schriften Zitate stammten, die auf den ersten Wandplakaten der Naxaliten zu lesen waren. »Sie galten als Leute, die mit dem Imperialismus gemeinsame Sache gemacht und den Interessen der Großgrundbesitzer und der damals herrschenden Klassen gedient hatten. Gleichzeitig kam die Parole auf: ›Der Vorsitzende Chinas ist auch unser Vorsitzender.‹«

Schritt für Schritt, in einem abstrakten Prozess, der von einer unausgegorenen, persönlicher Gekränktheit entspringenden Sorge um die Armen und um Indien seinen Ausgang nahm, ging es fort zum kulturellen und wirtschaftlichen Selbstmord, fort zu neuen Zwängen und neuer Gewalt, fort zu einer Bewegung, die mit dem Hunger der Bauern kaum mehr etwas zu tun hatte.

Der Führer der Naxalitischen Bewegung hieß Charu Mazumdar. Debu kannte ihn gut.

»Ich war dabei, als Charu Mazumdar bei einem kleinen Treffen in Kalkutta die Direktive der Einzeltötungen zum ersten Mal öffentlich verkündete. Er hatte in den Dörfern bereits darüber gesprochen und entsprechende Briefe an einzelne Einheiten geschickt. Dies war das erste Mal, dass er in Kalkutta darüber sprach, und ich begleitete ihn sogar zu dem Treffen.

Es fand in Nordkalkutta statt, in einem kleinbürgerlichen Haus. Ich erinnere mich an einen kurzen Flur und einen kleinen Raum. Der Flur stand voller Slipper, dort abgelegt von den Leuten, die in dem kleinen Raum auf dem Fußboden saßen. Das Treffen war lokaler Natur und wurde spätabends abgehalten.

Ich empfand damals ungeheure Bewunderung für Charu Mazumdar und empfinde sie noch heute. Er war der intensivste Mensch, dem ich je begegnet bin. Und er glaubte aufrichtig an das, worüber er sprach. Er setzte gewaltige Hoffnungen in die Jungen und die Neuen. Er liebte die Bauern inbrünstig – viel, viel mehr, als ich das tat. Meine Liebe war anders. Er *glaubte* an die indischen Bauern. Er bewunderte sie.

Sein Sinn für die indische Geschichte war erstaunlich – für das Wesen und die Wirkweise der indischen Geschichte. Er kannte keine Habgier, nicht die geringste. Persönlicher Komfort bedeutete ihm nichts. Es gab damals Tausende von Menschen, die bereit waren, ihr Leben hinzugeben und seinem Befehl zu folgen. Und diese Macht hatte er erlangt, ohne Zwang auszuüben. Die einzige andere Organisation mit seiner Art von Macht, die ich kenne, ist die Armee, und in der Armee wird reichlich Zwang ausgeübt.

Er war ein dünner, kleiner Mann mit Brille. Die Brille hatte sehr starke Gläser. Normalerweise trug er Hemd und *dhoti* oder Tropenhemd und Hosen. Die Klarheit, mit der er sprach und sich ausdrückte, war außergewöhnlich. Und das fand sich in seinen Bewegungen verdoppelt.« Debu meinte damit, dass Charu Mazumdars Bewegungen sparsam und pointiert waren, ohne viel Gestikulation. »Er besaß enorme Energie, bewegte sich rasch. Und er konnte, weiß Gott, die Leute begeistern.

Er hob nie seine Stimme, konnte aber mit großem Nachdruck sprechen. Und in diesem kleinen Raum in Kalkutta fing er an zu reden. Im hinteren Teil des Raums gab es zwei Fenster, und sie standen beide offen. Ich bemerkte diese Fenster, weil ich mir Sorgen machte, dass draußen Leute mithören konnten. Der Raum enthielt kaum Möbel. Ich erinnere mich an einen ungestrichenen Holztisch, auf dem Massen von Büchern lagen, und an ein Radio. Das Radio war wichtig. Wissen Sie warum? Das war die Verbindung zu Radio Peking. Alle Naxaliten maßen dem Radio ungeheure Bedeutung bei – so nach dem Motto ›gestern sind wir von Radio Peking erwähnt worden‹. In dieser Hinsicht stimmte mit mir etwas nicht. In meinem ganzen Leben habe ich Radio Peking nicht öfter als zweimal gehört.

Hinten im Raum stand auch eine kleine, kahle Bank. Mir fiel auf, dass niemand sich darauf setzen mochte – trotz des Gedränges im Raum. Aber schließlich war der Raum so voll gepackt, dass sich auch einige auf die Bank setzen mussten. Charu Mazumdar saß auf dem Boden – darum zögerten die Leute, sich auf die Bank zu setzen: Sie wollten ihn nicht überragen.

Die Leute rauchten. Deshalb standen die Fenster offen. Ich rauchte auch. Die Atmosphäre war noch frei und gelöst. Ich glaube, es wurde auch Tee hereingebracht, allerdings nicht für jedermann – nicht alle im Raum Versammelten bekamen etwas davon ab.

Charu Mazumdar sprach anfangs über gewisse Erfolge der Gruppe in Bengalen und in anderen Landesteilen. ›Ihr leistet hier sehr gute Arbeit, das weiß ich. Und sie haben Angst vor uns. Es ist zu erwarten, dass sie angreifen werden. Die Erfahrung hat uns gelehrt, dass die Tötung einzelner Unterdrücker dabei hilft, die Menschen zu mobilisieren, weil die Menschen dann sehen, dass man den Unterdrücker *vernichten* kann. Ich habe deshalb diesen Brief verschickt.‹ Er las aus einem handgeschriebenen Manuskript. Es war der Brief, in dem er zu Einzeltötungen aufrief. Dann konnten Fragen gestellt werden.

Ich war entsetzt. Aber ich glaube, meine eigenen Wurzeln kamen hier zum Tragen – wie das stets passiert. Ich war entsetzt, aber gleichzeitig fasziniert. Fasziniert fragte ich mich: ›Haben wir endlich einen Weg gefunden?‹ Es kam mir nicht in den Sinn, in Zweifel zu ziehen, was als Tatsache vorgetragen worden war: dass die Tötungen unter den Armen allgemeine Begeisterung ausgelöst hätten.

Entsetzt war ich in zweierlei Hinsicht. Erstens grenzte es an Mord. Aber da half ich mir mit der Rationalisierung, dass es kein Mord, sondern eine Hinrichtung sei. Die Menschen würden nicht einfach so umgebracht. Über die jeweiligen Tötungen würde in der Gruppe diskutiert und ein Beschluss herbeigeführt. Entsetzt war ich zweitens, weil praktisch alle Gurus des Marxismus vor dem Terrorismus gewarnt hatten. Und das hier klang nach Terrorismus.

Die Fragen, die gestellt wurden, folgten im Wesentlichen alle dem gleichen Muster: ›Was machen wir in den Städten?‹, ›Was passiert, wenn der Grundbesitzer durch einen anderen Unterdrücker ersetzt wird?‹ Es wurden viele taktische Fragen gestellt. Ich stellte als einer der Letzten eine Frage, und ich muss Ihnen sagen, ich fragte ganz demütig, weil ich, verglichen mit den Genossen dort, aus der falschen Klasse kam, und weil die Genossen, die da saßen, im Kampf draußen aktiver waren als ich. Die Frage, die ich stellte, bezog sich darauf, dass Mao und Lenin vor dem Terrorismus gewarnt hatten. Wie also könne man sich theoretisch dazu bekennen?

Charu Mazumdar antwortete uns allen. Ganz ruhig und überzeugend. Wir ließen uns alle überzeugen.«

»Erzählen Sie mir ein bisschen mehr über ihn«, sagte ich zu Debu.

»Er war um die achtundfünfzig. Das Gesicht voller Falten, hellhäutig. Er stammte aus einer Grundbesitzerfamilie in Nordbengalen und hatte einen berühmten Arzt zum Vater, einen wohlhabenden Mann. Er war ein kluger Kopf und erfolgreicher Student. Er ließ sich für die *swadeshi*-Bewegung« – die nationalistische Bewegung – »gewinnen, wechselte von dort zur Bauernbewegung über und machte sich einen Namen. Er wurde Mitglied in der Kommunistischen Partei. Er wandelte eine militante Reformbewegung – die sich dem Schutz der Kleinbauern verschrieben hatte – so weit um, dass sie zum Ausgangspunkt einer revolutionären Bewegung wurde. Das gelang ihm kraft der Entscheidung, den Krieg auszudehnen und ihn auch gegen den *Staat* zu führen.«

»Kam Ihnen nicht der Gedanke, dass das Wahnsinn war?«

»Damals hielt ich es nicht für Wahnsinn. Ich halte es auch heute nicht für Wahnsinn. Wenn es eine Revolution geben soll, dann muss sie sich gegen den Staat richten.

Dieses Treffen in Nordkalkutta dauerte drei Stunden. Charu Mazumdar brauchte für seine anfängliche Erklärung ungefähr eine Stunde und fünfzehn Minuten. Die Diskussion dauerte etwa eine weitere Stunde. Danach sprachen noch kleine Gruppen mit ihm über ihre lokalen Probleme und gingen dann.

Bis zu diesem Zeitpunkt hatten die Naxaliten Schulen besetzt, Standbilder verunstaltet und so weiter. Zusammenhanglose Aktionen. Dagegen sprach ich mich ziemlich entschieden aus. Etwa bis April 1970 versicherten mir Charu Mazumdar und andere, diese Aktionen seien Folge politischen Übereifers. Im Rückblick erinnere ich mich, dass Ziel dieser Übergriffe kleinbürgerliche Schulen und Schulen auf dem Land waren. Die Schulen der Oberschicht blieben unangetastet.

Als die Parole ›Der Vorsitzende Chinas ist auch unser Vorsitzender‹ aufkam, packte mich der Zorn, und ich suchte ihn auf. ›Wenn die Chinesen anfangen, hier aufzutauchen‹, sagte ich, ›werde ich zu den Ersten gehören, die zu den Waffen greifen, um sie aufzuhalten.‹ Darauf ging er mit keiner Silbe ein. Aber ich glaube, dass der persönliche Einklang, den wir seit 1968 hergestellt hatten – er stieg in meinem Haus ab, und wir führten lange Diskussionen –, ich glaube, dass dieser Einklang zerbrach. Später schrieb ich ihm einen Brief. Einen langen Brief, in dem ich ausführliche theoretische Begründungen lieferte, warum ich bestimmten Dingen ablehnend gegenüberstand. Er antwortete nicht. Damals hatten die Tötungen begonnen. Die Partei war in den Untergrund gegangen, und alle Kommunikation riss ab.

So kam es, dass ich die Partei verließ. Von 1970 bis 1972 engagierte ich mich in einer parallelen Organisation. Wir betrieben hauptsächlich Propaganda. Wir wurden von der Polizei verfolgt und mussten uns vor beiden Seiten verstecken.

Der erste Polizist kam in Kalkutta Anfang Mai 1970 um, bei einer Bombenexplosion. Nach Mitte 1970 wurden die Aktionen ausgeweitet. Verkehrspolizisten wurden umgebracht, weil sie leicht zu erwischen waren. Die Sache bekam auch einen komischen Aspekt. Die Verkehrspolizisten wurden mit Waffen ausgerüstet. Die Naxaliten entrissen ihnen die Waffen, weshalb die Polizisten sie an ihren Körper ketteten. Gleichzeitig begann auch die Ermordung von Spitzeln.

Und wenn man anfängt, *Spitzel* zu töten, dann öffnet man wirklich die Büchse der Pandora. Man kann das nicht mit seiner Klassenzugehörigkeit begründen – das kann man nicht, weil er dem gleichen Milieu wie man selbst angehören muss, um Spitzel sein zu können. Auch hier fällt mir rückblickend auf, dass es keine Angriffe auf große Ziele gab, auf Großindustrielle, Großgrundbesitzer.

Und im marxistisch-leninistischen Lager kam es zu weiteren Spaltungen. Bis 1973 hatte sich das marxistisch-leninistische Lager bereits in zwanzig Splittergruppen aufgespalten. Die Polizei und ihre Banden hatten mehrere tausend Menschen umgebracht. Bis 1973 war die Bewegung – diese Phase der Bewegung – an ihr Ende gelangt.

1972 hörte ich auf, mich zu verstecken. Die Polizei wusste, dass ich mit Charu Mazumdar gebrochen hatte. Das letzte Mal wurde ich 1972 ausführlich verhört. Ich hatte das große Glück, dass meine letzte Verhaftung vor dem April 1970 lag – bevor der erste Polizist in Kalkutta umgebracht wurde. Dann war ich in den Untergrund gegangen.

Derzeit arbeite ich nichts. Mir scheint, dass in mancher Hinsicht unser Land mehr Achtung und Anerkennung in der Welt findet als damals. Wir betteln nicht mehr, wir nehmen Kredite auf. Mich beunruhigt die Kluft zwischen Reich und Arm, mich beunruhigt der Mangel an Patriotismus bei den Machthabenden, mich beunruhigt, wie vielen Industriebetrieben es schlecht geht. Und mich beunruhigt die Tatsache, dass Kreditnehmer gewöhnlich als Bettler enden.«

Wie Charu Mazumdar endete, erzählte Debu mir nicht. Das erfuhr ich von jemand anderem. Er wurde 1972 in Kalkutta verhaftet und starb kurz darauf. Er war Asthmatiker und hatte, als man ihn verhaftete, ein Röhrchen mit Sauerstoff bei sich. In der Feuchtigkeit und Hitze Bengalens muss er permanent gelitten haben.

Ashoks erste Erzählung hatte von seinen Bemühungen gehandelt, ins Marketing hineinzukommen. Bei seiner zweiten Erzählung ging es um seine Verheiratung, um seinen Bruch mit der Vergangenheit. Thema seiner dritten Erzählung war sein Leben in der Werbebranche und die Bekanntschaft, die er mit der *boxwallah*-Welt in Kalkutta gemacht hatte, just in dem Augenblick, als diese Welt verschwand und der weniger kultivierten, reicheren Geschäftswelt Indiens nach der Unabhängigkeit Platz machte.

»Meine ersten Erfahrungen mit dem *boxwallah*-Milieu in Kalkutta«, sagte Ashok, »stammen aus der Zeit meiner Ausbildung zum Kontakter in einer Werbeagentur, als ich zum ersten Mal zu einem Treffen mit einem Kunden mitgenommen und diesem äußerst ranghohen Angestellten aus der Marketingabteilung des Unternehmens vorgestellt wurde. Der Mann war stattlich und wirkte sehr umgänglich. Er rauchte eine ausländische Zigarettenmarke, und er trug einen Anzug – es war Mitte Mai, was in Kalkutta schon etwas heißen will. Sein Büro hatte eine Klimaanlage. Er vermittelte den Eindruck eines Mannes, der in einem Luxusbüro residierte und das Leben gemächlich anging.

Er schien es nicht eilig zu haben, zur Sache zu kommen. Wir unterhielten uns über alles Mögliche, über triviale Dinge, die Krickettabelle, Büroklatsch. Von ungefähr elf bis zwölf Uhr oder zwölf Uhr fünfzehn plauderten wir über Gott und die Welt. Und dann kam eine lange Pause und man spürte fast das Bedauern darüber, dass es mit dem Small Talk vorbei war.

Mein Chef kam auf das Geschäftliche zu sprechen, und das wurde in großer Eile abgehandelt. Ich hörte nur zu; ich war noch Lehrling. Das Geschäftliche wurde in einer Viertelstunde erledigt. Es war jetzt ungefähr zwölf Uhr dreißig. Die Zeit zum Mittagessen nahte. Der Kunde fragte meinen Chef, ob wir eine Verabredung zum Mittagessen hätten. Mein Chef verneinte. Der Kunde sagte: ›Vielleicht sollten wir unsere geschäftliche Unterhaltung noch ein bisschen beim Mittagstisch fortsetzen.‹

Mein Chef wies mich an, ins Büro zu laufen, einen Schuldschein über fünfhundert Rupien zu holen und in einem Fünfsternehotel wieder zu ihnen zu stoßen. Der Kunde lud nicht uns ein – es war nicht üblich, dass Kunden Mitarbeiter der Werbeagentur zum Essen einluden. Das Mittagessen sollte auf unsere Kosten gehen. Ich glaube, ich war in diesem Augenblick sehr aufgeregt. Ich hatte viel darüber gehört, wie Kunden bewirtet wurden, aber etwas dergleichen gemacht oder daran teilgenommen hatte ich damals noch nicht. An diesem Tag begann das Mittagessen um zwölf Uhr fünfundvierzig und endete um drei Uhr dreißig. Am Ende herrschte allgemeine Zufriedenheit.

Diese Art von Geschäftsgebaren gab es noch bis in die frühen siebziger Jahre. Die großen Unternehmen besaßen auf ihrem jeweiligen Gebiet mehr oder minder ein Monopol. Sie mussten sich nicht um Käufer bemühen. Sie teilten einfach zu. Es gab nie genug, um die Nachfrage zu befriedigen.

Das ist heute anders. Es gibt viel mehr Firmen, die Produkte herstellen, und sie sind gezwungen, um ihre Position am Markt zu kämpfen – müssen Produktionsziele erfüllen, die Produkte auf dem Markt unterbringen, die Kunden überzeugen. Plötzlich gab es in den Unternehmen also keinen Platz mehr für Leute, die sich nur gut zu kleiden, mit der Frau des Chefs zu parlieren, eine Runde Golf zu spielen und ihr Glas zu halten wussten. Das Land selbst hatte mit der Einrichtung von Betriebswirtschaftsschulen begonnen. Meistens handelte es sich dabei um Abklatsche amerikanischer Vorbilder, und das brachte für die Firmen Probleme mit sich. Aber die Schulen erleichterten den Firmen die Auswahl aussichtsreicher Kandidaten. Einen Betriebswirt einzustellen wurde zu einem Statussymbol.

Leute, die früher die Karriereleiter hinaufgestiegen wären, gerieten jetzt ins Trudeln, weil sie ihrer Arbeit nicht gewachsen waren. Während zuvor das Büroleben eine angenehme Abwechslung zwischen Firmenwohnung und Klubhaus war, muss ich heute in meiner Firma, wenn ich vorankommen will, etliche Opfer bringen. Zum Beispiel bin ich möglicherweise zwanzig Tage im Monat auf Reisen. Gehört man einer indienweiten Organisation an, dient das Reisen dazu, sich ein Bild davon zu machen, wie es draußen im Lande läuft. Man reist auch deshalb, weil es die Kollegen ebenfalls tun und man damit beweist, dass man sich für die Firma engagiert.

Wenn in früheren Tagen ein höherer Angestellter zur Hochzeit, sagen wir, der Nichte eines der Händler ging, dann betrachtete dieser das als außerordentliche Ehrung und zeigte sich entsprechend erkenntlich. Wenn heute ein Angestellter an einer solchen Hochzeit teilnimmt, dann, um den Kontakt zum Händler zu pflegen. Die ganze Situation hat sich also verändert. Von diesen Händlern sprechen die meisten Hindi, und die alten sozialen Errungenschaften – Englisch sprechen, sich gut kleiden, Golf spielen – sind bedeutungslos geworden. Wenn man als Verkaufsleiter zwanzig Tage im Monat auf Reisen ist, dann verbringt man all diese Tage in der Gesellschaft der Händler und der Außendienstmitarbeiter, und fast jeden Abend wird ziemlich kräftig gebechert.

Ich muss gestehen, ich hatte zu Anfang keine Ahnung, dass sich das Marketing zu dem entwickeln würde, was es heute ist. Aber in meiner Firma arbeite ich vor allem im Werbebereich, und das befriedigt mich, weil ich kreativ sein kann. Gesellschaftliche Umgangsformen sind bei einem leitenden Angestellten immer noch ein Pluspunkt und schlagen sich in seiner Personalakte vorteilhaft nieder. Aber was der leitende Angestellte wirklich braucht, sind die Eigenschaften eines durchsetzungskräftigen Geschäftsmannes mit Unternehmungsgeist – eben des Menschentyps, mit dem er verkehrt. In seiner Firma muss er kultiviert sein und Konversation machen können, und wenn er irgendwo im Geschäft eines schäbigen kleinen Händlers sitzt, muss er die Tonart wechseln. Wahrscheinlich trinkt er Tee aus einem schmutzigen Becher – und der Händler verdient vermutlich unendlich viel mehr als der Angestellte.

In Indien stellt das Vertriebsnetz der Händler traditionell eine Macht dar. Die Händler sind ein eigener Menschenschlag. Kann sein, dass sie sich von Händlern in anderen Ländern unterscheiden. Zum größten Teil sind die Angehörigen der Händlergemeinschaft ungebildete Leute. Aber sie besitzen eine natürliche Begabung, Geld zu scheffeln. Es macht ihnen Spaß, ein Vermögen anzuhäufen und es immer weiter zu vergrößern. Das Geschäft gehört der Familie und wird von einer Generation zur nächsten vererbt. Sie sitzen von zehn Uhr morgens bis zehn Uhr abends in ihren kleinen Läden und finden nichts dabei – so sieht ihr Leben aus. Die Profite, die sie machen, stecken sie in immer neue profitable Geschäfte. Und dass sie Geld haben, zeigen sie auch gern. In den Häusern der Händler findet man unter Umständen Kronleuchter und Teppiche, die den ganzen Raum ausfüllen, völlig überflüssigen Luxus, ausländische Farbfernseher und Vorhänge und Kissen in den grellsten Farben.

Diese Leute sind freilich wichtig für die Firmen. Da hat man also hoch entwickelte Organisationen mit ihren in den betriebswissenschaftlichen Instituten geschulten Angestellten, und die müssen dann lernen, mit Leuten zurechtzukommen, die zwar kaum lesen und schreiben können, aber außerordentlich gewitzt sind, wenn es ums Geld geht. Wir brauchen sie mehr als sie uns, jedenfalls in diesem Stadium der Entwicklung des Landes.

Die Stärke eines Händlers beziehungsweise seines ›Ladens‹ – so reden wir von ihm: Wir sagen, der-und-der ist ein guter Laden, ein schlechter Laden, ein zuverlässiger Laden – liegt darin begründet, dass er oder seine Familie schon seit Generationen in dem Geschäft sind. Er weiß, was sein spezieller Markt aufnehmen kann.

Die Verkaufsziele werden für die jeweilige Stadt auf Ladenbasis festgelegt. Man sagt also etwa in Bezug auf einen Händler: ›Er ist ein Laden, der gut und gern fünfhundert Fernseher absetzt, und ich muss ihn dazu bringen, zweihundert von meinen zu nehmen.‹ So ungefähr sieht es im Kopf eines leitenden Angestellten aus. Und kaum ist er in die Stadt, in der er seinen Standort hat, zurückgekehrt, den Kopf noch vernebelt vom vielen Alkohol und vom vielen Reisen, sitzt er schon wieder am Computer und füttert ihn mit all den Informationen, die er gesammelt hat. Keinen Verkaufsleiter, der sein Geld wert ist, trifft man ohne eine Packung mit Alka-Seltzer neben seinem Rechner an. Sie alle haben Magenprobleme. Sie trinken bis elf oder zwölf Uhr nachts, und sind morgens um acht Uhr dreißig oder um neun wieder auf den Beinen, bereit für den neuen Tag.

Der *boxwallah* der vergangenen Ära war im Normalfall eigentlich ein seichter Mensch, der sich für Äußerlichkeiten und fürs Wohlleben interessierte. Heute ist das ins Gegenteil umgeschlagen. Beruflich gesehen, ist der heutige Angestellte seinem Pendant von vor fünfzehn Jahren voraus, aber in seiner Entwicklung als menschliches Wesen hinkt er hinterher. Er wird mehr und mehr zum Automaten. Er hat faktisch kaum Zeit, an etwas anderes zu denken als an den Umsatz und die für den Monat angepeilten Auftragszahlen.

Hätte ich gewusst, dass sich das Marketing auf diese Weise entwickeln würde, hätte ich als junger Mann wahrscheinlich kein Bedürfnis gehabt, dort einzusteigen. Aufforderungen der Firma, in den Direktverkauf zu wechseln, habe ich abgelehnt. Ich möchte nicht solch einen Preis zahlen müssen. Ich bleibe lieber auf der Seite der Werbung. Und ich muss nicht die Sonderaufgaben übernehmen, zu denen Angestellte der Verkaufsabteilung verpflichtet sind – zum Flughafen fahren und diesen oder jenen Chef abholen und diese Leute mit nach Hause nehmen und den Abend mit ihnen verbringen. So etwas gehört überhaupt nicht zu meinen Aufgaben.

Das Leben heute ist hart für den Angestellten, und die Stadt Kalkutta vergrößert noch den Druck, weil sie jemandem, der sich so ins Zeug legen muss, wenig zum Ausgleich zu bieten hat. Nach einem schweren Arbeitstag sitzt man unter Umständen stundenlang im Stau fest, und wenn man heimkommt, ist der Strom ausgefallen. Es gibt Generatoren, aber sie machen einen grauenhaften Krach und sind schnell überlastet. Wenn der Angestellte das Glück hat, Mitglied zu sein, kann er einen Klub besuchen, aber ansonsten bleibt ihm nicht viel, wo er hingehen kann. Spazieren gehen kann er nicht, weil die Bürgersteige und Straßen das nicht zulassen. Die Parks sind überfüllt. In den meisten dieser Parks wimmelt es von reichen jungen Männern und Frauen, die ihre Autos mitbringen und die Autoradios voll aufdrehen und den ganzen Abend lang futtern – Fast Food vom Straßenhändler – und mit Abfall um sich werfen.

Die Infrastruktur der Stadt bricht zusammen. Das Abwassersystem dürfte das schlimmste weltweit sein. In der Monsunzeit stehen große Gebiete der Stadt bis zu zweiundsiebzig Stunden hintereinander vollständig unter Wasser. In einem Jahr floss dieses Wasser gar nicht mehr ab. Tierkadaver tauchten auf, und wir befürchteten den Ausbruch einer Seuche.

Die einzige Menschengruppe, der es hier in Kalkutta gut zu gehen scheint, sind die Marwaris. Sie kamen vor einigen Jahrhunderten aus Rajasthan und betätigen sich erfolgreich als Zwischenhändler – sie kaufen und verkaufen. Darauf verstehen sie sich, und das ist so geblieben. Durch kulturelle oder technische Fähigkeiten haben sie sich nie hervorgetan. Sie machten als Gemeinschaft richtig Karriere. In den letzten fünfzehn oder zwanzig Jahren sind sie die Einzigen gewesen, die Grundstücke in den vornehmen Gegenden erwerben konnten, wo früher nur reiche Bengalen oder ausländische Direktoren wohnten. Sie waren an dem Immobilienboom beteiligt. Heute werden in diesen feinen Gegenden vielstöckige Gebäude hochgezogen – ein weiterer Nagel im Sarg der Stadt: noch mehr Autos, noch mehr sanitäre Probleme und so weiter –, wobei die Marwaris selbst die meisten der Wohnungen besitzen.

Der andere Aspekt ist der, dass ein paar von den sehr reichen Marwaris ständig Firmen aufkaufen, nachdem sie genug Anteile an ihnen erworben haben, um über sie bestimmen zu können. Und so befinden sich eine Reihe der alten Firmen jetzt in der Hand von Marwaris, von denen die meisten sich nicht um diese Firmen kümmern und nicht in sie investieren. Sie schlachten sie aus und finden nichts dabei, sie immer weiter herunterzuwirtschaften. Tatsache ist auch, dass in früheren Zeiten die Briten nicht viel Wert auf Wachstum legten. Ihnen ging es hauptsächlich darum, einen bestimmten Profit in Devisenform in die Muttergesellschaft zurückfließen zu lassen, und die meisten britischen Geschäftsleiter kamen nur für den kurzen Zeitraum von drei oder fünf Jahren hierher.

Am anderen Ende des Spektrums findet man die Gewerkschaften, die ihre roten Fahnen schwingen und mit der Geschäftsleitung permanent Katz-und-Maus spielen. Die Gewerkschaftsführer selbst rühren keinen Finger. Die Gewerkschaften verkörpern den Bengalen, wie er letztlich und in Wahrheit ist: Er ist träge, will nicht arbeiten, aber er will für nichts etwas haben, und er muss um jeden Preis seine Würde wahren. Er wird über den Marwari-Händler lauthals herziehen, aber er selbst könnte nie und nimmer dessen Arbeit tun.

Wir strengen uns gewaltig an. Wir erhalten unseren monatlichen Gehaltsscheck. Und Menschen wie wir, die keine Kaufleute sind, erwarten von der Stadt, in der wir leben, dass sie uns für unsere Arbeit etwas bietet. Am Ende des Arbeitstages brauchen wir mehr als nur die Aussicht auf die Rückkehr nach Hause. Man kann in kein Kino gehen, weil die meisten von ihnen miese Tonsysteme haben und Klimaanlagen, die praktisch nicht funktionieren – sie werden nicht gewartet. Ich bin seit fünf oder sechs Jahren in keinem Kino in Kalkutta mehr gewesen.

Wie ich Ihnen erzählt habe, sehnte ich mich als junger Mann danach, in die Welt des Marketings vorzudringen. Das habe ich auch geschafft, und ich kann sagen, dass ich mich gut geschlagen habe. Aber der Beruf hat nicht das gehalten, was ich mir von ihm versprach, und heute habe ich das Gefühl, dass wir, die wir zwischen den Marwaris und den Marxisten der Gewerkschaft in der Mitte stehen – die Klasse der höheren Angestellten, die einst ein einflussreicher Teil der Stadt war –, langsam erdrückt und aus dem Leben verdrängt werden.

Tatsache ist, dass die Probleme Kalkuttas unerträgliche Dimensionen angenommen haben. Meine Frau und ich haben mittlerweile den Eindruck, dass zu unseren Lebzeiten keine Besserung mehr zu erwarten ist. Wir haben das Gefühl, dass wir unser Glück anderswo probieren und Kalkutta Lebewohl sagen sollten.«

Ich selbst hatte in Kalkutta eine harte Zeit. Als ich 1962 zum ersten Mal nach Kalkutta gekommen war, hatte ich mich nach anfänglich stressigen Tagen in das Großstadtleben eingelebt; ich hatte das Gefühl gehabt, in einer wirklichen Metropole zu sein, mit all den sozialen und kulturellen Anregungen eines solchen Orts. Etwas von diesem Leben war immer noch vorhanden. Aber dieses Mal überwältigten mich mein eigener schlechter Zustand, der Geschmack des Wassers, der den Kaffee und den Tee ebenso ungenießbar machte wie das Essen, der braune Qualm von Autos und Bussen, die aufgerissenen Straßen und kaputten Gehwege, der Schmutz und die Menschenmassen. Mit dem tröstenden Zuspruch mancher Leute, dass es in einem so armen Land wie Indien auf das Ästhetische nicht ankomme, konnte ich mich nicht abfinden.

Mein Gefühl sagte mir das Gegenteil. In reicheren Ländern, wo die Menschen sich vergleichsweise angenehme häusliche Milieus schaffen konnten, ließ sich letztlich vielleicht eine Verwahrlosung der öffentlichen Sphäre ertragen. In Indien, wo die meisten in so erbärmlichen Verhältnissen lebten, wirkte die Kombination aus verwahrloster Privatsphäre und verwahrloster Umgebung draußen betäubend. Das musste den Menschen nicht nur eine Geringschätzung ihrer Bedürfnisse – nach Luft, Wasser, Entfaltung – vermitteln, sondern auch einen geringen Glauben an ihre Möglichkeiten, etwas zu schaffen oder zu tun. Solch eine Geringschätzung menschlicher Bedürfnisse und Möglichkeiten war mit Sicherheit verantwortlich für die durchgängige Schäbigkeit indischer Industriegüter, für die Hässlichkeit und Unangemessenheit eines so großen Teils der nach der Unabhängigkeit entstandenen Architektur, für die qualmenden Busse und Autos, für die von Chemierückständen verunreinigten Straßen, für die rauchenden Fabrikschlote.

»Jeder *leidet* hier«, erklärte eines Abends bei einem Essen ein bekannter Schauspieler. Und dieses simple Wort, das bestätigte, was Ashok erzählt hatte, wirkte wie eine Erleuchtung.

Seit vielen, vielen Jahren und schon bei meinem ersten Besuch im Jahr 1962 hieß es, Kalkutta liege in den letzten Zügen, der Hafen der Stadt versande, mit ihrer überalterten Industrie gehe es bergab. Aber Kalkutta war nicht gestorben. Die Stadt hatte zwar nicht viel geschafft, aber sie hatte weitergemacht; man gewann allmählich den Eindruck, dass die Prognose übertrieben gewesen war. Jetzt kam mir der Gedanke, dass eben dies vielleicht die Art war, wie Städte starben. Sie gingen nicht mit einem Knall zugrunde; sie starben nicht nur, wenn die Menschen sie verließen. Vielleicht starben sie genau so, starben, wenn jedermann litt, wenn die innerstädtische Beförderung solche Probleme machte, dass Menschen ihre Arbeit aufgaben, die sie eigentlich brauchten, weil sie fürchteten, zu sehr unter dem Verkehr zu leiden, wenn niemand mehr sauberes Wasser oder saubere Luft bekam und wenn es unmöglich wurde, spazieren zu gehen. Vielleicht starben Städte, wenn sie die Annehmlichkeiten einbüßten, die sie gewöhnlich boten, die aufregenden visuellen Reize, das gesteigerte Gefühl für die menschlichen Möglichkeiten und wenn sie einfach Orte wurden, wo zu viele Menschen lebten und die Menschen litten.

Kalkutta hatte seit Jahren eine linke oder marxistische Regierung, und mir wurde erzählt, das Geld fließe heutzutage in die ländlichen Regionen und das Elend von Kalkutta sei Bestandteil eines von Humanität bestimmten marxistischen Plans. Häufig freilich sind die Dinge so, wie sie scheinen, und möglicherweise ist dies eine der Arten, wie Städte sterben: durch dogmatische oder törichte Regierungen, dadurch, dass Volk und Regierung sich verbünden, um das Geld zu verscheuchen und das Leben, das sie brauchen, oder dadurch dass – Gipfel der Verkehrung! – die Revolution sich an ihrer eigenen Poesie berauscht und der Marxismus zum Opium für die Nichtstuer wird.

Vielleicht setzt sich das Wirtschaftsleben einer Stadt, wenn sie stirbt, in gespenstischer Form fort. So werden in Kalkutta alte Firmen mit berühmten Namen aufgekauft und ihre Vermögenswerte ausgeschlachtet, es wird in Immobilien investiert, weil Menschen ja immer irgendwo leben müssen, und so entsteht die Illusion ökonomischer Aktivität. Um die Illusion von Lebendigkeit zu verstärken, findet alle paar Tage eine politische Demonstration statt; junge Müßiggänger tragen mit griesgrämigem Heldenblick ihre roten Fahnen und ihre Parolen durch das sich selbst erhaltende Elend der Straßen, und Geld und Ehrgeiz und Kreativität suchen sich anderswo in Indien eine Bleibe. Trüge nicht das übrige Indien die Belastungen mit, der Tod von Kalkutta träte vielleicht deutlicher zutage, und Bengalen erschiene als ein weiteres Bangladesch – zu viele Menschen, zu wenig Hygiene, zu wenig Energie.

Hinter dem Hotel gab es einen Markt: Ich sah hinab auf sein niedriges, breites Dach. Bussarde hockten auf den Simsen des

Hotels und warteten. Die Simse waren schwarz von einer Ansammlung aus verwehtem Staub und dem Grus der Abgase. Der architektonische Stil des von den Briten erbauten Backsteingebäudes, das gegenüber dem Markt stand – die Formstrenge, die Symmetrie, die Eleganz, die Durchdachtheit, das Selbstvertrauen, die klassizistischen Anspielungen –, befand sich nun in einem merkwürdigen Missverhältnis zu dem Leben der Straße und wirkte, als entstammte er einer längst vergangenen Zeit.

Der klebrig aussehende Asphalt der aufgewölbten Straße erstreckte sich zwischen unregelmäßigen Staubverwehungen, die in den Rinnsteinen zu Schlamm verbacken waren; sauber gespült wurden die Straßen jetzt nur noch durch den Monsun. Der einst gepflasterte Gehsteig außerhalb des Markts war zerfallen und verschmolz stellenweise mit dem Schlamm im Rinnstein. Die Menschen gingen kleinen Beschäftigungen nach. Männer zogen Rikschas. Das war 1962 ein Anblick gewesen, an dem man Anstoß nahm, der aber mit der Notwendigkeit gerechtfertigt wurde, dass die Armen Arbeit brauchten. Siebenundzwanzig Jahre später waren die Rikschas immer noch da. Nach wie vor wurde als Rechtfertigung angegeben, dass die Armen Arbeit haben müssten. Aber in ihrer Geringschätzung menschlicher Bedürfnisse und Möglichkeiten schienen die Einwohner Kalkuttas an dem Transportmittel der von Menschen gezogenen Rikschas ehrlich Gefallen zu finden, und viele der Rikschas sahen hübsch und neu aus – gar nicht wie etwas, das im Aussterben begriffen war. Kleine Beschäftigungen: Einen Mann sah ich eine einzelne biegsame, wippende Sperrholzplatte auf dem Kopf transportieren. Andere Menschen trugen voller Ernsthaftigkeit winzige Lasten auf dem Kopf, zweifellos für einen ebenso winzigen Lohn.

An wichtigen Tagen tauchten vor dem Markt große runde Körbe mit verschnürten weißen Hühnern auf, und ein oder zwei Männer machten sich ein paar Minuten lang lässig daran zu schaffen, verschnürte Hühner aus einem Korb in einen anderen zu werfen. Dann fiel einem auf, dass der Korb, aus dem die Hühner genommen wurden, voller Bewegung war, während sich in dem Korb, in den die Hühner geworfen wurden, nichts regte. Und daraufhin merkte man, dass in der Bewegung des Werfens noch eine andere steckte, die Bewegung, mittels deren dem Huhn der Hals umgedreht wurde – beide Aktionen verbunden zu einer einzigen, fließenden, runden Geste.

Dann sah man vielleicht einen Mann seine eigene kleine Ladung toter weißer Hühner wegbringen: die Hühner kunstvoll zu einem großen Gefiederball arrangiert, den er an den Lenker seines alten Fahrrads hängte, wobei die Federn der toten Hühner nach unten hingen und eher braungelb als weiß aussahen, und die steifen, braunen Krallen und Beine wie Speichen in dem Federball wirkten, wie Stöckchen in Zuckerwatte. Der Mann hatte Schwierigkeiten, die Ladung an seinem Fahrrad unterzubringen. Als er das Rad besteigen und wegfahren wollte, waren die Hühner seinen Knien im Weg.

Am Ende des Tages kam ein kleiner grüner Lieferwagen, und die breiten runden Körbe, die jetzt leer waren, wurden in zwei Stapeln in dem Wagen verstaut. Als der Wagen losfuhr, blieben – in dieser Stadt, in der Abfälle selten weggeräumt wurden – nur ein paar verstreute weiße Federn im Staub der kaputten, verschlammten Straße zurück.

Die Briten waren lange Zeit in Kalkutta. Man kann sagen, dass die anglo-bengalische Kultur – aus der das moderne Indien erwuchs – so alt wie die Vereinigten Staaten von Amerika ist. Radscha Ram Mohan Roy, der erste namhafte Vertreter dieser Kultur, kam 1772 zur Welt, vier Jahre vor der amerikanischen Unabhängigkeitserklärung. Von Radscha Ram Mohan Roy führt eine direkte Linie zu Rabindranath Tagore, den Chidananda Das Gupta noch erlebte, als er 1940 zum ersten Mal die Universität Tagores in Shantiniketan besuchte.

Bei diesem Besuch hatte Chidananda den fast achtzigjährigen Tagore gehört, wie er im Tempel von Shantiniketan einen Vortrag über die »Krise der Zivilisation« hielt. In diesem Vortrag – der Berühmtheit erlangte und, wenige Monate, nachdem Chidananda ihn gehört hatte, in gedruckter Form erschien – hatte Tagore erklärt, er habe immer geglaubt, dass »die Quelle der Zivilisation« im »Herzen Europas« liege. Angesichts des Krieges und des kommenden Zusammenbruchs habe er diesen Glauben verloren. Aber den Glauben an den Menschen könne er nicht verlieren; das wäre eine Sünde. Er lebe jetzt in der Hoffnung, dass der Tag im Osten,

»wo die Sonne aufgeht«, anbrechen und dass der Erlöser »in unserer Mitte, in diesem Armenhaus Indien« zur Welt kommen werde.

Es war der melancholische Abschiedsgruß eines alten Mannes an die Welt. Fünf Jahre später war der Krieg vorbei. Europa fing an zu heilen; in der zweiten Hälfte des Jahrhunderts sollten Europa und der Westen stärker, kreativer und einflussreicher werden als je zuvor. Das Unheil, das Tagore hatte kommen sehen, war das Unheil, das über Kalkutta hereinbrach.

1946 kam es zu den hinduistisch-muslimischen Massakern. Sie markierten den Anfang vom Ende der Stadt. Im folgenden Jahr war Indien unabhängig, aber auch gespalten. Bengalen zerfiel in zwei Teile. Ein großer hinduistischer Flüchtlingsstrom kam und schlug sein Lager in Kalkutta auf, und Kalkutta, das nicht einmal über ein Hundertstel der Widerstandsfähigkeit Europas verfügte, erholte sich davon nie wieder. Die Zukunft hielt noch gewisse wichtige Entwicklungen bereit – das Filmschaffen von Satyajit Ray vor allem –, aber die großen Tage der Stadt, ihr ganzes intellektuelles Leben, gehörten der Vergangenheit an. Und man konnte den Eindruck gewinnen, dass die von den Briten erbaute Stadt – deren Großartigkeit nachts noch gespenstisch sichtbar wurde – zu sterben angefangen hatte, als die Briten sie verließen.

SECHS

Das Ende der Fahnenstange

ZU DEN wenigen Filmen Satyajit Rays, deren Schauplatz außerhalb von Bengalen liegt, zählt *Die Schachspieler*. Es ist ein historischer Film über die Einnahme des Königreichs Oudh durch die Briten in den fünfziger Jahren des neunzehnten Jahrhunderts. Oudh war eine der Provinzen des Mogulreichs; Mitte des achtzehnten Jahrhunderts wurde das Königreich zu einem seiner Nachfolgerstaaten. Die Hauptstadt von Oudh war Lucknow, und dort spielt der Film von Ray – ein subtiles Werk, das die damaligen Ereignisse so ins Auge fasst, wie sie vielleicht von den Zeitgenossen wahrgenommen wurden. Der Film war mehr als eine kritische Stellungnahme zum britischen Imperialismus des neunzehnten Jahrhunderts. Er fasste zugleich – mit Verständnis, Melancholie und Humor – die Dekadenz oder Verblendung oder Ohnmacht einer indisch-muslimischen Kultur ins Auge, die im neunzehnten Jahrhundert am Ende ihrer Möglichkeiten angelangt war: wo die Herrscher Schach spielen und kleine Affären haben, während ihr Hoheitsgebiet (und ihr Volk) unter Fremdherrschaft gerät.

Die britische Einnahme von Oudh bildete einen der Anlässe für den Indischen Aufstand von 1857. Während der Kolonialzeit und noch eine Zeit lang danach bezeichneten manche den Aufstand als den ersten indischen Unabhängigkeitskampf. Aber diese Sicht und diese Sprache gehörten ins zwanzigste Jahrhundert. Es handelte sich um eine Art von Mimikry, die dem alten Indien etwas von der sozialistischen Dynamik zu verleihen versuchte, die den Russen aus ihrer eigenen Geschichte erwuchs. Die Unruhen waren das letzte Aufflackern von Energie, das die Muslime in Indien zeigten, bevor dann rund achtzig Jahre später die Agitation für einen eigenen, muslimischen Staat Pakistan begann.

Für das muslimische Indien stellte Lucknow das Ende der Fahnenstange dar. Die Stadt ist heute die Hauptstadt des Bundesstaats Uttar Pradesh, des größten Staats in der Indischen Union. Sein historischer Kern wirkt wie ein Friedhof aus den Tagen der Nawabs von Oudh, voll mit Kriegstrümmern. Die Stadt lag während des Aufstands unter Mörserbeschuss und war hart umkämpft; später ließen die Briten die Ruinen als Denkmal stehen und hinterließen sie dem unabhängigen Indien.

Dem Jagdschloss der Nawabs, Dilkusha, »Herzenslust«, getauft, fehlt das Dach. Der Putz ist zum großen Teil abgefallen; man sieht die Schichten dünner Ziegelsteine, aus denen die massigen Mauern bestehen. Es ist eine für die Gegend typische Bauweise, aber der Stil des palastartigen Anwesens und der Stallungen, soweit von ihnen noch etwas zu sehen ist, verrät europäischen Einfluss: Die Nawabs von Oudh beschäftigten Europäer in vielerlei Eigenschaften. Sogar als Ruine bleibt das Jagdschloss dem Klima noch großartig angepasst. Selbst an einem sonnigen, heißen Tag fühlt man sich kühl und entspannt, wenn man im Schatten seiner dicken Mauern steht. Das Klima – das andernorts in Lucknow, inmitten der Beton- und Glasbauten durchweg ungünstig ist – wird hier, nur ein kleines Stück entfernt, mild, fast ideal. So dürften es mit Sicherheit auch die Erbauer empfunden haben. Zwischen diesen zertrümmerten alten Mauern erscheint einem das Klima von Lucknow geradezu als Teil des Luxus, in dem die Nawabs seinerzeit lebten.

Eine großflächigere Ruine in ähnlichem Stil ist die Residenz. Der britische Resident, ursprünglich ein Botschafter oder Generalvertreter, wurde mit der Zeit zum faktischen Herrscher von Oudh, und die Nawabs bauten im Laufe mehrerer Jahrzehnte die Residenz für diese ebenso wichtige wie mächtige Person. Sie war eine Siedlung, eine kleine Stadt, nicht bloß ein einzelnes Gebäude. Dort versammelten sich, als der Aufstand von 1857 begann, die Briten aus der ganzen Gegend, zusammen mit ihren indischen Dienern und den indischen Soldaten, die der britischen Fahne treu geblieben waren (beziehungsweise Angst vor den Plänen der Aufständischen hatten). Insgesamt hielten sich dreitausend Menschen in der Residenz auf, die drei Monate lang von den Aufständischen belagert wurde. Als die Belagerung endete, waren zweitausend von den dreitausend tot. Die Briten unter den Toten hatte man in einer Ecke der Residenz begraben; später wurden in dieser Ecke fünf Grabsteine zum Gedenken an die Toten aufgestellt.

Und wie man die Ruinen des Jagdschlosses der Nawabs als Erinnerung an die Entmachtung der Nawabs von Oudh stehen ließ, so blieben zum Gedenken an die britische Tapferkeit auch die beschädigten Gebäude der Residenz erhalten. Das Jagdschloss, das von dem britischen Entsatzheer (hauptsächlich Schotten und Sikhs) nach dem Sieg gesprengt worden war, präsentierte sich als die vollständiger zerstörte Ruine. Die Gebäude der Residenz wiesen viele kleine Kerben auf, die von Gewehrkugeln herrührten, und dazwischen gelegentlich größere Vertiefungen, die von Kanonenkugeln stammten. Vielleicht war die Belagerung fehlgeschlagen, weil die Aufständischen nicht über die erforderlichen Waffen verfügt hatten. Sowohl aber bei den Gebäuden der Residenz als auch beim Jagdschloss waren unter dem Putz die flachen, dünnen Lucknower Ziegelsteine zu sehen, aus denen das massive Mauerwerk bestand.

Die Residenz zählte zu den berühmten Monumenten des britischen *Radsch*. Nach dem Rückzug aus Indien und den Kriegen des zwanzigsten Jahrhunderts ist sie dem britischen Gedächtnis mittlerweile kaum mehr präsent. In der indischen Geschichte hingegen behält sie ihre Bedeutung. Das unabhängige Indien hat das Monument geerbt und sorgt für seine Erhaltung. Die Residenz ist heute ein öffentlicher Park, mit Bäumen und Blumen und Pfaden zwischen den zerschossenen, verwitterten Gebäuden.

Rashid, Spross einer alten muslimischen Familie in Lucknow, ging am letzten Tag meines Aufenthalts in der Stadt mit mir in der Residenz spazieren. Anfangs wirkte er ganz ausgeglichen, erzählte aus der Geschichte, freute sich, die berühmten Sehenswürdigkeiten der berühmten Stadt zeigen zu können, und freute sich auch, zeigen zu können, dass es in Lucknow (anders als in anderen indischen Städten) noch Orte gab, an denen man spazieren gehen konnte. Im Museumsgebäude freilich mit den armseligen Kanonenkugeln der Aufständischen, die zur Schau gestellt wurden, und den anderen sorgfältig gehüteten Überbleibseln, mit den verfärbten Fotografien und Stichen und den verblichenen Erläuterungen, wandelte sich seine Stimmung. Seine muslimischen Emotionen flammten auf; angesichts der Ereignisse hundertdreißig Jahre zuvor geriet er in helle Aufregung; Zorn packte ihn, wenn er an die Macht des britischen Residenten und die Demütigung des Nawab dachte, Wut und Kummer darüber, dass die Belagerung fehlgeschlagen war, dass der muslimische Triumph, obwohl fast mit Händen zu greifen, ausgeblieben war. »Mistkerle! Mistkerle!«, sagte er. Und er meinte nicht die Belagerer, sondern die Belagerten, deren Heldentum und generelle Notlage, deren knappes Entrinnen und grausames Sterben Gegenstand der musealen Darbietung war.

Nicht weit weg und von den Ruinen der Residenz aus sichtbar, stand eine weiße Marmorsäule mit einer gewundenen Spitze, um die Flamme der Freiheit zu symbolisieren. Das unabhängige Indien hatte dieses Denkmal errichtet, als Gegengewicht zum Monument des britischen *Radsch*. Es wirkte schwächlich, wie der in Marmor gehauene Zorn Rashids. Seine Symbolik wirkte neben den realen, von Einschüssen gezeichneten Gebäuden der Residenz ziemlich primitiv; außerdem war sie historisch unhaltbar: Die indische Unabhängigkeitsbewegung ging nicht aus dem Aufstand hervor.

Kein Denkmal des unabhängigen Indiens hätte Rashid trösten können, weil sich in Rashids Augen die Unabhängigkeit – neunzig Jahre nach der Belagerung der Residenz – nur als eine weitere muslimische Niederlage darstellte. Die Unabhängigkeit war mit der Aufspaltung des Subkontinents in Indien und die beiden pakistanischen Flügel einhergegangen, so dass sich die Muslime des ungeteilten Indiens in Rashids Worten unter drei Dächern wiederfanden.

Viele der mittelständischen Muslime Lucknows waren nach Westpakistan ausgewandert. Die muslimische Kultur, für die Lucknow bekannt war – die Sprache, die Bräuche, die Musik, das Essen –, all das war verschwunden. Wo einst die Muslime geherrscht hatten, blieb nun, nach einem, wenn man so will, dreihundertjährigen stetigen muslimischen Niedergang, das eingezwängte, abgeschottete, betäubende Leben des muslimischen Ghettos der Altstadt. Es gab auch noch andere Muslime, Leute aus der Mittelschicht wie Rashid und auch zur Oberschicht gehörige Leute, manchmal mit fürstlichen Vorfahren. Aber vorrangig spielte sich das muslimische Leben Lucknows im Ghetto ab, wo die Menschen mittellos und verwundbar, isoliert und aufs Äußerste angespannt waren.

Als ich 1962 zum ersten Mal dort hinkam, besaß Lucknow noch einen Hauch seiner legendären muslimischen Bedeutung und Ausstrahlung. Gewisse Spielereien schienen immer noch auf die Vergangenheit hinzudeuten. Die Menschen ließen Drachen steigen; bestimmte Spielzeuge wurden angefertigt; man stellte auf Basis von Sandelholzöl (um nicht gegen das muslimische Alkoholverbot zu verstoßen) verschiedene Parfüme her (unter anderem ein Lehmparfüm, das den Geruch der ausgedörrten Erde vermitteln sollte, wenn sie sich im Monsun mit Regen voll saugt). Auch wenn es keine Tanzmädchen mehr gab, schienen doch die fein ziselierten Schirmwände in den oberen Stockwerken der Häuser in der Gegend des *chowk* oder Basars noch alte Lucknower Freizügigkeiten zu beschwören (wie das Ölbild aus dem neunzehnten Jahrhundert, das einen Nawab zeigt, der die eine Hälfte seiner molligen Brust entblößt hat).

Jetzt war von der legendären Vergangenheit nichts mehr übrig. Die muslimische Gemeinschaft der Oberschicht, um die sich diese Vergangenheit gerankt hatte, war zusammengeschrumpft, während sich die Gesamtbevölkerung der Stadt verdoppelt oder verdreifacht hatte. Schäbiger Beton der Zeit nach der Unabhängigkeit breitete sich überall aus; bestimmte Durchfahrtsstraßen waren mittlerweile die Hölle. Die Stadt der Nawabs habe sich in ein Verwaltungszentrum verwandelt, sagte Rashid, in eine Bezirksstadt, ein indisches Provinznest.

Das Hotel, das Teil der neuen Betonstadt war, wirkte wie die Parodie eines Fünfsternehotels. Es besaß ein eigenes Emblem. In den Zimmern hingen verschiedene Informationsblätter, auf denen dies und jenes angeboten, Dienstleistungen aufgezählt und Kritiken erbeten wurden. Es gab die Frühstückbestellzettel, die man außen an den Türknauf hängen konnte und die sinnvoll auszufüllen ein hartes Stück Arbeit war. Alles, was in der Hotelbranche gut und teuer war, hatte man übernommen, nur war niemand da, es auch in die Tat umzusetzen. Das »Bitte nicht stören«-Lämpchen funktionierte nicht. Das rote Telefon war mehr oder weniger eine Attrappe; manchmal ließ sich durch den Hörer eine schwache, in der Ferne verhallende, kaum verständliche Stimme vernehmen. Die Handtücher waren, vielleicht weil man sie allzu stark gebleicht hatte, von einem fahlen, fluoreszierenden Blau und hatten einen ebenso stachligen wie dünnen Flor. Der Lampenschirm war kaputt; das Licht der schwachen Birnen strengte die Augen an. Eine volle Hälfte der Wand, die nach Westen wies, bestand aus Glas. Obwohl erst Frühling war, wurde es schon jetzt am Nachmittag ziemlich drückend im Zimmer, und man musste den Fensterriegel aus Weichmetall (man hatte das Gefühl, ihn zwischen Daumen und Zeigefinger verbiegen zu können) zurückschieben, um das Fenster zu öffnen und noch mehr heiße Luft hereinzulassen, zusammen mit dem Gebrüll des Verkehrs und der Autohupen und der Sirenen.

Aber wundersamerweise hatte man durch dieses Fenster einen Ausblick, der einen in die Vergangenheit zurückversetzte und einem die Illusion vermittelte, das Original eines jener großen Panoramen vor sich zu haben, die Thomas und William Daniell im achtzehnten Jahrhundert in Indien angefertigt und später als Aquatinten in London herausgebracht hatten. Der Blick ging hinaus auf den Gumti-Fluss beziehungsweise seinen wasserreichen, stillen, nicht sehr breiten Unterlauf zwischen bräunlichen und staubig grünen Ufern.

Die Daniellschen Panoramen wurden oft mit Hilfe der Camera obscura erstellt, und sie vermitteln den Eindruck ungeheurer Weite; aus der Nähe betrachtet, ist eine Daniellsche Aquatinta voller realistischer Details, voller menschlicher, manchmal winzig kleiner Figuren. Diese Art von Weite und diese Art von minutiöser Geschäftigkeit präsentierte sich mir auch beim Blick auf den Gumti-Fluss, den ich aus dem Hotelzimmer hatte.

Oben auf dem Ufer zur Rechten verlief ein Pfad, den in seiner vollen Länge menschliche Gestalten entlangwandelten, kleine, isolierte Figuren, bei denen sich aus dieser Entfernung die Farbe ihrer Kleidung nicht leicht ausmachen ließ. Hinter Bäumen, die den Pfad säumten, versteckten sich die Straßen der auf dieser Flussseite gelegenen vornehmen Wohnviertel. Weiter im Vordergrund, aus dem wasserreichen unteren Flusslauf herausragend, aber ein gutes Stück niedriger als der Pfad entlang dem rechten Ufer erstreckte sich eine breite, unregelmäßig geformte, baumlose Sandbank. Weit zur Linken verliehen schwarze Wasserbüffel, kleine, sich bewegende Pünktchen, dieser Sandbank einen Hauch von afrikanischer oder amerikanischer Wildnis. Zur Rechten und näher gelegen sah man morgens Wäscher ihre gewaschenen Tücher und Kleider zum Trocknen ausbreiten. In der Mitte der Sandbank, am Rande des Flussbettes, standen geräumige Hütten mit rosa oder weiß getünchten Wänden, einige auch mit Werbesprüchen in Hindi: einräumige Schuppen mit schrägen Dächern, die sich auf der glatten Wasserfläche spiegelten. Diese Hütten gehörten Schwimmvereinen. Am Wochenende schwammen Jungen im Fluss, nahe beim Ufer und bei den Hütten.

Am linken Ufer des Flusses, direkt unterhalb des Hotels, standen hinduistische Tempel. Weit weg, am selben Ufer, sah man die Minarette des alten Lucknow, Hinweise auf die Moscheen und *imambaras*, in denen ich 1962 nach den Glanzzeiten des alten Lucknow gesucht hatte. Darunter, unter Bäumen versteckt, befand sich der *chowk* oder Basar, der 1962 noch etwas von *Tausend und einer Nacht* an sich gehabt hatte, der aber jetzt, Rashid zufolge, für jeden, der den Blick dafür hatte, vom endgültigen Untergang der muslimischen Stadt kündete.

Um das zu sehen, ging ich eines Morgens mit Rashid dorthin. Es war so voll und eng, und die Gassen glichen sich so sehr, dass der Besucher das ganze Gelände als Manifestation einer einzigen großen Kultur betrachten mochte, ohne die Unterschiede zu bemerken, die Rashid auffielen.

Wie auch sonst in indischen Basaren bestanden die Läden oder Verkaufsstände aus schmalen, kleinen Häuschen, die zur Straße oder Gasse hin vollständig offen waren und sich so dicht aneinander reihten, dass praktisch keine Lücke zwischen ihnen existierte. Ihr Fußboden lag einen guten halben Meter höher als die Gasse. Die Abflussrinnen am Rand der Gasse nahmen die Abwässer und Abfälle aus den Rinnen auf, die zwischen oder unter den Ständen verliefen. Die Abwässer wurden nicht in einen größeren Abflusskanal weitergeleitet, sie blieben in den offenen Rinnen stehen und verdunsteten dort.

Alle Läden oder Stände hatten Gitter aus Metall; jeder Laden mit dazugehörigem Haus war gebaut wie eine Festung, für den Fall, dass es zu Unruhen kam. Ab und zu sah man anstelle des Ladens, der dort hätte sein müssen, eine Moräne aus Schutt, als seien Laden und Haus – altersbedingt oder aus Baufälligkeit und Fäulnis – in sich zusammengestürzt, eine kleine Demonstration der Art und Weise, wie sich der Boden von Städten allmählich, Schicht für Schicht, heben kann.

Hatte es schon immer einen Basar hier gegeben? Konnte man sich eine Zeit vorstellen, in der diese Stätte hier freies, unbebautes Feld war? Rashid und ich durchschritten ein Tor, einen Triumphbogen, benannt nach dem großen Mogulherrscher Akbar. Er regierte von 1556 bis 1605. Vielleicht war das Tor Ende des sechzehnten Jahrhunderts aus Anlass eines Besuchs des Herrschers erbaut worden; die Umrisse des Basars wären demnach schon damals (zu Shakespeares Zeiten) die gleichen gewesen wie heute. Auf eine weniger weit entfernte Vergangenheit – nämlich das achtzehnte oder neunzehnte Jahrhundert – ließen die kleinen, flachen Lucknower Ziegelsteine schließen, die bei manchen alten Gebäuden unter dem bröckelnden Putz zu sehen waren. Die Ziegel waren in Anordnungen gemauert, die die Struktur des Bauwerks widerspiegelten – in Bögen zum Beispiel bildeten sie konzentrische, geschwungene Reihen –, so dass sie aussahen wie Eisenspäne, die sich um einen Magneten gruppiert hatten.

Im äußeren Basar war die Bevölkerung gemischt. Die Läden wurden von Hindus betrieben; die Handwerker waren Muslime. Beide Gruppen hatten ihre Geschichte und ihre eigenen Traditionen. Die Handwerker verrichteten simple Arbeiten. Sie hämmerten dünne Silberbänder zu hauchdünnen, halb zerkrümelnden Silberblättern oder Silberfolien. Sie fertigten billige Schuhe; sie stellten eine für die Region typische Stickerei namens *chikan* her und machten auch Perlenstickerei. Bei den hinduistischen Ladenbesitzern handelte es sich entweder um Angehörige der Kaufmannskaste aus Uttar Pradesh oder um *khatris* aus dem Pandschab, die vor zweihundert oder dreihundert Jahren in die Gegend gekommen waren und sich als Geldverleiher und Händler niedergelassen hatten.

Jeder fünfte Laden lieferte Waren für größere Ladenbesitzer in seinem Umfeld: Garn für *chikan*-Stickerei, Gold- und Silberpailletten für Brokatarbeit, hölzerne Stempel, um die *chikan*-Arbeiten mit Mustern zu bedrucken, die außerordentlich breiten Hauptbücher, die für die einfache Buchführung benutzt wurden, die man in Indien pflegte. Einige Läden verkauften Drachen: In Lucknow hatte sich die Tradition erhalten, Drachen steigen zu lassen. Einige Läden verkauften Goldschmiedeausrüstung, andere Blumen, die Hindus für ihren Tempelbesuch brauchten. Insgesamt gesehen, erklärte Rashid, verkauften die Läden in diesem äußeren Teil des Basars Allerweltsartikel, die im Zusammenhang mit den traditionellen Lebensformen von Hindus und Muslimen standen.

Ganz kleine Jungen saßen mit gekreuzten Beinen auf dem Fußboden ihrer engen Buden, vorne, über den Rinnsteinen, und feilten eifrig an den Nadeln, die in den größeren Fertigungsstätten für Brokat gebraucht wurden. Diese Nadeln sahen aus wie die für Kugelschreiber bestimmten Nachfüllpatronen aus Plastik; sie hatten die gleiche Größe und eine ähnliche Art von Spitze. Sie kosteten eine Rupie das Stück: Ein Junge musste viele von ihnen herstellen, ehe er eine nennenswerte Summe verdiente.

Es gab viele Moscheen, von denen manche auf dem Schutt alter Verkaufsbuden und Häuser errichtet zu sein schienen: Die Moscheen hier erweckten einen Eindruck von Volkskunst, sie waren mit Zierrat überladen, ungeschickt im Entwurf, liebevoll bemalt. Während Rashid und ich dort spazierten, ertönte ein lautes Geräusch über dem Basar, die durch Lautsprecher verstärkte, abgehackte Stimme eines Mullahs. In der geübten Stimme steckte enorme Leidenschaft: Man gewann den Eindruck, er rezitiere etwas aus dem Koran. Tatsächlich sagte der Mann mit dem Lautsprecher, wie Rashid erklärte, nichts weiter als: »Spendet Geld für die Moschee, und bekommt dafür einen goldenen Palast im Himmel.«

Die schlichteste Art von Glauben: Obwohl der äußere Basar von einer gemischten Bevölkerung bewohnt und nicht rein muslimisch war, wirkte das Basarleben wie die Verkörperung des Glaubens an die heilige Schrift und die Moschee, und man konnte das Gefühl bekommen, dass hier alles im Dienste des Glaubens stand. Die am meisten geschmückten und am hellsten glitzernden Stände waren jene, an denen der Koran verkauft wurde. Behangen waren sie mit federleichten Papierquasten aus Gold und Silber. In der allgemeinen Monotonie der Basarwaren fielen diese Quasten, die sich Mädchen oder Frauen ins Haar flochten, besonders auf. An den Koranständen wurde nicht nur die heilige Schrift verkauft; man konnte auch Kästchen kaufen, um die Schrift darin aufzubewahren, Buchständer, um die Schrift aufzustellen, während man darin las, Räucherstäbchen, um die Lesung feierlicher zu gestalten, und Kappen, um während der Lesung den Kopf zu bedecken, weil es verboten war, mit unbedecktem Haupt in der Schrift zu lesen. Die Lesekappen waren in hellem Orange, Rot oder Grün gefärbt; es gab auch gehäkelte Kappen.

Die Läden machten nicht vor elf Uhr auf, sagte Rashid. Der Grund dafür sei, dass die Händler, obwohl sie nicht weit weg von ihrem Arbeitsplatz wohnten, nicht zum Mittagessen nach Hause gingen. Wenn sie also ihre Läden aufsuchten und auf dem Boden, auf Tüchern, Säcken, Teppichen oder *durries* Platz genommen hatten, dann blieben sie den ganzen Arbeitstag lang dort. Sie seien ebenso sehr Gefangene des Basars wie die Handwerker, die für sie arbeiteten. Die Eingänge zu den Häusern der Ladenbesitzer lägen in den engen Passagen, die von der Hauptgasse des Basars abzweigten; die Lebensbedingungen in diesen verborgenen Räumlichkeiten unterschieden sich nicht von den Bedingungen, unter denen das sichtbare Arbeitsleben in der Gasse vor sich gehe.

Es gab einen Punkt im Basar, an dem man aus dem gemischt hinduistisch-muslimischen Gebiet in den rein muslimischen Bereich überwechselte. Für Rashid war dieser Punkt deutlich genug erkennbar; mir erschien er weniger offensichtlich. Die Menschenmenge hinter diesem Punkt sei dichter, sagte Rashid, und die Menschen seien kleiner; sie seien unterernährt und schlecht entwickelt. Und ob mir denn nicht, sobald ich mich eingesehen hätte (oder meinte, mich eingesehen zu haben), auffalle, dass viele der Kinder in diesem Teil des Basars dürr und verhutzelt seien, mit starren Augen und häufig mit irgendwelchen Hautentzündungen.

Hie und da gebe es kleine Privatschulen, aber im Allgemeinen erhielten die muslimischen Kinder des Basars keine Schulbildung im modernen Sinne. Ihre Eltern mäßen dieser Art der Erziehung für die Zukunft der Kinder keine Bedeutung bei. Tief in ihrem Inneren hegten sie auch die Überzeugung, dass diese Art von Erziehung für andere Menschen da sei. Erziehung und Bildung seien selbstverständlich etwas Gutes, aber für sie als Muslime sei diese gute Erziehung, diese reine und unverfälschte Bildung, nur in der Koranschule und im theologischen Seminar zu finden. Für diese gläubigen Menschen, diese Menschen in dem dichten Gewirr von Gassen und Läden, gebe es nichts als den Glauben. Die räumliche Enge verstärke noch das Gefühl, dass man drinnen geborgen und geschützt sei und dass draußen Verfall und Korruption herrschten.

Viele Kinder – Jungen – besuchten das Seminar (einen großen Neubau) oder die Koranschulen im Basar. Aber die meisten gingen schon mit acht oder sieben oder sechs oder gar fünf bei ihren Eltern in die Lehre, um verschiedene einfache Basartätigkeiten zu lernen. Und wenn manche der Kinder, die an den Ständen Dienste leisteten oder in den Läden arbeiteten, verängstigt aussähen, dann deshalb, erklärte Rashid, weil sie wüssten, dass sie von den Ladenbesitzern, bei denen ihre Eltern sie in die Lehre gegeben hatten, oder von den Aufsehern ihrer Arbeitgeber »Prügel zu erwarten« hatten.

»Es ist eine darbende Welt«, sagte Rashid. »Und was kann schlimmer sein als ein leerer Magen?«

Und doch gewahrte ich in dem rein muslimischen Teil, in dem Rashid mich nur Düsterkeit sehen lassen wollte, mehr Festlichkeit und Einkaufsfreude als in den tristen Allerweltsläden des gemischten äußeren Basars. Hier wurden Uhren repariert, Drachen verkauft (das Geschäft mit Drachen betrieben sowohl hinduistische als auch muslimische Läden), Fotos gerahmt. Es gab Leute, die Kebabs verkauften, es gab andere Garküchen, es gab sogar Läden mit Feuerwerkskörpern.

Und stets lungerten um die Läden wie ein welkes Andenken an die Vergangenheit Lucknows die staatlich zugelassenen, provokativen Transvestiten und Eunuchen herum, in Frauenkleidern und mit billigem Schmuck behangen, machten ihre obszönen Scherze und bettelten: So fand der dunkle Sexualtrieb seinen rituellen, halb grotesken, ungefährlichen öffentlichen Ausdruck – in dieser Gasse, wo man kaum Frauen sah und wo sie, wenn überhaupt, sich nur als dünne, winzige Gestalten, von Kopf bis Fuß in Schwarz gehüllt, blicken ließen. Diese Transvestiten und Eunuchen verkauften ihren Körper; sie hatten ihren Markt.

»Sie sind Sexualobjekte«, sagte Rashid. »Können Sie sich das vorstellen?«

Sie hockten auf ihren Fersen am Rand der Gasse, nahe am Rinnstein, unter den Plattformen der Läden, diese Männer in der weiblichen Opferrolle. Ihre Gesichter, halb männlich, halb weiblich, waren verlebt und zerfurcht und krass geschminkt, aber sie hatten die Zähne von Männern, groß und geschwärzt und mit Lücken.

Hammergeräusche, gedämpft und wetteifernd, drangen aus Buden, in denen Knaben oder junge Männer, pro Bude vier, fünf oder sechs an der Zahl, dasaßen oder hockten und schmale Silberbänder zu hauchdünnen Blättern Silberfolie ausschlugen. Diese Folie wurde auf Süßigkeiten oder andere Delikatessen gelegt, um einen Eindruck von Luxus zu vermitteln; einen anderen Zweck hatte sie nicht. Das Silberband wurde zwischen Ziegenhaut gelegt und mit einem Holzhammer bearbeitet. Ungefähr ein Dutzend Bänder wurde gleichzeitig bearbeitet, wobei jedes Blatt vom nächsten durch eine Ziegenhaut getrennt war – später las ich, dass sich Därme wegen ihrer Elastizität am besten für diese Arbeit eigneten. Um aus einem Band eine Folie zu hämmern, brauchte es zwei bis drei Stunden. Eine Folie wurde je nach Blattgröße für eine halbe oder ganze Rupie verkauft. An einem Arbeitstag produzierte also ein junger Mann Silberfolie im Wert von achtzehn bis sechsunddreißig Rupien. Zog man die Kosten für das Silber und die Bude ab, dann blieb nicht viel an Verdienst für den jungen Mann übrig, trug ihm das unablässige, gemeinsam oder im Wettstreit geübte Hämmern auf engem Raum kaum etwas ein. Die auf diese Weise ausgeschlagene Silberfolie war zerbrechlich und zerbröselte, wenn man sie nur mit dem Finger berührte. Als die fast unnütze Ware, die sie darstellte, wurde sie zwischen den Blättern weggeworfener Bücher aufbewahrt.

»All die Arbeiten hier«, sagte Rashid, »haben diesen selbstzerstörerischen Zug. Sie machen es nur, weil ihre Väter es vor ihnen gemacht haben. Sie sind wahrscheinlich nie aus der Gegend herausgekommen. Sie hören Kassetten mit Liedern aus Filmen und religiösen Gesängen, die sie auf volle Lautstärke drehen, um sich von der geisttötenden Arbeit abzulenken, ob es sich nun um das Hämmern von Silberfolie oder um Stickereien und Brokatarbeiten handelt. Sie trinken viele Gläser Tee. Das Teetrinken hat seinen Grund. Es dämpft den Appetit. Wenn sie pinkeln müssen, steigen sie einfach runter und pinkeln auf die Straße.

Es ist so primitiv. Das Bildungsniveau ist so niedrig, genauso wie die Bedürfnisse und die Fertigkeiten. Sieht man vom Transistorradio und dem gelegentlichen elektrischen Ventilator ab, so könnten sie genauso gut in einem anderen Zeitalter leben. Ihre Freizeit verbringen sie folgendermaßen. Sie mieten sich für hundert Rupien einen Fernsehapparat und drei Videokassetten. Sie tun sich zu mehreren zusammen, um die hundert Rupien bezahlen zu können. Und dann sitzen sie den Abend lang da, vierzig oder fünfzig von ihnen, und schauen sich die drei Filme an. Es gibt ungefähr sechzig Firmen in der Gegend, die Fernseher und Videorekorder verleihen, und sie alle machen gute Geschäfte. Kleine Ausbeutungsmöglichkeiten eröffnen sich auch hier. Jemand, der etwas Geld übrig hat, mietet einen Fernsehapparat für eine bestimmte Zeitspanne am Abend – das macht er dann jeden Tag – und verkauft diese Zeitspanne (und den Apparat) für einen Aufpreis von, sagen wir, zwanzig Rupien.

Die einzige Bildung, die Kinder bestenfalls bekommen, ist die Kenntnis des Korans. Die Frauen bekommen gar keinen Unterricht. Inzucht ist gang und gäbe. Man verheiratet Vettern und Basen ersten Grades miteinander. Daraus erklären sich einige der körperlichen Degenerationserscheinungen. Die Jungen heiraten früh, mit fünfzehn, sechzehn oder siebzehn. Mit vierzig ist ein Mann Großvater und ausgebrannt. Sie ernähren sich schlecht. Fleisch und Brot und kein Gemüse. Ihre hygienischen Verhältnisse sind schlecht. Die meisten von ihnen kommen ihr ganzes Leben lang nie mit einem Hindu oder einem Nicht-Muslim in Berührung. Diejenigen, die an den Persischen Golf gehen und dort gut verdienen, lassen sich nach der Rückkehr wieder im Ghetto nieder. Sie bauen dort große Häuser, um das Ansehen zu genießen, das sie sich unter ihresgleichen erworben haben.

Die meisten von ihnen sind Schiiten. Den Höhepunkt des Jahres bildet für sie der Mohurram.« Die Zeit, in der um Husain, den Sohn Alis, den Helden der Schia, getrauert wird. »Andernorts dauert der Mohurram zwölf Tage oder vierzig Tage. Hier in Lucknow dauert er zwei Monate und acht Tage. Eine der Begumen von Oudh legte einst das Gelübde ab, im Königreich Oudh den Mohurram zwei Monate und acht Tage lang währen zu lassen, wenn ein bestimmter Wunsch, den sie hatte, in Erfüllung ging. Dieser Mohurram hat den

Schiiten hier ein Gemeinschaftsgefühl gegeben. Während der Tage heult man, schlägt sich die Brust, fügt sich mit dem Messer Schnitte zu, stöhnt und seufzt. Das hilft ihnen dabei, ihr Elend zu ertragen, und bringt sie unter Leute. Dieser Mohurram hat zu Spannungen mit der sunnitischen Mehrheit geführt. Und das Ergebnis: Lucknow hat nie einen Konflikt zwischen Hindus und Muslimen, nur einen Konflikt zwischen Sunniten und Schiiten erlebt.

Es gibt jede Menge Moscheen in der Gegend, und aus allen Richtungen ertönt regelmäßig über Mikrophone und Verstärker der Gebetsruf. Die Worte sind für Sunniten und Schiiten die gleichen, aber im Zeitpunkt gibt es eine kleine Differenz. Man hört also zehnmal täglich rufen statt fünfmal.

Und dann ist einen Monat lang Ramadan, an dem man tagsüber fastet. In dem Monat haben die Lokale am Tag geschlossen und sind nachts geöffnet. Das erzeugt dann eine richtige Kasbah-Atmosphäre.«

In einem rein muslimischen Land wäre man in Glaubensfragen vielleicht weniger strikt gewesen, und die Nerven hätten weniger blank gelegen. Hier aber wusste man, dass die Welt jenseits der Gassen und Gänge des *chowk* gleichbedeutend war mit einer Welt jenseits des Glaubens, und aus dieser Welt drangen Gefahren und Provokationen herein.

Gegen Ende meiner Zeit in Lucknow erzählte mir Rashid, wie die beunruhigendsten Bedrohungen der jüngeren Zeit ausgesehen hätten. Da sei der Mann aus Bangalore gewesen, der vor Gericht den Antrag gestellt hatte, den Koran in allen Sprachen und Ausgaben, in denen er in Indien erschien, zu verbieten, weil der Koran Volksverhetzung betreibe. Der Antrag sei eine Provokation gewesen und hätte nicht ernst genommen werden dürfen. Stattdessen habe die Richterin, sagte Rashid, in übertriebener Gesetzestreue den Antrag zur Beratung zugelassen. Das habe zum Aufruhr geführt. Der Antrag sei später von einem anderen Richter verworfen worden, der entschieden habe, der Koran sei wie die Bibel »ein grundlegendes Dokument«, das nicht Gegenstand einer solchen Art von gerichtlichem Antrag sein könne.

Dann habe es da die Geschichte mit der Moschee in der vierhundertfünfzig Kilometer entfernten Stadt Ayodhya gegeben, die von den Hindus in einen Tempel verwandelt worden sei. Ayodhya sei für die Hindus ein wichtiger, ja heiliger Ort. Es sei der Geburtsort von Gott Rama, dem Helden des *Ramayana*, und manche Hindus behaupteten, die Muslime hätten nach ihrer Invasion eine Moschee an der Geburtsstätte Ramas erbaut. Nach der Unabhängigkeit hätten die Hindus diese Stätte zurückverlangt. Im Jahr 1949, erzählte Rashid, sei die Moschee wegen der Gefahr von Unruhen geschlossen worden. Dann, das sei ungefähr vier Jahre her, habe sich etwas Neues getan. Ein Hindu habe beim Bezirksgericht den Antrag gestellt, dort beten zu dürfen. Der Antrag sei bewilligt und das Gebäude wieder geöffnet worden; die Hindus hätten von dem Ort Besitz ergriffen und hielten ihn nach wie vor besetzt. Unruhen seien ausgebrochen, Menschen umgekommen; der erbitterte Streit sei nach wie vor im Gange.

Bei der dritten Bedrohung gehe es um das muslimische Zivilrecht. Ein reicher muslimischer Anwalt habe sich von seiner ersten Frau getrennt und wieder geheiratet. Der ersten Frau habe er die in ihrem muslimischen Ehevertrag ausgehandelte Pauschalsumme gezahlt. Die geschiedene Frau sei nun vor die indischen Gerichte gezogen und habe darüber hinaus monatliche Unterhaltszahlungen von ihrem ehemaligen Mann gefordert (so jedenfalls erzählte mir Rashid die Geschichte). Nach zwanzig Jahren sei der Fall vor dem Obersten Gerichtshof Indiens angelangt. Der Richter habe das muslimische Zivilrecht für mangelhaft erklärt und der geschiedenen Frau Unterhaltszahlungen zugesprochen. Angesichts dieses Eingriffs in ihr Zivilrecht, das zu ihrem Glauben dazugehöre, sei es zu einem Aufschrei der Entrüstung bei den Muslimen gekommen, und die indische Regierung habe in Reaktion auf die Proteste ein Gesetz verabschiedet, das der Entscheidung des Obersten Gerichtshofs den Boden entzog.

Parveen wohnte in einem altmodischen, geräumigen, umfriedeten muslimischen Haus in der Altstadt von Lucknow. Der vordere Raum diente als Salon; die Privaträume lagen hinten. Zwei Jahre zuvor hatte Parveen sich entschlossen, in die Politik zu gehen. Das hatte bei anderen Frauen, muslimischen und nichtmuslimischen, Neid geweckt, aber mittlerweile hatte sich Parveen politisch etabliert, und kurz zuvor hatte sie an der Spitze einer Delegation muslimischer Frauen gestanden, die vom Ministerpräsidenten empfangen wurden. An den ockerfarbenen Wänden von Parveens Wohnzimmer hingen Fotos von dem Ereignis.

Parveen war eine gut aussehende Frau von stolzer Haltung. Zu ihren Vorfahren zählten Anwälte, Grundbesitzer und hohe Staatsbeamte, und sie strahlte das Selbstbewusstsein ihrer Klasse aus, der vormals herrschenden Klasse in dieser Region. Eine Welt trennte sie von den Muslimen im *chowk* oder Basar und von den kleinen, schwarz verschleierten Gestalten, die dort gelegentlich durch die Gassen huschten. Sie trug keinen Schleier; sie sprach kraftvoll und gewandt, und doch gab es bei ihr unerwartete Augenblicke weiblicher Scheu, die einen daran erinnerten, dass sie aus einer besonderen Kultur kam, dass dieses muslimische Haus mit seinen der Weiblichkeit vorbehaltenen, isolierten Bereichen einen wichtigen Teil ihres Wesens repräsentierte.

Sie wolle in die »säkulare« Politik gehen, und damit meinte sie, dass sie vorhatte, sich als muslimische Frau in der Staatspolitik zu betätigen. Ihrem religiösen Glauben tue das in keiner Weise Abbruch. Gewisse Aspekte des muslimischen Glaubens seien »Gesetz«, sagte sie; sie seien unanfechtbar. Die Rechte der Frauen seien ein solcher Aspekt.

Frauen genössen unter dem Islam viele Rechte. Sie brauchten keine besonderen, von Staats wegen verfügten Rechte – da diese ja schon im »Gesetz« verankert seien. Zum Beispiel genössen sie das Recht, von ihren Eltern Eigentum zu erben; die Hindufrauen hätten dieses Recht nicht. Was immer einer muslimischen Ehefrau in der Ehe geschenkt werde, dürfe sie behalten; bei den Frauen im Westen sei das anders. Bei einem Ehevertrag verpflichte sich der Mann, seiner Frau im Falle der Scheidung eine bestimmte Summe zu zahlen. Das genüge; die Vorstellung einer Unterhaltszahlung widerstrebe der muslimischen Frau. Wenn eine Frau sich verheirate, dann bedeute das nicht, dass sie zu einer Dienerin werde. Durch die Scheidung werde der Mann zu einem Fremden, und danach von ihm Geld zu nehmen komme für eine Frau nicht in Frage. In anderen Ländern oder Gesellschaften möge es üblich sein, die Rechte der Menschen gemäß den Bedürfnissen der Zeit zu verändern. Der Koran aber habe für die Muslime das Gesetz ein für alle Mal niedergelegt.

Das waren starke Worte, aber sie gingen Parveen leicht von der Zunge, als sie ins Hotel kam, um über ihre politische Arbeit zu sprechen – wobei Rashid ihr beim Englisch aushalf. Sie war eine glaubensfeste Frau. Aber der Glaube – rund und voll ausformuliert – beschwerte sie nicht. Auf ihrem sozialen Niveau verlieh er ihr sogar Selbstsicherheit und Stärke und schien sie für das öffentliche Leben, in dem sie sich engagieren wollte, zu rüsten.

Sie habe Organisationstalent. Am gleichen Tag noch wolle sie sich – privatim – mit einer jungen Frau treffen, die als mögliche Braut für ihren Bruder vorgeschlagen worden sei. Sie werde in diese weit entfernte Stadt fahren, um dort eine Freundin zu besuchen. Im Haus der Freundin werde sie – scheinbar ganz zufällig – der jungen Frau begegnen, die sie für ihren Bruder in Augenschein nehmen solle.

Für Parveen ging das Leben voran. Sie teilte nicht Rashids düstere Perspektive. Rashid war Junggeselle. Er war ein Leser, ein Einzelgänger. Er grübelte; seine Stimmung schlug rasch um. Er liebte seine Wohnung; er liebte es, sich in ihr zu verkriechen.

Was die Muslime des *chowk* oder Basars betreffe, meinte Parveen, so seien sie natürlich Gefangene ihrer Unwissenheit, und es sei schwer, zu ihnen durchzudringen. Aber auch wenn die Leute in dieser Unwissenheit und Beschränktheit ein spezifisch muslimisches Problem sähen, befänden sich doch viele andere Gruppen in Indien in einer ähnlichen Lage – Menschen in den ländlichen Gebieten, Angehörige der untersten Kasten.

Vielleicht war es dieser Vergleich, der Rashid deprimierte. Einst hatten die Muslime hier geherrscht und den Ton angegeben. Jetzt waren sie durch die Abwanderung der Mittelschicht nach Pakistan ausgeblutet – und auch wenn Einzelne noch Achtung genossen, als Gruppe waren sie deklassiert.

Rashid entstammte einer alten schiitisch-muslimischen Familie. Einer seiner Vorfahren sei Mitte des achtzehnten Jahrhunderts Handelsmann gewesen; von Bombay aus ließ er sieben Schiffe das Meer befahren. Vielleicht seien es auch gar keine richtigen Schiffe gewesen, meinte Rashid, sondern einfach nur Dhaus. Aber wohlhabend sei dieser Vorfahr gewesen. Er habe eine *imambara* errichten lassen, eine Nachbildung eines der schiitischen Mausoleen, die im Iran und im Irak für die Nachkommen des Propheten gebaut wurden. Unter Schiiten, die es im Leben zu etwas brachten, war es damals Brauch, eine *imambara* zu errichten – als einen Ort für religiöse Unterweisungen.

Im neunzehnten Jahrhundert hatte ein anderer Vorfahr am Hof des letzten Nawab von Oudh gedient. Als dieser Herrscher von den Briten nach Kalkutta verbannt wurde, begleitete ihn Rashids Vorfahr, der dann bis zu seinem Tod in den achtziger Jahren des neunzehnten Jahrhunderts in Kalkutta lebte. Rashids Großvater mütterlicherseits war ein Verwaltungsbeamter in einem der größeren Fürstentümer gewesen. Er hatte für die ganze Familie gesorgt, Gedichte geschrieben und sich als Gentleman der Jahrhundertwende gekleidet. Rashid, der seinen Großvater nur von Fotos kannte, meinte, er habe ein bisschen ausgesehen wie Bertrand Russell.

Rashids Großvater väterlicherseits war der Erste in der Familie, der Englisch gelernt hatte. Er hatte bei der Eisenbahn gearbeitet, in dem damals neuen Bahnhof von Lucknow, der auch heute noch zu den eindrucksvolleren Gebäuden der Stadt zählt. Als junger Mann hatte Rashids Vater vor, in den Polizeidienst einzutreten. Muslime der Oberschicht, Grundbesitzer, gingen in akademische Berufe: Sie studierten Jura und Medizin. Menschen wie Rashids Vater gingen in den Polizeidienst oder in die Verwaltung. Sein Vater habe gut ausgesehen, meinte Rashid. Er war einen Meter siebzig groß, etwa fünf Zentimeter größer als Rashid. Er war leicht durch Pockennarben verunstaltet, aber damals hatte fast jeder solche Narben.

Zur damaligen Zeit hatte jemand wie Rashids Vater keine Mühe, in den Polizeidienst aufgenommen zu werden. Jemand stellte einen dem englischen Offizier vor und empfahl einen für den Dienst. Der Offizier sagte dann: »Morgen kann er anfangen.« So lief es bei Rashids Vater. Er trat als Hilfsinspektor in die Polizeikräfte ein; das war der unterste Offiziersrang. Aber nach drei Tagen gab er auf. Der Drill gefiel ihm nicht, und er konnte die beleidigende Ausdrucksweise des Ausbilders nicht ertragen. Es gelang ihm nicht, das als dazugehörig, als Teil des Abhärtungsprozesses zu sehen; er wollte auf der Stelle wieder raus.

Danach beschloss er, ins Geschäftsleben einzusteigen. Er und sein Bruder machten in Lucknow einen Laden auf, in dem sie

Fotoapparate und fotografisches Zubehör verkauften. Das war 1911, in dem Jahr, in dem Georg V. zum König von Großbritannien und Kaiser von Indien gekrönt wurde: Das britische Empire, der britisch-indische *Radsch* standen auf ihrem Gipfelpunkt. Der Fotoladen, den Rashids Vater damals aufmachte, gedieh gut im imperialen Indien. Er passte zu dem Ort; er entwickelte sich zusammen mit der Fotografie selbst und wurde zu einem der besten Läden seiner Art. Zweiggeschäfte wurden in anderen Städten Indiens eröffnet, vor allem in Erholungsorten in den Bergen, wo die Menschen in den Sommerferien hinfuhren. Das Geschäft in Lucknow lag in der Hazratgunj, der Haupteinkaufsstraße der Stadt. Damals, in den imperialen Zeiten, wurde die Hazratgunj, die heute überfüllt und ein einziges Chaos ist, jeden Abend von einem städtischen Fahrzeug mit Wasser besprengt.

Die anderen Geschäfte in der Hazratgunj gehörten Engländern, Juden und Parsen. Rashid erinnerte sich besonders an das Geschäft eines Juden namens Landau. Der besaß ein großes Eckgeschäft und verkaufte Uhren. Der Gehsteig vor seinem Geschäft wurde durch das obere Stockwerk überragt und überdacht, das auf schmiedeeisernen Säulen ruhte. Oben befand sich der Wohntrakt des Gebäudes, mit einer Veranda, deren schlanke Säulenbogen das Gegenstück zu den massiveren Säulen unten bildeten. Die Gebrüder Anderson waren Schneider; sie schlossen ihr Geschäft nach der Unabhängigkeit im Jahr 1947. Ein anderer Schneider war MacGregor. Er verließ das Land 1947 nicht; er blieb in Lucknow und starb dort. Zu MacGregors Kunden zählten Angehörige indischer Fürstenhäuser, Engländer und Mitglieder des Indischen Verwaltungsdienstes. »Man sah, ob ein Rock von ›Mac‹ gemacht worden war«, sagte Rashid. »Man konnte ihn dreißig Jahre lang tragen.«

Rashid, der 1944 zur Welt kam, erinnerte sich an die aus burmesischem Teakholz bestehenden Schaukästen im Geschäft seines Vaters. Gefertigt hatten sie muslimische Handwerker in Lucknow, nach Entwürfen des Vaters. Das Geschäft war wie ein Klub; Fremde und bummelnde Passanten scheuten sich, hineinzugehen. »Geld war nicht die Hauptsache. Die Leute kamen, um meinen Vater und andere Freunde dort zu treffen.«

Rashids Elternhaus lag im alten Lucknow. Es hatte einen abgesonderten Frauentrakt. Gäste kamen ins Haupthaus nicht hinein.

Sie blieben im Salon, der sich direkt an der Vorderseite des Hauses befand und einen eigenen Eingang hatte. Das Mobiliar in diesem Empfangsraum war englischen Stils und in Lucknow angefertigt: riesige Möbelstücke, äußerst unbequem. Hinter dem Salon gab es ein paar weitere Zimmer, und dann kam der Innenhof des Haupthauses. Im Sommer schlief die Familie im Innenhof. Erst wurde der Hof mit Wasser besprengt, um ihn zu kühlen. Dann stellten die Diener die Betten in Reihen auf und montierten auf Bambusstangen Moskitonetze. Es gab ein Gestell mit Krügen, die mit Wasser gefüllt waren, das für den nächsten Tag kühlen sollte. In einer Ecke des Innenhofs stand ein großer quadratischer Tisch, bedeckt von einem weißen Tuch und einem farbigen Tischtuch in der Mitte. Darauf wurden Speisen gestellt. Gegessen wurde abends um neun, wenn Rashids Vater aus dem Geschäft heimkam.

Kaum hatte Rashid dieses geordnete mittelständische Familienleben kennen gelernt, begann es mit der Familie auch schon bergab zu gehen. Als 1947 die Unabhängigkeit kam, wollte Rashids Vater nach Pakistan emigrieren. Er hatte einen Neffen, der sich um das Zweiggeschäft in der Bergstadt Mussoorie kümmerte; er bat den Neffen, den Warenbestand von Mussoorie in das Geschäft in Karatschi zu überführen. Das tat der Neffe auch, aber er nutzte das damalige Durcheinander, um das Geschäft in Karatschi auf seinen Namen übertragen zu lassen.

»Mein Vater fand sich also ausgebootet und gab den Gedanken auf, nach Pakistan überzusiedeln.«

»Was wurde aus Ihrem Vetter?«

»Er verlor bei einem Motorradunfall ein Bein. Er ruinierte das Geschäft. Schließlich musste er sich als Lebensmittellieferant für die Schule durchschlagen, die seine Frau leitete. Man könnte sagen, er hat seine Strafe gefunden. Aber Befriedigung hat uns das nicht verschafft.«

Dann kamen Hindus und Sikhs, die aus Pakistan geflüchtet waren, nach Lucknow.

»Sie waren uns fremd. Die Leute, die hinter unserem Haus wohnten, waren nicht sehr reich, aber sie waren eine gebildete muslimische Familie. Sie gingen 1947 nach Pakistan. Ihr Haus wurde einer Flüchtlingsfamilie zugewiesen. Eine Sache ist mir unvergesslich geblieben: Die Mutter der neuen Familie ließ ihre Kinder auf Stücke Papier den Darm entleeren und den Kot dann über die gemeinsame Mauer in unseren Hof werfen. Wir schlugen Krach, und sie begriffen und hörten damit auf. Wahrscheinlich kamen sie aus dem Pandschab, obwohl ich das nicht weiß.

Allmählich sah man neue Ladenschilder in der Stadt. Die alten Geschäfte gehörten Muslimen. Auf den neuen Schildern las man andere Namen. An die Stelle der seriösen Geschäfte englischen Zuschnitts traten aufgetakelte, in gleißendes Licht getauchte, musikberieselte Läden. In Aminabad, dem alten Lucknow, machten die Sindhis reihenweise Tuchläden auf. Als Erstes fingen sie an, sich als Marktschreier zu betätigen und dich in ihre Läden zu lotsen. ›Komm herein, Schwester. Komm herein und schau dich um.‹ Das hatte es bei uns nie gegeben. Keine Vitrinen mehr. Nur noch klapprige kleine Kästen. Mittlerweile aber besitzen viele von denen, die damals kamen, riesige Geschäfte voller Chrom und Glas.

Sie waren bessere Geschäftsleute als wir. Sie verstanden sich besser aufs Verkaufen. Sie verkauften geschmuggelte Waren – von denen wir stets die Finger ließen. Sie konzentrierten sich auf den Umsatz statt auf eine angemessene Gewinnspanne. Und unsere Waren veralteten und verstaubten auf den Regalen, und die Nachfrage nach ihnen schwand.«

Im Jahr 1951 wurde die Form von Grundbesitz, die man als *zamindar*-System bezeichnete, abgeschafft. »Der Grundbesitz wurde eingeschränkt. Der größte Teil der Grundbesitzer büßte ererbte Rechte ein. Das *zamindar*-System hatten die Briten 1828 eingeführt. Es war an die Stelle des *mansabdari*-Systems der Moguln getreten, bei dem Leute mit Land belehnt wurden, die dafür erforderlichenfalls eine bestimmte Anzahl von Pferden stellen mussten – im *mansabdari*-System bemaß sich die Rangstellung, die man einnahm, an der Menge von Pferden, die man zu stellen hatte. 1951 mussten sich viele der *zamindare* oder Großgrundbesitzer, die große Häuser in Lucknow besaßen – in denen sie gar nicht lebten –, den neuen Zeitläuften anpassen. Viele von ihnen siedelten nach Pakistan über. Die Abschaffung der *zamindare* beraubte uns mit einem Schlag unserer Kundschaft. Das Wirtschaftsleben wandelte sich plötzlich. Und die englischen Kunden verschwanden. Unser Geschäft hatte mehreren Gouverneuren der Provinz als Lieferant gedient – so angesehen war es.

Die Hazratgunj hörte auf, blitzsauber zu sein. Die Straßen verschmutzten. Straßenverkaufsstände breiteten sich aus. Die Gehsteige wurden unpassierbar. Die ganze Atmosphäre veränderte sich.«

Zur gleichen Zeit wie diese geschäftliche Katastrophe ereignete sich eine Tragödie in der Familie. Die Familie besaß ein Sommerhaus in Mussoorie, und dort ertrank während eines Sommeraufenthalts Rashids ältester Bruder. Insgesamt bescherten die Jahre vor und nach der Unabhängigkeit Rashids Vater einen Schicksalsschlag nach dem anderen: die schlimmen hinduistisch-muslimischen Unruhen in Kalkutta im Jahr 1946, die Spaltung des Subkontinents im folgenden Jahr und den Verlust des Geschäfts in Karatschi, die Abschaffung der *zamindare* und nun noch den Verlust des ältesten Sohns.

Für die Alten war es schlimmer als für die Jungen. Rashid besuchte La Martinière, die anglo-indische Schule in Lucknow, und fühlte sich dort sehr glücklich. La Martinière war von Claude Martin, einem französischen Abenteurer des achtzehnten Jahrhunderts, gegründet worden, der nach seiner Ankunft in Indien in den Dienst der Nawabs von Oudh trat. Er hatte eine oder mehrere indische Frauen und hinterließ bei seinem Tod ein großes Vermögen, von dem er einen Teil für die Einrichtung von Schulen für eurasische Kinder bestimmte. Hundertfünfzig Jahre später herrschte in La Martinière immer noch eine Atmosphäre kosmopolitischer Gemischtrassigkeit; während dieser Zeit familiärer Nöte konnte Rashid so mit einem gewissen Maß an Geborgenheit und in einer Art von politischer Unschuld aufwachsen.

»Es gab Jungen aus allen Gemeinschaften an der Schule, alle aus dem gleichen mittelständischen Milieu. Die Familien kannten einander. Für mich war meine Welt etwas Naturgegebenes. Sie war einfach da, die Familie war da, die Großfamilie, die Vettern. Die Religion gehörte ganz selbstverständlich zu diesem Leben. Sie stellte keine Last dar. Dazu trug vieles bei – die Schule und die Freunde, die mich im Haus meines Vaters besuchten: Sie gehörten allen möglichen Religionen an. Man ließ uns mit einer ganzen Reihe von *moulvis* den Koran lesen, aber wir kamen nie über das erste Kapitel hinaus.

Unser Vater zwang uns nie, in die Moschee zu gehen, und ich

persönlich habe das auch nie getan. Das entsprach meinem Wesen; es entsprang keiner ›Gott ist tot‹-Haltung. Wir pflegten zu den *majlis* zu gehen, die in der *imambara* oder bei Freunden stattfanden; wir kamen angeblich, um uns religiöse Vorträge über die Schlacht von Kerbala und den Tod Husains, des Sohnes von Ali, anzuhören. Tatsächlich aber waren das gesellige Zusammenkünfte. Hier kam die schiitische Seite im Gegensatz zum rein islamischen Teil unserer Erziehung zum Tragen. Das Einzige, worauf mein Vater unbedingt bestand, war, dass wir am zehnten Tag des Mohurram barfuß zum Taalkatora-Karabala, einem Friedhof mit einer *imambara*, pilgerten, wo Schiiten begraben lagen. Das bot uns zugleich Gelegenheit, die Gräber der Familie zu besuchen.«

Wie nicht anders möglich, wurde dem heranwachsenden Rashid allmählich klar, was die Unabhängigkeit und die Spaltung alles zur Folge hatten.

»Von vornherein stand fest, dass meine Schwester einen pakistanischen Jungen heiraten würde, weil es den Muslimen in Indien nicht sonderlich gut ging und weil die Pakistanis selbst ein Mädchen aus der alten Heimat heiraten wollten. Den Muslimen in Indien ging es nicht gut, weil es nach der Abspaltung keine Stellen für sie gab und es überhaupt an Chancen fehlte. Die gesellschaftliche Mehrheit hegte Ressentiments, die nur natürlich erschienen. Erst kämpft man um ein eigenes Land, und dann weigert man sich zu gehen.

Man konnte auch das Prinzip der natürlichen Auslese am Werk sehen. Jedes muslimische Haus erlebte nach der Abtrennung eine innere Spaltung. Es gab keine Familie, die davon nicht betroffen war. Eltern blieben da, Söhne zogen weg. Die, die zurückblieben, waren nicht bereit, sich ins Getümmel zu stürzen. Bei vielen von ihnen handelte es sich um Grundbesitzer, denen es an Wettbewerbsgeist mangelte. Mein Bruder war ein hervorragender Student und studierte in Indien und dann in den Vereinigten Staaten. Als er nach Indien zurückkam, konnte er sechs Monate lang keine Anstellung finden. Er ging nach Pakistan und fand auf Anhieb eine Stelle.

Dann begann sich die Sprache zu verändern. Die Kinder hier drüben lernten Hindi, und die muslimischen Eltern brachten ihren Kindern kein Urdu bei. Wir haben das Urdu buchstäblich ermordet. Es gab keine Bewahrungsformen, wie sie die Armenier fürs

Armenische oder die Juden fürs Hebräische hatten. Nach der Religion war die Sprache dem muslimischen Herzen das Liebste, weil sie den Kern seiner Identität bildete. Urdu unterschied sich nicht so sehr von Hindustani, der Lingua franca der führenden Schicht im Nordwesten. Aber Hindustani fing an, sich zu verändern, näherte sich dem Sanskrit an, wurde Hindi.«

Im Jahr 1971 fuhren Rashids Eltern nach Pakistan zur Hochzeit des Bruders, der ein paar Jahre zuvor ausgewandert war. Während sie sich dort aufhielten, brach der zweite indisch-pakistanische Krieg aus, der Krieg anlässlich von Bangladesch. Rashids Vater, der schon sehr alt war, starb damals in Pakistan; die Mutter blieb bei dem verheirateten Sohn.

»Ein weiterer Strang meines Beziehungsnetzes riss. Bis dahin hatte ich als Lehrling im Geschäft meines Vaters gearbeitet. Aber nachdem er in Pakistan verstorben war – und da es mit dem Geschäft ohnehin zu Ende ging –, machte ich es dicht.«

Eröffnet hatte der Laden sechzig Jahre zuvor, im Krönungsjahr des Königs und Kaisers Georg V.; geschlossen wurde er in dem Jahr, in dem Pakistan in zwei Teile zerbrach. Das ganze Leben des Geschäfts spielte sich – auch wenn Rashid darauf nicht abhob – zwischen diesen beiden historischen Augenblicken ab.

Rashid begann den Halt zu verlieren. Er ging nach England und schlug sich dort mit Gelegenheitsjobs durch. Er ging von Haustür zu Haustür, um sechsmonatige Unfallversicherungen für zwei und fünf englische Pfund zu verkaufen. Er musste an die Tür klopfen und sein Sprüchlein sagen: »Guten Morgen, sind Sie der Hauseigentümer? Mein Name ist Rashid, und ich glaube, das hier könnte Sie interessieren.« Er hasste dieses An-die-Tür-Klopfen. Eines Tages – Erinnerungen an Landau, den Uhrenverkäufer in dem riesigen Eckgeschäft in Lucknow stiegen in Rashid auf – öffnete ihm ein jüdischer Antiquitätenhändler aus Frankreich und erklärte ihm mit einiger Anteilnahme, als Versicherungsverkäufer in London werde er kein Glück haben, und er solle nach Indien zurückkehren. Rashid jobbte in einem Pfannkuchenladen. Er arbeitete in einer »Kentucky Fried Chicken«-Filiale. Er lernte, ein Hähnchen mit einer elektrischen Säge in neun gleiche Teile zu zerschneiden und die Teile elf Minuten lang zu frittieren. Am Tag zersägte er hundertzwanzig Hähnchen.

Nach zwei Jahren verließ er England und ging nach Pakistan. Er stellte fest, dass es dort keine »Identitätskrise« gab; die Religion war nicht das ausschlaggebende Charakteristikum eines Menschen. Aber die pakistanische Fixierung aufs Geld gefiel ihm nicht, die geschäftliche Aggressivität bei Menschen, die, als sie noch in Lucknow lebten, unbekümmerter gewesen waren. Er mochte nicht, wie sie mit Geld und Vermögen prahlten; in Lucknow hatte man so etwas einfach nicht getan. Er verließ das Land und ging zurück nach Indien, nach Bombay, wo er drei Jahre lang bei einer Exportfirma arbeitete.

Er erwartete eine Erbschaft. Mit ihr hoffte er, ins Immobiliengeschäft einsteigen zu können. Aber dann kam ihm ein Beamter mit Volksgruppenbewusstsein in die Quere, und auf seinem Weg begannen sich alle möglichen Hindernisse aufzutürmen. Der Prozess, den er angestrengt hatte, kam und kam nicht an sein Ende. Jetzt war es fast so weit, und er hatte gute Chancen, das Seine endlich zu bekommen, aber viele seiner besten Jahre waren dabei verflossen.

»Ich hatte noch nie ein Problem aufgrund unterschiedlicher Gruppenzugehörigkeiten gehabt. Zu Unruhen zwischen verschiedenen Gruppen kam es nur in den unteren Schichten. Es ist wie bei den ethnischen Auseinandersetzungen, von denen man aus Pakistan hört. Wenn ich darüber lese oder davon höre, dann weiß ich, dass mein Bruder nicht betroffen ist, dass sich die Unruhen fern seines Hauses abspielen. So mischte ich mich auch hier unter meine hinduistischen Freunde und verschwendete keinen Gedanken daran – bis mich der Hass eines Beamten traf. Das erschütterte mich – dass ein Mann mit einem Federstrich so sehr in mein Leben eingreifen konnte.

Der indisch-pakistanische Krieg von 1971 bildet nicht nur im Leben der Muslime eine entscheidende Zäsur, sondern auch in den hinduistisch-muslimischen Beziehungen. Mit dem Mythos von der muslimischen Überlegenheit war es endgültig vorbei. Indien spielte jetzt die maßgebende Rolle auf dem Subkontinent. Jeder Muslim sympathisierte in einem Winkel seines Herzens mit Pakistan und bedauerte, dass nach weniger als fünfundzwanzig Jahren das Experiment gescheitert war. Der Traum war zerstoben. Und dann blieben die pakistanischen Soldaten zwei Jahre lang in Kriegsgefangenschaft. Das hielt die Erinnerung wach.

Ich spürte, dass sich in den persönlichen Beziehungen etwas veränderte. Meine hinduistischen Freunde fingen an, mir Vorträge zu halten. ›Was stellen die Muslime nur mit sich an?‹ Sie begannen für eine Reform des muslimischen Glaubens und unserer, wie sie fanden, archaischen Praktiken einzutreten. ›Wie lange wollen die Muslime noch so weitermachen? Wie lange wollt ihr noch so abhängig von euren *mullahs*, euren *mohallas* bleiben?‹ Das Traurige war, dass in dem, was sie sagten, viel Wahrheit steckte. Ich war gekränkt, aber wir mussten es schlucken.«

Der Stammsitz des letzten Nawab von Oudh, der Kaiserbagh-Palast in Lucknow, wurde während des Indischen Aufstands von 1857 von den Briten fast vollständig zerstört. 1867, als die britische Macht wieder gefestigt und unbestritten erschien, wurde der Flügel des Kaiserbagh, der noch erhalten geblieben war, dem Radscha von Mahmudabad als Stadtresidenz überlassen.

Fast siebzig Jahre danach wurde der Nachkomme des Radschas Schatzmeister der Muslimischen Liga und warb für die Schaffung eines eigenen muslimischen Staates Pakistan. Zehn Jahre später wurde Pakistan Wirklichkeit. Und plötzlich – als habe er sich nicht völlig klar gemacht, welche Folgen die Schaffung Pakistans haben musste: Lucknow lag in Indien, viele Hunderte Kilometer von Pakistan entfernt – fand der Radscha sich selbst als Heimatlosen wieder. Erst 1957 verschrieb er sich dem Staat, für den er gekämpft hatte. In diesem Jahr wurde er pakistanischer Staatsbürger, mit dem Ergebnis, dass während des indisch-pakistanischen Krieges im Jahr 1965 das gesamte Vermögen des Radschas in Lucknow, die Paläste und Ländereien, vom indischen Staat als Feindesbesitz konfisziert wurden.

Das Eigentum der Familie galt nach wie vor als Fremdeigentum, wenn auch nicht mehr als Feindesbesitz. Aber durch Petitionen an den indischen Staat hatte Amir, der Sohn des Radschas, erreicht, dass er nun in dem Kaiserbagh-Palast wohnen konnte, den die Briten seinen Vorfahren vor hundertzwanzig Jahren überlassen hatten.

Ich hatte Amir in Parveens Salon kennen gelernt. Er trug indische Abendgarderobe, den langen Rock, die engen Hosen. Er war ein kleiner Mann mit feinen Gesichtszügen und kräftigem Körperbau und hatte das Auftreten eines Fürsten. Die Erziehung an einer englischen Privatschule und einige Jahre in Cambridge hatten ihm englischen Schliff verliehen. Als ich ihn das nächste Mal traf, in der Bibliothek seines Palastes, erzählte er mir aber, dass er ein ganz anderer sei, wenn er eine andere Sprache, sagen wir Urdu, spreche und mit seinen Leuten – Muslimen, Schiiten – verkehre, die unter anderen Umständen zu ihm als Fürst und Glaubenshüter hätten aufblicken können. Die Geschichte der letzten Jahrzehnte habe ihn genötigt, viele Verhaltensweisen anzunehmen, viele Persönlichkeiten auszubilden; sie habe ihn Belastungen ausgesetzt, wie sie seine Vorfahren nie gekannt hätten.

Amir war mittlerweile in die Politik gegangen und saß seit rund drei Jahren als Vertreter der Kongresspartei im Parlament. Sein Vater hatte der Muslimischen Liga angehört, die in den dreißiger und vierziger Jahren des zwanzigsten Jahrhunderts in Opposition zur Kongresspartei gestanden hatte. Jetzt aber, meinte er, sei die Kongresspartei die Partei in Indien, die den muslimischen Interessen am besten diene. Als Politiker trat Amir unter dem Titel Radscha von Mahmudabad auf, um die Verbindung zu seinen Vorfahren herauszustellen und der schiitischen und muslimischen Gemeinschaft in der Region etwas zu bieten, womit sie sich identifizieren könne.

Obwohl die Assoziation seines Vaters mit Pakistan sich als politisch schädlich hätte auswirken können, sagte Amir, habe die Bevölkerung Mahmudabads, die zu achtzig Prozent aus Hindus bestehe, ihm und seiner Familie doch niemals Feindseligkeit bezeigt. Und das Gedächtnis seines Vaters hielt Amir in Ehren. Er sei ein tief religiöser Mann gewesen, mit Neigungen zur Mystik. Seine Kaste habe er gehasst.

»Mein Vater wollte niemals ein Herrscher sein. Er konnte sich mit der Rolle eines Radschas nicht anfreunden. Dass er daraus Vorteile zog, bereitete ihm größtes Unbehagen. Einkünfte aus Besitztümern hielt er für anrüchig, weil man sich das Geld nicht im Schweiße des Angesichts verdient hatte.«

Diese Vorstellung sei seinem Vater schon in der Kindheit vermittelt worden. Erhalten habe er sie von seiner Mutter. Sie, Amirs Großmutter, sei aus einer armen muslimischen Gelehrtenfamilie gekommen, in der man der Bildung einen höheren Wert beigemessen habe als dem Reichtum.

»Mein Großvater war ein Maharadscha, eine Persönlichkeit, aber kein Sozialist. Er heiratete ein zweites Mal, und im Verhältnis zwischen ihm und meinem Vater traten Spannungen auf. Das war zweifellos der Grund, warum mein Vater diese Haltung gegenüber seinem eigenen Stand entwickelte. Einer der ersten Aussprüche, die ich von meinem Vater hörte – später begriff ich, dass er den Lehren Alis entstammte –, lautete: ›Wo übermäßiger Reichtum ist, da sind auch stets die Rechte der Menschen mit Füßen getreten worden.‹ Und: ›Kein üppiger Bissen wird gegessen, ohne den Hunger der Menschen darin, die dafür gearbeitet haben.‹«

Solche Feststellungen träfen auf arme oder feudale Länder zu, sagte ich. Auf alle Länder ließen sie sich nicht anwenden.

»Die Menschen in England«, sagte Amir, »sind vielleicht außerstande, die Art von Elend und Verzweiflung nachzuvollziehen, die in Indien herrscht.«

Auch wenn Amir es nicht direkt sagte, war es doch möglicherweise die Religiosität seines Vaters gewesen, die diesen für einen eigenen islamischen Staat Pakistan kämpfen ließ, der den Muslimen nicht nur eine Heimat bieten, sondern ein religiöser Staat sein sollte. Amirs Vater fing in früher Jugend an, Kleider aus schlichtem Streichgarn zu tragen. Als er sich 1936 mit einundzwanzig der Muslimischen Liga anschloss, gab er die Musik auf, die er und die übrige Familie geliebt hatten – Musik der indischen, der westlichen, der iranischen Klassik.

Amir kam 1943 zur Welt. Mit zwei Jahren wurden ihm die Ohren durchstochen. In muslimischen Ländern war es Brauch, Sklaven die Ohren zu durchstechen; bei Amir bedeutete dies, dass er dem Imam verkauft, dem Dienst am schiitischen Glauben geweiht worden war. Dieser Dienst fing früh an. Als Indien und Pakistan 1947 unabhängig wurden, begann für den damals vierjährigen Amir ein Wanderleben mit den Eltern.

»Nach der Spaltung verließ mein Vater Indien. Er war ein sehr engagierter Mann, aber kein Politiker. Unmittelbar vor der Unabhängigkeit hielten wir uns in Balutschistan, in Quetta, auf, das nun pakistanisches Gebiet war. Am Tag der Unabhängigkeit überquerten wir die Grenze zum Iran. Wir fuhren nach Zahedan und von dort in zwei Bussen nach Mashhad und dann weiter nach Teheran. Wir flogen in den Irak. Der Konvoi folgte auf der Straße nach. Das war 1948.«

Obwohl sie nun dieses Wanderleben führten, hatte Amirs Vater kein Geld aus Indien ins Ausland gebracht. Mitgenommen hatte er nichts als Bücher und Teppiche.

»Man lud meinen Vater ein, unter bestimmten Bedingungen nach Indien zurückzukehren – er dürfe nicht am öffentlichen Leben teilnehmen, müsse sich gegen den Nisam von Haiderabad stellen und sich gegen das Schlachten von Kühen aussprechen. Diese Bedingungen konnte mein Vater nicht akzeptieren. Er sei bereit, sagte er, sich persönlich zum Verzicht auf den Genuss von Rindfleisch zu verpflichten, aber er könne sich nicht gegen das Schlachten von Kühen aussprechen, weil Rindfleisch für die Muslime das billigste Nahrungsmittel sei.«

Im Irak zogen sie, immer noch mit ihren indischen Pässen, nach Kerbala. Das war das Schlachtfeld, auf dem Husain, der Sohn Alis, gefallen war; für die Schiiten war der Boden heilig. Auf diesem heiligen Boden kam Amirs Vater der Gedanke – vielleicht hegte er ihn auch schon die ganze Zeit über –, aus seinem Sohn einen Ayatollah, einen schiitischen Geistlichen zu machen. Im Jahr 1957 kam Amir, der damals sieben Jahre alt war, auf eine Koranschule in Kerbala. Er blieb dort zwei Jahre lang. Und dann überlegte es sich sein Vater – der sich mittlerweile mit dem Import von Tee und Jute aus Indien eine Existenzgrundlage geschaffen hatte – anders und beschloss, Amir doch noch eine weltliche Erziehung angedeihen zu lassen. Das habe keine Abwendung von der religiösen Orientierung bedeutet, erklärte Amir. Ali selbst habe gesagt: »Die beste Art, Gott zu dienen, besteht im Erkennen und Denken, und es gibt keine bessere Art des Gottesdienstes als Erkennen, Denken und Wissen.« Vor Ali habe bereits der Prophet geäußert: »Erwirb Wissen, wenn du nach China musst.«

»Was war mit Wissen gemeint?«, fragte ich Amir.

Er sagte: »Ali wurde einmal gefragt: ›Was ist Wissen?‹ Er antwortete: ›Es gibt zwei Arten von Wissen. Das eine ist das Wissen über die Religionen.‹ Und das ist interessant – der Plural, *Religionen*, statt Religion. ›Das andere ist das Wissen über die natürliche Welt.‹«

Zuerst wurde überlegt, Amir auf eine Jesuitenschule außerhalb Indiens gehen zu lassen. Aber dann beschloss man, Amir und seine Mutter zurück nach Lucknow zu schicken, und in Lucknow fand Amir, der sich jetzt in seinem zehnten Lebensjahr befand, Aufnahme in die anglo-indische Schule von La Martinière. Damals fing Amir – der in Parveens Salon so englisch gewirkt hatte – an, Englisch zu sprechen; bis dahin hatte er nur Urdu und Persisch gesprochen.

Eine Kultur folgte der anderen: Der Junge, der La Martinière besuchte, empfand sich nach seiner Zeit im Irak zum Teil als arabisch oder iranisch. Nach dem Unterricht in La Martinière erhielt er täglich zu Hause noch Religionsunterricht, in eben dem Palastzimmer, in dem wir jetzt saßen – einem kühlen Raum mit dem massiven Ziegelmauerwerk des alten Lucknow, mit einem Terrazzoboden und mit Bücherregalen, die in die von Feuchtigkeit gezeichneten, weiß getünchten Wände eingelassen waren.

Die muslimischen und schiitischen Feste trugen ebenfalls dazu bei, den Glauben ständig wach zu halten. Zum Mohurram nahm sich Amir zwölf Schultage frei – »der Direktor von La Martinière war äußerst ungehalten« – und weitere vier Tage aus Anlass des vierzigsten Tages nach dem Märtyrertod. Am Ende des Mohurram folgten noch einmal acht freie Tage und weitere vier im Ramadan – dem Monat der Läuterung, des Märtyrertodes Alis und des Beginns der koranischen Offenbarung.

Während der Zeit in La Martinière wohnte Amir zusammen mit seiner Mutter, seinen zwei Tanten sowie dem Bruder seines Vaters und dessen Frau im Palast. Damit er vor unerwünschten Einflüssen bewahrt blieb, durfte er keine anderen Jungen besuchen beziehungsweise mit deren Familien verkehren. Er hatte seinen eigenen Beschützer, einen kinderlosen Mann, der sich Tag und Nacht im Palast aufhielt. Dieser Mann – der auch Kenntnisse in Urdu und Persisch besaß, was Amir bemerkenswert fand – folgte Amir »wie ein Schatten«, sogar wenn er ins Kino ging oder in einem Restaurant aß. Während Amir in La Martinière den Unterricht besuchte, wartete er im Auto oder einfach vor der Schule, auf einem Teppich auf der Erde sitzend.

»Ich wurde infolgedessen ein sehr schweigsamer, extrem zurückhaltender Mensch. Ich hatte Schwierigkeiten mit dem Sprechen. In Gegenwart von Fremden bekam ich nicht den Mund auf.

Ich trug normalerweise Hosenträger unter meinem Hemd, und die Jungen in der Schule ertasteten sie und zogen mich damit auf.

Das andere, was ich normalerweise trug, waren Ohrringe – in meinen durchstochenen Ohrläppchen. Im rechten Ohr trug ich immer einen Smaragd und im linken einen Rubin. Das sah sehr seltsam aus, und ich verdrehte beide Ohren, damit die Steine hinter den Ohrläppchen verschwanden. Als ich im Anschluss an meine Schulzeit hier nach England ging, legte ich sie ab – ich erhielt die Erlaubnis, sie abzulegen.«

Die ganze Zeit über hatte der Radscha, Amirs Vater, im Irak gelebt. Dann aber, 1957, zehn Jahre nach der Gründung Pakistans, unternahm er einen Schritt, der seine Familie teuer zu stehen kommen sollte: Der Radscha ging nach Pakistan und tauschte seinen indischen Pass gegen einen pakistanischen aus.

»Meine Mutter wurde schwer krank, als sie das hier, genau an diesem Ort, erfuhr«, sagte Amir. »Meine Mutter ist ihrer eigenen Herkunft nach eine *rani* und eine sehr stolze Frau. Sie hat nie versucht, sich an meinem Vater zu bereichern. Sie war auch fromm. Mit neun verlor sie beide Eltern. Sie wurde krank, als sie die Nachricht erhielt, dass mein Vater nach Pakistan gezogen war, weil sie das Gefühl hatte, dass die große Krise von 1947 überstanden war – in Mahmudabad hatte sich nicht eine einzige Stimme gegen meinen Vater erhoben. Nehru traf mit meinem Vater zusammen und bat ihn, sich die Sache noch einmal zu überlegen und seinen indischen Pass zu behalten. ›Sie haben immer sehr impulsiv gehandelt‹, erklärte Nehru. ›Wir alle würden uns freuen, wenn Sie zurückkämen und sich wieder Ihren Pass geben ließen.‹ – ›Man kann seine Nationalität nicht wechseln wie seine Kleider‹, antwortete mein Vater.«

Und mit Pakistan kam der Radscha nicht zurecht. Er hatte daran gedacht, in die Politik zu gehen, aber dann wurde ihm klar, dass er dazu nicht taugte. Er war ein Schiit in einem Land mit einer sunnitischen Mehrheit; er sprach keine in Pakistan heimische Sprache, und er war ein *mohajir*, ein Zugewanderter. Außerdem hatten sich seine politischen Vorstellungen gewandelt. In den dreißiger und vierziger Jahren, als er noch blutjung war, hatte er sich einen Gottesstaat Pakistan gewünscht. Jetzt wollte er einen säkularen Staat. Von der pakistanischen Armee erwartete er nicht, dass sie für solch eine Politik einstehen würde. Also verließ er Pakistan und ging wieder auf Reisen. Viel Zeit verbrachte er in der Hauptstadt des alten Empire, in London.

Aus dieser Darstellung konnte man den Eindruck gewinnen, dass der Radscha, als er sich in jungen Jahren für die Gründung von Pakistan einsetzte, verantwortungslos gehandelt hatte, dass er die politischen Erschütterungen nicht vorhergesehen beziehungsweise die Folgen für die Menschen nicht bedacht hatte, dass andere Menschen den Preis für seine muslimische und schiitische Frömmigkeit zahlen mussten, während er sich selbst so lange wie möglich alle Optionen offen hielt. Irak, Pakistan, England, Indien – all diese Länder waren bereit, eine so hoch angesehene Persönlichkeit aufzunehmen.

Die Menschen aber machen sich ihren eigenen Begriff von dem, was ihnen im Leben widerfährt. Zum Wanderleben seines Vaters sagte Amir: »Ich glaube, es war fast so etwas wie ein Bußgang, wissen Sie. Meinem Gefühl nach hatte er das Bedürfnis, die gleiche Heimatlosigkeit zu erfahren, die jene erlebten, die von Indien nach Pakistan auswanderten.

Ich besuchte ihn regelmäßig jedes Jahr. Zu den Büchern, die er mich lesen ließ, gehörte *Gandhi: The Last Phase* von Pearey Lal. Der Umstand, dass Gandhi im Augenblick der Unabhängigkeit wie vom Erdboden verschwunden war, rührte ihn zutiefst. Gandhi war nicht in Delhi. Er war in Kalkutta, wo er die tragischen Ereignisse betrauerte und beweinte, die sich in der Stadt zugetragen hatten.« Die tragischen Ereignisse der religiösen Unruhen von 1946, mit denen der Niedergang der Stadt seinen Anfang nahm. »Wenn Schiiten zwischen Kummer und Trauer einerseits und Feststimmung andererseits zu wählen haben, dann entscheiden sie sich im Zweifelsfall für den Kummer – das entspricht ihrer Gemütslage.«

Nachdem Amir seine Schulzeit in La Martinière beendet hatte, wussten seine Eltern nicht, wie es mit ihm weitergehen sollte, und er verlor einige Zeit. 1961 endlich, er war mittlerweile achtzehn, brachte ihn sein Vater nach England und meldete ihn an einer Privatschule an. Zu diesem Zeitpunkt wurde ihm erlaubt, die Ohrringe abzunehmen. Auf dem Weg nach England machten sie im Libanon Station, wo der Radscha viele Freunde hatte, und später unternahmen sie eine Rundreise durch Europa. In Paris gingen sie in ein Spielkasino und in einen Nachtklub: Der Radscha wollte seinem Sohn zeigen, was das für Etablissements waren, und er wollte, dass sein Sohn sie zuerst in Begleitung seines Vaters zu sehen bekam.

Mit achtzehn war Amir eigentlich schon etwas alt für eine Privatschule. Aber er verbrachte drei Jahre dort, bis er nach Cambridge ging, um Mathematik zu studieren.

»In der Schule behandelte man mich nicht allzu schlecht. Ich war nach wie vor introvertiert. Mit ein paar Jungen verstand ich mich gut. Ich hielt mich an meinem Glauben fest. Für mich war er eine Art Schutzschild. Für mich gewinnt etwas dadurch, dass es geheim und persönlich und innerlich ist, große Bedeutung und Kraft. Dass man nicht darstellen oder ausdrücken kann, was man empfindet, verstärkt die Erfahrung, die Kraft dieses Etwas.«

Amir sollte sich 1965 am Pembroke College immatrikulieren. Davor nahm ihn sein Vater auf eine Reise durch Pakistan und den Nahen Osten mit. Sie kamen mit schiitischen Geistlichen zusammen und wohnten im Libanon bei Sayed Musa Sadr.

»Ich hörte, wie mein Vater und er die Weltlage in einer Sprache und Ausdrucksweise diskutierten, die später Teil der iranischen Revolution und des Aufstands im Libanon wurde. Sie sprachen von der Präsenz der westlichen Mächte im Libanon, von der Art von Regime, wie es im Irak herrschte – tyrannisch, antireligiös. Sie sprachen über den Schah im Iran. Sie sprachen über die Notwendigkeit, eine Revolution auf Basis der Prinzipien Alis herbeizuführen – was ich für äußerst utopisch hielt, wie ich meinen Vater auch wissen ließ.«

Auf diesen schiitischen Begeisterungssturm, diese Beschwörung der Revolution und der Herrschaft Alis, folgte der Absturz. Die politischen Aktionen und Gesten des Radschas waren bis dahin ohne nennenswerte persönliche Konsequenzen geblieben. Jetzt, über Nacht, änderte sich alles. Im September 1965, ein paar Wochen ehe Amir ans Pembroke College in Cambridge ging, brach der Krieg zwischen Indien und Pakistan aus, und das gesamte Vermögen, das der Radscha von Mahmudabad in Indien besaß, wurde zum Feindesbesitz erklärt. Hatte der Radscha diese Folge vorhergesehen, als er 1957 pakistanischer Staatsbürger wurde – oder als er dreißig Jahre zuvor anfing, für einen eigenen muslimischen Staat zu kämpfen?

»Unser Palast in Mahmudabad, die Qila«, sagte Amir, »wurde vollständig versiegelt – der Ort, an dem ich aufgewachsen war wie auch mein Vater und seine Vorfahren. Keiner aus meiner Familie durfte ihn mehr betreten. Sämtliche Einkünfte zog der indische Staat in Gestalt des für Feindesbesitz zuständigen Vermögensverwalters ein. In Cambridge stand der Beginn des Unterrichts bevor. Ich bekam Briefe von zu Hause, in denen geschildert wurde, wie die bewaffnete Gendarmerie die Qila umstellt und jede Tür versiegelt hatte. So schrecklich dieser Schlag war, meine Familie hat *niemals* daran gedacht, nach Pakistan zu übersiedeln.

Die Qila blieb anderthalb Jahre versiegelt, wobei es in dieser Zeit zu zwei schweren Einbrüchen kam. Eine riesige Menge wertvoller Dinge wurde dabei entwendet. Mein Onkel und meine Mutter reichten während dieser Zeit Gesuche beim Staat ein, in denen sie darum baten, den Mohurram in der Qila feiern zu dürfen – das war alter Familienbrauch. Die Erlaubnis wurde schließlich erteilt, unter der Bedingung, dass sie sich auf zwei Räume und ein Badezimmer beschränkten. Sie akzeptierten die Bedingung und richteten sich auf Veranden ein. Die *imambaras* freilich standen ihnen offen – dort fanden die eigentlichen Mohurram-Rituale statt.

Diese ganze Zeit über hielt ich mich in Cambridge auf. Ich war sehr niedergeschlagen. Meine Arbeit litt darunter. Viele Leute kannten gar nicht alle Hintergründe. Ich sprach mit meinem Tutor. Ich suchte Trost in der Lektüre der Lebensgeschichte Alis. Und bestimmter Kapitel und Verse des Korans.«

Ich fragte, was das für Verse waren.

Amir versuchte, sich einen der Verse ins Gedächtnis zu rufen: »›Denen bringe ich frohe Kunde, die nicht schwach, aber von Schwäche heimgesucht sind.‹ Lassen Sie mich den genauen Wortlaut nachsehen. Ich kenne den Vers sehr gut. Ich werde ihn ohne Mühe finden.«

Er stand von dem weiß gedeckten Tisch auf, an dem wir saßen, ging in das Nachbarzimmer und kam mit einem kleinen, blau eingeschlagenen Buch zurück. Aber er konnte den Vers in diesem Buch nicht finden. Er ging zu den Regalbrettern an der gegenüberliegenden Wand, nahm ein größeres Buch herunter, kam zurück und setzte sich wieder an den Tisch. Während er in das Buch schaute, sagte er: »Dieser Vers taucht in der Irani-Revolution immer wieder auf.« »Irani« sagte er manchmal statt »iranisch«. Schließlich fand er den Vers. Erst las er ihn leise für sich. Man konnte sehen, dass er bewegt war. Dann las er ihn mir vor.

»Und Wir wünschten, denen, die im Lande als schwach erachtet worden waren, Huld zu erweisen und sie zu Führern zu machen und zu Erben einzusetzen und sie festzusetzen im Land und Pharao und Hámán und ihren Heerscharen durch sie das zu zeigen, was sie befürchteten.« (Sure 28, Vers 5 und 6) Er hielt inne und sagte: »Das lässt einen die Schiiten, angefangen von Imam Ali bis zum heutigen Tag, verstehen. Mit ›schwach‹ sind hier Leute gemeint, die nicht von Natur schwach sind, sondern die durch die äußeren Umstände geschwächt sind und in denen Glaubens- und Tatkraft wohnen.

Das las ich immer in Cambridge. Es ist ein Versprechen, verstehen Sie, ein von Gott gegebenes Versprechen. Eigentlich geht es dabei um die Kinder Israels, aber durch die ganze Geschichte der Schiiten hindurch ist es als Erlösungsversprechen gebraucht worden.«

Amir las weiter in seinem großen Buch, las die klein gedruckten Erläuterungen und sagte: »Es handelt sich um eine der mekkanischen Offenbarungen. Vor der Flucht nach Medina. Die mekkanischen Offenbarungen sind bekannt für ihre Poesie.«

»Als der Prophet noch nichts weiter als ein Prophet war?«, fragte ich.

»Das könnte nahe legen«, sagte Amir, »dass er aufhörte, nur Prophet zu sein, und das wäre eine Gotteslästerung.«

»Bevor er ein Herrscher wurde? Als er noch ohne weltliche Macht war?«

»Das klingt besser.« Er wiederholte: »Die mekkanischen Offenbarungen sind wohl bekannt für ihren poetischen Charakter.«

Während sich Amir auf diese Weise in Cambridge über den Verlust des Familienbesitzes hinwegzutrösten versuchte, hielt sich sein Vater erneut in Pakistan auf. Im folgenden Jahr aber kam der Radscha nach England, um am Islamischen Institut in Regent's Park zu arbeiten, und blieb dort, solange sein Sohn studierte. Als jemandem, der in England arbeitete, stand es dem Radscha jetzt frei, wieder britischer Staatsbürger zu werden. Hätte er das getan, wäre er in Indien nicht länger ein »Feind« oder »Fremder« gewesen und der indische Staat hätte seinen Besitz in Lucknow und Mahmudabad zurückgegeben. Aber der Radscha zog es vor, das Kreuz seiner pakistanischen Staatsangehörigkeit zu tragen, auch wenn er damit seiner Familie nach wie vor Ungemach bereitete.

Akademisch kam Amir voran. Nachdem er in Cambridge sein Examen gemacht hatte, ging er ans Imperial College in London, und dann kehrte er ans Institut für Astronomie in Cambridge zurück.

»Die Lage beruhigte sich. Ich fand mich mit der Situation zu Hause ab und beschloss, einige der Probleme zu lösen. Aber Probleme gibt es bis heute. Die Qila in Mahmudabad ist mittlerweile wieder zugänglich. Ich nutze sie und sorge für ihre Instandhaltung, aber unser Eigentum ist sie nach wie vor nicht. Ohne die Zuwendungen meiner Mutter und andere Gelder könnten wir dort nicht leben.«

Im Jahr 1971 kam es zum indisch-pakistanischen Krieg anlässlich von Bangladesch.

»Das war ein Schlag, von dem mein Vater sich nie erholt hat. Er starb zwei Jahre später. Er starb als unglücklicher Mann – dieses beispiellose Blutvergießen der pakistanischen Armee in Bangladesch und der primitive Materialismus in Pakistan selbst. Es machte ihn sehr unglücklich zu sehen, welche Leute die Macht ausübten und welche gesellschaftlichen Gruppen Karriere gemacht hatten.«

Amir überführte den Leichnam seines Vaters in das Heiligtum von Mashhad im östlichen Iran. Als Amir noch ein Kind war, hatte der Vater gehofft, dass aus ihm einmal ein berühmter Ayatollah im Sinne der iranischen Tradition werden würde. Das war nicht geschehen; Amir aber war tief bewegt, als er mit dem Leichnam seines Vaters die Reise nach Mashhad unternahm.

»Einige der *ulema*, der religiösen Lehrer, die mein Vater gekannt hatte, gaben bekannt, der Leichnam eines *alim*, eines schiitischen Gottesgelehrten, eines Glaubensdieners, sei aus London eingetroffen. Und mein Vater wurde unmittelbar außerhalb des Heiligtums bestattet, auf einem Friedhof, auf dem viele bedeutende Theologen begraben lagen. Er sollte dort nur vorläufig beigesetzt werden – als seine endgültige Ruhestätte war Kerbala im Irak vorgesehen. Im Jahr 1976 hörte ich aus dem Iran, dass der Schah befohlen habe, den Friedhof in einen Park zu verwandeln, und dass das Grab meines Vaters gefährdet sei. Als ich aber nach Mashhad fuhr, stellte ich fest, dass dank der Intervention von Mr Bhutto« – dem Ministerpräsidenten von Pakistan: Der Radscha war als pakistanischer Staatsbürger gestorben – »der Leichnam meines Vaters in das Innere des Heiligtums umgebettet worden war.«

So fand also der fromme Radscha nach seinem Tod eine Art Erfüllung. Seine politische Leidenschaft hatte dem Sohn die Kenntnis vieler Sprachen, vieler Kulturen, vieler Weisen, zu denken und zu fühlen, beschert. Er hatte seinem Sohn die Ohrläppchen durchstechen lassen, hatte ihn dem Dienst am Glauben geweiht, und Amir hatte tatsächlich etwas von der väterlichen Leidenschaft geerbt. Aber zusammen mit ihr – sein akademisches Fachgebiet in Cambridge und in London war die Astronomie – waren Amir auch religiöse Zweifel gekommen.

»Diese Zweifel fingen in der Schule an und setzten sich an der Universität fort; zeitweilig wurden sie sehr intensiv. Aber die Gesamtheit meiner Erfahrung – die historischen oder kulturellen Charakters ist – wurzelt so tief in mir und durchdringt mein Wesen so völlig, dass sie nachgerade unauslöschlich ist. Es ist eine Art von dialektischem Prozess, bei dem mir die Religion und die Ansprüche der wirklichen Welt in dialektischer Form einen Weg weisen. Ich wende mich an die Religion, um in weltlichen Fragen eine Stütze zu finden. Und das führt mich zurück zu meinen Zweifeln und von dort wieder hin zur Religion. Ich bewege mich zwischen den beiden Welten hin und her.«

(Wie es schien, war er bei hinduistisch-dualistischen Vorstellungen angelangt: materielles versus spirituelles Leben – *loukika, vaidhika.* Aber dieser Gedankengang interessierte ihn nicht.) In Cambridge hätten ihn einige Aspekte des Marxismus angesprochen. Besonders fasziniere ihn der marxistische Versuch, Geschichte wissenschaftlich zu analysieren. Aber was ihn für die umfassende marxistische Idee empfänglich mache, sei sein schiitischer Glaube.

»Es gibt in meinem Denken eine große Zahl von verschiedenen Elementen und Widersprüchen. Was mich am Marxismus anzog, war sein Bemühen, eine gerechte Gesellschaft zu schaffen, in der weniger Ungleichheit herrscht und in der besonders die Unterdrückten, die Erniedrigten und Beleidigten zu ihrem Recht kommen. Instinktiv neigte ich Trotzki und Che Guevara zu, die beide erfolglos geblieben waren, wenn auch ihre Botschaft fortlebte. Kerbala, verstehen Sie?« Kerbala, wo Husain, der Sohn Alis, den Tod gefunden hatte. »Das Weltbild, das mir der Marxismus vermittelte, verschmolz also mit meinem eigenen religiösen Bild.«

Diese Mischung aus historischen und religiösen Ideen habe ihn mit dem langen muslimischen Niedergang hier in Lucknow ausgesöhnt.

»Ich finde Trost in beiden Denkweisen. Die historische Betrachtung zeigt mir, dass das Schicksal der Menschheit über all dem steht – über unseren Leiden, unseren kleinen Problemen. Diese Idee vom Schicksal der Menschheit zeigt mir, dass wir uns in Wahrheit auf eine bessere Welt zubewegen, all den Nöten und den gewaltigen Konflikten zum Trotz. Die religiöse Betrachtung lehrt mich Geduld, Ergebung in den göttlichen Plan, zu dem dies alles gehört, aber mit der Hoffnung auf eine bessere Zukunft, mit dem Glauben daran. Der Koranvers, den ich Ihnen vorgelesen habe, hat schon so viele Völker überall in der Welt aufgerichtet.

Ich selbst empfand es als große Hilfe, dass ich Schiit bin, denn von Kindesbeinen an war ich mit Menschen vertraut, die für ihre Ideale gekämpft hatten und irdischen Mächten scheinbar unterlegen waren und die doch der Geschichte derart nachhaltig ihren Stempel aufgedrückt hatten. Ich bin stolz darauf, dass die meisten meiner Vorfahren sich aus materiellem Erfolg weniger machten als aus dem, woran sie glaubten. Ich bin sehr stolz auf das Leben meines Vaters.« Sein Vater habe Gandhi bewundert. »Der Umstand, dass seine einzigen Habseligkeiten seine Brille, seine Sandalen, sein Stock, ein paar Garnituren Kleider und Bücher waren, rückte Gandhi in die Nähe des schiitischen Herrscherideals, wie es in Ali verkörpert ist. Was meinen Vater und Gandhi verband, war die Einsicht, dass sich durch die Religion das Bewusstsein von der Welt und vom Platz des Menschen in ihr wandeln und zugleich die Tatkraft der Menschen wecken ließ.«

Ich wollte von ihm wissen, welche Bedeutung der Kaiserbagh-Palast für ihn habe.

»Da besteht eine Art innere Bindung – all die Veränderungen, all das, was geschehen ist, all die Vorfahren. Es ist fast so, als wäre das Haus ein Organismus, ein lebendes Wesen.«

Der Flügel, in dem er lebte, war hundertdreißig Meter lang und über dreißig Meter breit und umfasste zwei Stockwerke. Der ganze Flügel war bewohnt. Ich fragte nach der Zahl der Bediensteten.

»Meine Güte«, sagte er, »ich habe sie nicht gezählt. Die Zahl der Gefolgsleute mit ihren Familien ist mit Sicherheit dreistellig. Oben in der Küche meiner Mutter werden *jeden Tag* im Durchschnitt Mahlzeiten für etwa vierzig Personen gekocht. Eine große Ausgabe. Manchmal frage ich mich, ob es die Sache wert ist. Aber ich weiß, ich kann es nicht aufgeben. Ich habe eine Zweitwohnung in London, in Hampstead. Das ist meine Zuflucht. Keine Bediensteten.«

Vom Institut für Astronomie war er 1978 zurückgekehrt; seitdem hatte er mehr oder minder permanent in Lucknow gelebt. Dann, vor drei Jahren, war er in die Politik gegangen. Nach den Wahlen 1985 hatte er an Rajiv Gandhi geschrieben, ihn an die Bande zwischen ihrer beider Familien erinnert und seine Dienste angeboten. Man schlug ihm vor, sich bei den Wahlen im Bundesstaat um einen Sitz im Parlament zu bewerben. Er rechnete nicht damit, als Kandidat aufgestellt zu werden; er erwartete, dass man ihm wegen der Vergangenheit seines Vaters feindselig begegnen werde. Aber er wurde aufgestellt; feindselig begegnete ihm nur der Mann, den er verdrängte.

»Er wuchs hier im Palast auf. Seine Familie diente meiner drei Generationen lang. Ich kannte ihn sehr gut. Es ist wie in einem Film, einem Roman. Vor den Wahlen kam er täglich her. Jetzt tut er alles, was in seiner Macht steht, um mich fertig zu machen. Er ist mittlerweile ungeheuer reich.«

Amir lächelte.

»Sie scheinen es zu verkraften«, sagte ich.

Er lachte. »Nach all dem, worüber wir geredet haben – und nun *dies*!« *Dies*: die Rachsucht eines politischen Rivalen.

Wir hatten uns lange unterhalten – an dem großen Tisch mit dem weißen Tischtuch, an dem wir saßen. Hinter ihm befanden sich die in die Wand eingelassenen Bücherregale, Teil seiner Bibliothek. Ab und an tauchte im Laufe des Tages Amirs kleiner Sohn Ali auf und ging, offenbar gelangweilt, durch verschiedene Türen ein und aus. Mittags hatten wir einen Imbiss eingenommen, Sandwiches und frittierten Fisch, nicht aus der Küche im Obergeschoss, sondern aus dem Kwality-Restaurant in Lucknow. (Das erfuhr ich später von Rashid. Er kannte die Palastbediensteten und hatte sie im Kwality gesehen, wie sie die bestellte Mahlzeit abholten.)

In dem Bibliotheks- und Aufenthaltsraum des Palasts, in dem wir saßen, war es kühl. Wajid Ali Shah, der letzte Nawab von Oudh, hatte den Palast angeblich in den Dimensionen von Versailles geplant; aber vielleicht sollte das nur heißen, dass er groß hatte bauen wollen. Die Mauern waren dick; sie bestanden aus den dünnen Lucknower Ziegelsteinen und dem besonderen Mörtel aus Kalk und Steinmehl. Die Temperatur war so angenehm, dass ich gar nicht mehr an sie dachte. Draußen aber herrschten die ganze Zeit über Hitze und gleißende Helligkeit, und sie machten sich sofort wieder bemerkbar, als wir die Bibliothek verließen und hinaus in die staubige Auffahrt traten.

Auch draußen befanden sich einige der Palastbediensteten, von denen Amir gesprochen hatte, dünne Männer, die aufstanden und, egal, ob es bemerkt wurde oder nicht, sich ständig verneigten und ihre Augen nicht von ihrem Herrn wandten: Männer, die ganz anders waren als die Kellner in Restaurants oder das Personal in Hotels oder auch die Bedienung im wichtigsten Klub von Lucknow, Geschöpfe der Geborgenheit und des Müßiggangs und der uralten Etikette des höfischen Lebens.

Wir fuhren ins Parlament. Amir wollte es mir zeigen. Aber wir wurden noch ein Weilchen aufgehalten. Ein Auto kam die Auffahrt entlang. Darin saß ein Wähler. Er sprang aus dem Auto; Amir stieg ebenfalls aus. Die zwei Männer schüttelten sich die Hand, und Amir sagte seinem Wähler, er werde in einer halben Stunde oder vierzig Minuten zurück sein.

Er sehe etwa zwanzig Leute am Tag, sagte er. Besser gesagt, es kämen zwanzig Leute, um ihn zu sehen. Für diese Seite seines politischen Lebens habe er nicht viel übrig. Oft kämen die Leute mit unmöglichen Ansinnen, die sich um Posten oder um Entlassungen oder um die Besetzung von Untersuchungsausschüssen drehten. Manchmal wollten sie sogar ihn, Amir, als ihren gewählten Volksvertreter damit beauftragen, Leute zu bestechen. Amir war anders als Prakash, der Minister in Bangalore. Anders als Prakash fand er diesen Aspekt der menschlichen Komödie nicht erheiternd. Er genoss das Spektakel der morgendlichen Menge von Bittstellern und unverhohlenen Bettlern vor seiner Haustür nicht. Amir mochte es nicht, mit Ansinnen verfolgt zu werden. Er habe festgestellt, sagte er, dass die Menschen einem das, was man für sie tue, niemals dankten; sie hätten immer das Gefühl, dass man noch mehr für sie hätte tun können.

Das Parlament tagte nicht. Wir blickten durch die Glastür in den Sitzungssaal. Die Förmlichkeit und die Rituale des Abgeordnetenhauses sagten ihm zu, erklärte Amir. Aber die Kleinlichkeit, die das politische Leben vielfach präge, raube ihm den Nerv. Die Rachsucht des Mannes, den er verdrängt hatte, machte ihm, auch wenn er sie mit einem Lachen abzutun schien, emotional zu schaffen. Auf diese Verwicklungen und diesen Ärger könne er gut und gern verzichten.

»Politik kostet viel Geld, und mir bereitet es Schuldgefühle, Geld an Politik zu verschwenden – wenn ich so sagen darf. Ich bin nicht sicher, ob ich weitermachen möchte.« Aber für jemanden mit seinem Stammbaum hatte das öffentliche Leben seinen eigenen Reiz. »Mein politisches Leben hat die Bande zwischen meiner Familie und den Menschen von Mahmudabad, die sich seit 1936 gelockert hatten, wieder gefestigt und erneuert. 1936 war das Jahr, in dem mein Vater Mitglied des Geschäftsführenden Ausschusses der Muslimischen Liga wurde.« Und der Faszination des Wahlsieges, den er in Mahmudabad errungen hatte, konnte er sich nicht ohne weiteres entziehen. »Es war ein bewegendes Erlebnis, weil die Menschen von Mahmudabad – achtzig Prozent von ihnen sind Hindus – mit überwältigender Mehrheit für mich stimmten, trotz der Politik meines Vaters. Im Bezirk Lucknow hatte es solch eine Mehrheit noch nie gegeben. Meine Mutter war sehr gerührt. Am Wahlabend in der Qila sagte sie, seit ihrer Kindheit habe sie die Qila nie mehr so voller Menschen gesehen.«

Holi, das hinduistische Frühlingsfest, hatte das Parlament geleert, so, wie es auch die Schule La Martinière geleert hatte. Die Gebäude waren berühmt: ein aufwändiges Bauwerk des ausgehenden französischen oder europäischen achtzehnten Jahrhunderts, das es ins ferne Indien verschlagen hatte. Das Gelände war riesig, und wie so oft bei solchen Anwesen dachte man mit einem gewissen Neid an den Mann, der vor rund zweihundert Jahren die Voraussicht besaß oder das Glück hatte, so viel Land zu kaufen. Für die Menschen, die in Lucknow aufgewachsen waren, hatte die Schule eine große Bedeutung. In den Erinnerungen Rashids und seiner Freunde spielte sie eine ebensolche Rolle wie in den Erinnerungen Amirs und in einem gedruckten Lebensbericht seines Vaters.

Sie war nach wie vor eine Privatschule: Das verfügbare Geld reichte nicht aus, sie in tadellosem Zustand zu erhalten. Wenn man sich ihr durch den staubigen Wildwuchs auf ihrer Rückseite näherte und sah, wie aus dem Mauerwerk das Unkraut spross, sich auf Simsen festsetzte, konnte man meinen, ein im Verfall begriffenes Bauwerk zu sehen. Von vorne zeigte es sich in besserem Zustand, wirkte eindrucksvoller. Dort gab es gut gewässerte, grüne, farbenfrohe Gartenanlagen.

An diesem ruhigen Tag konnte man sich angesichts des großen, von der Sonne bestrahlten Geländes – wie schon beim Blick aus dem Hotelzimmer auf den Gumti-Fluss – erneut in einen der Originaldrucke der Brüder Daniell aus dem ausgehenden achtzehnten Jahrhundert versetzt glauben. Die Daniells hatten der Zeit des selbsternannten Generals Martin angehört, der Zeit, in der ein europäischer Glücksritter einem asiatischen Herrscher europäisches Know-how auf militärischem Gebiet für gewaltige Summen hatte verkaufen können.

Ähnliche Gedanken mussten Rashid durch den Kopf geschossen sein. Er verband ausnahmslos glückliche Erinnerungen mit La Martinière; der »Ehemaligen«-Stolz hatte ihn veranlasst, mich herzuführen. Der Anblick aber der vom General gegossenen Kanone aus dem alten Oudh, die noch in großen erhabenen Lettern den Namen des Generals trug, in Lettern, die von zahllosen Händen, die sie gestreichelt hatten, blank geputzt waren – dieser Anblick der auf der breiten Terrasse vor der Schule aufgestellten Kanone weckte erneut Gedanken an die muslimisch-indische Ohnmacht und Unterlegenheit, so dass Rashid ganz unvermittelt der Zorn auf die europäischen und amerikanischen Experten unserer Tage packte, die Nachfolger General Martins, die wie Großfürsten durch die armen Länder reisten.

Seine Missstimmung übermannte ihn. Er blieb im Schatten des von Säulen getragenen Vorbaus und schickte mich allein in die Sonne hinaus, damit ich mir die Namen der »Ehemaligen« ansah, die in die breiten, zur Terrasse hinaufführenden Stufen gemeißelt waren.

Noch ein weiterer Verlust machte ihm zu schaffen, noch etwas, das seit dem achtzehnten Jahrhundert verloren gegangen war.

»Alle Lehrer hier waren anglo-indischer Herkunft, bis auf den Hindi-Lehrer«, erklärte er später. »Sie genossen große Achtung. Ihre Familien sind mittlerweile nach Australien ausgewandert, nachdem sie viele Generationen lang in Lucknow gelebt hatten. Die Anglo-Inder waren zum größten Teil bei der Eisenbahn, als Lehrer und bei der Polizei beschäftigt. Die Eisenbahn war absolut ihr Ding. Und ihre Siedlungen, die Gebiete, die sie bewohnten, lagen außerhalb der Stadt – es waren herrliche, saubere Orte. Nach 1947 packten sie ihre Sachen und verließen das Land.«

Etwas von diesem Gefühl des Verlustes haftete auch der Hazratgunj an, der früheren Haupteinkaufsstraße von Lucknow, in der Rashids Familie ihr Fotogeschäft gehabt hatte und Landau, der Uhrmacher, sein großes Eckgeschäft. Landaus Ecke hieß jetzt Ramlal und Söhne und war ein Tuch- und Sarigeschäft mit dem Werbespruch »Wir haben, was Sie wünschen«. Nicht weit davon entfernt stand das Haus, in dem MacGregor bis zu seinem Tode gewohnt hatte, der alte Schneider aus der Hazratgunj, der Fürsten, Beamte des Indischen Verwaltungsdienstes und Engländer des Kolonialdienstes mit Kleidung versorgt hatte.

Dieses Gefühl des Verlustes betraf die jüngere Vergangenheit. Andernorts war die Erinnerung an die Niederlagen von vor hundertdreißig Jahren vorherrschend, so in den Ruinen der Residenz, des Palastes des Nawab und seines Jagdschlosses. Noch weiter zurück und genauso schmerzlich: die Erinnerung an die glanzvollen Tage der älteren Nawabs, wie sie insbesondere das als *Große Imambara* bezeichnete Monument beschwor, das im späten achtzehnten Jahrhundert als ein Bauwerk zur Arbeitsbeschaffung und Bekämpfung des Hungers errichtet worden war – überladen, schwach, aber einfach durch seine Dimensionen eindrucksvoll. Keine große Architektur in der alten Fürstenresidenz, aber viele Parks, viele Orte, an denen man spazieren gehen konnte: Nicht viele Städte dieser Art gab es in Indien. Aber diese Spaziergänge machten Rashid traurig, so wie sie ihn an diesem Nachmittag traurig machten und den schiitisch leidenden Teil seiner Persönlichkeit hervortreten ließen, jenen Teil, der sich um Niederlagen, Schmerz und Ungerechtigkeit drehte.

»Lucknow – das bin ich«, sagte er. »Es ist nicht der Fluss oder die Bauten oder sonst etwas. Man liebt seinen Vater nicht, weil er einsfünfundachtzig groß ist und gut aussieht. Er ist einfach dein Vater. Auf diese Weise identifiziere ich mich mit Lucknow. Wir haben seit Generationen hier gelebt, auf beiden Seiten.«

Was bedeute es, wollte ich wissen, ein Muslim in Lucknow zu sein?

»Es ist wie die buddhistische Idee vom ›Weder das eine noch das andere‹. Ich bin Inder, aber der Tempel ist nicht für mich da. Ich bin Muslim, aber im Einzelnen kann mein Glaube nicht der gleiche sein wie der in Afghanistan, im Iran oder in Pakistan. Ich spreche Urdu. Ich begrüße die Leute auf die den Lucknower Muslimen eigene Weise. Ich sage ›Meine Verehrung‹ statt ›Friede sei mit dir‹. Aus Lucknow ziehe ich, was mich am Leben erhält. Die Stadt vermittelt mir mein Identitätsgefühl – die Gebäude, die Monumente, die Kultur, die Beziehungen.«

Es gab einen neueren, weißen Palast, den man von vielen Orten in der Stadt aus dem Grün emporragen sah. Man nannte ihn den Butler-Palast und wusste zu berichten, dass Amirs Vater ihn als Lustschloss für einen britischen Beamten, Sir Harcourt Butler, habe errichten lassen. Er gehörte zu den Liegenschaften, die Amir verloren hatte. Er befand sich nach wie vor im Besitz des für Fremdeigentum zuständigen Vermögensverwalters und war für 38 000 Rupien Jahresmiete an die Indische Akademie für Philosophische Studien vermietet worden. Zumindest nach Maßgabe einiger seiner architektonischen Elemente war der Palast im Lucknower Stil erbaut. Er stellte kein besonders eindrucksvolles Gebäude dar: das Einzige, was ihm Palastähnlichkeit verlieh, waren die vier vieleckigen Türme in den vier Ecken des Gebäudes.

In einem dieser Türme hatte man einen Aufzug installiert. Oben befand sich eine umfangreiche philosophische Bibliothek; viele der Bände waren neu und sahen aus, als seien sie noch nie benutzt worden. Von dem Gebäude hätte kein besserer oder passenderer Gebrauch gemacht werden können. Rashid zufolge aber linderte das Amirs Kummer nicht. Amir habe, sagte Rashid, noch nie einen Fuß in den Butler-Palast gesetzt, seit er nicht mehr in seinem Besitz sei.

Danach – am Ende unserer Tour durch das alte Lucknow, die

Stadt der Schulen und Paläste – erkundigte ich mich bei Rashid nach seinen Besuchen in Pakistan. Ich wollte, dass er mir ein wenig mehr davon erzählte, wollte Einzelheiten hören.

»In Indien baten die Bettler um Kleingeld«, sagte er, »in Pakistan verlangten sie eine Rupie. Die Zollbeamten in Pakistan waren größer und besser gebaut als auf der indischen Seite, und ich sah hier zum ersten Mal einen Muslim aus dem Pandschab. Aber dann dachte ich – und ich weiß nicht, ob Sie das verstehen werden –: ›Wozu sind sie Muslime, wenn sie dieses grobe Pandschabi sprechen statt des reinen Urdu?‹ Für mich waren Muslime mit Urdu und Kultur verknüpft, verstehen Sie?

Als ich nach Lahore kam, erschien es mir wie eine bessere Ausgabe von Lucknow: wie ein frisch geputztes Lucknow, in dem alle Menschen gebadet hatten und neue Kleider trugen. Der Anblick war angenehm. Etwas Lustiges gab es da: Man sah die Kinoplakate, und weil sie indische Filme nachmachten – die Pakis können im Leben keinen eigenen Film drehen –, sah man die Titel, die man kannte, aber mit neuen Stars, mit anderen Gesichtern. In Lahore hat man anfangs das Gefühl, in einer anderen indischen Stadt zu sein, die man zum ersten Mal besucht. Aber allmählich werden die Unterschiede deutlich. Man trifft jemanden, kommt ins Gespräch mit ihm. Man hält ihn für einen Pandschabi; er ist hochgewachsen, gut gebaut, spricht Urdu mit grobem Pandschabi-Akzent. Man fragt ihn, wo sein Vater herstammt, und er sagt, aus Lucknow – und man ist verblüfft darüber, dass man sich binnen vierzig Jahren so weit auseinander entwickelt hat.

Ich blieb zwei Monate, aber ich wusste, dass ich da nicht hingehörte – und daran änderte auch der Reichtum nichts, der dort herrschte. Sogar die Verwandten, denen ich begegnete, hatten sich verändert. Sie waren weltläufiger und aggressiver geworden. Sie ähnelten den Flüchtlingen, die aus dem Pandschab und aus Sindh nach Lucknow gekommen waren. Ich hatte einen Vetter, der Handel trieb. Er hatte überall seine Finger drin, konnte jeden Beamten bestechen, wusste, dass es nichts Wichtigeres gab, als sich zu tummeln und Geld zu scheffeln. Er war zweimal vertrieben worden, das erste Mal 1947 bei der Unabhängigkeit, und dann 1971 aus Chittagong in Bangladesch. Er war der Überzeugung, sich auf nichts verlassen zu können als aufs Geld. Andere Werte spielten für ihn keine Rolle. Er war ein ganz anderer Mensch geworden als der, an den ich mich erinnerte.

Was mir außerdem auffiel, war, dass es da drüben kein Leben in der Vergangenheit gab wie hier bei uns. Sie hatten eine gesündere Einstellung zur Spaltung des Landes als die indischen Muslime. Was geschehen war, ließ sich nicht mehr ändern. Sie hatten ein neues Leben begonnen, hatten die Menschen vergessen, die zurückgeblieben waren, auch diejenigen, die sich noch an sie erinnerten und ihnen durch mich Nachrichten geschickt hatten.

Nach meinen zwei Monaten war ich froh, abreisen zu können. Nachdem ich die Klaustrophobie einer islamischen Gesellschaft erlebt hatte, fühlte ich mich erleichtert, wieder in Indien zu sein. Ich genoss es, wieder Frauen auf der Straße zu sehen. Der Schmutz und Unrat Indiens machte mir nichts mehr aus. Die Menschen in Pakistan hatten ein ganz entspanntes Verhältnis zur Religion. Das Problem waren die elenden Gesetze, die wie ein Damoklesschwert über einem hingen: der Ruf zu den Gebeten, der *moulvi*, der zu meinem Freund nach Hause kam und wissen wollte, warum er ihn in letzter Zeit nicht in der Moschee gesehen hatte. Die Gesinnungspolizei. Die motorisierten Islamtrupps.

Ich fühlte Erleichterung, als ich wieder hier war. Das Gefühl der Zugehörigkeit, das ich in Indien hatte, würde ich, das war mir klar, nirgends sonst finden können. Aber ich weiß auch, dass ich nie ein ganzer, heiler Mensch sein werde. Ich kann die Spaltung des Landes nicht aus meinem Bewusstsein tilgen. Sie ist Teil meiner selbst. Ich fühle mich steuerlos. Hätte es keine Spaltung gegeben, wäre ich vielleicht ein verheirateter Mann mit allem für ein muslimisches Mittelstandsleben typischen Drum und Dran. Aber ich habe mein ganzes bisheriges Leben als Junggeselle verbracht, und mittlerweile ist es für mich zu spät, mich noch zu verändern. Dass Pakistan geschaffen worden ist und existiert, hat mich seelisch beschädigt. Ich kann einfach nicht so tun, als existiere es nicht. Ich kann nicht so tun, als ginge das Leben weiter und ich wäre zu einem normalen, intakten Gefühlsleben imstande, als wenn mich alles, was früher da gewesen ist, nach wie vor umgäbe.«

SIEBEN

Die Ära der Frau

EINIGE WOCHEN später, als ich aus Indien abgereist war und mich wieder in meinen eigenen vier Wänden befand, sah ich mir ein Buch an, das ich viele Jahre zuvor gekauft, aber nie in zusammenhängender Form gelesen hatte. Das Buch trug den Titel *My Diary in India in the Year 1858–9*. Der Autor hieß William Howard Russell; dem Titelblatt zufolge hatte er als Sonderkorrespondent für *The Times* gearbeitet. Als Korrespondent für *The Times* hatte sich Russell in den unmittelbar davor liegenden Jahren, während des Krimkrieges, einen Namen gemacht: Seine Berichte über die Zustände in den Lazaretten des britischen Expeditionskorps hatten zur Entsendung von Florence Nightingale auf die Krim geführt. Mit diesem Ruf, den er sich erworben hatte, und zweifellos in der Hoffnung auf einen ähnlichen Erfolg war Russell neun Monate nach seiner Rückkehr nach England erneut losgezogen – zum Aufstand in Indien.

Per Eisenbahn und Schiff nach Paris, per Eisenbahn nach Marseille, per Dampfer nach Malta und Alexandria, per Eisenbahn nach Kairo und Sues, drei Wochen später mit dem Dampfer nach Ceylon und Kalkutta. Und dann mit Ochsenkarren, Zug und wieder Ochsenkarren an die Front.

Russell war sechsunddreißig. Er war der einzige Korrespondent, den eine britische Zeitung losgeschickt hatte, um über den Aufstand »und die anschließenden Unruhen« zu berichten. Die »Briefe«, die er an *The Times* schickte, erschienen ordnungsgemäß. Dann wurde das Tagebuch, ergänzt durch die Briefe, für den Druck vorbereitet, insgesamt achthundert Seiten, mit gelb getönten Lithographien und einer Landkarte in Form eines Stiches. Das Buch kam

1860 in zwei Bänden beim Verlag Routledge, Warne, and Routledge heraus: viktorianische Energie, die einer großen Kraftanstrengung – einer beschwerlichen Reise und einer aufwändigen schriftstellerischen Arbeit – den Anschein von Mühelosigkeit verleiht.

Der Russell des Krimkrieges war berühmt genug, um Eingang in die Geschichtsbücher zu finden. Ich erfuhr von ihm in der Schule in Trinidad; er war der erste Auslandskorrespondent, von dem ich je hörte. Den Russell des Indischen Aufstands kannte ich nicht; bevor ich im Antiquariat auf die zwei Bände stieß, wusste ich nichts von seinem Indienbuch. In neuem Zustand mussten die Bände mit dem streng geometrischen Schmuckmuster, das ihrem mit purpurfarbenem Stoff bezogenen festen Einband aufgedruckt war, gut ausgesehen haben und äußerst seriös gewirkt haben. Das Licht hatte auf dem Rücken der beiden Bände die Purpurfarbe zu einem fahlen Braun verblassen lassen, hatte den oberen und unteren Rand des Einbands entfärbt, hatte den Purpurstoff entlang einer Scharnierseite des Einbands reißen lassen und hatte am brüchigen Oberrand genagt.

Ich hatte Mühe mit der Lektüre. Meinem Gefühl nach brauchte der Autor zu lange, um nach Indien zu kommen, und was ihn unterwegs beschäftigte, fand ich nicht sehr interessant. Als ich im hinteren Teil blätterte, hatte ich Schwierigkeiten, den Einzelheiten der militärischen Taktik zu folgen. Zur Zeit der Niederschrift mochten diese Einzelheiten faszinierende Neuigkeiten aus Indien gewesen sein; mich konnten sie nicht fesseln. Es gab anderes im Indien der Jahre 1858 und 1859, worüber ich etwas erfahren wollte.

Nach meiner Indienreise aber und insbesondere nach den Spaziergängen, die ich mit Rashid in Lucknow unternommen hatte, erschien mir das *Diary* in einem anderen Licht. Die von Russell geschilderte lange Reise nach Indien war im Grunde eine Reise zu der Schlacht um Lucknow. Der Faltplan in Form eines Stiches, der dem Text vorangestellt war, trug die Aufschrift »Plan der militärischen Operationen gegen Lucknow im März 1858«. Auf dieser Karte sah ich etliche der Orte, die mir Rashid gezeigt hatte.

Die britische Armee hatte ihr Lager im Park der Dilkusha, des Jagdschlosses »Herzenslust«. Das Jagdschloss der Nawabs, das noch nicht in Trümmern lag und Russell wie ein französisches *château* vorkam, diente dem britischen Oberbefehlshaber als Hauptquartier. Eine der bei La Martinière in Stellung gebrachten Kanonen des Nawab machte dem Hauptquartier zu schaffen. Zu denen, die von La Martinière aus auf die britischen Stellungen feuerten, zählten eine Reihe afrikanischer Eunuchen des Nawab – seltsam, dass es im Indien des Jahres 1858 solche Leute immer noch gab. Ich frage mich, wie Rashid dieses Detail in Russells Buch aufgenommen haben würde. Vielleicht hätte er es gar nicht registriert – erfüllt von dem Zorn und dem Kummer, den er angesichts der Niederlage und der anschließenden Plünderung des Kaiserbagh-Palastes empfinden musste – jenes Palastes, in dessen erhalten gebliebenem Flügel ich mich zum Gespräch mit Amir traf, dessen Vorfahren neun Jahre nach dieser Plünderung von den Briten den Palast geschenkt bekamen.

Eine der gelb eingefärbten Lithographien trug die Unterschrift »Die Plünderung des Kaiserbagh«. Sie war später in England angefertigt worden und diente der Illustration von Russells Text: »Es war wohl eines der seltsamsten und bedrückendsten Bilder, das man sich vorstellen kann, aber es war auch sehr aufregend. … Man stelle sich Höfe vor, groß wie Temple Gardens, umgeben von verschiedenen Palästen oder jedenfalls reich dekorierten Bauwerken, mit Wandgemälden auf den blinden Fenstern … Aus den zerstörten Portalen kommen Soldaten heraus, schwer beladen mit Schals, reichen Wandbehängen, Gold- und Silberbrokat, Juwelen, Waffen, kostbaren Gewändern. Die Männer sind wild vor Erregung, trunken vor Gier … Ich habe diese Redewendung schon oft gehört, aber noch nie die entsprechende Situation erlebt. Die Männer zertrümmerten Flinten und Pistolen, um sich der in den Knauf eingelassenen Goldbeschläge und Steine zu bemächtigen. Mitten auf dem Hof machten sie ein Feuer und verbrannten Brokat und bestickte Tücher um des Goldes und Silbers willen. … Was für ein Tag! Nie habe ich mich erschöpfter gefühlt. Schlimm genug war es, durch endlose Höfe zu stolpern, in denen man sich wie im Dampfbad fühlte, an Leichen vorbei, konfrontiert mit infernalischen Szenen … halb erstickt vom bestialischen Gestank verwesender Leichen, ranzigen *ghees* oder widerlichster indischer Gerüche; aber die kochende Menge, der wir in Hazratgunj begegneten, war noch viel schlimmer. Raubgierig wie die Geier …«

Zwei Tage zuvor hatte Russell »ein kleines Beutestück von sehr geringem Wert« ergattert: ein Bild des Herrschers von Oudh, das er aus seinem Rahmen herausgeschnitten hatte. Das Bild hatte er aus einem Raum im Badshahbagh, dem »Palast der Begum«, entwendet, »einer großen, ummauerten Gartenanlage, die zu den schönsten Sommerresidenzen des Königs von Oudh zählt«. Ein kleines Stück Beute, dem Grauen entrissen: Der Wassergraben um das Badshahbagh »war bis obenhin gefüllt mit den Leichen von Sepoys, welche die Kulis aus dem Palast heranschleppten und auf Befehl der Soldaten kreuz und quer übereinander warfen; die starren Leiber, Beine und Arme ausgestreckt, in ihren Baumwollgewändern langsam vor sich hin schwelend ... Wir schritten buchstäblich über eine Rampe aus Leichen.« Drinnen, in den Räumen, lagen noch mehr Sepoys und wurden verbrannt. »Ich konnte den Gestank nicht ertragen, wir hatten noch nicht gefrühstückt.«

Ein bedeutenderes Beutestück nahm Russell aus dem Kaiserbagh mit, einen »Nasenring mit kleinen Rubinen und Perlen und einem einzelnen Diamanten«. Er hatte damals die Chance, auch ein »Armband aus Smaragden, und Diamanten und Perlen« zu erwerben, aber der Soldat, der es erbeutet hatte, wollte hundert Rupien bar auf die Hand, und – »Ach wie dumm!« – Russells ganzes Geld befand sich in der Obhut seines indisch-christlichen Dieners Simon, der sich im Lager aufhielt. Russell erfuhr später, dass ein Juwelier – ob in England oder Indien, wird nicht mitgeteilt – das Armband einem Offizier für 7500 Pfund abgekauft habe, eine Riesensumme im Jahr 1860.

Die Ruinen der Residenz besaßen nach wie vor die Kraft, Rashid in Zorn zu versetzen; diesen Bericht über die Plünderung seines geliebten Lucknow hätte er nur schwer ertragen. Und vielleicht noch schwerer ertragen hätte er Russells Schilderung der Stadt vor ihrer Zerstörung, einer »Stadt, größer und prachtvoller als Paris«. Oben, von der Spitze des Jagdschlosses Dilkusha, sah er »eine Fata Morgana aus Palästen, Minaretten, azurblauen und goldenen Kuppeln, Kolonnaden, langen, wunderschönen Fassaden aus Pfeilern und Säulen und flachen Dächern – eine Märchenstadt, die sich aus einem friedlichen Meer üppigster Vegetation erhebt. So weit der Blick reicht, nichts als Meer ... Nicht Rom, nicht Athen, nicht Konstantinopel, keine Stadt, die ich je gesehen habe, kommt mir so eindrucksvoll und herrlich vor wie diese ...«

Vom Kaiserbagh, der sogar in diesem »Wildwuchs aus herrlicher Architektur« Russell als ein riesiges Ensemble aus »vielfarbigen Kuppeln und Türmchen« und »mannigfaltigen Dächern« erschien, war nur der eine Flügel stehen geblieben, in dem Amir und seine Mutter mit ihren Haushaltungen lebten. Rashid hatte mir mehr als einmal erzählt, dass es in früheren Zeiten rund um den Palast keine Straßen, nur Gärten gegeben habe; erst durch Russells Buch wurde mir klar, in welchem Maße das fürstliche Lucknow eine Stadt der Paläste und Gärten gewesen war.

Auf der anderen Flussseite, von meinem Hotel aus gesehen – jenseits der höher gelegenen Sandbank neben dem Flusslauf, wo jetzt die Hütten der Schwimmvereine standen, wo man an manchen Morgen die schwarzen Wasserbüffel sah und wo die Wäscher die Tücher und vielfarbigen Kleider zum Trocknen ausbreiteten, wo sich mir die Fernsichten und Panoramen einer Aquatinta der Daniells eröffneten –, auf diesem anderen Ufer musste der Badshahbagh, der Königliche Garten, gelegen haben.

»Haine aus Orangenbäumen, sprudelnde Quellen, schattige Wege, Blumenbeete, breite Alleen, dunkle Winkel und Sommerhäuschen, in denen es sich jetzt einige walisische Füsiliere bequem gemacht hatten.«

Eine vergleichbare – vielleicht französisch inspirierte – Eleganz traf man in den Höfen des Kaiserbagh, des Hauptpalastes, an.

»Im eigentlichen Hof sieht man Statuen, Laternenpfähle, Springbrunnen, Orangengärtchen, Wasserleitungen und Pavillons mit metallisch schimmernden Kuppeldächern. … Unter den Orangenbäumen liegen tote und sterbende Sepoys. Die weißen Statuen sind blutrot. An einer lächelnden Venus lehnt, schwer keuchend und langsam verblutend, ein britischer Soldat mit einem klaffenden Halsdurchschuss. … Überall, in jedem Hof, bietet sich das gleiche Bild. Diese Höfe gehen ineinander über, verbunden durch hohe Tore, die mit dem Doppelfisch der fürstlichen Familie von Oudh verziert sind, oder durch Torbögen, in denen die toten Sepoys liegen, mit auf dem Körper schwelenden Kleidern.«

Es ist eine Ironie der Geschichte, dass – wie bei der Schilderung, die uns Bernal Díaz del Castillo 1520 von Mexiko, der Stadt Montezumas, hinterlassen hat – der erste Bericht von dem prächtigen Lucknow des neunzehnten Jahrhunderts gleichzeitig der

Bericht von der Zerstörung der Stadt ist. Eine Ironie, die aber nicht überraschen muss: Die Geschichte des alten Indiens wurde von seinen Eroberern geschrieben.

Was Rashid wehtat, schmerzte auch mich. Ich konnte nicht ohne Anteilnahme über die Geschichte dieses Teils von Indien lesen. Eine Strecke weit entsprachen meine Gefühle denen von Rashid, aber wir trauerten nicht um das Gleiche. Rashid trauerte um die Unversehrtheit der Lucknower Welt, in die er hineingeboren worden war, der Welt vor der Spaltung. Diese Welt barg Elemente aus der alten muslimischen Glanzzeit: der Glanzzeit der Könige oder Nawabs von Oudh und davor der Moguln. Solch Glanz fand sich in meiner Vergangenheit nicht. Seine Reise von Kalkutta nach Lucknow führte Russell zum Teil durch Bezirke, aus denen zwanzig oder fünfundzwanzig Jahre später meine Vorfahren nach Trinidad auswanderten, um in den Plantagen dort zu arbeiten.

Das war das gemeinere Indien, dem ich in Russells Buch nachforschte. Es war das Indien, das nur flüchtig Erwähnung fand, obwohl es stets vorausgesetzt wurde: das Indien, das, in Russells Darstellung, während dieser Kriegszeiten weiter funktionierte, auf den Feldern arbeitete, Befestigungen errichtete, Leichen beseitigte, Dienststellungen suchte – ein Indien, das, ohne je zu wissen, was es tat, im Begriff war, sich unter das Joch zu beugen. Auf der großen Überlandstraße nahe Benares rollten baumwollbeladene Karren knarrend und in langen Reihen in Richtung Kalkutta: In der von den Briten verwalteten Stadt gingen der Handel und die Geschäfte weiter. Die Gruppen von Menschen auf der Straße, die von dem schrecklichen Krieg keine Notiz nahmen, wirkten wie auf einem Jahrmarkt. Die Menschen, die auf den Feldern arbeiteten, lebten getrennt von dem Krieg; an den Kriegen ihrer Herrscher nahmen sie keinen Anteil.

Aus Russells Buch erfuhr ich, dass der indische Sepoy, der Soldat der Britisch-Ostindischen Kompanie, jetzt, da er sich gegen die britische Herrschaft erhoben hatte, »Pandy« genannt wurde. »Warum Pandy? Nun, weil es ein sehr gängiger Name unter den Sepoys ist – wie bei uns Smith oder Butler.« Tatsächlich handelt es sich dabei um einen brahmanischen Namen aus diesem Teil Indiens. Die Brahmanen stellten hier einen wesentlichen Teil der hinduistischen Bevölkerung, und die britische Armee in Nordindien bestand in einem gewissen Maß aus Brahmanen. Die Inder, die jetzt eingesetzt wurden, um »Pandy« niederzuwerfen, waren Sikhs, die von den Briten weniger als zehn Jahre zuvor besiegt worden waren.

Begleitet wurde die britische Armee, die auf Lucknow marschierte, um den Aufstand niederzuschlagen, von einem großen Tross indischer Marketender. Russell zufolge handelte es sich zumeist um Hindus. Die Muslime in dem Tross, der den Truppen folgte, waren Bedienstete; die Afghanen verkauften Trockenobst. Zur hinduistischen Gruppe zählten die Händler mit ihren Frauen und Familien; sie reisten mit Zelten, in denen sie ihre Vorräte aufbewahrten. Es gab Viehtreiber, die sich um die Schafe, Ziegen und Truthähne für die Truppenversorgung kümmerten, und es gab jede Menge von Trägern, »ganze Regimenter sehniger, dürrbeiniger, schlaksiger Kulis«, die Stühle und Tische schleppten, »Tragekörbe mit Bier und Wein, Vorräte aus dem Basar oder Kisten, die an Bambusstäben hingen«.

Als Sonderkorrespondent von *The Times* wurde Russell zusammen mit dem Stab des Hauptquartiers verpflegt; eine große Schar von Armeebediensteten stellte sicher, dass auch unterwegs mit der gewohnten Förmlichkeit gespeist wurde.

»Es war etwa fünf Uhr nachmittags, als ein über dem Staub kreisender Schwarm von Milanen und Geiern uns das nahe Lager ankündigte, und sehr bald schon genossen wir den erfreulichen Anblick einer Ebene voller Zelte … Unsere Diener kamen uns zur Begrüßung entgegen, und ich stieg an meiner Zelttür vom Pferd … Beim Eintreten fand ich alles an seinem Platz, so, wie ich es verlassen hatte. Das Abendessen in der Messe unterschied sich in nichts von den Diners in Cawnpore; es fiel schwer zu glauben, dass man sich in Feindesland befand.«

Russell vermerkte, mit welcher »Begeisterung« dieser indische Tross – der für die britische Armee das Leben so angenehm machte – »Lucknow entgegeneilte, um den Feringhi« – den Fremden – »bei der Niederwerfung ihrer Landsleute zu helfen«. Er sah eine Parallele zu der Art, wie das alte Rom seine Herrschaft ausgedehnt hatte. Auch das Sprachengemisch im Tross erschien ihm als typisch für diese Art von Eroberung.

Das alles zu lesen fiel mir nicht leicht. Beim ersten Mal, als ich *My Diary in India* zu lesen versucht hatte, hatte mir die Lektüre bereits Probleme bereitet. Jetzt tat sie es wieder. Ich unternahm drei oder vier Anläufe und konnte nicht umhin, das Buch abzulehnen, aus literarischen Gründen. Es kam mir viktorianisch und weitschweifig vor. Der Autor erschien mir zu imperial geprägt, schien mir zu unbeschwert durch eine gefahrlos gemachte Welt zu reisen und diese für etwas Selbstverständliches zu halten, schien mir den Blick fast ebenso sehr auf sich selbst und seine Würde und seine Bedeutung als Sonderkorrespondent zu richten wie auf das Land, in das er gereist war, um es kennen zu lernen, und auf die Menschen, unter denen er sich befand.

Diese Kritik aber, die mir meine verstreute Lektüre eingab, zerstob stets wieder vor der Großartigkeit der deskriptiven Passagen Russells. Die Schwierigkeiten, die mir Russells Buch machte, erinnerten mich an die Schwierigkeiten, die ich in meiner Zeit als Rezensent gehabt hatte, wenn ich Bücher besprechen musste, die gut waren, aber nicht mein Gefallen fanden. Über solche Bücher ließ sich schwer schreiben; sie zwangen einen, sich so lange zu drehen und zu wenden, bis man sich dazu durchgerungen hatte, ihre Qualität anzuerkennen. So brauchte ich auch Zeit, bis ich mich Russells Buch überließ, mich seiner Gangart fügte, seine Zielsetzung akzeptierte – und dann fand ich es hervorragend. Als sein Ziel benannte er es, »einen Bericht von den militärischen Operationen zu liefern« und zugleich »die Eindrücke zu schildern, die das, was um mich herum vorging, auf meine Sinne machte, ohne dass ich mir ein Urteil über Wahrheit oder Falschheit dieser Eindrücke anmaßte«.

Das Problem, das ich mit dem Buch hatte, war ein Problem mit den geschichtlichen Ereignissen, mit den äußeren Umständen, unter denen er die Dinge so gut schilderte, wie er es tat. Zwischen dem Autor und den Menschen des Landes, über das er schrieb, klaffte ein so großer Abstand, das Land, aus dem der Autor kam, und das Land, in das er gereist war, unterschieden sich so sehr. Er arbeitet als Korrespondent für *The Times*, er übermittelt seine »Briefe« mithilfe des Telegrafen der britischen Armee an die Zeitung, er redet von Eisenbahnen und Dampfschiffen – Russells Welt ist schon ganz schön modern.

Seit 1843 arbeitete er bei *The Times*; mit einundzwanzig hatte er dort angefangen. Der erste Krieg, in den er zog, um ihn sich anzuschauen, war der Deutsch-Dänische Krieg von 1848. Jetzt, da er ebenso gefasst wie erfahren zu jenem Krieg in Indien reist, findet er sich auf dem Dampfschiff, das ihn von Marseille nach Malta bringt, umgeben von Engländern, die an alle möglichen Orte fahren. »Um nachzuvollziehen, wohin sie ihr Weg von Malta aus führte, müsste man einen weitgespannten Fächer über den ganzen Osten ausbreiten. Es gingen welche nach Australien, nach China, in die Ländereien des Radschas von Sarawak, nach Penang, Singapur, Hongkong, Java, Lahore, Aden, Bombay, Kalkutta, Ceylon, Pondicherry …« Für diese Menschen ist ein großer Teil der Welt bereits organisiert; viele von ihnen bringen wie Russell selbst das Zeug dazu mit, in neue Weltgegenden vorzustoßen und sich darin zurechtzufinden.

Dieser Eindruck einer energiegeladenen, sich ausbreitenden Zivilisation wird noch verstärkt durch Russells selbstgewählte Bescheidenheit, dadurch, dass er sich die Rolle eines bloßen Beobachters verschreibt, der sich zwar seines besonderen Rufs, aber auch seiner Grenzen bewusst ist. Er konkurriert nicht mit anderen Experten; er schildert nicht noch einmal, wovon er weiß, dass andere es bereits beschrieben haben. Über die Wunder des alten Ägypten verliert er kein einziges Wort, wie er auch rasch über »die aufgewühlten Wogen des Mittelländischen Meeres« hinweggleitet. Bis er von Kalkutta losmarschiert, beschränkt er sich auf kurze Anspielungen; er schreibt für seinesgleichen, ist ein imperialer Reisender, der eine gut kartographierte Welt bereist.

Nachdem aber Kalkutta ein paar Tage hinter ihm liegt und er die Reise in einem überdachten Pferdefuhrwerk angetreten hat, wirkt es so, als sei er um ein oder zwei Jahrhunderte zurückversetzt. Nur ein paar Tage von den Annehmlichkeiten Kalkuttas entfernt, findet er sich unter Menschen wieder, denen die Welt draußen unbekannt ist und die nicht die Voraussetzungen mitbringen, diese Welt zu verstehen, Menschen, die nach jahrhundertelangen Fremdherrschaften noch immer nicht imstande sind, sich zu schützen oder zu verteidigen, Menschen, die – ob Pandy oder Sikh, Träger oder hinduistische Marketender – mit Begeisterung herbeieilen, um den Fremden bei der Unterwerfung ihrer Landsleute zu helfen. Diese Idee von »Landsleuten« – eine für Russell so eindeutige Idee, dass er sie in unverkennbar ironischer Absicht gebraucht – liegt den Menschen, auf die er sie anwendet, unendlich fern. Die Muslime haben eine gewisse Vorstellung von der Einheit, die der Glaube stiftet, aber diese Vorstellung schränkt der Despotismus ihrer Herrscher ein, und die Muslime würden sich auch niemandem, der nicht ihres Glaubens ist, verbunden fühlen. Die Hindus fühlten sich niemandem verbunden, außer ihrer Sippe; sie besaßen keine höhere Vorstellung von einer menschlichen Gemeinschaft, keine allgemeine Vorstellung von einer Verpflichtung des Menschen gegenüber seinen Mitmenschen. Und weil diese umfassende Vorstellung von der menschlichen Gemeinschaft fehlte, funktionierte das Land blind vor sich hin und führte all die Tapferkeit und Leistungskraft seiner Menschen zu nichts.

Für einen Inder ist es schwer, sich durch Russells Buch nicht gedemütigt zu fühlen. Zum Teil entstammt die Demütigung, die der Inder empfindet, der Ambivalenz seiner Reaktion, dem eigenen Wissen, dass das indische System, das hier über den Haufen geworfen wird, am Ende seiner Möglichkeiten angelangt ist, dass sein Fortbestand nur immer wieder zum Gehabten führen kann. Ihm ist bewusst, dass das Indien, das nach der Zeit der britischen Herrschaft entstehen wird, mehr Bildung, Kreativität und Potenzial aufweisen wird als das Indien, das ein Jahrhundert zuvor existierte, dass es ein umfassenderes Verständnis von menschlicher Gemeinschaft haben wird. Und aus diesem umfassenderen Verständnis und aus der tiefen Demütigung der britischen Herrschaft werden dem Land ein Bewusstsein seiner selbst, Nationalstolz und die Fähigkeit zur historischen Selbsterkenntnis erwachsen, Dinge, die dem Indien, durch das Russell marschiert, unendlich fern zu liegen scheinen.

Neun Jahre nach Erscheinen des Russellschen Buches kam Gandhi zur Welt. Einundzwanzig Jahre danach, im Jahr 1890 (als Russell achtundsechzig Jahre alt war und seinen Publikationen drei weitere Kriegstagebücher hinzugefügt hatte, eines 1861 über den amerikanischen Bürgerkrieg, unter dem Titel *My Diary North and South*, ein weiteres 1866 über den Krieg zwischen Österreich und Preußen und ein drittes 1870 über den deutsch-französischen Krieg) – im Jahr 1890 also studierte Gandhi in London Rechtswissenschaft und bemühte sich, so gut er konnte, mit den verwirrenden Erfahrungen einer kulturellen Begegnung zurechtzukommen, die das genaue Gegenstück zu Russells Indienreise des Jahres 1858 bildete. Zehn Jahre später, 1900 (fünf Jahre, nachdem Russell geadelt worden war), befand sich Gandhi in Südafrika und kämpfte dort für die Rechte der Inder, die, zwanzig oder fünfundzwanzig Jahre nach dem Indischen Aufstand, als Kontraktarbeiter in viele der früheren Sklavenkolonien des Britischen Empire geschafft worden waren, um auf den Plantagen zu arbeiten. Und dann, im Jahr 1914 (sieben Jahre nach dem Tode Russells; die sechsundachtzig Lebensjahre des Zeitungsmannes fielen vollständig in die imperiale Glanzzeit), bereitete sich Gandhi auf die Rückkehr nach Indien vor und fragte sich, wie er die Sache dort anpacken sollte, welchen Nutzen er aus den politisch-religiösen Lektionen ziehen konnte, die er in Südafrika gelernt hatte.

Von 1857 bis 1914, vom Indischen Aufstand bis zum Ausbruch des Großen Krieges – das ist keine lange Zeit, und doch wird in ihr der Keim für große Dinge gelegt. Schauen wir aber zurück auf die hundert Jahre vor dem Aufstand: Durch diese ganze Zeit hindurch bietet sich uns unablässig der Anblick eines hilflosen, niedergetretenen Landes, das seit der Eroberung durch die Muslime nie mehr zu sich gekommen ist, aus dem ewig Reichtum herausgepresst wird und dessen fronende Bevölkerung ohne Unterlass auf den Feldern arbeitet und Festungen errichtet, für wechselnde Fürsten und für Fürstentümer mit fließenden, ständig sich verschiebenden Grenzen.

»Ich werde stets der Überzeugung sein, dass vernünftige Freiheit die Menschen tugendhaft und Tugend sie glücklich macht; weshalb ich mit der gleichen Inbrunst, mit der ich universales Glück ersehne, auf universale Freiheit hoffe. Aber Ihre Bemerkungen über die Hindus sind nur zu gerechtfertigt: Sie sind unfähig zur bürgerlichen Freiheit; nur wenige von ihnen haben eine Vorstellung davon, und die diese Vorstellung haben, lehnen sie ab. Sie bedürfen (ich bedaure das Übel, weiß aber, dass kein Weg daran vorbeiführt), sie bedürfen der Unterwerfung unter eine absolute Macht, und meine Qualen finden große Linderung in dem Gedanken, dass die Eingeborenen selbst ... glücklicher unter unserer Herrschaft sind, als sie es unter den Sultanen von Delhi oder irgendwelchen unbedeutenden Radschas wären.«

Das schrieb Sir William Jones, der große britische Gelehrte aus dem achtzehnten Jahrhundert, in einem Brief, den er 1786 aus Kalkutta an einen amerikanischen Freund in Virginia, am anderen Ende der Welt, schickte. Fünfundsiebzig Jahre vor William Howard Russells Reise nach Indien war Sir William Jones – zu diesem Zeitpunkt siebenunddreißig Jahre alt – nach Kalkutta gegangen, um eine Stelle als Richter am Obersten Gericht Bengalens anzutreten. Eisenbahnen oder Dampfschiffe gab es damals noch nicht, auch keine Abkürzung durch Ägypten; die Reise nach Indien führte um das Kap der Guten Hoffnung herum und dauerte unter Umständen fünf Monate; jeder dritte Brief von Indien nach England ging verloren. Sir William Jones wollte in Indien sein Glück machen. Fünf Jahre lang hatte er sich um einen Posten in Indien bemüht, wegen des vielen Geldes, das man dabei verdienen konnte. Wenn er erst in Indien war, hoffte er, dreißigtausend Pfund in sechs Jahren zusammenzubekommen; von dieser Zahl war er förmlich besessen. Solch große Summen ließen sich aus dem unterwürfigen, elenden Indien herausschlagen – einem Indien, das, obwohl mit Füßen getreten, unverdrossen weiter arbeitete.

Wenn er – mit seinem amerikanischen Brieffreund – über Freiheit und Glück redete, dann war das keine Heuchelei. William Jones liebte die bürgerliche Freiheitsidee und unterstützte die amerikanische Unabhängigkeit. Er hatte Benjamin Franklin in Paris dreimal besucht, und irgendwann hatte er sogar mit dem Gedanken gespielt, nach Philadelphia auszuwandern und sich dort anzusiedeln. Er kam aus bescheidenen bürgerlichen Verhältnissen (ein Großvater hatte sich als Schrankschreiner einen Namen gemacht). Obwohl er Anwalt und Fellow eines der Oxforder Colleges war und den Ruf eines hervorragenden Gelehrten auf dem Gebiet östlicher Sprachen genoss, blieb er in England stets auf die Unterstützung eines aristokratischen Gönners angewiesen. Deshalb wollte er die dreißigtausend Pfund aus Indien herausholen: für seine eigene Freiheit. Und er war ein ungewöhnlicher Mensch: Er gab Indien ebenso viel, wie er dem Land nahm. Während er in Bengalen an seiner wichtigen und grundlegenden Arbeit über indisches Recht saß und regelmäßig sein Geld nach England schickte, um es seinem wachsenden Vermögen hinzuzufügen, vertiefte er sich gleichzeitig – unentgeltlich, aus Liebe zur Sache, Wissensdurst, Ruhmsucht – ins Sanskrit und in andere Sprachen, unterhielt sich mit Brahmanen, sammelte und übersetzte alte Texte. Er brachte viele aufklärerische Positionen des achtzehnten Jahrhunderts nach Indien. In den kulturellen Ruinen des vielfach eroberten Indiens spielte er die Rolle eines Renaissancemenschen in den Ruinen des klassischen Altertums.

Das folgende Zitat entstammt einem langen tagebuchartigen Brief, den er 1787, gegen Ende seines vierten Jahres in Bengalen, an seinen Gönner, den zweiten Earl of Spencer, schrieb: »Womit soll ich meine Bemühungen um das indische Schrifttum vergleichen? Stellen Sie sich vor, die griechische Literatur wäre nur im heutigen Griechenland bekannt und läge dort in den Händen von Priestern und Philosophen, und stellen Sie sich dann vor, Griechenland wäre nacheinander von Goten, Hunnen, Vandalen, Tataren und zuletzt von den Engländern erobert worden und das britische Parlament hätte in Athen einen Gerichtshof eingerichtet und als einen der Richter einen neugierigen Engländer bestellt; stellen Sie sich vor, er hätte dort Griechisch gelernt, das sonst keinem seiner Landsleute bekannt wäre, und er läse Homer, Pindar, Platon, von denen kein anderer Europäer jemals gehört hätte. So geht es mir in diesem Land, wenn man Griechisch durch Sanskrit und die Priester des *Jupiter* durch die *Brahmanen* ersetzt ...«

William Jones trug mehr als die dreißigtausend Pfund zusammen, die er unbedingt haben wollte; er brachte es auf fast fünfzigtausend Pfund. Dazu benötigte er nahezu elf Jahre. Der Gedanke an das Geld war ihm sicher ein Trost, aber Glück brachte ihm das Geld selbst nicht. Seine Frau kehrte krank nach England zurück. Im Jahr darauf, als er sich anschickte, ihr zu folgen, starb er und wurde in Kalkutta begraben. Er war achtundvierzig Jahre alt.

Er und Menschen wie er brachten den Indern erstmals eine Vorstellung vom Alter und Wert ihrer Kultur. Damit stärkten sie die nationalistische Bewegung, die mehr als hundert Jahre später entstand. Und diese Vorstellung zog weite Kreise. In Trinidad, in der Kolonialzeit und noch vor der indischen Unabhängigkeit, war der Stolz auf unsere Kultur praktisch das Einzige, woran wir uns festhalten konnten: Als Kinder lernten wir zum Beispiel, was Goethe über das *Shakuntala* geäußert hatte, das in Sanskrit abgefasste Schauspiel, das William Jones 1789 übersetzt hatte.

Was für ein Glück, dass es überhaupt zu unserer Kenntnis gelangte. Sanskrit galt als heilige Sprache; nur Priester und Brahmanen konnten die Texte lesen. William Jones war bei der Übersetzung auf die Hilfe eines Arztes angewiesen, und sogar noch in unseren Tagen können sich Leute wegen der Heiligkeit der Sprache ereifern. Fast zweihundert Jahre nachdem William Jones das Stück übersetzt hatte, fragte jemand im unabhängigen Indien Vinoba Bhave, einen Gandhi-Verschnitt, dem manche die Rolle eines spirituellen Blitzableiters für das Land zumaßen, was er vom *Shakuntala* halte. Der faule Kerl antwortete zornig: »Ich habe das *Shakuntala* nie gelesen und werde das auch niemals tun. Ich lerne nicht die Sprache der Götter, um mich mit Trivialitäten zu amüsieren.«

Angesichts dieser internen Zerstörungslust ist es ein Wunder, dass das Schauspiel überlebt hat, dass uns eine gewisse Kenntnis unserer kulturellen Vergangenheit überhaupt überliefert ist. Jeder Inder steht der britischen Zeit Indiens tief gespalten gegenüber. Für mich mit meiner familiären Vorgeschichte – der Auswanderung aus jener übervölkerten Gangesebene, zwanzig oder fünfundzwanzig Jahre nachdem William Howard Russell sie im imperialen Stil des *Times*-Korrespondenten durchquert hatte, mit Dienern und Zelten und Zugang zur Offiziersmesse des Hauptquartiers, sowie der Dunkelheit, in die meine Vergangenheit infolge jener Auswanderung so lange gehüllt blieb –, für mich gilt das in ganz besonderem Maße beziehungsweise auf ganz eigene Weise.

Noch heute lässt mich der Gedanke an die indische Geschichte erzittern, der (vielleicht durch depressive Neigungen oder meine große räumliche Entfernung verzerrte) Gedanke daran, wie nahe wir dem Zustand kultureller Verwahrlosung waren und wie viele Zufälle es brauchte, um uns in den Besitz jener Vorstellungen – von Recht und Freiheit und umfassender menschlicher Gemeinschaft – zu bringen, die den Menschen Selbstbewusstsein und Kraft verleihen. All die Zufälle, die uns dahin geführt haben, dass wir uns sogar mit William Howard Russell treffen können, den »Eindrücken« begegnen können, »die das, was um mich herum vorging, auf meine Sinne machte« – zwar nicht auf Augenhöhe (so lässt sich die Zeit nicht verbiegen), wohl aber mit Klarsicht.

Ich konnte also Rashid in seiner Sicht von der jüngeren Vergangenheit nur zum Teil folgen. Von einer Glanzzeit, von der aus gesehen es bergab gegangen und ein Bruch eingetreten war, wusste ich nichts, und auch ein Feindbild kam mir nicht ohne weiteres in den Sinn. Im fernen Trinidad aufgewachsen, hatte ich keine Vorstellung von Sippe oder Heimatregion, verfügte über keine der Stützen und dämpfenden Polster der Menschen in Indien. Wie Gandhi unter den Indern Südafrikas, und aus so ziemlich den gleichen Gründen, hatte sich mir stattdessen die Vorstellung von einer Verwandtschaft aller Inder, von der Familie Indiens herangebildet. Und in meinem Bemühen, mit der Geschichte ins Reine zu kommen, richteten sich meine Kritik, meine Verwirrung und mein Kummer nach innen, auf Indien selbst, auf die Kultur und die soziale Organisation, die uns so wenig Schutz geboten hatten.

Die Menschen in Indien empfanden das anders. Vielleicht – weil sie in Indien waren und ihr Alltagsleben dort bestreiten mussten – konnten und durften sie nicht so empfinden wie ich. In Delhi allerdings begegnete ich diesmal einem Verleger, dessen Kummer meinen noch übertraf. Er hieß Vishwa Nath und war in seinen Siebzigern. Seine Familie lebte schon seit vierhundert Jahren in Delhi. In der Familie kursierte die Geschichte, dass man während des Aufstands, als die Briten die Stadt belagerten, das Haus der Familie habe räumen und andernorts Zuflucht suchen müssen. Eine Episode unter vielen: Als Hindu dachte Vishwa Nath viel weiter zurück als bis zum Indischen Aufstand, Jahrhunderte weit.

»Wenn ich über die Geschichte Indiens lese, dann vergieße ich manchmal Tränen«, sagte er.

Zur Zeit von Gandhis Salzmarsch im Jahr 1931 sei er vierzehn gewesen. Seit damals trage er das von Gandhi populär gemachte grobe Streichgarn.

»Gandhi machte uns zu einer Nation«, sagte er. »Wir waren wie Ratten. Er hat Menschen aus uns gemacht.«

Ratten!

Aber er meinte das fast buchstäblich. »Als Art haben die Menschen während ihrer gesamten Existenz auf Erden versucht, die Ratten auszurotten, haben es aber nie geschafft. Nicht einmal in New York haben sie es geschafft. So hat man auch uns auf vergleichbare Weise unterdrückt, Foltern ausgesetzt, erobert – aber uns auszurotten ist niemandem gelungen. Darin lag die Stärke unserer Kultur. Aber wie lebt man dabei? Genauso wie Ratten.«

Er hasste das Kastendenken als »den Hauptgrund, warum wir versklavt sind«.

Und er hatte, was ich nie besessen hatte: ein klares Feindbild. Die Brahmanen waren der Feind – auch hier wieder, mehr als tausendfünfhundert Kilometer entfernt von der brahmanenfeindlichen Politik des Südens.

»Die Brahmanen haben das Land im Stich gelassen, während all dieser schrecklichen Invasionen durch die Mohammedaner. Die ganze Zeit über rezitierten sie immer nur ihre Gebete, ihre *havans*: ›Gott wird uns schützen.‹«

Mit seinem Streichgarn und seinem Nationalismus, seinem Sinn für Geschichte und seiner Verehrung für Gandhi ging – scheinbar widersprüchlich – seine Ablehnung der Religion einher. Dieser Mischung entsprang eine besondere Leidenschaft, die in den Zeitschriften zutage trat, die er in vier Sprachen herausgab und veröffentlichte. Besonders erfolgreich waren seine Frauenzeitschriften. *Woman's Era* erschien vierzehntägig in englischer Sprache. Ins Leben gerufen hatte er die Zeitschrift fünfzehn Jahre zuvor, und sie hatte den älteren englischsprachigen Frauenzeitschriften einigen Schaden zugefügt. Mittlerweile verkaufte sie sich in 120 000 Exemplaren, womit sie die auflagenstärkste englischsprachige Frauenzeitschrift darstellte. Vishwa Nath glaubte, die Auflage bis zu einer halben Million steigern zu können.

Ich glaube nicht, dass ich je indische Frauenzeitschriften in der Hand gehabt hatte. Ich hatte ihre Existenz als selbstverständlich vorausgesetzt. Ich wusste, dass es sie gab, kannte einige ihrer Namen. Dass sie in Indien eine ganz eigene Entwicklung genommen hatten, war mir nie in den Sinn gekommen. Sobald ich freilich auf den Gedanken stieß, sah ich, dass es gar nicht anders sein konnte in einer Gesellschaft, die noch so rituell gebunden, noch so voller religiöser Vorschriften und familiärer Verpflichtungen war, in der die meisten Ehen noch von den Familien verabredet wurden und die Gelegenheit für Abenteuer beziehungsweise das Bedürfnis danach noch gering war.

Von *Woman's Era* hatte ich in Bombay gehört. Der Erfolg der Zeitschrift wurde als außergewöhnlich angesehen, aber die Leute, mit denen ich sprach, hatten an der Zeitschrift selbst kein Interesse. Sie galt als primitiv und rückwärts gewandt – ungeachtet des Ikonoklasmus und der reformatorischen Mission ihres Herausgebers, worüber ich später in Delhi Näheres erfahren sollte. Außergewöhnlich war die Zeitschrift deshalb, weil sie ihre Leserschaft aus einer neuen Art von berufstätigen Frauen rekrutierte. Bei einer Leserin, die ihre wenigen Rupien für eine englischsprachige Zeitschrift ausgab, würde man erwarten, dass sie gesellschaftlichen und kulturellen Ehrgeiz hatte. Auf die Leserin von *Woman's Era* traf das nicht zu, und nicht zuletzt das machte sie außergewöhnlich. Sie war zufrieden mit ihrer alten, abgeschlossenen Welt.

Die Herausgeberin einer konkurrierenden Zeitschrift, der *Woman's Era* schwer zugesetzt hatte, erklärte: »*Woman's Era* ist durch und durch naiv. Es ist die erste Zeitschrift dieser Art in Indien, die diese neue Gruppe bedient.«

Wie sie diese neue Gruppe beschreiben würde, wollte ich wissen.

»Sie hat mittlerweile ein bisschen Wohlstand errungen, sich dem Konsum zugewandt. Sie hat ein bisschen Bildung. Aber diese Bildung ist eingeschränkt durch ihr Traditionsbewusstsein und durch die althergebrachten Überzeugungen ihrer Familie – es ist eine Art Unbildung, eine Art einstudierte Bildung.«

Der Buchladen im Bombayer Hotel führte *Woman's Era* nicht. Der Verkäuferin war deutlich anzumerken, dass sie nicht einmal danach gefragt zu werden wünschte. Ich kaufte ein Exemplar bei einem Zeitschriftenverkäufer auf der Straße. Meinem ersten Eindruck nach handelte es sich um ein langweiliges Blatt. Hätte ich nicht nach ihr gesucht, die Zeitschrift wäre mir in der Angebotspalette des Straßenverkäufers vielleicht gar nicht aufgefallen. Sie war ordentlich gemacht, aber unauffällig, mit einem dezenten jungen Frauengesicht auf der Titelseite aus satiniertem Zeitungspapier – einem sorgfältig geschminkten, aber dezenten Gesicht –, eine Frau, mit den Augen einer Frau gesehen. Und hätte ich den Ruf der Zeitschrift nicht gekannt, so hätte das Durchblättern der Seiten in meinem Kopf so gut wie keine Spuren hinterlassen.

Die sechs Seiten lange Titelgeschichte mit gestellten Farbfotos handelte von der »Brautschau«. Bei diesem Brauch besucht eine

Abordnung aus der Familie des Jungen vor der endgültigen Verabredung der Ehe das Elternhaus des Mädchens, und das Mädchen wird den Besuchern zur Besichtigung vorgeführt. Ashok, der leitende Angestellte, den ich in Kalkutta kennen lernte, hatte seine eigene Erfahrung mit der Brautschau als so erniedrigend empfunden, dass er beschlossen hatte, dergleichen nie mehr mitzumachen. Er hatte auf eigene Faust seine künftige Frau umworben und ihr einen Antrag gemacht und die Familie dabei herausgehalten. Ashok war dazu in der Lage, weil er für sich selbst aufkommen konnte. Nicht viele von denen, die *Woman's Era* lasen, befanden sich in der gleichen Position; *Woman's Era* nahm zur Brautschau eine ganz andere Haltung ein. Die meisten Ehen würden von den Familien verabredet, schrieb der Autor des Artikels. Solange das so sei, stelle die Brautschau die beste Methode dar, das Mädchen dem Jungen vorzustellen; sie sei nicht so herabwürdigend, wie manche meinten.

Tatsächlich diente der Artikel dazu, den Mädchen und ihren Familien Ratschläge zu erteilen, wie sie der Situation am besten gerecht würden. Erstens dürfe das Mädchen, schrieb der Autor, sich nicht verschmäht fühlen, wenn nach einer Brautschau der Junge nein sage. Vielleicht sei der Grund einfach nur der, dass die »Forderung« der Familie des Jungen – ihre finanzielle Forderung – zu hoch sei für die Familie des Mädchens. Um diese Art von Missverständnis zu vermeiden, sei es wichtig für die Familie des Mädchens, sich gründlich über den Jungen und seine Familie zu informieren, ehe man die Einladung zur Brautschau ausspreche. Die Eltern des Mädchens sollten den Jungen mehrfach vorher besuchen. Unter anderem gibt der Artikelschreiber den Eltern des Mädchens den Tipp, im Haus des Jungen darauf zu achten, ob er von Dienstboten, Kindern und Haustieren gemocht werde.

Zur Brautschau selbst dürfe das Mädchen nicht zu viel Make-up tragen oder Schmuck anlegen. Sie dürfe nicht prahlen und nicht vorgeben, Sachen besser zu können, als tatsächlich der Fall sei. Und ebenso wenig dürften die Eltern den Eindruck erwecken wollen, wohlhabender zu sein, als sie tatsächlich seien; manche Familien, berichtete der Autor, liehen sich sogar Möbel aus, um Eindruck zu machen. Dann sei da die Frage der Würde. Das Mädchen und ihre Familie seien bei solchen Anlässen die Werbenden, für die es darum gehe, den Jungen und seine Familie für sich einzunehmen. Aber: »Die Eltern des Mädchens müssen sich vor schmeichlerischer Demut oder Unterwürfigkeit hüten.« Leicht gesagt; aber wie könne es der Familie des Mädchens in der Situation der Brautschau gelingen, ihre Würde zu wahren? Eine Anregung immerhin hat der Autor zu bieten. »Manche Familien verlangen von dem Mädchen, dass es jeweils die Füße des Jungen und seiner Eltern berührt. Dieser Brauch ist bedauerlich; er widerstreitet der mindesten menschlichen Würde und wird am besten vermieden.«

Dennoch bleibe es ein unfaires Verfahren. »Warum kann nicht der Junge in *seinem* Empfangszimmer sitzen, hübsch gekämmt und nach Aftershave duftend, mit gesenktem Kopf und in der Hand seine Schul- und Arbeitszeugnisse?« Auf diese Klage eines Mädchens, die der Autor des Artikels zitiert, findet sich keine Antwort. Außer folgendem Kommentar: Wenn ein Mädchen nicht selber auf die Jagd nach einem Ehemann gehen wolle – »und glaubt mir, in unserer Gesellschaft ist das ein extrem schwieriges Unterfangen« –, dann müsse es sich mit den Brautschaubesuchen abfinden. »Wenn die Angehörigen des Jungen vornehm tun und die Nase hoch tragen, dann ist das verzeihlich, denn es ist das Ergebnis einer langen Tradition und eines Sozialverhaltens, das Tausende von Jahren zurückreicht.«

Später, nachdem ich Vishwa Nath in Delhi besucht hatte, konnte ich etwas von seinem leidenschaftlichen Anliegen und seinem Ikonoklasmus in diesem letzten Satz wieder erkennen. Aber ohne die Kenntnis der Person wirkte die Aufforderung, alte Bräuche zu akzeptieren, weil sie alte Bräuche und die bestbewährten waren, schlicht atavistisch. Und auf der Basis dieser offenen oder stillschweigenden Akzeptanz (manchmal mit einem »Friss oder stirb«-Unterton geäußert) fuhr nun also der Artikel damit fort, nach Art eines welterfahrenen Familienmitglieds Rat zu erteilen. Trage für die Brautschau sittsame Kleidung, wäge deine Worte ab, sei darauf gefasst, dass die Familie des Jungen dir Fangfragen stellt, erweise den älteren Angehörigen des Jungen Respekt und zeige dich kinderlieb.

Unterweisung, Unterweisung einfachster Art – das schien der Grundton der Zeitschrift. Diesem Bedürfnis schien die Zeitschrift zu entsprechen. Die Bräuche, wie etwa die Brautschau, mochten alt sein, aber die Welt, in der sie praktiziert wurden, war neu, und in dieser Welt fingen die Leserinnen der Zeitschrift, wie es schien, fast ganz von vorne an.

Die »Körperpflege« war Gegenstand eines langen Artikels in derselben Ausgabe. Bebildert war er mit dem Foto eines Mädchens, das sich über ein Spülbecken beugte und sich Wasser ins Gesicht warf; die Ratschläge, die er erteilte, betrafen die grundlegendsten Dinge. Gleich zu Anfang des Textes fand sich ein kleiner Seitenhieb gegen die Religion, aber man musste sachkundig sein, um ihn mitzubekommen. »Ob man an Göttliches glaubt oder nicht, ist heutzutage bekanntermaßen kein so ernstes Problem mehr wie die Tatsache, dass es viele unter uns versäumen, Reinlichkeit und persönliche Körperpflege mit religiöser Inbrunst zu betreiben.« Ein ungelenker, auch ungenauer Anfang, aber was der Artikel bot, war eine klare und simple Lektion in Hygiene.

»Schmutzig zu werden ist nichts Schlimmes, sondern die Sache wird erst dann zum Problem, wenn man Spaß daran findet, schmutzig zu bleiben ... Man kann nicht genug betonen, wie wichtig es ist, unseren Körper und unsere Umgebung rein und ordentlich zu erhalten. Das direkte Ergebnis von Reinlichkeit und Ordnung sind gute Gesundheit, Seelenfrieden und Frohsinn.« Wer sauber sei und »Ordnung halte«, vermeide Infektionen, und das wiederum bedeute, dass man weniger für Ärzte und Arzneimittel ausgeben müsse; man halte sich damit also auch in einem gewissen Maße finanzielle Sorgen vom Hals.

Punkt für Punkt und ohne irgendetwas als selbstverständlich vorauszusetzen, führte der Autor die Leserinnen durch die Probleme, die in Indien die persönliche Körperpflege betreffen. »Ordentlichkeit in der persönlichen Umgebung ist der erste und entscheidende Schritt.« »Ordentlichkeit« – ein Euphemismus. »Umgebung« – ein merkwürdiges Wort, aber »Haus« oder »Wohnung« hätte augenscheinlich bei vielen Lesern ihren tatsächlichen Lebensraum nicht angemessen bezeichnet. Und so wird einem klar, dass die Lebensbedingungen der Menschen, an die dieser Artikel sich wendet, nicht unbedingt gut sind. Einige der Leserinnen dieses Artikels lebten vermutlich ziemlich bedrängt, fanden mit knapper Not ihr Auskommen.

Wasser sei wichtig, erklärt der Artikel; davon müsse genug zur Verfügung stehen. Indien sei ein heißes Land; ein- oder zweimal täglich baden sei nötig, »wobei man sich mit Hilfe von Seife und lauwarmem Wasser gründlich und fest, wenn auch sanft, abschrubbt«. Nach dem Körper seien die Kleider zu waschen. »Wenn Kleider von Schweiß durchtränkt waren, muss man sie gut waschen, ehe sie wieder getragen werden … Bei der Unterwäsche ist Sauberkeit außerordentlich wichtig, weil die Sachen unmittelbar auf der Haut getragen werden. Trägt man sie ständig, ohne sie zu wechseln, drohen Hautreizungen oder ernsthaftere Beschwerden.« Eine ganzseitige Anzeige auf der der letzten Textseite gegenüberliegenden Seite wirbt für eine Entlausungskur. Tochter umarmt Mutter; beide lächeln sie in die Kamera. »Sie verlässt sich bei allen ihren Problemen auf mich … und ich verlasse mich bei ihrem Problem mit den Läusen allein auf Mediker.« (Läuse! Kein Wunder, dass die junge Frau im Buchladen des Hotels das Gesicht verzog, als ich nach *Woman's Era* fragte.)

Schlichte Unterweisung – für den Außenstehenden bedeutet das Fadheit und Langeweile. Und die Geschichten – es gab in der Ausgabe fünf davon – glichen Lehrstücken. Eine dicke Frau begleitet ihren Mann nach Korea, wohin er versetzt worden ist. Sie misstraut dem Hotelessen. Sie vermutet, dass der Hammel in Wahrheit Hund ist und die Nudeln Würmer sind. Zwei Monate lang isst sie Salat und Joghurt und ein bisschen Reis; sie nimmt ab und wird ein anderer, besserer Mensch. Der reiche, junge indische Geschäftsmann, der zur Brautschau nach Indien zurückkehrt, wird durch das prunksüchtige Mädchen, das er eigentlich heiraten soll, abgeschreckt; stattdessen entscheidet er sich für die anspruchslose, verwaiste Kusine, die in der Familie des Mädchens als eine Art Dienstmagd lebt. In einer anderen Geschichte ist der reiche Ehemann völlig bezaubert von der schlichten Güte einer Tante aus armen Verhältnissen, die seine Frau am liebsten verstecken möchte. Schlichte Güte – das scheint die hervorstechende Qualität der meisten Personen in diesen Geschichten. In der Zeitschrift finden sich Anspielungen auf Frauen, die Liebesromane lesen, besonders die englischen Liebesromane aus dem Verlag Mills and Boon. Aber das, worauf es in diesen Geschichten ankommt, ist nicht so sehr die romantische Liebe, sondern der Familiensinn.

Familiensinn, Artikel mit einfachen Ratschlägen zu wenig spektakulären Themen, Werbung für eine Läusekur von Procter and

Gamble, Werbung für antiseptische Cremes oder Wasserkocher: nichts, was der Fantasie Vorschub leistet, Sehnsucht weckt. Wer hätte für möglich gehalten, dass dies das Geheimrezept für eine Frauenzeitschrift war, um höchste Verkaufsziffern zu erzielen.

Gulshan Ewing zählte zu den berühmtesten Herausgeberinnen von Frauenzeitschriften in Indien. Im Jahr 1966 wurde sie Herausgeberin von *Eve's Weekly* und erzielte mit der Zeitschrift in den späten siebziger Jahren große Erfolge.

Bei einem Abendessen in Bombay, als wir uns zwanglos über das Phänomen *Woman's Era* unterhielten und sie noch nicht wusste (wie ich selbst übrigens auch nicht), dass ich mich für das Thema Frauenzeitschriften ernsthafter interessieren würde, beschrieb Mrs Ewing die Art von neuartiger Leserin, um die sich Frauenzeitschriften in Indien zu bemühen hätten. Diese Leserin sei berufstätig. Sie stehe früh auf, kümmere sich um ihre Familie, mache sie für die Schule und die Arbeit fertig und fahre dann selber zu ihrer Arbeitsstelle, zum Beispiel in einem Büro. Um fünf Uhr dreißig nachmittags verlasse sie das Büro. Auf dem Weg zur Bushaltestelle oder zum Bahnhof kaufe sie das Gemüse fürs Abendessen ein, das sie auf dem Heimweg klein schneide.

Das Detail mit dem Kleinschneiden des Gemüses auf der Heimfahrt im Zug weckte mein Interesse. Aber ich brauchte nur ein-, zweimal mit dem Vorortzug zu fahren, um zu erkennen, dass in Bombay dieses Detail ein Romantizismus war, eine Idylle beschwor; die Vorortzüge waren derart überfüllt, dass, weit entfernt davon, in ihrem Zug Gemüse schneiden zu können, die Büroangestellte mit aller Macht kämpfen musste, um überhaupt in den Zug hineinzukommen. Später las ich in *Woman's Era* eine ganze Geschichte über ein Mädchen, das beim Einsteigen in einen Vorortzug von seiner Schwester im Gedränge getrennt wird.

Als ich sie ein paar Tage später in ihrem Büro aufsuchte, gab Mrs Ewing zu, dass sie das Detail frei erfunden hatte. Sie habe damit einfach nur die Situation der indischen berufstätigen Frau in den Großstädten zu charakterisieren versucht. Vielleicht habe ich den Eindruck, dass sie mit ihrer Beschreibung nur habe witzig sein wollen, aber das Leben der berufstätigen Frau sei ganz und gar nicht lustig.

»Wir haben mit diesen Menschen gesprochen – und auch mit ihren Freunden. Wir haben Zuschriften bekommen. Und durchweg ist es so, dass sie – die berufstätige Frau – im Morgengrauen, um fünf Uhr, aufsteht, um das Wasser für den Tag aufzufüllen. In den meisten Häusern gibt es nicht rund um die Uhr fließendes Wasser. Das Wasser fließt frühmorgens, bleibt dann den ganzen Tag über abgestellt und fließt dann wieder am späten Abend für eine oder höchstens zwei Stunden. So ist es in den Wohngegenden der unteren Mittelschicht. Wenn sie also aufsteht, füllt sie Wasser in Wannen, Fässer, was sie eben so hat. Dann erledigt sie die morgendlichen Aufgaben und füllt die Proviantdosen von Mann und Kindern, nachdem sie sie mit Tee, mit einem Frühstück, mit was auch immer versorgt hat. Hauptsächlich sie erledigt das. Dann macht sie sich selbst auf den Weg zur Arbeit. Normalerweise bedeutet das eine lange Fahrt in einem überfüllten Zug, in dem sie nur selten einen Sitzplatz ergattert.«

»Was für eine Art Arbeit macht ihr Mann?«

»Er ist Buchhalter, bei einer Bank beschäftigt. Ein mittlerer Angestellter in einer Fabrik, verdient vielleicht tausend oder tausendfünfhundert Rupien. Ihr Gehalt dürfte zwischen sechshundert und tausend Rupien liegen.«

»Das klingt hart.«

»Sehr hart. Ganz und gar nicht lustig. Ihre Kinder sieht sie den ganzen Tag lang nicht. Sie verlässt ihr Büro um fünf Uhr dreißig oder um sechs. Vielleicht muss sie erst noch mit einem Bus zum Bahnhof. Oder sie muss – was noch lästiger ist – die ganze Strecke nach Hause mit dem Bus fahren. Manchmal gibt es an der Bushaltestelle kilometerlange Schlangen. Wenn ich vorbeifahre, frage ich mich oft, ob sie jemals in einen Bus hineinkommen. Ehe sie in den Bus oder Zug steigt, kauft sie ihr Gemüse oder was sie sonst noch braucht. Die Sachen verstaut sie in ihrer kleinen *thela*, einer Tragetasche.

Und dann kommt sie heim. Und ehe sie selber eine Tasse Tee trinken kann, muss sie ihrem Herrn und Meister eine servieren, der es sich wahrscheinlich bereits vor dem Fernseher bequem gemacht hat. Wetten, dass sie trotz ihres geringen Einkommens einen Fernseher haben! Dann das Abendessen, dann ein bisschen Schularbeiten mit den Kindern – wenn sie dazu imstande ist. Ihr Tag dürfte erst spät zu Ende sein. Abwaschen muss sie auch noch. Dann muss sie wieder an das Wasser denken.«

»Wie halten sie das durch?«

»Es ist ihr Los, ihr Schicksal. Sie glauben, dass es für sie einfach so sein muss. Ich beschreibe nicht unbedingt die Leserin von *Eve's Weekly* oder *Woman's Era*. Ich versuche nur, deutlich zu machen, wie traurig Frauen mit einer solchen Plackerei in ihrem Leben sein können.«

Frauen in solchen Verhältnissen bräuchten eigene Zeitschriften. Europäische oder amerikanische Zeitschriften einfach zu kopieren sei keine Lösung. Auf Glamour zu setzen sei unter Umständen sogar verkehrt.

»Der einzige Unterschied zwischen der mittelständischen Leserschaft von *Eve's Weekly* – das können zum Beispiel Sekretärinnen sein – und der Leserschaft von *Woman's Era* besteht in der Sprache«, sagte Mrs Ewing. »*Woman's Era* verwendet eine simplere Sprache und passt sich dem Niveau der Frau an. Eine hochinteressante Erklärung für den Erfolg vom *Woman's Era* erhielt ich kürzlich. Die Leserinnen von *Woman's Era* fühlten sich eigentlich von Zeitschriften eingeschüchtert. Sie nähmen lieber Zeitschriften wie *Woman's Era* in die Hand, die ihnen weniger Unbehagen bereiteten. Aber ich bin zuversichtlich, dass diese Art von reaktionärem Journalismus für Frauen im Rückgang begriffen ist. Wenn wir« – sie meinte *Eve's Weekly* – »über Brautbesichtigungen schreiben, dann regen wir uns auf. Und wir sagen den Frauen, den Mädchen, dass sie das nicht mitmachen müssen. Aber aufbegehren können sie nur, wenn sie gebildet genug sind, um irgendwann später ökonomisch unabhängig zu werden.«

Das war der entscheidende Punkt, dass für ein Mädchen oder eine Frau mit diesem Hintergrund und diesem Bildungsstand, in dieser »Umgebung«, die Vorstellung, aufzubegehren, reine Fantasie war. *Woman's Era* richtete sich an jene Frauen. Und so begann die Zeitschrift, die mir zuerst so charakterlos, so langweilig erschienen war, mehr zu verraten, begann mir eine ganze neue Welt Indiens zu erschließen, einen ganzen neuen Bereich des städtischen Lebens der indischen Gesellschaft, den ich sonst nicht so einfach kennen gelernt hätte.

Vor der Unabhängigkeit gab es keine indischen Frauenzeitschriften. Die indischen Frauen aus dem Mittelstand lasen die zwei beliebten britischen Zeitschriften *Woman's Weekly* und *Woman's Own*. Als die Briten das Land verließen, waren diese Zeitschriften nicht mehr zu bekommen. Auch für eine Frau aus der gehobenen Mittelschicht wäre es zu teuer gewesen, sie von Indien aus zu abonnieren. Das erfuhr ich von Nandini Lakshman, einer Journalistin, deren Spezialgebiet die Themen Medien und Werbung waren. Sie lieferte mir einen kurzen Abriss der Geschichte der indischen Frauenzeitschriften.

»Als die *Times of India*, eine britische Zeitung, in indische Hände überging, hoben sie *Femina* aus der Taufe. Das war Anfang der fünfziger Jahre. In den frühen Ausgaben führten die Briten ein Nachleben. Die Herausgeberin war eine den Parsen zugehörige Dame. Modellstehen galt damals in Indien nicht als ehrbarer Beruf. *Femina* brachte also Fotos, auf denen meist Ausländerinnen in indischer Aufmachung posierten. Wenn indische Frauen Modell standen, dann kamen sie aus reichen indischen Familien, die nicht so stark durch Brauch und Tradition gebunden waren. Nach einigen Jahren beging tragischerweise die Herausgeberin Selbstmord. Niemand weiß, warum. Sie muss in ihren späten Vierzigern gewesen sein. Danach hatte das Blatt erstmals eine indische Herausgeberin.

Dann wollte *Femina* einen größeren Kreis von Frauen erreichen. Also riefen sie diesen Miss-India-Wettbewerb ins Leben. Überall im Land – in den großen Zentren Bombay, Kalkutta, Madras, Delhi – veranstalteten sie Wettbewerbe, und die Siegerinnen traten dann um den Titel der Miss India gegeneinander an. Eigentlich nichts Mittelständisches, vielmehr etwas für die höheren Kreise – für die Reichen, die Leute mit Geld und Einfluss, die Leute, die zu Empfängen und auf Partys gingen. Der Wettbewerb war etwas für Snobs. Anfänglich gab es nicht viele Teilnehmerinnen, weil ein Schönheitsbewerb würdelos schien, sogar in Kreisen der Snobs – schließlich kann nicht jede gewinnen. Ich glaube, es war die Angst, sich verschmäht zu finden. Und hinzu kam, dass die Siegerin an dem Miss-Universum-Wettbewerb teilnehmen würde und dort in einem der Durchgänge einen Badeanzug tragen und sich darin zur Schau stellen musste. Das hätte ganz Indien schockiert. In der Anfangszeit waren es also parsische und christliche junge Frauen, die zur Miss India gewählt wurden. Aber auch wenn die indische

Frau aus dem Mittelstand nicht teilnehmen durfte, fing sie doch an, sich an den Gedanken zu gewöhnen. Das war neu für sie – der Glamour, das Image. Halb war sie schockiert, halb fasziniert.

Ungefähr um diese Zeit fing *Eve's Weekly* an, und auch sie veranstalteten ihren Schönheitswettbewerb. Die Auflage der beiden Blätter dürfte damals bei fünfzehntausend gelegen haben. Viel später fingen sie an, Artikel zu bringen, in denen es darum ging, wie man seinen Sari drapiert, wie man gut aussieht. Das ging auf den Herausgeber von *Femina*, einen Mann, zurück. Ich nehme an, er hatte einen unbefangeneren Blick für das, was Frauen erwarteten.

Damals gab es noch nicht allzu viele berufstätige Frauen. Die Zeitschriften brachten Geschichten über ›Die Erfahrungen einer Kriegswitwe‹ – oder über die Erfahrungen von Frauen, die ihre Männer während der Spaltung Indiens verloren hatten.

Der Aufstieg der Frauenzeitschriften in Indien war ein allmählicher Prozess – die Leserschaft und der Markt erweiterten sich in dem Maß, wie Bildung und Bewusstsein zunahmen. *Femina* näherte sich in den späten siebziger Jahren einer Auflage von neunzigtausend, ebenso *Eve's Weekly*. *Woman's Era*, heute der Star, wurde 1973 aus der Taufe gehoben. In dem Maß, wie *Woman's Era* sich durchsetzte, erlebte *Femina* einen Rückgang – auf mittlerweile fünfundsechzigtausend. Und jetzt gibt es eine neue Zeitschrift, *Savvy*, das genaue Gegenteil von *Woman's Era*. *Savvy* existiert seit drei Jahren und hat es bereits auf eine Auflage von fünfzigtausend gebracht. Sie erscheint monatlich. *Femina* ist für die reifere Frau. *Savvy* ist für die Großstädterin zwischen achtzehn und dreißig.

Savvy ist ein Skandalblatt. Die Titelgeschichte dreht sich immer um eine bestimmte Person, eine bestimmte Frau. Sie figuriert als die ›*Savvy*-Frau des Monats‹. Sie ist entweder geschieden oder hat Affären oder wird von ihrem Mann verprügelt oder hat ihren Mann und ihre Kinder wegen eines anderen verlassen oder ist von ihm wegen einer anderen verlassen worden oder hat Mann und Liebhaber. Und aus alledem geht sie am Ende siegreich hervor. Sie bekommt den ganzen Kuchen. Jeden Monat. *Savvy*-Frauen sind in der Regel bekannt, aber nicht immer. Wenn ich über Leichen gehe, wenn ich zu allem entschlossen bin und vor nichts zurückschrecke, dann macht *Savvy* eine Heldin aus mir. Dafür haben sie einen Markt gefunden: Ich glaube, sie haben richtig Marktforschung betrieben. Die Frauen in Indien geben vielleicht nicht zu, dass sie *Savvy* lesen, aber sie lesen es. *Savvy* ist eine Zeitschrift für die Ballungszentren. *Femina* und *Woman's Era* findet man auch in kleineren Städten wie Nasik und Nagpur. Vor ein paar Monaten hat *Savvy* etwas über Vergewaltigung gebracht – einschließlich Fotos –, und die Frauenorganisationen meinten, das gehe zu weit, und erwirkten einen Gerichtsbeschluss, und die ganze Ausgabe musste zurückgezogen werden.«

Wir sprachen über *Woman's Era*. Ich erzählte Nandini, was mir Gulshan Ewing über die berufstätige Frau gesagt hatte, an die sich *Woman's Era* richte.

»Da erscheint die Leserin von *Woman's Era* ein bisschen verklärt«, sagte sie. »Da hört man die Oberschicht heraus.« Sie selbst, Nandini, sei gerade einmal ein oder zwei Generationen entfernt vom traditionellen, kleinstädtischen Leben. »Täglich wechsele ich zweimal den Bus und fahre mit dem Zug, um ins Büro zu kommen. Und ich muss früh aufstehen. Aber ich lese nicht *Woman's Era*. Ich koche zu Hause und gehe zur Arbeit, aber ich empfinde es nicht als Plackerei. Da betrachtet jemand die Sache von ganz oben. Wer so etwas sagt, hat wahrscheinlich eine Menge Dienstboten zur Verfügung.«

Ihrer Ansicht nach spreche *Woman's Era* nicht die berufstätige Frau an. »Die Zeitschrift zielt auf die traditionelle Hausfrau aus den mittleren Schichten. Damit meine ich nicht ungebildet. Es ist das einzige Blatt, das in jeder Ausgabe fünf Geschichten, fiktive Erzählungen, bringt. Alle nach dem Motto ›Ende gut, alles gut‹. Der Ehemann kehrt zu seiner Frau zurück. *Woman's Era* schlägt sich weitgehend auf die Seite der Frau. Die Frau kann nichts Böses tun. Sie ist stets ein guter Mensch. Egal, ob sie eine Großmutter, eine Ehefrau oder eine Schwiegermutter ist – sie ist immer ein guter Mensch. Mag der Mann auch ein Alkoholiker sein, in der Geschichte hilft ihm die Frau in ihrer Gutartigkeit, von der Flasche loszukommen. Warum der Mann zur Flasche gegriffen hat, interessiert die Zeitschrift im Zweifelsfall gar nicht. Die Frage bleibt ausgespart. Die Situationen sind dem Alltagsleben entnommen. Die Leserinnen können sich in jeder dieser Situationen wiederfinden. Die Geschichten, die in den fünfziger Jahren in *Femina* und *Eve's Weekly* erschienen, waren dagegen weit hergeholt.«

Mir erschienen die Geschichten in *Woman's Era* eher als Lehrstücke denn als Erzählungen, erklärte ich.

»Sie sind schlecht geschrieben«, sagte Nandini. »Ich begreife nicht, wie die Zeitschrift trotz solch schlechter Aufmachung und Verpackung einen so breiten Leserinnenkreis haben kann.«

Spiele das Moment von Unterweisung eine Rolle? Hielten sich die Frauen deshalb an die Zeitschrift, weil sie schlicht und einfach Rat brauchten?

»Die Geschichten sollen *Unterhaltung* bieten. Die Leserin sieht in dem Geschilderten eine Situation, in die auch sie geraten kann. Probleme zwischen Schwiegermutter und Schwiegertochter. Oder der Junge, der im Ausland studiert. Er ist mit einem Mädchen in Indien verlobt oder verheiratet und hat im Ausland Liebschaften, aber letztlich kehrt er zu seiner Frau zurück, und wenn sie nicht gestorben sind, leben sie noch heute. *Woman's Era* thematisiert keine sozialen Probleme. Thema sind *persönliche* Lebensverhältnisse. Die Macher der Zeitschrift wissen, was sie tun.«

Wir unterhielten uns über den »Brautschau«-Artikel. Er hatte einigen Anstoß erregt. Es war viel über ihn geredet worden, und aus journalistischer Sicht konnte man ihn als Erfolg betrachten.

»Ich würde die Brautschau scharf kritisieren«, sagte Nandini. »Aber sie tun das nicht. Ihr Artikel trägt den Untertitel ›Eine Würdigung des Brauches‹. Und sie bringen Fotos wie dieses hier.«

Ein gestelltes Farbfoto, das die obere Hälfte der ersten Seite des Artikels einnahm, zeigte ein Mädchen, das der Besichtigungsgruppe Tee auf einem Tablett brachte. Das Zimmer auf dem Foto war klein und voll gestopft mit Menschen (vielleicht einer der normalen, drei mal drei Meter großen indischen Wohnräume), und zwischen den Möbeln – der dreiteiligen Sofagarnitur, dem Kaffeetisch und dem Beistelltisch mit einer großen Lampe und einem Steinguttopf voller Ringelblumen – gab es fast keinen Platz. Auf dem Sofa saßen vier Mitglieder der Besichtigungsgruppe; zwei der Frauen musterten prüfend das Mädchen, das in einem neuen Sari, die Haare frisch frisiert, mit dem Teetablett dastand und irgendwie jammervoll in die Kamera starrte.

Nandini sah das Bild nicht wie ich mit dem Blick des Außenstehenden. Humoristisches konnte sie in dem Foto nicht erkennen; sie identifizierte sich emotional voll und ganz mit dem Mädchen. »Es ist grauenhaft. Am Ende des Artikels erklären sie, eine Zusammenkunft zwischen dem Jungen und dem Mädchen sei ratsam – sie sagen nicht, sie sei zwingend –, und man sieht ein Foto mit einem Jungen und einem Mädchen, die sich an einem Tisch gegenübersitzen, aber sich nicht anschauen und kein Wort wechseln. ›Sei respektvoll und herzlich‹, lautet die Unterschrift unter dem Foto.« Sie las aus dem Artikel vor: »›Den Schwestern und Nichten und Neffen des Jungen sollte man mit Herzlichkeit begegnen.‹« Was sie las, erfüllte sie mit Ärger. Sie sagte: »Wenn ein Bataillon dich aufsucht, paradierst du doch nicht vor ihnen. Du sollst doch nicht verkauft werden. In dem Artikel versuchen sie, eine liberale Haltung einzunehmen. Aber die Argumente, mit denen sie den Brauch rechtfertigen, sind so stark, dass alle Liberalität verschwindet. Sie sprechen nicht die moderne Frau an. Sie wenden sich an die traditionelle Frau.

Meine Schwester ist gebildet, aber sie hat sich in eine arrangierte Heirat gefügt. Sie war in niemanden verliebt, und dann kam von irgendwelchen Leuten ein Angebot. Meine Eltern haben sie also gefragt. Eine Schau wie die da gab es nicht. Sie hat den Jungen einfach getroffen. Er ist Kapitän eines Handelsschiffs. Sie mochten einander.«

»Würden die Leserinnen von *Woman's Era* darunter leiden, wenn sie sich so einer Brautschau unterziehen müssten?«

»Sie sind darauf eingestellt, dass sie all das mitmachen müssen. Einige Frauen empfinden es tatsächlich als Qual, aber sie müssen es halt durchstehen. So gebildet oder reich eine Frau auch sein mag, sie wird sich doch sagen: ›Ich möchte einmal heiraten und Kinder kriegen.‹ Aber es gibt auch Frauen, die der Zeitschrift *Savvy* zustimmen. Es gibt heute diese beiden Trends, und hinter den Zeitschriften, die sie vertreten, bleiben *Femina* und *Eve's Weekly* weit zurück.

Was die Werbung angeht, so findet man in *Woman's Era* und *Femina* Reklame für Lebensmittel und bestimmte Kosmetika. Aber nicht eine Hautpflegelotion für den Winter, von dem zweihundert Milliliter fünfzig Rupien kosten. Dafür würde in *Savvy* Reklame gemacht. Der indische Markt hat seine Tücken. Man muss ihn sorgfältig studieren.«

Auf meiner Reise kaufte ich hin und wieder eine Ausgabe von *Woman's Era*, und meine Hochachtung vor der journalistischen und sozialen Leistung der Zeitschrift wuchs. Ich fand, dass sie ihren Erfolg verdiente. Mir schien, dass ihr Verdienst in der von Gulshan Ewing erwähnten Besonderheit bestand, dass sie ihre Leserinnen nicht einschüchterte.

Ein immer wiederkehrendes Motiv in den Geschichten der Zeitschrift war, dass eine Frau – gewöhnlich eine Braut – herausfindet, wie falsch sie handelt, wenn sie sich ihrer armen Verwandtschaft schämt. Durch *Woman's Era* fanden sich die Leserinnen niemals beschämt. In ihren Geschichten, ihren Rezepten, ihren Fotos von Interieurs (wie etwa des voll gestopften kleinen Zimmers aus dem Artikel über die Brautschau) bekannte sich die Zeitschrift stets zu den Verhältnissen, in denen ihre Leserinnen lebten, und sie verstieg sich niemals zu anderen Milieus. Vielleicht verlieh den Lebensverhältnissen diese Anerkennung bereits so etwas wie Glamour; vielleicht fanden die Frauen der betreffenden Gruppe nirgends sonst – nicht im Kino und nicht im Fernsehen – diese Anerkennung.

Anerkennung bedeutete Bestätigung. Bestätigung, konnte man sagen, bildete den Grundtenor von *Woman's Era*. In den Geschichten (die gewöhnlich in irgendeinem Zusammenhang mit dem Thema Familiensinn standen) legten die Menschen im Normalfall mehr Güte und Menschlichkeit an den Tag, als der Anschein erwarten ließ. Und Bestätigung fanden die Leserinnen auch in den Artikeln mit Unterweisungen und Ratschlägen. Nichts wurde dort als selbstverständlich vorausgesetzt. Man bekam haargenau erzählt, wie man einen Besuch macht – dass man nicht unangemeldet erscheint, die Kinder keine Sachen anfassen lässt, dafür sorgt, dass sie nicht mit schmutzigen Schuhen auf dem Sofa und den Kissen des Gastgebers herumhüpfen. Eine andere Ausgabe von *Woman's Era* drehte gewissermaßen den Spieß um und klärte darüber auf, wie man mit unerwarteten Besuchern umgeht: »Nicht sofort nach ihrer Ankunft, aber nachdem sie schon ein Weilchen da gewesen sind, kann man ihnen einen dezenten Hinweis geben und etwa bemerken: ›Hätte ich gewusst, dass Sie länger bleiben wollen, hätte ich für mehr Annehmlichkeiten gesorgt und meine Termine darauf eingerichtet.‹ Wenn der Gast nicht ein ganz dickes Fell hat, müsste das eigentlich genügen, ihn wissen zu lassen, wie die Dinge stehen.«

In *Woman's Era* erfährt man, wie man Briefe schreibt: dass man kein Papier benutzt, das zerknittert ist oder Fettflecken hat, dass man nicht aus dem Notizheft der Tochter ein Blatt herausreißt, dass man keine großen Sprüche klopft, nicht nur über sich selbst schreibt, nicht die Briefmarken wild auf dem Umschlag verteilt. Sogar über das Verhalten im Kino klärt einen die Zeitschrift auf: dass man kein Essen mitbringt, nicht die Handlung kommentiert, nicht mit dem Baby kommt und den Gang auf und ab marschiert, wenn es zu weinen anfängt.

Wer diese Art von Ratschlägen nicht braucht, braucht kein *Woman's Era*. Und wer den Rat braucht, findet sich nie dafür getadelt oder zum Gespött gemacht. Falsches Verhalten erscheint nie als das der Leserin selbst; es erscheint stets als das anderer Personen, das die Leserin vielleicht hat beobachten können; um der Zurechtweisung alles Verletzende zu nehmen, wird immer irgendeine Geschichte oder eine lehrreiche Anekdote erzählt. *Woman's Era* lädt seine Leserinnen in eine besondere, ihnen allen gemeinsame Welt ein. Der redaktionelle Ton verrät Anteilnahme, fast Liebe.

Und als ich den Herausgeber, Vishwa Nath, kennen lernte, stellte ich fest, dass dieser Ton ziemlich genau dem Missionsgedanken, der ihn antrieb, entsprach.

Er war zweiundsiebzig und immer noch weitgehend Herr über sein Druck- und Verlagsunternehmen. Ein Mann von mittlerer Größe, energiegeladen, ohne überflüssiges Fett, abgeklärt und geschäftsmäßig in seinen weißen Hosen und seinem kurzärmeligen Hemd – grobes Streichgarn, aber hätte er es mir nicht gesagt, mir wäre es nicht aufgefallen.

Er vermittelte den Eindruck, dass er nicht daran gewöhnt war, über sich selbst zu sprechen. Anekdoten aus seinem Leben hatte er nicht parat und auch keine Lehren, die er aus seiner Lebenserfahrung gezogen hatte. Er war immer noch in der Welt tätig, ließ sich von Ideen fesseln, war in seine Arbeit vertieft, die ihn zwang, um sich zu blicken. Er liebte das Zeitschriftengenre, liebte alles, was mit dem Druckwesen zu tun hatte. Er war stolz auf seine neuen Heidelberger Druckmaschinen im Erdgeschoss. Gleichzeitig ließ ihn seine Liebe zum Druckwesen in einem vergitterten Raum im Obergeschoss alte Setzkästen und Fächer mit beweglichen Typen für Hindi und Englisch aufbewahren.

Seine Familie hatte 1911 die erste Druckerei in Delhi gegründet. Er konnte also auf so etwas wie einen Stammbaum im Druckereiwesen zurückblicken. Wie in Indien auch auf anderen Gebieten üblich, war das Talent ein oder zwei Generationen lang gereift, ehe es sich dann nach der Unabhängigkeit voll entfaltete. Seine Familie lebte schon seit vierhundert Jahren in Delhi, aber zurückverfolgen konnte er sie nur bis zu seinem Urgroßvater, in dessen Haus er 1916 geboren wurde und bis 1934 lebte. Dieser Urgroßvater kam unmittelbar vor dem Indischen Aufstand zur Welt, vielleicht 1854; von ihm stammte die Geschichte, dass die Familie 1857, als die Briten Delhi belagerten und plünderten, das Haus hatte im Stich lassen müssen.

Es gab ein greifbareres Zeugnis dieses Vorfahren. Irgendwann in den siebziger Jahren des neunzehnten Jahrhunderts arbeitete er für einen britischen Lexikographen, Dr. Fallon, der ein Wörterbuch für Hindi, Urdu und Englisch verfasste, und bereiste mit ihm Nordindien, um Wörter und Ausdrücke, die sie dort hörten, aufzuzeichnen.

Hinter Vishwa Nath in seinem Büro befand sich ein Bücherschrank, dessen mit Glastüren versehener Aufbau bis zur Decke reichte. Dr. Fallons Wörterbuch stand – neu gebunden – auf einem der Regalbretter. Es war 1200 Seiten dick, wobei die Seiten fast Quartformat hatten und fünfundzwanzig mal achtzehn Zentimeter maßen: *A New Hindustani-English Dictionary, With Illustrations from Hindustani Literature and Folk-Lore*, von S. W. Fallon Ph. D., 1879 erschienen bei Trubner & Co., London, und E. J. Lazarus & Co., Benares. Jeder Eintrag stand in drei Sprachen da und in den drei entsprechenden Schriften: die Aussprache des Hindi- oder Urdu-Wortes war annäherungsweise auf Englisch wiedergegeben.

Gerade einmal zwanzig Jahre nach der Reise von William Howard Russell war also ein anderer Engländer dort gereist, teilweise durch die gleichen Bezirke, um eine andere Arbeit zu leisten, die mit Sicherheit nicht ihren angemessenen Lohn gefunden hatte. Und in Dr. Fallons Vorwort fand sich auch Vishwa Naths gelehrter Vorfahr erwähnt: »Munshi Thakur Das aus Delhi«.

Tatsächlich erwarb Thakur Das rund dreißig Jahre später das Copyright für das Wörterbuch von Dr. Fallon. Er wollte das Buch neu herausbringen. Das war einer der Gründe, warum er die Druckerpresse kaufte – im Jahr 1911, dem Krönungsjahr von Georg V., König von Großbritannien und Kaiser von Indien, wie Vishwa Nath anmerkte: dem gleichen Jahr, in dem die Hauptstadt des britischen Indiens von Kalkutta nach Delhi verlegt und Neu-Delhi als Regierungssitz gegründet wurde. Aber Thakur Das gab das Wörterbuch nicht neu heraus. Er starb, kaum dass er die Druckerpresse gekauft hatte. Vishwa Naths Großvater musste sich dann darum kümmern, die Druckerei einzurichten und kommerziell in Gang zu bringen. Das Wörterbuch neu herauszubringen wäre eine extrem mühsame Arbeit gewesen, die sich nicht bezahlt gemacht hätte. »Jeder einzelne Buchstabe hätte – in Hindi, Urdu und Englisch – von Hand gesetzt werden müssen«, sagte Vishwa Nath. »Also machte die Druckerei andere Arbeiten, um finanziell über die Runden zu kommen.« Das Wörterbuch wurde beiseite gelegt und überlebte in der Familie nur in Gestalt des einen Exemplars, das in Vishwa Naths Büro hinter Glas stand.

»Mittlerweile ist das Copyright erloschen«, sagte Vishwa Nath, »und es heißt, jemand habe es im Offsetdruck als Reprint herausgebracht.«

Vishwa Naths Großvater starb während der Grippeepidemie des Jahres 1917. Damals übernahmen sein Vater und sein Großonkel die Druckerei. Sie waren eine orthodoxe hinduistische Familie. »Eine Großfamilie, die zusammen lebte und zusammen arbeitete.« Aber es kam zu einem Zerwürfnis. »Die Familie spaltete sich. 1939 war die Druckerei fast am Ende. Ich wollte in der Druckerei arbeiten, aber ich sah, dass sie miteinander im Streit lagen. Deshalb klinkte ich mich aus und machte eine Ausbildung als Wirtschaftsprüfer. Praktiziert habe ich allerdings nie. Ich gründete auf eigene Faust, ohne die restliche Familie, eine neue Druckerei. Ich war zweiundzwanzig.«

Ich wollte wissen, wie man in Delhi damals lebte.

»Unbeschwert, Vorkriegszeit. Sechs Monate lang lag die Stadt im Schlummer. Die indische Regierung zog von April bis September nach Simla – der Sommerexodus. Neu-Delhi lag so gut wie verlassen. Man ließ sich Zeit, schlief am Tag, machte sich keinen Stress.«

Die Politik? Gandhi?

»1930 fing ich an, mich zu interessieren.« Er war damals vierzehn. »Ich wollte unbedingt ins Gefängnis, war aber minderjährig. Sie verhafteten mich nicht. Das war in der Zeit des Salzmarsches. Gandhi war bekannt für seine Gags. Ich nenne es Gags. Der Salzmarsch war ein Gag, aber er war nötig. Wir hatten keine Waffen. Er ging hinaus in die Dörfer und mobilisierte die Massen. Der Salzmarsch elektrisierte das ganze Land. Ich erinnere mich an den Tag, an dem Gandhi auf seinem Marsch nach Dandi das Meer erreichte; wir in unserer Straße in Delhi kochten aus dem Brackwasser eines Brunnens Salz und sagten: ›Wir haben die Salzgesetze gebrochen.‹ Seit diesem Tag, an dem wir Salz machten, trage ich das *khadi*, das grobe Streichgarn. Und ich trage es bis heute.

Zur Zeit des Salzmarsches veranstalteten wir täglich Prozessionen. Zum ersten Mal kamen die Frauen aus ihren Häusern, kamen sie in Delhi und in ganz Nordindien aus der *purdah*. Einige unserer Verwandten legten es geradezu darauf an, verhaftet zu werden. Mein Onkel kam für sechs Monate ins Gefängnis; später wurde er Minister in der Regierung Nehrus.«

Damals – »Das ganze Land befand sich in Gärung« – geschah es auch, dass ihm erstmals die Idee kam, einen Verlag aufzumachen. Er las gern; er gab sein ganzes Taschengeld für Bücher und Zeitschriften aus.

»Ich ging früher gern in die Druckerei und setzte von Hand Schrifttypen – nur zum Vergnügen. Mein Vater liebte das Drucken, und ich tat das auch. Als ich in der achten Klasse war, mit elf Jahren, hatte ich schon beschlossen, Zeitschriften herauszubringen.«

Mir kam es so vor, als spräche er für mich. Im kolonialen Trinidad – ich war etwa im gleichen Alter – hatte ich, hauptsächlich durch meinen Vater, einen Journalisten, eine Neigung zum Buchdruck entwickelt, zu den Formen der Buchstaben, der Vielfalt der Schrifttypen; es erfüllte mich mit Staunen, wie die Wörter sich veränderten, wenn die Handschrift sich in Druckschrift verwandelte. Dass mich das so faszinierte, war der Grund, warum ich beschloss, Schriftsteller zu werden, wobei ich vielleicht noch weniger eine Vorstellung davon hatte, worüber ich schreiben würde, als Vishwa Nath im gärenden Indien der dreißiger Jahre von den Zeitschriften, die er herausbringen wollte.

Wir unterhielten uns eine Weile über das Drucken. Ich wollte etwas über die Hindi-Schrifttypen erfahren, die ich sehr mochte. Sie wirkten kräftig und elegant und logisch, während sie gleichzeitig dem handgeschriebenen Manuskript treu blieben. Ich fragte Vishwa Nath, ob er wisse, wer die ersten Hindi-Schrifttypen entworfen hatte. Ich war mir sicher, dass der Verantwortliche aus Indien stammen müsse. Wie es schien, war ich im Irrtum.

»Aus Indien wurden Zeichnungen nach England geschickt. Die Dewanagari-Schrift« – die vom Sanskrit abgeleitete Hindi-Schrift – »wurde dort geschnitten. Alle Schrifttypen, die wir benutzten – für Fallons *Dictionary*, für überhaupt alles –, wurden aus England importiert. Wir importierten die Dewanagari-Schrift aus England bis in die zwanziger Jahre, als in Indien Typengießereien entstanden. Auch das Papier, auf das wir druckten, wurde importiert. Die Maschinen wurden importiert. Die Druckfarbe wurde importiert. Erst als Gandhi die *swadeshi*-Bewegung ins Leben rief, die dafür eintrat, in Indien produzierte Waren zu kaufen, begann das Bestreben, Dinge in Indien herzustellen.«

Etwas freilich müsse man dem Imperialismus zugute halten. »Tatsächlich schulden wir eine Menge jenen britischen Beamten und Männern und Gelehrten, die tief in unsere Literatur eindrangen, um die Texte zu übersetzen, die die Brahmanen ihrem exklusiven Zirkel vorbehalten wissen wollten.« Die Sache mit den Brahmanen konnte Vishwa Nath nicht verwinden; sie quälte ihn nach wie vor, war ihm ein ständiger Stachel. Aber gleichzeitig erfüllte ihn die Begeisterung für seinen Beruf, und von der Hindi-Schrifttype sprach er mit der Begeisterung des Druckers.

»Die Sanskrit-Schrift ist im Grunde eine Schrift für die Hand. Sie hat Oberlängen, Unterlängen, Buchstaben, die nach rechts und nach links verlaufen, und es gibt viele Zusammenziehungen. Tatsächlich war es eine großartige Leistung, sie – das Schriftbild – in bewegliche Typen umzusetzen. Im Englischen haben wir sechsundzwanzig Buchstaben und zwei Setzkästen, Oberkasten und Unterkasten. In den Setzereien gab es genau zwei Kästen, einen mit den Großbuchstaben und einen mit den Kleinbuchstaben. Wenn man Hindi setzt, hat man vier Kästen.« Für die Ligaturen, die Halbbuchstaben, die Vokalzeichen. Er zeichnete einen Plan auf ein Blatt Papier und sagte: »Nein. Man braucht fünf bis sechs Setzkästen.«

Zwei Räume entfernt von seinem Büro – Räume, an deren leer geräumten Schreibtischen und auf deren vielen Stühlen jetzt, zu dieser abendlichen Stunde, niemand saß – bewahrte er die Schübe mit alten Schrifttypen auf. Er zog ein paar Schübe heraus und zeigte sie mir: Druckformen, die noch gesetzt wurden, die beweglichen Typen an den Kanten abgenutzt und blank. Von einer Galerie in diesem oberen Stockwerk blickte man hinab auf die Heidelberger Maschinen und die Stapel bedruckten Papiers im Erdgeschoss. Es roch nach Druckfarbe und warmem Papier.

Wie er da in seinem weißen Streichgarngewand energisch durch die leeren Räume schritt, erkannte man in ihm – auch ohne Angestellte, die durch ihre Ehrerbietung seinen Status unterstrichen – den Eigentümer, der wusste, wo sich alles befand, weil er es selber entsprechend eingerichtet hatte.

Als wir wieder in seinem großen Büro waren – dem Büro mit dem ausladenden Schreibtisch, dem mit braunem Samt gepolsterten Drehstuhl, dem bis zur Decke reichenden Bücherschrank mit den Glastüren, den Büchern auf den Regalen, den Archivexemplaren seiner Zeitschriften, der schwarzen Schiwa-Statue auf dem Schrank, einer alten Ausgabe der amerikanischen Zeitschrift *Cosmopolitan*: all den vielfältigen Manifestationen seiner Persönlichkeit –, kam er auf die Geschichte zu sprechen und auf seinen obsessiven Antibrahmanismus.

»Als ich jung war, befand sich die Freiheitsbewegung auf ihrem Gipfelpunkt. Wir hatten jahrhundertelang versklavt gelebt, und als die Unabhängigkeitsbewegung anfing, brauchten wir irgendetwas, das uns Kraft gab – die Gewissheit, dass wir nicht so schlecht waren, wie die Briten uns glauben machen wollten. Um unserer Selbstachtung willen bildeten wir uns etwas darauf ein, dass wir eine uralte Kultur waren – und das ist ja auch nicht ganz falsch. Aber diese uralte Kultur hatte auch ihre Schattenseiten, und die waren es, die uns so lange Zeit in Sklaverei hielten.

Als ich 1939 meine eigene Druckerei gründete – und bald danach mit der Herausgabe eigener Zeitschriften begann –, fing ich an, unsere alten heiligen Schriften zu lesen. Ich wollte mir selbst ein Bild davon machen, wie bedeutend oder großartig unsere Kultur war. Und als ich mir diese alten Schriften ansah, stellte ich fest, dass uns etwas Lebenswichtiges fehlte. Je mehr ich mich in diese religiösen Schriften vertiefte, umso mehr machte ich einen Sinneswandel durch – und dann fing diese Sache an.« Die Sache: die reformistische Orientierung seiner Zeitschriften.

»Die hinduistische Religion ist ein Konglomerat aus Glaubensvorstellungen, fünfhundert Religionen oder Glaubensrichtungen. Von Anfang an hat es bei uns reformistische Bewegungen gegeben. Von Beginn unserer Kultur an hat es Reformbewegungen gegeben, die sich gegen die Orthodoxie richteten. Was dabei passiert, ist, dass jede Reformbewegung zu einer Sekte verkommt – die Lingayats, die Arya-Samaj, sie allesamt. Buddha rebellierte. Mahavira, der Gründer des Dschainismus, rebellierte. Guru Nanak, der Gründer des Sikhismus, rebellierte. Die Liste ist lang. Sie rebellierten und verkamen zu Sekten und wurden so orthodox wie die vorherigen Orthodoxen. Also legte ich keine safrangelben Gewänder an und begann nicht, herumzureisen und diese Versammlungen zu besuchen oder öffentliche Predigten zu halten. Ich brachte meine Zeitschriften heraus.«

Seine erste Zeitschrift, die auf Englisch herauskam und den Namen *Caravan* erhielt, erschien erstmals 1941. Im Jahr 1945 folgte auf Hindi die Frauenzeitschrift *Sarita*. Beide Zeitschriften hatten eine Auflage von etwa fünfzehntausend.

»Für die damalige Zeit eine Auflagenhöhe, die sich sehen lassen konnte. Als ich einen Artikel herausbrachte, der forderte, streunende Kühe zu beseitigen, gab es einen Riesenaufruhr. Sie demonstrierten. Die ganze Stadt hing voller Plakate. Das war 1950 oder so.«

Aber *Woman's Era* habe nicht viel Rebellisches an sich, meinte ich. Leute hielten die Zeitschrift sogar für konservativ.

»Rebellion findet sich in *Woman's Era* nicht«, sagte er. »Sie findet sich in *Sarita*, unserer Hindi-Zeitschrift, von der wir dreimal so viel verkaufen wie von *Woman's Era*. *Woman's Era* ist mehr fürs Soziale zuständig. Sie ist lehrreich. Sie lehrt die Frauen die einfachen Dinge, die sich niemand die Mühe macht, ihnen beizubringen.«

Er hatte eine andere Vorstellung von »sozial« als Nandini. Sie hatte gemeint, die Zeitschrift beschäftige sich eher mit persönlichen Lebensverhältnissen als mit sozialen Problemen. Ihr unterschiedliches Verständnis des Begriffs entsprang unterschiedlichen Weltsichten, unterschiedlichen Voraussetzungen und Bildungsniveaus. Und Vishwa Nath hatte seine eigene Vorstellung von Rebellion.

»In *Sarita* ziehen wir richtig vom Leder und wettern gegen Götter und Göttinnen, ja, gegen Gott selbst. Letzten Monat hatten wir in *Woman's Era* einen Artikel mit dem Titel ›Prediger nähren Egoismus und Heuchelei‹.«

Er nahm ein Archivexemplar aus dem Bücherschrank und zeigte mir den Artikel. Ich fand, dass dieses schwere Geschütz von Überschrift typisch für *Woman's Era* war. Aber sie traf durchaus den Inhalt des Artikels, der über die Gebetsformen jeglicher Glaubensrichtungen herfiel. Vishwa Naths Wut auf die indische Geschichte zog sich durch den ganzen Text. Menschen, die sich Gott unterwarfen, wurde dort erklärt, seien auch imstande, sich einem despotischen Herrscher zu unterwerfen. Dieses Moment von historischer Betrachtung, diese Erwähnung despotischer Herrschaft ließ das zeitgenössische Szenarium quasi verschwinden und verlieh dem Artikel einen Hauch von Altertümlichkeit. Aller Leidenschaftlichkeit und Forschheit zum Trotz und ungeachtet der modernen Fotos, vermittelte der Artikel den Eindruck einer merkwürdigen Harmlosigkeit, einer Kritik, die nicht so sehr der Religion galt, sondern den törichten Menschen, die versuchten, Gott vertraglich zu binden.

War er ein religiöser Mensch? Nur ein religiöser Mensch, fand ich, konnte derart besessen sein von der Religion. Nur jemand mit echten Neigungen zum Hinduismus konnte so viel Zeit darauf verwenden, schwierige, spekulative hinduistische Texte zu studieren. Mir fiel Chidananda Das Gupta ein, der, obwohl nicht gottgläubig, in seinem Beinahe-Ruhestand in Shantiniketan eine »neuerliche Neigung« verspürt hatte, die *Upanischaden* zu lesen und der – ein paar Jahre jünger als Vishwa Nath – in ihnen die höchste Stufe der Spiritualität und eine lohnende Lektüre gefunden hatte.

»Ich bin ganz und gar kein religiöser Mensch«, sagte Vishwa Nath. Die *Upanischaden*? »Ein Spiel mit Worten. Die *Upanischaden* sind nichts als Wortgeklingel. *Atman*, Brahma – die ganze Übung besteht darin, nachzuweisen, dass *atman* ein Teil von Brahma und Brahma *atman* ist. Manche sagen ja, manche nein, manche reden von halbe-halbe. Die hinduistischen Philosophen verbringen ihr ganzes Leben mit Haarspaltereien.«

Der tanzende Schiwa stehe als Kunstwerk in seinem Büro, nicht als ein lebendiges Götterbild.

»Ich halte die Religion für den größten Fluch der Menschheit. Sie hat mehr Menschen getötet, mehr Eigentum zerstört als irgendetwas sonst. Sogar noch heute – Nordirland, der Nahe Osten. Hindus, Muslime, Sikhs, die sich alle in Indien gegenseitig bekriegen. Das älteste Gewerbe der Welt ist nicht die Prostitution, sondern das Priestertum.«

Und doch ging mit all der Bilderstürmerei Vishwa Naths etwas einher, das wie das genaue Gegenteil wirkte: das Bemühen um die Familie. In Indien war dieses Bemühen gleichbedeutend mit dem Wunsch, die alte Gesellschaftsordnung zu bewahren, und vielleicht entsprang es demselben persönlichen Bedürfnis wie die Bilderstürmerei. Dieser scheinbare Widerspruch war für *Woman's Era* elementar.

»Mit der Familie steht und fällt die Kultur«, sagte Vishwa Nath. »Mir geht es darum, deutlich zu machen, dass die Familie nicht zerstört werden darf, sondern gestärkt werden muss. Die Frauenbewegung ist zu einem großen Teil verantwortlich für die Auflösung der Familie.«

Er sah sich als einen Mann, den nicht nur Gandhi und die Unabhängigkeitsbewegung, sondern auch seine familiäre Vergangenheit geformt hatten. Vielleicht war es so, dass ihm die Vergangenheit seiner Familie, die Familiengeschichten von der Belagerung und Plünderung Delhis zur Zeit des Indischen Aufstands, die indische Geschichte, mit der er sich beschäftigt hatte, die Eroberungen und Gräueltaten, die ihm Tränen in die Augen trieben, die Brandschatzung und Zerstörung der großen hinduistischen Tempel Nordindiens durch die muslimischen Eroberer – dass ihm dies alles eine Angst vor dem Chaos eingepflanzt hatte, von der jüngere Menschen – für die er nichts weiter als ein Konservativer war – nichts wussten.

Der Kampf für die Unverletzlichkeit der Familie sei eines seiner Anliegen bei der Gründung von *Woman's Era* gewesen – schon der Name sei ein Schlachtruf gegen *Woman's Lib*, die Frauenbewegung. Es sei wichtig gewesen, solch eine Zeitschrift in englischer Sprache herauszubringen.

»Ich musste Frauen erreichen, die kein Hindi lesen. Die Leute, die Englisch lesen, Englisch sprechen – sie sind es, die in diesem Land das Sagen haben. Diese ganze feministische Frauenbewegung wird von Personen geführt, deren Sprache Englisch ist. In Hindi oder anderen indischen Sprachen spielt sie keine so große Rolle.«

Zu *Woman's Era* hatte Nandini erklärt: »Die Macher wissen, was sie tun.« Mit dieser Äußerung hatte sie darauf angespielt, dass auf dem umkämpften Zeitschriftenmarkt Indiens die Herausgeber irgendeine Form von »Marktforschung« betrieben hatten, wie das angeblich die Leute von *Savvy* getan hatten, bevor sie das neue Blatt herausbrachten. Doch Vishwa Nath ließ sich meinem Gefühl nach vom Instinkt leiten; dieses Erfolgsrezept hätte auch noch so viel Marktforschung nicht zutage fördern können.

Das Erfolgsrezept von *Woman's Era* ließ sich nicht kopieren, weil sich die Persönlichkeit des Herausgebers mit ihren vielen Widersprüchen nicht kopieren ließ – mit den Tränen, die wegen der Vergangenheit vergossen wurden, mit ihrer Bilderstürmerei, der Angst vor dem wiederkehrenden Chaos, dem ausgeprägten Nationalismus, dem groben Streichgarn, der überwältigenden Liebe zum Buchdruck, die von einem Vorfahr stammte, der weniger als zwanzig Jahre nach dem Indischen Aufstand an Dr. Fallons *Dictionary* mitgearbeitet hatte und dem alltäglichen Indien, das er kannte, mit einer neuen Art von Wissenschaft begegnet war.

Anfangs, zur Zeit der Unabhängigkeit, waren Frauenzeitschriften (wie Nandini bemerkt hatte) eine geborgte Idee, mit der man eine kleine Gruppe aus der Oberschicht ansprach. *Woman's Era* hingegen war das Sprachrohr einer rein indischen und deutlich niedriger angesiedelten Gesellschaftsschicht und bot Frauen, die gerade erst aus der Tiefe auftauchten, Frauen, deren Leben ein Geflecht aus Ritualen und tradierten Beziehungen war und die weder rebellieren noch träumen wollten – bot diesen Frauen Unterweisung und Bestätigung und eine subtile Umgestaltung der wirklichen Welt.

Das Erfolgsrezept ließ sich nicht kopieren oder übertragen. Vishwa Nath selbst hatte versucht, die Formel von *Woman's Era* für eine allgemeine Zeitschrift namens *Alive* zu übernehmen. *Alive* hatte keine Leserschaft gefunden. Was in der Welt der eingeschlossenen Frau sinnvoll erschien, wirkte in der für die breite Öffentlichkeit bestimmten Zeitschrift schrullig und belanglos.

ACHT

Der Schatten des Gurus

EIN GESCHICHTSBEWUSSTSEIN auszubilden bedeutete, nicht länger instinktgeleitet zu leben. Es bedeutete, dass man sich und seine Gruppe mit den Augen der Welt draußen sah, und es bedeutete, dass man mit gewissen Empfindungen der Wut Bekanntschaft machte. Indien war mittlerweile voll von dieser Wut. Jedermann wurde sich seiner Existenz bewusst, aber die Existenz war erst einmal die der eigenen Gruppe oder Gemeinschaft; jede Gruppe hielt sich für einzigartig in ihrer Bewusstwerdung. Und jede Gruppe war bemüht, die eigene Wut von der Wut der anderen Gruppen zu unterscheiden.

Täglich brachten die Zeitungen lapidare offizielle Berichte über Vorgänge im Pandschab: soundso viele von Sikh-Terroristen ermordet, soundso viele Personen verhaftet, weil sie Terroristen Unterschlupf gewährt hatten, soundso viele Terroristen von der Polizei erschossen, soundso viele »Grenzverletzer« aus Pakistan getötet.

In den breiten Straßen und Verkehrskreiseln von Neu-Delhi wurde man an die Probleme im Norden erinnert. Nachts gab es Straßensperren. An bestimmten Stellen unter den Bäumen lagen mit Gewehren bewaffnete Polizisten hinter Sandsäcken. In manchen Gegenden begegnete man alle hundert Meter einem Polizisten. In der Stadt, die Vishwa Nath aus seiner Kindheit leer und verschlafen in Erinnerung hatte (die Bäume konnten damals noch kaum mehr als Schösslinge gewesen sein: das neue Delhi nur erst ein Traum), hatte der Terrorismus zur Schaffung dieses neuen, schlagkräftigen Polizeiapparats geführt.

Die britischen Streitkräfte, die der Zeitungskorrespondent William Howard Russell bei der Belagerung von Lucknow beobachtet hatte, bestanden in der Hauptsache aus Hochlandschotten und Sikhs. Weniger als zehn Jahre zuvor hatte die Sepoy-Armee der Briten die Sikhs geschlagen. Jetzt, während des Indischen Aufstands, kämpften die Sikhs auf der Seite der Briten – wobei ihr Leben noch der gleichen Unmittelbarkeit verhaftet war wie das der anderen Inder und sie noch immer nichts weiter als die alten inneren Fehden Indiens austrugen und kaum mehr als den Hauch einer Ahnung von dem fremden, imperialistischen System hatten, dem sie dienten.

Während des Sturms auf Lucknow trug sich etwas zu, was sogar beim hartgesottenen, kriegsbegeisterten Russell Übelkeit hervorrief. Einer der Paläste Lucknows – das »gelbe Haus« auf dem Rennplatz – wurde von Sikh-Soldaten angegriffen. Die Verteidiger wehrten sich tapfer; es gelang ihnen, einen der britischen Offiziere der Sikhs zu erschießen. Als klar war, dass die Verteidiger bis zum letzten Mann Widerstand leisten wollten, wurde Artillerie aufgefahren und das gelbe Haus in Grund und Boden geschossen. Die Verteidiger seien tapfere Männer gewesen, erklärte Russell; sie hätten es verdient gehabt, in Heldenliedern besungen zu werden. Aber in Lucknow sei ihnen keine Gnade widerfahren. Diejenigen, die das Bombardement überlebt hätten, seien auf der Stelle von den Sikhs mit dem Bajonett niedergemacht worden – alle, außer einem. Aus irgendeinem Grund habe man den Mann an den Füßen herausgezerrt, mit dem Bajonett ins Gesicht und in die Brust gestochen und ihn dann in ein Feuer gelegt. Der gequälte Mann habe sich, obwohl halb verbrannt, noch gewehrt; es sei ihm gelungen, auf die Füße zu kommen, und er habe zu fliehen versucht; aber die Sikhs hätten ihn mit den Bajonetten ins Feuer gedrückt, bis er tot war. In einer für ihn typischen Anmerkung berichtete Russell, er habe die verkohlten Knochen ein paar Tage später auf dem Boden liegen sehen.

Man erzählte Russell, die Sikhs hätten im Pandschab-Krieg alle ihre Gefangenen verstümmelt. Dass sie den Mann, der – möglicherweise – ihren Offizier getötet hatte, mit dem Bajonett erstachen und verbrannten, mochte also einfach nur ihr übliches Verfahren sein. Vielleicht war es der Barbarei des Landes zuzurechnen, oder es gehörte schlicht zur Barbarei des Krieges. Russell liebte den Krieg, aber Illusionen machte er sich keine über ihn. »Man mag den Krieg auf noch so ritterliche Weise führen«, schrieb er, »ein Hauch von Mord wird ihm stets anhaften.«

In der Grausamkeit, die die Sikhs bei der Schlacht um Lucknow an den Tag legten, kam vermutlich auch das Bedürfnis zum Ausdruck, mit den »Pandys« abzurechnen, die nicht einmal zehn Jahre vorher mitgeholfen hatten, sie zu unterwerfen. Auch das grundsätzliche Bedürfnis, es den Muslimen zu zeigen, mochte eine Rolle spielen. Und dass die Sikhs daran mitwirkten, die muslimische Macht in Lucknow und Delhi zu vernichten, hatte seine historische Logik, denn die Religion der Sikhs war der Not entsprungen, in die die muslimische Verfolgung die Hindus stürzte – im Jahr 1500, etwa um die Zeit, als Kolumbus seine letzte Fahrt in die Neue Welt unternahm.

In der hinduistischen Glaubensgemeinschaft hätten immer wieder Menschen gegen die brahmanische Orthodoxie aufbegehrt, sagte Vishwa Nath, und alle, die aufbegehrten, hätten Sekten mit wiederum eigenen Zwängen ins Leben gerufen. Buddha sei ein Rebell gewesen, desgleichen Guru Nanak, der erste Guru der Sikhs. Zweitausend Jahre lagen zwischen den beiden Rebellionen, und sie hatten unterschiedliche Ursachen. Buddhas Rebellion ging aus seinem Nachdenken über die Hinfälligkeit allen Fleisches hervor. Guru Nanaks Rebellion oder Abspaltung entsprang den Gräueln der muslimischen Eroberung – Gräueln, deren Ende damals unabsehbar schien.

Guru Nanak hatte die quietistische Erleuchtung, dass ein Mittelweg existierte, dass es nicht Hindu und nicht Muslim gab, sondern eine Verbindung beider Glaubensrichtungen möglich war. Doch der Islam besaß seine festen Glaubensartikel, seine festen, verbindlichen Vorschriften – und die ließen keinen Raum für Spekulationen und Kompromisse à la Nanak. Das vollständige islamische »Gesetz« ließ sich jederzeit wieder geltend machen, und hundert Jahre später, zur Zeit des fünften Gurus der Sikhs, begannen die Verfolgungen durch die Mogulherrscher und das damit einhergehende Martyrium. Noch einmal annähernd hundert Jahre danach, zur Zeit des zehnten und letzten Gurus, erhielt die Religion ihre endgültige Form und nahmen die Sikhs selbst ihr eigentümliches Aussehen an: ungeschnittenes Haar, Turban, eine bestimmte Art von Unterhose, sowie ein Armband aus Stahl und ein Dolch – diese ganz intimen Symbole erinnerten den Gläubigen täglich daran, was er war.

Mit dem Niedergang der Mogulherrschaft in der ersten Hälfte des achtzehnten Jahrhunderts nahmen die Sikhs an Macht und Anzahl zu. In der Zeit zwischen dem Zusammenbruch des Mogulreichs und der Ankunft der Briten entstand im verwüsteten Norden Indiens für kurze Zeit das Sikh-Reich Ranjit Singhs. Das war das Königreich, das die Briten 1849 mit »Pandys« Hilfe zerstörten. Mit der Niederlage ging allerdings keine große Demütigung einher; man könnte sogar sagen, dass die Niederlage den Sikhs förderlich war.

Vom Gipfelpunkt ihrer imperialen Macht blickten die Briten auf die Inder insgesamt mit durchgängiger Verachtung herab. Sogar 1858, während der Aufstand tobte, fiel Russell die Geringschätzigkeit auf, mit der die Briten den auf ihrer Seite kämpfenden Sikhs begegneten. Dennoch brachte ihre Eingliederung ins britische Empire den Sikhs unermessliche Vorteile. Sie erlebten ein Jahrhundert des Fortschritts. Ohne die Verbindung mit den Briten wäre die Geschichte Nordwestindiens – einmal vorausgesetzt, dass es dort keine weiteren regionalen oder religiösen Kriege gegeben hätte – vielleicht genauso verlaufen wie die des Iran vor der Ölförderung oder die Afghanistans: Arm, unter despotischen Herrschern, geistig verkümmert, wäre das Gebiet fünfzig oder sechzig oder mehr Jahre hinter der Entwicklung der übrigen Welt hinterhergehinkt.

Die Unabhängigkeit und die Spaltung Indiens im Jahr 1947 wirkte sich auf die Sikhs schädlich aus; Millionen von ihnen mussten Pakistan verlassen. Aber wie nach ihrer Niederlage durch die Briten erholten sich die Sikhs auch diesmal wieder rasch. In der expandierenden Wirtschaft eines sich industrialisierenden unabhängigen Indiens, in einem riesigen Land, in dem ihre Begabungen Entfaltungsraum fanden, gediehen die Sikhs gut; sie waren erfolgreicher als je zuvor. Unter den großen Volksgruppen Indiens schnitten sie am besten ab; auf allen Gebieten nahmen sie Spitzenpositionen ein. Und dann wurde Ende der siebziger Jahre ihre Politik, die von jeher zu Sektierertum, Stammesdenken und Streitsucht neigte, von einem Fundamentalismus befallen, den ein junger Sikh von schlichter dörflicher Herkunft predigte, der im Jahr der Spaltung in Indien zur Welt gekommen war. Damals begann jene Folge von Ereignissen, die zu dem täglichen Schwarm von Pressemeldungen über terroristische Anschläge und zu den bewaffneten Polizisten im Kampfanzug führten, von denen die grünen Straßen Neu-Delhis bevölkert waren.

Seit hundertfünfzig Jahren oder länger kennt das hinduistische Indien – in Reaktion auf das neue Wissen, das mit den Briten ins Land gelangt war – Reformbewegungen. Seit hundertfünfzig Jahren hat es hier eine Abfolge von Führungspersönlichkeiten, Lehrern und weisen Männern gegeben, wie sie kein anderes Land in Asien aufzuweisen hat. Sie ist Bestandteil des Prozesses einer allmählichen Anpassung Indiens an die Welt draußen, und auf sie geht die geistige Lebendigkeit des Landes zum Ende des zwanzigsten Jahrhunderts zurück: eine freie Presse, eine Verfassung, Rechtsbewusstsein und die Achtung von Institutionen, Vorstellungen von Moral, rechtem Verhalten und intellektueller Verantwortung, die unabhängig sind von den Forderungen der Religion. Bei einer so kleinen Gruppe wie den Sikhs, der ihre Kleidung und ihre Aufmachung als Unterscheidungsmerkmal so wichtig ist, ist ein solches innerliches, geistiges Leben nicht möglich; selbst die Idee eines solchen Lebens ist undenkbar. Die Religion hatte mit dem zehnten Guru ihre Vollendung erreicht, und er hatte die Reihe von Gurus für abgeschlossen erklärt. Solch eine Religion ließ sich nicht reformieren; Reformen würden sie zerstören. Ein neuer Lehrer konnte ihre gegebenen Gesetze bestätigen und sich darum bemühen, den alten Glaubenseifer neu zu entzünden. So kam es, dass die fortschrittlichste Gruppe Indiens von einem Dorflehrer in eine schlichtere Vergangenheit zurückkommandiert werden konnte.

Der Prediger hieß nach dem Namen seines Dorfes Bhindranwale. Sein Vorname war Jarnail; dabei handelte es sich angeblich um die Verballhornung des englischen Wortes »general«. Als er erstmals in Erscheinung trat, fand er die Unterstützung der Politiker der Kongresspartei in Neu-Delhi, die mit seiner Hilfe ihre Konkurrenten im Bundesstaat auszustechen hofften. Das brachte ihn offenbar auf den Geschmack, was politische Macht betraf. Das Wort, das Bewunderer und Kritiker von nun an am häufigsten für Bhindranwale gebrauchten, lautete »Ungeheuer«. Der heilige Mann wurde zum Ungeheuer. Er zog in den – de facto von ihm besetzten – Goldenen Tempel von Amritsar, das Heiligtum der Sikhs, das der fünfte Guru errichtet hatte (der in etwa ein Zeitgenosse Shakespeares war). Er befestigte den Tempel und machte sich dessen Unantastbarkeit als heiligem Ort zunutze; mit einer mittelalterlich anmutenden Vorstellung von den Dimensionen der Affäre (vielleicht sah er das Ganze als eine Art dörfliche Sippenfehde) erklärte er dem Staat den Krieg. Im Dienste Bhindranwales und des Glaubens zogen nun Männer aus mit dem heiligen Auftrag, Hindus zu töten. Sie hielten Busse an und brachten die Insassen um. Sie rasten auf Motorrollern durch die Straßen und mähten vom Soziussitz aus Leute nieder. Das Entsetzen und der Kummer, die das hervorrief, musste die Terroristen in ihrem Machtgefühl bestärken, musste sie in der halluzinatorischen Überzeugung bestärken, dass zu handeln ihr alleiniges Privileg war und dass – wie im Märchen – alle anderen unter einem Bann standen, der sie zur Passivität verurteilte.

Schließlich stürmte die Armee den Tempel. Sie fand ihn besser befestigt als gedacht. Die Operation dauerte eine Nacht und einen Tag, und unter Soldaten, Verteidigern und Pilgern gab es zahlreiche Opfer. Hindus ebenso wie Sikhs trauerten um die Entweihung des heiligen Orts; auch Hindus beteten dort. Die Polizeiführung sollte später zeigen, dass es eine andere, weniger blutige Methode gegeben hätte, den Tempel abzuriegeln. Damals aber schien die Operation der Armee, so gewalttätig sie war, angesichts der neuartigen Situation – eines mörderischen Feldzugs, der unter dem Schutz einer heiligen Stätte organisiert wurde – der einzig gangbare Weg zu sein.

Der Schaden war angerichtet. Schritt für Schritt entfaltete sich nun die Tragödie. Zur Rache für das Sakrileg wurde Mrs Gandhi von einigen ihrer den Sikhs zugehörigen Leibwächter ermordet. Und abermals wirkt es so, als hätten diejenigen, die den Mord planten, sich nicht hinlänglich klar gemacht, dass ihre Tat Folgen habe musste, dass sie durch ihr Tun ihre Gemeinschaft in Gefahr brachten: Sikhs lebten über das ganze Land verstreut. Nach dem Mord kam es zu Unruhen. Die schrecklichsten ereigneten sich in Delhi, wo Hunderte umkamen. Nach dem großen Feuer des Jahres 1984 blieben die terroristischen Ereignisse im Pandschab, an der Grenze zu Pakistan, als seine Glut.

Den meisten Menschen erschienen die Vorgänge im Pandschab als schiere Tragödie und nur schwer verständlich. Von außen gesehen schienen die Sikhs diese Tragödie selbst verschuldet, schienen sie ihren großen Erfolg im unabhängigen Indien nicht verkraftet und der Welt übel genommen zu haben. Es war, als leide die Gemeinschaft unter irgendeiner geistigen oder emotionalen Fehlentwicklung, als sei ihr im Zuge ihres kontinuierlichen, ein Jahrhundert lang währenden Aufstiegs die Balance zwischen ihren materiellen Errungenschaften und ihrem Innenleben abhanden gekommen, dergestalt, dass ihre Mitglieder zwar einerseits unternehmungslustig und fortschrittlich waren, andererseits aber nicht von ihrer Stammesexistenz und ihrer ländlichen Herkunft loskamen.

***

Unterwegs nach Chandigarh ging ein Reifen meines Mietautos kaputt. Er hatte nicht einfach nur ein Loch. Der mehrfach abgefahrene und runderneuerte Reifen war entlang der Reifenwand im Halbbogen aufgerissen. Chandigarh lag noch drei Autostunden entfernt, und die anderen Reifen sahen nicht sehr vertrauenerweckend aus. Einfach weiterzufahren kam nicht in Frage; der kaputte Reifen musste geflickt werden, ehe wir die Fahrt fortsetzen konnten. Hilfe war allerdings nicht fern. Es gab eine Werkstatt für Lastwagen ein kurzes Stück die Straße entlang – wir konnten sie von unserer Stelle aus sehen –, und nachdem der Reifen gewechselt war, fuhren wir dorthin.

Die Werkstatt war ein staubiger Hof mit Backsteinschuppen auf drei Seiten. Einige der Schuppen hatten Mauern, einige waren offen. Reklametafeln für Apollo-Reifen, die an eine der Mauern genagelt waren, verliehen dem Ort eine beruhigende Atmosphäre von technischer Kompetenz. Hinter dem Hof und an den Seiten erstreckten sich reife Weizenfelder; entlang einer der Seiten verlief ein Graben mit stehendem, schwärzlichem Wasser. Lastwagenfahrer mit und ohne Turban saßen auf Gurtbetten in den offenen Schuppen über dem Staub und tranken Tee. Der Tee wurde in einer offenen Küche hinten im Hof bereitet (viel blauer Rauch über geschwärzten Herdstellen aus Lehm) und von zwei Jungen serviert, die lange Hosen und äußerst schmutzige (und vielleicht mittlerweile gar nicht mehr sauber zu kriegende) langschößige indische Hemden trugen.

Während der Fahrer meines Mietwagens das Rad mit dem aufgerissenen Reifen in der Mache hatte, donnerte und brauste der Verkehr vorbei; die braunen Gase aus den röhrenden Auspuffen vermengten sich mit den Staubwolken der Straße. Im Innern des aufgerissenen Reifens sah ich zu meiner Überraschung einen Schlauch. So etwas hatte ich seit Jahren nicht mehr gesehen. Über diesem Schlauch hockte dann der Fahrer, ein Sikh ohne Turban, zusammen mit dem Mechaniker, und nachdem sie den Schlauch aufgepumpt hatten, ließen sie ihn durch eine mit Wasser gefüllte rote Plastikschüssel gleiten. (Auf einer Ablage außerhalb des Kochschuppens gab es noch eine weitere rote Plastikschüssel, in der Glasbecher und Tassen aus Steingut einweichten.) Das Loch im Schlauch wurde gefunden, die Stelle trockengerieben und aufgeraut, ein bisschen Gummilösung aufgebracht und ein Flicken darauf gepresst. Der Vorgang versetzte mich zurück in meine Kindheit; er erinnerte mich daran, wie wir als Kinder Fahrradreifen geflickt hatten; ich hatte nicht erwartet, dass ich so etwas in meinem Leben noch einmal zu sehen bekommen würde.

Der Fahrer und der Mechaniker stiegen von der ölverschmierten Ziegelplattform, auf der sie an dem Schlauch gearbeitet hatten, herunter und wählten aus einem kleinen Sortiment einen Reifen aus, der so abgenutzt war, dass man ihn schließlich ausgemustert hatte. Aus diesem Reifen schnitten sie zwei Manschetten heraus, eine aus dem dünneren Teil des Reifens, die andere aus dem dickeren. Diese Manschetten wurden dann in den Reifen gelegt, dort, wo er gerissen war. Der geflickte Schlauch, rosa, luftleer und schlaff, wurde ebenfalls eingelegt, und dann klopften und hämmerten der Fahrer und der Mechaniker das Ganze irgendwie zusammen, pumpten den Reifen auf und ließen ihn ein paar Mal fachmännisch auf dem ölgeschwärzten Boden aufspringen. Schließlich brachte Bhupinder, der Fahrer, den die Panne eher erfüllt als geärgert zu haben schien, das Auto auf Kurs nach Chandigarh, und wir fuhren ohne weiteren Aufenthalt dorthin.

Es herrschte jede Art von Verkehr: Busse, hochbeladene Lastwagen, voll gestopfte dreirädrige Taxibusse mit jeweils ungefähr zwanzig Passagieren (ich habe sie gezählt), Maultierkarren, Traktoren mit Anhängern, die manchmal sehr breite Ladungen Stroh transportierten, das in Sackleinen verpackt war, oder quer liegende Baumstämme, die weit mehr von der Straßenbreite einnahmen, als man aus der Ferne vermutet hätte. Obergrenzen für die Ladungen schien es nicht zu geben. Bei allem, was aus Metall war, ging man offenbar davon aus, dass es tragen konnte, was immer man ihm auflud. Auf vielen Fahrrädern saßen jeweils drei Personen: der Fahrer selbst, jemand auf der Querstange, und ein Dritter, der im Damensitz auf dem Gepäckträger saß. Auf einem Motorroller hatte eine fünfköpfige Familie Platz: der Vater auf dem Hauptsitz mit einem Kind zwischen seinen Armen, ein weiteres Kind hinter ihm, das ihn umklammerte, die Mutter dahinter im Damensitz auf dem Gepäckträger, mit dem Baby im Arm.

Wie stets in Indien dieses Gefühl von Masse, von Fahrzeugen und Transportmitteln, die bis aufs Äußerste beansprucht wurden: Züge und Flugzeuge, die nicht häufig genug verkehren konnten, Straßen, die nie breit genug waren und zwei, drei, vier oder möglichst noch mehr Fahrspuren brauchten. Die überladenen Lastwagen fuhren oft so dicht hintereinander wie die Waggons eines Güterzuges; manchmal – offenbar abhängig von der Stimmung oder den ortsspezifischen Bedürfnissen der Fahrer – fuhren Autos und Karren auch auf der Gegenfahrbahn. Die ganze Zeit über wurden die Hupen und Signalhörner der Motorroller, Autos und Lastwagen betätigt, nur selten im Zorn. Es hörte sich eher nach einem Festzug, etwa einer Hochzeitsprozession, an.

Als ich Chandigarh 1962 zum ersten Mal besuchte, war die Stadt funkelnagelneu. Man hatte sie als Hauptstadt des damaligen Bundesstaats Pandschab errichtet. 1962 war sie noch leer und machte den Eindruck eines Kunstprodukts. Touristen aus dem ganzen Pandschab tummelten sich in ihr und fuhren die hohen Betontürme rauf und runter, die Le Corbusier für das bundesstaatliche Parlament, das Oberste Gericht und die Verwaltung entworfen hatte. Mittlerweile war die Stadt fertig und voll. Die beiden Staaten, in die der Pandschab zerfallen war, zankten sich um sie.

Nach siebenundzwanzig Jahren in der Sonne, dem Monsun und den vom Himalaja geprägten Wintern des Pandschabs sahen die unverputzten Betontürme Le Corbusiers fleckig und krank aus und erschienen nun als ziemlich triste Bauten von ausgesuchtem Geltungsbedürfnis: größenwahnsinnige Architektur, die Menschen zu Einheiten degradiert, Individualität ausschließlich dem Architekten vorbehalten, der seine Vorstellungen von Farbe in einem aufgeblasenen, an Miró gemahnenden Wandgemälde an einem der Gebäude zur Schau stellte und sich selbst symbolisch in einer gigantischen Hand verewigt hatte, die in ein riesiges flaches Areal aus Betonpflaster eingebettet war, das im Winter, im Sommer und in der Monsunzeit die Hölle sein musste. Indien hatte einmal mehr einen Ausländer dazu eingeladen, sich selbst ein Denkmal zu errichten.

Mittlerweile wuchs zwischen den Pflasterplatten Gras. Bewaffnete Polizisten bewachten abends die Gebäude; Besucher wurden fortgescheucht. Die Einwohner von Chandigarh folgten einer natürlicheren indischen Neigung und promenierten nachmittags am Seeufer, weit weg von den schrecklichen öffentlichen Bauten. Die Stadt, um die gestritten wurde, hatte weder Zentrum noch Herz.

Die Luft freilich war sauber. Es herrschte noch Kühle; abends wurde es kalt. Der Hotelgarten war voller Blumen, und die großen geschorenen Rasenflächen, die täglich mit Hilfe eines dicken Schlauchs gesprengt wurden, leuchteten hellgrün.

Gurtej Singh war berühmt dafür, dass er als Sikh aus dem Indischen Verwaltungsdienst – der höchsten Abteilung des indischen Staatsdienstes – ausgeschieden war, weil er sich der Sache der Sikhs verpflichtet fühlte. Er wurde mir als jemand vorgestellt, der mir ein besseres Verständnis der Entfremdung der Sikhs vom Rest der Gesellschaft vermitteln könne. Einige Vormittage lang kam er, nachdem er seine sechzehnjährige Tochter in ihre Schule in Chandigarh gebracht hatte, ins Hotel, und wir unterhielten uns. Ich wusste damals nicht, dass er Bhindranwale gekannt hatte, dass er nach dem Armeeangriff auf den Goldenen Tempel im Juni 1984 vier Jahre lang im Untergrund gelebt hatte, dass man ihn staatsgefährdender Umtriebe angeklagt hatte und dass er offiziell nach wie vor nur auf Kaution in Freiheit war.

Er war einundvierzig, knapp über einen Meter achtzig groß, schlank und hatte düstere, eindringliche Augen. Er kleidete sich sorgfältig, trug fahle Farben. Sein Aussehen wie sein Auftreten verrieten Eleganz – von dem auftrumpfenden Sikh oder Pandschabi hatte er nichts an sich. Es fiel schwer, sich vorzustellen, dass er aus einer bäuerlichen Familie und einem dörflichen Milieu stammte und der Erste in seiner Familie war, der eine richtige Schulbildung genossen hatte.

Gleich als er das erste Mal kam, wollte er darüber reden, wie wichtig Wasser sei. Der Pandschab hänge vom Wasser seiner Flüsse ab und schätze es nicht, wenn er sein Wasser mit anderen Bundesstaaten teilen müsse. Seit 1947, erklärte er, seien mehr Menschen bei Streitigkeiten ums Wasser umgekommen als während der Unruhen im Zuge der Spaltung. »Die Wasserfrage ist das Kernproblem.«

Über Wasser konnte ich freilich auch mit vielen anderen Leuten reden. Zudem schien mir dies eine ziemliche Vereinfachung, etwas Unverfängliches für das erste Zusammentreffen. Um auf Fundamentalismus und Entfremdung zu sprechen zu kommen, hätten es auch andere Einstiege getan, aber ich war bei dieser ersten Begegnung mit Gurtej mehr daran interessiert zu erfahren, auf welche Weise er seine Vorstellungen von der Religion erhalten hatte.

Die frühesten Vorstellungen habe ihm sein Großvater vermittelt. Von seinem Großvater stamme auch, was für ihn »Vornehmheit« bedeute.

»Wir besitzen nicht viele Rituale. Mein Großvater hat mich die einfachste Form des Gebets gelehrt. Es ist ein schlichtes Gebet für das Wohlergehen der ganzen Welt. Es dauerte eine halbe Stunde bis fünfundvierzig Minuten. Jeden Morgen stand meine Großmutter auf, um den Haushalt zu besorgen – wozu auch das Buttern von Milch gehörte –, und während sie bei der Arbeit war, sagte sie ständig die Gebete auf. Sie war keine gebildete Person und kannte nur das, was sie gehört hatte, die einfachsten Reime aus den heiligen Schriften.

Sie stand um vier Uhr auf. Nachdem sie aufgestanden war, konnte ich nicht mehr einschlafen, und allmählich entwickelte ich Interesse an den Gebeten, die sie aufsagte. Mein Großvater betete auf förmlichere Weise. Er wusch sich morgens und saß dann mit dem heiligen Buch in den Händen da. Es gibt eine kleinere Ausgabe mit den täglichen Gebeten, und die trug er stets bei sich. Als Letztes kam die *ardas*, das Bittgebet, mit dem das Beten schloss.

Meine Eltern lebten in einem anderen Dorf. Dort gab es keine

Schule, und deshalb hatten sie mich zu meinen Großeltern in deren Dorf geschickt, wo sich gleich nebenan eine Schule befand. Diese Schule besuchte ich, bis ich nach Dehra Dun in ein Internat kam.«

Ich wollte mehr hören über die »Vornehmheit« des Großvaters.

Gurej dachte nach. Erinnerungen stiegen in ihm auf; seine eindringlichen Augen wurden sanft. »Er zog sich stets ordentlich an, trug saubere Kleider und einen weißen Turban. Er hatte immer seine Uhr dabei. Er war sehr zeitorientiert, im Unterschied zu allen anderen im Dorf. Er war ein fortschrittlicher Mann. Er schaffte sich als Erster im Dorf ein Radio an, kaufte als Erster einen Jeep. Und er führte ein Tagebuch. Er stand in Kontakt zu irgendeinem Heiligen, der ihn ein Heilmittel gegen Schlangenbisse gelehrt hatte. Das pflegte er jedes Jahr vor dem Beginn der Regenzeit andächtig zuzubereiten, um es dann in den benachbarten Dörfern zu verteilen. Sooft jemand von einer Schlange gebissen wurde, kamen die Leute zu ihm und baten um das Heilmittel.

Manchmal ritt ich mit ihm auf einem Kamel in die nächstgelegene Marktstadt. Wenn wir durch einen Ort kamen, wo die Dorfältesten zusammensaßen, forderte er mich auf, sie mit lauter Stimme zu grüßen. Und ich habe ihn nie jemanden anbrüllen hören. Wenn er über eine Person richtig schlecht dachte, sagte er ›*Dusht!*‹ – ›Böser Mensch!‹ –, und dann wussten wir, dass er zutiefst verärgert war.

Er gab mir und seinem Sohn – meinem Onkel – regelmäßig Taschengeld, weil er wollte, dass wir selbstständig und nicht von ihm abhängig waren. Jedem, der zu ihm kam, half er. Er war der Einzige, der eine Pferdekutsche besaß, und wenn jemand sie brauchte – für eine Hochzeit oder eine Fahrt ins Krankenhaus –, überließ er sie ihm. Er war allgemein geachtet und zählte zu den wohlhabenderen Bauern.«

Diesem geborgenen Leben sah sich Gurtej entrissen, als er ins Internat im fernen Dehra Dun kam.

»Ich fand mich in einer anderen Art von Kultur wieder, und mein Herz muss sich danach gesehnt haben, mit meinem Land, meiner Kultur, meinen Leuten Kontakt zu haben. Ich begann, die Gedichte von Sohan Singh Seetal zu lesen. Er ist ein Dichter und Schriftsteller. Er lebt bis heute in Ludhiana. Die Bücher, die ich damals las, waren Bände mit Balladen, die sich um die Geschichte der Sikhs in der Mogulzeit und in der Zeit der Briten drehten.

Ich erinnere mich noch an etliche Gedichte – die voll waren von den Leiden meines Volkes. In einem der Gedichte ging es um die allgemeinen Massaker, zu denen zwei oder drei Mogulstatthalter den generellen Befehl erteilt hatten – alle Sikhs waren Freiwild. Und die Mütter, denen die Kinder entrissen wurden, um in Stücke gehauen zu werden. Knaben, die man niedermetzelte. Frauen, die man einsperrte und folterte. Die Folterung der Gefährten des neunten Gurus – das war 1675. Sie wurden vor seinen Augen umgebracht. Einen verbrannte man. Das geschah in Delhi, in der *Chandni Chowk*. Ein anderer wurde bei lebendigem Leibe zersägt – in einen Holzkasten gesteckt und in zwei Teile zerlegt. Man sieht die Ohnmacht und Qual der Menschen damals. Sie hatten nichts Unrechtes getan. Sie dienten nur Gott, so gut sie es eben verstanden.«

Die Augen wurden ihm feucht. Es fiel ihm schwer, die körperlichen Qualen in all ihren Einzelheiten zu ertragen, in denen er sie doch zugleich schilderte. Diese fast mythologische Schilderung realen, historischen Leidens setzte er dann in Bezug zu den Problemen der Gegenwart.

»Bewusst oder unbewusst ist ein Sikh immer bemüht, zu verhindern, dass es noch einmal zu einer Situation wie dieser kommt.« Einer Situation religiöser Verfolgung. »Und das ist der Grund, warum ich diesen Kampf für Gerechtigkeit im Pandschab unterstützt habe. Ich habe mich eher emotional mit meinem Volk identifiziert – in den Tagen der Pandschabi Suba, von 1957 bis 1960.« Damals kämpften die Sikhs für einen Staat mit Pandschabi als Landessprache: Gurtej war 1957 zehn Jahre alt. »Die intellektuelle Begründung folgte erst später. Ich erinnere mich, dass die Hindus gegen die Pandschabi Suba agitierten, kaum dass sie sich gebildet hatte. Sie brannten in Karnal einen *gurdwara*« – einen Tempel der Sikhs – »nieder. Auch in Delhi überfielen sie einen *gurdwara*. Es kam zu Steinigungen. Und überall in den Städten des Pandschabs kam es zu einigem Aufruhr.«

So verknüpfte sich gegenwärtiges Leid mit vergangenem Leid. Die heroische Vergangenheit adelte die gegenwärtigen Prüfungen oder verlieh ihnen eine andere Qualität.

»Der fünfte Guru erlitt den Tod durch Verbrennen«, sagte Gurtej. Im Jahr 1606, auf Befehl des Herrschers Dschahangir, des Sohnes von Akbar. Der fünfte Guru, der Organisator des Glaubens und

Erbauer des Goldenen Tempels. »Das beste menschliche Wesen, das ich mir vorstellen kann, ist der Guru« – der Singular oder Kollektivname wird für alle zehn Gurus gebraucht –, »und ich glaube, dass sie ehrlich um das Wohl der ganzen Gemeinschaft bemüht waren. Warum ließ man sie derart leiden?«

»Haben Sie Ihren Großvater danach gefragt? Haben Sie mit ihm über dieses Problem des Leidens gesprochen?«

»Ich erinnere mich nicht, ihn gefragt zu haben. Ich glaube, es war 1965/66 mit Sardar Kapur Singh, dass ich das erste Mal über diese Dinge sprach.«

Dieser Mann, Kapur Singh, war wichtig für Gurtej. Er kam 1911 in einer bäuerlichen Familie zur Welt. Als ebenso begabte wie außergewöhnliche Persönlichkeit beschloss er seine Ausbildung in Cambridge und fand Aufnahme in den Indian Civil Service, den britischen Kolonialdienst, an dessen Stelle dann der Indische Verwaltungsdienst trat. Als 1947 die Unabhängigkeit kam, gab es jedoch irgendwelche Probleme mit Geldern, die für die Flüchtlingshilfe bestimmt waren, sowie mit einem Auto, das Kapur Singh einem in Indien lebenden Ausländer abgekauft hatte, und er wurde aus dem Verwaltungsdienst entlassen. Kapur Singh behauptete, zu Unrecht entlassen worden zu sein, und man kann sagen, dass er den Rest seines Lebens mit dem Kampf um seine Rehabilitation verbrachte, abgesehen davon, dass er sich in der Regionalpolitik der Sikhs engagierte, Gedichte schrieb und schwierige Bücher über die Religion der Sikhs verfasste. Das war der Mann, der Gurtejs Mentor wurde. Er öffnete Gurtej die Augen für die Situation der Sikhs in Indien.

Ich wollte wissen, ob Gurtej, bevor er 1965 Kapur Singh kennen lernte (er war damals achtzehn), schon einmal den Eindruck gehabt hatte, als Sikh diskriminiert zu werden. Er bejahte das; er erinnerte sich, dass er einmal wegen einer Eisenbahnfahrkarte angestanden hatte und der Schalterbeamte grob mit ihm umgesprungen war.

»Als Sie das erste Mal miteinander sprachen, was erzählte Kapur Singh Ihnen da über das Leiden?«

»Er erzählte mir, dass zwischen Gut und Böse ein ewiger Kampf herrsche und dass die Gurus durch ihr Leiden den Menschen die Notwendigkeit vor Augen geführt hätten, sich mit den guten Anliegen zu identifizieren. Er sagte immer, ein Mensch lasse sich an dem Engagement messen, das er aufbringe. Allein das zähle beim

Menschen. Sonst lebe der Mensch wie ein Tier. Und der einzige Weg zum Heil, sagte er, sei der Dienst an der Menschheit. Und Sardar Kapur Singhs Worte besaßen Überzeugungskraft, weil er so viel gelitten hatte und nicht verbittert war.«

Auf diese Weise hatte sich Gurtej einige Ideen der Sikh-Religion zu Eigen gemacht: eine bestimmte Vorstellung von den Gurus, eine bestimmte Idee vom Gott der Sikhs.

Über Guru Nanak, den ersten Guru, dem die Erleuchtung kam, dass sie weder Hindus noch Muslime seien, äußerte Gurtej: »Ich sehe ihn als einen Mann, der sich der Leiden seines Volkes bewusst und von dem dringenden Wunsch beseelt ist, die Situation zu ändern.« Er sah in Nanak nicht einfach nur einen weiteren Rebellen gegen den Hinduismus. »Er ist kein Reformer, kein Philosoph, kein Dichter – auch wenn er sich in Dichtung Ausdruck verschafft hat. Er ist ein Prophet Gottes.« Diese Vorstellung vom Propheten – eine muslimische, christliche, jüdische Vorstellung – teilten nicht alle Sikhs. Für Gurtej aber stand die Sache fest. »Im Bewusstsein der Sikhs gibt es da keinen Zweifel. Wir betrachten alle Gurus als *einen*.« Seiner Darstellung zufolge waren also die ersten zweihundert Jahre der Geschichte der Sikhs geprägt von einer Abfolge gottgesandter Propheten.

Warum dieser Akzent auf dem Leiden? Wie konnte ein Gläubiger Tag für Tag mit dem Gedanken ans Leiden leben?

»Mit dem Akzent auf dem Leiden verhält es sich folgendermaßen«, erklärte Gurtej. »Die Welt, in der wir leben, ist ein unglücklicher Ort, und es gilt, das Unglück aus der Welt zu schaffen. Dafür gibt es nur zwei Wege. Entweder man lässt andere leiden, oder man leidet selbst. Und ich meine, ein Mann Gottes muss selbst leiden, statt anderen Leid zuzufügen. Ich betrachte mich als einen Mann Gottes. Das habe ich immer getan und werde ich hoffentlich auch immer tun. Allein schon die Idee, Heil dadurch zu erlangen, dass man sich in den Dienst der Menschheit stellt, ist auf diesem Subkontinent etwas Ungewöhnliches. In den anderen Religionen liegt der Akzent auf dem Mönchstum, auf der Entsagung, auf der Erlösung der eigenen Person. In schwierigen Augenblicken meines Lebens hat sich mir gezeigt, dass ich mich gern so entscheide, wie der Guru sich entschieden hätte.«

Die Vorstellung der Sikhs vom Propheten gehe Hand in Hand

mit einer bestimmten Gottesvorstellung. »Für Sikhs ist er der Quell aller Tugenden, ein lebendiger Gott, der sich durch seine Propheten kundtut. Wenn Sie mich fragen, wer von allen Propheten dem Guru am nächsten kommt, dann würde ich sagen Mohammed. Unsere Vorstellung unterscheidet sich vom Islam nur in einer Hinsicht: Das vorherrschende Element in unserer Idee von der Gottheit ist Gerechtigkeit und Güte. Der islamische Gott erscheint mir ein wenig hart – wenn Sie sich ansehen, was für Strafen Mohammed selbst über Abtrünnige verhängte. Und wenn Sie sehen, wie sich im islamischen Staat die göttliche Macht zur Geltung bringt, dann steckt darin ein Moment von Grausamkeit, ein bisschen Unterdrückung. Wir betrachten Gott als Befreier. Ranjit Singh herrschte vierzig Jahre lang über das Königreich der Sikhs und verurteilte nie jemanden zum Tode. Das, glaube ich, ist der Geist des Sikhismus. Das ist unsere Idee von Gott als Güte.«

»Im Hinduismus gibt es solch eine Vorstellung von Gott nicht«, sagte ich.

»Im Hinduismus herrscht überall Gewalt. Sehen Sie sich die Devi mit der Kette aus Schädeln um den Hals an. Meiner Meinung nach ist der Hinduismus die gewalttätigste aller Religionen.«

Einige Jahre zuvor hatte ich in England eines Tages im Radio ein im Goldenen Tempel aufgenommenes Interview mit Bhindranwale gehört – der Fundamentalismus der Sikhs und ihre Verwandlung des Goldenen Tempels in eine Festung waren damals noch weit weg, und ich wusste kaum etwas von ihnen. Der Sikhismus, hatte Bhindranwale erklärt, sei eine Offenbarungsreligion; die Sikhs seien Schriftgläubige. Mir kam das damals wie ein Versuch vor, den Sikhismus dem Christentum gleichzustellen, ihn abzulösen von seinen spekulativen hinduistischen Aspekten, auch und sogar von seiner leitenden Idee der Erlösung als einer Vereinigung mit Gott und Befreiung von der Seelenwanderung. Ich hatte Bhindranwales Erklärung als Versuch gewertet, die tiefe intellektuelle Kluft, die ihn von seinem Interviewer trennte, zu überbrücken und diesem sein Anliegen näher zu bringen.

Also wollte ich jetzt von Gurtej Genaueres über seine Vorstellung vom Propheten erfahren.

»Wenn wir in der Darwinschen Evolutionsidee stecken bleiben«, sagte er, »und alles aus etwas anderem hervorgehen sehen, dann können wir nicht mehr das vollendete Produkt am Ursprung wahrnehmen. Und genau das tun die Propheten: Sie zeigen uns ein vollendetes Produkt.«

Seine Sprache und seine Metaphorik (»Darwinismus«, »Produkt«) ließen mich vermuten, dass er sich diese Vorstellungen erarbeitet und angeeignet hatte; meinem Gefühl nach hatte er diese Denkweise von seinem Mentor Kapur Singh übernommen.

Eine der Broschüren, die mir Gurtej gab, trug den Titel »Die Heimsuchungen eines Staatsbeamten aus den Reihen der Sikhs im säkularen Indien«. Es handelte sich um die englische Übersetzung eines Berichts, den Kapur Singh über seinen Kampf um Gerechtigkeit nach seiner Entlassung aus dem Indischen Verwaltungsdienst verfasst hatte, über die »staatliche Verfolgung«, die er »ohne Einkommen und ohne Beruf dreißig Jahre lang« habe erdulden müssen.

So, wie sie in der Broschüre dargeboten wurde, mangelte es der Geschichte an Zusammenhang und Nachvollziehbarkeit; außerdem war die Übersetzung schlecht, und in der primitiv gedruckten Broschüre wimmelte es von Druckfehlern. Aber offenbar hatte man ihn unter dem Vorwurf entlassen, staatliche Gelder veruntreut zu haben, die zur Zeit der Unabhängigkeit für Flüchtlinge aus Pakistan bestimmt waren. 1949 suspendierte man ihn vom Amt, und nach einer verwaltungsinternen Untersuchung des Falles durch die Obersten Richter des Pandschabs wurde er entlassen. Kapur Singh verteidigte sich damit, dass er das fragliche Geld an Flüchtlinge ausgeteilt, es aber unter den Bedingungen, die während der Spaltung herrschten, für »weder möglich noch sinnvoll« gehalten habe, von Flüchtlingen, deren Identität unbekannt war und die keine Adresse angeben konnten, Empfangsbestätigungen zu verlangen. Die Regierung selbst, sagte er, habe die Anweisung erteilt, beim Umgang mit den Flüchtlingen von »umständlichen Formalitäten« wie der Ausfertigung von Empfangsbestätigungen abzusehen.

Unter anderem machte er in der Broschüre geltend, die Anschuldigung der Veruntreuung sei nur deshalb gegen ihn erhoben worden, weil er 1947 gegen eine Anweisung protestiert habe, die an alle Regierungskommissare im Pandschab ergangen sei und der zufolge »die Sikhs allgemein ... als ein verbrecherischer Stamm behandelt werden müssen. Gegen sie muss mit aller Härte vorgegangen werden, Erschießungen einbegriffen, damit sie sich endlich den politischen Realitäten stellen«. Mr Nehru höchstpersönlich habe hinter der Anweisung gesteckt. (Auch hinter einer anderen Anweisung, von der Kapur Singh 1954 durch einen zu den Sikhs gehörenden Armeeoffizier erfuhr, habe Mr Nehru gesteckt; sie betonte die Notwendigkeit, die Sikhs in der Armee »ständig zu bedrohen, zu terrorisieren, zu beleidigen und zu unterjochen«.) Vergiftet worden sei Mr Nehrus Verhältnis zu Kapur Singh durch »zwanghaft böswillige und gewissenlose Hindus und Sikhs«, die Kapur Singhs sikhfreundliche Politik verzerrt dargestellt hätten. Infolgedessen hätten Mr Nehru und sein Innenminister »auf eine Gelegenheit gelauert, mich fertig zu machen«.

Die verwaltungsinterne Untersuchung der gegen Kapur Singh erhobenen Anschuldigung wurde vom Obersten Richter des Pandschabs durchgeführt. Er war Engländer – man schrieb das Jahr 1950, die Unabhängigkeitserklärung lag erst drei Jahre zurück. Er entschied, Kapur Singh sei schuldig. »Der britischen Regierung wurde die Bitte unterbreitet, ihn in Anerkennung der wertvollen Dienste, die er dem Volk des Pandschabs während seiner Amtszeit als Oberster Richter geleistet habe, in den Adelsstand zu erheben. Die Königin entsprach der Bitte und adelte ihn. Den größten Teil seiner Amtszeit verbrachte er mit den Ermittlungen gegen mich.«

Zurück zu Kapur Singh: »Ich wurde aus dem Dienst entlassen und zu einer zwölf lange Jahre währenden Irrfahrt durch die Instanzen verdammt.« Er brachte seinen Fall vor den Kontrollausschuss für den Öffentlichen Dienst und danach vor das Oberste Gericht. »Weitere vier Jahre lief ich von Pontius zu Pilatus. ... Dann begann ich im Einklang mit den erhabenen Worten des Gurus, ›Der höchste Beweis der Wahrheit ist, im Kampf für sie zu sterben‹, einen gewichtigen Rechtsstreit. Ich reichte beim Obersten Gericht in Chandigarh eine ausführliche Beschwerdeschrift gegen die Willkürhandlungen der Regierung ein.«

Ein paar Monate zuvor hatte mir in Bangalore, unten im Süden, der Minister Prakash beim Frühstück von einem seiner morgendlichen Bittsteller erzählt. Dieser Mann, ein dörflicher Amtsträger, war der Unterschlagung eines Teils der Grundsteuer, die er eingetrieben hatte, angeklagt und deshalb von seinem Amt suspendiert. Er hatte eine ganze Nacht im Bus zugebracht, um in der Morgendämmerung vor Prakashs Haus zu warten und den Minister um Hilfe zu bitten. Prakash hatte den Mann sieben Minuten lang angehört, um ihm dann zu sagen, dass die behördliche Untersuchung ihren Lauf nehmen müsse; der Mann musste anschließend die ganzen dreihundert Kilometer zu seinem Dorf wieder zurückfahren. So weit reisen zu müssen, um so wenig zu erreichen – das schien bitter. Auf seine geistreiche Art hatte Prakash mir aber beschrieben, wie Leute vom Kaliber dieses suspendierten Beamten, nachdem sie ein oder zwei Tage wegen ihrer Lage Tränen vergossen und gezittert hatten, dann doch dank der Vorstellung vom Karma, vom Schicksal, wieder Mut schöpften, sich beruhigten und wieder einen klaren Kopf bekamen und, aufgerichtet durch jene Schicksalsidee, ihr restliches Leben in den Dienst dieser ihnen so unvermittelt zugefallenen Sache stellten und Prozess um Prozess anstrebten.

Kapur Singhs religiöser Halt war von anderer Art. »›Gottlosigkeit ist die Wurzel allen Elends‹ – so denken wir seit alters«, schrieb er in seiner Broschüre. Und in seinem langen Rechtsstreit fand er sich gleichermaßen getröstet und ermutigt durch das Vorbild der Gurus der Sikhs, die von den Mogulherrschern verfolgt worden waren. Er fing an, in seiner eigenen Verfolgung »das Schicksal« zu erkennen, »das den Sikh erwartet, wenn die Macht in die Hände der Hindus fällt«. Als sein Fall vor dem Obersten Gericht verhandelt wurde, habe ihm sein Anwalt eines Tages verraten (der Bericht ist voll von Gerüchten und irgendwo aufgeschnappten Informationen dieser Art): »Überall höre ich sagen, dass die vollständige Demoralisierung Kapur Singhs nötig sei, um die Sikhs in Zaum zu halten; er müsse ohne Rücksicht auf Recht und Gesetz ausgeschaltet werden.« Während seine Beschwerdeschrift dem Obersten Gericht in Chandigarh vorlag, habe er sich eines Tages in einem Laden befunden und zufällig mitgehört, wie einer der Richter zu dem Ladenbesitzer sagte: »Er ist ein gefährlicher Sikh – eine Giftschlange.«

Durch seine Leiden fand er sich den verfolgten kriegerischen Gurus der Mogulzeit verbunden; ihr Leiden sei der Ausgangspunkt für seine gegenwärtige politische Bedrängnis. Im siebzehnten und achtzehnten Jahrhundert hätten Statthalter und Generäle der Mogulherrscher »Guru Arjun ins Gefängnis geworfen und nach unerträglicher Folter hingerichtet, einen Plan zur Ermordung Guru Hargobinds geschmiedet, Guru Harkrishan umzubringen versucht, Guru Teg Bahadur geköpft, die kleinen Söhne von Guru Gobind Singh lebendig eingemauert, dem Zehnten Meister eine tödliche Wunde beigebracht und den kaiserlichen Befehl zum Genozid an den Sikhs veranlasst. Sie waren verantwortlich für das Massaker an Banda Singh Bahadur und seinen Gefährten, setzten den Großen Holocaust ins Werk und hissten im neunzehnten Jahrhundert die Fahne des Dschihad gegen die politische Macht der Sikhs. Am Ende gipfelten ihre Aktivitäten in der … Gründung Pakistans.« So verschmolz die Aufzählung religiöser Verfolgungen mit der Geschichte und der Politik der Gegenwart sowie mit Kapur Singhs persönlichem Leidensweg. Er identifizierte sich völlig: »Der Mogulherrscher Bahadur Schah hatte befohlen: ›Anhänger des Nanak sind augenblicklich hinzurichten.‹ Ich als ein bekennender Sikh fiel diesem *firman* der Moguln zum Opfer.«

Es war, als verlange der Glaube diese Identifizierung mit den Qualen der Gurus und als rufe diese Identifizierung im Gläubigen das Gefühl hervor, ungerecht behandelt und verfolgt zu werden, und vielleicht sogar die Sehnsucht danach, Verfolgungen ausgesetzt zu sein.

Was ich aus der Broschüre nie und nimmer herausgelesen hätte und was ich einem anderen Buch Kapur Singhs entnahm, das Gurtej mir später gab, war die Tatsache, dass Kapur Singh im unabhängigen Indien bei aller Verbohrtheit in seinen Fall ein erfülltes und ertragreiches Leben geführt hatte. Er schrieb seine Bücher, lehrte als Religionsprofessor an einer Hochschule der Sikhs in Bombay und nahm aktiven Anteil an der Politik des Pandschabs, und zwar als Mitglied sowohl des regionalen Parlaments des Pandschabs als auch des zentralen Parlaments in Delhi.

Er und Gurtej lernten sich 1965 kennen. Kapur Singh war vierundfünfzig und ein berühmter Mann in Chandigarh. Gurtej war achtzehn und studierte an der Universität der Stadt. Die zwei Männer schlossen eine enge Freundschaft. Seine Briefe an Gurtej begann Kapur Singh mit »Mein lieber Sohn«. Er vermachte Gurtej seine Bücher und Papiere.

Kapur Singh nahm unter anderem den Titel »Ausgezeichneter Nationaler Professor für Sikhismus« in Anspruch. Gurtej charakterisierte sich auf seiner Visitenkarte als »Professor für Sikhismus«. Gurtejs Wunsch, Kapur Singh Ehre widerfahren zu lassen, war unverkennbar, und nachdem ich Kapur Singhs Broschüre gelesen hatte, die mir Gurtej gab, fragte ich mich, ob er bei seiner eigenen Karriere im Indischen Verwaltungsdienst nicht das Martyrium vor Augen gehabt hatte, das dreißig Jahre zuvor Kapur Singh in der gleichen Funktion erlebte.

Kapur Singh wurde entlassen, behauptete aber, nur einem Grundsatz treu geblieben und sich einer gegen die Sikhs gerichteten Anweisung widersetzt zu haben. Gurtej, der 1970 in den Verwaltungsdienst eintrat, reichte 1982 seinen Rücktritt ein, ebenfalls aus grundsätzlichen Erwägungen. Er habe angefangen, sich zu fragen, ob er noch der Gerechtigkeit diene. »Man darf nur so lange Dienst tun, wie der Staat gerecht bleibt.« 1977 im Pandschab, während des von Mrs Gandhi verhängten Ausnahmezustands, hätten seine Zweifel zugenommen. »Ich sehe zu, wie meinesgleichen von Pontius zu Pilatus rennt. Sie werden gedemütigt, auch wenn sie es nicht so empfinden. Sie empfinden es als die normale Behandlung in diesem Land.«

Wir sprachen über seine Arbeit in der Verwaltung, als er das zweite Mal ins Hotel kam, wieder frühmorgens. Auf dem geschorenen Hotelrasen glänzten Pfützen von der Bewässerung mit dem großen Schlauch; die Blumenrabatten lagen noch im Schatten.

Im Jahr 1969, mit zweiundzwanzig, hatte er geheiratet. Die Ehe war arrangiert, seine Frau stammte aus seiner Gegend. Im folgenden Jahr trat er in den Indischen Polizeidienst ein. Im Internat in Dehra Dun, weit weg von zu Hause, war ihm der Gedanke gekommen, solch eine Laufbahn einzuschlagen: für jemanden aus bäuerlichen Verhältnissen ein ganz schöner Sprung. Einer seiner Freunde hatte einen Beamten im Indischen Verwaltungsdienst zum Vater; dadurch kam Gurtej auf den Gedanken. Dann hörte er jemanden sagen, die einzigen staatlichen Anstellungen, die sich lohnten, seien der Indische Verwaltungsdienst und der Indische Polizeidienst. Also meldete er sich zur Aufnahmeprüfung. »Ich bereitete mich nicht eigens vor. Ich studierte nur fleißig. Nachdem ich meinen Magister in Geschichte gemacht hatte, bewarb ich mich beim Indischen Polizeidienst.« Er hatte Erfolg; nur eine Hand voll Bewerber wurden jedes Jahr aufgenommen.

Im folgenden Jahr wechselte er in den Schwesterdienst, den Indischen Verwaltungsdienst, kurz IAS, über. Und ungeachtet all dessen, was passiert war, hielt er nach wie vor große Stücke auf ihn. »Das war eine gute Verwaltung, und wenn ich noch in der Verwaltung arbeiten wollte, dann wäre das der Dienst, in den ich am liebsten eintreten würde.«

Der IAS war eine landesweite Verwaltung, und seine erste Stelle trat Gurtej im Süden, im Bundesstaat Andhra, an. Fast augenblicklich fand er sich desillusioniert.

»Es gelang mir, aufzudecken, dass sich ein Todesfall im Polizeigewahrsam ereignet hatte, der auf Folterung zurückging. Und statt dass der Polizeioffizier bestraft worden wäre, erhielt er vielmehr eine Belohnung – so dass er der Bestrafung entging. Der Umgebrachte war ein kleiner Bauer; seine Frau kam mir bettelarm vor. Ich war ein rangniederer Polizeirichter. Es gehörte zu meinen Aufgaben, interne Ermittlungen anzustellen, wenn im Polizeigewahrsam ein Todesfall vorkam. Ich wurde angewiesen, die Sache zu den Akten zu legen – das Ermittlungsverfahren dauerte bereits drei Jahre.«

Er habe aber das Verfahren nicht zu den Akten legen können; die Sache lasse ihn bis heute nicht ruhen. »Nach achtzehn Jahren erinnere ich mich immer noch an die Namen der Leute. Es war ein trauriger Fall. Ich hatte ein ganz schlechtes Gewissen. Die Frau war aus dem Bezirk verjagt worden, damit sie nicht gegen die Polizei aussagen konnte. Zwischen dem Mann – dem Toten – und einem Grundbesitzer im Dorf hatte es einen Streit gegeben. Der Mann war dem Grundbesitzer vermutlich ein Dorn im Auge. Menschen dieser Art haben nicht genug Selbstbewusstsein, um einen Grundbesitzer anzugreifen.«

Ich wollte von Gurtej wissen, warum er nach dieser Erfahrung im Verwaltungsdienst weitergemacht hatte.

»Ich dachte, irgendwann würde ich mehr tun können. Aber diese Gelegenheit kam nicht. Ich fing an zu begreifen, dass die Korruption im Verwaltungsapparat fest verwurzelt ist und dass die Menschen in Wirklichkeit Schachfiguren sind. Sobald Politiker in den Fall verstrickt sind, sobald politische Interessen im Spiel sind, sind dir die Hände gebunden.

Im selben Jahr, 1971, war in Andhra Pradesh eine ganze Familie verhungert. Eine Unterabteilung der Steuerbehörde geriet ins Visier. Im Parlament gab es eine Anfrage. Ich wurde aufgefordert, die Sache zu untersuchen. Später setzte sich der Bezirksbeamte mit mir in Verbindung und wollte wissen, was ich von dem Fall hielt. Ich sagte, man habe die Leute verhungern lassen. Der Bezirksbeamte, der Steuereintreiber, sagte: »Nein, nein, das können wir nicht schreiben. Das gibt Ärger. In der ausländischen Presse wird das schlechten Eindruck machen.« Und wie so oft bei Gurtej trieb auch jetzt wieder der Gedanke an Leid Tränen in seine düster blickenden Augen. »Es waren arme Leute. Der Familienvater starb zuerst. Sie hatten nichts zu essen. Niemand gab ihnen etwas. Dann starb die Frau, und dann starben die Kinder. *Harijan*, Kastenlose. Der Fall wurde mir entzogen.«

»Aber Sie sagen, der IAS war ein guter Verwaltungsdienst. Gab es da nicht auch gute Dinge?«

»Es gab gute Dinge. Ich arbeitete im Programm für dürreanfällige Gebiete. Wir bemühten uns, die Menschen in diesen Gebieten zu unterstützen. Wir sorgten für Brunnen, Bewässerungssysteme. Das war etwas Gutes. Obwohl ich auch da wieder in Schwierigkeiten geriet. Beim *zilla parishad*, beim Bezirksrat. Das ist ein gewähltes Gremium, und der Vorsitzende wollte, dass alle Aufträge für kleinere Bewässerungsbauten an seinen Verwandten gingen. Der Verwandte schloss dann wiederum Verträge mit Subunternehmern und schlug daraus Profit. Der Vorsitzende verfügte über großen Einfluss in der Verwaltung. Ich aber war ihm nicht behilflich. Er wollte mich demütigen. Er zitierte mich vor den *zilla parishad.* Dieses Mal freilich funktionierte das demokratische System – erstaunlicherweise. Die anderen gewählten Mitglieder unterstützten mich und rügten den Vorsitzenden des *zilla parishad*, weil er einen ehrlichen Beamten unter Druck gesetzt hatte.«

Nicht einmal das konnte Gurtej mit dem Verwaltungsdienst aussöhnen. Aber sei Politik nicht die Kunst des Möglichen? Und gelte das nicht sogar in höherem Maße für den Verwaltungsdienst? Lasse sich da nicht – nur nach dem, was er erzählt habe – ein Wille zur Verbesserung und zum Dienst am Volk erkennen?

Gurtej sah das nicht so. Er war mit den höchsten Erwartungen in den Dienst eingetreten; weltliche Rücksichten oder Kompromisse vertrugen sich damit nicht. »Ich bin nicht irgendjemandes Lakai«, sagte er. »Ich diene dem Gesetz, der Landesverfassung. Warum sollte ich nach der Pfeife irgendeines korrupten Mannes tanzen? Wenn man als Beamter nicht unvoreingenommen handeln kann, dann hat es keinen Sinn, im Dienst zu bleiben. Schon für die Selbstachtung ist es wichtig, dass man das Gefühl haben kann, recht zu handeln.«

Obwohl er weit unten im Süden weilte, hielt er die Verbindung zu Kapur Singh aufrecht. Im Jahr 1974 legte er in aller Form den Eid als Sikh ab und absolvierte das Ritual, das der zehnte Guru dafür geschaffen hatte. Er trank *amrit*, den heiligen Nektar, eine Mischung aus Zucker und Wasser, die mit einem zweischneidigen Schwert angerührt wird. Nicht jeder Sikh unterzog sich dieser Zeremonie und legte den förmlichen Eid ab.

»Bis dahin hatte ich noch Zweifel«, sagte Gurtej, »ob diese Art von Zeremonie nötig sei. Der Sikhismus baut auf Ideen; Ritualismus hat in ihm keinen Platz. Ich hatte all die religiösen Gebote befolgt, aber nicht in aller Form das *amrit* genommen. Sardar Kapur Singh erklärte, es handele sich um ein Ritual, das man absolvieren müsse, um ein öffentliches Bekenntnis seines Glaubens abzulegen.«

Die eigentliche Zeremonie fand dann im Pandschab statt, wo er einen zweimonatigen Urlaub verbrachte. Und vollzogen wurde sie in der Stadt Anandpur, wo der zehnte Guru, Guru Gobind Singh, im Jahr 1699 zum ersten Mal Sikhs getauft hatte.

»Das *amrit* wurde mit dem Schwert Alis verrührt«, erklärte Gurtej.

Das sei ziemlich verwirrend, sagte ich. Meine er etwa den Ali der muslimischen Schia, den Vetter und Schwiegersohn des Propheten Mohammed?

So verhielt es sich. »Der Kalif«, sagte er.

Wie habe dieses Schwert über tausend Jahre erhalten bleiben können? Wie sei es in den Besitz von Guru Gobind Singh gelangt?

»Es wurde ihm von dem Mogulherrscher Bahadur Schah überreicht.«

Auch hier wieder, in dieser Darstellung, die Gurtej vom Glauben der Sikhs lieferte, gab es also einen islamischen Schwenk, einen nichthinduistischen, unindischen Aspekt, eine Abspaltung des Glaubens von dem Land, in dem er entstanden war.

»Während dieser Zeit in Andhra Pradesh setzte ich mein Studium des Sikhismus fort. Ich schrieb 1975 einen Artikel über das Martyrium des neunten Gurus. Er wurde vom Herrscher Aurangsib in Delhi enthauptet – in der *Chandni Chowk*. Dann schrieb ich ein paar Artikel für die *Encyclopaedia of Sikhism*.«

Seine Frau, die »zwei Abschlüsse« hatte, bestärkte ihn in seinen Forschungen. Gemeinsam besuchten sie wichtige Tempel der Sikhs im Süden. »Jedes Jahr fuhren wir zu dem *gurdwara*, der zum Gedenken an den zehnten Guru errichtet worden war, nahe der Stelle, wo man ihn verbrannt hatte.« Der zehnte Guru war 1708 umgekommen; der Überlieferung nach hatte ihn einer seiner eigenen muslimischen Anhänger ermordet. Der Guru war hinunter in den Süden gereist, um dem Nachfolger Aurangsibs in einem Thronfolgekonflikt zu helfen – die Episode ist nicht frei von Widersprüchen.

Im Jahr 1977, er war dreißig und hatte sechs Jahre im Süden verbracht, kehrte Gurtej zurück in den Pandschab. Sein Vater war krank; er litt an Parkinson und sollte bald sterben. Nach wie vor herrschte Mrs Gandhis Ausnahmezustand, den die politische Partei der Sikhs propagandistisch bekämpfte. Zentrum der Aktionen war der Goldene Tempel.

»Die Leute konnten sich nicht damit abfinden, dass sie nicht frei waren. Über die Runden zu kommen und sich als Lebewesen zu erhalten ist schön und gut, aber darin geht das Leben nicht auf. Wir haben in Indien zwei absolut gegensätzliche Vorstellungen von Staat und Politik. Der hinduistischen Vorstellung nach hat der Staat das Recht, zu tun, was ihm beliebt. Deshalb werden die Verstöße gegen die Verfassung von jedermann hingenommen. Alles, was der Staat tut, ist nach hinduistischer Ansicht Gesetz. Diese Vorstellung macht anfälliger für diktatorische Verhältnisse. Nach der Vorstellung der Sikhs ist Gott der einzige wahre Souverän, und der Regierungsauftrag der Staatsmacht ist an die Bedingung geknüpft, dass sie Gerechtigkeit übt. Ich war sehr glücklich darüber, dass sich mein Volk diesem Verrat an den Gesetzen und der Verfassung während des Ausnahmezustands widersetzte.«

Gurtej kehrte nicht nach Andhra Pradesh zurück. »Im Jahr 1979 trat ich in die Verwaltung des Bundesstaats Pandschab ein – ich wurde vom IAS abgestellt – und arbeitete dort bis 1980. Es war eine gute Erfahrung. Ich kannte den Ministerpräsidenten, der ein aufrechter Mann war. Wir unternahmen große Anstrengungen zur Dezentralisierung bestimmter Staatsfunktionen. Das war gut für die Demokratie.«

Er habe um diese Zeit auch angefangen, sich politisch zu betätigen. »Bhindranwale lag in der Luft.« Das war der Fundamentalist oder Erweckungsprediger, der zum »Ungeheuer« der Sikh-Politik werden sollte. »Seit dem 13. April 1978« – der 13. April taucht bei den Sikhs immer wieder auf: an ihm wird das Erntefest gefeiert, und er ist großen historischen Ereignissen vorbehalten; so wurden etwa an diesem Tag die ersten Sikhs vom zehnten Guru getauft – »seit dem 13. April rückte er jäh ins Rampenlicht. Er war ein junger Mann, der kurz zuvor Leiter eines Geistlichenseminars geworden war.« Erstmals bekannt machte ihn eine Auseinandersetzung mit einer Sikh-Sekte namens Nirankari. »Die Nirankaris sind so alt wie die Unabhängigkeitsbewegung. Sie bildeten eine Reformbewegung im Rahmen des Sikhismus, die Ende des neunzehnten Jahrhunderts entstand. Ein gewisser Buta Singh trat dann an die Spitze der Bewegung; er wurde von der Regierung unterstützt und sollte die Sikh-Gemeinschaft spalten.« Dieser Mitteilung ließ sich nicht entnehmen, ob es sich bei der Regierung, die der Nirankari Vorschub leistete, um die britisch-indische Kolonialverwaltung oder die Regierung des unabhängigen Indiens handelte. »Bei einer Demonstration gegen die Nirankari am 13. April 1978 wurden dreizehn von Bhindranwales Anhängern erschossen.«

In dieser aufgeheizten Atmosphäre begann Gurtej seine politische Arbeit. Zuerst half er Sant Longowal beim Streit um das Wasser im Pandschab. Longowal war ein weiterer religiöser Führer; er wurde 1985 ermordet, ein Jahr, nachdem Bhindranwale und viele andere bei der Erstürmung des Goldenen Tempels durch die Armee umgekommen waren.

Seine Zusammenarbeit mit Sant Longowale erläuternd, sagte Gurtej: »Die Sikhs haben die Idee vom Dienst an der Menschheit. Und hier war ein Vertreter meines Volkes, der mich aufforderte, bei diesem politischen Kampf mitzumachen. Jeder muss zuerst seinen eigenen Leuten dienen und durch sie der Menschheit.«

Im Jahr 1982 verließ er den IAS. »Die Zeit meiner Abkommandierung ging zu Ende, und es gab Ärger wegen eines Vortrags, den ich zum Sikh-Problem gehalten hatte. Ich hatte das Gefühl, dass man mich nicht mehr im Verwaltungsdienst haben wollte. Ich glaube, der Staat hatte etwas gegen mein religiöses Engagement.«

Tags zuvor hatte er mir erzählt, dass er im Internat in Dehra Dun, weit weg von zu Hause, Balladen über die Leiden »meines Volkes« gelesen und dass später Kapur Singh mit ihm Gespräche über die Verfolgung der Sikhs geführt habe. Das schien mir aber keine ausreichende Erklärung für die Entwicklung, die er genommen hatte. Mir kam nun der Gedanke, ihn nach seiner Kindheit zu befragen.

Wie habe seine Familie von diesem Internat in Dehra Dun erfahren? Habe man ihn allein losgeschickt, oder hätten ihn noch andere Jungen aus dem Dorf begleitet?

»Wir wurden zu dritt geschickt. Ein Bruder, ein Vetter und ich. Jemand aus dem Dorf meines Großvaters lernte dort bereits. Die Schule wurde von den Irischen Brüdern betrieben, dem Orden des heiligen Patrick.«

»Wie oft fuhren Sie nach Hause?«

»Wir fuhren nur in den Ferien nach Hause. Ich habe daraus gelernt. Ich werde meine Kinder niemals in ein Internat schicken.«

»Wann kamen Sie hin?«

»1951. Von 1951 bis 1961.«

»Aber 1951 waren Sie erst vier.«

»Jeden Tag saß ich in meinem Bett und betete, das Schulhalbjahr möge in diesem Moment zu Ende sein. Nach Hause durften wir alle sechs Monate einmal, für ungefähr einen Monat.«

Von vier bis vierzehn in der Verbannung: Die Erinnerungen, die er tags zuvor erwähnt hatte, an die Kamelritte mit seinem Großvater, dem so vornehmen Mann in seinen sauberen Kleidern und seinem weißen Turban und mit der Uhr und der Pferdekutsche, und an das Serum gegen Schlangenbisse, das zu Beginn der Regenzeit hergestellt wurde – all diese Erinnerungen mussten wie Anklänge an ein verlorenes Paradies sein, an etwas, das himmelweit entfernt war von dem Indien, das ihm während der zehn Jahre in Dehra Dun zu Bewusstsein gebracht wurde.

Mir kam auch der Gedanke, allerdings erst zwei oder drei Monate später, dass vielleicht an dieser irisch-katholischen Schule, in diesen zehn langen Jahren mit den Irischen Brüdern als Vorbild, wo ein Semester ohne Unterbrechung sechs Monate dauerte – und es waren die fünfziger Jahre, die Kolonialzeit war eben erst passé und bis zur Entdeckung eines spirituellen, romantischen Indiens durch die Hippies und andere sollte noch ein Jahrzehnt vergehen –, mir kam also der Gedanke, dass sich in der Einsamkeit dieser zehn Jahre in Gurtej die Vorstellung von einer größeren Ernsthaftigkeit oder Modernität der geoffenbarten Religion festgesetzt und ein gewisses Bedürfnis eingestellt haben mochte, dem eigenen Glauben etwas von dieser nichtindischen Magie zu verleihen.

Weil dieser Gedanke, den Zauber der Offenbarungsreligion betreffend, mir aber erst viel später kam, konnte ich ihn Gurtej nicht vortragen. Damals war ich zu sehr von dem Bild des vierjährigen Kindes eingenommen, das von zu Hause weggeschickt wurde.

Wie sei er damit fertig geworden? Ob er glaube, aus der Trennung und der Einsamkeit irgendeinen Gewinn gezogen zu haben?

»Hätte ich nicht das Internat besucht«, sagte er, »wäre ich nicht imstande gewesen, das Grundlegende an den Dingen zu würdigen, und ich hätte nie versucht, mir klar zu machen, warum bestimmte Dinge so funktionieren, wie sie das tun.«

Ich bat ihn, etwas über die Veränderungen zu erzählen, die sich in dem ihm vertrauten Dorf vollzogen hatten.

»Es hat eine Revolution stattgefunden. Die Einstellungen haben sich geändert – gegenüber dem Großfamiliensystem, um das als Erstes zu nennen. Die bäuerlichen Beziehungen haben sich gewandelt. Mein Großvater väterlicherseits besaß irgendwann tausendzweihundert Hektar Land. Jedes Jahr kaufte er etwas dazu.«

Ihm fiel etwas ein. Er unterbrach sich und äußerte quasi in Klammern: »Und doch war mein Vater kein gebildeter Mann. Die Schule besuchte er bis zur vierten Klasse. Mein Großvater« – die vornehme Gestalt aus Gurtejs Kindheit – »hielt nichts von Bildung. Als ich meinen Magister machte, hörte ich meinen Großvater, den Großvater väterlicherseits, eines Tages zu meinem Vater sagen: ›Warum nimmst du den Jungen nicht von der Schule?‹ Er dachte, ich besuchte immer noch die Oberschule. Und mein Vater, der nicht respektlos erscheinen wollte, sagte: ›Was soll ich machen? Er hört nicht auf mich.‹« Und zum ersten Mal, seit wir uns kennen gelernt hatten, lachte Gurtej.

»Mein Großvater war ungeheuer *irritiert*, wenn er mich lesen sah. Er sagte, ich läse *ständig*. Ich war der Erste in der Familie, der nicht Bauer wurde, und vielleicht auch der Erste in der Familie, der ein Examen machte. Mittlerweile gibt es in meinem Dorf sechzehn Leute, die ihren Magister haben. Als ich zur Welt kam, gab es nur einen Einzigen – und er hatte nur einen einfachen Studienabschluss und war Lehrer. Heutzutage sind die Leute sehr interessiert an dem, was vorgeht. Sie sind wild auf Bildung. Die Menschen zahlen sich dumm und dämlich, um ihre Kinder auf bessere Schulen zu schicken.«

Er kam wieder auf die zwölfhundert Hektar seines Großvaters zu sprechen. »Heute gibt es niemanden mit so viel Land. Die Güter sind zersplittert. Intensive Bewirtschaftung mit Sorten, die hohe Erträge liefern. Es ist eine Revolution. Manchmal ging ich hinaus zu meinem Großvater aufs Feld und brachte ihm sein Mittagessen und manchmal Buttermilch – er mochte Buttermilch sehr. Die Methoden der Feldbestellung, die ich damals sah, sind heute absolut ausgestorben. Das Getreide wurde im April geschnitten. Auf dem größten Teil der Ackerflächen wurde nur einmal im Jahr geerntet. Der April war ein sehr heißer Monat. Und mein Großvater heuerte etwa vierzig Leute als Tagelöhner an, gab ihnen Sicheln, und sie gingen etwa um vier Uhr morgens hinaus aufs Feld, um die Hitze zu meiden. Sie mähten bis elf Uhr – eine ganze lange Reihe von Leuten, die auf dem Feld saßen und ordentlich zupackten; mit der Linken hielten sie die Halme, die sie mit der Rechten schnitten, und dann wetteiferten sie darin, wer am schnellsten vorankam.«

Nach Gurtej, dem Theoretiker, dem Mann mit eigenen Vorstellungen über Religion und Geschichte, wirkte er nun wie ein anderer Mensch.

»Es war eine Art von Fest, diese Ernte. Die Schnitter ruhten am Nachmittag und gingen abends zurück aufs Feld, von vier Uhr dreißig bis sechs Uhr dreißig oder sieben. Diesen Anblick findet man heute in keinem Dorf mehr. Niemand steht morgens um vier Uhr auf, um aufs Feld zu gehen. Ich glaube, der Einsatz von Maschinen hat die Einstellung und das Leben verändert. Die Menschen haben das für den Umgang mit so komplizierten Maschinen nötige Wissen erworben und sind moderner geworden. Auch das zählt mit zu den Gründen für die Probleme des Pandschabs, die den Hindus in anderen Gegenden unverständlich bleiben.«

Was er über die Einführung von Maschinen sage, meinte ich, gelte auch für andere Teile Indiens, in Dörfern ebenso wie in Städten. Es sei ein Aspekt der industriellen Revolution in Indien.

Er schien mir zuzustimmen, fuhr aber fort: »Der bäuerliche Mensch kommt sehr früh im Leben in Berührung mit bestimmten Aspekten der Verwaltung. Wegen des Wassers macht er mit der Beamtenhierarchie Bekanntschaft. Wegen des Saatguts lernt er die Universitäten kennen. Er versteht viel besser, wie der Staat funktioniert, als die Menschen in der Stadt.«

Er kam wieder auf das Thema Veränderung zurück. »Früher gab es kleine Pächter von Land. Das ist vorbei. Die Abhängigkeit von Arbeitskräften ist nicht mehr so groß wie einst. Während der Erntezeit sah man damals abends, wie überall Sicheln geschärft wurden. Der arme Zimmermann war die ganze Nacht damit zugange, weil die Sicheln am Morgen wieder gebraucht wurden. Heute gibt es mehrere Leute in meinem Dorf, die die neuen landwirtschaftlichen Geräte anfertigen und reparieren. In Kleinstädten im Pandschab findet man jetzt reihenweise Reparaturwerkstätten entlang der Straße.«

Ihm fiel eine weitere Veränderung ein. »Niemand im Dorf wird mehr in Naturalien bezahlt. Und dann ist da die Stellung der *harijan*, der Kastenlosen. Auch die hat sich verändert. Eines Tages, als ich noch klein war, trank ich Wasser aus einem Brunnen im Dorf. Ich wusste nicht, dass es der Brunnen der *harijan* war. Mein Onkel ließ mich nicht ins Haus. Ich musste am Eingang sitzen bleiben, und der *granthi* – der Vorleser der heiligen Schriften der Sikhs – wurde gerufen und reichte mir ein bisschen Wasser, um mich von meiner Missetat zu reinigen. Heute lässt derselbe Onkel *harijan* in seiner Küche arbeiten. Sie kochen für ihn.

So ist es im Pandschab passiert, aber es wird sich auf das ganze Land ausdehnen. Die Einstellung der Menschen wird sich überall wandeln, und sie werden von ihrer Regierung immer mehr verlangen. Die Regierung befindet sich im Sturzflug. Sie ist außerstande, den Erwartungen der Menschen gerecht zu werden, und deshalb sehe ich, dass sich im Land eine tiefe Kluft auftun wird. Absolutes Chaos. Unsere Regierung ist eine Art Mafia geworden –

der Politiker, der Staatsbeamte und der Handeltreibende, keiner von ihnen Primärproduzent. Sie werden in Konflikt mit den Produzenten geraten.«

Gurtej gab mir Kopien von einigen der Artikel, die er zu den Problemen des Pandschabs und der Sikhs geschrieben hatte. Einer der Artikel, Anfang 1982 für ein Seminar an der Universität verfasst, mochte derjenige sein, der ihm das Missfallen der Staatsverwaltung zugezogen hatte. Er trug den Titel »Entstehungsgeschichte des Sikh-Problems in Indien«. Er ließ mich an Kapur Singhs Schriften denken; der Ton wirkte akademisch, die Sätze waren lang und gespickt mit schwierigen Wörtern, in den Anmerkungen fanden sich Zitate aus den heiligen Schriften der Sikhs. Hauptsächlich ging es um die Verschiedenheit des Glaubens und der Ideologie des Sikhismus vom Hinduismus; weiterhin wurde geltend gemacht, der Pandschab gehöre geographisch und kulturell eher zum Vorderen Orient als zu Indien. Und der große Feind des Sikhismus und des von Ranjit Singh geschaffenen Sikh-Reichs war – einmal mehr – der Brahmanismus.

»Mit nichts Greifbarerem als ihrem unbeirrbaren Glauben an den Guru gründeten die Sikhs auf den vom Guru gelegten Fundamenten ein Reich. Sie pflanzten die safrangelbe Fahne« – Safran war auch die Farbe der Shiv Sena in Bombay, die in der Stadtverwaltung die vertäfelte Wand mit safrangelbem Stoff drapiert hatte, auf dem gekreuzte Schwerter prangten – »im Kernland der herkömmlichen Eroberer auf, lehrten die chinesische Macht Demut und wiesen den Gottkönig von Tibet in seine Grenzen. Dann wandten sie sich der Aufgabe zu, Indien von den Engländern zu befreien.« Aber ihr Vorhaben sei durchkreuzt worden. »Die brahmanisch gesinnten Kräfte innerhalb und außerhalb des Pandschabs wirkten zusammen, um die Sikhs zu vernichten, mit denen die Aussicht auf eine frühe Erlösung Indiens stand und fiel.«

Neben seinen idyllischen Erinnerungen an das Dorf seines Großvaters, an berückende Erntezeiten und Feste, gab es da also den Traum von Ruhm und Größe, für den Ranjit Singhs kurzlebiges Reich im neunzehnten Jahrhundert herhalten musste. Eine einseitige Sicht – aber damit war zu rechnen. Überall in Indien legten sich die Menschen, die ein historisches Bewusstsein gewannen und sich ein neues Bild von ihrem Platz in der Weltordnung machten, die Vergangenheit nach Bedarf zurecht.

Nicht erwartet hatte ich allerdings, dass Gurtej in der Darstellung seines Lebens und seiner Überzeugungen so vieles als etwas Selbstverständliches ansah. Die Verfassung, das Gesetz, die Bildungseinrichtungen, der Verwaltungsdienst mit seinem hohen Ideal als Hüter der Rechte des Volkes und Verbesserer der Lebensbedingungen, die vier Jahrzehnte umspannenden Bemühungen um Fortschritte im industriellen und landwirtschaftlichen Bereich – in Gurtejs Darstellung waren all diese Dinge, die Indien von vielen seiner Nachbarn unterschieden, schlicht und einfach vorhanden. Zur Kenntnis zu nehmen, dass Generationen von Reformern und weisen Männern – den verzweifelten Verhältnissen zum Trotz – all diese Bedingungen geschaffen hatten, ohne die er sich nicht aus dem dörflichen Milieu hätte herausarbeiten können, kam Gurtej nicht in den Sinn.

Hand in Hand mit seinen idyllischen Erinnerungen und seinem Traum von Größe und Ruhm der Sikhs ging auch Gurtejs Vorstellung von religiöser Reinheit. Er legte diese Elle an die menschlichen Verhältnisse an und verwarf, was er vorfand. Wie Papu, der dschainische Börsenmakler in Bombay, der am Rande des großen Elendsviertels von Dharavi wohnte und den die Angst vor sozialen Unruhen peinigte, hegte auch Gurtej die Vorstellung vom hereinbrechenden Chaos. Papu hatte sich im Einklang mit der dschainischen Büßerhaltung guten Taten zugewandt. Gurtej hatte sich für eine chiliastische Politik entschieden. Wie im Falle anderer Religionen, die eine fundamentalistische Wendung vollzogen, drohte auch hier diese Wende eben das Chaos heraufzubeschwören, vor dem sich Gurtej fürchtete.

Die Taufe bestand darin, dass man Nektar, *amrit*, trank. Der Goldene Tempel lag in Amritsar, am »Teich des Nektars«. Angeblich hatte es hier einen Teich gegeben, der dem ersten Guru bekannt war. Heilige Stätten haben gewöhnlich eine Geschichte: Man erzählte sich auch, der Ort werde in einer Fassung des *Ramayana* erwähnt, und zweitausend Jahre vor Guru Nanak habe bereits Buddha die besondere Atmosphäre der Stätte, an der sich der Goldene Tempel befand, wahrgenommen. Der große Mogulherrscher

Akbar schenkte die Stätte dem vierten Guru, und 1589, ein Jahr nach dem Untergang der spanischen Armada, begann der fünfte Guru mit dem Bau des Tempels. In den chaotischen Zuständen des achtzehnten Jahrhunderts setzten die Muslime dem Tempel arg zu. Der Sikh-König Ranijt Singh baute ihn im neunzehnten Jahrhundert wieder auf. Er setzte auf den Zentralbau die mit Blattgold verkleidete Kuppel. Der Goldbezug, der sich im künstlich angelegten See spiegelt, hat etwas Magisches. Selbst noch mit den Spuren der Kämpfe der vergangenen Jahre strahlt der Tempel heitere Ruhe aus.

Bhindranwale kam 1982 in das Heiligtum und verwandelte es in seine Festung, seinen Sitz. Er war fünfunddreißig. Vier Jahre zuvor war er noch nichts weiter als ein Prediger und Leiter eines religiösen Seminars der Sikhs gewesen; jetzt trat er als Politiker und als Krieger auf. Zugleich war er ein Geächteter: Wegen seiner Fehde mit der Nirankari-Sekte, die er für häretisch erklärte, stand er unter Mordanklage.

Er war ein Verfechter des reinen Glaubens, wurde verfolgt, bot seinen Anhängern einen Kampf im Dienste des Glaubens. Er verkörperte so viele der Sikh-typischen Tugenden, wie ein Einzelner nur verkörpern konnte. Er und seine Anhänger kontrollierten den Tempel. Die Gewehre wurden aus Pakistan eingeschmuggelt. Vom Tempel aus wurden Morde, Sprengstoffanschläge und Banküberfälle geplant. Nicht all diese Dinge wurden mit Bhindranwales Wissen ausgeführt; es dürfte eine ganze Menge Aktionen gegeben haben, die von seinen Leuten auf eigene Faust unternommen wurden; die Saat des Chaos ging vor Ort auf. Der Tempel bot Schutz; er diente als Unterschlupf. Er war räumlich nicht von der Stadt abgetrennt; die Stadt reichte bis unmittelbar an seine Mauern. Waffen und Männer konnten ohne Mühe hinein- und herausgeschafft werden.

In dieser Atmosphäre ließen sich einige der guten und von poetischem Geist erfüllten Konzepte des Sikhismus leicht entstellen. Ein solches Konzept war das des *seva* oder Dienstes. Als der Terror zum Glaubensbeweis wurde, änderte sich die Idee des *seva*.

Hier das Zeugnis eines Mannes: »Inderijt war ein enger Gefolgsmann von Bhindranwale. Er war in den Mord an Sandhu verstrickt. Inderjit pflegte zum Darbar Sahib (zum Goldenen Tempel) zu kommen und Bhindranwale zu fragen, ob er einen *seva* für ihn habe. Einmal war er auch zu mir gekommen und hatte seine Dienste für eventuelle Aktionen angeboten. Da ich ihn kaum kannte und er allein zu mir gekommen war, setzte ich kein Vertrauen in ihn. Tatsächlich machte er einen äußerst verdächtigen Eindruck. Er hatte Freundschaft mit (einigen Leuten) geschlossen, die den Bezirk des Goldenen Tempels regelmäßig verließen, um terroristische Handlungen zu begehen. Zwei Tage nach der Ermordung von Sandhu kam Inderjit zum Darbar Sahib. Seine Ausgelassenheit und seine prahlerischen Reden ließen nur zu deutlich werden, dass er an der Ermordung Sandhus mitgewirkt hatte und dass er stolz darauf war.« Tatsächlich handelte es sich bei Sandhu um Inderjits unmittelbaren Nachbarn. Inderjits Dienst oder *seva* bestand darin, dem sieben Mann umfassenden Mordkommando Informationen über den Tagesablauf seines Nachbarn zu liefern. Gutnachbarliches Verhalten hatte in dieser Konzeption vom Glauben keinen Platz.

Bhindranwales militärischer Berater im Tempel hieß Shabeg Singh. Er hatte in der Armee als Generalmajor gedient und sich im Bangladeschkrieg von 1971 ausgezeichnet. Dann war etwas schief gelaufen: Er wurde wegen Unterschlagung unehrenhaft aus der Armee entlassen, durfte aber seinen Rang behalten. Rache wurde zu seiner Religion; er machte Bhindranwales Sache zu der seinen.

Von dem bereits zitierten Zeugen stammt der folgende Bericht darüber, wie man sich auf die Auseinandersetzung mit dem Staat vorbereitete: »Als die Ereignisse sich zu überstürzen begannen, war man sich klar darüber, dass die Polizei im Begriff stand, in den Goldenen Tempel einzudringen. Es wurde beschlossen die Sikh-Jugend zu mobilisieren … Die Entscheidung hierfür fiel im März und April 1984. Gruppen von Sikh-Jugendlichen, zwischen dreißig und fünfzig an der Zahl, kamen zu diesem Zweck in den Goldenen Tempel. Auf dem Parkplatz im Ram Dass Langar« – einem der Küchentrakte des Tempels – »errichtete man hölzerne Trennwände, um sie dort unterzubringen. In einem der Räume erteilte Shabeg Singh regelmäßig theoretischen Unterricht in Waffenkunde. Er und manchmal auch ein paar von uns führten den Umgang mit den Waffen praktisch vor. … Diese Gruppen wurden mit Hetzreden traktiert. … Die Gruppen blieben gewöhnlich zwei oder drei

Tage. Insgesamt dürften etwa achttausend bis zehntausend Jugendliche auf diese Weise erreicht worden sein.«

So also verschaffte sich Bhindranwale politische Macht, und hätte er mehr Zeit gehabt, wäre er vielleicht noch mächtiger geworden. Aber die auf eigene Faust unternommenen terroristischen Aktivitäten gingen weiter, und im Juni 1984 griff die Armee ein. Sie hatte die Stärke der Verteidiger unterschätzt: Ungefähr hundert Soldaten fielen. Das war nicht das Ende der Geschichte. Bhindranwales Anhänger und andere besetzten erneut den Tempel und machten ihn zu einem terroristischen Stützpunkt. Im Jahr 1986 stürmte die Polizei ein weiteres Mal den Tempel, und danach kamen wieder die Terroristen. Im Mai 1988 tat die Polizei, was sie gleich zu Anfang hätte tun sollen: Sie stellte Wasser und Elektrizität ab und belagerte die im Tempel verschanzten Terroristen. Viele von ihnen hielten das zentrale Heiligtum mit der Goldkuppel in der Mitte des Teichs besetzt. Scharfschützen der Polizei nahmen von außerhalb des Tempels diejenigen unter Beschuss, die versuchten, Wasser aus dem Teich zu holen. Es war Sommer im Pandschab und sehr heiß. Fast zweihundert Terroristen streckten die Waffen. Während der Belagerung war der zentrale Tempel von den Terroristen als Latrine benutzt und entweiht worden. An anderer Stelle im Tempel entdeckte man die Leichen von Personen, die vor der Polizeiaktion von den Terroristen umgebracht worden waren.

Die Männer, die den zentralen Tempel entweihten, hatten nicht bis zum bitteren Ende durchgehalten. Ein Journalist, der die Belagerung beobachtete, ein Sikh, war entsetzt über die Kapitulation. Er war mit einer anderen Vorstellung davon aufgewachsen, wie sich ein guter Sikh zu verhalten hatte. Schon einige der terroristischen Aktionen hatten dieser Vorstellung ins Gesicht geschlagen. Er hatte es nicht fassen können, dass Menschen seines Glaubens Frauen und Kinder umbrachten; er hatte es nicht fassen können, dass sie einen Bus anhielten und alle Passagiere massakrierten. Zuerst hatte er angenommen, diese Geschichten seien von den Behörden erfunden. Und es gab Leute, die auch weiterhin davon überzeugt waren, dass es sich bei den Männern, die sich während der Belagerung des Tempels ergeben hatten, gar nicht um Sikhs handelte. In einer Broschüre, die ein pensionierter Armeeoffizier verfasst hatte, stand zu lesen, die Männer seien »von der Regierung bezahlte … Kriminelle …, denen man die Erscheinung und das Aussehen von Sikhs gab und Grundkenntnisse von den Überlieferungen des Sikhismus beibrachte«.

Sich einer eigenen Identität zu versichern war ein wiederkehrendes Bedürfnis der Sikhs. Die Religion bildete die Basis dieser Identität; sie lieferte die emotionale Energie. Das aber bedeutete zugleich, dass die Sache der Sikhs Menschen anvertraut wurde, die nicht den tatsächlichen Entwicklungsstand der Sikhs repräsentierten, sondern ungefähr eine Generation hinterherhinkten.

Bhindranwale hatte den größten Teil seines Lebens in einem Religionsseminar in der kleinen Provinzstadt Mehta Chowk, nicht weit entfernt von Amritsar, verbracht.

Am Eingang des Ortes befanden sich kleine Werkstätten, die beidseits der Straße in kahlen ungepflasterten Höfen betrieben wurden. Einer der Läden hatte eine Aufschrift in dieser Schreibweise: UNIVERSIL EMPLOYMENT BEURO *Overseas Employment Consultant* (Berater für Arbeitsvermittlungen ins Ausland). Ringsum lagen Felder mit reifem niedrigwüchsigem Weizen, der in den nächsten Tagen geerntet werden musste. Es gab auch Felder mit Senf und Felder mit einer hellgrünen, saftigen Pflanze, die als Viehfutter angebaut wurde. Reihen von Eukalpytusbäumen markierten die Grenzen zwischen den Feldern und bereicherten das äußerst flache Land um eine grüne Vertikale: Bis zum Horizont stand eine Reihe hinter der anderen, so dass manche Stellen wie von Wald bedeckt wirkten.

Die Felder reichten bis unmittelbar an das Seminar. Das flache Land, das sich unter einem niedrigen Himmel zum Horizont erstreckte, erschien grenzenlos; aber jeder Quadratmeter landwirtschaftliche Nutzfläche war kostbar. Der zum Seminar gehörige *gurdwara* oder Tempel hatte weiße Mauern und die für *gurdwaras* der Sikhs typische Kuppel im Mogulstil – Zeugnis der Tatsache, dass der organisierte Glaube in den Zeiten der Moguln entstanden war. Die Kuppel wirkte in jeder Hinsicht aufgesetzt; sie akzentuierte die Gewöhnlichkeit des indischen Betonblocks, den sie krönte. Die Fensterrahmen in dem weißen Block hatte man blau abgesetzt. Die Haupthalle des *gurdwara* war denkbar schlicht, mit großblättrigen Ventilatoren an der Decke und einer breiten oberen Galerie mit Brüstung. Farbige Glasscheiben in den Eingangstüren bildeten die einzige bewusst angebrachte Verschönerung.

Das Seminargebäude war ebenso schlicht. Im oberen Stockwerk, in einem Raum mit Betonwänden, der bis auf zwei Betten kahl war, redete der Mann, der das Amt des Oberpredigers bekleidete, zu den Besuchern. Gewehre gebe es im Seminar nicht mehr, sagte er, und sie nähmen jetzt nur noch Kinder auf. Einige dieser Kinder, Jungen, kamen neugierig in den Raum. Sie trugen die blauen Seminaristenkittel, die bis zur Hälfte des Schienbeins reichten. Draußen war es hell und warm; die stillen, kleinen uniformierten Jungen in dem kahlen Raum, die gekommen waren, um die Besucher zu beäugen, ließen einen an die Langeweile der Kindheit denken, an endlose unausgefüllte Tage. Eine Ahnung von Schutzraum und Zufluchtsstätte stellte sich ebenfalls ein. Viele dieser Kinder kamen aus anderen indischen Bundesstaaten; einige – Alleingelassene, Umherirrende – schienen zum Sikhismus konvertiert zu sein und im Seminar Gemeinschaft und Geborgenheit gefunden zu haben. Dieser Eindruck von freundlicher Aufnahme und Sicherheit verstärkte sich noch, als ein großer Junge im blauen Kittel einen Krug warme Milch brachte, die er den Besuchern in Aluminiumbechern kredenzte.

Der Oberprediger erklärte, er sei ungefähr in dem gleichen Alter wie die anwesenden Jungen in das Seminar eingetreten. Er habe sein Zuhause verlassen, um im Seminar zu leben; das sei über zwanzig Jahre her.

Ganz ähnlich war auch Bhindranwale in das Seminar gekommen. Er war damals vier oder fünf Jahre alt. Fünfundzwanzig Jahre später wurde er Leiter des Seminars, und nach weiteren fünf Jahren – nachdem er sich mit den Häretikern unter den Sikhs angelegt hatte – zog er in den Goldenen Tempel. Dort kam er zwei Jahre später ums Leben.

Er stammte aus einer bäuerlichen Familie, war einer von neun Söhnen und wurde ins Seminar geschickt, weil die Familie nicht alle Kinder ernähren konnte. Was mochte er wohl von der Welt gewusst haben? Welche Vorstellung mochte er von Städten, von Bauten, vom Staat gehabt haben? An diesen dörflichen Straßen, die sich zwischen den üppigen Saaten erstreckten, standen geduckte, staubige Gebäude aus rotem Ziegelstein mit primitiven Anbauten, die manchmal Lehmmauern besaßen und manchmal nur ein strohgedecktes Dach auf Pfählen aus krummen Ästen. Auf den Dächern der Häuser trocknete Stroh. Offene, ungepflasterte Höfe dienten als Werkstätten.

Nach fünfundzwanzig Jahren im Seminar begann er, die Menschen zur Rückkehr zur wahren, unverfälschten Lebensweise aufzurufen. Er zog hinaus und predigte, wurde bekannt. Ein Zeitzeuge hatte ihn 1977 – ein Jahr, bevor er richtig berühmt wurde – in der Stadt Gayanagar im Bundesstaat Rajasthan predigen gehört. Dreitausend Menschen, vielleicht fünftausend, seien gekommen, um den jungen Prediger aus Mehta Chowk zu hören, und Bhindranwale habe ungefähr fünfundvierzig Minuten zu ihnen gesprochen. »Er schlug sie in Bann, sprach zu ihnen in der Sprache des Volkes.« Was habe er gesagt? »Er forderte die Menschen auf, nicht zu trinken. Er sagte: ›Trinken schadet euch, und ihr fühlt euch schuldig. Jeder möchte wie sein Vater sein. Der Vater jedes Sikhs ist Guru Gobind Singh. Deshalb muss ein Sikh sein Haar lang tragen und darf keinen Lastern frönen.‹ Es wurde viel aus den heiligen Schriften zitiert.«

Innerhalb dieses Glaubens – und insbesondere angesichts einer Welt, von der die Menschen sich zunehmend überfordert fühlten – war die Religion des zehnten Gurus, die Religion des Gurus Gobind Singh mit ihren Gesten und ihrer Symbolik, leichter zugänglich als die Philosophie und Poesie des ersten Gurus. Es fiel leichter, zu dem rituellen, taufzeremoniellen Glauben des Gurus Gobind Singh zurückzukehren, zu all dem Sächlichen, durch das sich der Gläubige von der übrigen Welt unterschied. Die Religion wurde zum Akt der Identifizierung mit den Leiden und Verfolgungen, denen die späteren Gurus ausgesetzt waren; sie wurde zum Schlachtruf.

Der Glaube bedurfte ständiger Erneuerung, und auch vor Bhindranwale hatte es schon fundamentalistische Geistliche und Erweckungsprediger gegeben. Einer von ihnen war Randhir Singh. Die Bewegung, die er in den zwanziger Jahren des zwanzigsten Jahrhunderts ins Leben gerufen hatte, war noch immer von Bedeutung, hatte noch immer eine Anhängerschaft, konnte noch immer Männer gegen Häretiker und gegen den Feind ins Treffen schicken. Angeführt wurde die Bewegung mittlerweile von Ram Singh, einem kleinen, dunkelhäutigen Mann von zweiundsiebzig Jahren, ehemals Staffelführer in der Luftwaffe.

Über den Gründer der Bewegung sagte er: »Er erblickte das Licht. Seine Haut war dunkel, aber wenn er das Licht erblickte, fing er an zu leuchten. Er konnte in die Zukunft sehen und wusste auch alles über die Vergangenheit. Seine Haut leuchtete stärker als die der Engländer. Er hatte rosige Wangen – das Licht strahlte aus seinen Wangen. Er erblickte das Licht mit sechsundzwanzig. Er erhob sich gegen die britische Verwaltung. Das war die Lahore-Verschwörung von 1920. Er wurde zu lebenslänglicher Haft verurteilt.

Im Gefängnis sagte eines Tages ein Pater zu ihm: ›Sie sehen gesund aus. Sie bekommen offenbar gut zu essen.‹ Sant Randhir Singh antwortete dem Pater: ›Ich bekomme das schlimmste Essen.‹ Der Pater sagte: ›Sie sehen glücklich aus. Haben Sie jemanden bei sich, oder sind Sie allein in der Zelle?‹ Der Sant sagte: ›Ich bin niemals allein.‹ Der Gefängniswärter erklärte dem Pater: ›Der Mann erzählt Lügen. Wir sperren nie zwei Gefangene zusammen.‹ Also fragte der Pater den Sant: ›Wer ist mit Ihnen zusammen?‹ Und der Sant antwortete: ›Der Allmächtige.‹

Als der Sant in den dreißiger Jahren freikam – nachdem er sechzehn Jahre im Gefängnis gesessen hatte –, weihte er sein Leben der Aufgabe, religiöse Verse zu rezitieren, zu lesen und anderen *amrit* zu spenden.«

Ich fragte Staffelführer Ram Singh: »Warum ist das *amrit* nötig?«

Er erklärte: »Gott ist in uns verborgen. Er ist nur ein Name – in jedem menschlichen Wesen. Erst wenn man *amrit* einnimmt, wird man seiner gewahr – sein Name kommt einem wie von selbst auf die Zunge.«

Er begann mit einem Vortrag über *amrit*. »Es ist eine Mischung aus reinem Wasser und weißem Zucker. Der Zucker wird aus weißem Zucker und Backpulver hergestellt. Das Gemisch wird erhitzt, so dass es aufwallt und schäumt, bis es zu Zuckerstücken erstarrt. Sie werden in einem Eisengefäß mit Wasser vermischt, und in dem Gemisch wird ein zweischneidiges Schwert hin und her bewegt.

Das wurde von Guru Gobind Singh, dem zehnten Guru, eingeführt. *Amrit* wird gespendet, um den Empfänger vom Tod zu befreien. Eisen ist ein magnetisches Metall. In dem Eisengefäß, in dem man das *amrit* mischt, gibt es die denkbar höchste Konzentration magnetischer Kraftlinien. Wenn ein leitfähiger Gegenstand magnetische Kraftlinien kreuzt, entsteht eine elektromagnetische Kraft. Die lädt die Zuckerstücke und das Wasser auf und versetzt das Gemisch auch mit einer geringen Menge Eisen. Man bekommt also auch ein bisschen Eisen eingeflößt.«

Wir unterhielten uns in seinem Wohnzimmer. Auf dem Boden lag ein Teppich, auf dem Tisch in der Mitte ein Tischtuch, und auf Hängeregalbrettern stand Schnickschnack: eine Uhr, die kleine Statue eines sich aufbäumenden Pferdes, ein Porzellankrug, ein farbiger Schnappschuss von einem Kind, ein kleiner silberner Präsentierteller (ein Souvenir aus London) und einige kleine gemalte Blumenbilder.

Staffelführer Ram Singh war 1916 geboren. Sein Vater, ein Bauer, hatte sich die Schulbildung seines Sohnes einiges kosten lassen. In die Luftwaffe trat Ram Singh 1939 ein, als Indien noch britisch war. *Amrit* nahm er 1957.

Wieso habe er sich dazu genötigt gesehen? Habe er eine persönliche Krise erlebt? Er verneinte. Er habe Bücher von Sant Randhir Singh gelesen und herausgefunden, dass sich ohne *amrit* Gott einfach nicht erreichen ließ.

Er sprach offen mit mir. Ich spürte sein Bedürfnis, mir freundlich zu begegnen. Sein Ton und sein Verhalten verrieten einen vernünftigen, ausgeglichenen Menschen. Er trug ein rehbraunes Gewand und darüber eine Strickjacke in der Farbe von Milchschokolade. Seine Kopfbedeckung glich eher einem Stirnband als einem vollständigen Turban; sie war safranfarben. Der Dolch, eines der fünf Kennzeichen des Sikhismus, hing in einer Scheide an einem großen schwarzen diagonalen Gurt, was ihn weniger wie einen Krieger, als wie einen Busschaffner erscheinen ließ. Sein Bart war von gelblichem Grau.

Ziel der Bewegung sei es, reine Sikhs zu schaffen, und *amrit* sei dazu nötig. »Nachdem man *amrit* genossen hat, nimmt man nichts mehr zu sich, was nicht von *amrithdaris* zubereitet worden ist.« Von Menschen, die ebenfalls *amrit* genossen haben. »Das hilft einem dabei, die fünf Übel zu bekämpfen: Lust, Zorn, Gier, Selbstsucht, familiäre Bindungen.«

Auch dem brüderlichen Gemeinschaftsgefühl habe es vermutlich gedient, meinte ich. Sei das der Grund, warum manche in der Bewegung dem Staat verdächtig geworden seien?

Es habe, sagte er, Schwierigkeiten mit einer reformistischen Sikh-Gruppe gegeben, deren Mitglieder an lebende Gurus geglaubt hätten, nach deren Überzeugung also die Folge der Gurus nicht mit dem Tod des zehnten Gurus 1708 geendet habe. Sie seien eine kleine Gruppe gewesen, hätten aber einen großen, ständigen Stein des Anstoßes gebildet. Im Jahr 1978 sei jemand aus seiner Bewegung von Leuten dieser Gruppe umgebracht worden, und einige aus der Bewegung seien untergetaucht.

Er sprach indes wie jemand, der jeder Gewalt weit entrückt war. Sein Leben ging in seinem Glauben auf. Wenn er das Bett verließ – wenn sein Tag begann –, war es Mitternacht. Er nahm ein Bad und sprach bis vier Uhr seine Gebete. Von vier bis fünf Uhr dreißig las er in den heiligen Schriften des Sikhismus. Dann schlief er bis acht Uhr dreißig. So sah sein Leben aus. Das war das Leben, das er führte, seit er sich mit einundvierzig dem reinen Glauben zugewandt hatte. Keine Frage, dass es ihm Frieden beschert hatte.

Als wir gerade im Aufbruch waren, kam sein Sohn herein. Er war ein gut aussehender Mann mit hellen Augen. Er hatte die Kinderlähmung überstanden und war Arzt. Er hatte ein liebes Gesicht, strahlte Sanftheit aus, besaß die ganze heitere Ruhe seines Vaters. Er stand im Staatsdienst und sagte lächelnd, sie befänden sich gerade im Streik. Den silbernen Präsentierteller auf dem Hängeregal, das Souvenir aus London, hatte er von einer Reise nach England mitgebracht.

Die Terroristen lebten mittlerweile nur noch fürs Morden; ihr Glaube schien nur noch aus der Vorstellung von Feinden und Verrätern, von Groll und Kränkung zu bestehen. Die meisten von ihnen würden eines gewaltsamen Todes sterben – das ließ sich vorhersehen: Die Polizei war weder müßig noch unfähig. Aber solange sie in Freiheit waren, führten sie ein hektisches Leben, zogen wieder und wieder zum Töten aus. Jeder Tag sah sieben oder acht Morde, von denen die meisten nur in dem zwei Tage später veröffentlichten amtlichen Bericht Erwähnung fanden. Nur in Ausnahmefällen wurde ausführlich berichtet.

Ein solcher Ausnahmefall ereignete sich, als in einem Dorf, ungefähr fünfzehn Kilometer von Mehta Chowk entfernt, sechs Angehörige einer Familie binnen einer halben Stunde von einer Bande umgebracht wurden. Die zwei älteren Söhne der Familie kamen um, Vater und Mutter, die Großmutter und ein Vetter. Bei sämtlichen Ermordeten handelte es sich um fromme *amritdhari*-Sikhs. Der älteste Sohn, auf den es die Bande primär abgesehen hatte, war ein ehemaliger Mitstreiter Bhindranwales. Einem Zettel aber, den die Bande in dem Raum zurückgelassen hatte, in dem vier der Morde passiert waren – der Zettel war blutverschmiert, als man ihn fand –, ließ sich entnehmen, dass die Mörder der »Bhindranwale-Tigermacht« angehörten.

Die Dörfer Nordindiens bilden zumeist ein Gewirr enger, winkliger Gassen zwischen kahlen oder mit Lüftungslöchern versehenen Hauswänden. Das Dorf Jaspal, wo sich die Morde ereignet hatten, war offener und einfacher in der Anlage und erstreckte sich beidseits einer geraden Hauptstraße oder Fahrgasse. Es bestand aus achtzig Häusern und bildete die ausgelagerte Siedlung eines benachbarten, größeren Dorfs. Acht Jahre zuvor hatten einige der wohlhabenderen Bewohner jenes Dorfs angefangen, ihre Bauernhäuser in Jaspal zu errichten, auf großen, rechteckigen Grundstücken beidseits der Hauptstraße.

Als wir am Nachmittag dort eintrafen, begegneten uns die Leute, die am Rande des Dorfes bei der Arbeit waren, reserviert. Wir – Fremde, die in einem unauffälligen Mietwagen ankamen – hätten alles Mögliche sein können, Polizei oder Terroristen. In beiden Fällen drohte Ärger. Sie beschäftigten sich ein wenig verbissener mit ihren Arbeiten und hätten uns am liebsten gar nicht bemerkt. Zu unserer Verwunderung stellten wir fest, dass es weder einen Polizisten noch einen Beamten im Dorf gab und dass man weniger als achtundvierzig Stunden, nachdem die Morde passiert waren, die Ortschaft schon wieder sich selbst überlassen hatte.

Die Hauptstraße war breit und mit Ziegeln gepflastert; überspannt wurde sie von Elektrokabeln. Die Mauern der Bauernhäuser auf beiden Seiten waren einförmig und niedrig, manche einfache Ziegelmauern, manche rosa und gelb verputzt. An einem freien

Platz unter einem großen Baum standen Pfosten oder Pfähle zum Anbinden von Büffeln, und es lag dort ein großer Haufen gesammelter und getrockneter Büffeldung. An verschiedenen Stellen entlang der Straße sah man – so, als diene die Straße auch einigen Dörflern als Büffelstall – flache, leere aufgebockte Karren mit Gummireifen sowie Büffel und Futtertröge und Haufen oder Pyramiden von Dungfladen, die als Brennmaterial dienten. Das Dorf endete dort, wo auch die gepflasterte Straße endete. Dahinter schloss sich, halb im nachmittäglichen Schatten liegend und staubig, wo nicht gerade frischer Dung lag, ein schmaler unbefestigter Pfad an, der unter der grellen Sonne durch strahlend helle Senf- und Weizenfelder führte, vorbei an hohen Eukalyptusbäumen mit ihren fahlgrünen hängenden Blättern und gekrümmten Strommasten.

Wir mussten nicht fragen, wo sich das Todeshaus befand. Ungefähr fünfzehn Frauen mit verhülltem Kopf saßen im breiten Torweg auf einer Decke. Der Eingang war pfefferminzgrün gestrichen; die Torsäulen verzierte ein mehrfarbiges Rhombenmuster. Die zwei großen, mit Metall eingefassten Torflügel standen weit offen: im oberen Teil ein schmiedeeisernes Muster, im unteren Teil Wellblechplatten, die an dem mit einem Kreuzmuster versehenen Metallrahmen befestigt waren, dessen Dreiecke man gelb, weiß und blau bemalt und rot abgesetzt hatte. Am anderen Ende des Hofs saßen die Männer im Freien auf dem Boden – die senkrechten Blätter der jungen Eukalyptusbäume warfen kaum Schatten –, die meisten von ihnen mit weißen Turbanen, die abgelegten Schuhe um sie herum verstreut, nicht weit entfernt von ihnen ein Gurtbett. Die Büffel standen in ihren Verschlägen an der niedrigen Ziegelsteinmauer, über die zwei Nächte zuvor die Bande in den Hof gesprungen war. So viel Schutz an der Vorderseite, Metall und Wellblech, und auf der Rückseite, zu den Feldern hin, so offen!

Wir wurden in das Bauernhaus nebenan gebracht. Es machte einen viel wohlhabenderen Eindruck. Der Hof bestand nicht aus gestampftem Lehm, sondern war wie die Gasse mit Ziegelsteinen gepflastert. Das Haus gehörte zu den wenigen in Jaspal, die ein oberes Stockwerk hatten. Dieses Obergeschoss lag über dem Eingang. Es war mit einem Stufenmuster aus schwarzen, weißen, grünen und gelben Kacheln verziert und schloss an den Ecken mit einem rein ornamentalen, regelmäßigen Muster aus halb vorstehenden Ziegeln ab. Der Hänger im Hof gehörte zu einem Traktor und trug hinten als Aufschrift den geheimnisvollen Lobpreis, den man auf der Rückseite aller indischen Lastwagen findet: OK TATA. Und in einer Ecke des Hofes gab es so etwas wie einen Blumengarten: Sonnenblumen, Bougainvilleen, Kapuzinerkresse, lichthungrige Pflanzen.

Wir saßen auf Gurtbetten in dem offenen, hellen Raum links des Eingangs. Die Decke aus Ziegelsteinen, die zugleich der Boden des Obergeschosses war, ruhte auf Holzbalken, die wiederum auf Stahlträgern lagen. Die abgerundeten Betonpfeiler waren mit gegossenen oder gemeißelten Schmuckbändern verziert und vielfarbig bemalt – ein Anklang an die Säulen der hinduistischen Tempel, bevor die Muslime das Land eroberten. Alles in diesem Bauernhof kündete von der Freude des Eigentümers an seinem Besitz.

Allmählich kamen Leute herein. Sie saßen auf den Gurtbetten, mit dem Rücken zum Licht oder gegen die bemalten Pfeiler gelehnt. Die Pandschab-Tracht – in Delhi und andernorts Ausdruck modischer Eleganz – war hier noch nichts weiter als eine Bauerntracht, die beschmierte, schmutzige Kleidung von Leuten, deren Leben eng mit ihrem Vieh verknüpft war. Eine stämmige Frau in ihren Dreißigern, die ein graugrünes Kostüm mit Blumenmuster trug, das an den Knöcheln Schmutzflecke hatte, kam mit einem Kind auf der Hüfte herein und setzte sich auf das Gurtbett. Die Augen der Frau waren vom Weinen fast zugeschwollen.

Das Kind, das jetzt auf ihrem Schoß saß und sich an sie klammerte, war das siebenjährige Kind des ältesten Bruders. Als sein Vater getötet wurde, befand sich der Junge im Raum; dem Feuerstoß der AK-47 entging er nur, weil sich ein anderer Bruder mit ihm unter einem Feldbett versteckt hatte. Der Junge stand immer noch unter Schock, konnte sich ab und zu aber auch für die Fremden interessieren; gelegentlich füllten sich, während die Leute erzählten, seine Augen mit Tränen. Man hatte ihn in einen sauberen, fahlbraunen Anzug gesteckt und sein Haar zu einem Dutt frisiert.

Der Onkel, der ihn gerettet hatte, war ein gut aussehender, schlanker Mann von dreiundzwanzig Jahren. Er hatte sich für den Anlass, für den Besuch so vieler Gäste, mit einiger Sorgfalt hergerichtet, trug einen blauen Turban, ein modisches Hemd mit schwarz-grauem Schachbrettmuster. Er fing an, von den Geschehnissen zu erzählen; während er redete, kam ein junges Mädchen, eine Kusine, und lehnte ganz unaffektiert den Kopf an seine Schulter.

Der bäuerliche Alltag ging weiter. Durch das Vordertor kamen die Büffel nach Hause. Die schweren Ketten, die sie schleppten, hallten dumpf auf dem gepflasterten Hof, und ihre Hufe machten ein hohles Trommelgeräusch. Und was sich gehörte, wusste man auch: Den Besuchern wurde von drinnen Wasser gebracht und danach Tee.

Der Mann in dem Hemd mit schwarz-grauem Schachbrettmuster hieß Joga. Was er erzählte, wurde mir von den Journalisten übersetzt, die mich begleiteten, und am anderen Tag von Avinash Singh, einem Korrespondenten der *Hindustan Times*, noch einmal ausführlicher wiedergegeben.

Die Familie habe beim Abendessen gesessen, erzählte Joga, und einige von ihnen hätten sich in den Wohnräumen auf der einen Seite des Hofes, in dem direkt an den Hof angrenzenden Raum befunden. (Auf der anderen Seite des Hofes war das Vieh untergebracht.) Ein paar hätten gerade »ihren Tee genommen«. Kurz nach neun habe es im Hof einen Tumult gegeben, und jemand habe von dort draußen gerufen: »Der Mann aus Jodhpur, der so tut, als wäre er ein gläubiger Mensch – er soll rauskommen.«

Joga glaubte zuerst, die Rufe kämen von Leuten aus dem Dorf, aber dann ließ ihn der Ton der Stimmen die Überzeugung gewinnen, dass es sich um »die Jungen«, »die Singhs« handelte. »Die Singhs«: Der Ausdruck war hier nicht einfach nur ein anderes Wort für Sikhs. Er meinte Sikhs, die ihrem Taufgelübde treu geblieben waren, und in diesen Dörfern war das mittlerweile gleichbedeutend mit Männern aus der einen oder anderen terroristischen Bande. Das Wort »Singhs« verwendete Joga am häufigsten zur Bezeichnung der Männer, die in dieser Nacht gekommen waren. Das andere Wort, das er benutzte, war *atwadi*, »Terroristen«. Nur ein einziges Mal sagte er *munde*, »die Jungen«.

Joga hatte Butas Sohn auf seinem Schoß. Sobald er die Überzeugung gewonnen hatte, dass die Ankömmlinge Singhs waren, versteckte er sich mit dem Jungen unter dem Feldbett.

Buta, der älteste Bruder, ging zur Tür des Raumes. Die Männer draußen hatten nach dem Mann »aus Jodhpur« gerufen. Jodhpur hatte eine Bedeutung: Buta war mehr als vier Jahre, vom Juni 1984 bis zum September 1988, mit zweihundert oder dreihundert anderen in der Festung von Jodhpur unter Terrorismusverdacht festgehalten worden – das lag gerade erst acht Monate zurück. Eingesperrt hatte man ihn, weil er sich zum Zeitpunkt des Armeeangriffs auf den Goldenen Tempel dort aufgehalten hatte und weil er als religiöser Anhänger Bhindranwales bekannt war. Buta gab zu, dass er ein Anhänger Bhindranwales war; er bestritt aber, Terrorist zu sein. Er sei an diesem Tag im Goldenen Tempel gewesen, erklärte er, weil er zum Jahrestag des Märtyrertodes des fünften Gurus, der 1606 auf Befehl des Herrschers Dschahangir hingerichtet worden war, ein Milchopfer gebracht habe.

Das war der Mann, der, obwohl erst zweiunddreißig Jahre alt, schon viele Jahre des Leidens und ein bereits in die Brüche gegangenes Leben hinter sich hatte und der nun zur Tür ging und hinaussah auf die vielen vermummten Leute, die im Hof standen.

Deren Anführer fragte: »Wer ist Buta Singh?«

»Ich bin Buta Singh.«

»Komm mit. Wir suchen dich. Wir sind gekommen, dich abzuholen.« Und der Mann, der das Wort führte, sagte zu einem seiner Singhs: »Fessle ihm die Hände.«

Einige der Männer machten Miene, ihn bei den Armen zu packen. »Ich weigere mich, ich weigere mich«, sagte Buta. Es gab ein Handgemenge, und zwei der Singhs feuerten. Eine Kugel traf Buta unmittelbar unterhalb des Brustkorbs auf der rechten Seite, und er stürzte rückwärts in den Raum. Butas Mutter warf sich über ihren Sohn und sagte zu den Männern: »Bitte, nicht töten.« Butas Bruder Jarnail und Butas Ehefrau Balwinder warfen sich ebenfalls auf Buta. Die Singhs rissen Balwinder an den Haaren von ihrem Mann weg und schossen erneut mit ihren AK-47. Buta hatte noch gelebt, aber jetzt wurde er getötet, zusammen mit seiner Mutter und seinem Bruder. Butas Großmutter wurde verwundet und starb ein paar Tage später.

Butas Vater kam aus seinem zur Straße gelegenen Zimmer vorne im Haus gerannt. Er rannte über den Hof zu den Männern mit den Gewehren und versuchte, eines der Gewehre zu packen. Er wurde mit einem Schuss in den Kopf getötet.

Danach verließen die Singhs – sie waren acht oder neun an der

Zahl – den Hof und gingen durch das Tor auf die Dorfstraße. Gegenüber, ein bisschen nach rechts, lag das Haus von Natha Singh, Butas Onkel, dem ersten Vetter seines Vaters. Sie suchten Natha Singh. Als ihnen das vordere Tor von Nathas Haus nicht aufgemacht wurde, gingen sie um das Anwesen herum nach hinten, kletterten über die niedrige Mauer und riefen nach ihm. Natha hatte fünf Kinder; das älteste war eine durch Kinderlähmung verkrüppelte vierzehnjährige Tochter.

Der Gerufene kam heraus. Die Bande brachte ihn auf die Straße hinaus und verlangte von ihm, dass er sie auf seinem Traktor zum Haus von Baldev brachte. Auch Baldev wollten sie unbedingt haben. Wie sie sagten, warfen sie Baldev vor, dass er als *amritdhari*-Sikh sein Gelübde gebrochen und mit einem Tempelpriester in der Stadt Jalandhar zu tun gehabt habe. Als sie zu Baldevs Haus kamen, das am Ende der Straße lag und unmittelbar an die Felder angrenzte, fanden sie ihn nicht. Baldev hatte die Schüsse gehört und sich aus dem Staub gemacht; er hatte bereits zuvor wegen seiner religiösen Aktivitäten Drohbriefe erhalten. Also ließen sie sich auf dem Traktor zurückfahren und erschossen Natha direkt vor seinem Haus.

Die Singhs hielten sich nicht mehr als eine halbe Stunde im Dorf auf. Dann verschwanden sie wieder. Erst acht Stunden später, ungefähr um fünf Uhr dreißig morgens, fiel jemandem aus der Familie der Zettel in die Hand, den die Terroristen zurückgelassen hatten – der jetzt blutbefleckt und schwer zu entziffern war. Buta Singh und Natha Singh, so lautete die Botschaft, habe man umgebracht, weil sie verantwortlich seien für den Tod von zwei Terroristen, die zwei Monate vorher nur einen halben Kilometer vom Dorf entfernt getötet worden waren. Auf den einen der damals getöteten Terroristen war ein Kopfgeld von dreißigtausend Rupien ausgesetzt.

Die betreffende Bande, so behauptete die Polizei, habe Buta dazu bringen wollen, sich ihr anzuschließen. Buta, der bis 1984 Bhindranwale nahe gestanden hatte, habe der Bande ein gewisses Maß an »Glaubwürdigkeit« verleihen sollen.

Unter den Dörflern kursierte auch noch eine andere Version. Kurz nach seiner Entlassung aus Jodhpur habe Buta – der während der Haft einen Studienabschluss gemacht hatte – die Fahrerlaubnis für einen Minibus beantragt. Das entsprach den Bemühungen der Regierung, Leute wie Buta wieder ins gesellschaftliche Leben zu integrieren. Buta sei eines Tages nach Jalandhar gefahren, um sich um seine Fahrlizenz zu kümmern. Er sei aber nicht wie geplant zurückgekommen. Leute aus dem Dorf hätten Nachforschungen angestellt und herausgefunden, dass Buta von der in Jalandhar stationierten Zentralen Polizeireserve verhaftet worden sei. Man habe ihn neun Tage lang festgehalten.

Buta habe nie jemandem verraten, weshalb man ihn festgenommen hatte oder was während der neun Tage Haft geschehen war. Sie wüssten nur, dass er bei der Rückkehr sehr verängstigt gewesen sei und niemals das Dorf allein habe verlassen wollen, um zum Rohrbrunnen zu gehen oder auf den lokalen Markt zu fahren. (Einigen zufolge fürchtete Buta, erneut von der Polizei gefasst zu werden. Aber das klang nicht logisch. Die Polizei hätte ihn schnappen können, egal, ob er in Begleitung war oder nicht. Hingegen hätte ein Begleiter einen Meuchelmörder von einer der Banden möglicherweise abgeschreckt.)

Schließlich gingen wir nach nebenan, in das Todeshaus, und schlängelten uns an den Frauen vorbei, die im Eingang saßen. Sie wehklagten jetzt nicht mehr; sie saßen ebenso stumm da wie die Männer in dem der prallen Sonne ausgesetzten Hof – die senkrechten Eukalyptusblätter warfen kein bisschen Schatten, die Nachmittagssonne ließ sie im Gegenteil hell auffunkeln. Die verputzte Mauer des Hofs auf der Seite der Wohnräume war rosa gestrichen, die zwecks Lüftung durchbrochenen Betonplatten über den Türen und Fenstern präsentierten sich wie die Mauern am Toreingang pfefferminzgrün – mediterrane Farben. Die Türen und Fenster und die senkrechten Eisenstäbe vor den Fenstern wiesen ein dunkleres Grün auf.

Die Schlafzimmer lagen im vorderen Teil des Gebäudes, zu beiden Seiten des Toreingangs. Ihre Türen gingen nach hinten auf den Hof, und die Rückwand der Räume (mit vergitterten Fenstern) bildete die Straßenfront des Anwesens. Auf der Linken gab es zwei Räume. Sie wurden, wie Avinash mir sagte, nicht nur als Schlafzimmer, sondern auch als Stauraum für Jutesäcke mit Weizen und Reis genutzt. Buta Singhs Vater hatte in dem Raum geschlafen, der am weitesten in der Ecke des Hofes lag; von dort war er hinausgerannt.

Das Schlafzimmer rechts vom Tor bildete den Hauptraum des Bauernhauses. Dort hatten Buta und seine Frau geschlafen. Es war zugleich der Empfangsraum. Stühle gab es jetzt keine. Die Stühle und den Tisch in der Mitte habe man, erklärte Avinash, aus dem Zimmer geräumt, weil man davon ausgehen konnte, dass nach den Morden viele Besucher kamen. Es gab zwei Betten, die nebeneinander standen. Das Bettzeug darauf war zerwühlt. Noch ein weiteres Bett stand im Raum, zusammen mit Truhen und Kisten. Auf einem Regal sah man ein Andenken vom Goldenen Tempel, und an den Wänden hingen religiöse Kalender. In der Volkskunst der Sikhs werden die Gurus so dargestellt, dass die Pupillen ihrer Augen halb unter dem Augenlid verschwinden, so dass vom Augapfel mehr Weiß zu sehen ist als normal; diese Art der Wiedergabe suggeriert Blindheit und innere Erleuchtung. In diesem Raum machten die Bilder mehr Eindruck als sonst.

Es gab ein Foto von Butas Schwiegervater und eines von Buta selbst: Es zeigte einen studentisch wirkenden jungen Mann mit Brille. Das Studentische und die Brille kamen in diesem bäuerlich-dörflichen Milieu überraschend. Vielleicht hatte Buta auf das akademische Aussehen besonderen Wert gelegt; er dürfte fast mit Sicherheit der Erste in seiner Familie gewesen sein, der eine höhere Bildung empfing. Butas Frau Balwinder war die Einzige im Dorf, die ein Examen hatte, und zweifellos hatte ihr Beispiel Buta dazu angespornt, während seiner Haftzeit in Jodhpur ebenfalls seinen Studienabschluss zu machen.

Zwei oder drei Generationen – eine Zeit nicht nur des Arbeitsfleißes, sondern auch der politischen Förderung, der politischen Sicherheit, der landwirtschaftlichen Entwicklung, des nationalen Wirtschaftswachstums – hatten Butas Familie dorthin gebracht, wo sie jetzt stand. Zwei oder drei Generationen hatte es gebraucht, um in Buta Singh intellektuelle Neigungen zu wecken. Sein erwachendes Selbstbewusstsein hatte ihn vermutlich mit besonders scharfem Blick auf seine Herkunft zurückschauen lassen. Vorstellungen von Ungerechtigkeit und Unrecht dürften da näher gelegen haben als die Idee vom stetigen Fortschritt der Generationen. Der Fundamentalismus von jemandem wie Bhindranwale dürfte den Anschein erweckt haben, jedes emotionale Bedürfnis zu befriedigen, wie ein Programm zu funktionieren: Er adelte die

Unzufriedenheit und das Gefühl, Opfer von Verfolgungen zu sein, präsentierte die Vergangenheit als eine Geschichte des Verrats an einstigem Glanz und Ruhm, lieferte für die Gegenwart das thematische Gespann von Feindbild und Erlösungshoffnung.

Das hatte Buta in die Falle gelockt und mitgerissen.

Der Polizei zufolge war er getötet worden, weil er es abgelehnt hatte, sich der Bande anzuschließen. Der von den Singhs hinterlassene Zettel hingegen machte ihn verantwortlich für den Tod der zwei durch Polizeikugeln umgekommenen wichtigen Terroristen. Möglich, dass an beiden Versionen etwas Richtiges war. Das gehörte zur Trostlosigkeit der Situation, dass Männer durch Blutvergießen in die Bewegung hineingezwungen werden mussten und wegen des Blutvergießens dann nicht mehr von ihr loskamen. Er musste gelitten haben. Alle waren sich darin einig, dass er ein sehr religiöser Mensch gewesen sei. Er habe für seine zwei jungen Söhne religiöse Fibeln gekauft, sei zweimal am Tag zum Beten in den *gurdwara* gegangen. So viel Frömmigkeit! Anfangs mochte er damit Bedürfnissen des Gefühls und des Intellekts entsprochen haben; später flehte er vielleicht einfach um Gottes Schutz.

Sein Ende hatte er im Nebenraum gefunden. Der Raum lag an der Seite des Hofes, wies nach Süden. Die Tür war offen, aber die fahle Grelle des von Dung bedeckten Hofs und die von der Sonne beschienene rosafarbene Mauer ließ den Eingang tiefdunkel erscheinen. Im Schatten drinnen blinkten Messinggefäße und Stahltöpfe auf Regalen. Auf dem Boden, wo Buta und seine Familie hingestürzt waren, sah man Schürfstellen. Nicht mehr als zweiundvierzig Stunden waren seitdem vergangen. Aber die Schürfstellen mochten auch von Leuten stammen, die gekommen waren, um zu schauen. Der Zettel, den die Mörder hinterlassen hatten, war blutgetränkt, als man ihn fand. Der Boden war schwarz von Fliegen, die sich kaum bewegten.

Nur drei Tage vor den Morden hatte, wie mir Avinash später erzählte, Buta Singhs Frau, die mit dem Hochschulabschluss, im benachbarten Dorf eine englischsprachige Schule eröffnet. Damit erfüllte sich für sie ein lang gehegter Wunsch. »Ich dachte, ein Traum sei in Erfüllung gegangen«, erzählte sie Avinash. »Ich ahnte nicht, dass die Rückkehr meines Mannes aus Jodhpur das Verderben für die Familie bedeutete.«

Auf der anderen Straßenseite lag das Haus von Natha Singh, Butas Onkel. Seine Frau war Analphabetin. Sie hatte fünf Kinder, von denen das älteste behindert war. »Ich weiß nicht, was ich machen soll«, sagte sie zu Avinash. »Mit meiner Welt ist es aus.«

Die Totenklage, die neu ausbrach, während wir hinausgingen, galt Natha Singh. Rechts von dem pfefferminzgrünen Tor mit dem vielfarbigen Rhombenmuster saßen an der Stelle, an der Natha umgebracht worden war, nachdem er den Traktor von Baldevs Haus zurückgefahren hatte, Frauen, die sich immer wieder zu Boden warfen. Beidseits der von Dung übersäten Gasse ging das landwirtschaftliche Leben weiter: Büffel senkten ihre Köpfe in die Tröge, die am Rand der Straße an den Mauern lehnten. Die Tiere herausführen, sie wieder hineinbringen, sie melken, ihnen das Joch abnehmen, sie füttern, sie auf Streu betten – das alles verlieh dem Tag seinen Rhythmus und seine Richtigkeit und war ebenso streng einzuhalten wie die Religion.

Zwei andere Männer aus dem Dorf hatte man in Jodhpur festgehalten. Während die Frauen klagten und die Büffel fraßen, bekamen wir die Geschichte des einen der beiden zu hören. An eben dem Tag, an dem Ranjit in Jodhpur freigekommen war, wurde sein Bruder getötet. Ranjit sagte nicht, von wem sein Bruder getötet worden war; das sprach dafür, dass ihn »die Jungen« umgebracht hatten. Den Leichnam seines Bruders fand man zwanzig Kilometer von Amritsar entfernt – nicht weit weg von dem Ort, an dem wir uns befanden. Und so geschah es, dass am gleichen Tag, an dem Ranjit nach viereinhalb Jahren in Jodhpur nach Hause kam, auch der Leichnam seines Bruders heimkehrte. Das war gerade einmal einen Monat her.

Wie sie so gefasst über ihren Kummer reden könnten, wollte ich wissen. Zum Teil verleihe ihnen ihr Glaube die Gefasstheit, aber so darüber reden könnten sie, weil schon viele Hunderte gelitten hätten wie sie. Avinash erklärte, Massenmorde wie den, von dem uns an diesem Nachmittag erzählt worden sei, hätten er und andere Korrespondenten schon über fünfzig Mal erlebt. Genau ein Jahr und eine Woche zuvor habe man achtzehn Angehörige einer Sippe in Rajasthan, von der die Hälfte Sikhs gewesen seien, umgebracht. Eine AK-47 sei ein reines Mordinstrument. Mit ihr könne man in zweieinhalb Sekunden ein Magazin mit zweiunddreißig

Patronen verschießen; die Kugeln spritzten nach allen Seiten und könnten in diesen zweieinhalb Sekunden jeden niedermähen, der sich im Raum befinde. In einem Viertel in Amritsar seien in einer Nacht sechsundzwanzig Leute getötet worden, unter ihnen ein dreißig Tage altes Mädchen und das einundneunzigjährige Oberhaupt einer Familie.

Wir fuhren auf Nebenstraßen und Feldwegen zurück nach Amritsar, das reiche, gut bestellte Land vor Augen. Es war noch Nachmittag und hell, war noch sicher. Nach einiger Zeit hatten wir das Gefühl, uns verfahren zu haben. Wir befanden uns auf einem unbefestigten Weg zwischen bewässerten Feldern. Wir sahen zwei Männer auf einem Fahrrad: Der eine trat in die Pedale, der andere saß auf dem Gepäckträger. Der Mann auf dem Gepäckträger saß in eleganter Haltung da, im Damensitz mit geschlossenen Füßen, die er aber nicht herabbaumeln ließ. Die eng aneinander liegenden Schuhe hielt er hoch, als wolle er sie dem Staub entziehen. Als wir anhielten, um nach dem Weg zu fragen, glitt er mit einer geübten Bewegung vom Gepäckträger und bot an, uns zu begleiten und auf die Straße nach Amritsar zu bringen.

Sein Aussehen entsprach seiner eleganten Sitzhaltung auf dem Fahrrad. Er war Sikh und trug einen gestutzten Bart. Der gestutzte Bart zeigte an, dass er kein *amrit* genommen hatte. Er hatte von Buta Singhs Tod und den anderen Morden gehört und fand es entsetzlich. Er selbst gehörte keiner der rein sikhistischen politischen Gruppen an. Er tätigte kleine Geschäfte und hielt sich für erfolgreich, genoss seinen Erfolg. Er habe ein Haus gebaut, sagte er, mit Toiletten und Wasserspülung und allem Drum und Dran. Das Haus habe ihn vier Lakh gekostet, 16000 englische Pfund. Aber er denke mittlerweile, er werde vielleicht das Haus aufgeben und in eine andere Gegend ziehen müssen. *Amrit* habe er nicht genommen und beabsichtige auch nicht, das zu tun. Er glaube nicht, dass er nach den strengen *amritdhari*-Regeln leben könne, und wolle keine Schwierigkeiten mit den Jungen bekommen, wie das anderen passiert sei.

Im Katalog der Folterungen und Märtyrertode der Gründungsgurus des Sikhismus nimmt die Geschichte von den zwei Söhnen des zehnten Gurus, die lebendig eingemauert wurden, eine Sonderstellung ein. Mit ihren Anklängen an *König Johann* und *Richard III.* hat sie so etwas wie eine mythologische Qualität.

Der Mann, der die Hinrichtung der Kinder – Knaben von neun und zehn Jahren – befiehlt, ist der Statthalter der Moguln in der Stadt Sirhind. Nur ein Mensch protestiert gegen das grausame Verfahren: ein muslimischer Adliger afghanischer Abstammung, der Nawab von Malerkotla. Dann bittet er um die Leichen, damit er sie, wie es sich ziemt, verbrennen kann: Muslime werden begraben, Sikhs und Hindus verbrannt. Der Statthalter sagt: »Also gut. Wir geben Euch einen Platz, wo Ihr sie verbrennen könnt. Aber er soll nur so groß sein wie die Fläche, die Ihr mit Goldmünzen bedecken könnt.« Der Nawab ist einverstanden. Er breitet einen Teil seines Schatzes auf dem Boden aus, und dort werden die beiden Leichname verbrannt. So entstehen zwei heilige Orte: der Ort, wo die Knaben eingemauert, und der Ort, wo sie verbrannt wurden. Und der Jahrestag ihres Märtyrertodes wird mit einer rituellen Prozession vom einen Ort zum anderen begangen.

Wo kein Geschichtsbewusstsein vorhanden ist, kann der Mythos in der Region unmittelbar vor unseren Vätern und Großvätern, unmittelbar vor den lebenden Zeitzeugen, Raum greifen. Diese Geschichte von den eingemauerten Kindern könnte vor zweitausend oder zweihundert oder hundert Jahren passiert sein. Tatsächlich aber lässt sich das Ereignis datieren. Es war 1699 in der Stadt Anandpur, dass der zehnte Guru *amrit* spendete, die ersten Sikhs taufte, den Kriegerorden der Sikhs begründete. Zwei Jahre danach wurde er von Streitkräften des Moguls in der Stadt belagert. Die Belagerung dauerte drei Jahre. Der Guru entkam mit zweien seiner Söhne; die Mutter des Gurus und seine zwei anderen Söhne wurden hingegen gefasst. Man brachte sie nach Sirhind. Im Jahr 1710 wurde Sirhind von den Sikhs eingenommen.

Ereignisse, die sich zeitlich fixieren und beschreiben und in einer angemessenen Distanz zur Gegenwart verorten lassen, können irgendwann anfangen, weit weg zu erscheinen und zu verblassen. Mythen bleiben frisch, verlieren niemals ihre Kraft. Obwohl 1762 in Malerkotla ein afghanisches Invasionsheer ein Massaker unter den Sikhs anrichtete, kam 1947, zur Zeit der Spaltung Indiens und des Bevölkerungsaustauschs zwischen Indien und Pakistan – der Flucht von Muslimen nach Pakistan und von

Sikhs und Hindus aus Pakistan –, dank jenes afghanischen Adligen, der die Verbrennungsstätte der zwei Söhne des zehnten Gurus mit Goldmünzen bedeckt hatte, kein einziger Muslim in Malerkotla zu Schaden. In den sechziger Jahren des zwanzigsten Jahrhunderts stellte die politische Partei der Sikhs, die Akali Dal, den Nawab von Malerkotla als ihren Kandidaten auf, der bei drei Wahlen die Stimmen der Sikhs erhielt.

Das erzählte mir Amarinder Singh. Amarinder war Oberhaupt des Fürstenhauses von Patiala. Inoffiziell – der Fürstenstand war abgeschafft und den Fürsten hatte man ihre Titel aberkannt – war er der Maharadscha von Patiala. Alle Sikhs heißen »Singh«; in dem gemeinsamen Nachnamen sollten Kasten- und Rangunterschiede verschwinden. Das Ideal hat bis heute Geltung, aber fast von Anfang an entstanden sikhistische Herrschaftshäuser, unter denen Patiala zu den bedeutendsten zählte. Nach der Eingliederung von Sirhind – wo die beiden Knaben eingemauert worden waren – in das Herrschaftsgebiet von Patiala wurde es zu einer Tradition des Herrscherhauses, den Märtyrertod der beiden Söhne des Gurus mit einer rituellen Prozession zu feiern.

»Sirhind war der Sitz des Statthalters der Moguln. Als die Sikhs schließlich die Festung eroberten, fanden sie dort nichts mehr vor. Nichts, was auf die Sikhs hingedeutet hätte, war erhalten geblieben. Die Moguln hatten alles zerstört. Man ortete die Stelle, an der die Einmauerung stattgefunden hatte, und errichtete auf ihr den ersten *gurdwara*. Er wurde später umgebaut. Den Umbau nahm mein Vater Anfang der fünfziger Jahre vor. Herkömmlicherweise wurde an jedem Jahrestag der Guru Granth Sahib von der Stätte, wo man sie eingemauert hatte, auf einer Bahre zum Ort der Feuerbestattung getragen.« Ein Trauerzug wurde nachgestellt, wobei die heiligen Schriften der Sikhs – wie sie der zehnte Guru kodifiziert hatte – die zwei Söhne des Gurus vertraten. »So ging das bis in die sechziger Jahre, als die Akali-Partei den *gurdwara* unter ihre Kontrolle brachte und die Durchführung der Zeremonie übernahm.«

Die Familie sei auf besondere Weise dem Glauben verpflichtet. »Wir sind die einzige Familie, die zweimal den Segen des Gurus empfing.« Amarinder verwendete das Wort »Guru« als Sammelbegriff, wie das die Sikhs häufig tun. Den ersten Segen habe man vom sechsten Guru, Hargobind (1606–1644), empfangen, als dieser den weinenden Sohn der Familie tröstete: »Wieso weint er? Seine Pferde werden Wasser aus dem Fluss Jamuna trinken.« So sagte der Guru voraus, dass sich das Territorium von Patiala am Ende bis zu diesem Fluss erstrecken werde.

Ein späterer Vorfahr gehörte zu denen, die der zehnte Guru taufte. An diesen Vorfahr habe der zehnte Guru anlässlich der Schlacht von Chamkaur, nicht lange nach dem Fall von Anandpur, geschrieben und ihn um Hilfe gebeten.

»Dem von den Mogul-Streitkräften in seiner Festung eingeschlossenen Guru gelang es, einen Brief mit der Botschaft hinauszuschmuggeln: ›Mein Haus ist dein Haus. Und ich bin in Gefahr. Komm.‹ Als mein Vorfahr aber eintraf, war die Schlacht schon vorüber.« In dieser Schlacht seien die zwei anderen Söhne des Gurus umgekommen. »Mit dieser Generation begann der *Khalsa.*« Später, als er in den Süden unterwegs war, wo er 1708 starb (zwei Jahre, bevor es den Sikhs gelang, Sirhind zu erobern), habe er eine Prophezeiung ausgesprochen, die Fürstenfamilie Patiala und den endgültigen Umfang ihres Staats betreffend.

Der Brief des Gurus aus Chamkaur genoss in der Familie besondere Wertschätzung. Ihm hatten Amarinders Vater oder Großvater den derzeitigen Wahlspruch der Familie Patiala entnommen: »Mein Haus ist dein Haus«. Der frühere Wahlspruch hatte gelautet: »Das Licht des Himmels Unser Leitstern«. Man entdeckte ihn noch auf altem Geschirr von Patiala.

Auf dem Dach des Palastes gab es einen *gurdwara.* Der einzige Kultgegenstand für Sikhs ist ihre heilige Schrift, die von den verschiedenen Gurus im Laufe der Jahre zusammengetragen und schließlich in den Rang eines Gurus erhoben wurde. In diesem *gurdwara* aber fanden sich außerdem Reliquien des zehnten Gurus. Nachdem ich mir die Hände gewaschen und meinen Kopf bedeckt hatte, bekam ich ein paar dieser Reliquien gezeigt: ein Schwert des Gurus in einer mit Samt bezogenen Scheide, ein paar Speere, einen Brief, den in der vorliegenden Form ein Sekretär oder Schreiber niedergeschrieben haben musste.

Alte Kultobjekte auf dem Dach des Palastes – die historischen Ereignisse von dreihundert Jahren zuvor in Religion überführt (der zehnte Guru starb zwei Jahre nach Benjamin Franklins Geburt).

Der Palast selbst kündete von Veränderungen neueren Datums. Erst in den fünfziger Jahren des zwanzigsten Jahrhunderts erbaut, war der Palast zwar luxuriös, aber es fehlten ihm die orientalischen Motive, mit denen zum Beispiel der europäische Architekt des Maharadschas von Mysore dessen Stadtplast im Jahr 1912 so verschwenderisch ausgestattet hatte. Dieser neue Patiala-Palast glich einem prächtigen europäischen Landhaus und vermittelte ein eher internationales oder neutrales Flair, war ganz auf Komfort abgestellt, dem indischen Klima hervorragend angepasst, ein Haus in bester Lage und mit allen Vorzügen. In seinen zahlreichen Empfangsräumen hingen signierte Fotos, wie sie der Besucher an Besichtigungstagen auch in herrschaftlichen Wohnsitzen anderer Länder sehen kann. Hier allerdings legten die Fotos – der Potentaten – Zeugnis von einer Welt im Wandel, einer sich wandelnden Perspektive, einem sich emanzipierenden Indien ab: der Kaiser, Viktor Emmanuel, die belgische königliche Familie, Tito, Nehru, Indira Gandhi.

Man sah viele Gemälde, die meisten davon offenbar in Europa gekauft, nur wenige bemerkenswerte darunter. Unmittelbar vor der Zeit der Briten hatte sich eine sikhistische Malschule entwickelt. Die Werke dieser Schule waren kleinformatig, auf Papier gemalt, eine private Hofkunst, die zum größten Teil Gesichter festhielt; die Blätter wurden in Alben gesammelt oder gebündelt und in der Palastbibliothek verstaut. Auf die europäische Kunst mit ihren größeren Ölgemälden, die an den Wänden zur Schau gestellt waren, ohne dass man in jedem Fall hätte sagen können, warum sie da hingen – auf diese Kunst hatten sich Geschmack und Urteilsvermögen nicht erstreckt. Obwohl Geld im Überfluss vorhanden war, hatten Amarinders Vater und Großvater weder alte Meister noch große Namen der zeitgenössischen Kunst erstanden.

Das auffälligste Gemälde stellte ein überlebensgroßes Ganzporträt von Amarinders Vater dar. Die Maharadschas von Patiala waren berühmt für ihre Körpergröße. Der Radscha, den William Howard Russell 1858 in Patiala kennen lernte, maß über einen Meter achtzig und war äußerst kräftig gebaut. Die betont massige Gestalt von Amarinders Vater auf dem Gemälde erweckte zusammen mit der fürstlichen Haltung, in der sie abgebildet war, einen monumentalen Eindruck und wirkte geradezu atemberaubend. Zu diesem Bild passte ein ausladendes Salonstück, das über der breiten Treppe hing: Es stellte die Feierlichkeiten zum silbernen Thronjubiläum des Königs und Kaisers Georg V. 1935 in London dar und zeigte Amarinders Großvater und andere indische Fürsten, unter ihnen die von Kaschmir und Bikaner, an der Seite des Prinzen von Wales, des künftigen Georg VI., und seiner Frau Elisabeth mit ihren beiden Töchtern Elisabeth und Margaret.

»Mein Großvater war durch und durch Autokrat«, sagte Amarinder. »Er bestieg mit neun Jahren den Thron. Mit achtzehn trat er die volle Herrschaft an, die er von 1907 bis 1938 ausübte. Er machte Patiala bekannt, gab dem Staat eine fähige Regierungsmannschaft. Er förderte Sport und Musik. Aber er war ein Autokrat.«

Seine Vorstellung davon, was er sich selbst schuldig war, demonstrierte der Palast, in dem er gelebt hatte, der alte Patiala-Palast auf der anderen Seite des Zentrums von Patiala.

»Er besaß tausend Zimmer und eine Fläche von hundertsechzig Hektar. Jetzt dient er als Sporthochschule. Der Weg vom Zimmer meines Vaters bis zu meinem war über einen Kilometer lang. Wir haben ihn eines Tages vermessen, wobei wir auch alle Stufen berücksichtigten. Er war viel zu groß. Deshalb baute mein Vater in den fünfziger Jahren diesen Palast. Der ist auch noch riesig, aber damals, nach dem alten Palast, hatte meine Familie das Gefühl, ein bisschen beengt zu wohnen.«

Und vor dem alten Palast – einem Exemplar jener indischen Paläste, auf die sich die Vorstellung vom ungeheuren Reichtum der Maharadschas zu Zeiten des britischen *Radsch* gründete – habe es die Festung Patiala gegeben.

»Die alte Festung wurde gebraucht, wenn die Leute kämpfen mussten. Es gibt einen Turm, von dem herab man schießen kann.«

Mit dem Bau der Festung habe man 1714 begonnen, an der Stätte, an der ein muslimischer Fakir oder heiliger Mann als Einsiedler gelebt hatte. Das Feuer des Fakirs sei in die neu erbaute Festung gebracht und bis zum heutigen Tag in Gang gehalten worden.

In der Festung hatte 1858 der damalige Maharadscha (oder Radscha) mit seinem Hof, alle prächtig gekleidet und mit Juwelen geschmückt, William Howard Russell feierlich empfangen, womit er einem wichtigen Repräsentanten der vorherrschenden und nunmehr siegreichen Macht in Indien die Ehre erwies. Vermutlich hatte der Radscha von Patiala keine Ahnung davon, worin Russells Tätigkeit bestand, aber gewusst haben dürfte er, dass Russells Wort von Gewicht war, und deshalb setzte er alles daran, einen guten Eindruck zu machen. Zu Russells Empfang ritt er ihm ein Stück weit auf seinem geschmückten Elefanten entgegen. Er bot auch ihm einen Elefanten an und half ihm mit einer feierlichen Geste beim Besteigen des Tiers – ein regelrechtes rituelles Gebärdenspiel, um den Gast zu ehren und willkommen zu heißen.

Die Festung war mittlerweile halb verfallen. Sie lag mitten im Basarviertel der Innenstadt von Patiala, wo ganze Straßenzüge oder große Straßenabschnitte Spezialitäten von Patiala – Schuhe, bestimmte Delikatessen, bestickte Kleider – verkauften. Der erste Hof, in den Russell auf seinem Elefanten eingeritten war, wurde jetzt von manchen Leuten als Pissoir benutzt. Ein in späterer Zeit für hohe Besucher errichtetes Haus mit klassischen Säulen lag fast schon in Trümmern. Dort hatten sich Leute eingenistet und jemand hatte mit Kreide ungelenk BAUFÄLLIG an die Mauer geschrieben.

Drinnen verwandelte sich die Festung rasch in ein Labyrinth aus kleinen Höfen, Durchgängen und Treppen. Es gab einen kleinen Garten im Mogulstil, der nach all den Mauern und Stuckaturen selbst in seiner Verfallenheit zum Verweilen einlud. Ende des neunzehnten und Anfang des zwanzigsten Jahrhunderts waren die Vorstellungen modischer Eleganz aus Großbritannien und Europa nach Patiala gelangt. Im achtzehnten Jahrhundert hatten für Eleganz noch die Moguln gesorgt. Dass die Sikhs im achtzehnten Jahrhundert bei den feindlichen Moguln Anleihen machten, hat freilich seine eigene Ironie: Noch heute, lange nach dem Untergang der Mogulmacht, krönt die reich geschmückte Mogulkuppel aus dem achtzehnten Jahrhundert den *gurdwara* der Sikhs und ist ebenso sehr ein Symbol dieser Kultstätte des Sikhismus wie im Christentum der Kirchturm.

Abgesehen von dem Garten war alles in der Festung bebaut, alles gepflastert, nirgends ein Fleckchen Erde. Durchgänge, Höfe, Terrassen, Dächer: zerfallende Ziegelsteine und Stuckaturen, vergänglicher als Holz. Hie und da stieß man auf kleine, beengte, überladene, dunkle Räume mit dunklen Spiegeln an den Wänden und geschnitzten Decken. Hie und da war eine Decke eingebrochen, und man konnte sehen, dass die ländliche Art, ein Ziegeldach zu bauen – wie bei den Bauernhäusern im Dorf Jaspal, wo die Ziegel hochkant auf Holzbalken ruhten –, auch von den Baumeistern der Radschas und Herrscher angewandt worden war. Die alte Festung ließ sich schlechterdings nicht restaurieren oder erhalten: Es lag in der Natur der Ziegel zu zerbröseln. Ein Palast wie dieser konnte nur so lange bestehen, wie Menschen in ihm lebten. Hie und da verstärkten kleine Restaurationsversuche – mit Beton ausgebesserte Stellen, neue Tünche – den Eindruck, den die ganze Festung vermittelte: dass sie über lange Zeiträume hinweg entstanden, Raum für Raum und Areal für Areal erbaut worden war, bis aller Platz aufgebraucht war, und dann wurde sie schließlich aufgegeben.

In einigen Räumen oben wurden, ungeachtet all des Verfalls, die religiösen Riten weiter zelebriert, die im Zusammenhang mit der Gründung der Stadt und der Patiala-Festung standen und in denen muslimische, hinduistische und sikhistische Frömmigkeit ein Amalgam bildete. Hier musste man die Schuhe ablegen, weil die Stätte nach wie vor heilig war. Das Feuer des muslimischen Fakirs, das man in die neu erbaute Festung von 1714 gebracht hatte, wurde hier immer noch in Gang gehalten: Es zählte zu den großen Sehenswürdigkeiten von Patiala. Unterhalten wurde das Feuer ausschließlich mit Eichenholz, und mit der Asche konnte man die für den Hinduismus typischen heiligen Male auftragen. In einem angrenzenden Raum wurden Bilder der hinduistischen Gottheiten Krischna und Kali verehrt. In einem anderen Raum, der auf eine Dachterrasse hinausführte, rezitierte ein dunkelhäutiger Vorleser aus den heiligen Schriften des Sikhismus, während ein barfüßiger Diener einen Wedel über den heiligen Büchern schwenkte, die mit hauchzarten Seidentüchern bedeckt waren. Wie oben im derzeitigen Palast gab es also auch ganz oben in der aufgegebenen Festung eine Stätte, die an die Anfänge der Sippen- oder Familiengeschichte erinnerte.

In der ersten Hälfte des achtzehnten Jahrhunderts war die Zukunft der Sippe noch höchst ungewiss. Aber mit den Moguln ging es bergab, die Raubzüge und Überfälle aus Afghanistan hörten auf, und so konnten sich die Sikhs zur Geltung bringen. Am

Ende verfügte der Staat Patiala über ein Territorium von annähernd achtzehntausend Quadratkilometern. Einen beträchtlichen Teil dieser Fläche errang Patiala zu Anfang des neunzehnten Jahrhunderts.

»In den dreißiger Jahren des neunzehnten Jahrhunderts beschlossen die Gurkhas, das gesamte Bergland zu erobern. Im Jahr 1830 marschierten sie los und griffen unsere Berge an. Alle Radschas in den Bergen kamen zusammen und baten um Hilfe, und wir schickten unsere Truppen. Der Krieg dauerte sechs Monate. Die Gurkhas wurden besiegt. Der Kopf des nepalesischen Generals hing am Tor von Patiala, bis er verwest war.«

Patiala konnte nie mit dem großen Sikh-Herrscher, Ranjit Singh, zu einer Verständigung gelangen. »Angesichts der drohenden Haltung von Ranjit Singh schloss Patiala einen Vertrag mit den Briten. In den Kriegen zwischen Engländern und Sikhs blieb Patiala neutral.« Schon bevor die Sikhs 1849 besiegt wurden, rekrutierten die Briten in Patiala zwei Sikh-Bataillone. Als acht Jahre später der Indische Aufstand ausbrach, hielt Patiala an seinem Vertrag mit den Briten fest. Diese Unterstützung war entscheidend; ohne sie hätten die Briten vielleicht eine Niederlage in Nordindien erlitten.

»In unseren Familienarchiven gibt es einen Brief des letzten Mogulherrschers, Bahadur Schah. In unseren Archiven bewahren wir die persönlichen Dokumente der Herrscher auf; die anderen Dokumente sind dem Staat übergeben worden. Im Palast haben wir einen Bibliothekar, der sich um die Archive kümmert. Die Aufständischen zwangen Bahadur Schah, sich zum Herrscher ausrufen zu lassen, und er schrieb Briefe an alle indischen Staaten, in denen er sie um Hilfe ersuchte. Damals aber erstreckte sich sein Herrschaftsgebiet nicht einmal auf Delhi. Es beschränkte sich buchstäblich auf das Rote Fort. Der Brief war in Englisch, sehr blumig, wahrscheinlich von einem Schreiber verfasst. Er bestand in einer sechzig Zentimeter langen Schriftrolle. Aber wir hatten mit den Briten diesen Verteidigungspakt auf Gegenseitigkeit, und den mussten wir einhalten.«

Im Juni 1858, als der Aufstand schon weitgehend niedergeschlagen war, suchte William Howard Russell »mit einer Einheit« den besiegten Mogulherrscher im Roten Fort in Delhi auf. Das Fort war besetzt von britischen Soldaten und Gurkhas (die man nun wie die Sikhs als Ersatz für die Soldaten aus anderen aufständischen Gemeinschaften rekrutiert hatte). Der Herrscher hockte in einem leeren Durchgang zu einer kleinen Dachterrasse. Er war ein kleinwüchsiger, verschrumpelter Mann von zweiundachtzig, barfüßig, in ein schmutziges leichtes Baumwollgewand gekleidet und mit einer dünnen Scheitelkappe aus Kambrik auf dem Kopf. Er erbrach in ein Messingbecken; Russell fragte nicht nach dem Grund. Der alte Mann war geistig weit weg von denen, die gekommen waren, um ihn zu besichtigen. Er hatte die Angewohnheit zu dichten; Russell zufolge hatte er ein oder zwei Tage vorher »mit Hilfe eines verkohlten Stockes einige adrette Gedichtzeilen an die Wand seines Kerkers« geschrieben. Bei Russell erregte das weder Verwunderung noch Mitleid, nur Spott. Herauszufinden, was die Zeilen bedeuteten, kam ihm nicht in den Sinn.

Damals gingen Briten in Indien mit dem Gedanken um, die Jama Masjid (Freitagsmoschee) in Delhi in die Luft zu sprengen, wie auch vorher schon einmal jemand vorgeschlagen hatte, das Tadsch Mahal niederzureißen und den Marmor zu verkaufen. Sogar gegen den Radscha von Patiala hatten die Briten Verdacht geschöpft; Russell hörte Vorwürfe, er habe mit dem Herrscher Bahadur Schah in Kontakt gestanden.

Nach dem, was ich von Amarinder erfuhr, war daran etwas Wahres. »Ein Bruder des Maharadschas«, erzählte Amarinder, »schätzte den Bahadur Schah sehr, weil er ein Dichter war. Und er ging zu ihm und bot ihm seine Hilfe an. Nach dem Aufstand kam er zurück nach Patiala, und die Briten verlangten, dass er ihnen ausgeliefert wurde. Patiala lehnte das ab, und die Briten konnten es nicht durchsetzen, weil ihnen nur wenige Fürsten treu geblieben waren.

Also schloss man einen Kompromiss. Der Bruder des Maharadschas musste Patiala verlassen. Schließlich entsagte er der Welt und lebte zuerst in Rishikesh im Himalaja, einem hinduistischen Wallfahrtsort und theologischen Zentrum, und zog dann in den Anfängen des zwanzigsten Jahrhunderts in den Süden, nach Bangalore.« Bangalore lag im Fürstentum von Mysore, das der britischen Gerichtsbarkeit halbwegs entzogen war. »Dort starb er in den fünfziger Jahren, im Alter von gut über hundert Jahren. Er wurde ein Lehrer und so etwas wie ein *sadhu*, ein Heiliger. Seine Frau blieb in der alten Patiala-Festung wohnen. Sie waren als Kinder verheiratet worden. Sie war als Kind in die Festung gekommen und wurde mit neun von ihrem Mann verlassen. Und sie wohnte weiter in der Festung und weigerte sich, wegzuziehen – bis in die dreißiger Jahre. Sie kannte nichts außer der Festung. Damals herrschte noch strenge *purdah.* Sie hatte noch nie ein Auto, einen Zug, palastfremde Menschen, einen Wald, ein Feld gesehen. Mein Großvater wollte mit ihr Autofahrten machen. Er drängte sie immer wieder dazu und setzte sie schließlich – das muss Anfang der dreißiger oder Ende der zwanziger Jahre gewesen sein – mit Gewalt ins Auto, um ihr die Dinge zu zeigen, die sie noch nie gesehen hatte. Während sie in der Festung lebte, ließ sie niemanden Wasser für sie aus dem Brunnen ziehen. Der Grund war, dass sie das harte Leben führen wollte, das nach ihrer Ansicht auch ihr Mann ertragen musste.«

Es fiel schwer, diese Geschichte zu glauben. Wenn, sagen wir, der Bruder des Radschas von Patiala sechzehn war, als er loszog, um dem Bahadur Schah seine Hilfe anzubieten, dann musste er 1840 oder 1841 zur Welt gekommen sein. Damit er in den fünfziger Jahren sterben konnte, musste er zum Zeitpunkt seines Todes ein Alter von über hundertzehn Jahren erreicht haben. Und seine Kindsbraut musste ungefähr neunzig Jahre alt geworden sein. Dennoch legte die Geschichte, wie sie Amarinder erzählte, Zeugnis von vielen der großen Veränderungen ab, die sich zwischen dem Aufstand und der Unabhängigkeit in Indien vollzogen hatten. In die Lebenszeit dieser Menschen fiel nicht nur die Verwandlung der Sikhs von wilden Grenzbewohnern in Bauern und Geschäftsleute, sondern auch die Verwandlung ihrer Herrscher: Aus kriegerischen Häuptlingen wurden Maharadschas im Stile des britischen *Radsch.*

Mit einer ausholenden Handbewegung sagte Amarinder: »Mein Großvater wäre außerstande gewesen, das zu *begreifen.*« Und mit »das« meinte er Unabhängigkeit, Parlament, allgemeines Wahlrecht. »Sie müssen wissen, mein Großvater warf meinen Großvater mütterlicherseits ins Gefängnis und verbannte ihn neun Jahre lang aus Amritsar, weil er der Praja Mandal angehörte. So nannten sich die Leute, die im Sinne des Kongresses den Freiheitskampf in den Fürstentümern führten. Auch mein Großvater mütterlicherseits war ein Mann mit Charakter. Er gab nicht nach. Der beschlagnahmte Besitz der Familie wurde erst zurückgegeben, als meine Eltern heirateten.«

Zwei Generationen lagen zwischen dem reich mit Juwelen geschmückten Herrscher, den Russell 1858 in der Patiala-Festung erlebte, und dem Maharadscha, der von 1907 bis 1938 im Motibagh-Palast mit seinen tausend Zimmern ein absolutes Regiment führte. Die eine Rolle folgte aus der anderen: Die Verbindung mit den Briten leistete der Macht und Herrlichkeit des Herrschers Vorschub. Bei Amarinders Vater sah das ganz anders aus.

»Mein Vater hatte ein schweres Leben. Er übernahm das Amt 1938 nach dem Tod seines Vaters. Er war fünfundzwanzig. 1939 brach der Krieg aus, und dann gab es seit 1945 die Unabhängigkeitsbewegung. Mein Vater hatte in der Fürstenkammer das Kanzleramt inne. Er lebte mit der Instabilität. Nach der Unabhängigkeit war er der Erste, der die Beitrittsurkunde unterzeichnete, durch die Patiala mit allen anderen Fürstentümern im Pandschab verschmolz. Für meinen Vater persönlich bedeutete das einen Abstieg. Vom Herrscher wurde er zum Gouverneur eines Bundesstaats. Patiala war als mögliche Hauptstadt des indischen Teils des Pandschabs im Gespräch. Aber der damalige Ministerpräsident hintertrieb das. Er fürchtete den Einfluss Patialas auf die Angelegenheiten des Staats und brachte die Idee auf, in Chandigarh eine ganz neue Hauptstadt zu errichten. Und dann verschmolz 1958 die Union der Pandschabstaaten mit dem eigentlichen Pandschab, und mein Vater wurde ein *Niemand*.«

Er kandidierte für das Parlament des Pandschabs, hatte aber für Politik nichts übrig. Er wurde Botschafter; seinen Kummer konnte das nicht beschwichtigen. »Er war ein in sich gekehrter Mensch. Seine Probleme behielt er für sich. Als er 1974 starb – er war erst einundsechzig –, erklärte der Arzt, sein Herz sei das eines Fünfundachtzigjährigen.«

Amarinder selbst fiel die Anpassung nicht schwer. Er kam 1942 zur Welt und war fünf, als Indien unabhängig wurde. »Ich bin in einer modernen Welt aufgewachsen.« Er erhielt eine fürstliche Erziehung im Palast, hatte ein englisches Kindermädchen, eine deutsche Kindergärtnerin und wurde von »einem großen Meister« in den heiligen Schriften, den Legenden und der Volksüberlieferung des Sikhismus unterrichtet. Außerdem erhielt er auch eine vollständige Erziehung außerhalb des Palastes, besuchte vorbereitende Schulen in Simla und Kasauli, eine berühmte indische Privatschule und schließlich die indische Militärakademie in Dehra Dun. Er trat in die Armee ein und diente im ältesten Sikh-Regiment, das sich unmittelbar von den zwei Bataillonen herleitete, die 1846 in Patiala rekrutiert worden waren. Er liebte das Leben beim Militär und hätte gern eine Laufbahn in der Armee eingeschlagen. Aber er musste die Armee verlassen, weil er sich um die Angelegenheiten seiner Familie kümmern musste. Später »wuchs er in die Politik hinein« – wobei er vielleicht etwas von dem politischen Gespür mobilisierte, das seine Vorfahren aus dem achtzehnten Jahrhundert in den frühen Zeiten des Patiala-Staats bewiesen hatten.

Dann erschien der Prediger Bhindranwale auf der Bildfläche. Es kam zu der terroristischen Zuspitzung der Situation, und Amarinders geliebte Armee erhielt den Befehl, den Tempel, der ihm heilig war, zu stürmen.

»Als die Entscheidung fiel, konnte ich mich nicht einfach über dreihundert Jahre Geschichte hinwegsetzen. Es waren die Sikhs, die Patiala geschaffen hatten. Die beiden Gurus haben uns ihren Segen gegeben. Ich musste zu meinem Volk halten.«

Als ich nach Chandigarh zurückkehrte, traf ich erneut Gurtej. Bei dieser Gelegenheit erzählte er mir – wobei es sich, wie ich annehme, um kein Geheimnis handelte –, dass er nach der Operation Bluestar – das war der Kodename für den Armeeangriff auf den Goldenen Tempel – für über vier Jahre in den Untergrund gegangen sei. Zum ersten Mal sprach er ein bisschen ausführlicher über Bhindranwale. Kapur Singh, der aus dem Indischen Verwaltungsdienst entlassene Beamte, sei sein erstes Vorbild gewesen und habe ihm als Mentor gedient, so Gurtej; danach habe Bhindranwale diese Rolle übernommen.

»Er war stets ein religiöser Mensch. Bis ans Ende. Er kam als Sohn eines kleinen Bauern im Bezirk Faridkot zur Welt. Der Bezirk war nach Farid benannt, einem muslimischen Sufiheiligen des dreizehnten Jahrhunderts, dessen Verse in unsere heiligen Schriften aufgenommen sind. Bhindranwale wurde 1947 geboren. Er war einer von neun Söhnen, Sohn einer zweiten Frau. Von der ersten Frau hatte der Vater sieben Söhne, zwei von der zweiten. Der Vater konnte nicht alle Söhne ernähren, und schon früh, mit vier oder fünf, wurde Bhindranwale ins Seminar geschickt.«

Gurtejs Geburtsjahr war ebenfalls 1947. Auch ihn hatte man mit vier oder fünf Jahren auf ein Internat geschickt. Und auch er kam aus einer bäuerlichen Familie, wenngleich sein Großvater mit zwölfhundert Hektar ein reicher Mann war.

»Der Vater besaß ein bisschen Land, und intensiven Landbau gab es damals noch nicht. Ein Sohn ging in die Armee; er ist mittlerweile pensionierter Hauptmann. Ein anderer Sohn ging nach Dubai und ist inzwischen als wohlhabender Mann heimgekehrt und betreibt nach wie vor Landwirtschaft. Andere sind ebenfalls Bauern.

Bhindranwale verbrachte all seine Jahre im Seminar, und wir hörten erst 1976 etwas von ihm. Inzwischen war er verheiratet und hatte zwei Söhne. Seine Frau dürfte im Dorf wohnen geblieben sein; es war eine von den Eltern verabredete Ehe. Bhindranwale war als ein kontemplativer Mensch bekannt, der sich für die Welt um ihn herum nicht im Geringsten interessierte. Manchmal ging er auf die Felder seiner Familie arbeiten; er stand ihm Ruf eines äußerst fleißigen Arbeiters. Die Getreideernte beginnt am 13. April. Um diese Zeit im Jahr ist es sehr heiß; die Sonne brennt. Bhindranwale fing frühmorgens mit Schneiden an und fuhr damit bis zum Abend fort, ohne etwas zu essen oder zu trinken. Er war ein sehr willensstarker Mann. Das hat mir einer seiner Brüder erzählt.«

Und nicht zum ersten Mal verfiel Gurtej, da er vom Leben auf dem Dorf, vom Leben auf den Feldern sprach, wie von selbst in eine lyrische Tonart.

»Im Jahr 1977 starb der Leiter des Seminars. Er hatte Bhindranwale zu seinem Nachfolger bestimmt. Der Seminarleiter starb während der Auseinandersetzung mit der Nirankari.« Die Nirankari-Sekte, die manchen als reformerisch, anderen als häretisch galt. »Sein Vermächtnis an Bhindranwale war die Fortsetzung dieses Kampfes.«

Im folgenden Jahr, am Tag des Frühlings- oder Erntefestes, das ein wichtiges Datum im religiösen Kalender der Sikhs darstellt, kam es zwischen den beiden Gruppen in Amritsar zu einem Zusammenstoß, und eine Reihe von Anhängern Bhindranwales kam um. Dieses Ereignis machte Bhindranwale zu einer bekannten Figur.

»Ich lernte ihn 1980 kennen«, erklärte Gurtej. »Der Oberpriester, der mir 1974 das *amrit* gespendet hatte, war gestorben, und ich ging zur Bestattungsfeier in sein Dorf. Und dort begegnete ich Bhindranwale. Er war ein sehr wahrheitsliebender Mensch, ein Mann, der zu seinem Wort stand. Er nahm niemals sein Wort zurück. Er war ein Mann Gottes, der unbegrenzt auf Gott vertraute. Wenn er eine Entscheidung traf, befragte er nur sein Gewissen. Er führte das Leben eines Bettelmönchs.

Im Jahr 1980 wurde das Oberhaupt der Nirankari in seinem eigenen Haus in Delhi ermordet – wie später Indira Gandhi. Angeblich brachte ihn jemand um, der dort Schreinerarbeiten verrichtete. Der Arya Samaj gab Sant Bhindranwale die Schuld an dem Mord und verlangte seine Verhaftung. Kurz danach wurde der Leiter des Presseorgans des Arya Samaj in der Nähe von Jalandhar ermordet, und im Zusammenhang damit wurde ein Haftbefehl gegen den Sant ausgestellt.

Der Arya Samaj kontrolliert die hinduistische Presse im Pandschab. Die Geschichte des Pandschabs in diesem Jahrhundert strotzt von Auseinandersetzungen zwischen dem Arya Samaj und den Sikhs, wobei den Kern des Problems die Tatsache bildet, dass der Arya Samaj den Sikhs ihre eigene Identität abspricht. Zu Anfang dieses Jahrhunderts bekehrten Angehörige des Arya Samaj einige *chamar*-Sikhs« – Sikhs aus den Reihen der Unberührbaren – »und ließen sie in einer öffentlichen Veranstaltung in Jalandhar wieder zum Hinduismus übertreten. Ihr Haar wurde abgeschnitten, ein Seil daraus geflochten und das Seil in öffentlicher Auktion versteigert. Es ging darum, den Sikhismus und die Sikhs lächerlich zu machen.

Als die Haftbefehle gegen den Sant ausgestellt wurden, predigte er gerade in einem Dorf in Haryana. Dort hinterbrachte man ihm die Nachricht; vielleicht waren es sogar die Behörden von Haryana, die keinen Ärger in der Region wollten. Als die Polizeitruppe des Pandschabs eintraf, hatte er sich bereits abgesetzt, und die Truppe verbrannte aus Wut darüber seine Busse und zerstörte seine heiligen Schriften. Danach wurde seine Verhaftung in Mehta Chowk, im Seminar, durchgesetzt. Am Tag seiner Festnahme hatte sich eine große Menschenmenge versammelt. Als man ihn abführte, appellierte er an die Menschen, friedlich zu bleiben. Die Polizei griff zu den Waffen und eröffnete in der Stadt das Feuer, und vierunddreißig Menschen kamen um. Die Polizei behauptete, sie sei mit Schwertern angegriffen worden.

Diese drei Dinge empörten ihn: dass man seine Busse und heiligen Schriften verbrannt hatte, dass man ihn der Verschwörung anklagte und dass seine Anhänger getötet worden waren. Ein paar Monate saß er im Gefängnis. Dann wurde er ohne Auflagen freigelassen. Im Jahr 1982 suchte er den Goldenen Tempel auf. Folgendes war geschehen: Zwei oder mehr seiner Anhänger waren verhaftet worden. Und dann wurden auch noch die Leute verhaftet, die er hingeschickt hatte, damit sie aufpassten, dass die Verhafteten vor Gericht angemessen vertreten wurden. Da beschloss er, eine Kampagne zu starten.

Er war groß, hatte mit einem Meter dreiundachtzig die gleiche Körpergröße wie ich, und war von hagerer Gestalt. Ein sehr geradliniger, sehr unverblümter Mensch. Er lebte sehr schlicht, aß sehr wenig. Darin war er anders als Sardar Kapur Singh, der gerne aß. Er hatte einen scharfen Verstand. Man konnte gut mit ihm diskutieren. Er wusste zum Beispiel, dass ich Fleisch aß, aber es war ihm egal. Er hat mich nie aufgefordert, damit aufzuhören. Ich habe mit ihm ein langes Streitgespräch darüber geführt, was den Grundsätzen des Sikhismus entspreche: Fleisch zu essen oder kein Fleisch zu essen. Das Streitgespräch fand im Januar 1983 im Akal Takht des Goldenen Tempels statt und dauerte zwei Stunden. Er erklärte mir immer wieder gut gelaunt: ›Beweise mir, dass es zu den Grundsätzen des Sikhismus gehört, Fleisch zu essen, und ich verputze dir im Nu anderthalb Kilo.‹

Mehrfach rief er uns zu Diskussionen zusammen, bei denen es manchmal einfach um die Interpretation von Stellen in den heiligen Schriften ging. Das Seminar vertrat bei der Interpretation einen traditionellen Standpunkt. Die Exegese, die das Seminar betreibt, steht dem hinduistischen Verständnis der Schriften näher, und alles wird in hinduistischer Terminologie ausgedrückt. Die meisten Beispiele sind der hinduistischen Mythologie entnommen. Ich vertrat dann immer die neueren, wissenschaftlichen Deutungen, die aus der Zeit von 1960 herrühren.«

Ich wollte Näheres über diese wissenschaftlichen Deutungen wissen.

»Sie stammen von Sahib Singh – die Deutung der Schriften nach Maßgabe der Sprachgrammatik. Er war ein heiliger Mann, ein Lehrer.«

Diese Äußerung – ich schrieb sie auf, ohne sie voll zu verstehen, und machte mir erst viele Wochen später Gedanken über sie – wirft etwas Licht auf den schwierigen Satz auf der ersten Seite von Kapur Singhs Broschüre »Die Heimsuchungen eines Staatsbeamten aus den Reihen der Sikhs im säkularen Indien«. Dort stand zu lesen: »Die Grundlage der Grammatik und Sprache sind gewisse metaphysische Postulate, kulturelle Strukturen und menschliche Dispositionen, deren logischer Nachweis unter Umständen gar nicht möglich ist, ohne deren Annahme sich aber weder die Sprache noch die Grammatik angemessen untersuchen oder verstehen lassen ...«

Und ich frage mich, ob bei diesen religiösen Diskussionen im Goldenen Tempel Kapur Singhs Ideen nicht vielleicht über Gurtej zu Bhindranwale gelangt waren und diesen dazu motiviert hatten, sich gegen seine Ausbildung im Seminar aufzulehnen und etwa, während die Krise um den Goldenen Tempel sich verschärfte, einem Korrespondenten der BBC gegenüber zu erklären, die Sikhs seien keine Hindus, sondern glichen eher Juden, Muslimen und Christen mit ihrem jeweiligen Propheten und ihrer heiligen Schrift.

In diesem Interview hatte Bhindranwale auch – auf Englisch und mit einer vor Erregung brechenden Stimme – erklärt, die Sikhs seien in Indien solchen Verfolgungen ausgesetzt, dass sie für einen Becher Wasser »einen Becher Blut hingeben« müssten. Diese Art von Übertreibung bei einem Religionsführer hatte mich verblüfft, aber damals war ich auch noch in keiner Weise mit den Vorstellungen der Sikhs von den Martern und Qualen vertraut, die ihre Gurus zu erdulden hatten.

Was Gurtej anschließend sagte, vermittelte mir eine gewisse Vorstellung von Bhindranwales Gemütszustand in der erstickenden Kerkeratmosphäre des Goldenen Tempels während jener letzten Tage.

»Er war zutiefst angetan von der Persönlichkeit und Opferbereitschaft des Gurus Gobind Singh«, erklärte Gurtej. »Die letzten

Tage von Guru Gobind kannte er in- und auswendig. Er lebte sie regelrecht nach. Wenn man ihn im Dezember an irgendeinem Tag traf, sagte er: ›An dem Tag heute hat der Guru das und das getan.‹ Tatsächlich hatte er sogar die Tageszeit im Gedächtnis. Es war wirklich bemerkenswert. Er sah auf seine Uhr und sagte: ›Noch zwei Stunden, dann ist der Zeitpunkt gekommen, an dem der Guru seine Söhne für die Schlacht rüstete.‹ Und so weiter. Im Monat Dezember begannen die Leiden des Gurus, weil er damals seine Festung in Anandpur Sahib verließ.« Anandpur: die Stadt, in der die Mutter des Gurus und seine zwei jungen Söhne – die man später einmauerte – von den Moguln gefangen genommen wurden.

Eingeschlossen im Goldenen Tempel, muss sich Bhindranwale nach und nach als der in Anandpur belagerte zehnte Guru gesehen haben.

»Die Leute«, sagte Gurtej, »kamen nicht zu ihm, um sich über die Geschichte oder die heiligen Schriften mit ihm zu unterhalten. Seine Familie besuchte ihn selten. Wenn sie kamen, dann als Gläubige. Er hatte damals keine Zeit für seine Familie.

Ich pflegte ihn einmal monatlich im Tempel zu besuchen. Nie kürzer als zwei Stunden. Zwischen uns existierte ein gewisses Maß an gegenseitigem Verständnis. Einmal sagte er: ›Du solltest mich öfter besuchen kommen.‹ – ›Ich muss mich um meine Familie kümmern‹, antwortete ich. ›Wie viele Kinder hast du?‹, fragte er. ›Zwei‹, sagte ich. ›Ich habe auch zwei Kinder‹, sagte er. ›Gott kümmert sich um die Kinder.‹ Und er zitierte eine Stelle aus den heiligen Schriften über Wandervögel, die ihre Jungen zurücklassen. ›Sie fliegen Tausende von Kilometern weit‹, sagte er, ›und Gott ernährt sie.‹«

Ich fragte Gurtej nach den Morden, die in Bhindranwales Namen begangen worden waren beziehungsweise zu denen er den Befehl gegeben haben sollte.

»Das waren Erfindungen. Sie dienten dem Zweck, ihn zu diffamieren.«

Nach der Operation Bluestar – dem Armeeangriff auf den Tempel, bei dem Bhindranwale und viele seiner Anhänger umkamen, wie auch viele Soldaten – wurde Gurtej von amtlicher Seite unter denen aufgeführt, die umgekommen waren. Das erregte Gurtejs Besorgnis. »Im Zusammenhang mit einem Büchelchen über die

Menschenrechte der Sikhs war gegen mich ein Verfahren wegen staatsgefährdender Umtriebe anhängig. Dass man mich als tot ausgab, hieß, dass die Streitkräfte den Befehl erhalten hatten, mich zu liquidieren.« Also tauchte Gurtej unter und blieb mehr als vier Jahre lang im Untergrund.

»Im *Indian Express* erschien sogar ein Nachruf auf mich. Im Großen und Ganzen war er schmeichelhaft für mich. Es stand allerdings darin, ich äße nicht zusammen mit Muslimen – was absolut falsch ist. Ich schrieb einen Brief an den *Indian Express*, in dem stand: ›Ich warte nur darauf, dass ein Muslim ein schmackhaftes vegetarisches Gericht zubereitet und mich einlädt.‹« Dabei sei es ihm nicht um das Vegetarische gegangen. Er sei kein Vegetarier. »Aber ich esse kein Fleisch, bei dem das Tier auf die muslimische oder jüdische Art geschlachtet worden ist. Das ist ein Gebot des zehnten Gurus, zu dessen Einhaltung uns die Einnahme von *amrit* verpflichtet. Solche religiösen Verbote haben oft einen tieferen Sinn.«

Bei der Sache mit dem Nachruf im *Express* ging es Gurtej wohl darum, deutlich zu machen, dass er sich strikt an das Gelübde hielt, das er als Sikh abgelegt hatte. Kapur Singh hatte ein dickes Buch über die Bedeutung der Gelübde im Sikhismus geschrieben. Gurtej hatte mir ein Exemplar des Buches gegeben. Und statt auf das Leben zu sprechen zu kommen, das er nach Bluestar im Untergrund geführt hatte, erzählte er mir nun eine Geschichte, die erklären sollte, warum der zehnte Guru seinen Anhängern Beziehungen zu muslimischen Frauen verboten hatte.

»Eine Geschichte in einer unserer sikhistischen Schriften, *Die Grundlagen des Sikhismus* von Sewa Dass, handelt von einem Mann, der im achtzehnten Jahrhundert mit Gewalt zum Islam bekehrt worden war. Er ging zum Guru, der in der Ordensversammlung den Vorsitz führte, und sagte: ›Ich bin gewaltsam bekehrt worden.‹ ›Wie sah die Bekehrung aus?‹ – ›Man ließ mich Kuhfleisch essen.‹ ›Das macht niemanden zum Muslim.‹ – ›Ich bin beschnitten worden.‹ – ›Das kann niemanden zum Muslim machen.‹ – ›Ich musste das *Kalma* nachsprechen.‹ – ›Das ist der Name Gottes. Das macht einen nicht zum Muslim.‹ Jemand in der Ordensversammlung wunderte sich. ›Wie wird man dann zum Muslim?‹, fragte er den Guru. ›Indem man eine muslimische Frau heiratet oder entsprechende Beziehungen zu ihr unterhält.‹ Das implizierte, dass die Eheschließung ein freiwilliger Akt ist. ›Wenn du *akzeptierst*, dass du ein Muslim bist, dann und nur dann wirst du ein Muslim.‹ So tröstete der Guru den Mann.«

Nicht weniger als die vielen Märtyrergeschichten kündet diese Geschichte aus den letzten Jahren des letzten Gurus von den Verfolgungen, Qualen und Schändungen, denen die kriegerische Bruderschaft der Sikhs entsprang. Gurtej freilich wollte mit ihr etwas anderes deutlich machen – nämlich dass der Sikhismus, wie er ihn verstand, eine auf Prophetismus und Offenbarung gegründete Religion war.

Als ich von ihm wissen wollte, was ihn während seiner Zeit im Untergrund aufrechterhalten hatte, antwortete er: »Mein Gedanke war, dass ich zusammen mit meinem Volk litt. Ich hatte noch einen weiteren Trost: Das war die Zeit, in der ich mich am stärksten den Schriften zuwandte. In den heiligen Schriften geht es hauptsächlich um die Frage, wie man so in der Welt leben kann, dass man für Gott annehmbar wird. Und ich dachte, dass ich so lebte. Ich las und schrieb viel. So verbrachte ich im Untergrund eine lehrreiche Zeit. Ich konnte über das Wesen der Dinge nachdenken.«

»Das Gleiche haben Sie von Ihrer Zeit im römisch-katholischen Internat gesagt, von Ihrer Schulzeit weit weg von zu Hause. Ihre Jahre im Untergrund waren demnach eine Art Wiederholung Ihrer Kindheit?«

»Ich weiß nicht«, sagte Gurtej, »ob der Mensch das Schicksal in seinem Charakter findet oder ob das Schicksal eine eigene Macht darstellt. Tatsache aber ist, dass der Lauf der Dinge einen in Situationen bringt, durch die man in eine eindeutige Richtung geführt wird.«

Ein Anlass für Kummer während dieser Zeit im Untergrund sei der Tod Kapur Singhs gewesen, als dieser mit fünfundsiebzig starb. Er habe Kapur Singh zwanzig Jahre lang gekannt und geliebt. Auf Kapurs Streitsucht, die ihn bei ihrem allerersten Treffen noch irritiert habe, blicke er jetzt mit einem Lächeln zurück, so, wie er auch über andere Schrullen des Mannes lächele: über seine Esssucht, seine Begeisterung für Eiskrem. Kapur habe ein ganzes Pfund davon verschlingen können. Zu ihm, Gurtej, habe er gesagt: »Sie müssen Eiskrem essen. Das ist gut für Ihre Leber.«

»Er war ein ziemlich stämmiger Mann«, sagte Gurtej, »nicht sehr groß, mit dickrandigen Brillengläsern. Hatte immer ein, zwei Füllfederhalter dabei, sah aus wie der verkörperte Gelehrte, mit einem Buch oder einer Zeitschrift unterm Arm, immer.«

Kapur Singh hatte seine Kränkung darüber, dass man ihn wegen Unterschlagung aus dem Indischen Verwaltungsdienst entlassen hatte, fast vierzig Jahre lang mit sich herumgeschleppt, hatte sie gehegt und gepflegt. In Gurtej hatte das keinen Überdruss oder Zweifel geweckt. »Jeder Sikh lebt in dem Bewusstsein, dass Unrecht geschieht«, sagte er. Und er war nach wie vor bereit, Kapur Singh in dieser Hinsicht zu verteidigen. Gurtej war quasi ein Mitglied von Kapur Singhs Familie geworden; es bekümmerte ihn, dass er nicht bei dem alten Mann hatte sein können, als dieser starb.

»Schließlich gelang es mir, beim Obersten Gericht eine Art von Schutz zu erwirken. Ich hatte mich an das Oberste Gericht gewandt und erklärt, die gegen mich erhobene Anschuldigung staatsgefährdender Umtriebe treffe nicht zu und die Regierung verfolge die Absicht, mich zu schikanieren und mir körperlichen Schaden zuzufügen. Das Gericht räumte mir sieben Tage Frist ein, vor einem untergeordneten Gericht zu erscheinen, meine Klage einzureichen und Entlassung auf Kaution zu beantragen. Formell gesehen, bin ich nach wie vor gegen Kaution frei.«

Deshalb hatte Gurtej ein paar Monate zuvor Kapur Singhs Bruder besuchen können, als der im Sterben lag. Die Familie gehörte laut Gurtej zu einer Sikh-Sekte, deren Mitglieder seit den Tagen des ersten Gurus traditionell als Wanderprediger und Lehrer wirkten – und vielleicht lag hier ein Grund für die Bewunderung, die Gurtej für Kapur Singh hegte.

»Sein Vater war ein kleiner Landbesitzer – acht Hektar oder so. Der andere Sohn war absolut ungebildet. Er blieb sein ganzes Leben lang Bauer – während Kapur Singh an der Universität Cambridge studierte. Der jüngere Sohn bekam stattdessen zweieinhalb Hektar Land mehr als sein Bruder Kapur Singh. Als ich ihn letztes Jahr an seinem Sterbebett aufsuchte, klagte er darüber, dass Kapur Singhs Verwandte ihm diese zusätzlichen Hektar wegzunehmen versuchten.«

Gurtej, Kapur Singh, Bhindranwale: Sie alle kamen aus bäuerlichen Familien. Große Ereignisse hatten sie in ihren Bann gezogen, aber unter all dem großartigen Engagement – für den Glauben und die Reinheit des Glaubens – lag Elementares verborgen, das sie zu ihren Ursprüngen zurückzog: zu der Sorge um zweieinhalb Hektar, die sie auf dem Sterbebett ergriff.

Sanjeev Gaur, der Korrespondent des *Indian Express* in Amritsar, wurde im Februar 1984 unmittelbar vor dem Goldenen Tempel attackiert und mit Messerstichen verletzt.

»In Amritsar gab es einen ehemaligen Taschendieb, der begonnen hatte, sich politisch zu engagieren, zuerst als Kandidat für die Kongresspartei unter Indira Gandhi und dann als Mitglied des Gesamtindischen Studentenverbands der Sikhs. Ich schrieb für den *Express* eine Reportage über diesen Taschendieb. An dem Tag, an dem die Reportage erschien, ging ich zum Goldenen Tempel, und er warf mir einen äußerst gemeinen Blick zu. Mein Informant warnte mich, ich solle aufpassen.

Vierzehn Tage danach wurde ich von zwei Jugendlichen, von denen einer einen safrangelben Turban trug, mit Messern angegriffen. Sie wollten erst meinen Namen wissen und fingen dann an, auf mich einzustechen. Fünfmal stachen sie mich in den Oberschenkel. Und ich hörte eine andere Stimme sagen: ›Schleppt ihn rein.‹ Ich dachte, mein Ende sei gekommen, weil ich die letzte Zeit über, ungefähr einen Monat lang, über fünf Leichen in Jutesäcken berichtet hatte, die man in den Abwasserkanälen des Goldenen Tempels entdeckt hatte – Personen, die innerhalb des Tempels von den Terroristen ermordet worden waren. Bei Ermordeten handelte es sich in der Regel um Sikhs – um Leute, die von den Terroristen verdächtigt wurden, Polizeispitzel zu sein.

Die zwei Männer, die mich angegriffen hatten, verschwanden. Ich machte mich auf den Weg zum Krankenhaus. Die Leute starrten mich an. Aus meiner Hose sickerte Blut. Die Leute, die mich anstarrten, konnten mir nicht helfen. Hätten sie mir geholfen, hätten sie sich den Zorn der Terroristen zugezogen. Und dann bat ich einen Fahrradrikscha-*wallah* – von denen es dort vor dem Tempel jede Menge gibt –, mich zu einem Arzt zu bringen, und schließlich leisteten mir zwei Sikhs Hilfe. Später erfuhr ich, dass es sich bei den zwei Männern, die mir geholfen hatten, um Kommunisten handelte.

Ich sollte aber auch erwähnen, dass Bhindranwale den Angriff verurteilte. Er erklärte gegenüber einigen Journalisten, er glaube nicht an Dolche – er glaubte an Schusswaffen. Und zwei von seinen wichtigsten Mitarbeitern riefen mich zu Hause an, um mir ihr Bedauern mitzuteilen. Sie steckten nicht hinter dem Angriff, erklärten sie mir.

Dann versetzte mich meine Zeitung in den Osten – aber still und heimlich, zu meiner Sicherheit.«

Dalip, ein anderer Journalist, berichtete, was passiert war, nachdem Bhindranwale den Goldenen Tempel besetzt hatte.

»Die Leute hörten auf, in den Goldenen Tempel zu gehen. Meine beiden Nachbarn hörten damit auf, obwohl sie gern hingegangen wären. Die Menschen waren wütend darüber, was im Tempel geschah, aber die politische Partei der Sikhs hat die Entweihung des Tempels durch Bhindranwale und seine Waffen niemals verurteilt. Die politische Partei agitierte Seite an Seite mit Bhindranwale vom Goldenen Tempel aus; sie hatten Angst vor ihm. Er war ein Killer. Ob Hindu oder Sikh, kümmerte ihn nicht – wenn du dich ihm widersetztest, warst du auf seiner Abschussliste.

Einmal habe ich miterlebt, wie er den Befehl zu einem Mord erteilte. Ich saß in Raum 47 im dritten Stockwerk des Guru Nanak Niwas. Das war eine der Herbergen auf dem Tempelgelände, in der er sich mit seiner Gefolgschaft häufig aufhielt. Rings um ihn saßen bewaffnete Männer, acht oder zehn an der Zahl. Das war Mitte 1983. Plötzlich kam ein Typ herein, ein Sikh mittleren Alters in Hemd und Schlafanzug; er sah bedrückt aus. Sein Haar war kurz geschnitten und sein Bart stümperhaft gestutzt. Er sprach Bhindranwale an: ›Santji, das hat mir Bichu Ram, ein Polizeiinspektor, angetan. Er hat mich auf ein Polizeirevier gebracht und mich geschändet. Er hat mir Haare und Bart geschoren.‹

Bhindranwale befahl augenblicklich einem seiner Mitarbeiter, alles genau aufzuschreiben. Ungefähr fünfzehn Tage später wurde dieser Bichu Ram, Leiter einer der Polizeistationen, erschossen.

Die zweite Methode, Morde anzuordnen, bestand darin, von einem öffentlichen Podium aus die Namen der Leute zu verkünden, die er umgebracht sehen wollte. So machte er es vom 19. Juli 1982 bis zum Juni 1984. Er hielt eine Rede und schimpfte darin auf Mrs Gandhi, auf Giani Zail Singh (den indischen Präsidenten) und auf Darbara Singh, den Ministerpräsidenten des Pandschabs. Er erklärte, diesen Leuten müsse man eine Lektion erteilen, weil sie den Sikhs Schaden zugefügt hätten. Anschließend wetterte er gegen irgendwelche örtlichen Polizeioffiziere. Und viele von denen, deren Namen er nannte, wurden später ermordet. Bachan Singh, ein hoher Polizeioffizier in Amritsar, wurde umgebracht, zusammen mit seiner Frau und seiner Tochter.

Ich sprach häufig mit Sikhs. Im Allgemeinen waren sie nicht willens, die Vorgänge im Goldenen Tempel zu verurteilen. Sie gaben Neu-Delhi die Schuld – alles wurde von Neu-Delhi angezettelt. Bhindranwale und seine Männer kritisierten sie nie. Sooft Terroristen umgebracht wurden, empörten sich die Sikhs – sie sprachen davon, dass Zusammenstöße fingiert worden seien. Brachten hingegen die Terroristen unschuldige Menschen um, hörte ich von meinen Nachbarn nie ein Wort des Bedauerns.«

Dalip war mit Sikhs verwandtschaftlich verbunden; das erklärte ein wenig, warum er sich so ereiferte.

»Jemand, der die Sikhs gut kennt«, sagte ich, »hat mir erzählt, dass irgendetwas mit dem Gesichtsausdruck Bhindranwales und seiner Gefolgsleute nicht stimmte. Sie hätten Augen gestörter Menschen gehabt. War das eine Art von Kollektivwahnsinn, was meinen Sie?«

»Es ist die Existenzangst der Minorität, der Verfolgungswahn, der Todeswunsch. Es ist eine neue Religion. Große Feldherren und große Sportler sind aus ihr hervorgegangen. Aber große religiöse Denker, die zur Kräftigung der Religion hätten beitragen können, hat sie nicht hervorgebracht. Nachdem Guru Gobind Singh 1699 den *Khalsa* ins Leben rief, ist nichts mehr passiert. Große Denker hat die Religion seit 1699 nicht mehr hervorgebracht.

Es ist Wahnsinn, Fanatismus. Erklären lässt es sich eigentlich nicht. Es ist die Tragödie der Sikh-Religion, dass in der Zeit nach der Unabhängigkeit ein Mann wie Bhindranwale Anerkennung als der wichtigste Führer der Sikhs seit Guru Gobind Singh gefunden hat. Zu seinen Lebzeiten wurde er von vielen Sikhs als der elfte Guru bezeichnet. Und dabei war er eigentlich ein Geschöpf von Mrs Gandhi. Sie hat ihn als Kämpfer gegen die Sikh-Partei, die Akalis, aufgebaut.«

»Wieso fand Bhindranwale bei gebildeten Leuten Unterstützung?«

»Frustration.«

»Wann haben Sie selbst ihn zum ersten Mal gesehen?«

»Am 24. Juli 1982. Im Goldenen Tempel. In dem berühmten Raum 47. Ich wurde von seinem Leibwächter durchsucht. 1982 wurden im Tempel zum ersten Mal Schusswaffen gesichtet – eine Perversion der Religion.

Er traf am 20. Juli 1982 im Tempel ein. Er verließ ihn als toter Mann am 6. Juni 1984. Am meisten hat er den Sikhs geschadet, der Religion der Sikhs. Er hat dem Pandschab geschadet, und er hat Indien geschadet.

Seine Mitarbeiter fragten mich aus, und als ich ihnen sagte, ich sei Journalist, lächelten sie überglücklich und führten mich augenblicklich hinein.

Ich begrüßte ihn. Er saß auf einem Gurtbett und war adrett gekleidet, in einem langen weißen Baumwollgewand, das bis zu den Knien reichte, und dem blauen Turban. Und sein Revolver baumelte von einem Gürtel, den er um die Hüfte trug. Er hatte zornige Augen – Sie haben nach den Augen gefragt. Er hatte einen hohlen, hungrigen Blick – ein gefährlicher Typ. ›Wer sind Sie?‹, fragte er. Äußerst herrisch. Ich sagte: ›Ich bin Journalist.‹ Ich nannte ihm den Namen der Wochenzeitschrift, für die ich arbeitete, und erwähnte, dass ich auch Korrespondent für ein kanadisches Blatt war. ›Wollen Sie mich interviewen?‹ – ›Nein, ich komme nur wegen Ihres *darshan*.‹«

Darshan bietet ein heiliger Mann allein durch seinen Anblick: Indem der Gläubige den heiligen Mann mit Achtung anschaut, empfängt er dessen Segen.

»Er wirkte sehr geschmeichelt. Er lächelte und lachte. Als ich eintrat, hatte er sehr ernst ausgesehen.

Ich fand dort eine alte Dame vor, die ihm ein Bündel Banknoten reichte; sie zog auch ein oder zwei ihrer Goldringe vom Finger ab und gab sie ihm. Überragt wurde die alte Dame von einem alten Mann, bei dem es sich, wie ich dann erfuhr, um General Shabeg Singh handelte.« Generalmajor Shabeg Singh: Mitte fünfzig, wegen Veruntreuung von Geldern entlassen, und jetzt als Bhindranwales Militärberater tätig.

»Shabeg war hager und dürr, von mittlerer Größe, sehr hellhäutig, Brillenträger, wehender Bart, weißer Bart, weißer Pyjama und *kurta*. Er lächelte, und wir schüttelten uns die Hand. Er sagte: ›Ich bin General Shabeg Singh. Ich habe im Bangladesch-Krieg die Mukti Bahini angeführt.‹ Ich sagte: ›Sie sind ein General. Wie ist es zu Ihrer Verbindung mit Bhindranwale gekommen?‹ Ich brauchte Stoff für eine Geschichte mit Atmosphäre – es war mein erster Tag in Amritsar. Seine Antwort lautete: ›Ich sehe Spiritualität in seinen Augen. Er ist wie Guru Gobind Singh.‹

Ich verließ den Goldenen Tempel tief betrübt und fragte mich, was wohl aus der Gemeinschaft werden würde; ich machte mir Gedanken über die Antwort des Generals, seinen Vergleich zwischen Bhindranwale und Guru Gobind Singh. Als ich mich an die Schreibmaschine setzte, war ich voll Betrübnis. Weil mich Bhindranwale keineswegs beeindruckt hatte. Ich wusste, dass er kein Guru Gobind Singh war. Ich wusste, dass er von Indiras Kongresspartei benutzt wurde, um der Akali-Partei im Pandschab zu schaden. Er war ein gewöhnlicher Mensch, dem Größe angedichtet wurde. Welchen Grund hatte die Gemeinschaft, ihn gelten zu lassen? Welchen Grund hatte General Shabeg Singh, ihn nicht als den zu erkennen, der er war? Warum ließen sich die Leute von seinen zornigen Blicken und den Bewaffneten um ihn herum so beeindrucken? Er war kein Intellektueller, kein Denker, und er war auch kein frommer Mensch.«

Ich nehme an, Dalip wollte damit sagen, dass Bhindranwale im Grunde gar kein Mann Gottes war. Aber Aspekte, die ihn als religiösen Mann kennzeichneten, müsse er doch gehabt haben, meinte ich. Worin hätten die bestanden?

»Er war ein Vegetarier und ein Musikliebhaber. Jeden Tag, frühmorgens um drei Uhr, ging er zum Wasserbecken und lauschte der Musik der blinden Musikanten, die im Hauptheiligtum spielten. Sie spielen auf dem Harmonium und rezitieren aus den Schriften. Diese Musik ist wohltuend, himmlisch – dass er daran teilhaben wollte, verdient hohes Lob. Man spürt die Gegenwart Gottes, wenn diese Musik gespielt wird, während ringsum Stille herrscht und niemand sonst da ist. Er machte das allmorgendlich eine Stunde lang. Und er war kein Frauenheld.«

Der Vegetarismus, die Liebe zur Musik, das frühe Aufstehen, die sexuelle Selbstbeherrschung verbanden sich in dieser Darstellung zu einem Bild, das den Mann, der in den Anfangstagen die Menschen so beeindruckt hatte, als einen Asketen zeigte – diesen Mann, der auszog, um zu predigen und die Menschen dazu zu bringen, in den Fußstapfen ihres Vaters, des Gurus, zu wandeln.

»Er hat sich selbst in ein Ungeheuer verwandelt«, sagte Dalip. Ungeheuer: Das war das Wort, das die Leute für den späten Bhindranwale verwendeten. »Er begann sich für den kommenden Herrscher des Landes, für den Herrscher Khalistans, zu halten. Er wollte über etwas herrschen. Er fühlte sich geschmeichelt, wenn die Leute ihm sagten, er sei wie Guru Gobind Singh. Unbewusst fing Bhindranwale an, sich selbst als Guru Gobind Singh zu sehen – als eine Wiederverkörperung des zehnten Gurus.

Ich liefere Ihnen zwei weitere Momentaufnahmen von ihm. Die eine stammt aus der Mitte des Jahres 1983. Ein Kollege von einer indischen Tageszeitung brachte eine große Story, in der er behauptete, Bhindranwales Lager hätten sich Naxaliten angeschlossen. Ich ging der Sache nach, stellte fest, dass mein Kollege Recht hatte, und vervollständigte die Geschichte durch Informationen aus eigenen Quellen. Bhindranwale war wütend über die Story in der Tageszeitung, aber das erfuhr ich erst später. Einen Tag, nachdem meine eigene Story erschienen war, ging ich Bhindranwale besuchen. Das machte ich immer so, dass ich zu ihm ging, nachdem ich etwas über ihn veröffentlicht hatte.

Derselbe Raum im Tempel. Raum 47. Mittlerweile kann ich die Tür öffnen und ganz cool hineingehen – jeder kennt mich inzwischen. Ich hatte einen Freund mitgenommen, jemanden von der Hochschule für Medizin. In dem Moment, in dem ich die Tür von Raum 47 aufmache, blickt er mich mit seinen blutunterlaufenen Augen wutentbrannt an. Wenn er vor Wut kochte, was oft der Fall war, hatte er immer rote Augen. Und ich begriff meine Lage. Acht oder neun von seinen bewaffneten Bewunderern befanden sich im Raum, während ihn zwei Journalisten interviewten.

Er fing an, mich im gröbsten Pandschabi mit Stentorstimme anzubrüllen: ›Wie können Sie es wagen, mich mit Dieben und Schurken und Lumpen auf eine Stufe zu stellen?‹ Dafür hielt er die Naxaliten. So brüllte er mich drei Minuten lang weiter an, und dann befahl er einem seiner Männer, ihm ein Exemplar der Zeitschrift mit meiner Story zu bringen. Und ich, der Zeitschriftenkorrespondent, stand vor ihm wie ein Schuljunge, der seinen Lehrer beleidigt hat. Ich kriegte kein Wort heraus – so große Angst hatte ich: Ich sah die Waffen um mich herum und wusste, er konnte mich umbringen lassen, wenn er wollte.

Die Zeitschrift wurde gebracht. Er reichte sie mir. Er hatte sich ein bisschen beruhigt, war aber immer noch sehr wütend. Er forderte mich auf, meinen Artikel ins Pandschabi zu übersetzen. Ich machte geltend, Englisch in Pandschabi zu übersetzen sei nicht meine Stärke. Er wurde noch ruhiger. Und dann bedeutete er mir zu meiner Verblüffung – ich merkte, wie gerissen er war –, ich solle näher zu ihm herantreten; dabei saß er auf seinem Gurtbett, und ich stand kaum anderthalb Meter von ihm entfernt.

Er wollte, dass ich näher zu ihm herantrat, und als ich direkt bei ihm stand, zog er, auf seinem Gurtbett sitzend, meinen Kopf zu sich herab und flüsterte mir ins Ohr. ›Sie sind wie ein jüngerer Bruder für mich‹, flüsterte er auf Pandschabi, ›und trotzdem schreiben Sie gegen mich.‹

Das Treffen war zu Ende, und ich verließ mit meinem Freund, dem Mann von der Medizinischen Hochschule, den Raum. Er hatte Bhindranwale kennen lernen wollen und mich gebeten, ihn mitzunehmen, weil ich als Journalist freien Zutritt zu Raum 47 hatte. Ich entschuldigte mich bei meinem Freund für die Schockbehandlung.

Ein paar Tage lang ging ich Bhindranwale aus dem Weg. Mir war ganz und gar nicht wohl. Ich wusste nicht, wie ich über ihn berichten sollte. Ich wusste, dass er kritisiert zu werden verdiente, aber es war arg schwierig, in Amritsar zu sitzen und ihn anzugreifen. Ein paar Monate lang schwieg ich.

Die Zeitschrift freilich wollte Storys, und im Oktober 1983 schrieb ich einen Artikel, in dem ich erklärte, Bhindranwale büße an Popularität ein, und es kämen nicht mehr viele, um ihn aufzusuchen. Die Zeitschrift motzte das Ganze auf: ›Der Sant Vereinsamt‹ – volle zwei Seiten, mit einem großen Foto, das den großen Mann in seinem weißen Baumwollgewand, halb lächelnd, halb die Stirn runzelnd, zeigte. Und wie gewöhnlich suchte ich ihn auf, nachdem die Story erschienen war.

Er verschaffte sich gerade auf der Terrasse der nach Guru Nanak Niwas benannten Herberge Bewegung. Die Zahl der Anwesenden hielt sich in Grenzen – vierzig, fünfzig Leute, die meisten von ihnen Anhänger. Er wanderte mit mir herum. Offensichtlich wusste er noch nichts von der Story. Das war das letzte Mal, dass wir freundlich miteinander plauderten. Am nächsten Tag ging ich wieder zu ihm, als Dolmetscher für ein kanadisches Fernsehteam. Er wusste mittlerweile über die Story Bescheid und erklärte mir in aller Öffentlichkeit, auf eben der Terrasse des Guru Nanak Niwas, auf der er tags zuvor mit mir im trauten Gespräch gewandelt war, wenn ich nicht aufhörte, gegen ihn zu schreiben, werde es mich das Leben kosten. Er sagte das auf Pandschabi, in verbrämter Form. *Sannu uppar charana anda hai.* ›Mit Ihnen werden wir schon fertig.‹

Danach stellte ich meine Besuche bei Bhindranwale ein. Ich berichtete nicht mehr über ihn. Ich schrieb keine kritischen Storys mehr. Ich hatte Angst. Am 23. Dezember 1983 zog er vom Guru Nanak Niwas in den Akal Takht um, von der Herberge in ein Heiligtum. Ich ging mit einigen Journalisten aus der Gegend hin, um ihn zu sehen. Er saß auf dem Boden – zusammen mit fünfzig, sechzig Leuten. In seiner Nähe lagen ein paar Früchte und Süßigkeiten. Er gab mir etwas von den Süßigkeiten und eine Banane und machte eine sarkastische Bemerkung, an die ich mich nicht mehr erinnere. Es war offensichtlich, dass er mich nicht mehr mochte. Ein paar Wochen später wurde außerhalb des Tempels auf einen Kollegen eingestochen. Die Sache hatte nichts mit Bhindranwale zu tun, aber in der Atmosphäre allgemeiner Angst kam niemand dem durch Stiche Verletzten zu Hilfe. Sie standen einfach da und sahen den Mann bluten. Ich bat meine Zeitschrift, mich anderswohin zu schicken.«

Genauso, wie Gurtej in einen lyrischen Ton verfallen war, als er von den Feldern und der Erntezeit erzählte, schien mir auch Dalip, als er von der morgendlichen Musik im Goldenen Tempel erzählte, eine besondere Achtung vor der Heiligkeit des alten Kultorts an den Tag zu legen. Ich fragte ihn, wie sehr ihn die Operation Bluestar, der Armeeangriff auf den Tempel, schockiert habe.

»Bluestar selbst hat mich nicht schockiert. Schockierend war für mich die Art, wie die Operation durchgeführt wurde. Die Vorgehensweise war denkbar schlecht. Meiner Meinung nach hätten Bhindranwale und seine Männer leicht ohne Blutvergießen gefasst werden können. Die dreiundneunzig Soldaten, die umkamen, taten mir Leid. Sie suchten sich so einen schlechten Tag für die Festnahme Bhindranwales aus. Und sie konnten ihn nicht mal festnehmen.«

Er kam am 6. Juni zu Tode, und General Shabeg kam ebenfalls um. Vielen anderen seiner Anhänger gelang es, den Tempel noch vor dem Armeeangriff zu verlassen. Sie blieben am Leben.

Kuldip zählte zu denen, die bei Bhindranwale bis ganz zuletzt ausharrten und irgendwie mit dem Leben davongekommen waren. Er hatte sich fünf Jahre lang versteckt gehalten. »Es ist ein hartes Leben, ein entbehrungsreiches Leben, bei dem man ständig den Ort wechseln muss. Die Polizei findet immer wieder heraus, wo man sich aufhält, und dann muss man erneut verschwinden.« Er war ehemaliger Funktionär des Gesamtindischen Studentenverbands der Sikhs: ein merkwürdiger Name, denn die Gruppe war für ihre Gewaltbereitschaft bekannt, und die führenden Leute in ihr waren nicht eben jung; man musste den Begriff schon sehr weit fassen, um sie noch als Studenten durchgehen lassen zu können.

Kuldip war etwa fünfzig, sah aber älter aus. Sein Gesicht war runzlig und zerfurcht, mit einem zusätzlichen Netz von Kummerfalten, die von inneren Nöten noch jenseits der Probleme kündeten, die das Leben eines Gejagten mit sich brachte. Er trug unscheinbarste Farben – sein Turban war von einem fahlen Braun –, als sei er bemüht, möglichst wenig Aufmerksamkeit auf sich zu lenken. Diese Farben, das zerfurchte Gesicht und die kleinen, stillen Augen deuteten auf einen zutiefst in sich gekehrten Menschen.

Er kam eine Stunde früher als verabredet, und er kam direkt herauf in mein Hotelzimmer. Er musste warten, während ich ein langes Telefonat beendete. Das Warten schien ihm nichts auszumachen. Er saß ruhig im Sessel, und es fiel mir schwer zu glauben, dass es sich bei dem unauffällig gekleideten Mann, der da im Hotelzimmer saß, um den »Aktivisten« handelte, der mir angekündigt worden war. Mir kam sogar der Gedanke, er könne von der Polizei sein. Als wir zu reden begannen, erkundigte ich mich nach dem Leben auf der Flucht, das er führte.

Er sagte: »So viele von denen, die zu mir gehören, hat man zu Tode gefoltert und ermordet. Hunderte sind bei fingierten

Zusammenstößen umgekommen. Sie sterben für die Freiheit des Menschengeschlechts.«

Die Freiheit des Menschengeschlechts?

Er meine, was er sage. Die gegenwärtige Sikh-Bewegung diene dem Zweck, »die politische und soziale Ungerechtigkeit der Welt zu beseitigen«. Das Ziel sei eine »politische Macht, die durch die religiösen Prinzipien und die religiöse Kraft der Sikhs bestimmt wird«. Das Endziel seien »ein universales Religionssystem, ein universales spirituelles System, universale humanistische Werte.

Dies ist zunächst nur das mikrokosmische Experiment im Pandschab. Schon zur Zeit des Königreichs von Ranjit Singh hatten wir dieses Experiment im Pandschab. Wir möchten das Sikh-System der damaligen Zeit wiederherstellen, das Sikh-System des neunzehnten Jahrhunderts, vor der Annexion des Pandschabs durch die Briten. Und wir wollen dieses System auf die gesamte Welt anwenden.«

Auf solche Verlautbarungen war ich nicht gefasst. Vielleicht war er wirklich Student oder hatte studiert und stand unter dem Einfluss der Ausführungen und Ansichten von jemandem wie Kapur Singh.

Was verstehe er unter dem Sikh-System des neunzehnten Jahrhunderts?

»Ein säkulares System, zugleich ein sozialistisches System, ein sozialistisches Sikh-System. Das Entscheidende ist die Verbindung zwischen dem religiösen und politischen System der Sikhs und dem Sozialismus. Religion und Spiritualität sind von Natur aus untrennbare Bestandteile der menschlichen Persönlichkeit. Auch der Drang, zu herrschen und politische Macht zu haben, ist der menschlichen Persönlichkeit eigen. So ist es bei Tieren und ebenso bei den Vögeln. Warum also nicht auch bei den Menschen? Tiere haben ihre Führer, Vögel haben ihre Führer. Und ebenso will *Khalsa* (die Bruderschaft der Sikhs, die Guru Gobind Singh 1699 ins Leben rief) Führer der Welt sein, weil *Khalsa* Elemente des Führertums wesenhaft zu Eigen sind.«

Seiner Meinung nach war dieses Ziel binnen zehn oder fünfzehn Jahren zu erreichen. Im Augenblick stehe es schlecht um den Kampf. »Es fehlt die Disziplin. Es fehlt die zentrale Führung. Wir haben die Kontrolle verloren, und derzeit entwickelt sich die Sache zugunsten der Regierung. Einige dieser antisozialistischen Elemente sind halbreligiöse Menschen, die der emotionale Aspekt der Bewegung anspricht. Sie sind nicht wirklich in den Schriften bewandert, und ihnen fehlt die Achtung für die in den Schriften bewanderten und gebildeten Leute, weil Leute, die wirklich in den Schriften bewandert sind, nicht dafür eintreten, wahllos Menschen umzubringen. Zweifellos sind da auch Agenten des Staats im Spiel, und man gibt dann den Sikhs die Schuld. Aber in unserer Gruppe« – dem Studentenverband der Sikhs – »gibt es nicht so viele schlechte Elemente, wenn man es vergleicht.«

Er war zur Zeit der Spaltung des Subkontinents in einem Teil des Pandschabs zur Welt gekommen, der an Pakistan fiel. »Meine Urgroßväter dienten als Generäle in der Armee von Ranjit Singh. Meine Vorfahren haben in beiden Kriegen zwischen Engländern und Sikhs gekämpft, 1843 und 1849. Der eine hat dreihundert Mann befehligt, und ebenso der andere. Um 1900 trat die halbe Familie zum Islam über. Sie verliebten sich in irgendein muslimisches Mädchen und ließen sich bekehren. Unsere Eltern fanden das schlimm.« Im Jahr 1947 siedelte der sikhistische Teil der Familie nach Indien über, in eine Region des indischen Pandschabs, der später dem Bundesstaat Haryana eingegliedert wurde. Sie besaßen dort etwa zweiunddreißig Hektar Land. »Ein Zehntel von dem, was wir in Pakistan hatten. So groß war das Opfer, das wir der Freiheit brachten.«

Ich fragte, ob es sich um bewässertes Land handelte. Wasser war solch ein wichtiges Thema im Pandschab: Trotz der grünen, üppigen Felder, die der Pandschab selbst besaß, blickte man mit scheelen Augen auf das Wasser der Flüsse, die aus dem Pandschab in andere Bundesstaaten flossen.

»Bewässertes Land, aber nicht übermäßig fruchtbar.« Ein Bruder bestellte die Ländereien der Familie, einer war Lehrer geworden, ein anderer wollte Anwalt werden. Das typische Sikh-Muster: Alle Leute aus der Mittelschicht, die ich kennen lernte, hatten nach wie vor ihre Verbindungen zum bäuerlichen Milieu und konnten sich ohne weiteres in die alte ländliche Lebensweise zurückversetzen. »Wir haben uns mittlerweile an Haryana gewöhnt«, sagte Kuldip. »Aber besonders gut geht es uns nicht. Wir kommen gerade so hin.«

Ich erkundigte mich nach seinem Lebenslauf.

»Ursprünglich wollte ich Ingenieur werden, einfach weil mir das Wort ›Ingenieur‹ so gut gefiel. Aber ich scheiterte in Mathematik. Dann wollte ich Dozent für Chemie oder Physik werden. Das Leben eines Dozenten erschien mir so überaus leicht und friedlich.«

Ich konnte ihn verstehen. Seine Worte versetzten mich zurück in meine eigenen Anfangszeiten, in die Zeiten meiner eigenen Ungewissheit, als ich (in meiner Familie war ich erst der Zweite, der eine Universität besuchte) im Leben an der Hochschule den Inbegriff einer friedlichen, geborgenen Existenz sah und gerne noch länger dort geblieben wäre.

»Aber auch hier scheiterte ich«, sagte Kuldip. »Ich bekam schlechte Noten. Damals war ich fünfundzwanzig. Ich lehrte angewandte Naturwissenschaften an einem College. Dann wollte ich Rechtsanwalt werden, aber der Beruf sagte mir nicht zu. Dann begeisterte ich mich für englische Literatur. Ich war mittlerweile dreißig. Das Literaturstudium faszinierte mich. Ich machte einen Magisterabschluss in englischer Literatur an einer Universität. Dafür brauchte ich zwei Jahre. Ich fand eine Anstellung als Englischdozent an einem College.«

»Wie haben Sie während all dieser Studien für Ihren Unterhalt gesorgt?«

»Zuerst gaben mir meine Eltern Geld.« Das musste Geld aus der Landwirtschaft gewesen sein. »Dann erhielt ich mich selbst, und dann sorgte ich eine Zeit lang für meinen Bruder, der jünger war als ich.«

Als er Mitte zwanzig war, habe er einige Jahre lang in Kontakt zu einem bekannten heiligen Mann gestanden, den er als seinen »ehrwürdigen Vater« betrachtet habe. »Ich pflegte ihm zu lauschen. Auch andere scharten sich um ihn. Er lebte in der Stadt Sirsa. Dann interessierte ich mich für das Studium der Religion. Allerdings gefiel mir das Literaturstudium besser als das Studium der Religion. Die Literatur ist etwas Wirkliches. Die Religion ist schwer fasslich. Die Gurus der Sikhs haben das Studium der Religion als ein Literaturstudium betrieben.« Ich vermute, damit wollte er sagen, dass die heiligen Schriften der Sikhs literarische Zeugnisse darstellten und die großen Gurus zugleich Dichter waren.

Mit fast vierzig bekam er dann wieder eine Stelle, als Mitarbeiter in der Forschung eines Hochschulfachbereichs. Dort geschah es, dass er sich für die Politik und dann für Bhindranwales Bewegung gewinnen ließ. Bhindranwale »versprach, das gesamte Geld für eine englischsprachige Tageszeitung zur Verfügung zu stellen, die wir vorhatten, in Chandigarh herauszubringen«.

Als ich von Dalip hatte wissen wollen, was nach seiner Ansicht die Leute an Bhindranwale fasziniert hatte, lautete seine Antwort: »Frustration.« Ich hatte nicht recht verstanden, was er damit meinte. Jetzt aber, da mir Kuldip von seiner unsteten, immer wieder zum Stillstand kommenden und nach wie vor unentschiedenen Laufbahn berichtete, gewann ich ein bisschen mehr Einblick in die Situation dieser Männer aus bäuerlichen Gemeinschaften, die sich, der einen Lebensweise entrissen, ohne Überzeugung oder Zielvorstellung in der neuen Welt wiederfanden.

»Was hat Sie an Bhindranwale fasziniert?«, fragte ich ihn.

»Seine magische Anziehungskraft.«

»Fanden Sie, dass er zornige Augen hatte?«

»Nein, spirituelle Augen. Natürlich hatte er auch den Zorn eines Löwen – wenn er wütend wurde. Bis zu Bluestar wurde die Bewegung straff geführt, und das machte der Regierung Sorgen.«

»War er ein Tyrann? Wollte er ein Herrscher sein?«

»Er war kein Tyrann. Er gehorchte den Prinzipien des Gurus. In der Schlacht gaben die Gurus den Befehl, den Feind zu töten. Aber so sollte ich es nicht formulieren. Die Gurus hatten keinen Feind: Feindschaft wurde ihnen aufgedrängt. So wurde auch diesem Mann die Feindschaft aufgedrängt.«

»Was ist mit dem Schusswaffendepot im Goldenen Tempel? Lief das nicht der Religion zuwider?«

»Gegen Schusswaffen im *gurdwara* hat der Sikhismus nichts einzuwenden, vorausgesetzt, sie dienen nicht ungerechten Zwecken. Guru Gobind Singh bezeichnet manchmal Gott, den Allmächtigen, mit den mystischen Namen von Waffen. Es gibt jede Menge Verse, in denen er die Stärke von Waffen auf die gleiche Art preist, wie er Gott, den Allmächtigen, preist.«

»Man hat mir erzählt, Bhindranwale habe angefangen, sich für Guru Gobind Singh zu halten.«

»Er pflegte manchmal in Ordensversammlungen an die Taten

des Gurus zu erinnern. Er stand dem Guru im Geiste nahe. Nach der Vorstellung der Sikh-Religion kommt jeder, der den Geboten des Gurus wahrhaft folgt, dem Guru so nahe, dass er zum Guru wird – und der Guru sich in ihm verkörpert.«

Er berichtete mir von den letzten Tagen Bhindranwales.

»Ich habe vom 29. März 1984 bis zum 6. Juni 1984 mit ihm zusammen im Tempel gelebt. Zum letzten Mal gesehen habe ich ihn am 5. Juni. Am Abend. Wir sprachen über die Lage. Er war entschlossen und flößte mir Mut ein. Jeder der Anwesenden war auf alles gefasst. General Shabeg stand draußen. Er schickte mich zu Santji.

Ich erinnere mich an die letzten Worte von Shabeg: ›Der beste Ort zu sterben ist der Ort, der deiner Religion am teuersten und der mit deinen Vorfahren verbunden ist.‹ Und er fügte hinzu: ›Der Ort, an dem wir stehen, ist in beiderlei Hinsicht ausgezeichnet. Am besten stirbt man also hier.‹ Wir befanden uns im Akal Takht.« Das Rathaus des Goldenen Tempels, könnte man sagen. Das Haus der Bruderschaft. »Essen von der *langar* zu holen« – von der Gemeinschaftskantine des Tempels: Die gemeinsame Mahlzeit am Ort des Heiligtums ist ein wichtiges Konzept des Sikhismus – »war sehr schwierig. Also wurden die Lebensmittel über die Tempelmauer herbeigeschafft, über die Dächer der angrenzenden Häuser. Das klappte nur einen Tag lang. Wir hatten reichlich getrocknete *channa*« – Kichererbsen –, »und die wurden an uns ausgeteilt. Wasser hatten wir in Eimern vorrätig.

Vier von uns hatten ihren Posten hinter den zwei Fahnen im ersten Stock. Niemand machte sich Sorgen. Wir waren alle fröhlich. Man konnte *kirtan* hören.« Gemeinsames Singen, das vom zentralen Kuppelbau im Teich herübertönte. »Sie sangen einen Vers, der uns mit Begeisterung erfüllte: ›Niemand kann den töten, dessen Gott allmächtig ist.‹ *Jisda sahib dada hué usnu marna koi.*«

»Wussten Sie etwas von den Leichen in den Abflusskanälen?«

»Ich wusste nichts davon.«

»Sind Sie darüber empört?«

»Nein. Im Krieg und in der Liebe ist alles erlaubt.«

Er wurde plötzlich unruhig und erklärte, er müsse gehen. Er werde mich in ein paar Tagen in Delhi anrufen, sagte er. Ich ging mit ihm die Stufen hinunter. Statt auf die Hotelrezeption zuzusteuern, schlug er einen Haken und schritt entlang der Blumenbeete über den vorderen Rasen, stieg über eine niedrige Grenzmauer in die Hotelauffahrt und ging durch das Einfahrtstor hinaus.

Etwa einen Tag später gab die Polizei bekannt, in Delhi stünden möglicherweise eine Reihe von terroristischen Bombenanschlägen bevor. Das ließ Kuldips Bemerkungen beim Abschied in einem neuen Licht erscheinen, auch wenn es mir nach wie vor schwer fiel, den Mann mit dem zerfurchten Gesicht und den gesenkten Augen, der so still in meinem Zimmer gesessen hatte, mit Gewalttaten in Verbindung zu bringen.

Als ich zu Beginn meines Aufenthalts in Chandigarh Gurtej fragte, warum der Sikhismus so viel Gewicht aufs Leiden lege, hatte er geantwortet: »Die Welt, in der wir leben, ist ein unglücklicher Ort, und es gilt, das Unglück aus der Welt zu schaffen. Dafür gibt es nur zwei Wege. Entweder man lässt andere leiden, oder man leidet selbst.«

An dem von Kuldip erwähnten Tag meldete sich die Telefonvermittlung des Hotels in meinem Zimmer mit den Worten: »Da ist ein Mann am Telefon, der mit Ihnen sprechen möchte; allerdings will er seinen Namen nicht sagen.« Bevor ich entschieden hatte, wie ich mich verhalten sollte, legte der Anrufer wieder auf. Einen weiteren Anruf dieser Art erhielt ich nicht; von Kuldip hörte ich nie wieder etwas. Irgendwie war ich erleichtert, weil mich die Nachricht über die Bombenanschläge in einen Zwiespalt gestürzt hatte – ähnlich dem der Leute im Dorf Jaspal und in anderen Dörfern.

NEUN

Das Haus auf dem See
Eine Rückkehr nach Indien

IN INDIEN wimmelte es von Besuchern; die Zahl stieg Jahr für Jahr. In all den großen Städten, die ich besuchte – außer in Amritsar und in Lucknow –, waren die Hotels überfüllt: Eine Handelsmesse jagte die andere, ein Anlass öffentlicher oder festtäglicher Natur folgte auf den nächsten, ausländische Delegationen verschiedenster Art gaben sich die Klinke in die Hand.

Das Indien, das ich 1962 besucht hatte, war wie ein anderes Land. Es war damals noch kein Ort, an den viele Menschen reisten, um Geschäfte zu machen. Es war noch kein Ort, wo Touristen hinfahren wollten. Hotels mit einigem Anspruch waren rar und weit verstreut. Sich außerhalb der großen Zentren zu bewegen fiel nicht leicht. An manchen Orten verbrachte man die Nacht in einem Raum im Bahnhof; an anderen Orten konnte man mit der dafür erforderlichen amtlichen Genehmigung in einem »*dak*-Bungalow«, einer Poststation, übernachten. Der Name war hübsch und ließ an altertümliches Reisen und altmodische Aufwartung denken. Kam man aber zu dem sonnendurchglühten, modrigen kolonialen Bungalow, in dessen sandigem Garten vielleicht ein paar Zinnien oder staksige Rosen oder unansehnliche Sträucher standen, musste man nach dem Wächter rufen, bis schließlich ein barfüßiger, zerlumpter Kerl erschien und anbot, bei sich zu Hause für den Gast ein Essen zu kochen, das sich von seinem eigenen nicht unterschied und das, wenn es kam, nach den Holzkohlestücken oder den Kuhfladen roch, über denen es gegart worden war. In dem spärlich möblierten Schlafzimmer roch das »Bettzeug« aus rauem Stoff nach dem brackigen oder verschmutzten Seifenwasser, in dem es gewaschen worden war; der Boden fühlte sich unter den Fußsohlen sandig oder körnig an; das Moskitonetz hatte Risse und Löcher; die Lüftungslöcher oben in der Wand ließen kein Gefühl von Geborgenheit aufkommen. Die Nacht konnte einem lang werden.

Das Indien, in das ich 1962 gereist war, wirkte wie ein weit entfernter Ort, wie ein Ort, der eine lange Reise lohnte. Und fast genauso wie ein Jahrhundert zuvor William Howard Russell reiste ich von London aus per Eisenbahn und Schiff: die Zugfahrt nach Venedig, die Fahrt mit dem Schiff nach Athen, dann nach Alexandrien, dann nach Karatschi und Bombay. Zwölf Jahre vorher war ich von der Insel Trinidad nach London gekommen. Auf Trinidad wuchs ich als Enkel und Urenkel von Landarbeitern auf, die aus Indien eingewandert waren; ich wuchs mit eigenen Vorstellungen von der Kluft auf, die mich von Indien trennte. Ich war weit genug weg von Indien, um mich nicht mehr als dem Land zugehörig zu empfinden. Ich kannte die Rituale, konnte mich aber nicht mehr an ihnen beteiligen; ich hörte die Sprache, verstand aber nur die einfacheren Wendungen. Aber ich war nahe genug, um die Gemütsbewegungen zu verstehen und zu spüren, dass mein eigenes Schicksal mit dem des indischen Volkes eng verknüpft war. Das Indien, von dem ich träumte und das ich im Herzen trug, war unwiederbringlich dahin.

Das wirkliche Indien aber existierte. Dort konnte ich hinfahren, und das hatte ich schon immer gewollt. Bei meiner ersten Reise freilich war ich voll Zittern und Zagen.

Ich hatte mir vorgenommen, ein Jahr lang in Indien zu bleiben, und hoffte – auch wenn ich mit keinem klaren Buchprojekt kam –, mich irgendwo niederlassen und ein bisschen schreiben zu können. Irgendwann im Februar traf ich in Bombay ein. Anfang April fuhr ich in den Norden, nach Kaschmir: mit dem Zug nach Delhi, dann mit dem Nachtzug nach Pathankot und dann einen Tag und einen Vormittag lang mit dem Bus (für die Nacht wurde die Fahrt unterbrochen: Mondlicht auf den terrassierten Reisfeldern von Banihal) hinauf in die Berge und dann hinunter ins Tal von Kaschmir.

Ich quartierte mich in einem düsteren, modrigen Hotel in der Stadt ein. Seine Zimmer ließen von der Umgebung, vom See oder den Bergen oder frischem Schnee, nichts ahnen; es gab nichts weiter als den Blick in ein Gewirr städtischer Hinterhöfe. Dass ich dort drei oder vier Monate aushalten würde, konnte ich mir nicht vorstellen. Auf dem See lagen Hausboote, Hinterlassenschaften der britischen Herrschaft. Aber die gut ausgestatteten unter ihnen – weiße Barken auf dem Wasser, Widerspiegelungen des frischen Schnees auf den dunklen Bergen ringsum – konnte ich mir nicht leisten. Das waren die mit dem feinen Porzellan und dem handgedrechselten alten Mobiliar und den altmodischen englischen Speisekarten (und hie und da noch Fotos und Danksagungen englischer Gäste von vor dreißig Jahren – vor der Unabhängigkeit, vor dem Krieg). Die kleineren Hausboote waren schäbig. Aber selbst wenn ich mir die besseren hätte leisten können – ich glaube nicht, dass ich in einer Kabine auf einem Hausboot hätte schreiben und wohnen können. Nicht nach Belieben hinausgehen zu können wäre zu beengend gewesen; ich hätte das Gefühl gehabt, irgendwie eingekerkert zu sein.

Es sah fast so aus, als sei die lange Reise nach Norden vergeblich gewesen und Kaschmir nicht der geeignete Ort. Aber dann, am zweiten oder dritten Tag – ich hielt die ganze Zeit über Ausschau nach einer passenden Unterkunft – ließ ich mich von einem kleinen Mann in einer großen blauen Jacke und mit einer schwarzen Pelzmütze zu einem Hotel führen, das, wie er sagte, direkt auf dem See lag und einen eigenen Garten hatte.

Kaum zu glauben, aber es war genau so, wie Ali Mohammed, der Mann mit der schwarzen Mütze, gesagt hatte. Ich sollte ihn bestens kennen lernen. Viele Wochen lang sah ich ihn, wie er morgens und nachmittags seine Hotelbasis verließ, um mit seinem großen Fahrrad in ein Boot zu steigen, sich zum Uferboulevard fahren zu lassen und dann zur Busstation oder zur Touristeninformation oder zu einem anderen Ort zu radeln, wo er hoffen konnte, einen Gast zu gewinnen, so, wie er mich gewonnen hatte. Dabei war er weder aufdringlich noch geschwätzig, sondern eigentlich ein scheuer, zurückhaltender Mensch, der nichts lieber tat, als in der Hotelküche am Ende des Gartens mit seinen Freunden ein bisschen Wasserpfeife zu rauchen.

Das Hotel glich einem kleinen Privathaus. Es hieß Hotel Liward – so schrieb sich der Name, und so erschien er mir auch passend.

Es hatte zwei Stockwerke und ein schräges Wellblechdach. Es stand in seinem eigenen Garten mitten im See – keinem von den schwimmenden Gärten, den dicken Matten aus Wasserpflanzen und Erde, die man von einem Ort zum andern schleppen konnte, sondern auf einem festen Grundstück. Ich mietete ein Schlafzimmer im Oberstock an einer Seite des Hauses. Diese Hausseite war gerade erst für die neue Saison angebaut worden – alle paar Jahre wurde das Liward erweitert –, und entsprechend der Anlage des Hauses hatte das Schlafzimmer keinen unmittelbar benachbarten Raum. Es besaß Fenster auf zwei Seiten, mit Blick auf den See, die Berge und den Schnee. Es hatte sein eigenes, funkelnagelneues Badezimmer. Badezimmer und Schlafzimmer dufteten angenehm nach frischem Holz und frischem Beton. Der kleine Aufenthaltsraum des Hotels schloss an das Schlafzimmer an; ich mietete auch ihn, so dass ich fast meinen eigenen kleinen Flügel im Liward bewohnte.

Ich hatte einen außerordentlichen Glücksgriff getan. Das Liward und mein Aufenthalt in Kaschmir wurden für mich zu einem Ruhepunkt in meinem indischen Jahr, einem Ruhepunkt auf meiner von Zittern und Zagen geprägten Reise. Und vielleicht war es dieser Ruhepunkt, der mir ermöglichte, mein indisches Unternehmen durchzustehen. Ich hatte mich von London losgelöst und all mein Geld in diese Indienreise gesteckt; hätte die Sache nicht funktioniert, wäre das ein harter Schlag für mich gewesen, und ich hätte aufgeben müssen.

Ich blieb über vier Monate im Liward. Ich lernte alle kennen, die in der Küchenbaracke am Ende des Gartens arbeiteten und rauchten. Ali Mohammed – der ganz zu Anfang so wichtig gewesen war – trat als Figur bald in den Hintergrund. Mr Butt gehörte das Hotel, aber Englisch überstieg seinen Horizont; wir kommunizierten ausschließlich durch Lächeln und Gesten. Mr Butts rechte Hand hieß Abdul Aziz. Er konnte weder lesen noch schreiben. Aber er hatte ein feines soziales Gespür und konnte Gesichter und Situationen einschätzen; er besaß ein sagenhaftes Gedächtnis und sprach ein ganz eigenes Englisch, das er sich allein mittels Gehör angeeignet hatte. Aziz war es, mit dem ich während dieser vier Monate im Hotel Liward zu tun hatte. Mit Aziz machte ich meine Ausflüge in die höher gelegenen Täler. Aziz und Mr Butt planten meine Reise zur Höhle von Amarnath, die ich in dem Monat, in dem alle Welt dorthin pilgerte, im August, unternahm, und Aziz begleitete mich auch auf jener Reise, um das Gefolge zu überwachen, das sie für mich angeheuert hatten.

Und ich schrieb mein Buch. Was als bloße Idee, als spontane Regung, als eine Reihe von Einfällen angefangen hatte und was sich zu Beginn des Schreibens noch unwirklich anfühlte, gewann allmählich ein Eigenleben und zog mich in diesem Zimmer mit den zwei Ausblicken in seinen Bann. Auch das gehörte zu dem aufbauenden, beruhigenden Charakter jener Tage, das Erlebnis eines Buches, das täglich wuchs. Aziz und Mr Butt hatten für mich einen Tisch zusammengezimmert und mir auch eine Tischlampe besorgt.

Im folgenden Jahr, in einer tristen möblierten Wohnung im südlichen London, begann ich, mein Buch über Indien zu schreiben. Ich hatte eines vor Ort schreiben wollen, aber nach den ersten Wochen die Idee fallen lassen. Die Reiseschriftstellerei war für mich etwas Neues, und ich wusste nicht, wie ich von Indien erzählen sollte: Das Elend, dem ich dort begegnete, war zu überwältigend. Ich hatte kein Tagebuch geführt und kaum längere Aufzeichnungen gemacht. Doch die Sache hatte Geld gekostet, und ein Buch musste her. Erst volle zwei oder drei Monate nach meiner Rückkehr fing ich an zu schreiben. Bei der Niederschrift wurde das Zwischenspiel in Kaschmir zu dem, was es auch in Indien im Jahr zuvor gewesen war: zu einem Ruhepunkt. Als ich mir die Geschehnisse damals Tag für Tag in Erinnerung rief, fand ich einen erzählerischen Zusammenhang, wo ich damals keinen hatte gewahren können.

Nachdem das Buch geschrieben war – und ich Ordnung in die Erinnerungen gebracht, eine Erzählperspektive gefunden und mich meinen Gefühlen Indien gegenübergestellt und sie in Worte gefasst hatte –, fingen die Einzelheiten an, zu verblassen. Es kam die Zeit, da ich nicht mehr in das Buch hineinschaute. Kaschmir und das Hotel Liward – und Mr Butt und Aziz – blieben ein Widerschein, die Erinnerung an einen erfüllten Sommer. Danach stand es mir frei, jederzeit wieder nach Kaschmir zurückzukehren. Flugreisen hatten die Welt vereinfacht, hatten es leichter gemacht, mit Abschnitten unserer Vergangenheit ins Reine zu kommen.

Manchmal schrieben mir Leute und erzählten von dem Hotel; jemand schickte mir ein Foto, um zu zeigen, wie sehr sich das Gebäude verändert hatte. Aber das Bedürfnis, wieder hinzufahren, verspürte ich nie.

***

Diesmal aber fuhr ich wieder hin. Ich kam per Flugzeug. So lernte ich den Flughafen kennen, den ich siebenundzwanzig Jahre zuvor nicht einmal aus der Ferne zu sehen bekommen hatte. Im Flughafen von Delhi hatte es wegen der Lage im Pandschab strenge Sicherheitskontrollen gegeben. Auch in Srinagar warteten Sicherheitsbeamte: Das Tal von Kaschmir war unruhig. Politische Unruhe hatte dort auch schon 1962 geherrscht. Aber überall in Indien lagen mittlerweile die Nerven blank, und das Verhalten der Leute gegenüber den Behörden hatte sich geändert.

Die Zufahrtsstraße in die Stadt wurde ausgebaut. Sie führte vorbei an vielen großen neuen Häusern; diese Art von privatem Reichtum hatte ich 1962 nicht gesehen. Das Stadtzentrum sah so schlammfarben und mittelalterlich aus, wie ich es in Erinnerung hatte: als seien alle Farben Kaschmirs, die jede für sich so leuchteten wie die Farben in einem Malkasten, ineinander geflossen und hätten diesen schlammigen Mischmasch ergeben. Sowohl die Ziegel als auch das Holz der alten Gebäude – zumindest sahen die Gebäude alt aus – wiesen diese Schlammfarbe auf. Schlammfarben waren auch die Straßen, schlammfarben auch der Eindruck, den die vielerlei Kleider der Menschen erzeugten, und schlammfarben – mit hin und wieder einem grünen Algenplacken oder Algenrand – sah auch der angeschwollene Fluss aus, der zwischen Steilufern durch die Stadt verlief. Ein Seitenarm oder Kanal des Flusses erstickte unter kleinen, farblosen Hausbooten, die eins neben dem anderen lagen und bei denen es sich unverkennbar um eine Reihe von Slumbehausungen handelte, kleine schwimmende Hütten, die dauerhaft am Ufer vertäut waren und von denen jede am Ufer ihr Plumpsklo hatte.

Die graubraune Farbe der Hausboote rief eine ferne Erinnerung wach, aber der Eindruck von drangvoller Enge war neu. Ich erinnerte mich auch dunkel daran, dass mir 1962 jemand erzählt hatte, in den Tagen der Briten (Kaschmir war freilich ein Fürstentum mit eigenem Herrscher) hätten Inder nicht auf dem Bund, der Prachtstraße der Stadt, promenieren dürfen. Das lag nun in ferner Vergangenheit. Die kaschmirisch-indische Stadt hatte ihre Fesseln gesprengt und sich entlang der Straße am See weit ausgedehnt. Das Neubaugebiet war nicht schlammfarben. Es war ein tosender indischer Basar aus Beton und Glas mit bunten Farben, Hotels, Läden und Reklameschildern. Und dem Neubaugebiet gegenüber, an einem Seeabschnitt, wo 1962 noch nichts als Wasser zu sehen war, lag eine lange Reihe von Hausbooten für Touristen, jedes mit eigenem Firmenschild: die Kaschmiri und die Besucher quasi aufgereiht und wie zwei Sportmannschaften einander gegenüber postiert, die Besucher in ihren Hausbooten festsitzend, bar jeder Bewegungsfreiheit und Manövrierfähigkeit, die Kaschmiri umtriebig am Ufer, auf jeden Landgänger lauernd, mit ihren auf dem See herumpaddelnden Hilfstruppen, die aus dem Nichts auftauchten und sich in ihren flachen, niedrigen Booten in die kleinste Lücke zu schieben vermochten. Entlang dieses ganzen Abschnitts des Uferboulevards tönte ein Stimmengewirr wie auf einem Markt oder Basar.

Am entfernten Ende des Boulevards und ein ganzes Stück jenseits dieses Neubaugebiets lag auf seinem eigenen, geräumigen Gelände das Palace Hotel. Dort war ich diesmal abgestiegen. Das Hotel hatte vormals dem Maharadscha von Kaschmir als Sommerpalast gedient. Es war ein großes, aber schlichtes Gebäude aus den dreißiger Jahren des zwanzigsten Jahrhunderts, flach und ausgedehnt, ein ganzes Stück von See und Uferboulevard abgesetzt. Die Apfelbaumkulturen, die der vorletzte Maharadscha gepflanzt hatte, standen in Blüte, desgleichen die Mandelbäume. Im Unterschied zu den Schlammfarben der Stadt herrschte hier frischestes Frühlingsgrün.

Ich kannte den Palast noch als Palast. Im Jahr 1962 residierte dort Karan Singh, der Maharadscha, in seiner Eigenschaft als Gouverneur des Bundesstaats, *sadr-i-riyasat*; ich wurde damals mehrfach in den Palast zum Dinner eingeladen. Einmal fuhr ich in einer *tonga*, einem Pferdewagen, hin. Das Pferd mühte sich schliddernd den langen, steilen Anstieg der Zufahrt hinauf; zu Fuß wäre ich schneller gewesen. Ich fand es absurd, in der *tonga* zu sitzen, aber ich wusste nicht, wie ich mich verhalten sollte. Auf die wartenden Amtsträger wirkte der ganze Vorgang würdelos; sie kamen schließlich in einem Jeep, um mich zu retten.

An den Eingang oder die Räume des Palastes hatte ich keine Erinnerung mehr. Der Teppich unten im Flur war verschlissen. Oben, vor meinem Zimmer, roch es nach warmer Küche, und durch eine Trennwand aus Beton erhaschte man einen Blick in den Personaltrakt. Mein Zimmer war groß und wirkte unzulänglich möbliert; auf dem Boden lag ein hellgrüner Teppich mit grobfädigen Quasten. Keine Spur von Großartigkeit oder Komfort oder Ferienstimmung: nur der Eindruck eines in der feuchten Frühlingsluft herumstehenden großen, heruntergekommenen Kastens, eines Gebäudes, in dem allzu viel zu richten und das für uns paar Bewohner entschieden zu groß war, eines Gebäudes, das gerade erst für die Saison aufgemacht hatte und das einen Sommer- und Ferienbetrieb brauchte, der ihm wegen der religiösen und politischen Unruhen im Tal vielleicht versagt bleiben würde.

Die Gärten, auf die man durch die Fenster blickte, sahen hingegen gut gepflegt aus. Der Rasen war gemäht, die zwei großen Bäume frisch beschnitten, auf den Blumenbeeten leuchteten die Blüten von Frühlingszwiebeln und Samensortimenten. Zwei japanische Mädchen in Jeans machten Fotos und posierten füreinander; helle, kleine Juchzer ausstoßend, hockten sie sich vor die roten Tulpen. Dahinter und tiefer gelegen sah man durch den Frühlingswuchs der neuen Pappeltriebe und der zarten, gelbgrünen Weidenzweige den See. Die fernen Berge waren oben frisch beschneit. Man genoss einen privilegierten, herrschaftlichen Blick; von dem neuen Gebäude am Seeufer rechts, von den terrassierten unteren Berghängen, von der Hausbootreihe links war nichts zu sehen.

Irgendwo zur Linken lag das Hotel Liward. Und ich hatte es eilig, hinzukommen, machte mich bald schon dorthin auf. Ich nahm ein Hoteltaxi. Es gab einen Mindestfahrpreis, für den ich zwei- oder dreimal so weit hätte fahren können, wie ich tatsächlich fuhr; ich hätte auch ohne weiteres zu Fuß gehen können. Alte Animositäten gegen kaschmirische Verhältnisse begannen sich in mir zu regen und übersprangen mühelos den Abstand vieler Jahre.

Vom Anblick der Menschenmenge auf dem Uferboulevard vor mir irregeführt und außerstande, angesichts des Gedränges auf dem See abzuschätzen, wo das Liward lag, stieg ich zu früh, an der falschen Ufertreppe, aus dem Taxi und verstrickte mich mit dem Bootsführer in einen Streit um den Fahrpreis zum Liward. Der Bootsführer war so groß wie ein Kind und hatte unter seinem braunen Gewand auch den Körperbau eines Kindes. Blass, mit narbiger, stellenweise entfärbter Haut; ein ausgezehrtes, kleines Gesicht auf dünnem Hals; hellfarbiges Haar, helle Augen. Sein Aussehen kündete von winterlichen Entbehrungen, aber seine Augen wie seine zänkische Stimme waren wuterfüllt. Etwas dergleichen hatte ich 1962 an den Bootsstegen nicht gesehen, aber so viele Menschen und solch ein Getöse hatte es damals auch nicht gegeben.

Wir einigten uns auf fünfundzwanzig Rupien, ein englisches Pfund, für die Überfahrt zum Liward: bei weitem zu viel, fünfmal zu viel.

Das Wasser des Sees, das ich zwischen den Fingern durchströmen ließ, war kühl. Und trotz all des Verkehrs hatte der See noch seine frühlingshafte Klarheit. Er war voller kleiner Fische, ein reizender Anblick, und der Wasserfarn am Grund des Sees wiegte sich sanft in der Strömung. (Später, im Sommer, würde sich das Wasser eintrüben.) Wo man 1962 noch ins Offene geblickt hatte, lag jetzt eine lange Reihe von Hausbooten, jedes mit Firmenschild und eigenen Stufen; manche der Boote schienen durch einen Holzsteg miteinander verbunden, der auf Stützen ruhte und ein Geländer hatte.

Wir paddelten daran vorbei und hielten auf eine Fahrrinne mit Laden- und Versorgungsbooten zu. Und bald schon – die Fahrt rechtfertigte ganz gewiss keine fünfundzwanzig Rupien – tauchte das Leeward auf – wie es, dem großen Aushängeschild nach, in richtiger Schreibweise lautete. Nicht mehr das bescheidene Landhaus mit Garten, worin ich gewohnt hatte, sondern ein Etablissement, das sogar in dem neuen Gewirr geschäftlicher Unternehmen eine herausragende Stellung einnahm: als ein solider Bau mit Betonmauern, vielen Seitenflügeln, vielen Giebeln.

Das Foto vom Leeward, das mir einige Jahre zuvor geschickt worden war, zeigte ein zweistöckiges Gebäude. Meinem Eindruck nach war das Dach noch einmal angehoben und das Haus auf drei Etagen aufgestockt worden. Die Giebel waren an den Enden der Basis merkwürdig ausgebuchtet und verdickt, fast wie Hockeyschläger gebogen. Zusammen mit dem steilen Schrägdach machte das einen tibetanischen oder japanischen Eindruck.

Meiner Erinnerung nach schwammen damals neben dem Garten des Leeward flache Lotosblätter im See. Ein paar gab es immer noch, aber sie fielen nicht so ins Auge wie das hohe, von Abfällen durchsetzte Gras, das um den Landesteg wuchs. Das Hotel hatte schon immer an der Kreuzung zweier Fahrrinnen gelegen; aber nun wirkte es so, als sei aus einer Wohngegend ein Geschäftsviertel geworden. Vor dem Leeward lagen entlang all der Fahrrinnen Hausbootläden, vertäut an zerklüfteten Überresten schwarzer Inselchen, primitive Holz- und Wellblechgeschäfte auf Stelzen und Läden für Handwerksbedarf. Das Leeward hatte in einer Ecke seinen eigenen Lebensmittelladen nebst großem Reklameschild an der Wand, und unmittelbar daneben befand sich ein Geschäft für Leder- und Wollwaren aus Kaschmir.

Vom Landesteg führte ein Pfad mit Geländer zwischen zwei Gartenrechtecken hindurch. Abgesehen von der mit Blumen bepflanzten Badewanne in einer Ecke, entsprach der Garten einigermaßen meiner Erinnerung. Aber es war mir unmöglich, den Lageplan zu rekonstruieren, herauszubekommen, wo sich mein Wohnzimmer befunden hatte und wo das Schlafzimmer mit den Ausblicken in zwei Richtungen. Die Hotelinsel, das Gelände selbst, musste erweitert worden sein.

Am einen Ende des Gebäudes, auf der den Läden des Hotels entgegengesetzten Seite, befand sich das Büro, ein kleiner Raum mit weißen Wänden und Glasfenstern. Ein hoher Empfangsschalter, ein braunes Schlüsselbrett, an der Wand ein Kalender, geöffnete Mappen mit Tourismusprospekten von Kaschmir. Es gab auch Plakate von Mekka: der Kaaba-Stein und ein Kuppelbau. Bilder mit solch religiöser Tendenz hatte es im alten Leeward nicht gegeben. Augenscheinlich hatte jemand die Wallfahrt nach Mekka gemacht oder wollte seine Frömmigkeit demonstrieren.

Im Büro war niemand. Ein kleiner Junge, der sich draußen herumtrieb, schien zum Hotel zu gehören. Ich schickte ihn los und ließ ihn nach Aziz oder Mr Butt suchen. Es kam Mr Butt. Ich brauchte kaum zu warten. Siebenundzwanzig Jahre war es her, und er stand einfach da. Er trug einen weißen Bartkranz, den Bart eines Mannes, der die Pilgerfahrt gemacht hatte. In einer Menschenmenge hätte ich ihn vielleicht nicht erkannt. Aber hier, in seinem eigenen Ambiete, war er auf Anhieb zu erkennen: die Pelzmütze, die dunklen Farben, die er gerne trug, die Brille mit den dicken Gläsern, seine Schmächtigkeit.

Er vermittelte den Eindruck, nicht sonderlich überrascht zu sein. Tatsächlich wirkten wir beide wie zwei Schauspieler auf der Bühne, die den Moment einstudiert hatten. 1962 habe, erklärte er, das Hotel neun Zimmer gehabt; jetzt seien es fünfundvierzig. Pro Nacht koste das Zimmer jetzt hundertfünfundzwanzig Rupien, fünf Pfund oder acht Dollar, einschließlich Bettzeug und heißem Wasser. Er wusste noch genau, wie lange ich 1962 im Hotel gewohnt hatte. Ich brauchte ihn nicht danach zu fragen; er sagte es mir von sich aus. Ich sei vier Monate und fünfzehn Tage da gewesen. So wie mir das Schreiben, das Organisieren von Ereignissen und Gefühlsbewegungen, ermöglichte, mich in der Welt zurechtzufinden und mich Neuem zuzuwenden, schien die numerische Erfassung der Welt, das Finden der passenden Zahlen, Mr Butt dabei zu helfen, Sachen einzuordnen und Ereignisse zu strukturieren.

Nach den das Hotel betreffenden Neuigkeiten, die er mir rasch mitgeteilt hatte, war das Wichtigste, wovon er mich in Kenntnis setzen musste, die Pilgerreise, die er nach Mekka unternommen hatte. Dann war da noch seine Gesundheit. »Aber mir geht gut, Sir«, erklärte er. Und zum Beweis packte er meine Hand und drückte sie, so fest er konnte.

Ich fragte, wie alt er sei. Er hatte Schwierigkeiten, die Zahl zu übersetzen. Erst sagte er sechsundachtzig, dann sechsundsiebzig und schließlich sechsundsechzig. Sechsundsechzig mochte er sein; dann war er 1962 neununddreißig, fast vierzig – das wäre mir damals alt erschienen.

Er erzählte von den anderen. Ali Mohammed, der mich an jenem glücklichen Tag zu ihm gebracht hatte, habe sie verlassen. Der *khansamah*, der Koch, ein aufgewühlter, temperamentvoller Mann, der in dem Küchentrakt am Ende des Gartens ständig alle möglichen Krisen heraufbeschworen hatte, sei gestorben. Aziz aber halte noch die Stellung, und zwar in alter Frische. Im Augenblick sei er bei sich zu Hause, aber am Nachmittag werde er wieder im Hotel sein.

Ich sagte, ich würde gegen vier zurückkommen, um Aziz zu begrüßen. Wie schon damals schuf die Sprache – oder vielmehr das Fehlen einer gemeinsamen Sprache – eine Barriere zwischen Mr Butt und mir. Nachdem wir am Ende der Verständigung, für die der gemeinsame Wortschatz ausreichte, angekommen waren, gab es nichts mehr, was wir in diesem Augenblick noch hätten thematisieren können. Und ich nahm das Seeboot zurück zu der Ufertreppe und dem kleinen Mann mit den zornigen Augen.

Am Ufer lag ein Hügel namens Shankaracharya. Darauf stand ein hinduistischer Tempel; 1962 hatte noch Karan Singh für den Unterhalt des Tempelbrahmanen gesorgt. An vielen Nachmittagen war ich auf den Hügel hinaufgewandert. Ich lernte den Brahmanen kennen. Er war ein umgänglicher Einsiedler und trug eine Wollmütze. Wenn es regnete oder neblig oder kalt war, hielt er sich auf kaschmirische Art warm: Unter einer Decke umarmte er eine kleine tönerne Kohlenpfanne mit glühender Holzkohle. Ich hatte so viel Neues aufnehmen müssen: Erst jetzt, da ich durch das Basargetöse, von dem See und Uferboulevard widerhallten, zu der Anlegetreppe zurückfuhr, fiel mir auf, dass auf dem kleinen Hügel unmittelbar neben Shankaracharya ein großer Fernsehsendemast emporragte; und ich fragte mich, wie es um den Tempel und den Brahmanen stand.

Gegen vier kehrte ich zum Leeward zurück. Wieder nahm ich vom Palace Hotel das Taxi und von den Fünfundzwanzig-Rupien-Stufen das Boot. Ein kleiner, gut aussehender Mann erwartete mich im Büro. Er trug eine ärmellose blaue Jacke aus wattiertem Synthetikstoff, die ebenso modisch wirkte wie seine Frisur. Er sei »Azizas Sohn«, sagte er – »Aziza« sagte er, und ich erinnerte mich, dass dies die Koseform von Aziz war.

Aziz' Sohn! Er war achtzehn. Er studierte Buchhaltung an einem College in Srinagar. Buchhaltung! Aber bei all dem Betrieb am See und in der Stadt wurden natürlich Buchhalter gebraucht.

Aziz erschien, kam aus dem gleichen Flur, aus dem am Morgen Mr Butt aufgetaucht war. Mr Butt war schmächtig geblieben; Aziz war in die Breite gegangen und hatte einen Bauch und ein rundes Gesicht bekommen. Er trug zahlreiche Kleidungsstücke: weite Hosen, ein Hemd mit langen Schößen, einen Pullover, der sich über dem Bauch straffte, eine Art knopflose Weste (die mehr den

Rücken als die Brust bedeckte), und eine lange Jacke aus leichtem Stoff. Merkwürdigerweise machte sein Leibesumfang keinen großen Unterschied: Er blieb der Mann, den ich von früher kannte. Er hatte nach wie vor die energische Ausstrahlung, den leichten Schritt, den Ausdruck von Gleichmut, den klug abschätzenden Blick, das leise Zwinkern, als wäre er kurzsichtig.

Was es Neues gebe? Nun, sagte er, der Junge – er meinte seinen hübschen Sohn – habe Arzt werden wollen. Aber sie hätten ihm das ausgeredet. Nichts gehe über das Hotelgewerbe. Und Mr Butt, der sich uns zugesellte, lachte in sich hinein und bekräftigte, das Hotelgewerbe, da gehe nichts drüber.

Ich fragte Aziz nach Mr Butts Pelzmütze. In meinem früheren Buch hatte ich geschildert, wie sich eines Tages ein heftiger Regen auf die Mütze ausgewirkt hatte: Die Worte, in denen ich das schilderte, hatte ich nie vergessen und mich deshalb auch stets an die Mütze erinnert. Ich wollte jetzt wissen, ob die Mütze so wie der weiße Bart, den Mr Butt trug, eine religiöse Bedeutung hatte oder ob sie vielleicht Kennzeichen dafür war, dass Mr Butt zu einem bestimmten Klan gehörte.

»Für diese Mütze muss man unter Umständen tausend Rupien zahlen«, sagte Aziz.

Und damit hatte es sich wohl. Erst da bemerkte ich, dass Aziz selbst eine Pelzmütze trug, und plötzlich hatte ich ein Dutzend lebhafte Erinnerungen vor Augen, die mir bestätigten, dass Aziz schon immer eine Pelzmütze getragen hatte, dass sie schon immer zu seinem Erscheinungsbild dazugehörte und dass ich ihn nur ein einziges Mal barhäuptig gesehen hatte – nach irgendeiner Alberei in der Küche, als er lachend und zerzaust in den Garten hinausgestürzt war. Aber für seine Mütze hatte ich keine Worte finden müssen; sie hatte für mich keine Bedeutung erlangt.

Ich erzählte Aziz von meinen Problemen an der Ufertreppe und von den fünfundzwanzig Rupien, die ich als Fahrpreis hatte zahlen müssen. Der Bootsführer wartete mit seinem Boot, um mich wieder zurückzubringen. Aziz winkte ihm, er solle herüberkommen. Meinem Eindruck nach hatte der Bootsführer aber keine Lust zu kommen; er tat so, als kriege er den Wink nicht mit.

Aziz selbst schien den Bootsführer gleich wieder vergessen zu haben. Er brachte eine Schachtel mit Fotos herbei, und er und Mr

Butt fingen an, nach alten Aufnahmen zu kramen. Sie fanden eine vom Hotel aus dem Jahr 1962, auf der man den Garten und mein Wohnzimmer sehen konnte. Und sie fanden eine andere, überbelichtete, auf der das damalige Personal zu sehen war. Mr Butt stand dort, und Aziz, und der mittlerweile weggegangene Ali Mohammed mit schlichtem, ernstem Ausdruck, und der gestorbene *khansamah*. Der *khansama* war groß und sah richtig edel aus, mit einem leidvolleren Gesichtsausdruck, als mir in Erinnerung geblieben war. Vielleicht waren seine damaligen Wutausbrüche nicht nur seinem Temperament geschuldet; vielleicht hatte er manchmal körperlich gelitten und Schmerzen gehabt.

Die alte Gruppe hatte nicht mehr als fünf oder sechs Leute umfasst. Jetzt beschäftigte das Hotel zwanzig Angestellte und sogar einen Manager.

Was war dann Aziz' Funktion?

»Er ist der Oberkommandierende«, sagte Aziz' Sohn. Und Mr Butt verstand und lächelte.

Ich erkundigte mich bei Aziz nach Mr Butts Gesundheit. Mr Butt habe am Vormittag angedeutet, dass es ihm nicht so ganz gut gehe. Mr Butt müsse aufhören zu rauchen, erklärte Aziz, aber er rauche heimlich seine *hookah*; er könne es nicht lassen. Und Mr Butt hörte auf zu lächeln und bekundete durch eine feierliche Geste seine Ohnmacht.

Ich erinnerte Aziz an den Bootsführer und die fünfundzwanzig Rupien Fahrpreis.

»Sie haben heute Morgen *fünfundzwanzig* Rupien bezahlt?«, fragte Aziz.

Und als ich bejahte, machte er ein ernstes Gesicht, wie ein Arzt, der auf ein schlimmes, unerwartetes Krankheitssymptom stößt. Aber wie ein Arzt war er auch bereit, zu tun, was in seiner Macht stand. Er rief den Bootsführer erneut herbei, und der kam diesmal auch. Aziz und Mr Butt redeten mit ihm. Von Aziz erfuhr ich später, dass er dem Bootsführer erklärt habe, ich sei ein alter Bekannter des Hotels und kein »Drei-Tage-Tourist«. Und mehr als einmal während dieser Unterredung mit dem Bootsführer erklärte Mr Butt: »Vier Monate und fünfzehn Tage.« Am Ende lächelte der Bootsführer, und Aziz sagte, ich solle selber entscheiden, was ich dem Bootsführer geben wolle. Ich fand das keine gute Lösung. Aziz war das klar; er schlug vor, ich solle fünfzehn Rupien zahlen.

Die Erinnerung hatte mir das Bild eines übermütigen, barhäuptigen Aziz im Garten des alten Leeward ins Gedächtnis gerufen – schon damals war solcher Übermut ein seltener Fall, der sich mit dem würdevollen, erfolgreichen Mann, der jetzt vor mir stand, noch weniger zu vertragen schien. Wie alt war er wohl gewesen? Mir erschien er damals als ein reifer, altersloser Mann.

»Wie alt sind Sie, Aziz?«

»Achtundvierzig, fünfzig.«

Mit Sicherheit war er um etliches älter. Aber er schien es nicht zu wissen, und da er weder lesen noch schreiben und sich nur auf sein Gedächtnis verlassen konnte, auf seine Fähigkeit, Vorgänge in seinem eigenen Leben zu Vorgängen außerhalb in Beziehung zu setzen, ließ sich ein solches Wissen auch vielleicht gar nicht erwarten.

Wir sprachen über die Pilgerfahrt zur Höhle von Amarnath im Himalaja und darüber, wie sie das Ganze für mich organisiert hatten, mit Maultiertreibern, Leuten für den Aufbau der Zelte, einem Koch und Aziz als Leiter der Expedition. Jetzt flögen Hubschrauber nach Amarnath, und es zögen riesige Scharen von Pilgern hin, vier Lakh, fünf Lakh, vierhunderttausend, fünfhunderttausend.

»Erinnern Sie sich an *ghora-wallah*?«, fragte Aziz.

Er sprach von einem der Maultiertreiber in unserer Reisegruppe. Vermutlich hatte ich über ihn geschrieben und die Einzelheiten standen in meinem Buch, aber der Mann selbst und die Geschichte, die sich auf ihn bezog, waren meinem Gedächtnis entfallen. Aziz hingegen war die Sache erinnerlich, und da fiel auch mir wieder der Maultiertreiber ein, der uns hoch oben auf einem Pass im Stich gelassen hatte und vorher einiges von unserem Gepäck den Berghang hatte hinunterrollen lassen, das dann Aziz wiederbeschaffen musste.

Ich hätte mich 1962 im Anschluss an die Amarnath-Reise gerne noch ein paar Tage mit der Leeward-Gruppe und ihrer Ausrüstung in den Hochlagen des Himalaja aufgehalten. Aber Aziz hatte das nicht gewollt. Er hatte mich zurück nach Srinagar geschleppt, zu einem weiteren – dieses Mal muslimischen – religiösen Ereignis. In der Hazratbal-Moschee am entfernten Ende des Sees gab es eine berühmte Reliquie, ein Haar vom Barte des Propheten. Es wurde einmal im Jahr gezeigt, und Aziz wollte unbedingt zurück, um bei diesem Ereignis dabei zu sein.

Er liebte große religiöse Feste, die Vermischung von Glaube, Jahrmarkt und Feiertag, und er überraschte mich mit der Neuigkeit, dass er wie Mr Butt die Pilgerfahrt nach Mekka unternommen hatte. Er sei zweimal hingefahren. Die Pilgerreise dauere drei Monate. Organisiert werde sie von der indischen Regierung. Erst gehe es nach Dschidda und dann mit Taxis und Bussen nach Mekka. Überall zwischen Dschidda und Mekka gebe es Toiletten. Das sei nicht wie bei Amarnath. Alles sei sauber in Mekka. Er sprach wie ein guter Muslim – und wie jemand, dem man in Sachen Hotel und Unterbringung nichts vormachen konnte.

Zwei Pilgerfahrten nach Mekka: Das kündete von einem Mann mit reichlich Geld, Zeit und Erfolg im Leben. Das hätte ich 1962 Aziz nicht prognostiziert. Und es war eigentlich auch nicht zu erwarten, dass Aziz und Mr Butt mit ihren unterschiedlichen Begabungen und Charakteren all diese Jahre hindurch immer auf die gleiche Weise zusammenarbeiten würden. Sie hatten einander gestützt; Mr Butt hatte Aziz erlaubt zu expandieren, und das Unternehmen hatte expandiert, wie sie es sich im Traum nicht hätten einfallen lassen.

Ich fragte Aziz nach den seltsamen Giebeln am Hotel.

»Ein Stil, ein Stil«, sagte er. »Sie sollten die neuen Gebäude hier sehen.«

Zu meinem Buch gab es auch etwas zu erzählen. Nach dem Erscheinen des Buches sei das Hotel vom Amt für Tourismus angerufen worden. Sie hätten erklärt, es gefalle ihnen nicht, was darin über das Leeward zu lesen stehe. Sie hätten dem Buch entnommen, dass Hotelgäste ihre Wäsche zum Trocknen auf dem Rasen des Leeward ausbreiteten und Kleider aus den Fenstern hängen ließen. Das Amt für Tourismus wünsche das nicht. Er habe, sagte Aziz, der Behörde mit allem Nachdruck erklären müssen: »Ihr habt das Buch nicht *verstanden.*« Ein lang vergangener Streit, aber ein Streit: Aziz erzählte die Geschichte zweimal.

Es war aufwärts mit ihnen gegangen, aber nun herrschte am See Gedränge. In ganz Indien herrsche Gedränge, sagte Aziz, als sei das etwas, womit man sich abfinden müsse. Vor vierzig Jahren habe man das Wasser aus dem See trinken können (und ich erinnerte mich an Leute in Ausflugsbooten, die noch 1962 Seewasser benutzten, um den speziellen Kaschmirtee zu brühen.) Heute, sagte Aziz, während Mr Butt zustimmend den Kopf schüttelte, entleerten manche Hausboote ihre Abwässer direkt in den See.

Plötzlich – als wolle er mir erklären, warum es so still und öde war und sie es an Bewirtung fehlen ließen – verkündete Aziz, es sei Ramadan. Sie dürften nicht viel reden. Ihr Fasten dürften sie um sieben Uhr zehn am Abend brechen.

Aziz' Sohn Nazir fuhr mit mir in dem Boot zurück zum Uferboulevard. Mr Butt, sagte er, habe ihm und anderen erzählt, wie ich einmal mit ihnen im Garten gesessen und die *hookah* geraucht habe. Ich konnte mich daran erinnern. Der Rauch des grob geschnittenen kaschmirischen Tabaks, der angenehm, verführerisch duftete, erwies sich als beißend, Luftröhre und Lungen ätzend; einen stärkeren Tabak hatte ich noch nie probiert. Den heißen Rauch aus Holzkohle und Tabak vermochte das Wasser in der *hookah*-Schale nicht nennenswert zu kühlen.

Ich konnte mir nicht vorstellen, dass jemand im Leeward jetzt noch für solche Spielereien Zeit fand. Es herrschte eine andere Stimmung. Alles am See hier war zugebaut, es herrschte zu viel Betrieb.

See, Uferboulevard und Anlegestufen erdröhnten vom spätnachmittäglichen Lärm. Zu dem Lärm gehörte eine tremolierende, nervenzerfetzende Lautsprecherstimme. Es war die Stimme eines Mullahs von der Moschee am Uferboulevard – einer Moschee, die mir neu war, einem schlichten, kleinen Gebäude, Teil des viele Hausreihen tiefen Neubauviertels entlang dem Boulevard, unterhalb des Shankaracharya-Hügels. Die Schlichtheit der Moschee wirkte wie ein Beweis für das dringende Bedürfnis der neuen, am See versammelten Menschenmassen nach seelischer Betreuung.

Aziz hatte mir nach seinem Gespräch mit dem Bootsführer gesagt, ich solle ihm für die Überfahrt fünfzehn Rupien zahlen. Der Bootsführer selbst hatte gelächelt und den Eindruck erweckt, sich meiner Entscheidung fügen zu wollen. Aber es war gar nicht der Bootsführer, dem ich das Geld bezahlen musste. Das war vielmehr der kleine Mann mit den zornigen Augen und der zornigen Stimme an der Landetreppe, und er bestand unerbittlich auf den fünfundzwanzig Rupien. Nazir, der nicht zuletzt mitgekommen war, um mich vor dieser Forderung zu bewahren, wusste sich nicht zu helfen. Mir fiel allerdings auf, dass er sich auf keine Auseinandersetzung mit dem Mann an der Bootstreppe einließ; er bot ihm einfach an, die Differenz aus eigener Tasche zu bezahlen. Der See hatte offenbar seine eigenen Gesetze, Geltungsbereiche und Einflusssphären. Das Leeward und Aziz hatten hier nichts zu bestimmen. Ich bezahlte den geforderten Fahrpreis. Und anschließend beeilte sich Nazir, mich in ein Taxi zu stecken, das mich ins Palace Hotel zurückbrachte.

Bis zum Einbruch der Nacht war noch mehr als eine Stunde Zeit. Der Anblick des Sees vom Hotelgarten lockte mich wieder hinaus. Ich ging hinunter zur Landetreppe des Hotels und mietete für eine halbe Stunde ein Boot. Kaum hatten wir abgelegt, kamen zwei winzige Kinder in einem eigenen Boot längsseits und warfen Senfblüten in mein Boot. Überrascht lächelte ich, und die Kinder lächelten zurück und wollten Bakschisch. Sie spielten die Bettlerrolle perfekt – das Lächeln, das Winseln, die Zudringlichkeit.

Und dann waren die Händler an der Reihe. Von allen Seiten kamen sie und belagerten mein Boot. »Wir kommen einer nach dem anderen«, sagte einer von ihnen. Ich dachte, er kommentiere scherzhaft meine Situation. Aber er meinte es ganz ernst. Und sie begleiteten mich, zwei auf der einen Seite, drei auf der anderen, so dass ich den Mittelpunkt eines kleinen Blumenmusters, eines Gänseblümchenkränzchens aus Booten bildete. Sie führten mir in allen Einzelheiten ihr Warensortiment vor: Safran, Steine, billigen Modeschmuck und alle möglichen nutzlosen Sachen aus Papiermaché. Gepaddelt wurden die Händlerboote von kleinen Kindern. Die Händler selbst ruhten auf Polstern und Kissen und erweckten den Eindruck, ein Luxusleben auf dem See zu führen. Ein oder zwei steckten bis zum Hals unter Decken, unter denen sie sich vermutlich an kleinen Holzkohlenpfannen wärmten.

***

Nazir und ich fuhren auf den See hinaus. Kaum hatten wir vom Landesteg des Leeward abgelegt – wir befanden uns immer noch vor dem Hotel –, erschienen die kleinen Kinder, paddelten wie wild, warfen Zweiglein mit Senfblüten in unser Boot und intonierten in einem ebenso durchdringenden wie verhaltenen Zischton: »Bakschisch, Bakschisch.« Nazir gab jedem von ihnen ein oder zwei Rupien. »Wenn man ihnen kein Geld gibt«, sagte er, »dann gehen sie nicht weg.« Ebenso zartfühlend benahm er sich gegen die Händler, indem er unser Boot gerade so lange anhielt, dass weder sie noch ich uns gekränkt fühlen konnten.

Nachdem wir die lange Reihe von Hausbooten hinter uns gebracht hatten und das offene Wasser erreichten, kam niemand mehr zu uns heran. Wir fuhren am Seepavillon des Maharadschas vorbei, an den ich mich erinnerte. In meiner Erinnerung gab es einen von Pappeln gesäumten Dammweg zwischen der Uferstraße und dem Pavillon, aber davon war nichts mehr zu sehen.

1962 hatte ich mich eines Tages mit Karan Singh und seiner Frau zum Tee im Seepavillon getroffen. Karan Singh hatte eine große Vorliebe für hinduistisches Denken und sprach damals über den im Süden geborenen hinduistischen Philosophen Shankaracharya aus dem neunten Jahrhundert, der in seinem nur zweiunddreißig Jahre währenden Leben alle vier Ecken Indiens (das noch es selbst gewesen sei, noch das Indien vor den mohammedanischen Ausbrüchen) zu Fuß bereist habe, um zu predigen und die religiösen Fundamente zu legen, die bis heute Geltung behalten hätten. Der Hügel neben dem See, wo wir uns befanden, war nach dem Philosophen benannt; Karan Singh unterhielt eine persönliche Beziehung zu dem Tempel, der auf dem Hügel stand.

Die Szenerie, in der wir unsere Teestunde abhielten, war höchst eindrucksvoll: der Pavillon, ringsum der See, die Berge, der von Pappeln gesäumte Dammweg, die lange Auffahrt, die zwischen Obsthainen und Gärten zum Palast hinaufführte. Ich fragte, wer das alles entworfen habe. Ich erwartete, den Namen eines Architekten zu hören. Karan Singh, in die Runde blickend, sagte einfach: »Papa.«

Dadurch hatte sich mir der Augenblick eingeprägt. Jetzt aber gab es keinen fürstlichen Damm, keine hohen Pappeln mehr, nur offenes Gelände, eine Brise, die über der Wasserfläche Fahrt aufnahm und unser Boot gegen die grob behauenen Pfähle und die durchhängenden rostigen Stacheldrahtstränge um die Pavilloninsel trieb, deren Gebäude feucht und unbewohnt aussahen, als warteten sie auf den Sommer und auf Menschen.

Nazir und der junge Bootsführer stakten und ruderten in gemeinsamer Anstrengung das Boot um die Pavilloninsel herum. Der See war immer noch kabbelig, wurde aber ruhiger, als wir einen Damm passiert hatten, auf dem ein großes schwarzes Rohr lag, durch das Trinkwasser in die Stadt gepumpt wurde. In der Ferne sah man die Hazratbal-Moschee. Sie hatte eine weiße Kuppel und ein weißes Minarett, und das Weiß stach ab gegen das braunschwarze Gewirr zwei- und dreistöckiger Wohnhäuser.

Kuppel und Minarett waren neu. Ich kannte die Hazratbal als schlichte Moschee. In Srinagar war es in einem Jahr zu Unruhen gekommen, als die berühmte Reliquie der Hazratbal, das Haar vom Barte des Propheten, verschwand. Ich fragte Nazir danach.

»Es wurde in Srinagar gefunden«, sagte er, »in einem Privathaus.« (Später bekam ich von jemand anderem erzählt, eine Frau mit guten Beziehungen, die krank geworden sei, habe den Wunsch geäußert, die Reliquie zu sehen, die ihr daraufhin gebracht worden sei.)

Nazir, der über dies und das sprach, erzählte, er stehe mit einem englischen Mädchen im Briefwechsel, die im Leeward gewohnt habe. Sie schrieben sich einmal monatlich.

Unerwartet ernsthaft und ohne von mir ein Stichwort bekommen zu haben, sagte er: »Es liegt in Gottes Hand, ob ich ein kaschmirisches oder ein ausländisches Mädchen heirate. Nur Gott kennt die Zukunft.« Und dass er hier Gott ins Spiel brachte, war ernst gemeint, keine bloße Redewendung. Kaschmirische Mädchen, meinte er, seien nett, aber ausländische Mädchen seien »erfahrener« – und ich fragte ihn nicht, was er damit meinte.

Ich fragte ihn nach seiner Religion. Er gehe jeden Tag in die Moschee, sagte er. Er gehe allein und verbringe dort etwa eine halbe Stunde, um für »jedermann« zu beten. An Freitagen gehe er für zweieinhalb Stunden hin, um mit allen anderen zusammen zu beten. Seit dem Alter von zehn sei er schon religiös.

Wir sahen Fischer, die – verstreut, regungslos, fast wie Symbolfiguren vor der weiten, hellen Wasserfläche – auf flachen Booten standen oder lagen. Wir bewegten uns langsam auf sie zu, ließen das Boot nach jedem Paddelschlag treiben: ein herrlicher Augenblick der Ruhe, nur wenige Minuten entfernt von dem Gedränge um die Hausboote und die Landungsstufen des Uferboulevards.

Einer der Fischer warf ein kleines Netz aus, wo er zuvor Köder ausgelegt hatte – eine Konservendose markierte die Stelle. Nachdem er das Netz geworfen hatte, benutzte er einen langen, gegabelten Stock, den er im Netz bewegte, um die Fische aufzuscheuchen, die sich im Schilf und im Wasserfarn versteckten. Emporsteigend, verfingen sich die Fische in dem mit Gewichten beschwerten Netz; das Netz wurde eingeholt, und die gefangenen Fische kamen in eine abgedeckte, mit Wasser gefüllte Kammer im Bootsrumpf. Zwei andere Männer waren damit beschäftigt, Fische zu speeren: Jeder von beiden, einen Speer in der Hand haltend, kauerte auf seinem flachen Boot, leicht über den Rand gebeugt und ein dunkles Tuch über den Kopf geworfen, um die Fische unten besser sehen zu können. So hockten sie minutenlang da und sahen aus wie kleine bewegungslose Bündel am Bootsrand, ehe sie dann versuchten, einen Fisch aufzuspießen, wobei sie den Speer bis zu diesem Augenblick des Zustoßens völlig still hielten.

Vom offenen Wasser bewegten wir uns auf die Gärten zu, die verankerten und die schwimmenden. Die verankerten Gärten waren am Rand mit Weiden bepflanzt, deren Wurzeln einen Käfig bildeten, in dem die Erde festgehalten wurde, so dass sie nicht weggespült werden konnte. Nur ein paar hundert Meter vom See der Touristen entfernt, als könne es zwischen beidem kein Mittleres geben, spielte sich dieses alte landwirtschaftliche Leben des Sees ab: Wasserpflanzen und Wasserfarn wurden mit Hilfe eines gekrümmten Stocks vom Seegrund losgezwirbelt und als tropfende, mit schwarzem Seeschlamm vermischte Masse in die flachen Boote gehoben, um mit breiten Holzschaufeln in die Gärten geschaufelt zu werden und sie zu düngen.

Frauen kauerten in den Spinatbeeten und arbeiteten dort zusammen mit den Kindern – so, wie überall auf dem See Kinder zusammen mit den Erwachsenen arbeiteten, in den Gärten wie in den Booten. Die veralgten Wasserschneisen zwischen den Gartenstreifen wurden von Weiden mit tief herabhängenden Zweigen gesäumt. Die Häuser bestanden aus Holz und blassroten Ziegelsteinen. Auf der einen Seite eines schmalen Grundstücks wuschen sich Leute, während auf der anderen Seite junge Mädchen mit dem Wasser Töpfe und Pfannen ausspülten. Einige Männer blieben, als sie sich im Schilf begegneten, in ihren Booten und plauderten, wie das Leute auf der Straße machen. Einige Männer und Jungen angelten mit Rute und Schnur. Ein Händler mit Hüttenkäse kam mit dem Boot vorbei. Zwischen Frauen und Mädchen, die in eigenen Booten paddelten und hier, in den Gärten, präsenter waren, kehrten wir allmählich in die verkehrsreichen Wasserstraßen hinter den Hausbooten zurück.

Wir kamen an einer zwischen Weiden liegenden Siedlung vorbei, deren primitive Häuser aus Holzrahmen bestanden, ausgemauert mit Ziegelsteinen. An einem Verkaufsstand, der einen einzigen Raum umfasste und auf einer kaum einen Meter über dem Wasser liegenden Plattform ruhte, sah man ein Bild des iranischen Ayatollah Khomeini (von dem seine Gegner im Iran behaupteten, er sei in Wahrheit Inder oder Kaschmiri).

Mit einer Mischung aus Ehrfurcht, Unbehagen und Fremdheit, als rede er von ganz exotischen Leuten, flüsterte Nazir: »All das hier ist schiitisch.«

Aziz hatte auch schon 1962 so von den Schiiten gesprochen, wie von Menschen, die anders waren als er. Einmal hatte er sogar erklärt, die Schiiten seien keine Muslime. Ich hatte damals kaum verstanden, was er damit meinte. Eines Nachmittags war ich, ohne dass ich recht wusste, was ich zu sehen bekommen sollte, mit einigen Leuten aus dem Hotel zur Mohurram-Prozession in der Altstadt gegangen. Von dem Ereignis im Gedächtnis geblieben waren mir eine Reihe mittelalterlicher Bilder: Besonders erinnerte ich mich an die blassen, halb verschleierten Gesichter der von der Öffentlichkeit ausgeschlossenen Frauen, die aus kleinen holzgerahmten Fenstern in den oberen Stockwerken auf die blutige Flagellantenszene unten in der Straße herabblickten.

Mir, der ich aus der sanften Welt des Sees mit ihren von Weidenzweigen verhangenen Wasserwegen und dem Lotos und den Gemüsegärten kam, fiel schwer, zu glauben, was ich da plötzlich vor Augen hatte: blutige Leiber, blutgetränkte Kleider, Ketten, Peitschen mit Messern und Rasierklingen bestückt, die verzückten, schwachsinnigen Mienen der Feiernden, ihr geradezu arrogantes Auftreten. Sie stießen die Leute zur Seite. Ich war geneigt, zu glauben, was mir damals erzählt wurde, dass es sich bei einem Großteil des Blutes, das da zu sehen war, um Tierblut handele. Von dem religiös-historischen Hintergrund des Ereignisses, dem unvergänglichen Kummer, den es zum Ausdruck bringen sollte, wusste ich nichts. Ich empfand nur Entsetzen bei dem Anblick und war froh, wieder weg zu sein, froh, wieder zu mir und dem, was mir vertraut war, zurückkehren zu können.

Sein Vater, sagte Nazir, habe ihm erzählt, dass ich mich über das Trommeln der Schiiten während des Mohurram beklagt habe. Und mein Eindruck war jetzt, dass die Distanz, mit der Nazir (wie auch zuvor schon sein Vater) den Schiiten begegnete, zum Teil ihren Grund in der Verwunderung darüber hatte, dass die scheinbar so friedfertigen Seebewohner, an denen wir vorbeipaddelten, diese andere, ekstatische Seite besaßen.

Es hatte sich eingetrübt. Wolken kamen von den Bergen herab und breiteten sich über die eine Seite des Sees aus. Gerade als wir aus einer Wasserstraße ins offene Wasser hinter den Hausbooten und dem Leeward Hotel hinausfuhren, kam eine starke Brise auf, die uns zurücktrieb und den Baldachin des Bootes verrückte. Dieser Wind stülpte auch die dunkelroten oder rostfarbenen Unterseiten der flachen, runden Lotosblätter nach oben und machte damit die Stellen sichtbar, an denen sich – zwischen dem Schilf, dem hohen Seegras und dem Abfall rings um die Haus- und die Versorgungsboote – Lotos befand. Ich hatte Ausschau nach dem Lotos gehalten. Die rosafarbenen Blüten gingen im Juni und Juli auf; sie waren mir als eine der Herrlichkeiten des Sees in Erinnerung. Aber der Lotos wurde hier auch geerntet; sogar bei dem starken Wind sah man einen Mann in einem Boot Lotoswurzeln sammeln, wozu er ein besonderes Werkzeug, einen Stab, benutzte, um sie unter Wasser abzubrechen und in sein Boot zu hieven – ewig dieses Beladen und Entladen von Booten.

Während wir, in eine Flaute geraten, mit unserem Baldachin kämpften, gingen bei uns zwei bettelnde Kinder längsseits, warfen Senfblüten, klammerten sich fest und verlangten Bakschisch.

Nazir jagte sie weg. Es war das erste Mal, dass ich ihn die Stimme heben hörte, und sie ließen sich durch die Stimme einschüchtern. »Sie sind eine schlechte Familie«, erklärte er.

Vielleicht hatten sie auf irgendeine Weise gegen den am See geltenden Verhaltenskodex verstoßen. Sie hatten schmale Gesichter und waren winzig, Kümmerlinge des Sees (wie so viele andere); gleichzeitig eignete der dürrarmigen Besessenheit, mit der sie ohne

Rücksicht auf Wind und Regen auf uns zuhielten, kaum dass sie uns erspäht hatten, etwas Raubvogelhaftes und Beängstigendes.

Hinter der langen Reihe der großen Touristen-Hausboote fanden wir Schutz. Wir bewegten uns in ihrem Windschatten, entlang dem mit Geländer versehenen Holzsteg, der sie allesamt zu verbinden schien. Und dann, der Wind hatte sich gelegt, bogen wir ein in die Hauptwasserstraße des Flusses und kehrten zurück zu dem Gewirr von Läden und Schuppen, die auf Stelzen oder Steinmauern standen, den schwimmenden Werkstätten mit Wänden aus Wellblech, den Holz- und Wellblechbaracken auf schlammigen Flecken schwarzer, fast kahler Erde: J & K Unique Stores, Fabrikanten kaschmirischer Kunsthandwerkserzeugnisse, ein Lebensmittelladen, ein Fleischerladen mit Kästen alkoholfreier Getränke auf der Plattform vor dem Laden, das Pandit-Haus für Umschlagetücher und der Mir-Kunsthandwerksmarkt gegenüber dem Kunsthandwerksmarkt und dem Lebensmitteleckgeschäft, die das Leeward Hotel selbst betrieb, und Seite an Seite auf einem schmalen Ladenschiff, das an seiner eigenen kleinen Insel vertäut war, ein Geschäft für Pelz- und Lederwaren, ein Lebensmittelladen und der Sunshine-Frisiersalon.

Was man hier, wenn es aufhörte, zu regnen, hören konnte, was deutlich vernehmbar wurde, war das Brausen menschlicher Stimmen, die aus allen Richtungen drangen, in Abständen durchbrochen von Kinderkreischen.

Im See lägen mittlerweile zweitausend Hausboote, hieß es. Jedes Hausboot brauche ein Versorgungsboot oder einen angeschlossenen Garten. Und der See, von dem alle, die auf ihm und in der Stadt lebten, abhingen, dieser See, der die Touristen anzog und nicht sonderlich groß war – er schrumpfe beständig, sagten die Leute.

Am Nachmittag kam der Regen wieder. Wolken verhüllten die Berge, und der See verschwand im Nebel. Das Palast-Hotel wirkte stickig und trostlos. Es gab nur wenige Gäste; die Saison fing flau an. Das Hotelpersonal, in vorgeschriebener Kleidung, an Zahl die Gäste übertreffend, machte einen niedergeschlagenen Eindruck; die Dienstkleidung akzentuierte die gedrückte Stimmung noch. Die Harlekin-Bar stand leer; alkoholische Getränke wurden nicht serviert. Die Bar war geräumig, und es fehlten die Besucher, die durch zahlreiche Präsenz ihre Schäbigkeit hätten kaschieren können: Der Teppich oder teppichartige Behang, der die Vorderseite der Bar verkleidete, war stellenweise ausgefranst.

Eine sezessionistische muslimische Gruppe hatte an öffentlichen Plätzen der Stadt Bomben hochgehen lassen. Die Gruppe hatte auch eine Reihe von Forderungen gestellt. Sie wünschte keinen Alkohol im Staat, freitags und nicht sonntags sollte Ruhetag sein, und alle nichtkaschmirischen Bewohner der Stadt waren auszuweisen. Während sie darauf wartete, dass die Behörden etwas unternahmen, war die Hotelbelegschaft zusammengekommen und hatte beschlossen, sich nicht zu exponieren. Deshalb wurde in der Harlekin-Bar des Palast-Hotels kein Alkohol ausgeschenkt; bis einige japanische Gäste in Harnisch gerieten, servierte man im Speisesaal nicht einmal Bier zum Mittagessen.

Am Nachmittag, während es unablässig regnete, erschien ein muslimischer Heiliger, ein *pir*, im Hotel und brachte Leben in die Bude. Der *pir* war ein winzig kleiner, sehr dünner, dunkelhäutiger Mann mit einer Art Bürstenschnitt. Er war in seinen Sechzigern. Er trug ein dunkelgraues Gewand, das ihm bis dicht über die zerbrechlich wirkenden Knöchel reichte, und er war barfuß. Er kam in einem dreirädrigen Motorroller zum Hotel und stieg mit einem Taschenschirm in der Hand aus. Sechs Autos, voll mit Leuten, folgten seinem Scooter. Der *pir* schien in Rage. An der Rezeption fing er an zu brüllen. Brüllend, mit seinem Schirm fuchtelnd, packte er eine ausländische Touristin am Arm, ließ sie dann wieder los und tobte den Flur entlang, wobei er Dinge, die ihm in den Weg kamen, zu Boden stieß oder auf sie eindrosch.

Das Personal stellte sich ihm nicht in den Weg. Man hatte den Fluch des heiligen Mannes zu fürchten, wie umgekehrt sein Segen erstrebenswert war. Er betrug sich so, wie er das tat, weil er heilig war und, wie mir jemand erklärte, »einen direkten Draht« zu Gott hatte. Seine Handlungen und Stimmungen ließen sich nicht vorhersehen, aber offensichtlich befand er sich in diesem Augenblick, bei diesem seinem außergewöhnlichen Besuch im Palast-Hotel, in einem Zustand äußerster göttlicher Inspiration. Deshalb folgten ihm auch die sechs Autos. Allen Gefahren zum Trotz legten es die Leute darauf an, ihm in die Quere zu kommen. Hatte man das

Glück, vor dem *pir* zu sitzen, dann brauchte man ihm, wie mir ein Kellner erklärte, gar nichts weiter zu erzählen. Er erkannte auf Anhieb, welche Probleme man hatte und fing – immer vorausgesetzt, man hatte Glück – von sich aus an, über sie reden.

Und dann war er weg – in seinem Gewand und mit seinem Schirm, und mit den Autos, die hinter seinem Scooter herjagten, und das Hotelpersonal durfte wieder zu sich kommen.

Um neunzehn Uhr elf – eine Minute später als tags zuvor – verkündeten die Rufe der Mullahs von den Moscheen rings um den See, dass die Sonne untergegangen war und die Gläubigen das Ramadan-Fasten, das sie tagsüber eingehalten hatten, brechen durften.

Religion, Glaube: kein Ende abzusehen, eine einzige, endlose Kette kultischer Verpflichtungen, nicht ohne Anteil an den gespannten Nerven in dem überbevölkerten, allzu beschützten Tal.

Während die Maharadschas herrschten, waren die religiösen Empfindungen der Hindus im Tal noch respektiert worden. Die Tötung einer Kuh zum Beispiel war ein Verbrechen, das mit »strenger Haft« bestraft werden konnte. An der Haupttreppe des Gebäudes, jenseits des großen Speisesaals, hingen noch die Bilder der Maharadschas, der Vorfahren Karan Singhs.

Einige der abgetretenen Teppiche, die jetzt im Hotel lagen, hatten 1962 den Palast geschmückt. Sie waren Produkte einer speziellen Webmethode; an einem Abend hatte man sich darüber unterhalten. An einem der folgenden Abende war von der Zigarette eines Gastes glühende Asche auf einen Teppich gefallen und hatte eine Stelle versengt. Karan Singh hatte keine Miene verzogen, hatte mit keinem Wimpernschlag, keinem Stocken, keinem Blick zu erkennen gegeben, dass er bekümmert war oder den Vorfall auch nur bemerkt hatte.

Seine Familie herrschte hier schon über ein Jahrhundert; die fürstliche Haltung war bei ihm zur zweiten Natur geworden. Interessant fand ich auch zu beobachten, wie Herrscher sich in alltäglicheren Situationen verhielten. Eines Abends besuchten wir in Srinagar das Kino. Wir kamen spät und verließen früh den Raum, ehe die Lichter angingen, und dann sausten wir zurück in den Palast. Ich fragte eines Tages Karan Singhs Frau, ob sie an Essensbuden Halt machten, zum Beispiel an solchen, an denen zur Erntezeit Zuckermais verkauft wurde. Sie bejahte das; dabei sei es ihre Gewohnheit, mehr zu bezahlen, als gefordert. Und ich frage mich seitdem, wem im Rahmen solch traditioneller Verhältnisse eigentlich mehr abverlangt wurde – dem Herrscher oder dem Untertan.

Ich wollte ein Umschlagetuch erstehen und bat Aziz und Mr Butt, mir zu helfen. Eines Morgens fuhr ich zum Leeward und sah anstandshalber – mit Nazir an meiner Seite – das Angebot des Hotelladens durch. Es gab dort aber nichts, was mir gefiel, und daraufhin führte mich Nazir in den Salon des Leeward, um dort auf Mr Butts eigentlichen Mann für Umschlagetücher zu warten. Sie alle hatten mir unbedingt den Salon zeigen wollen, auf den sie stolz waren. Es war ein großer, kräftigfarbiger Raum im oberen Stockwerk, mit großen gläsernen Schiebefenstern; er blickte auf die belebten Wasserstraßen auf der Vorderseite des Hotels. Es gab dort ein Foto vom Goldenen Tempel – vielleicht verknüpfte damit einer von ihnen ein politisches Bekenntnis. Und es gab ein verblasstes Foto von einer jungen kaschmirischen Frau. Sie sei eine berühmte Figur aus der Volksüberlieferung, erklärte Nazir; aus armen, bäuerlichen Verhältnissen stammend, habe sie durch ihren Gesang das Herz eines Königs gewonnen.

Aziz betrat den Salon. Er ließ Tee kommen und trank zusammen mit mir eine Tasse. Tee war im Ramadan unter bestimmten Bedingungen erlaubt: Mr Butt zum Beispiel, dem es nicht gut ging, hätte Tee trinken dürfen. Aziz hatte einige Fotos mitgebracht, die ihn in Mekka zeigten: fröhlich, im vollen Genuss des frommen Abenteuers. Wie er das Leben auszukosten verstand!

»Aziz, wissen Sie noch, wie oft ich 1962 den Maharadscha besucht habe?«, fragte ich ihn.

Siebenundzwanzig Jahre waren seitdem vergangen, und er wusste es noch genau. »Sie sind dreimal zum Dinner hingegangen«, sagte er. »Und einmal waren Sie zum Tee eingeladen.«

Dann fiel mir ein, ihn etwas zu fragen, was ich ihn in all den Monaten, die wir zusammen verbracht hatten, nie gefragt hatte. Wo sei er zur Welt gekommen? Hier, am See, sagte er. Sein Vater sei Kaschmiri, und auch sein Großvater; er, Aziz, sei ein reinblütiger Kaschmiri. Sein Vater habe ein Geschäft betrieben. Einen kleinen Laden. Bis vor fünfzehn Jahren seien die Menschen in Kaschmir arm gewesen. Jetzt gehe es ihnen besser, jetzt seien sie »gut dran«, auch wenn sie – darin stimmten er und Nazir überein – jetzt so viel zahlreicher seien. Aber das sei ja auch in Bombay, Kalkutta, Delhi das Problem, erklärte Aziz, der Weitgereiste.

Ich wunderte mich darüber, dass ich 1962 Aziz so wenig nach seinen persönlichen Verhältnissen gefragt hatte. Vielleicht war Schüchternheit der Grund, das Bemühen, nicht aufdringlich zu sein: Vielleicht entsprang mein Verhalten damals aber auch einer überkommenen Vorstellung vom Schriftstellerdasein: der Vorstellung vom Autor als einem Mann mit Innenleben, einem Mann, der alles aus dem hohlen Bauch schöpfte und die Außenwelt intuitiv erkannte.

Aziz ging hinunter, und kurz danach sah ich das Boot des Händlers mit den Umschlagetüchern am Landesteg des Leeward anlegen. Der Händler kam allein herauf. Seine weiten, bauschigen Hosen aus dünnem braunem Baumwollstoff steckten in dicken, hochgezogenen Wollsocken. Er war mittleren Alters, schlank, mit scharfen Gesichtszügen, eindrucksvoll. Mit seiner schwarzen, dicht gekräuselten Pelzmütze (sie glich der von Mr Butt), seinen schwarzen Schuhen und seiner schwarzen Jacke indischen Stils, langschößig und oben zugehakt (der oberste Haken war sichtbar), hätte man ihn eher für einen Mann aus Zentralasien als für einen Kaschmiri halten können. Er hieß Sharif.

Zwei junge Seebewohner brachten seine kleine Blechkiste herauf, die sie wie eine Sänfte trugen. Er legte seine Schuhe ab, breitete auf dem Teppich des Leeward-Salons unter den hohen Schiebefenstern aus Glas ein Tuch aus, kniete nieder, nahm einige bestickte Gewänder aus der Kiste, die er zur Seite legte, und hob dann das in weiße Baumwolle eingeschlagene kleine Bündel seiner hochwertigeren Umschlagetücher andächtig heraus. Ich setzte volles Vertrauen in Mr Butt und die Art, wie er die Sache angegangen war, und Mr Sharifs ehrfurchtsvoller Umgang mit seinen Waren bestätigte dies Vertrauen. Seine Tücher waren von hervorragender Qualität, dünn, leicht, sehr warm, mit einer leisen Riffelung des Gewebes, die bei einem bestimmten Lichteinfall sichtbar wurde. Er nahm seine Pelzmütze ab, zeigte die Nadel, die oben in der Mütze steckte, und sagte – auf seine leicht entzündeten

Augen weisend –, er sei mehr als ein bloßer Händler. Er stelle die Tücher auch her.

Er wollte achttausendsechshundert Rupien. Ich ersuchte ihn um einen günstigeren Preis. Er sagte achttausendfünfhundert, und weiter wollte er nicht mehr mit sich handeln lassen. Ich bat Nazir, Mr Butt herzuholen. Nazir begann folgsam, die Treppe hinunterzugehen. Auf dem Treppenabsatz (von wo aus man den gleichen Blick aufs Wasser hatte wie früher aus meinem Schlafzimmer, ein mittlerweile zwischen all den Neubauten und Booten stehendes Gewässer, in dem sich Flaschen und Verpackungen und andere Abfälle sammelten) machte er Halt und rief nach mir. Er wollte wissen, ob ich noch dabei war – und wie ernst ich es meinte. Mr Butt kenne Mr Sharif sehr gut, sagte er, und habe ihn gebeten, mir schöne Stücke zu zeigen und einen guten Preis zu machen.

Aziz tauchte wieder auf. Wir ließen Mr Sharif oben zurück und gingen ins Büro hinunter. Nazir holte das Tuch herunter, das mir gefiel. Aziz betastete es und erklärte, er gebe zwei Jahre Garantie darauf: Das Gleiche hatte auch Mr Sharif gesagt. Vom Vorgarten des Hotels kam Mr Butt herein. Und dann kam auch Mr Sharif die Treppe herunter. Alles versammelte sich also im Büro um das milchschokoladenbraune Tuch.

Aziz erklärte, achttausendfünfhundert sei zu viel. Mr Sharif war anderer Meinung. Aziz erklärte, ich sei kein Drei-Tage-Tourist. Wortlos verließ Mr Sharif das Büro und ging über den Marmorboden der Veranda zum Laden des Hotels. Ich dachte, er sei wegen irgendetwas eingeschnappt.

Nazir aber sagte: »Er geht beten.«

Mr Sharif holte eine Matte aus dem Laden, legte sie unmittelbar vor dem Büro auf den weißen Marmorboden der Veranda und begann, während es regnete, sich zu verneigen und zu beten. Im Büro ging die Erörterung der Angelegenheit weiter.

Mr Sharif sei ein guter Mann, sagte Mr Butt. Sie seien zusammen nach Mekka gefahren. Nazir erklärte, Mr Sharif sei Vorbeter in der Moschee. Er sei ein Mann, der nicht nur Achtung, sondern auch Vertrauen genieße.

Und Mr Sharif verneigte sich und betete, während der Regen nur Zentimeter von ihm entfernt auf den weißen Marmor pladderte.

»Bieten Sie siebentausendfünfhundert«, sagte Aziz.

Damit war der Handel perfekt. Ohne dass ich noch weiter damit befasst gewesen wäre, wurde offenbar das Angebot gemacht und angenommen. Mr Sharif beendete seine Gebete, rollte die Matte auf, trug sie zurück in den Laden, kam wieder ins Büro, griff sich eine zwei Wochen alte Urdu-Zeitung und fing an, Mr Butt (dessen Brillengläser mittlerweile ungeheuer dick waren) daraus vorzulesen. Nachdem er fertig war mit Vorlesen, faltete er gemächlich das feine Umschlagetuch zusammen, und dann wickelte er ebenso bedächtig das zusammengefaltete Tuch in ein Blatt der Zeitung ein, aus der er vorgelesen hatte.

Während das geschah, zeigte Aziz mir ein drittes Foto von seiner Reise nach Mekka, und ich stellte Mr Butt eine Frage, die ich ihm 1962, in all den Monaten, nie gestellt hatte. Was habe er gemacht, bevor er mit dem Leeward anfing? Er sei Bauunternehmer gewesen, sagte er, und habe 1959 das Hotel mit fünf Zimmern eröffnet. Dreißig Jahre später besaß das Hotel fünfundvierzig Zimmer.

Viel Geld war ins Tal geflossen; viele Leute hatten Karriere gemacht; es gab eine ganze neue Generation von Leuten mit Schulbildung. Ein großer Teil der Fortschritte allerdings war vom Bevölkerungswachstum aufgewogen worden.

Den neuen Reichtum demonstrierten die neuen mittelständischen Bauten am Nordufer des Sees und am unteren Hang des Hügels mit der Festung Hari Parbat. Gleichzeitig ging hinter den Hausbooten das geisttötende Leben am See (malerisch im Sonnenschein, ganz anders in der Nässe und Kälte nach dem Regen) weiter, und der See war jetzt dichter bevölkert. Mehr Jungen als je zuvor kämpften an den Bootstreppen brüllend um Kundschaft. Obwohl die Szenerie völlig anders war, machte das Ganze einen ähnlichen Eindruck wie das muslimische Ghetto im alten Basarbezirk von Lucknow.

Ein wiederum traditionellerer Lebensstil schien im Zentrum der Altstadt zu herrschen, wo kleine, überdachte Boote die Kanäle verstopften, wo die Läden aus Ziegelsteinen und Holz noch so aussahen, wie ich sie in Erinnerung hatte, und wo die Straßen schon sehr bald nach dem Regen staubig wurden – vom getrockneten

Schlamm. Gesäumt war diese Altstadt indes von vielen wichtig anmutenden neuen Gebäuden, unter ihnen die Universität und ein Behördenbau, der mit Viehzucht zu tun hatte. Und dann wiederum, in den Dörfern dahinter, begann so, als hätten die beiden Lebensstile absolut nichts miteinander gemein, die unvordenkliche Welt des Reisanbaus.

Auf kleinen gefluteten Feldern arbeiteten die Menschen entweder mit bloßen Händen oder mit Holzpflügen. Die Häuser waren primitiv, braunrote Ziegelsteine zwischen Holzbalken, zwei oder mehr Stockwerke hoch. Die schrägen Dächer aus Wellblech standen auf den Giebelseiten offen, und in den offenen Räumen (und manchmal auch in Dachgaubenöffnungen) lagerten Brennholz, Stroh, Trockenfutter oder Getreide. In zahlreichen Kanälen rann Wasser die Berghänge herab; Weiden und Pappeln warfen kalte Schatten, und die plumpen, krummen Zäune in den nassen Höfen bestanden aus Findlingen und Ästen. Hier wie überall waren Holz, Ziegel und die Kleider der Menschen schlammfarben.

Selbst dieses armselig wirkende dörfliche Leben – auf den Dielenböden offener, aus einem Raum bestehender Läden saßen Menschen, gehüllt in graubraune Decken oder Jutesäcke – bewies Abhängigkeit von staatlicher Infrastruktur, als bedürfe sogar die Aufrechterhaltung dieses bescheidenen Lebensstils einer großen öffentlichen Anstrengung – der Bereitstellung von Elektrizität, des Straßenbaus, eines Transportsystems. Und Kinder, wo man hinsah: Gruppen kleiner, lächelnder Kinder, deren Zahl die der Erwachsenen übertraf. Was einem im Gedächtnis blieb, waren die Kinder.

Ab einer bestimmten Höhe über dem Meeresspiegel schienen die Leute in einer baumlosen Schlammlandschaft zu leben. Niedrige Häuschen aus Stein oder Holz waren von gepflügten Parzellen schlammiger Erde umgeben; am Rande des Schlamms saßen oder hockten Menschen. Dem Schlamm und dem Wasser entzogen, hingen Strohbündel an den Ästen oder in den Astgabeln verdorrter oder absterbender Bäume. Selbst hier gab es Kinder; die weiten, grauen oder braunen Gewänder, die sie trugen, ließen sie wie kleine Erwachsene aussehen und machten es aus der Entfernung schwer, ihre Größe zu schätzen.

Das waren meine Eindrücke von einer Fahrt nach Sonamarg, die ich mit Nazir unternahm. Sonamarg liegt an der Straße nach

Ladakh im Nordosten. Für mich war sie neu; möglich, dass 1962 die Straße dorthin nicht befahrbar oder für Touristen gesperrt war. Im Winter blieb sie geschlossen; sie hatte gerade erst für die Saison geöffnet. In höheren Lagen verlief sie zwischen Schneemauern – die von unten tauten, wobei sich kleine Vertiefungen und Schneewehen bildeten; den gerade erst freigeräumten Asphalt untergruben und zerfurchten die Rinnsale des Tauwassers.

In Sonamarg umringten uns dürre, lärmende Jungen, die mit uns auf Rodelschlitten die Schneehänge hinunterfahren wollten. »Dreißig Rupien, dreißig Rupien.« Die Jungen trugen Mützen und hatten Flecken im Gesicht. Den Straßenschildern nach bildete Sonamarg so etwas wie die Grenze zwischen Kaschmir und Ladakh. Der Ort bestand aus nichts weiter als aus einer Reihe von behördlichen Baracken, Touristenherbergen und Läden. Felder oder Häuser gab es nicht; die Jungen mussten aus einem in einiger Entfernung gelegenen Dorf kommen.

Nazir hätte mich gern zu einer Rodelfahrt überredet, damit ich den obligaten Freizeitspaß absolvierte und den Jungen was zu tun gab. Nazirs Vater war ein erfolgreicher Mann. Er selbst mit seiner adretten Frisur, seinen Jeans und Turnschuhen, seinem dunkelblauen Anorak (ich fragte ihn danach: Er stammte aus Taiwan und kostete fünfhundert Rupien, fünfundzwanzig Pfund) stellte das Musterbild eines jungen Mannes aus der Mittelschicht dar. Hier aber, wie schon am See, solidarisierte er sich mit den kaschmirischen Kindern.

Während wir zurückfuhren, zurück in das lieblichere Tal, und ich einen Eindruck von dem vergleichsweise beschränkten Raum gewann, der uns im Nu wieder zu den Menschenmassen und dem Gedränge gelangen ließ (am Rand von Srinagar zeigte mir Nazir einen kleinen Obsthain, der Mr Butt gehörte; wir hielten aber nicht an), hatte ich das gleiche Gefühl wie schon an den Anlegestufen, dass ungeachtet dieses Ambientes aus Bergen und schneewassergespeisten Flüssen die Menschen hier ebenso eingezwängt und beengt lebten wie in den schmalen Ghettogassen von Lucknow.

Am nächsten Tag im Leeward nahm ich am Spätnachmittag, etwa eine halbe Stunde, bevor der Ramadan-Tag zu Ende war und das Fasten gebrochen werden durfte, von ihnen allen Abschied:

von Mr Butt, von Aziz, von dem Mann, der den Hotelladen führte (ich hatte nichts dort gekauft), und von dem schlanken jungen Mann, der jetzt das Leeward leitete. Sie waren alle in dem kleinen, weißen verglasten Büro im Erdgeschoss versammelt, dem Büro mit dem Schlüsselbrett und dem Kalender und den zwei Mekka-Plakaten, auf denen die Kaaba und eine goldene Kuppel zu sehen waren. Und just als ich aufbrechen wollte, fragten sie mich, rein aus Höflichkeit, ob ich Tee wolle.

Mr Butts letzte Mitteilungen – die ich mit auf den Weg nehmen und in Erinnerung behalten sollte – betrafen seine Pilgerfahrt nach Mekka. In der Art, wie er von ihr sprach, erschien sie nicht als Bußgang, sondern als ein frohes Ereignis, eine Erfüllung. Sie ließ ihn im Augenblick des Abschieds lächeln und lachen.

Die letzten Worte, die ich mit Aziz wechselte, drehten sich um Geld. Sein Sohn Nazir habe viel Zeit mit mir verbracht und bei unseren Ausflügen manchmal aus eigener Tasche bezahlt. Wie sehe wohl eine angemessene Entschädigung aus? Eine Bezahlung komme nicht in Frage, sagte Aziz. Etwas anderes sei ein Bakschisch: Das könne eine Rupie, vier Pence, oder ein Lakh, viertausend Pfund, sein. Damit war mir nun ganz und gar nicht geholfen, aber deutlicher wurde Aziz nicht. Als ich eine Summe vorschlug, blieb Aziz' Gesichtsausdruck unergründlich – und so verließ ich ihn.

Während wir im Boot zurück zum Uferboulevard fuhren und das nahe Ende des Ramadan-Tages förmlich in der Luft lag, überreichte ich Nazir meine Gabe. Er nahm, was ich ihm gab, aber ich merkte sofort, dass er das nur aus Höflichkeit tat. Sein Ausdruck veränderte sich; er blickte zur Seite. Ich spürte, dass ich die Sache falsch angefasst hatte: Auch wenn Nazir mich bei touristischen Unternehmungen begleitet hatte, war das doch wohl eher aus Freundschaft geschehen. Das Gefühl, das ich von Anfang an gehabt hatte, stellte sich, nur noch ausgeprägter, wieder ein – das Gefühl, dass meine Beziehung zu Nazir, einem unerwartet hübschen jungen Mann mit eigenen Vorstellungen von Eleganz und eigenem Selbstbild, zwangsläufig komplizierter sein musste als mein Verhältnis zu seinem Vater.

Ich bemühte mich, die Situation zu retten, und erklärte, meine Handlung sei Ausdruck meiner freundschaftlichen Gefühle für ihn, Aziz und Mr Butt. Das sagte ich zweimal. Seine Züge wurden sanfter; ihm schien zu dämmern, dass auch er etwas dazu beitragen müsse, die Situation zu retten – so kurz vor dem Abschied, an den Landestufen, und ehe der Abendruf von den Moscheen erklang.

Seine Starrheit löste sich, und während wir die belebte Wasserstraße entlangglitten, vorbei an dem kleinen Hausboot mit dem Laden für Leder- und Pelzwaren, dem Lebensmittelladen und dem Sunshine-Frisiersalon, sprachen wir über seine Ausbildung. In ein paar Monaten erhielt er sein schulisches Abgangszeugnis. Die folgenden zwei Jahre lang wollte er eine Handelsschule besuchen – um Buchhaltung zu lernen und sich, wie Aziz und Mr Butt hofften, auf sein Leben im Hotelgewerbe vorzubereiten –, und danach wollte er an die Universität gehen.

Von dem kleinen Laden, den sein Großvater am See betrieben hatte, zur erfolgreichen Hotellaufbahn seines Vaters und zu seinen eigenen Aussichten als Studierter und Buchhalter hatte der Weg Stufe für Stufe nach oben geführt. Würde das so weitergehen?

Er hatte Kaschmir noch nie verlassen. Bis jetzt war das Tal (mit den Bergen ringsum) alles, was er von der Welt kannte. Er gehörte immer noch dazu. Aziz war, siebenundzwanzig Jahre, nachdem ich ihn kennen gelernt hatte, noch im Großen und Ganzen der gleiche Mensch. Das würde bei Nazir anders sein. Er hatte bereits eine Ahnung von der Welt draußen. Dank seines monatlichen Briefwechsels mit einem ausländischen Mädchen dämmerte ihm bereits die Möglichkeit – Allahs Wille vorausgesetzt! – einer Ehe mit einer Ausländerin. In siebenundzwanzig Jahren – für mich in meinem vorgerückten Alter bereits ein schwer absehbarer, sich in Schatten verlierender Zeitraum – würde Nazir ein anderer sein. Neue Sichtweisen und neue Arten, zu empfinden, würden ihm zuwachsen, und er würde nicht mehr so zum Tal gehören, wie er das jetzt tat.

Nach siebenundzwanzig Jahren hatte ich eine Art von Rückkehr geschafft, die mich Indien entspannter begegnen ließ und das Dunkel zerstreute, das mich von meiner familiären Vergangenheit trennte. William Howard Russell schilderte (und bewertete) 1858 ein Land, das in all seiner Riesengröße buchstäblich in Trümmern lag – auch abseits der Zerstörungen des Aufstands. Aus einem Landesteil, durch den Russell (so komfortabel wie möglich) gereist war, brachen rund fünfundzwanzig Jahre später meine Vorfahren auf, um auf Zuckerplantagen Guyanas und Trinidads als Kontraktarbeiter zu dienen. Die Vorstellung von einer armseligen, gedrückten, verächtlichen Existenz hatte sich mir tief eingeprägt. Sie war der Grund meiner seelischen Anspannung, als ich nach Indien fuhr, auf jener langsamen Reise per Zug und per Schiff, die ich 1962 unternahm. (Zu meiner Überraschung tauchte die Vorstellung, während ich an der Niederschrift des vorliegenden Buches saß, erneut auf, als ich zum ersten Mal versuchte, William Howard Russells *Diary* zu lesen, und spürte, mit wie viel Ablehnung ich dem Buch, dem Autor und sogar seiner großen darstellerischen Begabung begegnete.)

Was ich 1962 nicht erkannte oder für allzu selbstverständlich hielt, war das Ausmaß, in dem das Land sich erneuert hatte und in dem es, nach seiner eigenen Version vom finsteren Mittelalter, wieder zu sich gefunden hatte – nach den muslimischen Eroberungen und den umfassenden, wiederholten Verwüstungen des Nordens, den wechselnden Reichen, den Kriegen, der Anarchie des achtzehnten Jahrhunderts. Die Selbstfindung Indiens im zwanzigsten Jahrhundert hatte ihre Zeit gebraucht; sie mochte fast schon als eine glückliche Fügung gelten. Es hatte viel gebraucht, um einen bengalischen Reformer wie Ram Mohun Roy (geboren 1772) hervorzubringen, noch mehr hatte es gebraucht, einen Gandhi zu schaffen (geboren 1869). Der britische Friede nach dem Aufstand von 1857 lässt sich als eine Art Glücksfall betrachten. In diese Zeit fiel die intellektuelle Erholung. Indien wurde auf ein neues geistiges Leben hin orientiert; es empfing neue Vorstellungen, was seine Geschichte und seine Kultur betraf. Die Freiheitsbewegung, die all dies spiegelte, erwies sich als die wahrhaftigste Form von Befreiung.

In den rund hundertdreißig Jahren seit dem Aufstand – die letzten neunzig Jahre des britischen *Radsch* und die ersten vierzig Jahre der Unabhängigkeit erscheinen in wachsendem Maße als eine zusammenhängende historische Periode – hat sich die Idee der Freiheit durch ganz Indien ausgebreitet. Den Kampf für die Unabhängigkeit führte mehr oder minder die Oberschicht; die Freiheit, die Frucht der Unabhängigkeit war, hat sich zu den breiten Volksschichten durchgearbeitet. Überall bilden sich die Menschen jetzt ihre Vorstellung davon, wer sie sind und was sie sich selber schulden. Der Prozess erfuhr eine Beschleunigung durch die wirtschaftliche Entwicklung nach der Unabhängigkeit; was 1962 noch verborgen lag und sich nicht leicht gewahren ließ, weil es vielleicht nur erst im Werden war, ist mittlerweile klarer erkennbar. Die Befreiung des Geistes, die Indien zuteil geworden ist, konnte sich nicht einfach nur als Erlösung einstellen. In Indien mit seinen vielen schichtenspezifischen Abstufungen der Not und Grausamkeit musste die Befreiung ebenso wohl als Ruhestörung in Erscheinung treten. Sie musste ebenso wohl die Züge der Wut und Empörung annehmen. Indien war jetzt ein Land millionenfacher kleiner Aufstände.

Millionenfache Aufstände auf der Basis von zwanzig verschiedenen Arten gruppenförmiger Exzesse, sektiererischer Exzesse, religiöser Exzesse, regionalistischer Exzesse – die Anfänge des Selbstbewusstseins, die Anfänge eines geistigen Lebens, so könnte es scheinen, gleich wieder von der alten Anarchie und Unordnung durchkreuzt. Jetzt freilich existierte in Indien, was es zweihundert Jahre zuvor nicht gegeben hatte: ein zentraler Wille, ein zentraler Geist, eine nationale Idee. Die Indische Union war mehr als die Summe ihrer Teile, und viele dieser exzessiven Bewegungen stützten den indischen Staat, indem sie ihn zur Quelle des Rechts und der bürgerlichen Ordnung und der Vernunft erklärten. Die Indische Union gab den Menschen eine zweite Chance, holte sie zurück aus ihren Exzessen, mit denen sie in einem anderen Jahrhundert oder unter anderen Umständen (wie an den Nachbarländern zu sehen) vielleicht ihr Leben hätten verbringen müssen: Man denke an den zerstörerischen Chauvinismus der Shiv Sena, an die Tyrannei vieler Arten von religiösem Fundamentalismus (in einem Indien, dessen Bevölkerung von jeher bereit war, die Last ihres leidvollen Lebens der Religion aufzubürden), an die Filmstarkorruption und die rassistische Politik des Südens, an die fromm-marxistische Untätigkeit und Hohlheit Bengalens.

Den Exzess empfand man in Indien nun auch als solchen. Zugleich trugen die Aufstände dazu bei, die Kraft des allgemeinen Geisteslebens zum Vorschein zu bringen, genau wie die Integrität und Menschlichkeit der Werte, die jetzt allen Indern als etwas erschienen, worauf man sich berufen konnte. Und die Aufstände waren – merkwürdige Ironie! – weiterhin wünschenswert. Sie waren Bestandteil der Art und Weise, wie viele Millionen einen Neuanfang machten, Bestandteil des Wachstums des Landes, seiner Wiederherstellung.

Als ich wieder nach Bombay kam, kontaktierte ich Paritosh, den Filmautor. Paritosh arbeitete für den kommerziellen Film und liebte die Filmform: Sie war seine Berufung, fast schon seine Religion. Aber von den Leuten in Indien, die Filme machten, hielt er nicht viel. Die bereiteten ihm Pein, brachten ihn in Rage, und in seiner Laufbahn ging es bergauf und bergab.

Als ich ihn fünf Monate zuvor kennen lernte, hatte er gerade eine schlechte Zeit hinter sich, in der er Bombay und dem Film den Rücken gekehrt hatte und in seine Heimatstadt Kalkutta gegangen war, um sich auszuruhen und zu erholen. Dann aber – nachdem er sich während dieser Zeit verheiratet hatte – gab er seine Verweigerungshaltung auf und kehrte nach Bombay zurück, um neu anzufangen. Er lebte in einem kahlen Einzimmer-Apartment in einem nicht weit vom Zentrum gelegenen Stadtteil. »Das ist mein einziges Zimmer in der ganzen weiten Welt«, sagte er damals, während er die Arme hoch streckte, zur Decke sah und den kleinen Raum förmlich ausfüllte. Aber er hatte Aussichten: Er war nach Bombay zurückgekommen, um mit einem Produzenten, den er kannte und der auf frühere Erfolge zurückblickte, einen Film zu machen. In Abständen trafen sie sich in einem nahe gelegenen Hotel und besprachen das Drehbuch.

Paritosh zeigte sich entschlossen, diesmal Kurs zu halten und erfolgreich zu sein. Er spüre, dass er an dem Film ordentlich etwas verdienen werde. Sein Vetter freilich, der mich mit ihm zusammengebracht hatte und mit uns im Zimmer saß, war weniger optimistisch. Sein Temperament werde Paritosh in die Quere kommen; er werde mit irgendjemandem Streit anfangen, oder es werde sonst etwas passieren; Paritosh werde schließlich wieder an dem Punkt sein, an den er immer wieder zurückkehre. Diese Einschätzung des Vetters hörte ich mir an, während wir durch die überfüllten Straßen in der Nähe eines Marktes zurück zur U-Bahn-Station gingen, und sie deprimierte mich, wenn ich an den Mann in seinem kahlen Zimmer dachte, der mir als ein so feiner Mensch erschienen war. Jetzt, fünf Monate später, wollte ich wissen, wie sich die Sache weiterentwickelt hatte.

Ich musste keine lange Fahrt machen, um Paritosh zu sehen – keinen überfüllten Vorortzug besteigen, keine Tour in einem stickigen Taxi durch den braunen Abgasdunst der Bombayer Hauptstraßen hinter mich bringen. Er kam zu einem Kaffee zu mir ins Hotel. Er war ein beschäftigter Mann, hatte viel zu tun. Das Vergnügen, das ihm seine Geschäftigkeit bereitete, strahlte ihm aus dem Gesicht; einiges von dem Zorn war verschwunden.

Er hatte sein Drehbuch geschrieben. Und der Produzent hatte einen Finanzier gefunden. Sie hatten mit Probeaufnahmen begonnen und Schnellkopien der ersten Szenen den Verleihfirmen vorlegen können. Die hatten den Film gekauft. Für den Finanzier hatte sich seine Investition fast auf Anhieb bezahlt gemacht, und er hatte das Geld für einen zweiten Film bereitgestellt – in Paritoshs Kopf wimmelte es von Ideen. Das Autorenhonorar für den ersten Film hatte Paritosh bereits erhalten – eine erkleckliche Summe. Davon hatte er sich schon ein größeres Apartment in einer besseren Gegend gekauft. Innerhalb von fünf Monaten hatte sich sein Glück gewendet. In dem reichen, energiegeladenen, verkommenen Bombay war so etwas möglich, und deshalb zog die Stadt unaufhörlich Leute an.

Am zweiten Film war Paritosh finanziell stärker beteiligt. Dieser Film, sagte er, bedeute ihm mehr. Der erste Film, der ihm sein Apartment eingetragen habe, sei kommerziell, etwas für die breite Masse – er wolle mit diesen Worten seine Arbeit aber nicht abwerten: Er beschreibe damit nur einen bestimmten Filmtypus.

Wovon der Film handele, wollte ich wissen. Was für eine Story und was für Charaktere habe er damals in seinem Kopf gewälzt, als ich ihn in seinem kleinen Zimmer besuchte? Auf welchem Stoff habe er aufgebaut? Der Film spiele in einem Bombayer Elendsviertel, in einer der vielen Barackensiedlungen der Stadt. Der Held sei ein junger Slumbewohner, ein Mann mit Perspektiven, der sich jedoch von einem Gangster auf die schiefe Bahn bringen lasse. Ein kommerzieller Film, aber auch voller Aktualität und Kraft. (Und auch, wie so häufig bei erfundenen Geschichten, mit einem unbewussten Bezug zur Lebenslage des Autors.)

Um den Film zu drehen, mussten sie, wie Paritosh erzählte, eigens ein Elendsviertel, eine Barackensiedlung, errichten. Aus rechtlichen Gründen durften sie keine wirkliche Siedlung als Drehort benutzen. Sie machten von verschiedenen Elendsvierteln Fotos und schufen dann eine Art von Bombayer Musterslum. Während der Filmaufnahmen lebten sie alle in den verschiedenen Hütten des Drehorts. Gerade tags zuvor, sagte Paritosh, hätten sie das Kulissenviertel, in dem sie so viele Wochen gelebt hatten, abzureißen begonnen. Es habe ihm einen Stich versetzt.

Dezember 1988 – Februar 1990

Danksagung

Wenn man für ein Buch wie dieses auf Reisen geht, weiß man oft nicht, wonach man sucht, ehe man es nicht gefunden hat. Man benötigt unterwegs viel Hilfe. Auf dieser Reise habe ich viel Hilfe gefunden. Menschen ließen mich an ihrem Wissen teilhaben; sie nannten mir Namen, führten mich bei Leuten ein. Drei Personen, allesamt Zeitungsredakteure, halfen mir in ganz besonderem Maße, von Anfang bis Ende: Nikhil Lakshman, Vinod Mehta, Rahul Singh. Vinod Mehta und Rahul Singh begleiteten mich jeweils auf einem Stück meiner Reise, aber ich möchte betonen, dass ich für alles, was ich geschrieben habe, die alleinige Verantwortung trage. Auch eine Reihe von anderen Personen möchte ich an dieser Stelle namentlich festhalten. In Bombay: Charu Deshpande, Ajit Pillai. In Bangalore: T. J. S. George. In Madras: K.P. Sunil. In Kalkutta: Shekhar Bhatia, Vir Sanghvi, Sunanda Datta Ray, Satyabrata Bose. In Delhi: Rekha Khanna Mehta. In Chandigarh: Kanwar Sandhu. Andere Personen, die mir halfen, finden im Text Erwähnung; manchmal habe ich aus unschwer einsehbaren Gründen ihre Namen und Lebensumstände verändert.

V. S. Naipaul
Magische Saat

Roman. www.list-taschenbuch.de
ISBN 978-3-548-60634-7

Willie Chandrans Leben gleicht einem langen ruhigen Fluss des Scheiterns. Obwohl ihn sein Weg fast um die ganze Welt führt, findet er nicht zu seinen Wurzeln. Obwohl er seine Suche nicht aufgibt, findet er nicht zu sich selbst. Obwohl er immer wieder aufsteht, gibt es keine Richtung für ihn.
Magische Saat schildert das inständige Ringen eines Mannes um Identität.

»Naipauls Beobachtungen sind kalt, originell und präzise – ein starkes Buch.« *Financial Times Deutschland*

»Ein Riese der Gegenwartsliteratur« *FAZ*

»Dies ist ein immens wichtiges Buch, von höchster Aktualität.« *Die Welt*

List Taschenbuch

L250

V. S. Naipaul

Indien – eine verwundete Kultur

www.list-taschenbuch.de
ISBN 978-3-548-60626-2

Persönlich, politisch und bestechend geschildert: Naipauls dritte Reise nach Indien wird für ihn zu einer erschütternden Rückkehr zu den Wurzeln seiner Kultur. Der Nobelpreisträger lernt ein Land kennen, das mehr als sechshundert Jahre lang unter fremdem Einfluss stand und bis heute seine Identität nicht gefunden hat.

»Naipaul ist ein begnadeter Beobachter.«
Gießener Allgemeine

List Taschenbuch

L255